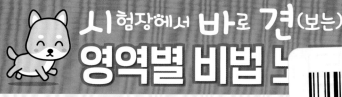

KB144625

비법 노트

독해 영역은 **지문에 언급된 순서대로** 문제가 출제되므로 문제를 먼저 읽고 **키워드를 파악**한 후, 지문 속 일치하는 키워드가 있는 문장에서 단서를 찾아 정답을 고른다. 특히 **파트별로 특화된 유형의 문제**를 염두에 두고 대비한다.

PART 1
인물 일대기

인물의 유명한 이유나 핵심 업적을 묻는 문제

What is Kobe Bryant **most notable for**?
코비 브라이언트는 무엇으로 가장 유명한가?

What is Ellen Ochoa **best known for**?
엘렌 오초아는 무엇으로 가장 잘 알려져 있는가?

What is David Bowie **famous for**?
데이비드 보위는 무엇으로 유명한가?

TIP!
인물이 유명한 이유,
업적 등을 설명하는
표현을 익히고
단서로 활용한다.

PART 2
잡지 기사

지문의 주제나 연구를 통한 발견 및
통찰 등의 세부사항을 묻는 문제

What is **the main idea of the article**?
이 기사의 주제는 무엇인가?

What is **the article all about**?
이 기사는 무엇에 관한 것인가?

TIP!
지문의 제목을 통해
소재와 주제를 파악하고
전체 내용을 이해하는
단서로 활용한다.

PART 3
지식 백과

소재의 정의나 유래를 묻는 오프닝 문제

Where did the name "Scrabble" **come from**?
"스크래블"이라는 이름은 어디에서 유래되었는가?

Where does the name "Orion" **originate from**?
"오리온"이라는 이름은 어디에서 유래되었는가?

TIP!
정보 전달을 목적으로
개념 설명이 주를 이루며
세부사항을 묻는 문제가
많이 출제된다.

PART 4
비즈니스 레터

편지를 쓴 목적을 묻는 문제

What is **the main purpose** of Ms. Maneli's
letter?
마넬리 씨의 편지의 주된 목적은 무엇인가?

Why did Mr. Landale **write** to Mr. Parker?
랜데일 씨는 왜 파커 씨에게 편지를 썼는가?

TIP!
받는 이와 보내는 이의
정보를 통해 관계나
상황을 파악해
단서로 활용한다.

청취 영역은 지텔프에서 가장 어려운 영역으로 지문이 매우 길게 출제된다. 그러나 문제가 지문의 순서대로 출제되므로 **질문을 들으며 본문의 내용을 미리 예상**한다. 내용을 전부 기억할 수 없기 때문에 **질문 유형을 숙지**하고 **키워드 위주로 메모**하며 문제를 풀어야 한다.

주제 목적

각 파트의 첫번째 문제로 주제나 목적을 묻는 문제가 주로 출제된다.

What is the **subject** of the talk?
대화의 주제는 무엇인가?

What topic is the speaker **mainly discussing**?
화자가 주로 어떤 주제를 논의하고 있는가?

What is the **talk/conversation about**?
담화/대화는 무엇에 관한 것인가?

What is Susan's problem?
수잔의 문제는 무엇인가?

세부사항

세부사항을 묻는 문제가 4~5문항 정도로 가장 많이 출제된다.
육하원칙(when, where, what, who, why, how)이 나오는 정보는 모두 메모해 둔다.

When is the right time to hold a meeting with your supervisor?
당신의 관리자와 미팅을 하기에 적합한 때는 언제인가?

Where can the participants find the main booth?
참가자들은 어디서 메인 부스를 찾을 수 있는가?

What did Tina ask John to do to help her?
티나는 존에게 무엇을 도와달라고 부탁했는가?

Who should one keep in mind while creating a website?
웹사이트를 만들 때 누구를 염두에 두어야 하는가?

Why did Jenny tell Tom not to be pessimistic?
왜 제니는 톰에게 비관하지 말라고 말했는가?

How does a customer reach Silver status?
고객은 어떻게 실버 지위에 도달하는가?

추론

추론 문제가 1~2 문항 출제된다.
자주 사용되는 부사와 부사구에는 most likely, likely, probably가 있다.

What will Tom **most likely** do soon after the conversation?
대화 후에 톰은 무엇을 할 것 같은가?

What are the speakers **probably** going to do next?
화자들은 다음에 무엇을 할 것 같은가?

Why **most likely** are customers urged to buy the clothes immediately?
고객들은 왜 즉시 옷을 구매하도록 권유를 받았을까?

Based on the conversation, what did Emma **likely** decide to do with her friends?
대화에 따르면 엠마는 그녀의 친구들에게 무엇을 하기로 결정했을까?

기출보다 더 기출 같은

지텔프
모의고사

Level 2

BM (주)도서출판 성안당

지텔프 모의고사를 내면서

도서출판 성안당에서 G-TELP 모의고사 7회분을 수록한 **[지텔프 모의고사 Level 2]**를 출간하였습니다. 반세기 동안 수험서 시장을 선도해온 성안당에서 지텔프 기출 시리즈를 제작해 온 저자들이 본 교재에 노하우와 정성을 담았습니다. 본 책으로 G-TELP Level 2 시험에 완벽하게 대비하고 단기간에 목표 점수를 성취하도록 돕고자 합니다.

기출보다 더 기출 같은 고품질 모의고사 문제!

[지텔프 모의고사 Level 2]는 지텔프 최신 경향을 충실히 반영하여 지텔프 기출문제보다 더 기출을 닮은 모의고사 7회분을 수록하였습니다. 수험생들이 지텔프 기출문제와 가장 흡사한 모의고사 문제로 지텔프 시험을 보다 효과적으로 준비할 수 있도록 심혈을 기울였습니다.

본 교재 한 권으로 G-TELP Level 2 완벽 대비!

영역별 시험 경향을 철저히 분석하여 고득점 전략을 제시하였고 문제마다 예리한 해설과 문제 풀이 노하우를 제공하였습니다. 지텔프를 처음 접하는 수험생들도 지텔프 시험 경향과 학습 전략을 숙지하고 모의 문제와 해설로 공부하면 본 교재 한 권으로 G-TELP Level 2 시험에 완벽하게 대비하여 목표 점수를 성취할 수 있습니다.

각 영역에서 상세한 해설과 다양한 학습 자료 제시!

문법 영역에서는 근거가 되는 어구를 표시하고 해설과 오답 분석을 제시하는 것과 더불어 용법을 정리한 참고 자료를 제공하여 해당 문법의 핵심을 반복 학습할 수 있습니다. 청취 영역에서는 파트별로 MP3를 제공하여 지문과 함께 들을 수 있습니다. 청취와 독해 영역 모두 해설마다 정답의 근거 문장을 제시하여 바로 이해를 돕고 지문의 표현이 어떻게 패러프레이징 되었는지 확인할 수 있습니다.

한눈에 보는 만화와 비법 노트 등 풍성한 자료 제공!

만화를 통한 목표 점수 공략법, 한눈에 보는 영역별 소개와 풀이 전략, 시험장에서 최종 확인할 수 있는 영역별 비법 노트에 이르기까지 풍성한 자료를 제공합니다.

[지텔프 모의고사 Level 2]를 통해 영어 실력 향상과 함께 지텔프 목표 점수를 확보하여 학업과 취업에서 좋은 성과를 거두길 진심으로 응원합니다.

이기택, 박원주

만화로 보는 목표 점수대별 공략법

지텔프 시험에 응시하여 목표로 하는 점수대를 단기간에 받기 위해서는 선택과 집중이 필요합니다. 비교적 낮은 점수대만 받아도 되는 경우에는 영역별로 점수 받기가 상대적으로 쉬운 파트를 집중적으로 공략하고 필요한 점수를 확보하는 전략을 취해야 합니다. 점수 받기가 가장 용이한 파트인 문법에서 최대한 점수를 확보하고 그 다음으로 독해에서 상대적으로 쉬운 PART 1, PART 4를 공략합니다. 청취 영역은 점수를 얻기가 가장 어렵기 때문에 상대적으로 쉬운 대화 파트에서 승부를 걸어야 합니다. 지텔프 목표 점수대별 공략법을 알려 드립니다!

이렇게 보니 지텔프 목표 점수대별 공략법이 한눈에 보이네요!

35점~50점대 공략법

- 한국산업인력공단 : 호텔서비스사 – 39점
- 경찰청 : 경찰공무원(순경) – 43점 (2022년부터)
- 국민안전처 : 소방사(공채) – 43점 (2023년부터)
- 국방부 : 군무원 9급 – 32점, 군무원 7급 – 47점

READING

독해는 PART 1을 집중 공략

상대적으로 쉬운 PART 1(인물 일대기)을 공략해야 해!

LISTENING

청취는 PART 1을 집중 공략

상대적으로 쉬운 PART 1 (개인적 대화)에서 점수 확보!

GRAMMAR

문법은 80점 이상 확보

특히, 점수 얻기 쉬운 파트인 시제, 가정법, 당위성 문제에서 점수를 확보해야 해!

50점~65점대 공략법

- 국민안전처 : 소방간부 후보생 – 50점
- 경찰청 : 경찰간부 후보생 – 50점

READING

독해는 PART 1, PART 4를 집중 공략

상대적으로 쉬운
PART 1(인물 일대기)과
PART 4(비즈니스 레터)를
집중 공략해야 해!

LISTENING

**청취는 상대적으로 쉬운
PART 1, PART 3를 집중 공략**

PART 1
(개인적 대화)과
PART 3(협상적
대화)에서 최대한
점수 확보!

GRAMMAR

문법은 85점 이상 확보

시제, 가정법, 당위성
문제뿐 아니라 관계사,
조동사와 준동사 문제까지
맞춰야 해!

65점대 이상 공략법

- 국회 : 입법고시 – 65점 ・ 병무청 : 카투사 – 73점
- 법원 : 법원 행정고시 – 65점
- 정부 : 국가공무원 5・7급 – 65점,
  외교관 후보자 – 88점
- 금융감독원 : 공인회계사 – 65점
- 한국산업인력공단 :
  변리사 – 77점, 세무사 – 65점
- 국방부 : 군무원 5급 – 65점

READING

**독해는 PART 1, PART 2, PART 4를
집중 공략**

독해는
PART 1, PART 4뿐
아니라 PART 2(잡지
기사)도 집중 공략!

LISTENING

**청취는 PART 1, PART 3뿐 아니라
PART 2도 집중 공략**

PART 4(절차 설명)에 비해
상대적으로 쉬운 PART 2
(발표)에서 점수 확보!
육하 원칙에 따라 내용을
들으면서 메모해!

GRAMMAR

문법은 90점 이상 확보

시제, 가정법, 당위성,
관계사, 조동사, 준동사
문제뿐 아니라 연결어
문제까지 완벽하게
대비해야 해!

목 차

부록 ● 영역별 비법 노트

문법 만점 포인트
_____

청취 비법 노트
_____

독해 비법 노트
_____

별책 ● 모의고사 문제집
_____

각 테스트 청취 영역 파트별 파일 듣기

본 책 각 테스트 청취 영역 파트별 제목 오른쪽에 있는 QR 코드로 접속하여 해당 파트의 질문과 지문 바로 듣기가 가능합니다.

각 테스트 청취 영역 통파일 듣기

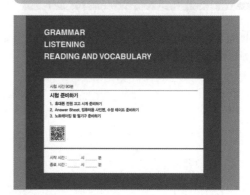

별책 문제집의 각 테스트 첫 페이지에 있는 QR 코드로 접속하여 청취 영역의 질문과 지문 바로 듣기가 가능합니다.

홈페이지에서 파일 전체 다운받기

우측 QR코드(스마트폰)로 접속하기 ➡ 상단 성안당 로고 우측의 [회원가입]을 클릭하여 회원 가입 ➡ QR코드로 다시 접속하여 로그인 하기 ➡ [자료 다운로드 바로가기] 버튼 클릭 ➡ 전체 파일 다운로드 하기

이 책의 구성과 특징

1 국내 최다 7회분 모의고사 수록

최신 출제 경향이 반영된 모의고사를 7회분 수록하여 실제 시험과 동일하게 치를 수 있게 문제와 정답지, 듣기 MP3를 모아 별책으로 구성했습니다.

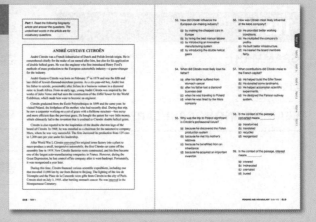

2 한눈에 보는 영역 소개와 풀이 전략

문법/청취/독해 영역별로 한눈에 보기 쉽게 영역 소개와 고득점 전략을 제시했습니다.

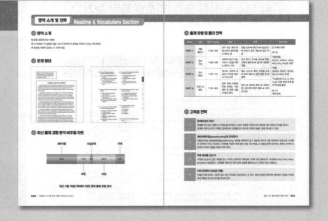

3 영역별 유형 확인과 리뷰로 취약 유형 대비

문항별 취약 유형 체크하기		
01	시제 (현재진행: right now)	14 가정법 (가정법 과거완료: if 생략 도치 구문)
02	당위성/이성적판단 (동사: recommend)	15 준동사 (동명사: prevent)
03	준동사 (동명사: advocate)	16 시제 (현재완료진행: since + 과거 시제절)
04	시제 (미래진행: when + 현재 시제절, 부사구)	17 가정법 (가정법 과거완료: if절 + 과거완료)
05	당위성/이성적 판단 (동사: suggest)	18 준동사 (to부정사: 형용사적 용법)
06	준동사 (to부정사: plan)	19 조동사 (의무: must)
07	시제 (미래완료진행: by the time + 현재 시제절, for + 시간명사)	20 관계사 (관계대명사: 계속적용법 which)
08	가정법 (가정법 과거: if절 + 과거 시제절)	21 가정법 (가정법 과거완료: if절 + 과거완료)
09	조동사 (가능: can)	22 연결어 (접속부사: therefore)
10	시제 (과거진행: when + 과거 시제절)	23 시제 (과거완료진행: before + 과거 시제절, for + 시간 명사)
11	준동사 (동명사: enjoy)	24 관계사 (관계부사: when)
12	가정법 (가정법 과거: if절 + 과거 시제)	25 가정법 (가정법 과거: if절 + 과거 시제)

4 [부록] 최종 확인 영역별 비법 노트

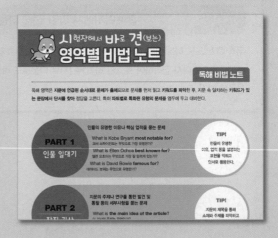

5 문법: 근거 제시와 용법 설명으로 바로 학습 가능

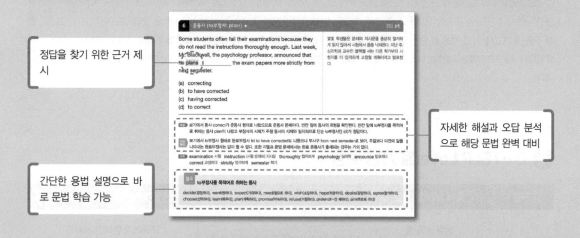

정답을 찾기 위한 근거 제시

간단한 용법 설명으로 바로 문법 학습 가능

자세한 해설과 오답 분석으로 해당 문법 완벽 대비

6 청취와 독해: 지문과 함께하는 자세하고 쉬운 해설

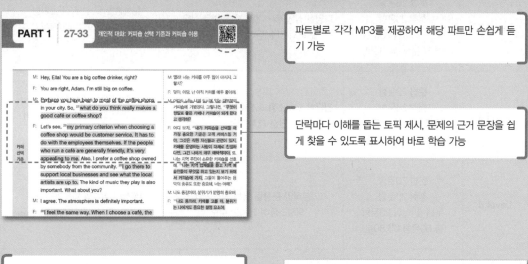

파트별로 각각 MP3를 제공하여 해당 파트만 손쉽게 듣기 가능

단락마다 이해를 돕는 토픽 제시, 문제의 근거 문장을 쉽게 찾을 수 있도록 표시하여 바로 학습 가능

문제 유형과 난이도 바로 확인 가능

지문의 내용이 어떻게 패러프레이징 되었는지 확인 가능

G-TELP 소개

G-TELP란?

G-TELP(General Tests of English Language Proficiency)는 ITSC(International Testing Services Center, 미국 국제 테스트 연구원)에서 주관하는 국제 공인영어시험입니다. 한국은 1986년에 지텔프 코리아가 설립되어 시험을 운영 및 주관하고 있습니다. 현재 각종 국가고시, 기업 채용 및 승진 평가 시험, 대학교 졸업 인증 시험, 교육 과정 등에서 널리 활용되는 글로벌 영어평가 교육 시스템입니다. G-TELP에는 다양한 테스트가 있으며, 그중 G-TELP Level Test의 Level 2 정기 시험 점수가 가장 많이 사용되고 있습니다.

G-TELP Level별 시험 구성

구분	출제 방식 및 시간	평가 기준	합격자의 영어 구사 능력
Level 1	청취 30문항 독해 및 어휘 60문항 총 90문항 (약 100분)	Native Speaker에 준하는 영어 능력: 상담, 토론 가능	모국어가 영어인 사람과 대등한 의사소통 국제회의 통역 가능한 수준
Level 2	문법 26문항 청취 26문항 독해 및 어휘 28문항 총 80문항 (약 90분)	다양한 상황에서 대화 가능: 업무 상담 및 해외 연수 등이 가능한 수준	일상생활 및 업무 상담 가능 외국인과의 회의 및 세미나, 해외 연수 등이 가능한 수준
Level 3	문법 22문항 청취 24문항 독해 및 어휘 24문항 총 70문항 (약 80분)	간단한 의사소통과 친숙한 상태에서의 단순 대화 가능	간단한 의사소통 가능 해외 여행과 단순한 업무 출장이 가능한 수준
Level 4	문법 20문항 청취 20문항 독해 및 어휘 20문항 총 60문항 (약 80분)	기본적인 문장을 통해 최소한의 의사소통이 가능한 수준	기본적인 어휘의 짧은 문장으로 최소한의 의사소통이 가능한 수준
Level 5	문법 16문항 청취 16문항 독해 및 어휘 18문항 총 50문항 (약 55분)	극히 초보적인 수준의 의사소통 가능	영어 초보자 일상의 인사, 소개 등을 이해할 수 있는 수준

🖊 G-TELP Level 2의 구성

영역	분류	문항	배점
문법	시제, 가정법, 조동사, 준동사, 연결어, 관계사, 당위성/이성적 판단	26	100점
청취	Part 1 개인적인 이야기를 하는 대화 Part 2 정보를 제공하는 발표 형식의 담화 Part 3 결정을 위해 의논하는 대화 Part 4 절차나 과정을 설명하는 형식의 담화	26 (각 7/6/6/7문항)	100점
독해 및 어휘	Part 1 과거나 현세대 인물의 일대기 Part 2 사회나 기술적 내용을 다루는 잡지 기사 Part 3 일반적인 내용의 지식 백과 Part 4 설명하거나 설득하는 내용의 비즈니스 레터	28 (각 7문항)	100점
전체	약 90분 (영역별 제한 시간 없이 전체 90분 활용 가능)	80문항	공인 성적: 영역별 점수 합을 3으로 나눈 평균값

🖊 G-TELP의 특징

▶ 절대 평가 방식: 문법, 청취, 독해 및 어휘 모두 75점 이상이면 해당 등급에 합격(Mastery)하지만 국내의 각종 영어 대체 시험 성적
　　　으로는 Level 2의 65점 이상만 얻으면 합격 가능
▶ 빠른 성적 확인: 응시일로부터 일주일 이내 성적 확인 가능
▶ 문법, 청취, 독해 및 어휘의 3영역에 객관식 4지선다형으로 학습 부담 적음
▶ 영역별 문제 유형이 확실하게 정해져 있어 단기간 학습으로 점수 상승 가능

✎ G-TELP Level 2의 성적 활용 비교

구분	G-TELP (LEVEL 2)	TOEIC
5급 공채	65	700
외교관 후보자	88	870
7급 공채	65	700
7급 외무영사직렬	77	790
7급 지역인재	65	700
국회사무처(입법고시)	65	700
대법원(법원행정고시)	65	700
국민안전처(소방간부 후보생)	50	625
국민안전처(소방사) (2023년부터)	43	550
경찰청(경찰간부 후보생)	50	625
경찰청(경찰공무원)	43	550
국방부(군무원) 5급	65	700
국방부(군무원) 7급	47	570
국방부(군무원) 9급	32	470
카투사	73	780
특허청(변리사)	77	775
국세청(세무사)	65	700
고용노동부(공인노무사)	65	700
국토교통부(감정평가사)	65	700
한국산업인력공단(관광통역안내사)	74	760
한국산업인력공단(호텔경영사)	79	800
한국산업인력공단(호텔관리사)	66	700
한국산업인력공단(호텔서비스사)	39	490
금융감독원(공인회계사)	65	700

지텔프 vs. 토익

	지텔프 (Level 2)	토익 (TOEIC)
시험 개요	연 24회 실시	연 24회 실시
	7일 이내 성적 확인	14일 후 성적 확인
	총 3영역, 80문항	총 2영역, 200문항
	시험 시간: 1시간 30분	시험 시간: 약 2시간
	영역별 시험 시간 정해져 있지 않음	LC 45분, RC는 LC 끝난 뒤 75분
	점수: 100점 기준 [문법 〈(맞은 개수/26) x 100〉 + 청취 〈(맞은 개수/26) x 100〉 + 독해 〈(맞은 개수/28) x 100〉] / 3	점수: 990점 기준 (LC 495 + RC 495)
문법	**난이도: ★** Grammar: 총 26문항 – 실용적인 영문법 표현 출제 – 출제 범위 좁음 – 평이한 난이도로 단기간 고득점 가능 – 유형별 풀이 공식 적용해 정답 도출	**난이도: ★★★** RC Part 5, 6: 총 46문항 Part 5 (30): 단문 공란 메우기 (문법/어휘) Part 6 (16): 장문 공란 메우기 – 혼동하기 쉬운 문법 표현 출제 – 빈칸에 알맞은 품사, 단어의 형태 고르기 – 출제 범위가 넓기 때문에 전반적인 문법 학습 필요
청취	**난이도: ★★★** Listening: 총 26문항 (4개 Part로 구성) Part 1 (7), 3 (6): 6분 길이의 2인 대화 Part 2 (6), 4 (7): 1인 담화 – 지문이 고난이도 장문이므로 노트테이킹 필수	**난이도: ★★** LC: 총 100문항 (4개 Part로 구성) Part 1 (6) – 사진을 알맞게 묘사한 문장 고르기 Part 2 (25) – 문장 듣고 알맞은 답변 고르기 Part 3 (39) – 화자의 말에 대한 의도 파악하기 Part 4 (30) – 그래프, 도표 등 시각 자료 연계
독해	**난이도: ★★** Reading & Vocabulary: 총 28문항 (4개 Part로 구성) Part 1 (7): 인물 일대기 Part 2 (7): 잡지 기사 Part 3 (7): 지식 백과 Part 4 (7): 비즈니스 레터 – 각 Part는 500단어 내외 지문으로 7문제가 출제되고, 어휘(유의어 찾기) 문제가 2개씩 출제	**난이도: ★★** RC: 총 100문항 중 독해는 54문항 Part 7 (54): 단일 지문 (29) / 복수 지문 (10+15=25) – 어휘: 문맥에 맞는 어휘, 동의어 문제 등 혼동하기 쉬운 어휘 및 숙어 암기 필수 – 독해: 문맥에 어울리는 문장 고르기 등 – 지문을 매번 다른 형태로 구성(광고, 웹페이지, 비즈니스 레터, 송장, 영수증 등) – 2개 지문의 단서를 종합해 정답을 찾아야 하는 고난도 연계 문제 출제

시험 접수부터 성적 확인까지

📝 접수하기

▶ **접수** : www.g-telp.co.kr에 회원 가입 후 접수 또는 지정 접수처에 직접 방문하여 접수
▶ **응시일** : 매월 2회(격주) 일요일 오후 3시
　　　　　　(정기 시험 일정과 고사장, 응시료 등은 변동될 수 있으므로 지텔프코리아 홈페이지에서 확인)
▶ **응시료** : 정기 접수 6만 300원, 추가 접수 6만 4,700원, 수시 접수 6만 8,200원
▶ **응시 자격** : 제한 없음

📝 응시하기

▶ **입실** : 오후 2시 20분까지 입실 완료
▶ **준비물** : 신분증, 컴퓨터용 사인펜, 시계, 수정테이프
▶ **유의 사항** :
　– 신분증은 주민등록증, 여권(기간 만료전), 운전면허증, 공무원증, 군인신분증, 중고생인 경우 학생증(사진 + 생년월일 + 학교장
　　직인 필수), 청소년증, 외국인등록증(외국인) (단, 대학생의 경우 학생증 불가)만 인정
　– 허용된 것 이외에 개인 소지품 불허
　– 컴퓨터용 사인펜으로만 마킹 가능(연필이나 볼펜 마킹 후 사인펜으로 마킹하면 오류가 날 수 있으니 주의)
　– 수정테이프만 사용 가능, 수정액 사용 불가

📝 성적 확인하기

▶ **성적 결과** : 시험 후 일주일 이내에 지텔프 코리아 홈페이지(www.g-telp.co.kr)에서 확인 가능
▶ **성적표 수령** : 온라인으로 출력(최초 1회 발급 무료)하거나 우편으로 수령 가능하고 성적은 시험일로부터 2년간 유효함

성적표 샘플

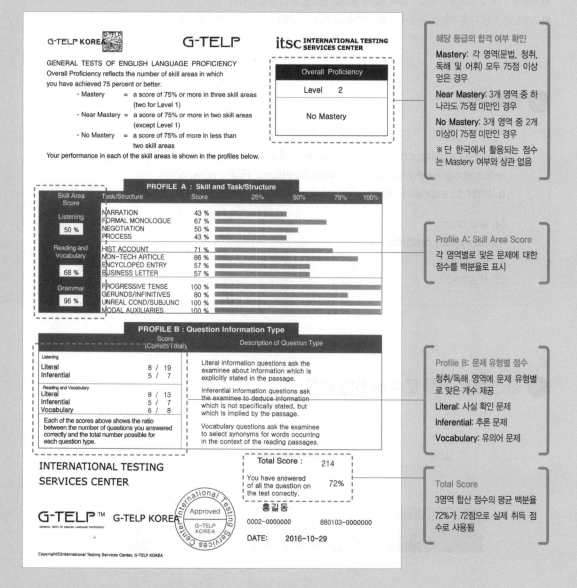

✎ 영역 소개

❶ 문항: 26문제 (1~26번)
❷ 문제와 지문: 2~3개로 구성된 문장의 빈칸에 들어갈 알맞은 문법 사항 고르기
❸ 7개 문법 유형(시제, 가정법, 준동사, 조동사, 연결어, 관계사, 당위성/이성적 판단)만 출제됨

✎ 문제 형태

1. Sandra is unhappy with the service at the five-star hotel she is staying at and is requesting a refund from the hotel manager. Right now, she _____ a letter to express her frustration and the incompetence of some of the staff.

   (a) will draft
   (b) has been drafting
   (c) is drafting
   (d) drafted

✎ 최신 출제 경향 분석 비주얼 차트

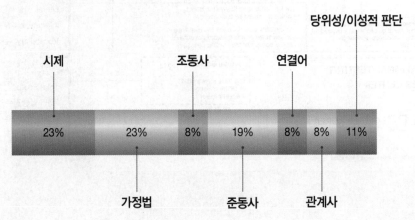

최근 기출 7회분 [문법] 영역 출제 유형 분석

📝 출제 유형 및 풀이 전략

출제 문법	세부 유형	문항 수	보기 유형	풀이 전략	대비 학습
시제 (6)	현재진행	1	한 동사의 다양한 시제 형태	함께 사용된 시간 부사 표현으로 시제 확인 ➡ 기준 시점이 없으면 단순진행 선택	6개 진행 시제와 함께 사용되는 시간 부사구와 부사절 암기하기
	과거진행	1			
	미래진행	1			
	현재완료진행	1		함께 사용된 시간 부사 표현으로 시제 확인 ➡ 기준 시점이 있으면 완료진행 선택	
	과거완료진행	1			
	미래완료진행	1			
가정법 (6)	가정법 과거	3	would/could/might + 동사원형/have p.p.	if절 시제가 과거이면 'would/could/might + 동사원형' 선택	주절을 제시하고 if절 시제 묻기/도치 구문/혼합가정법도 익히기
	가정법 과거완료	3		if절 시제가 과거완료이면 'would/could/might + have p.p.' 선택	
준동사 (5~6)	동명사	3	동명사와 to부정사	빈칸 앞 동사가 동명사나 to부정사 중 어느 것을 목적어로 취하는지 확인한 후 정답 선택	동명사나 to부정사를 목적어로 취하는 동사와 to부정사의 다양한 용법 익히기
	to부정사	2~3			
조동사 (2)	can/will/must/should/might	2	다양한 조동사	지문을 해석해서 보기의 조동사를 빈칸에 대입하고 문맥에 맞는 것을 선택	해당 조동사의 자주 쓰이는 의미
연결어 (2)	접속사(구) 접속부사(구) 전치사(구)	2	접속사(구) 접속부사(구) 전치사(구)	앞뒤 문장을 해석하고 보기의 연결어를 대입해서 가장 자연스러운 보기 선택	자주 출제되는 접속사/접속부사/전치사의 뜻
관계사 (2)	관계대명사 관계부사	2	다양한 관계사가 이끄는 절	빈칸 앞 선행사가 관계사절에서 하는 역할과 선행사 다음에 콤마가 있는지 확인하여 정답 선택	관계대명사와 관계부사의 용법 익히기
당위성/이성적 판단 (2~3)	당위성 동사 이성적 판단 형용사	2~3	한 동사의 다양한 시제와 동사원형	빈칸이 포함된 문장이 that절이고 주절에 당위성 동사나 이성적 판단 형용사가 있으면 동사원형을 정답으로 선택	당위성 동사와 이성적 판단 형용사 암기하기

✎ 영역 소개

❶ 문항: 26문제 (27~52번)
❷ 대화(2명)나 담화(1명)를 듣고, 각 파트별 6~7개 질문의 정답 고르기
❸ 전체 시험 중간에 듣기 방송(약 20분)이 나오며 〈질문 ➡ 지문 ➡ 질문 반복〉으로 진행됨

✎ 문제 형태

Part 1. *You will hear a conversation between two people. First you will hear questions 27 through 33. Then you will hear the conversation. Choose the best answer to each question in the time provided.*

27. (a) where to enjoy a great Americano
    (b) how to choose the best coffee
    (c) where to purchase the best coffee
    (d) how to select the best coffee shop

✎ 최신 출제 경향 분석 비주얼 차트

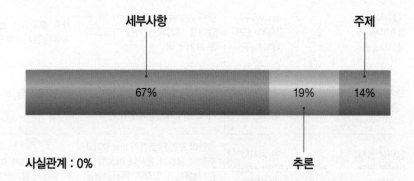

최근 기출 7회분 [청취] 영역 출제 유형 분석

✎ 출제 유형 및 풀이 전략

PART	유형	문항 수 (번호)	개요	전개	문제 유형
PART 1	2인 대화	7 (27~33)	개인적인 이야기를 하는 대화	인사 ➡ 에피소드 이야기 ➡ 질문과 응답	(1) 주제나 목적 (2~6/7) *세부사항 (when, where, what, who, why, how로 시작) *추론 (지문에는 나오지 않지만, 내용을 기초로 행동이나 사실을 묻는 문제) *사실관계(True or Not True)는 거의 나오지 않음
PART 2	1인 발표	6 (34~39)	정보를 제공하는 발표 형식의 담화	신제품 소개나 행사의 목적 소개 ➡ 육하원칙에 따른 세부사항 ➡ 제품의 특징이나 행사에 필요한 정보 제공 ➡ 마무리 인사	
PART 3	2인 대화	6 (40~45)	결정을 위해 의논하는 대화	인사 ➡ 의견 제시 및 상대방 의견 요청 ➡ 장단점 비교 ➡ 무엇으로 결정할지에 대한 암시	
PART 4	1인 설명	7 (46~52)	절차나 과정을 설명하는 형식의 담화	특정 주제에 대한 단계적인 설명 (순서나 단계를 들어 설명)	

✎ 고득점 전략

1단계 파트별 디렉션이 나올 때 문제의 선택지를 훑어보면서 내용을 예상한다.

2단계 질문을 들으며 의문사나 키워드를 메모한다. 이를 통해 지문의 흐름과 전반적인 내용을 파악한다.

3단계 주제/목적 문제는 대개 지문의 초반에 나오기 때문에 앞부분에서 핵심 키워드를 파악한다. 세부사항 문제는 질문에서 파악한 키워드와 관련된 내용이 나오면 바로 선택지에서 정답을 선택한다. 단 앞 문제를 풀다가 다음 문제를 놓치지 않도록 주의한다.

4단계 정답을 선택할 때 패러프레이징에 주의한다. 지텔프에서는 지문에 나온 표현을 그대로 쓰지 않고 유사한 표현으로 바뀌어 나온다. 해설집에서 문장이 어떻게 패러프레이징 되었는지 학습하며 대비한다.

📎 영역 소개

① 문항: 28문제 (53~82번)
② 각 파트별 7개 질문의 정답 고르기 (마지막 두 문제는 유의어 고르는 어휘 문제)
③ 파트별 지문의 길이는 5~7단락 정도

📎 문제 형태

Part 1. Read the following biography article and answer the questions. The underlined words in the article are for vocabulary questions.

ANDRÉ GUSTAVE CITROËN

André Citroën was a French industrialist of Dutch and Polish-Jewish origin. He is remembered chiefly for the make of car named after him, but also for his application of double helical gears. He was the engineer who first introduced Henry Ford's methods of mass production to the European automobile industry—a game-changer for the industry.

André Gustave Citroën was born on February 5th in 1878 and was the fifth and last child of Jewish diamond-merchant parents. As a six-year-old boy, André lost his father to suicide, presumably after failure in a business venture in a diamond mine in South Africa. From an early age, young André Citroën was inspired by the works of Jules Verne and had seen the construction of the Eiffel Tower for the World Exhibition, which made him want to become an engineer.

Citroën graduated from the École Polytechnique in 1898 and the same year, he visited Poland, the birthplace of his mother, who had recently died. During that trip, he saw a carpenter working on a set of gears with a fishbone structure—less noisy and more efficient than the previous gears. He bought the patent for very little money, which ultimately led to the invention that is credited to Citroën: double helical gears.

Citroën is also reputed to be the inspiration of the double chevron logo of the brand of Citroën. In 1908, he was installed as a chairman for the automotive company Mors, where he was very successful. The firm increased its production from 125 cars to 1,200 cars per year under his leadership.

After World War I, Citroën converted his original arms factory into a plant to mass-produce a small, inexpensive automobile; the first Citroën car came off the assembly line in 1919. New Citroën factories were constructed, and his firm became one of the largest auto-manufacturing companies in France. However, during the Great Depression, he lost control of his company after it went bankrupt. Fortunately,

53. How did Citroën influence the European car-making industry?
(a) by making the cheapest cars in Europe
(b) by hiring the best manual laborer
(c) by introducing an innovative manufacturing system
(d) by introducing the double helical gears

54. When did Citroën most likely lose his father?
(a) after his father suffered from stomach cancer
(b) after his father lost a diamond business deal
(c) when he was traveling to Poland
(d) when he was hired by the Mors company

55. Why was the trip to Poland significant in Citroën's professional future?
(a) because he discovered the Polish production plants
(b) because he met his mother's relatives
(c) because he benefitted from an inheritance
(d) because he acquired an important invention

56. How was Citroën most likely influential at the Mors company?
(a) He provided better working conditions.
(b) He multiplied the company's profits.
(c) He built better infrastructure.
(d) He treated the board members fairly.

57. What contributions did Citroën make to the French capital?
(a) He helped build the Eiffel Tower.
(b) He donated some landmarks.
(c) He helped accomplish scientific experiments.
(d) He designed the Parisian subway system.

58. In the context of the passage, converted means _____.
(a) transformed
(b) translated
(c) recycled
(d) reorganized

59. In the context of the passage, interred means _____.

📎 최신 출제 경향 분석 비주얼 차트

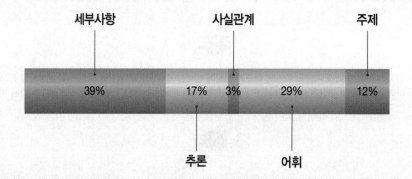

세부사항		사실관계		주제
39%	17%	3%	29%	12%
	추론		어휘	

최근 기출 7회분 [독해와 어휘] 영역 출제 유형 분석

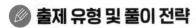

출제 유형 및 풀이 전략

PART	유형	문항 수 (번호)	내용	전개	문제 유형
PART 1	인물 일대기	7 (53~59)	과거 또는 현재 유명 인사의 일대기를 소개하는 글	인물 소개 ➡ 유년기 ➡ 청소년기 ➡ 전성기, 업적, 특징 ➡ 말년, 죽음	(1) 주제나 목적 (2~5) *세부사항 (when, where, what, who, why, how로 시작)
PART 2	잡지 기사	7 (60~66)	사회적 이슈가 되는 기사나 사건을 다루는 잡지나 기사	연구 결과 / 신기술 소개 ➡ 특징, 사회적 중요성 ➡ 앞으로 변화의 흐름	*추론 (파트당 적어도 1문제는 반드시 나오는 추세)
PART 3	지식 백과	7 (67~73)	역사적, 과학적 사실이나 유익한 정보나 지식 소개	정보 소개 ➡ 특징, 유익성 소개 ➡ 현재 상황 ➡ 발전 방향 및 영향력	*사실관계(True or Not True): 독해 전체 문제 중 약 한 문제 출제
PART 4	비즈니스 레터	7 (74~80)	업무 관련 메일로 주로 마케팅, 사업 제안 및 업무 내용이 담긴 편지	인사 ➡ 편지의 목적 ➡ 세부사항, 앞으로의 업무 절차 ➡ 마무리 인사	(6~7) 어휘 문제

고득점 전략

1	**문제에 답이 있다!** 문제를 먼저 읽고 의문사나 키워드를 파악하고 그것이 포함된 지문의 근거 문장을 찾아 정답의 단서를 잡는다. 문제와 지문의 순서가 대부분 일치하므로 문제를 먼저 읽으면 지문의 흐름도 함께 파악할 수 있다.
2	**패러프레이징(paraphrasing)에 유의한다!** 지텔프에서는 패러프레이징(paraphrasing, 표현을 반복하지 않고 비슷한 의미의 다른 표현으로 바꿈)으로 지시문과 선택지가 주로 구성된다. 유의어를 사용한 대체 표현, 문장 구조 변경, 긴 내용을 짧게 요약하는 형태로 바뀌어 나오므로 유의어 학습을 꾸준히 해야 한다.
3	**추론 문제를 잡는다!** 지문에 언급되지 않은 내용을 묻는 어려운 문제지만 파트별로 1문제 이상 출제되며, 지시문에 most likely, likely, probably가 등장한다. 고득점을 위해서는 독해 능력 향상을 통해 반드시 맞춰야 하는 유형이다.
4	**어휘 문제에서 방심은 금물!** 지텔프 어휘 문제는 기존에 알고 있던 의미로만 접근해서는 안 된다. 앞뒤 문장을 확인하며 본문에서 사용된 의미에 맞게 맥락상 유사한 단어를 찾아야 한다.

목표 점수대별 학습 플랜

14일 2주 완성 학습 플랜 : 35점 이상

Day 1	Day 2	Day 3	Day 4	Day 5	Day 6	Day 7
TEST 1 – 문제 풀기 – 틀린 문제 확인 – 문법 리뷰	TEST 1 – 독해/청취 리뷰 (Part 1 중심) – 어휘 암기	TEST 2 – 문제 풀기 – 틀린 문제 확인 – 문법 리뷰	TEST 2 – 독해/청취 리뷰 (Part 1 중심) – 어휘 암기	TEST 3 – 문제 풀기 – 틀린 문제 확인 – 문법 리뷰	TEST 3 – 독해/청취 리뷰 (Part 1 중심) – 어휘 암기	TEST 4 – 문제 풀기 – 틀린 문제 확인 – 문법 리뷰
Day 8	**Day 9**	**Day 10**	**Day 11**	**Day 12**	**Day 13**	**Day 14**
TEST 4 – 독해/청취 리뷰 (Part 1 중심) – 어휘 암기	TEST 5 – 문제 풀기 – 틀린 문제 확인 – 문법 리뷰	TEST 5 – 독해/청취 리뷰 (Part 1 중심) – 어휘 암기	TEST 6 – 문제 풀기 – 틀린 문제 확인 – 문법 리뷰	TEST 6 – 독해/청취 리뷰 (Part 1 중심) – 어휘 암기	TEST 7 – 문제 풀기 – 틀린 문제 확인 – 문법 리뷰	TEST 7 – 독해/청취 리뷰 (Part 1 중심) – 어휘 암기

21일 3주 완성 학습 플랜 : 50점 이상

Day 1	Day 2	Day 3	Day 4	Day 5	Day 6	Day 7
TEST 1 – 문제 풀기 – 틀린 문제 확인 – 문법 리뷰	TEST 1 – 독해 리뷰 (Part 1, 4 중심) – 어휘 암기	TEST 1 – 듣기 연습 – 듣기 문제 리뷰 (Part 1, 3 중심)	TEST 2 – 문제 풀기 – 틀린 문제 확인 – 문법 리뷰	TEST 2 – 독해 리뷰 (Part 1, 4 중심) – 어휘 암기	TEST 2 – 듣기 연습 – 듣기 문제 리뷰 (Part 1, 3 중심)	TEST 3 – 문제 풀기 – 틀린 문제 확인 – 문법 리뷰
Day 8	**Day 9**	**Day 10**	**Day 11**	**Day 12**	**Day 13**	**Day 14**
TEST 3 – 독해 리뷰 (Part 1, 4 중심) – 어휘 암기	TEST 3 – 듣기 연습 – 듣기 문제 리뷰 (Part 1, 3 중심)	TEST 4 – 문제 풀기 – 틀린 문제 확인 – 문법 리뷰	TEST 4 – 독해 리뷰 (Part 1, 4 중심) – 어휘 암기	TEST 4 – 듣기 연습 – 듣기 문제 리뷰 (Part 1, 3 중심)	TEST 5 – 문제 풀기 – 틀린 문제 확인 – 문법 리뷰	TEST 5 – 독해 리뷰 (Part 1, 4 중심) – 어휘 암기
Day 15	**Day 16**	**Day 17**	**Day 18**	**Day 19**	**Day 20**	**Day 21**
TEST 5 – 듣기 연습 – 듣기 문제 리뷰 (Part 1, 3 중심)	TEST 6 – 문제 풀기 – 틀린 문제 확인 – 문법 리뷰	TEST 6 – 독해 리뷰 (Part 1, 4 중심) – 어휘 암기	TEST 6 – 듣기 연습 – 듣기 문제 리뷰 (Part 1, 3 중심)	TEST 7 – 문제 풀기 – 틀린 문제 확인 – 문법 리뷰	TEST 7 – 독해 리뷰 (Part 1, 4 중심) – 어휘 암기	TEST 7 – 듣기 연습 – 듣기 문제 리뷰 (Part 1, 3 중심)

28일 4주 완성 학습 플랜 : 65점 이상

Day 1	Day 2	Day 3	Day 4	Day 5	Day 6	Day 7
TEST 1 – 문제 풀기 – 틀린 문제 확인 – 어휘 암기	TEST 1 – 문법 리뷰 – 문법 유형 익히기	TEST 1 – 듣기 노트테이킹 연습 – 듣기 문제 리뷰	TEST 1 – 독해 리뷰 – 문제 유형 익히기	TEST 2 – 문제 풀기 – 틀린 문제 확인 – 어휘 암기	TEST 2 – 문법 리뷰 – 문법 유형 익히기	TEST 2 – 듣기 노트테이킹 연습 – 듣기 문제 리뷰
Day 8	**Day 9**	**Day 10**	**Day 11**	**Day 12**	**Day 13**	**Day 14**
TEST 2 – 독해 리뷰 – 문제 유형 익히기	TEST 3 – 문제 풀기 – 틀린 문제 확인 – 어휘 암기	TEST 3 – 문법 리뷰 – 문법 유형 익히기	TEST 3 – 듣기 노트테이킹 연습 – 듣기 문제 리뷰	TEST 3 – 독해 리뷰 – 문제 유형 익히기	TEST 4 – 문제 풀기 – 틀린 문제 확인 – 어휘 암기	TEST 4 – 문법 리뷰 – 문법 유형 익히기
Day 15	**Day 16**	**Day 17**	**Day 18**	**Day 19**	**Day 20**	**Day 21**
TEST 4 – 듣기 노트테이킹 연습 – 듣기 문제 리뷰	TEST 4 – 독해 리뷰 – 문제 유형 익히기	TEST 5 – 문제 풀기 – 틀린 문제 확인 – 어휘 암기	TEST 5 – 문법 리뷰 – 문법 유형 익히기	TEST 5 – 듣기 노트테이킹 연습 – 듣기 문제 리뷰	TEST 5 – 독해 리뷰 – 문제 유형 익히기	TEST 6 – 문제 풀기 – 틀린 문제 확인 – 어휘 암기
Day 22	**Day 23**	**Day 24**	**Day 25**	**Day 26**	**Day 27**	**Day 28**
TEST 6 – 문법 리뷰 – 문법 유형 익히기	TEST 6 – 듣기 노트테이킹 연습 – 듣기 문제 리뷰	TEST 6 – 독해 리뷰 – 문제 유형 익히기	TEST 7 – 문제 풀기 – 틀린 문제 확인 – 어휘 암기	TEST 7 – 문법 리뷰 – 문법 유형 익히기	TEST 7 – 듣기 노트테이킹 연습 – 듣기 문제 리뷰	TEST 7 – 독해 리뷰 – 문제 유형 익히기

모의고사 7회 점수 한눈에 보기

모의고사 7회의 점수를 기록하여 취약한 부분을 집중 공략해 보세요.

		Test 1	Test 2	Test 3	Test 4	Test 5	Test 6	Test 7
날짜								
나의 총점								
Grammar (26문항)	점수							
	맞은 개수							
Listening (26문항)	점수							
	PART 1							
	PART 2							
	PART 3							
	PART 4							
Reading (28문항)	점수							
	PART 1							
	PART 2							
	PART 3							
	PART 4							

점수 계산하기

영 역	맞은 개수	점 수	나의 총점
Grammar	_____ /26	(맞은 개수/26) x 100 = _____ 점	(영역별 점수 합) / 3 = _____ 점 소수점 이하는 올림 처리
Listening	_____ /26	(맞은 개수/26) x 100 = _____ 점	
Reading	_____ /28	(맞은 개수/28) x 100 = _____ 점	

나의 점수 확인하기

영 역	맞은 개수	점 수	나의 총점
GRAMMAR	_____ /26	(맞은 개수/26) x 100 = _____ 점	(영역별 점수 합) / 3 = _____ 점 소수점 이하는 올림 처리
LISTENING	_____ /26	(맞은 개수/26) x 100 = _____ 점	
READING AND VOCABULARY	_____ /28	(맞은 개수/28) x 100 = _____ 점	

정답 확인하기

GRAMMAR

01	(c)	02	(b)	03	(d)	04	(a)	05	(d)	06	(d)	07	(b)	08	(a)
09	(a)	10	(d)	11	(b)	12	(c)	13	(c)	14	(c)	15	(a)	16	(c)
17	(d)	18	(c)	19	(d)	20	(d)	21	(b)	22	(a)	23	(b)	24	(d)
25	(c)	26	(b)												

LISTENING

PART 1	27	(d)	28	(d)	29	(b)	30	(c)	31	(a)	32	(d)	33	(b)
PART 2	34	(d)	35	(b)	36	(d)	37	(a)	38	(c)	39	(b)		
PART 3	40	(d)	41	(b)	42	(d)	43	(c)	44	(b)	45	(a)		
PART 4	46	(c)	47	(b)	48	(a)	49	(a)	50	(b)	51	(a)	52	(d)

READING AND VOCABULARY

PART 1	53	(c)	54	(b)	55	(d)	56	(b)	57	(b)	58	(a)	59	(d)
PART 2	60	(b)	61	(c)	62	(d)	63	(d)	64	(a)	65	(a)	66	(b)
PART 3	67	(a)	68	(a)	69	(d)	70	(d)	71	(c)	72	(d)	73	(a)
PART 4	74	(c)	75	(d)	76	(a)	77	(a)	78	(b)	79	(c)	80	(c)

TEST

1

GRAMMAR

LISTENING

READING AND VOCABULARY

정답 확인하기

GRAMMAR

01	(c)	02	(b)	03	(d)	04	(a)	05	(d)	06	(d)	07	(b)	08	(a)
09	(a)	10	(d)	11	(b)	12	(c)	13	(c)	14	(c)	15	(a)	16	(c)
17	(d)	18	(c)	19	(d)	20	(d)	21	(b)	22	(a)	23	(b)	24	(d)
25	(c)	26	(b)												

문항별 취약 유형 체크하기

01	시제 (현재진행: right now)	14	가정법 (가정법 과거완료: if 생략 도치 구문)
02	당위성/이성적판단 (동사: recommend)	15	준동사 (동명사: prevent)
03	준동사 (동명사: advocate)	16	시제 (현재완료진행: since + 과거 시제절)
04	시제 (미래진행: when + 현재 시제절, 부사구)	17	가정법 (가정법 과거완료: if절 + 과거완료)
05	당위성/이성적 판단 (동사: suggest)	18	준동사 (to부정사: 형용사적 용법)
06	준동사 (to부정사: plan)	19	조동사 (의무: must)
07	시제 (미래완료진행: by the time + 현재 시제절, for + 시간명사)	20	관계사 (관계대명사: 계속적용법 which)
08	가정법 (가정법 과거: if절 + 과거 시제)	21	가정법 (가정법 과거완료: if절 + 과거완료)
09	조동사 (가능: can)	22	연결어 (접속부사: therefore)
10	시제 (과거진행: when + 과거 시제절)	23	시제 (과거완료진행: before + 과거 시제절, for + 시간 명사)
11	준동사 (동명사: enjoy)	24	관계사 (관계부사: when)
12	가정법 (가정법 과거: if절 + 과거 시제)	25	가정법 (가정법 과거: if절 + 과거 시제)
13	연결어 (접속부사구: on the other hand)	26	당위성/이성적 판단 (형용사: necessary)

★ 틀린 문항을 확인하고 취약한 유형을 집중 학습하세요.

1 시제 (현재진행: right now) ★★   정답 (c)

Sandra is unhappy with the service at the five-star hotel she is staying at and is requesting a refund from the hotel manager. Right now, she _____ a letter to express her frustration and the incompetence of some of the staff.

(a) will draft
(b) has been drafting
(c) is drafting
(d) drafted

산드라는 자신이 묵고 있는 5성급 호텔의 서비스에 불만족스러워하며 호텔 매니저에게 환불을 요구하고 있다. 지금, 그녀는 자신의 답답함과 일부 스태프들의 무능함을 전달하기 위해 편지의 초안을 작성하고 있다.

해설 보기에서 동사 draft가 다양한 시제로 나왔으므로 시제 문제이다. 빈칸 앞뒤에 시간부사구나 부사절을 확인한다. 빈칸 앞에 현재진행 시제와 자주 사용되는 부사구 Right now가 나왔고 현재에 진행 중인 동작을 나타내므로 현재진행시제 (c)가 정답이다.

어휘 request 요청하다   refund 환불   draft 초안을 작성하다   express 표현하다, 전달하다   frustration 답답함   incompetence 무능

참고   현재진행

- 형태: am/are/is ~ing
- 의미: (~하고 있다) 현재에 진행 중인 동작을 나타낸다.
- 자주 쓰이는 부사어구: at the moment, now, right now, at the weekend, at this time/week/month, currently, nowadays, continually, constantly

2 당위성/이성적 판단 (동사: recommend) ★★   정답 (b)

The new CEO of the company is quite strict when it comes to the attendance of his employees. He consequently recommended that all newly hired staff members _____ the weekly briefings before lunch.

(a) will attend
(b) attend
(c) have attended
(d) are attending

그 회사의 새 사장은 직원들의 출석에 관해서는 상당히 엄격하다. 따라서 그는 새롭게 채용된 모든 직원들이 점심 식사 전에 주간 브리핑에 참석해야 한다고 권장했다.

> **참고**
> ### 당위성을 나타내는 동사
>
> • 형태: 주어 + 당위성 동사 + that + 주어 + (should) + 동사원형
> • 당위성 문제는 다음의 동사와 함께 나온다.
> advise(조언하다), ask(요청하다), beg(간청하다), command(명령하다), stress(강조하다), demand(요구하다), direct(지시하다), insist(주장하다), instruct(지시하다), intend(의도하다), order(명령하다), prefer(선호하다), propose(제안하다), recommend(권장하다), request(요청하다), require(요구하다), stipulate(규정하다), suggest(제안하다), urge(촉구하다), warn(경고하다)

---

3 준동사 (동명사: advocate) ★★ 　　　　　　　　　　　정답 (d)

The black truffle is the second-most commercially valuable species of truffle named after a French region. It is found across Europe, and many famous chefs advocate _____ the delicacy sparingly in pasta sauce or roasted beef.

(a) to be served
(b) to serve
(c) having served
(d) serving

검은 송로버섯은 프랑스의 지명을 따서 이름 지어진 송로 버섯 중 두 번째로 가장 상업적으로 가치가 높은 송로버섯 종이다. 그것은 유럽 전역에서 발견되고 많은 유명한 요리사들은 파스타 소스나 구운 소고기에 아껴 가며 조금씩 그 별미를 제공하는 것을 주장한다.

> **참고**
> ### 동명사만을 목적어로 취하는 동사
>
> adore(존경하다), advocate(옹호하다), advise(충고하다), admit(인정하다), allow(허락하다), practice(연습하다), feel like(~하고 싶다), enjoy(즐기다), keep(유지하다), consider(고려하다), discuss(토론하다), finish(끝내다), mention(언급하다), postpone(연기하다), recommend(추천하다), avoid(피하다), delay(미루다), dislike(싫어하다), insist(주장하다), mind(꺼리다), quit(그만두다), deny(부인하다), involve(포함하다), miss(놓치다), suggest(제안하다), prevent(예방하다)

The mega cellular phone company was disturbed by recent reports that a competitor is duplicating an innovative product that they have yet to put on the market. The company's owner _____ emergency meetings when the news makes headlines, at the end of this month.

(a) will still be holding
(b) will still have held
(c) were still holding
(d) have still been holding

거대 휴대전화 회사는 경쟁사가 아직 시장에 내놓지 않은 혁신적인 제품을 복제하고 있다는 최근 보도에 동요했다. 그 회사의 사장은 이 뉴스가 헤드라인을 장식할 이달 말에도 여전히 긴급 회의를 열고 있을 것이다.

해설 보기에서 동사 hold가 다양한 조동사와 시제로 나왔으므로 시제 문제이다. 빈칸 앞에 시간부사구나 부사절이 있는지 확인한다. 빈칸 뒤에 시간부사절 'when+현재 시제절'이 쓰였는데 when절에서 현재시제가 쓰이면 미래의 의미를 나타내므로 기준시점이 미래임을 알 수 있다. 또한 부사구 at the end of this month도 기준시점이 미래임을 나타내며 미래나 미래진행 시제와 자주 쓰인다. 따라서 미래진행 (a)가 정답이다.

오답 분석 보기에서 미래와 관련 있는 선택지는 미래진행 (a) will still be holding과 미래완료 (b) will still have held이다. 위 문장에 쓰인 부사구 at the end of this month는 완료 의미가 없는 단순한 미래 시점만 나타내는 부사구이므로 미래완료 시제에 적합하지 않다. 따라서 (b)는 오답이다. 참고로 지텔프 문법 시제 문제는 진행 시제만 주로 출제되고 있으므로 미래완료 (b)는 정답이 되는 경우가 거의 없다.

어휘 cellular 무선(휴대) 전화의   be disturbed by ~에 동요하다   recent 최근의, 근래의   competitor 경쟁자, 경쟁사   duplicate 복제하다   innovative 혁신적인   put on the market 시장에 내놓다   hold 열다, 개최하다; 잡다   emergency 긴급의, 응급의   headline (신문, 뉴스 등의) 표제, 주요 뉴스

참고 **미래진행**

• 형태: will be ~ing
• 의미: (~하고 있을 것이다) 미래의 특정 시간에 동작이 진행 중일 것임을 나타낸다.
• 자주 쓰이는 표현: 부사구 – when/if/until + 현재 시제절
                     부사절 – next week/month/year, next time, until then, in the future, tomorrow

---

A sore throat is a painful or scratchy feeling in the throat, which accounts for more than 13 million visits to the hospital each year. Most sore throats are caused by infections or by environmental factors. Therefore, ENT specialists suggest that an infected person _____ medical help for the right treatment.

(a) will seek
(b) has sought
(c) seeks
(d) seek

인후통은 목구멍이 아프거나 따끔거리는 느낌이 드는 것으로, 매년 1300만 명이 넘는 이들이 병원을 방문하는 이유가 된다. 대부분의 인후통은 감염이나 환경적인 요인에 의해 발생한다. 그러므로, 이비인후과 전문의들은 감염된 사람이 적절한 치료를 위해 의학적인 도움을 받을 것을 제안한다.

보기에서 동사 seek의 다양한 시제와 동사원형이 나왔고 빈칸 앞에 당위성을 나타내는 동사 suggest가 나왔으므로 당위성 문제이다. 종속절(that절)에서 당위성 조동사 should가 생략된 동사원형이 나와야 하므로 동사원형 (d)가 정답이다.

어휘 sore throat 인후통 scratchy 따끔거리는 account for ~의 이유가 되다, 차지하다 be caused by ~에 의해 야기되다 infection 감염 environmental 환경적인 factor 요인 therefore 그러므로 ENT specialist 이비인후과 전문의 (ear, nose and throat) suggest 제안하다 infected 감염된 medical 의학의 seek 구하다, 찾다 treatment 치료

---

6 준동사 (to부정사: plan) ★ 　　　　　　　　　　　　　　　　　　　 정답 (d)

Some students often fail their examinations because they do not read the instructions thoroughly enough. Last week, Mr. Blackwell, the psychology professor, announced that he plans _____ the exam papers more strictly from next semester.

(a) correcting
(b) to have corrected
(c) having corrected
(d) to correct

몇몇 학생들은 문제의 지시문을 충분히 철저하게 읽지 않아서 시험에서 종종 낙제한다. 지난 주, 심리학과 교수인 블랙웰 씨는 다음 학기부터 시험지를 더 엄격하게 교정할 계획이라고 발표했다.

해설 보기에서 동사 correct가 준동사 형태로 나왔으므로 준동사 문제이다. 빈칸 앞에 동사의 유형을 확인한다. 빈칸 앞에 to부정사를 목적어로 취하는 동사 plan이 나왔고 부정사의 시제가 주절 동사의 시제와 일치하므로 단순 to부정사인 (d)가 정답이다.

오답분석 보기에서 to부정사 형태로 완료부정사 (b) to have corrected도 나왔으나 부사구 from next semester로 보아, 주절보다 이전의 일을 나타내는 완료부정사는 답이 될 수 없다. 또한 지텔프 문법 문제에서는 완료 준동사가 출제되는 경우는 거의 없다.

어휘 examination 시험 instruction (시험 문제의) 지시문 thoroughly 철저하게 psychology 심리학 announce 발표하다 correct 교정하다 strictly 엄격하게 semester 학기

> **참고** to부정사를 목적어로 취하는 동사
>
> decide(결정하다), want(원하다), expect(기대하다), need(필요로 하다), wish(소망하다), hope(희망하다), desire(갈망하다), agree(동의하다), choose(선택하다), learn(배우다), plan(계획하다), promise(약속하다), refuse(거절하다), pretend(~인 체하다), aim(목표로 하다)

---

7 시제 (미래완료진행: by the time + 현재 시제절, for + 시간명사) ★★★ 　　　 정답 (b)

The community center is hosting a Thanksgiving dinner party for the children of the neighborhood. By the time the kids arrive at the venue, a team of volunteers _____ the main hall for several hours.

(a) decorate
(b) will have been decorating
(c) have been decorating
(d) will decorate

주민 센터에서 이웃 아이들을 위한 추수감사절 저녁 파티를 개최한다. 아이들이 행사장에 도착할 때쯤, 자원봉사자 팀은 몇 시간 동안 메인 홀을 장식하고 있을 것이다.

해설 보기에서 동사 decorate가 다양한 시제로 나왔으므로 시제 문제이다. 빈칸 앞뒤에서 시간부사구나 부사절을 확인한다. 빈칸 앞에 시간 부사절 'By the time the kids arrive at the venue'가 나왔는데 시간부사절에서 현재시제가 미래의 의미를 나타내므로 기준 시점이 미래임을 알 수 있다. 또, 빈칸 뒤에 완료시제와 자주 쓰이는 부사구 for several hours가 나왔다. 기준 시점이 미래이면서 그 미래 시점에 일정 기간 동안 계속 진행되는 동작을 나타내므로 미래완료진행 (b)가 정답이다.

오답분석 (d) will decorate는 단순 미래 시제로, 기준 시점이 미래일 때 쓰인다. 그러나 여기서는 기간을 나타내는 표현인 'for + 시간명사'가 나 와있어 완료 시제가 필요하므로 (d)는 오답이다. 지텔프 문법에서는 주로 진행 시제가 정답으로 나오며, 단순 시제가 정답으로 나오는 경우는 거의 없다.

어휘 community center 주민 센터 neighborhood 동네, 이웃 venue 행사장 volunteer 자원봉사자 decorate 장식하다

참고

미래완료진행

- 형태: will have been ~ing
- 의미: 미래 이전에 시작된 행동이 미래의 특정 시점까지 계속 진행되고 있음을 나타낸다.
- 자주 쓰이는 시간 부사 표현: by the time/when + 현재 시제절 + (for + 시간명사), by/in + 미래 시점 + (for + 시간명사)

---

8 가정법 (가정법 과거: if절 + 과거 시제) ★★★ 　　　　　　　　정답 (a)

In order to become successful actors, people should ideally take acting courses and have basic acting skills. Additionally, they should interrogate themselves how far _____ to go in order to reach their objectives if the efforts and the challenges were as rewarding as the benefits.

(a) they would be inclined
(b) they would have been inclined
(c) they will be inclined
(d) they had been inclined

성공적인 배우가 되기 위해 이상적으로 사람들은 연기 수업을 들어야 하고 기본적인 연기 능력을 가지고 있어야 한다. 또한 그들은 만약 노력과 도전이 이익만큼 보람이 있다면, 목표에 도달하기 위해 어디까지 갈 의향이 있는지에 대해 스스로에게 질문해야 한다.

해설 보기에서 동사 incline이 다양한 조동사와 같이 나왔으므로 시제 문제 아니면, 가정법 문제이다. 빈칸 앞뒤에 시간부사구나 부사절 또는 조건절을 확인한다. 빈칸 뒤에 if조건절이 있고, 조건절의 시제가 과거(were)이므로 가정법 과거이다. 가정법 과거의 주절에는 'would/should/could/might + 동사원형'이 와야 하므로 (a)가 정답이다.

어휘 ideally 이상적으로 additionally 추가적으로, 또한 interrogate 질문하다 be inclined to+동사원형 ~할 의향이 있다
reach 도달하다 objective 목표 effort 노력 challenge 도전 rewarding 보람 있는

The Book for Babies is a non-profit organization that encourages young kids to develop a love of reading at a very young age. It also raises money through fundraisers such as car washes or flea markets. If you want to help, you _____ donate cash or invest your time in the organization's activities.

(a) can
(b) will
(c) should
(d) would

'The Book for Babies'는 어린 아이들이 매우 어린 나이에 독서에 대한 사랑을 키울 수 있도록 장려하는 비영리 단체이다. 그 단체는 또한 세차 행사나 벼룩시장과 같은 모금 행사를 통해 돈을 모은다. 만약 당신이 돕고 싶다면, 당신은 현금을 기부하거나 그 단체의 활동들에 당신의 시간을 투자할 수 있다.

해설 보기에서 다양한 조동사가 나왔으므로 조동사 문제이다. 지텔프 문법 빈출 조동사에는 능력, 가능을 나타내는 can, 의무나 강제성을 나타내는 must와 have to, 당위나 권유를 나타내는 should, 그리고 의지를 나타내는 will 등이 있다. 조동사 문제는 보기에 있는 조동사를 빈칸에 하나씩 대입해서 앞뒤 문맥에 맞는 조동사를 찾아야 한다. 빈칸 앞 if절의 해석이 '만약 당신이 돕고 싶다면'이므로 빈칸이 들어간 주절의 해석은 '당신은 그 활동에 현금을 기부하거나 시간을 투자할 수 있다'가 자연스럽다. 가능을 나타내는 조동사 can이 가장 적절하므로 (a)가 정답이다.

오답 분석 (b) will은 '~하려고 한다, 할 것이다'(의지, 예정), (c) should는 '~해야 한다'(의무, 당연), (d) would는 '~하곤 했다'(과거의 습관) 혹은 '~할 것이었다'(will의 과거형)의 뜻으로 쓰여서 문맥상 적합하지 않아서 오답이다.

어휘 non-profit organization 비영리 단체 encourage ~하도록 장려하다 develop 개발하다, 발전시키다 raise money 기금을 모으다 fundraiser 모금 행사 car wash (모금용) 세차 행사, 세차장 flea market 벼룩 시장 donate 기부하다 invest 투자하다

Yesterday, my next-door neighbor, Ms. Wright was bewildered to find her 15-year-old nephew still awake at midnight. She had worked overtime since her office was remodeling the conference room. Thankfully, her nephew _____ his math assignment when she pulled up into the driveway.

(a) is completing
(b) has been completing
(c) will complete
(d) was completing

어제 내 옆집에 사는 라이트 양은 15살 된 조카가 자정에도 깨어 있는 것을 보고 당황했다. 그녀의 사무실이 회의실을 리모델링하고 있어서 그녀는 야근을 했었다. 다행히도, 그녀가 진입로에 차를 세웠을 때 그녀의 조카는 그의 수학 숙제를 마무리하고 있었다.

해설 보기에서 동사 complete가 다양한 시제로 나왔으므로 시제 문제이다. 빈칸 앞뒤에 시간부사구나 부사절을 확인한다. 빈칸 뒤에 시간부사절 when절이 나왔고 when절의 시제가 과거이므로 기준 시점이 과거임을 알 수 있다. 따라서 과거진행 (d)가 정답이다.

어휘 bewildered 당황한 awake 깨어 있는 overtime 초과 근무 remodel 개조하다, 리모델링하다 conference room 회의실 thankfully 다행히도 nephew (남자) 조카 complete 마무리하다, 완성하다 assignment 숙제 pull up 차를 대다 driveway 진입로

참고 **과거진행**

- 형태: was/were ~ing
- 의미: (~하고 있었다) 과거의 특정시점에 동작이 진행 중이었음을 나타낸다.
- 자주 쓰이는 시간 표현: when/while + 과거 시제절, last + 시간명사, yesterday

---

11 준동사 (동명사: enjoy) ★★ 　　　　　　　　　　　　　정답 (b)

Located on the roof of One Times Square, the ball drop is a prominent part of the New Year's Eve celebration in New York City, where the ball descends a specially designed flagpole at 11:59:00 p.m. EST. Each year, at least one million spectators enjoy _____ the event live, despite the freezing temperature.

(a) to watch
(b) watching
(c) to be watching
(d) having watched

원 타임스퀘어 지붕에 위치한 볼 드롭은 뉴욕 시 새해 전야 축하 행사의 중요한 부분으로, 그 공은 동부 표준 시간 오후 11시 59분에 특별히 설계된 깃대를 내려간다. 매년, 적어도 백만 명의 관중들이 영하의 기온에도 불구하고 이 행사를 생중계로 보는 것을 즐긴다.

해설 보기에 동사 watch가 준동사 형태로 나왔으므로 준동사 문제이다. 빈칸 앞에 동명사를 목적어로 취하는 동사 enjoy가 쓰였으므로 빈칸에 동명사가 적합하다. 따라서 단순 동명사 (b)가 정답이다.

오답분석 완료 동사 (d) having watched는 주절 동사보다 한 시제 앞선 상황을 나타낼 때 사용되는데, 이 문맥에서는 주절 동사와 같은 시제의 상황을 나타내므로 완료 동사 (d)는 오답이다.

어휘 located on ~에 위치한　prominent 중요한, 유명한　celebration 축하 행사　descend 내려가다　flagpole 깃대　EST(Eastern Standard Time) (미국의) 동부 표준 시간　spectator 관중　despite ~에도 불구하고　freezing 너무나 추운, 영하의

---

12 가정법 (가정법 과거: if절 + 과거 시제) ★★ 　　　　　　정답 (c)

Even though he has been an experienced and trained lawyer for over a decade, Alan volunteers as an English language teacher for middle school students twice a week. If only he were more available, he _____ the students more frequently.

(a) would have tutored
(b) was tutoring
(c) would tutor
(d) will tutor

10년 넘게 능숙하고 숙달된 변호사로 지내왔지만, 앨런은 일주일에 두 번 중학생들을 위한 영어 교사로 자원봉사를 한다. 그가 좀 더 시간이 있다면, 그는 학생들을 더 자주 지도할 것이다.

해설 보기에 동사 tutor가 다양한 조동사와 나왔고 빈칸 앞에 if절이 있으므로 가정법 문제이다. if절의 시제가 과거(were)이므로 가정법 과거임을 알 수 있다. 가정법 과거의 주절에는 'would/should/could/might + 동사원형'이 와야 하므로 (c)가 정답이다.

어휘 experienced 능숙한, 경험이 풍부한　trained 숙달된, 훈련받은　lawyer 변호사　decade 10년　volunteer 자원 봉사를 하다　available (사람이) 시간이 있는　tutor 개인 지도하다　frequently 자주

13 연결어 (접속부사구: on the other hand) ★★★   정답 (c)

According to the USDA's Economic Research Service, roughly 30 to 40 percent of the food in the United States is wasted every year! _____, more than 30 percent of children in Africa suffer from the consequences of chronic malnutrition due to a lack of food.

(a) Furthermore
(b) Therefore
(c) On the other hand
(d) As a result

미국 농무부의 경제 조사국에 따르면, 미국 식품의 약 30에서 40 퍼센트가 매년 낭비되고 있다고 한다! 반면에, 30 퍼센트가 넘는 아프리카 어린이가 식량 부족으로 인한 만성 영양실조의 결과로 고통받고 있다.

해설 보기에서 다양한 연결어가 나왔으므로 연결어 문제이다. 보기를 하나씩 빈칸에 대입해서 빈칸 앞뒤 문장의 의미와 가장 자연스러운 연결어를 고르면 된다. 빈칸 앞의 내용은 '음식 낭비'이고 뒤의 내용 '음식 부족'이므로 대조, 역접 관계이다. 따라서 대조의 의미를 나타내는 연결어 (c)가 정답이다.

오답분석 (a) Furthermore(게다가), (b) Therefore(그러므로), (d) As a result(결과적으로)는 문맥상 어색한 연결어이므로 오답이다.

어휘 according to ~에 따르면   USDA 미국 농무부 (United States Department of Agriculture)   economic 경제의   research 연구, 조사   roughly 대략, 거의   waste 낭비하다   suffer from ~로 고통받다   consequence 결과   chronic 만성적인   malnutrition 영양 실조   due to ~ 때문에   lack 부족

> **참고** **대조, 역접을 나타내는 연결어**
>
> however(하지만), by contrast(대조적으로), even so(그렇기는 하지만), in contrast(대조적으로), nevertheless(그럼에도 불구하고), on the contrary(반대로), on the other hand(반면에)

---

14 가정법 (가정법 과거완료: if 생략 도치 구문) ★★★   정답 (c)

My father is really disappointed with his last medical check-up and the latest recommendations of his physician. Had he been more careful with his daily nutritional intake, he _____ his cholesterol at a minimum level.

(a) had kept
(b) was keeping
(c) would have kept
(d) would keep

나의 아버지는 마지막 건강 검진과 내과 주치의의 최근 권고에 정말 낙담하셨다. 매일 영양 섭취에 좀 더 신경 썼다면, 그는 콜레스테롤 수치를 최소 수준으로 유지했을 것이다.

해설 보기에서 동사 keep이 조동사와 같이 나왔고 빈칸 앞에 도치된 형태의 조건절이 있으므로 가정법 문제이다. 빈칸 앞에 'If he had been ~'에서 접속사 if가 생략되고 주어와 had가 도치된 문장 'Had he been ~'가 쓰였으므로 가정법 과거완료이다. 가정법 과거완료의 주절에는 'would/should/could/might + have p.p.'가 와야 하므로 (c)가 정답이다.

어휘 disappointed 낙담한, 실망한   check-up (건강) 검진 진찰   latest (가장) 최근의   recommendation 권고, 추천   physician 내과의사   nutritional 영양의   intake 섭취   cholesterol 콜레스테롤   minimum 최소의

15 준동사 (동명사: prevent) ★★   정답 (a)

A monopoly is a dominant position of a sector by one company, to the point of excluding all other competitors. Therefore, in free-market nations, it is usually advised to **prevent** _____ monopolies because they can limit wealth and power to one company.

(a) encouraging
(b) to have encouraged
(c) having encouraged
(d) to encourage

독점은 다른 모든 경쟁자를 배제시킬 정도로 한 기업에 의해 한 분야가 지배되는 상태이다. 따라서 자유 시장 국가에서 독점은 한 기업에게 부와 권력을 한정할 수 있기 때문에 일반적으로 독점을 조장하는 것을 방지하도록 권해진다.

> **해설** 보기에서 동사 encourage가 준동사 형태로 나왔으므로 준동사 문제이다. 빈칸 앞에 동사가 동명사를 목적어로 취하는 동사인지 to부정사를 목적어로 취하는 동사인지 확인한다. 동사 prevent는 동명사를 목적어로 취하는 동사이므로 단순 동명사 (a)가 정답이다.

> **어휘** monopoly 독점   dominant 지배적인, 우위를 차지하는   sector 부문, 분야, 구역   exclude 배제하다   competitor 경쟁자   free-market 자유 시장   nation 국가   advise 권고하다, 충고하다   prevent 막다, 예방하다   encourage 조장하다   limit 한정하다, 제한하다   wealth 부

16 시제 (현재완료진행: since + 과거 시제절) ★★★   정답 (c)

The newly hired English literature professor has made herself a reputation at the university and is considered by her colleagues as the best when it comes to dealing with procrastinators. She _____ in our language department since she completed her doctoral studies two years ago.

(a) is teaching
(b) teaches
(c) has been teaching
(d) will teach

새로 채용된 영문학 교수는 대학에서 유명세를 탔고 동료들에게 일을 미루는 사람들을 다루는 것에 관해서는 최고라고 여겨진다. 그녀는 2년 전 박사과정을 마친 이래로 지금까지 우리 언어학과에서 가르치고 있다.

해설 보기에서 동사 teach가 다양한 시제로 나왔으므로 시제 문제이다. 빈칸 앞뒤에 시간부사구나 부사절을 확인한다. 빈칸 뒤에 접속사 since가 이끄는 절이 과거 시제로 쓰였는데, 'since + 과거 시제절'이 나오면 '과거 그 시점부터 지금까지 계속'의 의미이므로 빈칸을 포함한 주절은 현재완료나 현재완료진행 시제가 적합하다. 따라서 현재완료진행 (c)가 정답이다.

어휘 literature 문학   make oneself a reputation 유명세를 타다   be considered as ~로 여겨지다   colleague 동료   deal with ~을 다루다, 처리하다   procrastinator (일을) 미루는 사람   department 학과, 부서   complete 마치다, 완결하다   doctoral 박사 학위의

참고 현재완료진행

• 형태: have/has been ~ing
• 의미: (~해오고 있는 중이다) 과거에 시작한 행동이 현재까지 계속 진행되고 있음을 나타낸다.
• 자주 쓰이는 시간 부사어구: since + 과거 시점 / 과거 시제절(~한 이래로), for + 시간명사(~동안), lately(최근에)

---

17 가정법 (가정법 과거완료: if절 + 과거완료) ★★   정답 (d)

The businessman was compelled to change his investment after he purchased several stocks from a failing business. If he had been more attentive to the market, he _____ a huge financial loss.

(a) had prevented
(b) was preventing
(c) would prevent
(d) would have prevented

그 사업가는 실패한 업체에서 몇몇 주식을 사들인 후 투자를 변경할 수밖에 없었다. 그가 시장에 좀 더 신경을 썼더라면 막대한 금전적 손실을 막을 수 있었을 것이다.

해설 보기에 동사 prevent가 다양한 조동사와 같이 나왔고 빈칸 앞에 if조건절이 있으므로 가정법 문제이다. if절의 시제가 과거완료이므로 가정법 과거완료임을 알 수 있다. 가정법 과거완료의 주절에 'would/should/could/might + have p.p.'가 와야 하므로 (d)가 정답이다.

어휘 be compelled to+동사원형 ~할 수밖에 없다   investment 투자   purchase 구입하다   stock 주식   attentive 주의를 기울이는, 신경을 쓰는   financial 금전적인, 금융의   loss 손실, 손해

참고 가정법 과거완료

• 형태: If + 주어 + had p.p.~, 주어 + would/should/could/might + have p.p. ~.
• 과거에 있었던 일을 반대로 가정해서 말할 때 사용된다.

Long-held traditions and stereotypes often influence how we dine and drink. In many eastern cultures, for example, steaming, boiling, and stir-frying are the most popular cooking methods _____ the loss of nutrients, while Western dishes tend to be fried or baked for convenience.

(a) to be preventing
(b) having prevented
(c) to prevent
(d) to have prevented

오랫동안 지켜온 전통과 고정관념은 종종 우리가 어떻게 먹고 마시는지에 영향을 미친다. 예를 들어, 많은 동양 문화권에서는 찌거나 끓이거나 볶는 것이 영양소 손실을 막는 가장 인기 있는 요리 방법인 반면, 서양 요리는 편의상 튀기거나 구워지는 경향이 있다.

해설 ▶ 보기에서 동사 prevent가 준동사 형태로 나왔으므로 준동사 문제이다. 빈칸 앞에 동사는 나오지 않고 명사가 나왔고 to부정사의 형용사적 용법으로 명사를 수식하는 구조이므로 (c)가 정답이다.

오답 분석 (b) having prevented는 완료형 동명사이다. 완료형 동명사는 주절의 동사보다 이전에 일어났던 일에 쓰이는 형태인데, 주절 동사와 준동사의 시제가 일치하므로 (b)는 정답이 될 수 없다. (d) to have prevented는 완료형 to부정사로, 주절 동사와 준동사의 시제가 일치하므로 (d)도 역시 오답이다. 지텔프 문법에서 완료 준동사가 정답이 되는 경우는 드물다.

어휘 ▶ long-held 오랫동안 지켜온   tradition 전통   stereotype 고정관념   influence 영향을 미치다   dine 먹다, 식사하다   eastern 동양의   steam 찌다   boil 끓다   stir-fry (재빨리) 볶다   method 방법   nutrient 영양소   dish 요리   tend to ~하는 경향이 있다   bake 굽다   convenience 편리, 편의

Going on vacation overseas is one of the most thrilling activities one can experience. However, to prepare for a trip abroad, travelers _____ apply for a passport at least six weeks in advance and get a visa if necessary.

(a) could
(b) might
(c) would
(d) must

해외로 휴가를 가는 것은 사람이 경험할 수 있는 가장 신나는 활동 중 하나이다. 그러나 해외여행을 준비하기 위해서 여행자들은 적어도 6주 전에 미리 여권을 신청하고 필요하다면 비자를 받아야 한다.

해설 ▶ 보기에 다양한 조동사가 나왔으므로 조동사 문제이다. 빈칸에다 보기에 있는 조동사를 하나씩 대입해서 가장 자연스러운 것을 찾는다. 빈칸이 들어간 문장은 '해외여행을 준비하기 위해서는 여행자들이 적어도 6주 전에 여권을 신청하고 필요하다면 비자를 받아야 한다.'고 해석하는 것이 가장 자연스러우므로 의무의 뜻을 나타내는 조동사 (d)가 정답이다.

오답 분석 (a) could는 확실성이 낮은 가능성을 나타내고 (b) might는 약한 추측의 의미를 나타내며 (c) would는 과거의 습관이나 의지를 나타내므로 문맥상 어색해서 오답이다.

어휘 ▶ vacation 휴가, 방학   overseas 해외의, 해외로   thrilling 설레는   prepare for ~을 위해 준비하다   abroad 해외로   apply for 신청하다   passport 여권   at least 적어도   in advance 미리   necessary 필요한

Near Mount Everest, the highest mountain in the world, is a beautiful region of Nepal called Khumbu, _____ had thick forests with mountains covered with red and pink flowers. But today, Khumbu has lost most of its trees.

(a) that
(b) what
(c) who
(d) which

세계에서 가장 높은 산인 에베레스트 산 근처에는 쿰부라고 불리는 네팔의 아름다운 지역이 있는데, 그것은 빨간색과 분홍색의 꽃들로 뒤덮인 산들과 울창한 숲을 가졌었다. 그러나 오늘날 쿰부는 대부분의 나무를 잃었다.

해설 보기에서 다양한 관계사가 나왔으므로 관계사 문제이다. 빈칸 앞에 관계사의 선행사를 찾고, 관계사절에서 그 선행사의 역할을 확인한다. 빈칸 앞 선행사는 명사구 'a beautiful region of Nepal called Khumbu'이고 관계사 앞에 콤마가 있다. 선행사가 사물이고 관계사절 안에서 주어 역할을 하며, 관계사가 계속적 용법으로 사용되었으므로 관계대명사 which가 적절하다. 따라서 정답은 (d)이다.

오답 분석 (a) that은 선행사가 사물, 사람 모두 가능하나 계속적 용법에 쓰일 수 없어서 오답이다. (b) what은 선행사를 포함한 관계대명사인데 여기에서는 선행사가 있으므로 오답이다. (c) who는 선행사가 사람일 때 쓰이는 관계대명사인데 여기에서는 선행사가 사물이므로 오답이다.

어휘 region 지역   thick 두꺼운, 울창한   cover (뒤)덮다, 씌우다

참고   관계대명사 용법

1. 관계대명사의 선행사
   ① 선행사가 사람인 경우 (who, that) e.g.) I have an uncle who(that) lives in America. (나는 미국에 사는 삼촌이 있다.)
   ② 선행사가 사물인 경우 (which, that) e.g.) Busan is a city which(that) fascinated people. (부산은 사람들을 매혹시키는 도시이다.)
2. 관계사의 한정적 용법 vs. 계속적 용법
   ① 한정적 용법: 앞 문장에서 말하는 대상을 확인할 경우, 즉 다시 언급할 때 사용
      e.g.) I have two watches. The watch which is in the drawer is broken.
          나는 손목 시계가 두 개 있다. 서랍 속에 있는 시계는 고장 난 상태이다.
   ② 계속적 용법: 선행사에 대해 정보를 추가할 경우 사용 (관계대명사 that은 쓰이지 않음)
      e.g.) I only have one watch. The watch, which is in the drawer, is broken.
          나는 한 개의 손목 시계만 가지고 있다. 그 시계는 서랍 속에 있는데 고장 난 상태이다.
      e.g.) I only have one watch. The watch, that is in the drawer, is broken. (X)

From a very young age, Jeff started putting away all the cash gifts his parents and grandparents gave him in a piggy bank he had received. If he hadn't put away the money, he _____ enough money to buy himself a new car last week.

(a) did not get
(b) would not have gotten
(c) would not get
(d) had not gotten

매우 어린 나이부터 Jeff는 돼지 저금통을 받아 부모님과 조부모님이 주신 모든 현금 선물을 모으기 시작했다. 만약 그가 돈을 저축하지 않았다면, 그는 지난주에 새 차를 사기에 충분한 돈을 구하지 못했을 것이다.

보기에서 동사 get이 다양한 조동사와 같이 나왔으므로 시제 문제 아니면 가정법 문제이다. 빈칸 앞에 if절이 있고, 과거완료 시제가 쓰였으므로 가정법 과거완료이다. 가정법 과거완료의 주절은 '주어 + would/should/could/might + have p.p.'가 와야 하므로 (b)가 정답이다.

여휘 receive 받다 piggy bank 돼지 저금통 put away 모으다, 저축하다

---

22 연결어 (접속부사: therefore) ★★★   정답 (a)

It is known that neurological damage from Parkinson's disease can affect a person's sense of smell. _____, a group of medical experts investigated whether those conditions could explain the link between smell and mortality rate.

(a) Therefore
(b) Meanwhile
(c) Moreover
(d) Besides

파킨슨병으로 인한 신경 손상은 사람의 후각에 영향을 미칠 수 있다고 알려져 있다. 따라서 의학 전문가 그룹은 그러한 조건들이 냄새와 사망률 사이의 연관성을 설명할 수 있는지 조사했다.

해설 보기에 다양한 연결어가 나왔으므로 연결어 문제이다. 보기에 있는 연결어를 빈칸에 하나씩 대입하여 문장 앞뒤를 가장 잘 연결할 수 있는 것을 고르면 된다. '신경손상이 후각에 영향을 미치므로 냄새와 사망률의 사이의 연관성을 조사했다'는 논리로 연결되므로 결과의 의미를 나타내는 연결어 Therefore(그러므로)가 가장 자연스럽다. 따라서 정답은 (a)이다.

오답분석 (b) Meanwhile(한편), (c) Moreover(게다가), (d) Besides(게다가)는 문맥상 어색한 연결어이므로 오답이다.

여휘 neurological 신경의, 신경학의 damage 손상 Parkinson's disease 파킨슨병 affect 영향을 미치다 medical 의학의, 의료의 expert 전문가 investigate 조사하다 explain 설명하다 mortality rate 사망률

참고 **결과를 나타내는 연결어**

as a consequence(결과적으로), as a result(결과적으로), consequently(결과적으로), so(그래서), hence(그래서), in consequence(그래서), therefore(그러므로), thus(따라서)

---

23 시제 (과거완료진행: before + 과거 시제절, for + 시간 명사) ★★★   정답 (b)

Beyoncé Knowles-Carter is one of the most acclaimed singer-songwriters who rose to fame in the late 1990s. She _____ as the lead singer of Destiny's Child, an American girl group, for a decade before she became an R&B solo artist.

(a) sang
(b) had been singing
(c) will have sung
(d) is singing

비욘세 놀스 카터는 1990년대 말에 유명세를 탄 가장 호평 받는 가수이자 작곡가 중 한 명이다. 그녀는 R&B 솔로 가수가 되기 전에 미국 걸그룹인 데스티니 차일드의 리드 보컬로 10년간 노래를 불렀다.

해설 보기에서 동사 sing이 다양한 시제로 나왔으므로 시제 문제이다. 빈칸 앞뒤에서 시간부사구나 부사절을 확인한다. 빈칸 뒤에 시간부사절 'before+과거 시제절'이 있으므로 기준시점은 과거이다. 또한, 기간의 의미를 나타내는 완료시제 부사구 for a decade도 나왔다. 기준시점이 과거이고 과거보다 앞서 시작된 행동이 일정 기간 동안 계속 진행중이었던 상황을 나타내므로 과거완료진행 시제가 적합하다. 따라서 (b)가 정답이다.

어휘 acclaimed 호평받는 songwriter 작곡가 rise to fame 유명세를 타다 lead 주도적인, 이끄는 decade 10년

참고 **과거완료진행**

- 형태: had been ~ing
- 의미: (~해오고 있었다) 과거의 특정 시점 이전에 시작된 동작이 그때까지 계속 진행 중이었음을 나타낸다.
- 자주 쓰이는 시간 부사 표현: (for + 시간명사) + when/before/until + 과거 시제절

---

24 관계사 (관계부사: when) ★★ 　　　　　　　　　　　　　　　　정답 (d)

In 1999, the world was a completely different place than it is today. We were on the dawn of a new millennium, _____ cell phones were only beginning to become popular, and social media was not yet the number-one topic of conversation.

| 1999년에 세상은 오늘날과 완전히 다른 곳이었다. 우리는 새천년의 여명기에 있었는데, 그때는 휴대전화가 이제 막 대중화되기 시작하고 있었고 소셜 미디어는 아직 대화의 제1의 주제가 아니었다.

(a) that
(b) where
(c) which
(d) when

해설 보기에 여러 관계사들이 나왔으므로 관계사 문제이다. 빈칸 앞에 관계사의 선행사를 찾고 관계사절에서 그 선행사의 역할을 확인한다. 빈칸 앞에 선행사는 시간을 나타내는 명사구 a new millennium이며 관계사절이 완벽한 문장 구조를 이루므로, 빈칸에는 시간의 의미를 가진 관계부사 when이 적합하다. 따라서 (d)가 정답이다.

어휘 completely 완전히 dawn 새벽, 여명기 millennium 천 년 conversation 대화

참고 **관계부사의 선행사와 격**

- 관계부사는 접속사와 부사의 역할을 동시에 한다. 두 절의 연결 부분에서 두 절을 연결하는 접속사 역할을 하면서 동시에 자신이 이끄는 절 안에서 부사 역할을 한다.
- 관계부사가 이끄는 절은 주어나 목적어 같은 필수 성분이 빠져 있지 않은 완벽한 구조가 온다.
- 단, 방법을 나타내는 선행사 the way와 관계부사 how는 함께 오지 않고, 둘 중 하나는 반드시 생략됨에 유의한다.

	선행사	관계부사
장소	the place, the city, the house 등	where
시간	the time, the day, the period 등	when
이유	the reason	why
방법	the way	how

가정법 (가정법 과거: if절 + 과거 시제) ★★　　　　　　　　　　　정답 **(c)**

A friend of mine, Mary was recently hired by a famous Italian artist to pose for a creative art course. The artist was captivated by Mary's physical appearance. If only my friend were a mannequin, the artist _____ her on display in the art class.

(a) would still have kept
(b) will still keep
(c) would still keep
(d) is still keeping

내 친구 메리는 최근 창의적인 미술 강좌를 위해 포즈를 취하도록 이탈리아의 유명한 화가에 의해 고용되었다. 그 화가는 메리의 외모에 매료되었다. 만약 내 친구가 마네킹이라면, 그 작가는 여전히 그녀를 미술 수업에 전시할 것이다.

해설 보기에서 동사 keep이 다양한 조동사와 같이 나왔으므로 시제 문제 아니면 가정법 문제이다. 빈칸 앞뒤에 시간부사구나 부사절 아니면 조건절이 있는지 확인한다. 빈칸 앞에 if 조건절이 있고 시제가 과거 시제(were)이므로 가정법 과거이다. 가정법 과거의 주절 시제는 'would/should/could/might + 동사원형'이 되어야 하므로 (c)가 정답이다.

어휘 recently 최근에　pose 포즈를 취하다　captivate 사로잡다, 매료시키다　physical 신체적인, 육체의　appearance 외모, (겉)모습　mannequin 마네킹　on display 전시되어, 진열되어

당위성/이성적 판단 (형용사: necessary) ★★　　　　　　　　　정답 **(b)**

Parents of the low-income communities in East Harlem protested near the city hall, last month. Consequently, several government officials believe it is necessary that the minimum salary _____ for those who are desperately in need.

(a) has been raised
(b) be raised
(c) will be raised
(d) was raised

이스트 할렘의 저소득층 지역 부모들은 지난 달 시청 근처에서 시위를 벌였다. 결과적으로, 몇몇 정부 관료들은 몹시 어려움에 처한 사람들을 위해 최저 임금이 인상될 필요가 있다고 믿고 있다.

해설 보기에서 동사 raise가 다양한 시제와 동사원형 형태로 나왔다. 시제 문제 아니면 당위성/이성적 판단 문제이다. 빈칸 앞에 주절에 이성적 판단 형용사 necessary가 나왔으므로 당위성/이성적 판단 문제임을 알 수 있다. 이때 that절에는 should가 생략된 동사원형이 와야 하므로 (b)가 정답이다.

어휘 income 수입, 소득　protest 항의하다, 시위하다　city hall 시청　consequently 결과적으로　government official 정부 관료, 공무원　necessary 필요한　minimum salary 최저 임금　raise 인상하다, 올리다　desperately 몹시, 절실하게　in need 어려움에 처한

> **참고**
> **이성적 판단을 나타내는 형용사가 쓰인 문장**
> • 형태: It is + 이성적 판단 형용사 + that + 주어 + (should) + 동사원형 ~.
> • 당위성 문제는 다음의 이성적 판단, 원인을 나타내는 형용사와 함께 나온다.
> necessary(필요한), essential(핵심적인), important(중요한), vital(중요한), critical(결정적인), obligatory(의무적인), compulsory(강제적인), mandatory(의무적인), advisable(조언할 만한), natural(당연한), right(옳은), just(정당한), fair(공정한), rational(이성적인)

TEST 1 LISTENING

LISTENING

PART 1	27	(d)	28	(d)	29	(b)	30	(c)	31	(a)	32	(d)	33	(b)
PART 2	34	(d)	35	(b)	36	(d)	37	(a)	38	(c)	39	(b)		
PART 3	40	(d)	41	(b)	42	(d)	43	(c)	44	(b)	45	(a)		
PART 4	46	(c)	47	(b)	48	(a)	49	(a)	50	(b)	51	(a)	52	(d)

문항별 취약 유형 체크하기

PART 1 개인적 대화			PART 3 협상적 대화		
27	주제 (What)		40	주제 (What)	
28	세부사항 (How)		41	세부사항 (Which)	
29	세부사항 (Why)		42	세부사항 (Which of the following)	
30	세부사항 (what)		43	세부사항 (Why)	
31	세부사항 (why)		44	True or Not True (What)	
32	세부사항 (what)		45	세부사항 (How)	
33	추론 (What)				

PART 2 발표			PART 4 절차 설명		
34	주제 (What)		46	주제/목적 (What)	
35	세부사항 (What)		47	세부사항 (What)	
36	세부사항 (Which of the following)		48	세부사항 (What)	
37	세부사항 (Why)		49	세부사항 (What)	
38	세부사항 (What)		50	추론 (How)	
39	추론 (Why)		51	세부사항 (what)	
			52	세부사항 (Why)	

★ 틀린 문항을 확인하고 취약한 유형을 집중 학습하세요.

카페 선택 기준	M: Hey, Ella! You are a big coffee drinker, right? F: You are right, Adam. I'm still big on coffee. M: Perhaps you have been to most of the coffee shops in your city. So, ²⁷what do you think really makes a good café or coffee shop? F: Let's see, ²⁸my primary criterion when choosing a coffee shop would be customer service. It has to do with the employees themselves. If the people who run a café are generally friendly, it's very appealing to me. Also, I prefer a coffee shop owned by somebody from the community. ²⁹I go there to support local businesses and see what the local artists are up to. The kind of music they play is also important. What about you? M: I agree. The atmosphere is definitely important. F: ³⁰I feel the same way. When I choose a café, the atmosphere is an important deciding factor for me, too.	M: 엘라! 너는 커피를 아주 많이 마시지, 그렇지? F: 맞아, 아담. 난 아직 커피를 매우 좋아해. M: 아마도 너는 너의 도시에 있는 대부분의 커피숍에 가봤겠다. 그렇다면, ²⁷무엇이 정말로 좋은 카페나 커피숍이 되게 한다고 생각해? F: 어디 보자. ²⁸내가 커피숍을 선택할 때 가장 중요한 기준은 고객 서비스일 거야. 그것은 직원 자신들과 관련이 있지. 카페를 운영하는 사람이 대체로 친절하다면, 그건 나에게 매우 매력적이야. 또, 나는 지역 주민이 소유한 커피숍을 선호해. ²⁹나는 지역 업체들을 돕고 지역 예술인들이 무엇을 하고 있는지 보기 위해서 커피숍에 가지. 그들이 틀어주는 음악의 종류도 또한 중요해. 너는 어때? M: 나도 동감이야. 분위기가 분명히 중요해. F: ³⁰나도 동의해. 카페를 고를 때, 분위기는 나에게도 중요한 결정 요소야.
카페에 가는 이유와 카페 이용의 장점	M: When you go to a café, do you go there for coffee or something else? F: It depends. But it can be both. I surely go for the caffeine boost, but I do like to just hang out with friends and catch up in a café that looks kind of cool. M: Okay. For me, most of the time, I just want to get out of my house, away from my family, and go where there's energy and people. I simply want to sit down and read a good book or study something fun. I feel more productive at a coffee shop than when I'm at home.	M: 너는 카페에 갈 때 커피 마시러 가니 아니면 다른 일로 가니? F: 상황에 따라 달라. 하지만 둘 다 될 수 있어. 나는 확실히 카페인 증가를 위해서 가긴 하는데 먼저 보이는 카페에서 그냥 친구들과 어울리고 이야기 나누는 것을 정말 좋아해. M: 그렇구나. 나는 대부분 그냥 집 밖으로 나와서, 가족과 떨어져, 에너지와 사람이 있는 곳으로 가고 싶어. 나는 그냥 앉아서 좋은 책을 읽거나 재미난 것을 공부하길 원해. 나는 집에 있을 때보다 커피숍에서 더 생산적이게 되는 것 같아.

카페에 가는 이유와 카페 이용의 장점	**F:** That's so true. ³¹I could never study in a library because it's so quiet that I fall asleep. However, you could zone out in a café because there's so much going on around you, such as people meeting to chat or the blender making a special iced café mocha. **M:** Right. And I think when I'm reading, I want a comfy chair, but when I'm studying, I'd rather have a wooden chair and a table. **F:** I know what you mean. And besides, since studying is not always fun, being in a café helps. Running into a friend can offer some distraction which can also improve your concentration ultimately.	**F:** 맞아. ³¹나는 도서관에서는 너무 조용해서 잠이 와서 공부할 수가 없었어. 하지만 커피숍에서는 사람들이 만나서 수다 떨고, 블렌더가 스페셜 아이스 카페 모카를 만드는 등 주위에서 너무 많은 일들이 있어서 멍해질 수 있어. **M:** 그래. 그리고 내가 책을 읽을 때는 편안한 의자를 원하지만 공부할 때는 나무 의자와 테이블이 더 나은 것 같아. **F:** 무슨 말인지 알겠어. 게다가, 공부가 항상 즐거운 것은 아니기 때문에, 카페에 있는 것은 도움이 돼. 친구를 만나는 것은 결국 집중력을 향상시킬 수 있는 약간의 기분 전환을 제공할 수 있지.
과도한 커피 가격	**M:** By the way, what about the menu selection and prices at your favorite coffee shops? Don't you find that some stores have outrageous prices? **F:** Yes, I've made that observation as well. Coffee shops used to sell a wide variety of coffee drinks at reasonable prices, but not anymore. Now coffee shops like Starbucks and Tim Hortons also offer food and fresh juices in addition to coffee. But they overcharge us. **M:** That's right. But since you are already there, it is much more convenient to buy both drinks and food on the spot. If you ask me, it is a rip-off. ³²I read a recent survey that if someone consumes a cup of Starbucks coffee every day, he or she can spend on average between $1,200 to $1,800 a year. **F:** Oh wow! That is shocking, Adam. ³³I did not realize it could be that expensive. I better be more careful in the future. **M:** You are absolutely right, Ella. We both should, at least if we do not want to be broke.	**M:** 그건 그렇고, 네가 좋아하는 커피숍의 메뉴와 가격은 어때? 어떤 가게들은 가격이 터무니없다고 생각하지 않니? **F:** 그래, 나도 그렇게 생각했어. 커피숍에서 다양한 종류의 커피 음료를 합리적인 가격에 팔곤 했는데, 더는 그렇지 않아. 이제 스타벅스와 팀 호튼스와 같은 커피숍들은 커피와 더불어 음식과 신선한 주스도 판매해. 하지만 그들은 우리에게 과도한 요금을 청구해. **M:** 맞아. 하지만 이미 매장에 있기 때문에, 음료수와 음식을 모두 그 자리에서 사는 것이 훨씬 편리하긴 하지. 내 의견을 묻는다면, 그건 바가지야. ³²누군가 스타벅스 커피를 매일 한 잔씩 마시면 그들은 1년에 평균 1200~1800달러를 쓰게 된다는 최근 설문조사를 읽었어. **F:** 왜, 그건 충격적이야, 아담. ³³그렇게 비쌀 줄은 몰랐네. 앞으로는 좀 더 조심해야겠어. **M:** 네 말이 맞아, 엘라. 적어도 우리가 파산하고 싶지 않다면 우리 둘 다 그래야 해.

어휘 be big on ~을 매우 좋아하다 primary 주된, 가장 중요한 criterion 기준 have to do with ~와 관련되어 있다 run 운영하다 generally 일반적으로 appealing 호소력 있는 prefer 선호하다 community 지역 주민 local 지역의 be up to ~한 일을 꾸미다, 준비하다 atmosphere 분위기 definitely 분명히 it depends 상황에 따라 다르다 surely 확실히 boost 증가 hang out with ~와 어울리다 catch up 밀린 이야기를 나누다 most of the time 대부분 productive 생산적인 zone out 멍해지다, 잠이 들다 comfy 편안한 would rather ~하는 게 더 낫다 besides 게다가 run into (우연히) ~를 만나다 distraction 기분 전환 concentration 집중 ultimately 결국, 궁극적으로 by the way 그건 그렇고 outrageous 터무니 없는 make an observation 의견을 말하다 as well 또한 a variety of 다양한 reasonable 합리적인 overcharge 과한 요금을 부과하다 convenient 편리한 on the spot 그 자리에서, 즉석에서 rip-off 바가지 recent 최근의 survey 조사 consume 섭취하다 on average 평균적으로 realize 인식하다, 깨닫다 absolutely 절대적으로 be broke 파산하다

27 주제 (What) ★★　　　　　　　　　　　　　　　정답 (d)

What are the speakers talking about?

(a) where to enjoy a great Americano
(b) how to choose the best coffee
(c) where to purchase the best coffee
(d) how to select the best coffee shop

화자들은 무엇에 대해 이야기하고 있는가?

(a) 맛있는 아메리카노를 즐길 수 있는 곳
(b) 최고의 커피를 고르는 방법
(c) 가장 좋은 커피를 살 수 있는 곳
(d) 최고의 커피숍을 고르는 방법

해설 대화에서 "²⁷what do you think really makes a good café or coffee shop?"(무엇이 정말로 좋은 카페나 커피숍이 되게 한다고 생각해?)라고 하였다. 커피숍을 좋게 만드는 요인이나 기준이 무엇인지를 묻고 이에 대해 커피숍을 고를 때 주요 기준에 대해 이야기하므로 (d)가 정답이다.

어휘 purchase 구매하다　select 선택하다

---

28 세부사항 (How) ★★　　　　　　　　　　　　　　정답 (d)

How does Ella choose her coffee shops?

(a) by the variety of the menu
(b) by the price of the products
(c) by the location
(d) by the cordiality of the staff

엘라는 어떻게 커피숍을 선택하는가?

(a) 메뉴의 다양성에 따라서
(b) 상품의 가격에 따라서
(c) 위치에 따라서
(d) 직원들의 친절함에 따라서

해설 대화에서 "²⁸my primary criterion when choosing a coffee shop would be customer service. It has to do with the employees themselves. If the people who run a café are generally friendly, it's very appealing to me."(내가 커피숍을 선택할 때 가장 중요한 기준은 고객 서비스일 거야. 그것은 직원 자신들과 관련이 있지. 카페를 운영하는 사람이 대체로 친절하다면, 그건 나에게 매우 매력적이야.)라고 하였다. 보기 중 이 내용과 가장 가까운 (d)가 정답이다.

Paraphrasing my primary criterion when choosing a coffee shop would be customer service ➡ by the cordiality of the staff

어휘 variety 다양성　cordiality 친절함

---

29 세부사항 (Why) ★★　　　　　　　　　　　　　　정답 (b)

Why does Ella enjoy going to local coffee shops?

(a) because they serve the best coffee in town
(b) because she likes to help the shops in the region
(c) because she likes to support free trade
(d) because they all serve the best food

엘라는 왜 동네 커피숍에 가는 것을 즐기는가?

(a) 동네에서 제일 좋은 커피를 팔아서
(b) 그 지역에 있는 가게들을 돕는 것을 좋아해서
(c) 자유 무역을 지지하는 것을 좋아해서
(d) 그들은 모두 최고의 음식을 제공해서

대화에서 "²⁹I go there to support local businesses and see what the local artists are up to."(나는 지역 업체들을 돕고 지역 예술인들이 무엇을 하고 있는지 보기 위해서 지역 커피숍을 가지.)라고 하였다. 지역 업체들을 돕고 싶어서 동네 커피숍에 간다고 했으므로 (b)가 정답이다.

Paraphrasing to support local businesses ➡ to help the shops in the region

serve (음식을) 제공하다   free trade 자유 무역

---

30 세부사항 (what) ★   정답 (c)

Based on the conversation, what do Adam and Ella share in common?

(a) They are both addicted to coffee.
(b) They both support local businesses.
(c) They both think the mood of a café is important.
(d) They both buy coffee at a café every morning.

대화에 따르면, 아담과 엘라는 무엇을 공통점으로 가지고 있는가?

(a) 그들은 둘 다 커피에 중독되어 있다.
(b) 그들 둘 다 지역 업체들을 지원한다.
(c) 그들은 둘 다 카페의 분위기를 중요하게 생각한다.
(d) 그들은 둘 다 매일 아침 카페에서 커피를 산다.

대화에서 "³⁰I feel the same way. When I choose a café, the atmosphere is an important deciding factor for me, too."(나도 동의해. 카페를 고를 때, 분위기는 나에게도 중요한 결정 요소야.)라고 하였으므로 (c)가 정답이다.

share 공유하다   in common 공통적으로   be addicted to ~에 중독되어 있다

---

31 세부사항 (why) ★★   정답 (a)

According to Ella, why can studying at the library be disadvantageous?

(a) because it can be awfully silent
(b) because it is not spacious enough
(c) because it is not always open
(d) because it is in the wrong location

엘라에 따르면, 도서관에서 공부하는 것이 왜 불리할 수 있는가?

(a) 끔찍할 정도로 조용할 수 있어서
(b) 충분히 넓지 않아서
(c) 항상 열려 있는 것은 아니어서
(d) 잘못된 위치에 있어서

대화에서 "³¹I could never study in a library because it's so quiet that I fall asleep."(나는 도서관에서는 너무 조용해서 잠이 와서 공부할 수 없었어.)라고 하였다. 도서관에서 공부하는 것이 불리한 것은 너무 조용해서 잠이 온다는 것이므로 (a)가 정답이다.

Paraphrasing it's so quiet that I fall asleep ➡ it can be awfully silent

disadvantageous 불리한   awfully 심하게, 끔찍하게   silent 조용한   spacious 넓은   location 위치

32 세부사항 (what) ★★ 　　　　　　　　　　　　　　　　　　　　　　　　　정답 **(d)**

Based on the conversation, what did a recent survey about coffee reveal?

(a) People love Starbucks as much as they love Tim Hortons.
(b) Starbucks coffee is as expensive as Tim Hortons coffee.
(c) Starbucks coffee is not as expensive as people think.
(d) People spent an exorbitant amount of money on coffee.

대화에 따르면, 커피에 대한 최근 설문조사에서 무엇을 밝혀냈는가?

(a) 사람들은 팀 호튼스를 사랑하는 만큼 스타벅스를 사랑한다.
(b) 스타벅스 커피는 팀 호튼스의 커피만큼 비싸다.
(c) 스타벅스 커피는 사람들이 생각하는 것만큼 비싸지 않다.
(d) 사람들은 커피에 과도한 액수의 돈을 썼다.

해설 ▶ 대화에서 "32I read a recent survey that if someone consumes a cup of Starbucks coffee every day, he or she can spend on average between $1,200 to $1,800 a year."(누군가 스타벅스 커피를 매일 한 잔씩 마시면 그들은 1년에 평균 1,200~1,800달러를 쓰게 된다는 최근 설문 조사를 읽었어.)라고 하였다. 설문 조사는 사람들이 커피에 많은 돈을 쓰고 있음을 밝혀냈으므로 (d)가 정답이다.

Paraphrasing ▶ he or she can spend on average between $1,200 to $1,800 a year ➡ People spent an exorbitant amount of money on coffee.

어휘 ▶ reveal 밝혀내다　exorbitant 과도한, 지나친　amount 액수, 양

---

33 추론 (What) ★★★ 　　　　　　　　　　　　　　　　　　　　　　　　　정답 **(b)**

What most likely will the speakers do next?

(a) They'll stop going to Starbucks.
(b) They'll watch their coffee expenses.
(c) They'll quit drinking coffee.
(d) They'll only drink coffee at home.

화자들이 다음에 무엇을 할 것 같은가?

(a) 스타벅스에 가는 것을 멈출 것이다.
(b) 그들의 커피 비용을 조심할 것이다.
(c) 커피 마시는 것을 끊을 것이다.
(d) 커피를 집에서만 마실 것이다.

해설 ▶ 대화에서 "33F: I did not realize it could be that expensive. I better be more careful in the future."(F: 그렇게 비쌀 줄은 몰랐네. 앞으로는 좀 더 조심해야겠어.)라고 하였고 이에 "M: You are absolutely right, Ella. We both should, at least if we do not want to be broke."(M: 네 말이 맞아, 엘라. 적어도 우리가 파산하고 싶지 않다면 우리 둘 다 그래야 해.)라고 하였다. 화자들은 커피에 많은 비용이 지출되는 것을 조심해야겠다고 말했으므로 앞으로는 커피에 많은 비용을 쓰는 것을 조심할 것으로 추론된다. 따라서 (b)가 정답이다.

오답 분석 ▶ 화자들은 커피숍에 가는 것을 좋아하므로 커피를 아예 끊거나 커피숍을 안가는 것보다는 커피숍 가는 횟수를 줄일 것으로 보인다. 따라서 (a), (c), (d)는 정답으로 적합하지 않다.

어휘 ▶ watch 조심하다　expense 비용, 경비　quit+동명사 ~하는 것을 그만두다

잔디 관리 업체 소개	Good afternoon, everyone. Whether you're looking for simple lawn care, complete coverage, or bumper-to-bumper property maintenance, here at Organic Lawn Care, we have the key to a beautiful lawn for you. You deserve to have a house with a beautiful, vibrant and healthy yard. At Organic Lawn Care, ³⁴we provide a variety of services that transform your yard into a luscious carpet of deep green grass.	좋은 오후입니다, 여러분. 간단한 잔디 관리, 완전한 보험 적용, 포괄적인 대지 관리 등 어느 것을 찾고 계시든, 이곳 오가닉 론 케어(유기농 잔디 관리)는 여러분을 위한 아름다운 잔디 관리의 비결을 가지고 있습니다. 당신은 아름답고 생기가 넘치며 건강한 마당이 있는 집을 가질 자격이 있어요. ³⁴오가닉 론 케어에서는 당신의 마당을 짙은 초록의 풀로 덮인 부드러운 카펫으로 바꿔주는 다양한 서비스를 제공합니다.
잔디 관리 전문가에 의한 서비스	³⁵Organic Lawn Care is America's #1 lawn care company based in the continental U.S. and we are a group of lawn care professionals. Lawn care threats and solutions differ based on several variables, like climate, region, and season. ³⁵That's why our team of experts stays attuned to the conditions in your region and designs services for your area based on local lawn threats and needs. They also instruct our specialists in the Organic Lawn Care Certification Program and ³⁶provide a thorough understanding of advanced lawn care techniques, products, and equipment. This ensures that every Organic Lawn Care service is performed the right way with the right equipment at the right time.	³⁵오가닉 론 케어는 미국 본토에 본사를 둔 미국 최고의 잔디 관리 회사이며, 잔디 관리 전문가 그룹입니다. 잔디 관리에 대한 위험과 해결책은 기후, 지역, 계절과 같은 몇 가지 변수에 따라 다릅니다. ³⁶이러한 이유로 저희의 전문가 팀은 당신의 지역 상황에 적절히 맞추고, 지역의 잔디 위험과 요구에 따라 당신 구역에 대한 서비스를 설계합니다. 또한 그들은 유기농 잔디 관리 인증 프로그램에 속해 있는 저희 대한 전문가들을 지도하고 ³⁶고급 잔디 관리 기술, 제품 및 장비에 대한 철저한 이해를 제공합니다. 이는 모든 오가닉 론 케어 서비스가 올바른 방식으로 적절한 장비를 가지고 적시에 수행됨을 보장해줍니다.
컴플리트 론 케어 플랜	Summer is around the corner, and here is everything you need to live more life outside. Give your family "The Complete Lawn Care Plan." Get out and enjoy the greenest, healthiest lawn possible with this comprehensive plan, which provides essential nutrients, protection, organic soil amendments, and lawn aeration. This plan includes aeration, where your lawn specialist will remove small plugs of turf, thatch, and soil from your lawn.	여름은 다가왔고 여기에 여러분이 밖에서 더 많은 생활을 하기 위해 필요한 모든 것이 있습니다. 여러분의 가족에게 '컴플리트 론 케어 플랜(완전한 잔디 관리 프로그램)'을 선물해 주세요. 필수 영양소, 보호, 유기질 토양 개선 및 잔디 통풍을 제공하는 이 종합적인 플랜으로 가능한 가장 푸르고 건강한 잔디밭을 나가서 즐기세요. 이 플랜에는 잔디 전문가가 여러분의 잔디에서 잔디, 지푸라기, 흙으로 막힌 작은 부분들을 제거하는 통풍이 포함됩니다.

잔디 통풍	³⁷Lawn aeration helps air, water, grass seed, and fertilizer get incorporated into the soil, which helps your lawn breathe better. It allows rejuvenation and strengthening. We'll determine if your lawn could also benefit from overseeding since aeration creates optimal conditions for seeding development and growth. In one to two weeks, the plugs break down, feeding nutrients back to your lawn's roots. By then, you may begin to see new white roots growing in the aerated holes, which is immediately followed by fertilization.	³⁷잔디 통풍은 공기, 물, 풀씨와 비료가 토양에 잘 혼합되도록 도와주는데, 이는 잔디가 더 잘 숨쉬도록 도와줍니다. 그것은 잔디가 활기를 되찾고 강해지도록 합니다. 통풍은 씨앗의 배양과 성장을 위한 최적의 조건을 만들기 때문에 저희는 당신의 잔디밭도 결흙어 뿌리기가 주는 이익을 얻을 수 있는지 결정할 것입니다. 1~2주 안에, 막힌 부분들은 분해되어 당신의 잔디 뿌리에 다시 영양분을 공급합니다. 그때쯤이면 여러분은 공기 구멍에서 새로운 하얀 뿌리가 자라는 것을 보기 시작할 것인데 그것은 곧바로 비료 주기로 이어집니다.
잡초 제거	Furthermore, this plan includes targeted weed control and overseeding. The plan eliminates various types of weeds that pop up throughout the year and keeps them from spreading. ³⁸Thinning areas of turf are inspected and filled in with new seeds. It is combined with aeration for best results.	게다가, 이 플랜은 목표로 한 잡초 통제와 결흙어 뿌리기를 포함합니다. 이 플랜은 일년 내내 튀어나오는 다양한 종류의 잡초를 제거하고 그것들이 퍼지는 것을 막습니다. ³⁸잔디의 얇아지는 부분은 점검되고 새로운 씨앗으로 채워집니다. 그것은 최상의 결과를 위해 잔디 통풍과 병행됩니다.
친환경 잔디 관리	Finally, as your environmentally friendly lawn care solution, we work to build your personalized service from the ground up. If you've been struggling to produce a healthy green lawn, soil testing can offer an answer. ³⁹Soil testing closely inspects your soil structure, pH value, and nutrient makeup, allowing us to create a road map for your lawn's care. Soil testing results also help us determine if materials, or soil amendments, should be added to improve the soil's capacity to support plant life.	마지막으로, 환경 친화적인 잔디 관리 해결책으로서, 저희는 처음부터 여러분에게 개별화된 서비스를 구축하기 위해 노력하고 있습니다. 만약 여러분이 건강한 녹색 잔디밭을 만들기 위해 고군분투해 오고 있었다면, 토양 검사는 답을 제공해 줄 수 있습니다. ³⁹토양 검사는 토양 구조, pH 값, 영양소 구성을 면밀히 조사해 저희가 당신의 잔디 관리를 위한 지침을 만들도록 합니다. 토양 검사의 결과는 또한 저희가 식물 생명을 지탱하는 토양의 능력을 향상시키기 위해 물질 또는 토양 개량제가 추가되어야 하는지를 결정하는 데 도움을 줍니다.
연간 서비스 홍보	For every purchase of the annual plan, get a 50% reduction for the first year. For lawns less than 5,000 square feet (464 m²), please call 1-844-768-0331 for an estimate or contact customer service at 1-844-768-0332 twenty-four hours a day to request a callback. If you reside in the United States and you have a lawn, Organic Lawn Care is the solution to your problem. And remember that at Organic Lawn Care, your lawn is always our priority.	연간 플랜을 구입할 때마다 첫 해에 50% 할인을 받으세요. 5,000 평방피트(464 제곱미터) 미만의 잔디밭의 경우, 1-844-768-0331로 전화하여 견적을 받거나 하루 24시간 내내 운영되는 고객 서비스 1-844-768-0332로 연락해 회신을 요청하시기 바랍니다. 당신이 미국에 거주하고 잔디밭이 있다면, 오가닉 론 케어는 여러분의 문제에 대한 해결책입니다. 그리고 오가닉 론 케어에서는 항상 당신의 잔디가 저희의 가장 우선순위라는 것을 기억하세요.

어휘 ▶ **lawn** 잔디   **complete** 완전한   **coverage** 보험 적용   **bumper-to-bumper** 포괄적인, 꼬리에 꼬리를 문   **property** 땅 **maintenance** 관리   **deserve to+동사원형** ~할 자격이 있다   **vibrant** 활기 찬   **transform** 변형시키다, 바꾸다   **luscious** 부드러운, 매력적인   **based in** ~에 본사를 둔   **continental** 대륙의   **threat** 위협   **variable** 변수   **climate** 기후   **region** 지역   **expert** 전문 가   **attuned to** ~에 적절히 대응하는   **instruct** 가르치다   **certification** 증명(서)   **thorough** 철저한   **advanced** 고급의 **equipment** 장비, 설비   **ensure** 확실히 하다, 보장하다   **be around the corner** 곧 오다   **comprehensive** 종합적인   **essential** 필수적인   **nutrient** 영양소   **amendment** 개선, 개량   **aeration** 통풍   **remove** 제거하다   **plug** 막힌 부분   **turf** 잔디   **thatch** 지푸 라기   **fertilizer** 비료   **get incorporated into** ~속으로 통합되다   **rejuvenation** 원기 회복, 활기 되찾음   **strengthen** 강화하다 **determine** 결정하다   **overseeding** 결흙어 뿌리기   **optimal** 최적의   **break down** 분해되다   **aerate** (흙, 물 등에) 공기가 통하게 하 다   **immediately** 즉시, 곧바로   **fertilization** 수정, 비료 주기   **furthermore** 게다가   **weed** 잡초   **eliminate** 제거하다 **throughout** 내내   **keep A from ~ing** A가 ~하는 것을 못하게 막다   **inspect** 점검하다, 조사하다   **environmentally friendly** 환경 친화적인   **personalized** 개별화된   **from the ground up** 처음부터, 철저히   **struggle to+동사원형** ~하려고 고군분투하다   **pH value** ph(용액의 수소 이온 농도 지수) 값   **makeup** 구성   **capacity** 능력, 수용력   **annual** 연간의   **reduction** 공제, 가격 할인 **estimate** 견적서, 추정(치)   **callback** 회신, 콜백 전화   **reside in** ~에 거주하다   **priority** 우선 순위

34	**주제 (What) ★★**	**정답 (d)**

What is the speaker mainly talking about?	화지는 주로 무엇에 관헤 말하고 있는가?
(a) how to take care of one's weeds	(a) 잡초 처리하는 법
(b) how to grow a vegetable garden	(b) 채소밭 가꾸는 법
(c) how to grow healthy flowers	(c) 건강한 꽃 기르는 법
(d) how to take care of one's yard	(d) 마당 관리하는 법

해설 ▶ 담화 1단락에서 "³⁴we provide a variety of services that transform your yard into a luscious carpet of deep green grass."(당신의 마당을 짙은 초록의 풀로 덮인 부드러운 카펫으로 바꿔주는 다양한 서비스를 제공합니다.)라고 하였으므로 (d)가 정답이다.

Paraphrasing ▶ services that transform your yard into a luscious carpet of deep green grass ➡ how to take care of one's yard

어휘 ▶ **take care of** ~을 관리하다, 처리하다   **weed** 잡초

35	**세부사항 (What) ★**	**정답 (b)**

What makes Organic Lawn Care the number-one lawn care service provider?	오가닉 론 케어를 최고의 잔디 관리 서비스 업체 로 만드는 것은 무엇인가?
(a) It offers great discounts to their customers.	(a) 그들의 고객들에게 큰 할인을 제공한다.
(b) It offers trained lawn specialists in the region.	(b) 그 지역의 훈련된 잔디 전문가들을 제공한다.
(c) It has a customer service hotline 24 hours a day.	(c) 하루 24시간 운영되는 고객 서비스 상담 전 화가 있다.
(d) It is available all across the country.	(d) 그것은 전국적으로 이용 가능하다.

해설 ▶ 담화 2단락에서 "³⁵Organic Lawn Care is America's #1 lawn care company based in the continental U.S. and we are a group of lawn care professionals."(오가닉 론 케어는 미국 본토에 본사를 둔 미국 최고의 잔디 관리 회사이며, 잔디 관리 전문가 그룹입니다.)와 "³⁵That's why our team of experts stays attuned to the conditions in your region and designs services for your area based on local lawn threats and needs."(이러한 이유로 저희의 전문가 팀은 당신의 지역 상황에 적절히 맞추고, 지역의 잔디 위협과 요구에 따 라 당신 구역에 대한 서비스를 설계합니다.)라고 하였다. 이 업체가 1위 잔디 관리 서비스 업체라고 말한 다음에, 이 업체의 전문가 팀이 그 지 역의 특성에 맞게 잔디 관리 서비스를 제공하기 때문이라고 했으므로 (b)가 정답이다.

---

36 세부사항 (Which) ★★★   정답 (d)

Which of the following aspects are NOT covered during the lawn care training?

(a) lawn care methods
(b) lawn care goods
(c) lawn care tools
(d) lawn care expenses

다음 중 잔디 관리 교육에서 다뤄지지 않는 것은 어느 것인가?

(a) 잔디 관리 방법
(b) 잔디 관리 상품
(c) 잔디 관리 도구
(d) 잔디 관리 비용

해설 담화 2단락에서 "³⁶provide a thorough understanding of advanced lawn care techniques, products, and equipment."(고급 잔디 관리 기술, 제품 및 장비에 대한 철저한 이해를 제공합니다)라고 하였으므로 여기서 언급되지 않은 것은 잔디 관리 비용이다. 따라서 (d)가 정답이다.

어휘 aspect 측면, 양상 method 방법 goods 상품, 제품 tool 도구 expense 비용

---

37 세부사항 (Why) ★★   정답 (a)

Why is aeration an important process when taking care of a lawn?

(a) because it improves the quality of the soil
(b) because the soil is dry in the summer
(c) because it prevents weeds from growing
(d) because it keeps the soil from freezing in winter

잔디밭을 관리할 때 통풍은 왜 중요한 과정인가?

(a) 토질을 개선하기 때문
(b) 여름에는 토양이 건조하기 때문
(c) 잡초가 자라는 것을 막기 때문
(d) 겨울에 토양이 어는 것을 막기 때문

해설 담화 4단락에서 "³⁷Lawn aeration helps air, water, grass seed, and fertilizer get incorporated into the soil, which helps your lawn breathe better. It allows rejuvenation and strengthening."(잔디 통풍은 공기, 물, 풀씨와 비료가 토양에 잘 혼합되도록 도와주는데, 그것은 잔디가 더 잘 숨쉬도록 도와줍니다. 그것은 잔디가 활기를 되찾고 강해지도록 합니다.)라고 하였다. 잔디 통풍은 물, 씨앗, 비료 등이 토양과 잘 혼합되도록 하여 잔디밭의 활기를 되찾게 한다는 것이므로 잔디가 심어져 있는 땅의 토질을 향상시킨다는 의미와 통한다. 따라서 정답은 (a)이다.

Paraphrasing It allows rejuvenation and strengthening. ➡ it improves the quality of the soil

어휘 process 과정 prevent/keep A from ~ing A가 ~하는 것을 막다 freeze 얼다

What solution does Organic Lawn Care offer for a thinning lawn?

(a) It starts watering the lawn regularly.
(b) It starts fertilizing the lawn once a week.
(c) It tests the area and plants new seeds.
(d) It removes all the weeds and tests the soil.

오가닉 론 케어는 잔디가 얇아지는 문제에 어떤 해결책을 제공하는가?

(a) 규칙적으로 잔디밭에 물을 주기 시작한다.
(b) 일주일에 한 번 잔디밭에 비료를 주기 시작한다.
(c) 그 지역을 점검하고 새로운 씨앗을 심는다.
(d) 모든 잡초를 제거하고 흙을 검사한다.

해설 담화 5단락에서 "³⁸Thinning areas of turf are inspected and filled in with new seeds. It is combined with aeration for best results."(잔디의 얇아지는 부분은 점검되고 새로운 씨앗으로 채워집니다. 그것은 최상의 결과를 위해 잔디 통풍과 병행됩니다.)라고 하였다. 잔디가 얇아지는 문제는 그 지역을 점검해서 새 씨앗으로 심는다고 했으므로 (c)가 정답이다.

Paraphrasing Thinning areas of turf are inspected and filled in with new seeds.
➡ It tests the area and plants new seeds.

어휘 water 물을 주다 fertilize 비료를 주다 remove 제거하다

Why most likely is testing the soil an important factor?

(a) It helps avoid the use of dangerous pesticides.
(b) It helps determine the future of the lawn.
(c) It helps determine what plants to grow.
(d) It helps prevent the grass from drying out.

흙을 검사하는 것이 왜 중요한 요소일 것 같은가?

(a) 위험한 살충제의 사용을 피하도록 돕는다.
(b) 잔디의 미래를 결정하도록 돕는다.
(c) 어떤 식물을 기를지 결정하도록 돕는다.
(d) 잔디가 마르는 것을 막도록 돕는다.

해설 담화 6단락에서 "³⁹Soil testing closely inspects your soil structure, pH value, and nutrient makeup, allowing us to create a road map for your lawn's care. Soil testing results also help us determine if materials, or soil amendments, should be added to improve the soil's capacity to support plant life."(토양 검사는 토양 구조, pH 값, 영양소 구성을 면밀히 조사해 저희가 당신의 잔디 관리를 위한 지침을 만들도록 합니다. 토양 검사의 결과는 또한 저희가 식물 생명을 지탱하는 토양의 능력을 향상시키기 위해 물질 또는 토양 개량제가 추가되어야 하는지를 결정하는 데 도움을 줍니다.)라고 하였다. 잔디밭의 흙을 조사하는 것은 잔디 관리의 전체적인 계획을 세우도록 도와주고 토양 개량제나 다른 물질이 추가되어야 하는지를 결정하는 것을 도와준다는 점에서 중요하다고 추론되므로 (b)가 정답이다.

Paraphrasing determine if materials, or soil amendments, should be added ➡ determine the future of the lawn

어휘 factor 요인, 요소 avoid 피하다 pesticide 살충제 determine 결정하다 dry out 마르다

영어 학습 방법 1) 영감을 주는 교사	F: So, Peter, [40]you also learned English as a foreign language, right? M: Yes. That's right, Julia! F: [40]It's not your first language, then? So, how did you do it? M: Good question! When I look back, the things that helped me most were a funny combination of factors. [41]First, I had a really interesting English teacher. She was a strict but caring and inspiring teacher. She inspired me because her English was so good, and she made it so practical. The other thing that helped me was reading. [42]I read a lot of stuff in English.	F: 그래 피터, [40]너도 영어를 외국어로 배웠지, 그렇지? M: 응, 맞아, 줄리아! F: [40]그럼 영어는 모국어가 아니지? 그러면, 너는 영어를 어떻게 배웠어? M: 좋은 질문이야! 돌이켜보면 나에게 가장 도움이 된 것은 여러 가지 재미있는 요인들이 복합되어 있어. [41]먼저, 나는 정말 재미있는 영어 선생님이 있었어. 그녀는 엄격했지만 자상하고 격려해 주는 선생님이었어. 그녀는 영어를 너무 잘했기 때문에 나에게 영감을 주었고, 영어를 실용적으로 공부할 수 있도록 해주었어. 또 나에게 도움을 주었던 것은 독서였어. [42]나는 영어로 된 책을 많이 읽었어.
영어 학습 방법 2) 영어 독서	F: Yeah, I did too. I read a lot, not because I wanted to learn but because I like reading. I opted for English material, and later on, I realized it must have helped increase my vocabulary. M: I couldn't agree more. Reading has that effect. F: A lot can be accomplished through reading. M: I had so many books at home, and at least half of them were in English. [43]And when I found books that I couldn't get into, I felt so angry. So, I decided to start with the easiest books and worked my way up to the toughest ones. In the end, it was very beneficial. It was like an adventure. Of course, it involved hard work. F: Was that your motivation? Did you really want to read those mysterious and complex books? M: Honestly, yes! Pretty much.	F: 맞아, 나도 그랬어. 나는 책을 많이 읽었는데, 배우고 싶어서가 아니라 독서를 좋아해서 그랬어. 나는 영어 콘텐츠를 선택했고 나중에서야 그것이 내 어휘력을 높이는 데 도움을 주었음이 틀림없다는 것을 깨달았어. M: 전적으로 동의해. 독서는 그런 효과가 있지. F: 독서를 통해 많은 것을 성취할 수 있어. M: 나는 집에 책이 너무 많았는데, 그중 적어도 절반이 영어로 되어 있었어. [43]그리고 내가 흥미를 못 느끼는 책들을 발견했을 때, 나는 너무 화가 났어. 그래서 나는 가장 쉬운 책부터 시작하기로 결심했고 가장 어려운 책까지 읽어 나갔어. 결국 그것은 매우 유익했어. 모험 같았거든. 물론 그것은 많은 노력을 수반했지. F: 그게 너의 동기였니? 너는 정말로 그런 신비롭고 복잡한 책들을 읽고 싶었어? M: 솔직히, 그래! 꽤 그랬어.

	F: That's interesting. You see people usually ask me how I learned English. The truth is I didn't really have a plan. I just enjoyed English. That's why I studied it in my free time.	**F:** 흥미롭다. 사람들은 보통 나에게 영어를 어떻게 배웠는지 질문하곤 해. 사실은 계획이 정말로 없었어. 그냥 영어를 즐겼어. 그게 내가 여가 시간에 영어를 공부했던 이유야.
영어 학습 방법 3) 친구의 영어 숙제 돕기	**M:** It was the same for me. In secondary school, I remember my classmates complaining about English homework and asking for my help. This didn't seem like work to me. [44]It was always enjoyable to help them and learn in the process. **F:** I know what you mean.	**M:** 나도 마찬가지야. 중학교 때, 나는 반 친구들이 영어 숙제에 대해 불평하며 내 도움을 요청했던 것을 기억해. 이것이 나에겐 공부인 것처럼 보이지 않았어. [44]그들을 돕고 그 과정에서 배우는 것은 항상 즐거웠어. **F:** 무슨 말인지 알겠어.
영어 학습 방법 4) 외국 사람과 소통	**M:** But I can't tell you where that enjoyment started. I guess it has something to do with being curious about specific languages. **F:** Languages can be so romantic and intriguing at the same time. I also remember when I first became interested in English. When I met foreigners later on, it was more fun to communicate with them. Did you try to communicate with foreigners to improve your English? **M:** Sure. When I got to college, my overall English skills were good, but I still couldn't speak fluently. So, my best option was to make some English-speaking friends, and since they couldn't speak a word of French, I was kind of forced to communicate with them in English. That helped me because I was compelled to speak my mind, even when I wasn't sure of my English. **F:** I can relate. You need to overcome pride and fear if you want to express yourself. Personally, I struggled when I first started making friends who can't speak Japanese. **M:** Really? How did you improve your English-speaking skill? **F:** [45]I think I improved a lot by talking to people from different countries, not necessarily native speakers. **M:** I can attest to that, Julia. I think it brings more perspective than simply speaking to native speakers.	**M:** 하지만 그 즐거움이 어디서 시작됐는지는 잘 모르겠어. 나는 그것이 특정한 언어에 관해 궁금해하는 것과 관련이 있는 것 같아. **F:** 언어는 굉장히 낭만적이면서도 동시에 호기심을 자극할 수 있어. 나도 처음 영어에 관심을 가졌을 때가 기억나. 나중에 외국인들을 만났을 때 그들과 소통하는 것이 더 재미있었어. 너는 영어를 향상시키기 위해 외국인들과 소통하려고 노력했니? **M:** 물론이지. 대학에 들어갔을 때 나의 전체적인 영어 실력은 괜찮았지만, 여전히 유창하게 말하지는 못했어. 그래서 나의 최선의 선택은 영어권 친구들을 사귀는 것이었고 그들이 프랑스어를 한 마디도 할 줄 모르기 때문에, 나는 그들과 영어로 대화할 수밖에 없었어. 영어에 확신이 서지 않을 때조차도 마음을 털어놓을 수밖에 없었기 때문에 그것이 도움이 되었던 것 같아. **F:** 나도 공감해. 너 스스로를 표현하고 싶다면 자존심과 두려움을 극복해야 해. 개인적으로, 나는 일본어를 하지 못하는 친구들을 처음 사귀기 시작했을 때 어려움을 겪었어. **M:** 정말? 너는 어떻게 영어 말하기 실력을 향상시켰니? **F:** [45]나는 꼭 원어민이 아니더라도 다른 나라에서 온 친구들과 대화하면서 많이 발전한 것 같아. **M:** 나는 그것을 증명할 수 있어, 줄리아. 그것은 단순히 원어민과 대화하는 것보다 더 많은 관점에서 생각하게 해준다고 생각해.

F:	Yeah. Right!	F: 응. 맞아!
M:	As they say, "Practice does make perfect!"	M: "연습이 완벽을 만든다"는 말이 있잖아!
F:	Once again, I must agree with you, Peter.	F: 피터, 네 말에 다시 한 번 동의해야겠어.

어휘 ▶ first language 모국어 look back 돌이켜보다 combination 결합, 조합 strict 엄격한 caring 자상한 inspiring 격려하는 practical 실용적인 opt for ~을 선택하다 material 자료 later on 나중에 couldn't agree more 전적으로 동의해 effect 효과 accomplish 성취하다 get into ~에 흥미를 갖게 되다 work one's way up to ~에까지 이르다 beneficial 이익이 되는 involve 수반하다, 관련되다 motivation 동기, 동기 부여 complex 복잡한 honestly 솔직히 secondary school 중학교 process 과정 have something to do with ~와 관련이 있다 curious 궁금해하는 specific 특정한 intriguing 호기심을 자극하는 at the same time 동시에 overall 전반적인 fluently 유창하게 be forced to+동사원형 어쩔 수 없이 ~하다 be compelled to+동사원형 ~하도록 강요받다, 어쩔 수 없이 ~하다 speak one's mind 솔직히 털어놓다 relate 공감하다, 관련짓다 overcome 극복하다 pride 자존심 fear 두려움 express 표현하다 struggle 어려움을 겪다 not necessarily 꼭 ~는 아닌 attest to ~를 증명하다 perspective 관점, 시각

---

40 주제 (What) ★★   정답 (d)

What is the conversation mainly about?	이 대화는 주로 무엇에 관한 것인가?
(a) how to improve examination scores	(a) 시험 점수를 높이는 방법
(b) how to pass an official English exam	(b) 공인 영어 시험 합격 방법
(c) how to live in an English-speaking country	(c) 영어권 국가에서 사는 방법
(d) how to learn English	(d) 영어를 배우는 방법

해설 ▶ 대화에서 여성 화자가 "⁴⁰you also learned English as a foreign language"(너도 또한 영어를 외국어로 배웠지)라고 하였고 "⁴⁰It's not your first language, then? So, how did you do it?"(그럼 영어가 모국어가 아니지? 그러면, 너는 영어를 어떻게 배웠어?)라고 하였다. 대화가 영어 배우는 방법에 대한 것이므로 (d)가 정답이다.

어휘 ▶ examination score 시험 점수 official English exam 공인 영어 시험

---

41 세부사항 (Which) ★   정답 (b)

Which factor initially helped Peter master English?	무슨 요인이 처음에 피터가 영어에 숙달하도록 도왔는가?
(a) his love for the language	(a) 그 언어에 대한 그의 애정
(b) his language teacher's inspiration	(b) 그의 언어 교사의 영감
(c) his love for adventurous books	(c) 모험 도서에 대한 그의 애정
(d) his English-speaking friends	(d) 영어를 말하는 그의 친구들

해설 ▶ 대화에서 "⁴¹First, I had a really interesting English teacher. She was a strict but caring and inspiring teacher. She inspired me because her English was so good, and she made it so practical."(먼저, 나는 정말 재미있는 영어 선생님이 있었어. 그녀는 엄격했지만 자상하고 격려해 주는 선생님이었어. 그녀는 영어를 너무 잘했기 때문에 나에게 영감을 주었고, 영어를 실용적으로 공부할 수 있도록 해주었어.)라고 하였으므로 피터가 영어를 잘하게 된 것은 영어 선생님 덕분이다. 따라서 (b)가 정답이다.

어휘 ▶ initially 처음에 master 숙달하다 inspiration 영감 adventurous 모험적인, 모험의

Which of the following is a common factor between the two speakers?

(a) They are both fluent in French.
(b) They are both fluent in Japanese.
(c) They both learned English through movies.
(d) They both learned English through reading.

다음 중 두 화자의 공통점은 어느 것인가?

(a) 그들은 둘 다 프랑스어를 유창하게 한다.
(b) 그들은 둘 다 일본어를 유창하게 한다.
(c) 그들은 둘 다 영화를 통해 영어를 배웠다.
(d) 그들은 둘 다 독서를 통해 영어를 배웠다.

해설 대화에서 남성이 "⁴²I read a lot of stuff in English."(나는 영어로 된 책을 많이 읽었어.)라고 하였고 여성이 "Yeah, I did, too. I read a lot"(맞아. 나도 그랬어. 나는 책을 많이 읽었어)라고 하였으므로 (d)가 정답이다.

어휘 common 공통적인 fluent 유창한

Why was Peter interested in reading complicated English books?

(a) He had a great library in his town.
(b) He could borrow books at school for free.
(c) He wanted to uncover the mysteries of the books.
(d) He wanted to improve his English vocabulary.

피터는 왜 복잡한 영어책을 읽는 것에 관심이 있었는가?

(a) 그의 도시에 좋은 도서관이 있었다.
(b) 학교에서 무료로 책을 빌릴 수 있었다.
(c) 그 책들의 미스터리를 밝혀내기를 원했다.
(d) 그의 영어 어휘를 향상시키기를 원했다.

해설 대화에서 "⁴³And when I found books that I couldn't get into, I felt so angry. So, I decided to start with the easiest books and worked my way up to the toughest ones. In the end, it was very beneficial. It was like an adventure."(그리고 내가 흥미를 못 느끼는 책들을 발견했을 때, 나는 너무 화가 났어. 그래서 나는 가장 쉬운 책부터 시작하기로 결심했고 가장 어려운 책까지 읽어 나갔어. 결국 그것은 매우 유익했어. 모험 같았거든.)이라고 하였다. 어려운 책을 읽으면서 모호하거나 이해 안되는 것들을 밝혀내는 모험 과정과 유사한 독서를 하였으므로 (c)가 정답이다.

어휘 complicated 복잡한 borrow 빌리다 for free 무료로 uncover 밝혀내다

What is true about Peter's experience when he was a teenager?

(a) He disliked doing English assignments.
(b) He enjoyed helping his classmates.
(c) His classmates enjoyed English assignments.
(d) He always asked for help from others.

피터가 10대였을 때 겪은 경험에 대한 설명으로 옳은 것은?

(a) 그는 영어 과제를 하는 것을 싫어했다.
(b) 그는 반 친구들을 돕는 것을 즐겼다.
(c) 그의 반 친구들은 영어 과제를 즐겼다.
(d) 그는 항상 다른 사람들에게 도움을 요청했다.

해설 대화에서 "[44]It was always enjoyable to help them and learn in the process."(그들을 돕고 그 과정에서 배우는 것은 항상 즐거웠어.)라고 하였으므로 이 내용과 일치하는 (b)가 정답이다.

Paraphrasing It was always enjoyable to help them and learn in the process. ➡ He enjoyed helping his classmates.

어휘 dislike 싫어하다 classmate 반 친구 assignment 과제 ask for 요청하다

---

45 세부사항 (How) ★★   정답 **(a)**

How did Julia improve her English-speaking skill?

(a) by talking to foreigners
(b) by talking to only native English speakers
(c) by making English-speaking friends who can't speak French
(d) by reading a lot of books

줄리아는 어떻게 영어 말하기 실력을 향상시켰는가?

(a) 외국 사람들과 대화함으로써
(b) 오직 영어 원어민들과 대화함으로써
(c) 불어를 못하는 영어권 친구를 사귐으로써
(d) 많은 책들을 읽음으로써

해설 대화에서 "[45]I think I improved a lot by talking to people from different countries, not necessarily native speakers."(나는 꼭 원어민이 아니더라도 다른 나라에서 온 친구들과 대화하면서 많이 발전한 것 같아.)라고 하였으므로 (a)가 정답이다.

Paraphrasing by talking to people from different countries ➡ by talking to foreigners

어휘 foreigner 외국인 native English speaker 영어를 모국어로 사용하는 사람

어려운 고객 과의 협상 워크숍 소개	Good afternoon, everyone! Welcome to our workshop on "Negotiating with Tough Counterparts." [46]As your speaker today, I'm going to discuss the steps involved in dealing with difficult customers. Owning and running a business is often stressful. But as we all know, quite often, we do face difficult customers at some level. [47]When dealing with a counterpart who won't give us what we want, most of us tend to write him off as difficult or irrational, which might be interpreted as impulsive behavior. Yet experts point out that few people are truly irrational. Rather, there are times when each of us has motivations that others have trouble identifying. Before giving up negotiation, take the time to identify those motivations and find some understanding.	안녕하십니까, 여러분! "상대하기 어려운 고객과의 협상" 워크숍에 오신 것을 환영합니다. [46]오늘 강연자로서 저는 어려운 고객들을 상대할 때 수반되는 단계들에 대해 논의하려고 합니다. 사업체를 가지고 운영하는 것은 종종 많은 스트레스를 받는 일입니다. 하지만 우리 모두가 알다시피 우리는 어느 정도 까다로운 고객들과 마주치는 경우가 꽤 자주 있습니다. [47]우리가 원하는 것을 주지 않는 상대방을 대할 때, 우리 대부분은 그를 어렵거나 비이성적이라고 치부하는 경향이 있는데, 이는 충동적인 행동으로 해석될지도 모릅니다. 그러나 전문가들은 정말 비이성적인 사람은 거의 없다고 지적합니다. 오히려 우리 각자가 남들이 알아채기 어려운 동기를 가질 때가 있습니다. 협상을 포기하기 전에, 그 동기들을 확인하고 이해하려는 시간을 가져 보세요.
어려운 고객 상대 시 지침	Every salesperson or customer service representative has his or her war stories: tales of [48]difficult customers who made extreme demands and threats, tried to take advantage, or were extremely rude. Dealing with difficult customers is inevitable in the sales world, and the question of how to handle difficult customers looms large. The following three guidelines can help you stay in control and get more for both sides.	모든 영업사원 또는 고객 서비스 담당자는 그나 그녀의 전쟁 같은 이야기들, 즉 [48]극단적인 요구와 위협을 하거나 악용하려 하거나 극도로 무례한 다루기 어려운 고객들의 이야기를 가지고 있습니다. 영업의 세계에서 어려운 고객을 상대하는 것은 불가피한 일이기에, 까다로운 고객을 어떻게 상대할 것인가 하는 문제는 커 보입니다. 다음의 세 가지 지침은 여러분이 통제력을 유지하고 양쪽 모두를 위해 더 많은 것을 얻도록 도울 수 있습니다.
1단계: 고객 추측에 대한 의문 제기	[49]The first step is to question your assumptions. We often assume from their threats or erratic behavior that they're behaving irrationally. In fact, their behavior may be quite rational when viewed from another perspective. So, try to identify the motivations underlying their actions.	[49]첫 번째 단계는 당신의 추측에 의문을 제기하는 것입니다. 우리는 종종 그들의 위협이나 변덕스러운 행동 때문에 그들이 비이성적으로 행동하고 있다고 추측합니다. 사실, 그들의 행동은 다른 관점에서 보았을 때 꽤 합리적일지도 모릅니다. 그렇기 때문에 그들의 행동의 기반이 되는 동기를 파악하도록 노력하세요.

고객의 동기 파악을 위해 질문하기	Suppose you're negotiating a contract with a customer named Tom, who talks down to you and refuses to discuss anything other than price. Think about possible constraints Tom might be facing. Maybe his bosses accused him of not being tough enough or perhaps he's offended by something you said earlier. Ask meaningful questions to find out.	여러분이 반말을 하면서 가격 외에 다른 어떤 것도 논의하기를 거부하는 톰이라는 고객과 계약을 협상하고 있다고 가정해 봅시다. 톰이 직면하고 있을지 모를 가능한 제약에 대해 생각해 보세요. 아마도 그의 상사들은 그가 충분히 강인하지 못했다고 비난했거나 어쩌면 그는 당신이 이전에 말한 것에 기분이 나빴을 수도 있습니다. 알아내기 위한 의미 있는 질문들을 하세요.
2단계: 호의적 영업 환경 촉진	The second step is to promote a hospitable sales environment. A study found that the degree to which salespeople enjoy their work has a significant impact on customer satisfaction with the outcome of sales negotiations. The study examined negotiations over the price of eyewear between salespeople and customers at the stores of a large Asian eyeglasses company. [50]Salespeople who reported high levels of job satisfaction and who spent a relatively long amount of time introducing the store's products and services achieved relatively high levels of customer satisfaction. In fact, employee satisfaction was more effective than price concessions at promoting customer satisfaction. By contrast, salespeople who were relatively unsatisfied with their jobs were unable to capitalize on the time they spent introducing products and services to customers.	두 번째 단계는 호의적인 영업 환경을 촉진하는 것입니다. 한 연구는 영업 사원들이 그들의 일을 즐기는 정도가 영업 협상 결과에 대한 고객 만족도에 큰 영향을 미친다는 것을 밝혀냈습니다. 이 연구는 아시아의 한 대형 안경 회사의 매장에서 판매원과 고객들 사이의 안경 가격에 대한 협상을 조사했습니다. [50]높은 수준의 직무 만족도를 보고했고 매장 상품과 서비스를 소개하는 데 비교적 오랜 시간을 쓴 영업 사원들이 상대적으로 높은 수준의 고객 만족도를 달성했습니다. 실제로 고객 만족도를 증진시킬 때 직원 만족도가 가격 할인보다 더 효과적이었습니다. 이와 대조적으로 자신의 직업에 상대적으로 만족하지 못한 판매원들은 고객에게 제품과 서비스를 소개하는 데 사용한 시간을 기회로 삼을 수 없었습니다.
3단계: 협력적 협상 태도	Thirdly, model a collaborative negotiating behavior. Often when dealing with difficult people, it becomes clear that [51b]they think that threats, ultimatums, demands, and [51d]other hard-bargaining strategies are the best way for them to get what they want. However, one can create more value for both parties to claim by working with the other party to expand the pie of value.	셋째, 협력적인 협상 태도를 만들어보세요. 종종 어려운 사람들을 대할 때, [51b]그들은 위협, 최후통첩, 요구, 그리고 [51d]다른 강경한 협상 전략들이 원하는 것을 얻는 가장 좋은 방법이라고 생각한다는 것이 명백해집니다. 하지만, 가치의 파이를 늘리기 위해 상대방과 함께 일함으로써 양쪽 모두가 얻을 수 있는 더 많은 가치를 창출할 수 있습니다.
윈-윈 프레임 전환 및 능동적 경청	Try to convince [51c]the difficult customer who is stuck in a win-lose mindset to switch to a win-win frame by advocating for greater collaboration. Reassuring the customer that there is more at stake than haggling over the price is a good way to start. Then, engage in active listening by asking questions designed to deepen your understanding of your counterpart's motivation. And, when the time comes to consider offers, try presenting multiple packages, rather than one.	[51c]윈-루즈 사고방식에 갇혀 있는 까다로운 고객을 더 큰 협업을 지지함으로써 윈-윈 프레임으로 전환하도록 설득하세요. 가격을 흥정하는 것보다 쟁점이 되는 것이 더 많이 있다고 고객을 안심시키는 것은 좋은 시작 방법입니다. 그리고 나서, 상대방의 동기에 대한 당신의 이해를 심화하도록 설계된 질문들을 하면서 능동적인 듣기에 참여하세요. 그리고 제안을 고려할 때가 되면, 하나보다는 여러 종합 대책을 제시하는 것을 시도해 보세요.

맺음말	The customer's reaction to the proposals will tell you more about what he values. [52]By showing that you've been listening, you are likely to encourage a more cooperative approach. I hope these three steps will help your business.	제안에 대한 고객의 반응은 여러분에게 고객이 중요하게 생각하는 것이 무엇인지 더 많이 알려줄 것입니다. [52]여러분이 듣고 있었다는 것을 보여줌으로써, 여러분은 더 협력적인 접근법을 장려하게 될 가능성이 높습니다. 이 세 가지 단계들이 여러분의 사업에 도움이 되길 바랍니다.

어휘 negotiate 협상하다 tough (상대하기) 어려운, 까다로운 counterpart 상대방 face 직면하다 write A off as B A를 B하다고 치부하다 irrational 비이성적인 interpret 해석하다 impulsive 충동적인 identify 알아차리다, 확인하다 walk away 떠나버리다, (직장을) 그만두다 salesperson 판매원 representative 대표(자) extreme 과도한, 극단적인 demand 요구 threat 위협, 협박 take advantage of 악용하다 inevitable 불가피한 loom ~하게 보이다 assumption 가정, 추측 erratic 변덕스러운 rational 이성적인 underlying 근본적인 talk down to ~에게 반말을 하다 constraint 제약 accuse A of B A를 B라고 비난하다 offended 마음이 상한 meaningful 의미 있는 promote 촉진하다 hospitable 호의적인 significant 중요한, 상당한 satisfaction 만족 outcome 성과, 결과 eyewear 안경류 relatively 상대적으로 concession 할인 capitalize on ~을 기회로 삼다, 이용하다 model ~을 만들다 collaborative 협력적인 ultimatum 최후통첩 hard-bargaining strategy 강경 협상 전략 party 당사자, 측 claim 얻다, 차지하다 be stuck in ~에 갇혀 있다 mindset 마음가짐 advocate 지지하다, 옹호하다 reassure 재확인하다, 안심시키다 at stake (운명이) 걸려 있는 haggle over price 가격을 흥정하다, 깎다 engage in ~에 참여하다, 몰입하다 active 능동적인 deepen 심화시키다 proposal 제안 be likely to+동사원형 ~할 가능성이 높다 encourage 격려하다, 장려하다 cooperative 협력적인 approach 접근(법)

46	주제/목적 (What) ★★★	정답 (c)

What is the purpose of the talk?

(a) to explain the different types of customers
(b) to explain how to be a good businessperson
(c) to help businesses handle tough clients
(d) to address the challenges of businesspeople

이 담화의 목적은 무엇인가?

(a) 다양한 고객 유형을 설명하기
(b) 좋은 사업가가 되는 법을 설명하기
(c) 업체가 까다로운 고객을 다루는 것을 돕기
(d) 사업가들의 어려움에 대해 다루기

해설 담화 1단락에서 "[46]As your speaker today, I'm going to discuss the steps involved in dealing with difficult customers."(오늘 강연자로서 저는 어려운 고객들을 상대할 때 수반되는 단계들에 대해 논의하려고 합니다.)라고 하였으므로 (c)가 정답이다.

Paraphrasing I'm going to discuss the steps involved in dealing with difficult customers ➡ to help businesses handle tough clients

어휘 purpose 의도, 목적 handle 다루다 address 다루다, 대처하다 challenge 도전거리, 어려움

What is the immediate reaction of most businesspeople when dealing with a difficult customer?

(a) to make irrational demands
(b) to make hasty conclusions
(c) to get upset at the person
(d) to become a difficult negotiator too

어려운 고객을 대할 때 대부분의 사업가들의 즉각적인 반응은 무엇인가?

(a) 비이성적인 요구하기
(b) 성급한 결론을 내리기
(c) 그 사람에게 화를 내기
(d) 역시 어려운 협상가가 되기

해설 ▶ 담화 1단락에서 "[47]When dealing with a counterpart who won't give us what we want, most of us tend to write him off as difficult or irrational, which might be interpreted as an impulsive behavior."(우리가 원하는 것을 주지 않는 상대방을 대할 때, 우리 대부분은 그를 어렵거나 비이성적이라고 치부하는 경향이 있는데, 이는 충동적인 행동으로 해석될지도 모릅니다.)라고 하였다. 까다로운 고객을 대할 때, 그 고객이 비이성적이라고 가정하는 등 충동적이고 성급하게 결론을 내리는 경향이 있다고 했으므로 (b)가 정답이다.

어휘 ▶ **immediate** 즉각적인 **reaction** 반응 **deal with** 대하다, 다루다 **hasty** 성급한 **conclusion** 결론 **negotiator** 협상가

What do difficult customers tend to do?

(a) make irrational demands
(b) seek to always win every deal
(c) tackle difficult situations well
(d) try hard to be very reasonable

어려운 고객들은 무엇을 하는 경향이 있는가?

(a) 무리한 요구를 한다
(b) 백전백승하려고 한다
(c) 어려운 상황을 잘 다룬다
(d) 매우 합리적이려고 애쓴다

해설 ▶ 담화 2단락에서 "[48]difficult customers who made extreme demands and threats, tried to take advantage, or were extremely rude"(극단적인 요구와 위협을 하거나 악용하려 하거나 극도로 무례한 다루기 어려운 고객들)이라고 하였다. 보기 중 이 내용과 가장 가까운 (a)가 정답이다.

Paraphrasing ▶ made extreme demands ➡ make irrational demands

어휘 ▶ **tend to+동사원형** ~하는 경향이 있다 **seek to+동사원형** ~하려고 노력하다 **deal** 거래, 계약 **tackle** ~을 다루다, ~에 대처하다 **reasonable** 합리적인

What is the first thing to do to stay in control when salespeople handle tough customers?

(a) questioning their prejudice about how the customers behave
(b) taking a stand against the customer's behavior
(c) ignoring the customer's shopping habits
(d) guessing the motivation of the salesperson

영업사원이 까다로운 고객을 상대할 때, 통제력을 유지하기 위해 첫 번째 할 일은 무엇인가?

(a) 고객이 어떻게 행동할지에 대한 그들의 편견에 의문 제기
(b) 고객의 행동에 대해 태도를 취하기
(c) 고객의 쇼핑 습관 무시하기
(d) 판매원의 동기를 추측하기

[해설] 담화 3단락에서 "[49]The first step is to question your assumptions. We often assume from their threats or erratic behavior that they're behaving irrationally."(첫 번째 단계는 당신의 추측에 의문을 제기하는 것입니다. 우리는 종종 그들의 위협이나 변덕스러운 행동 때문에 그들이 비이성적으로 행동하고 있다고 추측합니다.)라고 하였다. 판매원이 까다로운 고객을 대할 때, 고객의 행동이 비이성적이라고 가정하는 그 추측 자체에 대해 의문을 제기하는 것이 상황을 통제하는 첫 번째 단계라고 했으므로 (a)가 정답이다.

[어휘] handle 다루다 prejudice 편견 take a stand 태도를 취하다 ignore 무시하다 motivation 동기, 의욕

---

50 **추론 (How) ★★★** 정답 **(b)**

How does the job satisfaction of salespeople probably influence customers' behavior?

(a) by showing that the salespeople are happy
(b) by promoting the store's products enthusiastically
(c) by encouraging customers to make reasonable demands
(d) by allowing customers to ask many questions

판매원의 직무 만족은 어떻게 고객 행동에 영향을 미칠까?

(a) 판매원들이 행복하다는 것을 보여줌으로써
(b) 그 매장의 상품을 열정적으로 홍보함으로써
(c) 고객이 합리적인 요구를 하도록 격려함으로써
(d) 고객이 많은 질문을 하도록 허용함으로써

[해설] 담화 5단락에서 "[50]Salespeople who reported high levels of job satisfaction and who spent a relatively long amount of time introducing the store's products and services achieved relatively high levels of customer satisfaction."(높은 수준의 직무 만족도를 보고했고 매장 상품과 서비스를 소개하는 데 비교적 오랜 시간을 쓴 영업 사원들이 상대적으로 높은 수준의 고객 만족도를 달성했습니다.)라고 하였다. 직무 만족도가 높은 판매원은 매장 상품을 홍보하는데 더 많은 시간과 노력을 기울이며 열성을 보임으로써 고객 만족도를 높이는 것으로 추론되므로 (b)가 정답이다.

[Paraphrasing] spent a relatively long amount of time introducing the store's products and services ➡ by promoting the store's products enthusiastically

[어휘] satisfaction 만족 enthusiastically 열정적으로 allow A to+동사원형 A가 ~하는 것을 허용하다

---

51 **세부사항 (what) ★★** 정답 **(a)**

Based on the talk, what is NOT the attitude of a difficult counterpart during negotiations?

(a) They believe in win-win deals.
(b) They think that threats and ultimatums are effective.
(c) They are stuck in a win-lose frame of mind.
(d) They believe hard-bargaining approaches are best.

담화에 따르면, 협상 중 까다로운 상대의 태도가 아닌 것은 무엇인가?

(a) 그들은 윈-윈하는 거래를 믿는다.
(b) 그들은 협박과 최후통첩이 효과가 있다고 생각한다.
(c) 그들은 윈-루즈 생각의 틀에 갇혀 있다.
(d) 그들은 강경한 협상 접근이 최선이라고 믿는다.

[해설] 담화 6단락에서 "[51b]they think that threats, ultimatums, demands, and [51d]other hard-bargaining strategies are the best way for them to get what they want"(그들은 위협, 최후통첩, 요구, 그리고 다른 강경한 협상 전략들이 원하는 것을 얻는 가장 좋은 방법이라고 생각한다)라고 하였는데 이는 선택지 (b)와 (d)의 내용과 일치한다. 그리고 담화 7단락에서 "[51c]the difficult customer who is stuck in a win-lose mindset"(윈-루즈 사고방식에 갇혀 있는 까다로운 고객)이라고 하였는데 이는 선택지 (c)의 내용과 일치한다. 따라서 본 담화에 언급되지 않은 (a)가 정답이다.

[어휘] attitude 태도 counterpart 상대 frame 틀, 프레임

Why is it important to listen to difficult customers?

(a) because it is part of good communication skills
(b) because it is the polite attitude to have
(c) because it will make a good impression
(d) because it can promote a more collaborative attitude

까다로운 고객의 말을 듣는 것이 왜 중요한가?

(a) 훌륭한 의사소통 기술의 일부이기 때문
(b) 가져야 할 공손한 태도이기 때문
(c) 좋은 인상을 줄 것이기 때문
(d) 더 협력적인 태도를 촉진할 수 있기 때문

해설 담화 8단락에서 "⁵²By showing that you've been listening, you are likely to encourage a more cooperative approach."(여러분이 듣고 있었다는 것을 보여줌으로써, 여러분은 더 협력적인 접근법을 장려하게 될 가능성이 높습니다.)라고 하였다. 고객의 요구를 경청하고 있음을 보여주는 이유는 그렇게 해야 고객에게 더 협력을 이끌어낼 수 있기 때문이므로 (d)가 정답이다.

Paraphrasing you are likely to encourage a more cooperative approach ➡ it can promote a more collaborative attitude

어휘 polite 공손한　attitude 태도　impression 인상　promote 촉진하다　collaborative 협력적인

READING AND VOCABULARY

정답 확인하기

READING AND VOCABULARY														
PART 1	53	(c)	54	(b)	55	(d)	56	(b)	57	(b)	58	(a)	59	(d)
PART 2	60	(b)	61	(c)	62	(d)	63	(d)	64	(a)	65	(a)	66	(b)
PART 3	67	(a)	68	(a)	69	(d)	70	(d)	71	(c)	72	(d)	73	(a)
PART 4	74	(c)	75	(d)	76	(a)	77	(a)	78	(b)	79	(c)	80	(c)

문항별 취약 유형 체크하기

PART 1 인물 일대기			PART 3 지식 백과		
53	세부사항 (How)		67	세부사항 (Where)	
54	추론 (When)		68	True or Not True (what)	
55	세부사항 (Why)		69	세부사항 (How)	
56	추론 (How)		70	추론 (Why)	
57	세부사항 (What)		71	세부사항 (Why)	
58	어휘 (동사: convert)		72	어휘 (형용사: discernible)	
59	어휘 (과거분사: interred)		73	어휘 (명사: complex)	
PART 2 잡지 기사			**PART 4 비즈니스 레터**		
60	주제 (What)		74	주제/목적 (What)	
61	세부사항 (Which of the following)		75	세부사항 (Where)	
62	세부사항 (Why)		76	True or Not True (What)	
63	추론 (How)		77	세부사항 (what)	
64	세부사항 (Why)		78	추론 (Why)	
65	어휘 (동사: copy)		79	어휘 (형용사: accessible)	
66	어휘 (동사: require)		80	어휘 (동사: accompany)	

★ 틀린 문항을 확인하고 취약한 유형을 집중 학습하세요.

인물 소개	**ANDRÉ GUSTAVE CITROËN** André Citroën was a French industrialist of Dutch and Polish-Jewish origin. He is remembered chiefly for the make of car named after him, but also for his application of double helical gears. [53]He was the engineer who first introduced Henry Ford's methods of mass production to the European automobile industry—a game-changer for the industry.	**앙드레 구스타브 시트로엥** 앙드레 시트로엥(Andre Citroen)은 네덜란드와 폴란드 유대인 태생의 프랑스인 기업가였다. 그는 그의 이름을 딴 자동차 브랜드로 주로 기억되지만, 이중 나선 기어를 적용한 것으로도 기억된다. [53]그는 헨리 포드의 대량 생산 방법을 유럽의 자동차 산업에 처음 소개하여 업계의 판도를 바꿔 놓은 기술자였다.
어린 시절	André Gustave Citroën was born on February 5th in 1878 and was the fifth and last child of Jewish diamond-merchant parents. [54]As a six-year-old boy, André lost his father to suicide, presumably after failure in a business venture in a diamond mine in South Africa. From an early age, young André Citroën was inspired by the works of Jules Verne and had seen the construction of the Eiffel Tower for the World Exhibition, which made him want to become an engineer.	앙드레 구스타브 시트로엥은 1878년 2월 5일 유대계 다이아몬드 상인 부모의 다섯 번째이자 마지막 자녀로 태어났다. [54]6살 때 앙드레는 그의 아버지를 잃었는데, 그의 아버지는 남아프리카의 다이아몬드 광산 사업에 실패한 후 자살한 것으로 추정된다. 어렸을 때부터 어린 앙드레 시트로엥은 쥘 베른의 작품에서 영감을 받았고 세계 박람회를 위한 에펠탑의 건축을 보았는데 이로 인해 그는 엔지니어가 되고 싶어졌다.
청년 시절	Citroën graduated from the École Polytechnique in 1898 and the same year, he visited Poland, the birthplace of his mother, who had recently died. [55]During that trip, he saw a carpenter working on a set of gears with a fishbone structure—less noisy and more efficient than the previous gears. He bought the patent for very little money, which ultimately led to the invention that is credited to Citroën: double helical gears.	시트로엥은 1898년 에콜 폴리테크니크(파리 이공과대학)를 졸업하였고, 같은 해 어머니의 고향인 폴란드를 방문하였는데, 그의 어머니는 그 시기 즈음에 사망했다. [55]그 여행 동안, 그는 생선가시 구조를 가진 기어 세트를 가지고 작업하는 목수를 보았는데, 그 기어는 기존의 기어보다 소음이 적고 더 효율적이었다. 그는 그것에 대한 특허를 아주 적은 돈으로 샀고, 이 특허는 결국 시트로엥의 공으로 여겨지는 이중 나선 기어의 발명으로 이어졌다.
주요 행적(1)	Citroën is also reputed to be the inspiration of the double chevron logo of the brand of Citroën. In 1908, [56]he was installed as a chairman for the automotive company Mors, where he was very successful. The firm increased its production from 125 cars to 1,200 cars per year under his leadership.	또한 시트로엥은 시트로엥 브랜드의 더블 쉐브론 로고에 영감이 된 것으로 알려져 있다. 1908년 [56]그는 자동차 회사 모르스의 회장으로 임명되었고, 그곳에서 그는 매우 성공했다. 이 회사는 그의 지도 하에 연간 자동차 생산량을 125대에서 1,200대로 늘렸다.

<table>
<tr>
<td>주요
행적(2)</td>
<td>   After World War I, Citroën [58]converted his original arms factory into a plant to mass-produce a small, inexpensive automobile; the first Citroën car came off the assembly line in 1919. New Citroën factories were constructed, and his firm became one of the largest auto-manufacturing companies in France. However, during the Great Depression, he lost control of his company after it went bankrupt. Fortunately, it was reorganized a year later.</td>
<td>   1차 세계 대전 후, 시트로엥은 원래 가지고 있던 무기 공장을 작고 저렴한 자동차를 대량 생산하는 공장으로 [58]개조했고, 1919년에 최초의 시트로엥 자동차가 조립 라인에서 생산되었다. 새로운 시트로엥 공장들은 건설되었고 그의 회사는 프랑스에서 가장 큰 자동차 제조 회사 중 하나가 되었다. 그러나 대공황 동안 회사가 파산한 뒤 그는 회사의 경영권을 잃었다. 다행히 그 회사는 1년 뒤 재편되었다.</td>
</tr>
<tr>
<td>말년</td>
<td>   During this time, Citroën financed various scientific expeditions, including one that traveled 13,000 km by car from Beirut to Beijing. [57]The lighting of the Arc de Triomphe and the Place de la Concorde were gifts from Citroën to the city of Paris. Citroën died on July 3, 1935, after battling stomach cancer. He was [59]interred in the Montparnasse Cemetery.</td>
<td>   이 시기 동안 시트로엥은 베이루트에서 베이징까지 자동차로 13,000km를 여행한 것을 포함한 다양한 과학적 탐사에 자금을 댔다. [57]개선문과 콩코드 광장의 점등은 시트로엥이 파리라는 도시에 보낸 선물이었다. 시트로엥은 1935년 7월 3일 위암 투병 끝에 사망했다. 그는 몽파르나스 묘지에 [59]묻혔다.</td>
</tr>
</table>

어휘 industrialist (제조업) 경영주, 기업가   Dutch 네덜란드인, 네덜란드의   Polish 폴란드인, 폴란드의   Jewish 유대인, 유대의   origin 출신, 기원   chiefly 주로   application 적용   double helical gear 이중 나선 기어   method 방법   mass production 대량 생산   automobile 자동차   game-changer (판도를 바꾸는) 주요 사건이나 인물   merchant 상인   lose 잃다, 실패하다   suicide 자살   presumably 아마도   failure 실패   mine 광산   be inspired by ~에 의해 영감을 받다   construction 건설, 건축   World Exhibition 세계 박람회   birthplace 고향, 출생지   carpenter 목수   structure 구조   efficient 효율적인   patent 특허   ultimately 결국, 궁극적으로   be credited to ~의 공로로 여겨지다   be reputed to be ~인 것으로 알려지다   inspiration 영감   chevron V자 모양의   be installed as ~로 임명되다   chairman 회장, 의장   automotive 자동차의   convert 개조하다   arms 무기   inexpensive 저렴한   come off 생산하다   assembly line 조립 라인   Great Depression (미국의) 대공황   lose control of ~에 대한 경영권을 잃다   go bankrupt 파산하다   reorganize 재편성하다, 재조직하다   finance 자금을 대다   expedition 탐험, 원정   lighting 점등, 조명   stomach cancer 위암   be interred in ~에 묻히다   cemetery (공동) 묘지

---

53 세부사항 (How) ★★   정답 (c)

How did Citroën influence the European car-making industry?

(a) by making the cheapest cars in Europe
(b) by hiring the best manual laborer
(c) by introducing an innovative manufacturing system
(d) by introducing the double helical gears

시트로엥이 어떻게 유럽 자동차 산업에 영향을 미쳤는가?

(a) 유럽에서 가장 싼 차를 만들어서
(b) 최고의 육체 노동자를 고용하여
(c) 혁신적인 제조 시스템을 도입하여
(d) 이중 나선 기어를 도입하여

해설 본문 1단락에서 "[53]He was the engineer who first introduced Henry Ford's methods of mass production to the European automobile industry – a game-changer for the industry."(그는 헨리 포드의 대량 생산 방법을 유럽의 자동차 산업에 처음 소개하여 업계의 판도를 바꿔 놓은 기술자였다.)라고 하였다. 시트로엥은 자동차 대량생산 방법을 유럽에 처음 도입하여 유럽 자동차 산업에 큰 영향을 미쳤으므로 (c)가 정답이다.

Paraphrasing first introduced Henry Ford's methods of mass production to the European automobile industry ➡ by introducing an innovative manufacturing system

어휘 hire 고용하다, 채용하다   manual laborer 육체 노동자   innovative 혁신적인

54 추론 (When) ★★★   정답 (b)

When did Citroën most likely lose his father?

(a) after his father suffered from stomach cancer
(b) after his father lost a diamond business deal
(c) when he was traveling to Poland
(d) when he was hired by the Mors company

시트로엥은 언제 아버지를 잃었을 것 같은가?

(a) 그의 아버지가 위암에 걸린 후
(b) 그의 아버지가 다이아몬드 거래에 실패한 후
(c) 그가 폴란드를 여행하고 있을 때
(d) 그가 모르스 사에 고용되었을 때

> 해설 ▶ 본문 2단락에서 "⁵⁴As a six-year-old boy, André lost his father to suicide, presumably after failure in a business venture in a diamond mine in South Africa."(6살 때 앙드레는 그의 아버지를 잃었는데, 그의 아버지는 남아프리카의 다이아몬드 광산 사업에 실패한 후 자살한 것으로 추정된다.)라고 하였다. 그의 아버지는 다이아몬드 광산 사업에 실패한 후 자살을 한 것으로 보이므로 (b)가 정답이다.

> **Paraphrasing** ▶ after failure in a business venture in a diamond mine ➡ after his father lost a diamond business deal

> 어휘 ▶ suffer from ~을 겪다, ~로 고생하다   deal 거래, 계약   hire 고용하다

---

55 세부사항 (Why) ★★   정답 (d)

Why was the trip to Poland significant in Citroën's professional future?

(a) because he discovered the Polish production system
(b) because he met his mother's relatives
(c) because he benefitted from an inheritance
(d) because he acquired an important invention

폴란드로의 여행은 시트로엥의 직업에 있어서의 미래에 왜 중요했는가?

(a) 그는 폴란드의 생산 시스템을 발견했기 때문
(b) 그는 그의 어머니의 친척들을 만났기 때문
(c) 그가 유산으로부터 이익을 얻었기 때문
(d) 그는 중요한 발명품을 얻었기 때문

> 해설 ▶ 본문 3단락에서 "⁵⁵During that trip, he saw a carpenter working on a set of gears with a fishbone structure — less noisy and more efficient than the previous gears. He bought the patent for very little money, which ultimately led to the invention that is credited to Citroën: double helical gears."(그 여행 동안, 그는 생선가시 구조를 가진 기어 세트를 가지고 작업하는 목수를 보는데, 그 기어는 기존의 기어보다 소음이 적고 더 효율적이었다. 그는 그것에 대한 특허를 아주 적은 돈으로 샀고, 이 특허는 결국 시트로엥의 공으로 여겨지는 이중 나선 기어의 발명으로 이어졌다.)라고 하였다. 폴란드 여행 동안 어떤 기어를 보고 그 특허를 확보하여 나중에 이중 나선 기어를 발명하게 되었으므로 (d)가 정답이다.

> 어휘 ▶ significant 중요한   professional 직업의   relative 친척   benefit from ~로부터 이득을 얻다   inheritance 유산   acquire 얻다

---

56 추론 (How) ★★★   정답 (b)

How was Citroën most likely influential at the Mors company?

(a) He provided better working conditions.
(b) He multiplied the company's profits.
(c) He built better infrastructure.
(d) He treated the board members fairly.

시트로엥이 모르스 사에 어떤 영향을 미쳤을까?

(a) 그는 더 나은 근무 조건을 제공했다.
(b) 그는 회사의 이익을 배가시켰다.
(c) 그는 더 나은 기반 시설을 구축했다.
(d) 그는 이사진을 공평하게 대했다.

해설 본문 4단락에서 "[56]he was installed as a chairman for the automotive company Mors, where he was very successful. The firm increased its production from 125 cars to 1,200 cars per year under his leadership."(그는 자동차 회사 모르스의 회장으로 임명되었고, 그곳에서 그는 매우 성공했다. 이 회사는 그의 지도 하에 연간 자동차 생산량을 125대에서 1,200대로 늘렸다.)라고 하였다. 회사의 연간 생산량을 크게 증가시켰다고 했으므로 회사의 이익을 증대시킨 것으로 추론된다. 따라서 (b)가 정답이다.

Paraphrasing The firm increased its production from 125 cars to 1,200 cars per year under his leadership. ➡ He multiplied the company's profits.

어휘 working condition 근무 조건 multiply 배가시키다 infrastructure 사회 기반 시설 treat 대하다 board member 이사진 fairly 공평하게

---

57 세부사항 (What) ★   정답 (b)

What contributions did Citroën make to the French capital?

(a) He helped build the Eiffel Tower.
(b) He donated some landmarks.
(c) He helped accomplish scientific experiments.
(d) He designed the Parisian subway system.

시트로엥은 프랑스의 수도에 어떤 기여를 했는가?

(a) 그는 에펠탑을 세우는 것을 도왔다.
(b) 그는 몇몇 랜드마크를 기증했다.
(c) 그는 과학 실험을 완수하는 것을 도왔다.
(d) 그는 파리 지하철 시스템을 설계했다.

해설 본문 6단락에서 "[57]The lighting of the Arc de Triomphe and the Place de la Concorde were gifts from Citroën to the city of Paris."(개선문과 콩코드 광장의 점등은 시트로엥이 파리라는 도시에 보낸 선물이었다.)라고 하였다. 개선문과 콩코드 광장 점등을 파리에 선물로 기증하였으므로 (b)가 정답이다.

Paraphrasing The lighting of the Arc de Triomphe and the Place de la Concorde were gifts from Citroën to the city of Paris. ➡ He donated some landmarks.

어휘 contribution 기여, 공헌 donate 기부하다 landmark 랜드마크, 주요 지형지물 accomplish 완수하다, 성취하다

---

58 어휘 (동사: convert) ★★★   정답 (a)

In the context of the passage, <u>converted</u> means
_____.

(a) transformed
(b) translated
(c) recycled
(d) reorganized

본문의 맥락에서 converted는 _____를 의미한다.

(a) 변형했다
(b) 번역했다
(c) 재활용했다
(d) 재편성했다

해설 본문 5단락 "Citroën [58]converted his original arms factory into a plant to mass-produce a small, inexpensive automobile"(시트로엥은 원래 가지고 있던 무기 공장을 작고 저렴한 자동차를 대량 생산하는 공장으로 개조했다.)에서 converted는 '개조하다, 전환하다'의 의미로 쓰였다. 보기 중 이 의미와 가장 가까운 (a)가 정답이다.

어휘 transform 변형하다 translate 번역하다 recycle 재활용하다 reorganize 재편성하다

In the context of the passage, <u>interred</u> means _____.

(a) covered
(b) incinerated
(c) cremated
(d) buried

본문의 맥락에서 interred는 _____를 의미한다.

(a) 덮인
(b) 소각된
(c) 화장된
(d) 묻힌

해설 본문 6단락 "He was ⁵⁹<u>interred</u> in the Montparnasse Cemetery."(그는 몽파르나스 묘지에 묻혔다.)에서 interred는 '매장된'의 의미로 쓰였다. 보기 중 이 의미와 가장 가까운 (d)가 정답이다.

어휘 covered 덮인　incinerated 소각된　cremated 화장된　buried 매장된

THE SKILLS OF FUNGUS-FARMING ANTS

연구
대상
소개

Fungus-farming ants are an insect lineage that relies on farmed fungus for their survival. In return for tending to their fungal crops—protecting them against pests and providing them with stable growth conditions in underground nests and nutritional fertilizers—the ants gain a stable food supply. [60]These fungus-farming systems are an expression of striking collective organization honed over 60 million years of fungus crop domestication. The farming systems of humans thus pale in comparison since they emerged only about 10,000 years ago.

연구의
시사점

[61]A new study from the University of Copenhagen demonstrates that these ants might be one up on us as far as farming skills go. Long ago, they appear to have overcome key domestication challenges that humans have yet to solve. Ants have managed to retain a farming lifestyle across 60 million years of climate change and diverse habitats, explains one of the researchers, Jonathan Shik.

연구
과정 (1)

Through fieldwork, the researchers studied how fungus-farming ants use nutrition to manage a tradeoff between the cultivar's increasingly specialized production benefits and its rising vulnerability to environmental variation. The ants appear to have evolved plenty of clever ways to persist over millions of years. For instance, [62]they became impressive architects, often digging sophisticated and climate-controlled underground growth chambers where they can protect their fungus from the elements.

곰팡이 재배 개미의 기술

곰팡이 재배 개미는 그들의 생존을 경작된 곰팡이에 의존하는 곤충 계통이다. 해충으로부터 보호하고 땅속 보금자리에서 안정적인 성장 환경과 영양을 주는 비료제를 제공하며 곰팡이 작물을 가꾸는 것에 대한 대가로 개미들은 안정적인 먹이를 공급받는다. [60]이러한 곰팡이 재배 체계는 6천만 년이 넘는 곰팡이 작물 재배를 통해 만들어진 두드러지는 집단 조직의 표현이다. 따라서 인간의 농업 체계는 약 10,000년 전에서야 나타났기 때문에 상대적으로 무색해진다.

[61]코펜하겐 대학의 새로운 연구는 이 개미들이 농사 기술에 관한 한 우리보다 한 수 위일지도 모른다는 것을 보여준다. 오래 전에 개미들은 인간이 아직 해결하지 못한 주요 재배 문제들을 극복했던 것처럼 보인다. 연구원 중 한 명인 조나단 시크는 개미들은 다양한 서식지와 6천만 년의 기후 변화에 걸쳐 어떠한 재배 생활 방식을 유지해 왔다고 설명한다.

현장 연구를 통해 연구원들은 곰팡이 재배 개미들이 영양분을 이용해 어떻게 점점 더 전문화되는 재배 품종의 생산 이점과 증가하는 환경 변화에 대한 취약성 사이의 적절한 균형을 맞춰 내는지 연구했다. 개미들은 수백 만년 넘게 지속할 수 있는 많은 영리한 방법들을 발달시킨 것으로 보인다. 예를 들어, [62]개미들은 종종 악천후로부터 곰팡이를 보호할 수 있는 정교하고 기후가 통제되는 지하 생장실을 파내는 훌륭한 건축가가 되었다.

연구 과정 (2)	[63]The researchers spent over a hundred hours lying on the rainforest floor next to ant nests. Armed only with forceps, they stole tiny pieces of leaves and other chemical substances from the jaws of ants as they returned from foraging trips. The nutritional analyses of the plants taken by the ants show that they collect leaves, fruit, and flowers from hundreds of different rainforest trees.	[63]연구원들은 열대 우림 바닥 개미굴 옆에 누워 100시간 넘게 보냈다. 집게로만 무장한 채, 그들은 개미들이 먹이를 구하는 여행에서 돌아오면 개미들의 입에서 작은 나뭇잎 조각과 다른 화학 물질들을 몰래 채취했다. 그 개미들에 의해 먹이로 취해진 식물에 대한 영양학적 분석은 개미들이 수백 그루의 다른 열대 우림 나무로부터 나뭇잎, 과일, 그리고 꽃을 수집한다는 것을 보여준다.
연구의 한계 및 미래 연구 과제	Over time, the ants have adapted their leaf collecting to the needs of the fungus, without the benefits of the technological advances that have helped human farmers over the millennia. However, one might wonder, is it possible to simply [65]copy their ingenious methods? [64]It is not currently possible to directly transfer the ants' methods to human agricultural practices, because plants [66]require sunlight and must be grown above ground. But time will tell what the future holds.	시간이 지남에 따라, 그 개미들은 수천 년 넘게 인간 농부들에게 도움을 준 기술적 진보의 혜택 없이 곰팡이의 필요에 맞게 나뭇잎을 모으는 것을 적응시켜 왔다. 하지만 누군가는 궁금해 할 것인데, 그들의 독창적인 방법을 단순히 [65]모방하는 것이 가능할까? [64]현재로서는 개미들의 방법을 인간 농업 관행에 직접적으로 옮겨 적용하는 것은 가능하지 않은데, 왜냐하면 식물은 햇빛을 [66]필요로 하고 땅 위에서 자라야 하기 때문이다. 그러나 미래가 어떨지는 시간이 말해 줄 것이다.

어휘 fungus 곰팡이, 균류   lineage 계통   rely on ～에 의존하다   survival 생존   in return for ～의 대가로   tend to 보살피다, 가꾸다
fungal 균류의   pest 해충   provide A with B A에게 B를 제공하다   stable 안정적인   nutritional 영양의, 영양을 주는   fertilizer 비료
striking 두드러진   hone 연마하다, 만들다   crop 작물   domestication 재배, 사육   pale in comparison ～앞에서 무색하다
emerge 출현하다   demonstrate 입증하다, 보여주다   one up on ～보다 한 수 위에 있는   as far as ～에 관한 한   manage to
(어려운 것을) 해내다   overcome 극복하다   retain 보유하다, 유지하다   diverse 다양한   habitat 서식지   fieldwork 현장 연구
tradeoff (상충되는 것 간의) 적절한 균형   cultivar 재배 품종   vulnerability 취약성   variation 변화   evolve 발달하다, 진화하다
persist 지속하다   for instance 예를 들어   impressive 훌륭한, 인상 깊은   architect 건축가   sophisticated 정교한
growth chamber 생장실   elements 악천후, 비바람   armed with ～로 무장하여   forceps 집게, 겸자   substance 물질
jaws (동물의) 입   forage 먹이를 찾다   adapt A to B A를 B에 적응시키다   advance 진보   millennia 수천 년 (단수형 millennium)
ingenious 독창적인, 기발한   transfer 옮기다, 옮겨 적용하다   what the future holds 미래가 어떻게 될지

---

60 주제 (What) ★★   정답 (b)

What is the main idea of this article?

(a) The ants can survive any climatic conditions.
(b) The ants have developed ingenious farming methods.
(c) The ants need plenty of nutrients to survive.
(d) The ants' farming system can be transferred to human agriculture.

이 기사의 주제는 무엇인가?

(a) 개미들은 어떤 기후 조건에서도 살아남을 수 있다.
(b) 개미들은 기발한 농경 방법을 발전시켜 왔다.
(c) 개미들은 살기 위해 많은 영양분을 필요로 한다.
(d) 개미의 농경 방법이 인간의 농업에 이전될 수 있다.

해설 본문 1단락에서 "[60]These fungus-farming systems are an expression of striking collective organization honed over 60 million years of fungus crop domestication. The farming systems of humans thus pale in comparison since they emerged only about 10,000 years ago."(이러한 곰팡이 재배 체계는 6천만 년이 넘는 곰팡이 작물 재배를 통해 만들어진 두드러지는 집단 조직의 표현이다. 따라서 인간의 농업 체계는 약 10,000년 전에서야 나타났기 때문에 상대적으로 무색해진다.)라고 하였다. 이 기사는 개미들이 오랫동안 만들어 온 곰팡이 경작 시스템에 대해 이야기하고 있으므로 (b)가 정답이다.

어휘 climatic condition 기후 조건 ingenious 기발한 nutrient 영양분 agriculture 농업 transfer 이전하다, 옮기다

---

61 세부사항 (Which) ★★★ 　　　　　　　　　　　　　　　　　　정답 (c)

Which of the following was discovered through the new study?

(a) Human farming technology is more advanced than that of the ants.
(b) Humans should study and copy the ants' skills.
(c) The ants may excel humans in farming skills.
(d) Fungus-farming ants have been around for thousands of years.

다음 중 새 연구를 통해 발견된 것은 어느 것인가?

(a) 인간의 농업기술은 개미의 기술보다 더 발달해 있다.
(b) 인간은 그 개미들의 기술을 연구하고 모방해야 한다.
(c) 그 개미들은 농업 기술에서 인간을 능가할지도 모른다.
(d) 곰팡이 재배 개미는 수천 년 동안 존재해 왔다.

해설 본문 2단락에서 "[61]A new study from the University of Copenhagen demonstrates that these ants might be one up on us as far as farming skills go. Long ago, they appear to have overcome key domestication challenges that humans have yet to solve."(코펜하겐 대학의 새로운 연구는 이 개미들이 농사 기술에 관한 한 우리보다 한 수 위일지도 모른다는 것을 보여준다. 오래 전에 개미들은 인간이 아직 해결하지 못한 주요 재배 문제들을 극복했던 것처럼 보인다.)라고 하였다. 새 연구는 그 개미들이 인간보다 더 발달된 농업 기술을 가지고 있을지도 모른다는 것을 보여줬다. 따라서 (c)가 정답이다.

Paraphrasing these ants might be one up on us as far as farming skills go
➡ The ants may excel humans in farming skills.

어휘 advanced 발달된 excel 능가하다 have been around 존재해 오다

---

62 세부사항 (Why) ★★ 　　　　　　　　　　　　　　　　　　　　정답 (d)

Why are the ants considered impressive little architects?

(a) because of their size and functions
(b) because they live underground and are unharmed
(c) because they can't control the nutrients they need
(d) because they can dig a tunnel and make growth rooms

왜 개미들은 훌륭한 작은 건축가들로 여겨지는가?

(a) 그것들의 크기와 기능 때문에
(b) 그것들은 지하에 살고 다치지 않기 때문에
(c) 그것들은 필요한 영양분을 조절하지 못하기 때문에
(d) 그것들은 터널을 파서 생장실을 만들 수 있기 때문에

해설 본문 3단락에서 "[62]they became impressive architects, often digging sophisticated and climate-controlled underground growth chambers where they can protect their fungus from the elements"(개미들은 종종 악천후로부터 곰팡이를 보호할 수 있는 정교하고 기후가 통제되는 지하 생장실을 파내는 훌륭한 건축가가 되었다)라고 하였다. 개미들이 탁월한 건축가로 여겨질 수 있는 것은 날씨를 통제할 수 있는 지하 생장실을 파낼 수 있는 능력이므로 (d)가 정답이다.

Paraphrasing digging sophisticated and climate-controlled underground growth chambers
➡ they can dig a tunnel and make growth rooms

어휘 function 기능 unharmed 다치지 않는 nutrient 영양분 dig 파다

---

63 추론 (How) ★★★   정답 (d)

How did the researchers most likely collect their data to study the ants?

(a) by looking at previous studies
(b) by comparing ants from different countries
(c) by examining different ants at home
(d) by observing ants in their natural habitats

연구원들은 개미를 연구하기 위해 어떻게 자료를 모았을까?

(a) 이전의 연구들을 봄으로써
(b) 다른 나라에서 온 개미를 비교함으로써
(c) 집에서 다른 개미들을 조사함으로써
(d) 자연 서식지에서 개미를 관찰함으로써

해설 본문 4단락에서 "[63]The researchers spent over a hundred hours lying on the rainforest floor next to ant nests. Armed only with forceps, they stole tiny pieces of leaves and other chemical substances from the jaws of ants as they returned from foraging trips."(연구원들은 열대 우림 바닥 개미굴 옆에 누워 100시간 넘게 보냈다. 집게로만 무장한 채, 그들은 개미들이 먹이를 구하는 여행에서 돌아오면 개미들의 입에서 작은 나뭇잎 조각과 다른 화학 물질들을 몰래 채취했다.)라고 하였다. 연구원이 그 개미들의 서식지를 직접 찾아가서 관찰을 통해 조사하였으므로 (d)가 정답이다.

Paraphrasing The researchers spent over a hundred hours lying on the rainforest floor next to ant nests.
➡ by observing ants in their natural habitats

어휘 previous 이전의 compare 비교하다 examine 조사하다 observe 관찰하다 habitat 서식지

---

64 세부사항 (Why) ★★   정답 (a)

Why can't the ants' inventive methods be imitated by humans?

(a) They are not appropriate for plants.
(b) Their methods are too complex for the human mind.
(c) Humans aren't as fast as ants.
(d) Humans cannot develop the technology.

왜 개미들의 창의적인 방법은 인간에 의해 직접 모방될 수 없을까?

(a) 그 방법은 식물에 적합하지 않다.
(b) 그것들의 방법은 인간의 정신에 너무 복잡하다.
(c) 인간은 개미만큼 빠르지 않다.
(d) 인간은 그 기술을 발전시킬 수 없다.

해설 본문 5단락에서 "[64]It is not currently possible to directly transfer the ants' methods to human agricultural practices, because plants require sunlight and must be grown above ground."(현재로서는 개미들의 방법을 인간 농업 관행에 직접적으로 옮겨 적용하는 것은 가능하지 않은데, 왜냐하면 식물은 햇빛을 필요로 하고 땅 위에서 자라야 하기 때문이다.)라고 하였다. 인간이 경작하는 식물은 지하가 아니라 지상에서 성장해야 하기 때문에 개미의 경작 방법은 식물 경작에는 맞지 않으므로 (a)가 정답이다.

어휘 inventive 창의적인 method 방법 imitate 모방하다 appropriate 적합한

In the context of the passage, <u>copy</u> means _____.

(a) emulate
(b) echo
(c) image
(d) draw

본문의 맥락에서 copy는 _____를 의미한다.

(a) 흉내내다
(b) 메아리치다
(c) 상을 비추다
(d) 끌어당기다

해설 ▶ 본문 5단락에서 "However, one might wonder, is it possible to simply [65]copy their ingenious methods?"(하지만 누군가는 궁금해할 것인데, 그들의 독창적인 방법을 단순히 모방하는 것이 가능할까?)에서 copy는 '모방하다'의 의미로 사용되었다. 보기 중 이 의미와 가장 가까운 (a)가 정답이다.

어휘 ▶ emulate 흉내내다　echo 메아리치다, 반향하다　image 상을 비추다　draw 끌어당기다

In the context of the passage, <u>require</u> means _____.

(a) acquire
(b) need
(c) order
(d) recommend

본문의 맥락에서 require는 _____를 의미한다.

(a) 습득하다
(b) 필요로 하다
(c) 명령하다
(d) 권유하다

해설 ▶ 본문 5단락 "It is not currently possible to directly transfer the ants' methods to human agricultural practices, because plants [66]require sunlight and must be grown above ground."(현재로서는 개미들의 방법을 인간 농업 관행에 직접적으로 옮겨 적용하는 것은 가능하지 않은데, 왜냐하면 식물은 햇빛을 필요로 하고 땅 위에서 자라야 하기 때문이다.)에서 require는 '필요로 하다'의 의미로 사용되었다. 보기 중 이 의미와 가장 가까운 (b)가 정답이다.

어휘 ▶ acquire 습득하다　need 필요로 하다　order 명령하다　recommend 권유하다

	ORION	오리온자리
정의 및 특징	In astronomy, Orion is one of the most prominent constellations. Located on the celestial equator, it can be seen throughout the world. [67]The constellation, which is named after the hunter in Greek mythology, is one of the most [72]discernible constellations in the sky. According to astronomers, [68a]two of the ten brightest stars in the sky are located in Orion.	천문학에서 오리온은 가장 눈에 띄는 별자리 중 하나이다. 천구 적도에 위치해 있는 그것은 전 세계에서 볼 수 있다. [67]그리스 신화에 나오는 사냥꾼의 이름을 딴 이 별자리는 하늘에서 가장 [72]눈에 띄는 별자리 중 하나이다. 천문학자들에 따르면 [68a]하늘에서 가장 밝은 별 10개 중 2개가 오리온자리에 있다고 한다.
관찰 시기	Orion ranks 26th of the 88 constellations in size and [68b]is clearly visible in the night sky from almost any location on Earth from November through February. The best time, however, to see the constellation is at about 9:00 in the evening in late January.	오리온은 크기에 있어서 88개 별자리 중 26위를 차지하며 [68b]11월부터 2월까지 지구상의 거의 모든 위치에서 밤하늘에서 뚜렷하게 볼 수 있다. 그러나 이 별자리를 보기에 가장 좋은 시간은 1월 말 저녁 9시쯤이다.
관련 신화	Orion is recognized in numerous cultures around the world, and many myths are associated with it. [68c]The most renowned one is perhaps that of Orion the great Greek hunter who was in love with the goddess Artemis, also a hunter. The two lived together in the forest. But Artemis' brother Apollo hated Orion so much that he tricked Artemis into killing Orion with an arrow. According to the myth, Orion was then placed in the sky as a constellation, and [69]most sources and painters show Orion as a warrior, holding a club above his head and shield before him.	오리온은 전 세계의 수많은 문화에서 인식되고 있으며 많은 신화들이 그것과 연관되어 있다. [68c]아마도 가장 유명한 것은 그리스의 위대한 사냥꾼인 오리온이 마찬가지로 사냥꾼인 여신 아르테미스와 사랑에 빠진 이야기일 것이다. 그 둘은 숲에서 함께 살았다. 그러나 아르테미스의 동생 아폴로는 오리온을 너무 싫어하여 아르테미스를 속여 화살로 오리온을 죽이게 했다. 신화에 따르면, 그러고 나서 오리온은 별자리로 하늘에 놓였고, [69]대부분의 자료와 화가들은 오리온을 머리 위로 몽둥이를 들고 앞에 방패를 들고 있는 전사로 묘사한다.
위치 찾는 방법	The two brightest stars in Orion are Rigel and Betelgeuse. They are 2 of the 57 stars [68d]that are commonly used to help sailors and others navigate or find their way. Finding Orion's Belt is the easiest way to locate the Orion Constellation. [70]One can easily locate it by finding Betelgeuse—a bright red star.	오리온자리에서 가장 밝은 두 별은 리겔과 베텔게우스이다. [68d]그것들은 선원들과 다른 사람들이 항해하거나 길을 찾는 것을 돕기 위해 흔히 사용되는 57개의 별들 중 2개이다. 오리온자리의 띠를 찾는 것은 오리온자리의 위치를 찾는 가장 쉬운 방법이다. [70]밝은 붉은 별인 베텔게우스를 발견함으로써 그것의 위치를 쉽게 찾을 수 있다.

구성	The constellation includes a series of starburst nebulae where new stars are created. The whole group of nebulae is known as the Orion complex. The ^{73}complex is 1,500 to 1,600 light-years away, and hundreds of light-years across, and the main nebula is called the Great Orion Nebula.	그 별자리는 새로운 별이 생성되는 일련의 폭발적 항성 생성운을 포함한다. 성운의 전체 그룹은 오리온 복합체로 알려져 있다. 이 ^{73}복합체는 1,500~1,600광년 떨어져 있고, 지름은 수백 광년이며, 주성운은 오리온 대성운으로 불린다.
의의	^{71}For people who study astronomy, Orion is surely one of the most important constellations. That's because it contains one of the nearest and most active stellar nurseries in the Milky Way, the galaxy in which we live.	^{71}천문학을 공부하는 사람들에게 오리온은 확실히 가장 중요한 별자리 중 하나이다. 그 이유는 그것이 우리가 살고 있는 은하계인 은하수에서 가장 가깝고 활동적인 별 양성소 중 하나를 포함하고 있기 때문이다.

어휘 ▶ astronomy 천문학 prominent 눈에 띄는 constellation 별자리 celestial 천체의, 하늘의 equator 적도 throughout 전체에 be named after ~을 따서 이름 짓다 mythology 신화 discernible 눈에 띄는, 구별되는 astronomer 천문학자 rank (순위를) 차지하다 clearly 뚜렷하게 visible 보이는 location 위치 recognize 인식하다, 인정하다 numerous 수많은 myth 신화 be associated with ~와 관련되어 있다 renowned 알려진, 유명한 goddess 여신 trick A into ~ing A를 속여 ~하게 하다 place 놓다 warrior 전사 club 몽둥이 shield 방패 commonly 흔히 navigate 항해하다 locate ~의 위치를 찾다 a series of 일련의 starburst nebulae 폭발적 항성 생성운 nebula 성운 (pl. nebulae) complex 복합체 light-year 광년 across (가로, 지름이) ~인 contain 포함하다 stellar nursery 별 양성소 the Milky Way 은하수 galaxy 은하계

---

67 세부사항 (Where) ★★   정답 (a)

Where does the name "Orion" originate from?

(a) from a famous Greek legend
(b) from a prehistoric creature
(c) from a group of celebrities
(d) from the common Egyptian myth

"오리온"이라는 이름은 어디서 유래된 것인가?

(a) 유명한 그리스 전설에서
(b) 선사시대의 생물로부터
(c) 유명인사 모임에서
(d) 흔한 이집트 신화로부터

해설 ▶ 본문 1단락에서 "^{67}The constellation, which is named after the hunter in Greek mythology"(그리스 신화에 나오는 사냥꾼의 이름을 딴 이 별자리)라고 하였다. 오리온이라는 이름은 그리스 신화에 나오는 사냥꾼의 이름에서 유래했으므로 (a)가 정답이다.

어휘 ▶ Greek legend 그리스 전설 originate from ~로부터 유래하다 prehistoric 선사 시대의 creature 생물 celebrity 유명인 Egyptian myth 이집트 신화

According to the passage, what is NOT true about the Orion constellation?

(a) It contains most of the brightest stars in the sky.
(b) It is visible to the naked eye across the globe.
(c) It represents a love story between two hunters.
(d) Its stars are often used by people traveling at sea.

본문에 따르면 오리온자리에 대한 설명으로 옳지 않은 것은?

(a) 그것은 하늘에서 가장 밝은 별들 대부분을 포함하고 있다.
(b) 그것은 전 세계에서 육안으로 볼 수 있다.
(c) 그것은 두 사냥꾼 사이의 사랑 이야기를 나타낸다.
(d) 그것의 별들은 바다를 여행하는 사람에 의해 자주 사용된다.

해설 본문 1단락에서 "[68a]two of the ten brightest stars in the sky are located in Orion"(하늘에서 가장 밝은 10개중 2개가 오리온자리에 있다)라고 하였으므로 오리온자리에 가장 밝은 별 대부분이 포함되어 있다고 쓰인 (a)는 옳지 않은 설명이다. 본문 2단락의 "[68b]is clearly visible in the night sky from almost any location on Earth from November through February"(11월부터 2월까지 지구상의 거의 모든 위치에서 밤하늘에서 뚜렷하게 볼 수 있다)는 (b) 내용과 일치하고, 본문 3단락의 "[68c]The most renowned one is perhaps that of Orion the great Greek hunter who was in love with the goddess Artemis, also a hunter."(아마도 가장 유명한 것은 그리스의 위대한 사냥꾼 오리온이 마찬가지로 사냥꾼인 여신 아르테미스와 사랑에 빠진 이야기일 것이다.)는 (c) 내용과 일치하며 본문 4단락의 "[68d]that are commonly used to help sailors and others navigate, or find their way"(그것들은 선원들과 다른 사람들이 항해하거나 길을 찾는 것을 돕기 위해 흔히 사용된다)는 (d) 내용과 일치한다. 따라서 (a)가 정답이다.

어휘 visible 볼 수 있는   naked eye 육안   across the globe 전 세계에   represent 나타내다, 상징하다

How is Orion often portrayed by artists?

(a) by showing its two brightest stars
(b) by picturing two hunters in a forest
(c) by picturing a bright belt-like figure
(d) by showing a man holding armor

오리온은 예술가들에 의해 종종 어떻게 묘사되는가?

(a) 가장 밝은 두 별을 보여줌으로써
(b) 숲 속의 두 사냥꾼을 그림으로써
(c) 밝은 허리띠 같은 형상을 그림으로써
(d) 갑옷을 들고 있는 남자를 보여줌으로써

해설 본문 3단락에서 "[69]most sources and painters show Orion as a warrior, holding a club above his head and shield before him"(대부분의 자료와 화가들은 오리온을 머리 위로 몽둥이를 들고 앞에 방패를 들고 있는 전사로 묘사한다)라고 하였으므로 (d)가 정답이다.

Paraphrasing most sources and painters show Orion as a warrior, holding a club above his head and shield before him ➡ by showing a man holding armor

어휘 portray 묘사하다   figure 형상   armor 갑옷

70 추론 (Why) ★★★   정답 (d)

Why most likely can people easily identify the Orion Constellation?

(a) because its shield-like shape is popular
(b) because it's a reminder of Greek legends
(c) because it's a reminder of a beautiful love story
(d) because one of its stars is bright red

왜 사람들이 오리온 별자리를 쉽게 알아볼 수 있을까?

(a) 그것의 방패 같은 모양이 인기가 있어서
(b) 그리스 전설을 생각나게 해서
(c) 아름다운 사랑 이야기를 생각나게 해서
(d) 그 별들 중 하나가 밝은 붉은 색이어서

> 해설 본문 4단락에서 "70One can easily locate it by finding Betelgeuse—a bright red star."(밝은 붉은 별인 베텔게우스를 발견함으로써 그것의 위치를 쉽게 찾을 수 있다.)라고 하였다. 베텔게우스라는 밝은 붉은 색 별을 찾으면 오리온 띠를 쉽게 찾을 수 있다고 했으므로 오리온 별자리를 쉽게 알아볼 수 있게 하는 것이 바로 베켈게우스임을 추론할 수 있다. 따라서 (d)가 정답이다.

> 어휘 identify 알아보다, 식별하다   shield 방패   reminder 생각나게 하는 것

---

71 세부사항 (Why) ★★   정답 (c)

Why is the Orion constellation so significant for astronomers?

(a) because it symbolizes the center of our universe
(b) because it contains most of the brightest stars in the sky
(c) because it is where many new stars are formed
(d) because it symbolizes strength according to the Greeks

천문학자들에게 오리온 별자리는 왜 그렇게 중요한가?

(a) 우리 우주의 중심을 상징하기 때문
(b) 하늘에서 가장 밝은 별들의 대부분을 포함하고 있기 때문
(c) 많은 새로운 별이 형성되는 곳이기 때문
(d) 그리스인들에 따르면 그것은 힘을 상징하기 때문

> 해설 본문 6단락에서 "71For people who study astronomy, Orion is surely one of the most important constellations. That's because it contains one of the nearest and most active stellar nurseries in the Milky Way, the galaxy in which we live."(천문학을 공부하는 사람들에게 오리온은 확실히 가장 중요한 별자리 중 하나이다. 그 이유는 그것이 우리가 살고 있는 은하계인 은하수에서 가장 가깝고 활동적인 별 양성소 중 하나를 포함하고 있기 때문이다)라고 하였다. 즉, 오리온이 중요한 이유는 우리 은하수에서 가장 가깝고 새로운 별들의 생성이 활발하게 진행되는 곳이기 때문이므로 보기 중 이 내용과 의미가 가장 가까운 (c)가 정답이다.

> Paraphrasing because it contains one of the nearest and most active stellar nurseries in the Milky Way
> ⇒ because it is where many new stars are formed

> 어휘 significant 의미심장한, 중요한   astronomer 천문학자   symbolize 상징하다   strength 힘, 강인함

In the context of the passage, <u>discernible</u> means _____.

(a) clear
(b) transparent
(c) tangible
(d) noticeable

본문의 맥락에서 discernible은 _____를 의미한다.

(a) 분명한
(b) 투명한
(c) 만질 수 있는
(d) 눈에 띄는, 두드러진

해설 본문 1단락 "The constellation, which is named after the hunter in Greek mythology, is one of the most [72]<u>discernible</u> constellations in the sky."(그리스 신화에 나오는 사냥꾼의 이름을 딴 이 별자리는 하늘에서 가장 <u>눈에 띄는</u> 별자리 중 하나이다.)에서 discernible 은 '식별 가능한, 눈에 띄는'의 의미로 사용되었다. 보기 중 이 의미와 가장 가까운 (d)가 정답이다.

어휘 clear 분명한   transparent 투명한   tangible 만질 수 있는   noticeable 눈에 띄는, 두드러진

In the context of the passage, <u>complex</u> means _____.

(a) structure
(b) complication
(c) network
(d) elaboration

본문의 맥락에서 complex는 _____를 의미한다.

(a) 구조, 체계
(b) 문젯거리, 합병증
(c) 망
(d) 공들임, 정교

해설 본문 5단락 "The [73]<u>complex</u> is 1,500 to 1,600 light-years away, and hundreds of light-years across"(이 복합체는 1500~1600광 년 떨어져 있고, 지름이 수백 광년이다)에서 complex는 '복합체'의 의미로 사용되었다. 보기 중 이 의미와 가장 가까운 (a)가 정답이다.

어휘 structure 구조, 체계   complication 문젯거리, 합병증   network 망, 네트워크   elaboration 공들임, 정교

받는 사람	Ms. Alexandra White Team Manager 789 E. Colonial Rd. Omaha, NE 68067	알렉산드라 화이트 팀 매니저 789 E. 콜로니얼 로드 네브래스카주 68067 오마하
편지의 목적	Dear Ms. White: [74]I am writing to inform you of our yearly company event. [75]This year, we will be hosting the annual picnic at the Bear Lake Loop, a famous spot in our town, on Friday, November 15th for all the employees of the company. Families of the employees are also invited.	친애하는 화이트 씨: [74]우리 연례 회사 행사를 알려 드리기 위해 이 글을 씁니다. [75]올해 우리는 11월 15일 금요일에 우리 마을 명소인 베어 레이크 루프에서 회사 전 직원을 대상으로 한 연례 야유회를 개최할 예정입니다. 직원 가족들도 초대합니다.
행사 안내	[76]The picnic held last year was a fantastic chance for the employees to relax and spend some leisure time together. Like last year, we will also manage sports activities, such as volleyball, swimming, water-skiing, and fishing. A chili cook-off will also be the center of attention of the planned feast.	[76]작년에 열린 야유회는 직원들이 휴식을 취하고 여가 시간을 함께 보낼 수 있는 환상적인 기회였습니다. 작년과 마찬가지로, 우리는 배구, 수영, 수상스키, 낚시와 같은 스포츠 활동 또한 운영할 것입니다. 칠리 요리 대결도 예정된 잔치의 관심의 초점이 될 것입니다.
행사 장소의 특징	This year, we have carefully picked the location to enable families and friends to enjoy a vast open space while keeping safe. The Bear Lake Loop is a 5-mile moderately trafficked loop trail located not too far from our Omaha headquarters. It features a lake and is good for all skill levels. The trail offers several activity options and is [79]accessible year-round.	올해는 가족과 친구들이 안전을 유지하면서 드넓은 열린 공간을 즐길 수 있도록 장소를 엄선했습니다. 베어 레이크 루프는 오마하 본사에서 그리 멀지 않은 곳에 위치한 5마일 길이의 적당히 붐비는 루프 코스입니다. 그것은 호수가 특징이며 모든 수준에 적합합니다. 이 코스는 여러 가지 활동에 대한 선택권을 제공하며 연중 내내 [79]이용 가능합니다.
당부	[78]Employees are encouraged to bring their own food even though the company will be providing the barbecue fare. Prepare yourselves for an exciting time. [77]Please RSVP by sending me an email no later than October 15th with a clear indication of how many people will be [80]accompanying you.	[78]바비큐 요금은 회사에서 제공하지만 직원들은 각자의 음식을 가지고 오기를 권장합니다. 신나는 시간을 위해 준비하세요. [77]늦어도 10월 15일까지는 몇 명이 당신과 [80]동행할 지에 대한 명확한 표시를 해서 저에게 이메일을 보내어 회신 부탁드립니다.
끝인사	I look forward to your confirmation soon. Until we meet at the picnic, do take care.	당신의 빠른 확인을 기대하겠습니다. 야유회에서 만날 때까지 안녕히 계세요.

| 보내는
사람 | Warm regards,

Daniel Campbell
Mr. Daniel Campbell
HR Manager | 따뜻한 안부를 전하며,

대니얼 캠벨
다니엘 캠벨
인사 담당자 |

어휘 inform A of B A에게 B를 알리다　yearly 매년의, 연 1회의　host 개최하다　annual 1년마다의, 연 1회의　spot 장소　employee 직원　hold (잔치, 경기 등을) 열다　manage 운영하다　volleyball 배구　cook-off 요리 대결　be the center of attention 관심의 초점이 되다　feast 잔치　enable A to+동사원형 A가 ~하는 것을 가능하게 하다　vast 광대한　moderately 중간 정도로　trafficked 왕래되는 loop 고리 모양의, 루프　trail (관광지 등의) 루트, 코스　headquarters 본사, 본부　feature ~을 특징으로 하다　accessible 접근 가능한, 이용 가능한　year-round 연중 내내　be encouraged to+동사원형 ~하도록 권장되다　fare 요금　prepare oneself for ~을 준비하다　RSVP (참석 여부를) 회신하다　no later than ~까지, ~보다 늦지 않게　indication 표시　accompany 동행하다, 함께 가다 look forward to ~을 기대하다, 고대하다　confirmation 확인

74　주제/목적 (What) ★ 　　　　　　　　　　　　　　　　정답 (c)

What is the purpose of Mr. Campbell's letter to Ms. White?

(a) to inquire about an issue at the office
(b) to inform her that a new product is available
(c) to invite her to the company picnic
(d) to ask for suggestions for a new project

캠벨 씨가 화이트 씨에게 편지를 보낸 목적은 무엇인가?

(a) 사무실의 어떤 문제에 대해 문의하려고
(b) 그녀에게 신제품이 구입 가능하다는 것을 알려주려고
(c) 그녀를 회사 야유회에 초대하려고
(d) 새로운 프로젝트에 대한 제안을 요청하려고

해설 본문 1단락에서 "⁷⁴I am writing to inform you of our yearly company event."(우리 연례 회사 행사를 알려 드리기 위해 이 글을 씁니다.)라고 하였다. 캠벨 씨가 편지를 보낸 목적은 회사 행사인 직원 야유회를 알리고 그녀를 초대하려는 것이므로 (c)가 정답이다.

어휘 purpose 목적, 의도　inquire 문의하다　available 구입 가능한, 이용 가능한　ask for 요청하다　suggestion 제안

75　세부사항 (Where) ★★ 　　　　　　　　　　　　　　　　정답 (d)

Where will the company picnic be held?

(a) at the headquarters of the company
(b) near a swimming pool in downtown
(c) inside a bear zoo in the city
(d) at one of the town's landmarks

회사 야유회는 어디서 열리는가?

(a) 회사의 본부
(b) 시내의 수영장 근처
(c) 도시의 곰 동물원 안
(d) 마을의 랜드마크 중 한 곳

해설 본문 1단락에서 "⁷⁵This year, we will be hosting the annual picnic at the Bear Lake Loop, a famous spot in our town"(올해 우리는 우리 마을 명소인 베어 레이크 루프에서 연례 야유회를 개최할 예정입니다.)라고 하였으므로 (d)가 정답이다.

Paraphrasing a famous spot in our town ➡ one of the town's landmarks

어휘 headquarters 본부　downtown 시내　landmark 랜드마크

What is NOT true about the company picnic, based on the letter?

(a) It is the company's first picnic.
(b) The company pays the barbecue fees.
(c) The invitation is for employees and their families.
(d) All the activities are free of charge.

편지에 따르면 회사 야유회에 대한 설명으로 옳지 않은 것은?

(a) 그것은 회사의 첫 야유회이다.
(b) 회사가 바비큐 비용을 지불한다.
(c) 초대장은 직원들과 그들의 가족들을 위한 것이다.
(d) 모든 활동은 무료이다.

해설 ▶ 본문 2단락에서 "76The picnic held last year was a fantastic chance for the employees to relax and spend some leisure time together."(작년에 열린 야유회는 직원들이 휴식을 취하고 여가 시간을 함께 보낼 수 있는 환상적인 기회였습니다.)라고 하였으므로 작년에 야유회가 열렸으므로 이번이 첫 야유회라고 한 (a)는 본문 내용과 다르다. 따라서 정답은 (a)이다.

어휘 ▶ fee 요금　invitation 초대　employee 직원　free of charge 무료인

According to the letter, what are employees urged to do?

(a) RSVP a month in advance
(b) make a monetary contribution to Mr. Campbell
(c) bring meat or drinks for the barbecue
(d) make a list of activities they want to do

편지에 따르면 직원들이 무엇을 하라고 권하고 있는가?

(a) 한 달 전에 미리 회신을 하기
(b) 캠벨 씨에게 돈을 기부하기
(c) 고기 또는 음료를 바비큐에 가져오기
(d) 그들이 하고 싶은 활동 목록을 적기

해설 ▶ 본문 4단락에서 "77Please RSVP by sending me an email no later than October 15th with a clear indication of how many people will be accompanying you."(늦어도 10월 15일까지는 몇 명이 당신과 동행할 지에 대한 명확한 표시를 해서 저에게 이메일을 보내어 회신 부탁드립니다.)라고 하였다. 야유회는 11월 15일이고 한 달 전인 10월 15일까지는 직원들이 미리 참석 인원을 표시한 메일을 보내야 하므로 (a)가 정답이다.

어휘 ▶ be urged to+동사원형 ~하도록 권고받다　RSVP (참석 여부를) 회신하다　in advance 미리, 전에　monetary 금전의　make a contribution 기여하다

Why most likely did Mr. Campbell ask the employees to RSVP?

(a) to encourage a higher attendance rate
(b) to ensure that the company prepares enough food
(c) to know about the employees' marital status
(d) to know what activities will be suitable

캠벨 씨는 왜 직원들에게 회신해 달라고 부탁한 것 같은가?

(a) 더 높은 출석률을 장려하기 위해
(b) 회사가 충분한 음식을 준비하도록 하기 위해
(c) 직원들의 혼인 여부를 알기 위해
(d) 어떤 활동이 적합한지 알기 위해

---

79 어휘 (형용사: accessible) ★★★   정답 (c)

In the context of the passage, accessible means _____.

(a) affordable
(b) popular
(c) available
(d) nearby

본문의 맥락에서 accessible은 _____를 의미한다.

(a) 저렴한
(b) 인기 있는
(c) 사용 가능한
(d) 근처에 있는

해설 본문 3단락 "The trail offers several activity options and is ⁷⁹accessible year-round."(이 코스는 여러 가지 활동에 대한 선택권을 제공하며 연중 내내 이용 가능합니다.)에서 accessible은 '접근가능한, 사용할 수 있는'의 의미로 사용되었다. 보기 중 이 의미와 가장 가까운 (c)가 정답이다.

어휘 affordable 저렴한, 살 만한 available 사용 가능한

---

80 어휘 (동사: accompany) ★★★   정답 (c)

In the context of the passage, accompanying means _____.

(a) escorting
(b) leading
(c) joining
(d) directing

본문의 맥락에서 accompanying은 _____를 의미한다.

(a) 호위하는
(b) 주도하는
(c) 함께하는
(d) 지시하는

해설 본문 4단락 "Please RSVP by sending me an email no later than October 15th with a clear indication of how many people will be ⁸⁰accompanying you."(늦어도 10월 15일까지 몇 명이 당신과 동행할 지에 대한 명확한 표시를 해서 저에게 이메일을 보내어 회신 부탁드립니다.)에서 accompanying은 '참석하는, 같이 가는'의 의미로 사용되었다. 보기 중 이 의미와 가장 가까운 (c)가 정답이다.

어휘 escort 호위하다 join 동참하다, 함께하다 direct 지시하다

나의 점수 확인하기

영 역	맞은 개수	점 수	나의 총점
GRAMMAR	_____ /26	(맞은 개수/26) x 100 = _____ 점	(영역별 점수 합) / 3 = _____ 점 소수점 이하는 올림 처리
LISTENING	_____ /26	(맞은 개수/26) x 100 = _____ 점	
READING AND VOCABULARY	_____ /28	(맞은 개수/28) x 100 = _____ 점	

정답 확인하기

GRAMMAR

01	(a)	02	(c)	03	(a)	04	(d)	05	(c)	06	(a)	07	(b)	08	(a)
09	(d)	10	(b)	11	(c)	12	(d)	13	(a)	14	(b)	15	(a)	16	(d)
17	(a)	18	(c)	19	(c)	20	(c)	21	(b)	22	(c)	23	(a)	24	(b)
25	(a)	26	(c)												

LISTENING

PART 1	27	(c)	28	(b)	29	(a)	30	(a)	31	(c)	32	(d)	33	(d)
PART 2	34	(d)	35	(a)	36	(a)	37	(b)	38	(c)	39	(c)		
PART 3	40	(b)	41	(d)	42	(b)	43	(b)	44	(d)	45	(b)		
PART 4	46	(d)	47	(c)	48	(c)	49	(b)	50	(a)	51	(b)	52	(a)

READING AND VOCABULARY

PART 1	53	(d)	54	(a)	55	(d)	56	(b)	57	(c)	58	(b)	59	(d)
PART 2	60	(c)	61	(d)	62	(a)	63	(a)	64	(b)	65	(d)	66	(b)
PART 3	67	(a)	68	(d)	69	(b)	70	(c)	71	(a)	72	(d)	73	(b)
PART 4	74	(a)	75	(b)	76	(c)	77	(a)	78	(d)	79	(c)	80	(d)

TEST
2

GRAMMAR

LISTENING

READING AND VOCABULARY

정답 확인하기

GRAMMAR															
01	(a)	**02**	(c)	**03**	(a)	**04**	(d)	**05**	(c)	**06**	(a)	**07**	(b)	**08**	(a)
09	(d)	**10**	(b)	**11**	(c)	**12**	(d)	**13**	(a)	**14**	(b)	**15**	(a)	**16**	(d)
17	(a)	**18**	(c)	**19**	(c)	**20**	(c)	**21**	(b)	**22**	(c)	**23**	(a)	**24**	(b)
25	(a)	**26**	(c)												

문항별 취약 유형 체크하기

01	준동사 (to부정사: expect)		**14**	시제 (미래진행: when + 현재 시제절)
02	가정법 (가정법 과거: if절 + 과거 시제)		**15**	관계사 (관계대명사: which)
03	당위성/이성적 판단 (동사: suggest)		**16**	가정법 (가정법 과거완료: if절 + 과거완료)
04	시제 (현재진행: at the moment)		**17**	준동사 (동명사: practice)
05	조동사 (미래: will)		**18**	시제 (미래완료진행: by the time + 현재 시제절, for + 시간명사)
06	시제 (현재완료진행: since + 과거 시제절)		**19**	조동사 (의무: should)
07	가정법 (가정법 과거: if절 + 과거 시제)		**20**	준동사 (to부정사: decide)
08	연결어 (접속부사구: in fact)		**21**	시제 (과거완료진행: for + 시간명사, when + 과거 시제절)
09	시제 (과거진행: when + 과거 시제절)		**22**	가정법 (가정법 과거완료: if절 + 과거완료)
10	가정법 (가정법 과거완료: if절 + 과거완료)		**23**	준동사 (동명사: adore)
11	준동사 (동명사: advise)		**24**	연결어 (접속사: so that)
12	가정법 (가정법 과거: if절 + 과거 시제)		**25**	당위성/이성적 판단 (형용사: vital)
13	당위성/이성적 판단 (동사: stress)		**26**	관계사 (관계대명사: whom)

★ 틀린 문항을 확인하고 취약한 유형을 집중 학습하세요.

1 준동사 (to부정사: expect) ★★

정답 (a)

Candidates who wish to send an application form for the available vacancies are first expected _____ the online application procedure by the deadline after mailing in all the required documents.

(a) to complete
(b) completing
(c) to be completing
(d) having completed

유효한 공석에 대해 신청서를 보내기를 희망하는 지원자들은 먼저 필요한 서류를 모두 우편으로 발송한 후 마감까지 온라인 신청 절차를 완료하면 된다.

해설 ▶ 보기에 동사 complete가 준동사 형태로 나왔으므로 준동사 문제이다. 빈칸 앞에 나와 있는 동사가 수동 형태 'are expected'인 것을 확인한다. 빈칸을 포함하고 있는 문장은 'A expect B to부정사'의 수동 형태로 'B is expected to부정사'로 쓰인 것이다. 빈칸 앞에 to부정사를 목적격보어로 취하는 동사 expect가 있으므로 (a)가 정답이다

오답 분석 (c) to be completing은 진행형 to부정사이지만, 문맥상 진행의 의미가 없어서 오답이다. 지텔프 문법에서 진행형 준동사는 정답으로 거의 나오지 않는다.

어휘 ▶ candidate 지원자 application form 신청서 available 이용 가능한 vacancy 공석 be expected to+동사원형 ~할 것으로 요구되다 complete 완료하다 procedure 절차 deadline 마감일 required document 필요 서류

> **참고** **to부정사를 목적격보어로 취하는 동사**
>
> allow(허락하다), encourage(격려하다), invite(초대하다), permit(허락하다), require(요구하다), ask(요구하다), convince(설득하다), expect (기대하다), persuade (설득하다), tell(말하다), warn(경고하다), cause(야기하다), enable(가능하게 하다), force(강요하다), order(명령하다), urge (촉구하다)

2 가정법 (가정법 과거: if절 + 과거 시제) ★

정답 (c)

Some students from the music department are carefully planning a surprise party for their long-time professor, Mr. Jackson, even though he specifically told them not to. If he knew what the students were doing at the moment, he _____ them for ignoring his demand.

(a) will lecture
(b) would have lectured
(c) would lecture
(d) has lectured

음악학과 몇몇 학생들은 오랫동안 근무하신 잭슨 교수님을 위해 분명히 하지 말라고 했음에도 불구하고 조심스럽게 깜짝 파티를 계획하고 있다. 만약 그가 학생들이 지금 무엇을 하고 있는지 안다면, 그는 그의 요구를 무시했다고 그들을 야단치실 것이다.

보기에 동사 lecture가 다양한 시제와 조동사와 함께 나왔으므로 시제 문제 아니면 가정법 문제이다. 빈칸 앞뒤에 시간 부사구나 부사절 또는 if조건절을 확인한다. 빈칸 앞에 if절이 있고, if절의 시제가 과거이므로 가정법 과거이다. 가정법 과거의 주절은 'would/should/could/might + 동사원형'이 와야 하므로 (c)가 정답이다.

department 학과, 부서 specifically 분명히, 특히 lecture 야단치다, 훈계하다 ignore 무시하다

---

3 당위성/이성적 판단 (동사: suggest) ★★ 　　　　　　　　　　　　　　　　　　　　　정답 (a)

My younger brother needs a new laptop for his computer science courses at the university. Therefore, I suggested that he _____ one of the biggest electronics stores in the city to find the best deal currently available.

(a) visit
(b) will visit
(c) visited
(d) is visiting

내 남동생은 대학에서 컴퓨터 과학 수업을 듣기 위해 새 노트북이 필요하다. 그래서, 나는 그가 현재 살 수 있는 가장 좋은 가격을 찾기 위해 도시에서 가장 큰 전자제품 매장 중 하나를 방문하기를 제안했다.

보기에 동사 visit가 다양한 시제와 동사원형으로 나왔으므로, 시제 문제 혹은 당위성/이성적 판단 문제이다. 빈칸 앞에 당위성 동사 (request, demand, suggest, argue, etc.)나 이성적 판단 형용사(necessary, natural, important, crucial, critical, obligatory, mandatory, compulsory, essential etc.)가 있는지 확인한다. 빈칸 앞에 당위성 동사 중 하나인 suggested가 나왔으므로 당위성 문제이다. 당위성 동사는 목적어로 that절을 취할 때 'that + 주어 + (should) + 동사원형'의 형태로 쓰이므로 동사원형 (a)가 정답이다.

laptop 노트북 suggest 제안하다 electronics store 전자제품 매장 the best deal 가장 좋은 가격의 상품 currently 현재

---

4 시제 (현재진행: at the moment) ★★ 　　　　　　　　　　　　　　　　　　　　　　　정답 (d)

After a recent storm hit some islands in the South Pacific, an NGO is asking for cash donations to help residents. At the moment, the organization _____ funds worldwide to buy food and clothing for those who have lost everything during the natural disaster.

(a) collects
(b) has collected
(c) collected
(d) is collecting

최근 폭풍이 남태평양의 몇몇 섬들을 강타한 후, 한 NGO는 주민들을 돕기 위해 현금 기부를 요청하고 있다. 지금, 그 단체는 자연 재해 중에 모든 것을 잃은 사람들을 위해 음식과 옷을 사기 위해 전 세계적으로 기금을 모으고 있다.

보기에 동사 collect가 다양한 시제로 나왔으므로 시제 문제이다. 빈칸 앞뒤에 시간 부사구나 부사절을 확인한다. 빈칸 앞에 현재진행 시제에 자주 쓰이는 부사구 at the moment가 있고 문맥상 현재 진행되는 상황을 설명하고 있으므로 (d)가 정답이다.

recent 최근의 ask for 요청하다 donation 기부 resident 주민 at the moment 지금 organization 단체 collect funds 기금을 모으다 disaster 재해

I went to my brother's college graduation ceremony last week and was deeply moved by the commencement speech delivered by one of the alumni, who became a successful businessman after finishing school. To inspire the entire world, the recorded ceremony _____ be posted on social media next week.

(a) may
(b) can
(c) will
(d) must

나는 지난주 오빠의 대학 졸업식에 갔었는데, 졸업 후 성공한 사업가가 된 동문 중 한 명의 졸업식 연설에 깊은 감동을 받았다. 전 세계에 영감을 주기 위해, 녹화된 행사는 다음 주에 소셜 미디어에 게시될 예정이다.

해설 ▶ 보기에 다양한 조동사가 나왔으므로 조동사 문제이다. 조동사 문제는 빈칸에 보기에 주어진 조동사를 하나씩 대입해서 의미 관계를 확인한다. 빈칸 앞 문장의 의미는 '오빠의 대학 졸업식에 가서 성공한 사업가가 된 동문의 졸업식 연설에 깊은 감동을 받았다.'이고 빈칸을 포함하고 있는 문장은 '전 세계에 영감을 주기 위해, 녹음된 행사는 소셜 미디어에 게시될 예정이다.'라는 뜻이 어울린다. 가까운 미래에 일어날 사실이나 예정을 나타내는 조동사 will이 가장 자연스러우므로 (c)가 정답이다.

오답 분석 (a) may: 약한 추측 (~할지 모른다) (b) can: 가능, 능력 (~할 수 있다) (d) must: 의무 (~해야 한다)

어휘 graduation ceremony 졸업식 be moved by ~에 감동받다 commencement 졸업식, 학위 수여식 deliver 전달하다 alumni 동문, 졸업생들 (단수형: alumnus) inspire 영감을 주다

The Association of Tennis Professionals (ATP) has suspended one of the top male tennis players in Europe for misbehavior on the court towards an opponent. The player _____ to the board for his case to be re-examined since he received his suspension during the last tournament.

(a) has been appealing
(b) appeals
(c) would appeal
(d) had been appealing

테니스 프로 협회(ATP)는 코트에서 상대 선수에 대한 잘못된 행동 때문에 유럽 최고의 남자 테니스 선수 중 한 명을 출전 정지시켰다. 이 선수는 지난 대회 도중 출전 정지 처분을 받은 이후 이사회에 그의 사건을 재조사해 달라고 호소하고 있다.

해설 ▶ 보기에 동사 appeal이 다양한 시제로 나왔으므로 시제 문제이다. 빈칸 앞뒤에 시간 부사구나 부사절을 확인한다. 빈칸 뒤에 현재완료 시제와 자주 사용되는 부사절 'since he received his suspension during the last tournament'가 나왔으므로 현재완료진행인 (a)가 정답이다. 지텔프 문법에서 시제 문제는 주로 6개 진행 시제(현재진행, 과거진행, 미래진행, 현재완료진행, 과거완료진행, 미래완료진행)만 출제되므로 진행 시제가 아닌 (b)와 (c)는 소거하고 문제를 푸는 것이 현명하다.

어휘 suspend 출전 정지시키다 misbehavior 잘못된 행동 opponent 상대 appeal to ~에 호소하다 board 이사회 re-examine 재조사하다 suspension 출전 정지 tournament (토너먼트 방식) 대회

참고 현재완료진행

- 형태: have/has been ~ing
- 의미: (~해오고 있는 중이다) 과거에 시작한 행동이 현재까지 계속 진행되고 있음을 나타낸다.
- 자주 쓰이는 시간 부사 표현: since + 과거 시점/과거 시제절(~한 이래로), for + 시간명사(~동안), lately(최근에)

---

7 가정법 (가정법 과거: if절 + 과거 시제) ★★   정답 (b)

Despite her busy schedule since the birth of her baby boy, Julia still manages to see her university friends at least once a month to catch up. If she were to stop meeting them, she _____ lonely and left out.

(a) is feeling
(b) would feel
(c) will feel
(d) would have felt

아들이 태어난 이후 바쁜 일정에도 불구하고, 줄리아는 여전히 한 달에 적어도 한 번은 대학 친구들을 만나 밀린 이야기를 나누고 있다. 만약 그녀가 그들을 그만 만난다면, 그녀는 외로움을 느끼고 소외될 것이다.

> **해설** 보기에서 동사 feel이 다양한 시제와 조동사와 함께 나왔고 if절이 있으므로 가정법 문제임을 알 수 있다. 빈칸 앞에 if절에 be동사의 과거형 were가 나왔으므로 가정법 과거이다. 특히, 가정법 과거의 조건절에 'were to'가 쓰이면 가능성이 희박한 가정임을 나타낸다. 가정법 과거의 주절은 'would/should/could/might + 동사원형'이 와야 하므로 (b)가 정답이다.

> **어휘** despite ~에도 불구하고 manage to+동사원형 해내다 at least 적어도 catch up 밀린 이야기를 나누다 lonely 외로운 left out 소외된

---

8 연결어 (접속부사구: in fact) ★★★   정답 (a)

A new study found that people who drank chamomile tea every day for two weeks slept better. _____, some even had fewer symptoms of depression than those who didn't consume any tea at all.

(a) In fact
(b) Nevertheless
(c) Even so
(d) Otherwise

새로운 연구는 2주 동안 매일 카모마일 차를 마신 사람들이 더 잘 잔다는 것을 밝혀냈다. 사실, 어떤 사람들은 심지어 차를 전혀 마시지 않은 사람들보다 우울증의 증상이 더 적었다.

> **해설** 보기에 다양한 연결사가 나왔으므로 연결사 문제이다. 빈칸에 보기에 있는 연결사를 하나씩 대입해서 가장 자연스럽게 연결되는 것을 고르면 된다. 지텔프 문법에서 연결사로는 주로 접속부사나 접속부사구가 출제되며, 앞뒤 문장의 의미 관계가 명확한, 원인/이유, 결과, 양보, 부연 설명 등이 출제된다. '카모마일 차를 마신 사람들이 더 잠을 잘 잤다'는 문장과 '차를 전혀 마시지 않은 사람들보다 우울증이 적었다'는 문장은 앞의 정보에 추가로 정보를 주는 연결 관계이다. 부연 설명을 나타내는 연결사인 (a)가 정답이다.

> **오답분석** (b) Nevertheless: 그럼에도 ~에도 불구하고 (양보) (c) Even so: 그렇기는 하지만 (양보) (d) Otherwise: 그렇지 않으면 (비교)

> **어휘** find that ~라는 것을 밝혀내다 in fact 사실 symptom 증상 depression 우울증 consume 섭취하다, 소비하다 not ~ at all 전혀 ~하지 않다

> **참고** **연결어**
>
> **1. 원인과 결과**
> as a consequence(결과적으로), as a result(결과적으로), consequently(결과적으로), so(그래서), hence(그래서), in consequence(그래서), therefore(그러므로), thus(따라서)
>
> **2. 부연 설명, 첨가**
> above all(무엇보다도), after all(결국), in fact(사실은), besides(게다가), furthermore(게다가), moreover(게다가), in addition(게다가), what's more(게다가), likewise(마찬가지로), similarly(마찬가지로), as well(~도 역시), too(~도 역시), also(~도 역시)

---

9 시제 (과거진행: when + 과거 시제절) ★★★   정답 (d)

My best friend loves spending Christmas in one of the luxury hotels in the northern part of Europe, where she can fully experience the holiday season and practice winter sports around snow-capped mountains. She _____ down some steep slopes when I contacted her this morning.

(a) will have skied
(b) has skied
(c) is skiing
(d) was skiing

> 나의 가장 친한 친구는 크리스마스 시즌을 북유럽의 고급 호텔 중 한 곳에서 보내는 것을 좋아하는데, 그곳에서 그녀는 연휴를 완전히 경험하고 눈 덮인 산 주변에서 겨울 스포츠를 연습할 수 있다. 오늘 아침에 내가 연락했을 때, 그녀는 가파른 경사면을 스키를 타고 내려가고 있었다.

해설 보기에 동사 ski가 다양한 시제로 나왔으므로 시제 문제이다. 빈칸 앞뒤에 시간 부사구나 부사절을 확인한다. 빈칸 뒤에 시간 부사절 "when I contacted her this morning"이 나왔고 이 부사절의 시제가 과거이므로 기준 시점이 과거임을 알 수 있다. 과거를 기준 시점으로 그 과거 시점에 한창 진행 중인 상황을 나타내므로 과거진행 (d)가 정답이다.

어휘 luxury 비싼, 고급의 fully 완전히 practice 연습하다 snow-capped 꼭대기가 눈으로 덮인 steep 가파른 slope 비탈길, 경사면 contact 연락하다

---

10 가정법 (가정법 과거완료: if절 + 과거완료) ★★   정답 (b)

Adam failed to get tickets to Steven Spielberg's latest movie, which came out last week. A Spielberg fan at heart, he _____ his parents to get them for his birthday if he had understood the movie was going to be a big hit within its first week.

(a) will be asking
(b) would have asked
(c) had asked
(d) would ask

> 아담은 지난 주에 개봉한 스티븐 스필버그의 최신 영화 표를 구하지 못했다. 스필버그의 열성 팬인 그는 영화가 개봉 첫 주 내에 큰 성공을 거둘 것이라는 것을 알았다면 부모님께 생일 선물로 그 영화 표를 사달라고 부탁했을 것이다.

11 준동사 (동명사: advise) ★★ 정답 (c)

Intermittent fasting (IF) is currently one of the world's most popular health and fitness trends. Many studies show that it can have powerful effects on your body and brain and may even help you live longer. However, experts advise _____ carefully the fasting intervals and the type of food to be consumed.

(a) to choose
(b) to have chosen
(c) choosing
(d) having chosen

간헐적 단식은 최근에 세계에서 가장 인기 있는 건강 및 체력 트렌드 중 하나이다. 많은 연구들은 그것이 여러분의 몸과 뇌에 강력한 영향을 미칠 수 있고 심지어 더 오래 살 수 있도록 도와줄 수도 있다는 것을 보여준다. 하지만, 전문가들은 금식 간격과 섭취될 음식의 종류를 신중히 선택하라고 조언한다.

12 가정법 (가정법 과거: if절 + 과거 시제) ★ 정답 (d)

A shortage of timber worldwide is causing major problems for the construction industry. Therefore, the decrease in the availability of timber has caused a sharp spike in the prices of newly built homes around the world. If construction companies were to reduce the cost of their construction projects, their businesses _____ greatly.

(a) have not suffered
(b) will not suffer
(c) would not have suffered
(d) would not suffer

세계적으로 목재 부족이 건설 산업에 큰 문제를 일으키고 있다. 따라서, 목재의 이용 가능성 감소는 전 세계적으로 새로 지어진 주택 가격의 급격한 상승을 야기했다. 건설 회사들이 건설 공사 비용을 줄인다면 사업이 크게 어려움을 겪지는 않을 것이다.

보기에 동사 suffer가 다양한 시제와 조동사와 같이 나왔고 빈칸 앞에 if절이 있으므로 가정법 문제이다. if절의 시제가 과거(were to reduce)이므로 가정법 과거이다. 가정법 과거의 주절은 '주어 + would/should/could/might + 동사원형'이 와야 하므로 정답은 (d)이다. 특히, if절 안에 were to가 쓰이면 일어날 가능성이 희박한 것을 가정하는데 여기서는 목재 가격 상승으로 현실적으로는 건설 공사의 비용을 절감하는 것이 불가능하다는 의미를 내포하고 있다.

shortage 부족 timber 목재 cause 야기하다 construction 건설 decrease 감소 availability 이용 가능성 sharp spike 급격한 상승 reduce 줄이다 suffer 어려움을 겪다

---

13 당위성/이성적 판단 (동사: stress) ★★   정답 (a)

Carlie Bybel is an American YouTube influencer who has been posting her tutorial videos online for the past five years. Through her videos, she usually stresses that followers _____ hard to stay healthy and in shape.

(a) try
(b) tries
(c) will try
(d) are trying

칼리 바이벨은 지난 5년 동안 온라인에 개인 지도 영상을 올려온 미국의 유튜브 인플루언서이다. 그녀의 영상을 통해 보통 그녀는 팔로워들이 건강과 몸매를 유지하기 위해 열심히 노력해야 한다고 강조한다.

보기에 동사 try가 다양한 시제와 동사원형으로 나왔으므로 시제 문제 아니면 당위성/이성적 판단 문제이다. 빈칸 앞뒤에 시간 부사구나 부사절, 당위성 동사/이성적 판단 형용사가 있는지 확인한다. 빈칸 앞에 당위성 동사 stress가 있고 뒤에 that절을 목적어로 취하고 있으므로 당위성 문제임을 알 수 있다. that절에 '주어 + (should) + 동사원형'의 구조를 취해야 하므로 동사원형 (a)가 정답이다.

tutorial 개인 지도의 stress 강조하다 stay healthy and in shape 건강한 상태와 몸매를 유지하다

---

14 시제 (미래진행: when + 현재 시제절) ★★★   정답 (b)

The newly married couple cannot wait to settle in their new apartment on Fifth Avenue in New York City. Some of their friends have agreed to help them move next Tuesday. So, the couple has informed them that the plumber _____ on the apartment's pipes when they arrive.

(a) will work
(b) will be working
(c) are working
(d) had been working

이 신혼부부는 뉴욕시 5번가에 있는 새 아파트에 빨리 정착하고 싶어한다. 몇몇 친구들은 다음 주 화요일 그들이 이사하는 것을 돕겠다고 했다. 그래서 그 부부는 그들이 올 때 배관공이 아파트 배관을 수리하고 있을 것이라고 그들에게 알렸다.

보기에 동사 work가 다양한 시제로 나왔으므로 시제 문제이다. 빈칸 앞뒤에 시간 부사구나 부사절을 확인한다. 빈칸 뒤에 부사절 'when they arrive'가 나왔다. 시간 부사절에서 현재 시제가 쓰여 미래의 의미를 나타내므로 기준 시점이 미래임을 알 수 있다. 보기 중 이 조건을 충족시키는 것은 (a) will work와 (b) will be working이다. 이 문맥에서 미래 한 시점에 어떤 일이 한창 진행되고 있을 것이라는 미래진행의 의미가 가장 적합하므로 미래진행 (b)가 정답이다. 지텔프 문법의 시제 문제에서는 진행 시제가 주로 정답이 되므로 보기에 있는 단순미래는 정답이 되지 않는다는 것을 유념해야 한다.

cannot wait to+동사원형 빨리 ~하고 싶어하다 settle 정착하다 agree to+동사원형 ~하기로 하다 inform 알리다 plumber 배관공

15 관계사 (관계대명사: which) ★★★   정답 (a)

Fifty individuals were arrested in a college admission scam that allowed wealthy and famous parents to buy their children's admission to prestigious universities. The list included a Hollywood actress from television sitcom *Full House*, _____ and lasted for eight years.

(a) which first aired in 1987
(b) that first aired in 1987
(c) what first aired in 1987
(d) when it first aired in 1987

부유하고 유명한 학부모들이 자녀의 명문대학교 입학을 돈을 주고 사도록 한 대입 사기 사건에서 50명이 구속됐다. 이 명단에는 1987년 첫 방송된 후 8년 동안 지속되었던 텔레비전 시트콤 '풀하우스'에 출연한 한 할리우드 여배우가 포함되어 있었다.

해설 ▶ 보기에 관계사가 이끄는 다양한 절이 나왔으므로 관계사 문제이다. 빈칸 앞에 관계사의 선행사를 확인한다. 빈칸 앞에 나온 명사 'Full House'는 관계대명사의 선행사로 쓰였고 이 선행사는 관계사가 이끄는 절에서 주어로 사용되었다. 선행사가 사물이고 주격이면서 앞에 콤마가 나오는 계속적 용법으로 쓰였으므로 관계대명사 which가 적합하다. 따라서 (a)가 정답이다.

오답 분석 (b)에서 that은 사물과 사람 선행사를 모두 취하고 주격이나 목적격으로 쓰이는 관계대명사이지만, 앞에 콤마가 있는 계속적 용법에는 쓰일 수 없으므로 오답이다. (c)에서 what은 선행사를 포함하는 관계대명사인데 여기서는 선행사가 있으므로 (c)는 오답이다. (d)에서 when은 관계부사로 앞에 시간 선행사가 있어야 하는데 여기서는 선행사 'Full House'가 시간을 나타내는 말이 아니므로 (d)는 오답이다.

어휘 individual 개인 arrest 체포하다 admission 입학 scam 사기 prestigious university 명문 대학 air 방송되다 last 지속되다

16 가정법 (가정법 과거완료: if절 + 과거완료) ★★   정답 (d)

Bill broke his leg during a ski accident in Aspen, Colorado, last Christmas. If he had listened to his friend's advice not to try the advanced level, he _____ from the top of the mountain and hurt himself.

(a) was not slipping
(b) had not slipped
(c) would not slip
(d) would not have slipped

빌은 지난 크리스마스에 콜로라도 아스펜에서 스키 사고로 다리가 부러졌다. 그가 고급 단계에 도전하지 말라는 친구의 조언을 들었더라면 산 정상에서 미끄러져 다치지는 않았을 것이다.

해설 ▶ 보기에 동사 slip이 다양한 시제와 조동사와 같이 나왔으므로 시제 문제 아니면 가정법 문제이다. 빈칸 앞에 if절이 있고, 이 절의 시제가 과거완료(had listened)이므로 가정법 과거완료이다. 가정법 과거완료의 주절에 'would/should/could/might + have p.p.'가 와야 하므로 (d)가 정답이다.

어휘 advanced level 고급 단계 slip 미끄러지다 hurt oneself 다치다

While genetics play a vital role, your diet, the weather, pollution, and your overall approach to hair care are all critical to maintaining your hair's health. Therefore, you should **practice** _____ your scalp regularly to promote hair growth.

(a) massaging
(b) to massage
(c) having massaged
(d) to have massaged

유전적 특징이 중요한 역할을 하는 반면, 당신의 식단, 날씨, 오염과 전반적인 모발 관리 방식은 모두 모발 건강을 유지하는 데 중요하다. 따라서 모발 성장을 촉진하기 위해 두피를 정기적으로 마사지하는 것을 실행해야 한다.

해설 보기에 동사 massage가 준동사 형태로 나왔으므로 준동사 문제이다. 빈칸 앞에 나오는 동사가 목적어로 동명사를 취하는지 to부정사를 취하는지 확인한다. 빈칸 앞 동사 practice는 동명사를 목적어로 취하는 동사이므로 동명사 (a)가 정답이다.

오답 분석 (c) having massaged은 완료형 동명사로서 주절 동사의 시제보다 앞선 시제를 나타낼 때 사용되지만 여기서는 주절 동사와 시제가 동일하므로 (c)는 오답이다. 지텔프 문법에서 준동사가 선택지로 나왔을 때는 완료형 동명사가 정답이 되는 경우는 극히 드물다.

어휘 genetics 유전적 특징, 유전학 play a vital role 중요한 역할을 하다 pollution 오염 overall 전반적인 approach 접근법, 방법 critical 중요한 maintain 유지하다 scalp 두피 regularly 정기적으로 promote 촉진시키다 growth 성장

Timothée Chalamet, who hopes to become one of Hollywood's highest-paid actors, is working very hard for his upcoming movie. By the time the movie premieres in a week, he _____ his masterpiece for a whole month across Europe.

(a) will promote
(b) has been promoting
(c) will have been promoting
(d) had promoted

할리우드에서 가장 높은 출연료를 받는 배우 중 한 명이 되기를 바라는 티모시 샬라메는 곧 개봉할 영화를 위해 아주 열심히 일하고 있다. 영화가 일주일 뒤 개봉할 즈음이면 그는 한 달 내내 유럽 전역에서 그의 걸작을 홍보하고 있을 것이다.

해설 보기에 동사 promote가 다양한 시제와 조동사와 같이 나왔으므로 시제 문제 아니면 가정법 문제이다. 빈칸 앞에 시간 부사절 'By the time the movie premieres in a week'이 나왔는데 시간 부사절에서 현재 시제가 미래의 의미를 나타내므로 기준 시점이 미래임을 알 수 있다. 또 빈칸 뒤에 완료 시제와 자주 쓰이는 기간을 나타내는 부사구 'for a whole month'가 나왔다. 미래의 특정 시점에 특정 기간 동안 계속 진행될 상황을 나타내므로 미래완료진행 (c)가 정답이다.

어휘 upcoming 곧 있을 premiere 개봉하다, 첫 상영하다 promote 홍보하다 masterpiece 걸작

참고
미래완료진행

• 형태: will have been ~ing
• 의미: 미래 이전에 시작된 행동이 미래의 특정 시점까지 계속 진행되고 있음을 나타낸다.
• 자주 쓰이는 시간 부사 표현: by the time/when + 현재 시제절 + (for + 시간명사), by/in + 미래 시점 + (for + 시간명사)

Aloe vera is a succulent plant species that is considered an invasive species in many world regions. However, due to its various health benefits, the demand for it is increasing. If you want to take advantage of its benefits, you _____ always have it handy around the house in liquid or gel form.

(a) might
(b) could
(c) should
(d) would

알로에 베라는 세계 많은 지역에서 침입종으로 여겨지는 다육식물 종이다. 하지만, 다양한 건강상의 이점 때문에, 그것에 대한 수요가 증가하고 있다. 만약 그것의 이점을 활용하고 싶다면 당신은 그것을 액체나 젤 형태로 집 주변에 항상 준비해 두어야 한다.

해설 ▶ 보기에 다양한 조동사가 나왔으므로 조동사 문제이다. 보기에 있는 조동사를 빈칸에 하나씩 대입하여 가장 알맞은 의미의 조동사를 고르면 된다. 빈칸 앞의 내용이 "알로에 베라의 이점을 활용하고 싶다면"이므로 빈칸을 포함한 그 뒤의 내용이 "당신은 그것을 액체나 젤 형태로 집 주변에서 항상 휴대해야 한다."가 가장 적합하다. '~해야 한다'라는 뜻의 조동사 should가 가장 자연스러우므로 (c)가 정답이다.

오답분석 (a) might는 '~일지 모른다'(가능성이 약한 추측), (b) could는 '~할 수도 있다'(확실성이 낮은 가능성), (d) would는 '~하곤 했다'(과거의 습관) 혹은 '~할 것이었다'(will의 과거형)의 뜻으로 쓰여서 문맥상 적합하지 않아서 오답이다.

어휘 succulent 다육성의 species 종 invasive species 침입종 region 지역 due to ~때문에 various 다양한 benefit 이득, 이점 take advantage of ~을 활용하다 have A handy A를 가까이에 두다, 준비해 두다 liquid 액체

Mrs. Belford's five-year-old son got a sinus infection after ingesting a bottle of drinking yogurt; however, he was taken to the emergency room just in time for treatment. Now that Mrs. Belford knows her son might be lactose intolerant, she has decided _____ including dairy products in his diet.

(a) to be stopping
(b) having stopped
(c) to stop
(d) stopping

벨포드 부인의 5살 난 아들은 요구르트 한 병을 먹은 후 축농증에 걸렸지만, 그는 치료를 위해 가까스로 시간에 맞춰 응급실로 이송되었다. 이제 벨포드 부인은 아들이 젖당 소화장애증이 있을지 모른다는 것을 알기 때문에, 그의 식단에 유제품을 포함시키는 것을 그만두기로 했다.

해설 ▶ 보기에 동사 stop이 준동사 형태로 나왔으므로 준동사 문제이다. 빈칸 앞에 동사가 목적어로 동명사를 취하는지 to부정사를 취하는지 확인한다. 빈칸 앞 동사 decide는 to부정사를 목적어로 취하는 동사이므로 (c)가 정답이다.

오답분석 (a) to be stopping은 to부정사의 진행형인데 문맥상 진행의 의미가 포함되지 않으므로 (a)는 오답이다. 지텔프 문법의 준동사 문제에서는 진행형 준동사가 정답이 되는 경우는 극히 드물다.

어휘 sinus infection 축농증 ingest 섭취하다, 삼키다 emergency room 응급실 just in time 가까스로 시간에 맞춰 treatment 치료 now that ~이니까, ~이기 때문에 lactose intolerant 젖당 소화장애증이 있는 include 포함시키다 dairy product 유제품

In 2008, Hollywood actress Sharon Stone lost the endorsement of Christian Dior for an insensitive comment made about the earthquake in China. Christian Dior Cosmetics _____ the actress for over five years when the controversy went viral across the globe.	2008년 할리우드 여배우 샤론 스톤은 중국 지진에 대한 무심한 발언으로 크리스찬 디올의 광고를 잃었다. 크리스찬 디올 화장품은 논란이 전 세계로 확산되었을 때 5년 넘게 그 여배우를 후원해오고 있었다.

(a) sponsored
(b) had been sponsoring
(c) have been sponsoring
(d) will have sponsored

해설 보기에 동사 sponsor가 다양한 시제로 나왔으므로 시제 문제이다. 빈칸 앞뒤에 시간 부사구나 부사절을 확인한다. 빈칸 뒤에 완료 시제에 자주 쓰이는 부사구 'for over five years'가 나왔고, 기준 시점이 과거임을 나타내는 시간 부사절 'when the controversy went viral across the globe'가 나왔다. 과거의 한 시점을 기준으로 그보다 앞서 시작된 행동이 일정 기간 계속 진행되고 있었음을 나타내므로 과거완료진행 (b)가 정답이다.

어휘 endorsement 광고, 지지   insensitive 무심한   make a comment 발언하다   earthquake 지진   cosmetics 화장품   sponsor 후원하다   controversy 논란   viral 퍼져나가는, 확산되는   across the globe 전 세계로

> **참고**
> **과거완료진행**
> - 형태: had been ~ing
> - 의미: (~해오고 있었다) 과거의 특정 시점 이전에 시작된 동작이 그때까지 계속 진행 중이었음을 나타낸다.
> - 자주 쓰이는 시간 부사 표현: (for + 시간명사) + when/before/until + 과거 시제절

My sister was so frustrated because she got up late this morning. If she hadn't stayed up all night to watch her favorite show, she _____ early enough to make it on time for her 9 o'clock meeting with her boss.	내 여동생은 오늘 아침에 늦게 일어나서 너무 속상했다. 그녀가 가장 좋아하는 쇼를 보기 위해 밤을 새우지 않았다면, 그녀는 상사와의 9시 미팅 시간에 맞출 수 있을 정도로 일찍 일어났을 것이다.

(a) would wake up
(b) was waking up
(c) would have woken up
(d) had woken up

해설 보기에 동사 wake up이 다양한 시제와 조동사와 같이 나왔으므로 시제 문제 아니면 가정법 문제이다. 빈칸 앞에 if절이 나왔고 이 절의 시제가 과거완료(hadn't stayed)이므로 가정법 과거완료이다. 주절에는 '주어 + would/should/could/might + have p.p.'가 와야 하므로 (c)가 정답이다.

어휘 frustrated 불만스러운, 속상한   stay up 늦게까지 안 자고 있다   make it on time 제시간에 맞춰 가다

Over the past few years, hot yoga has proven to be a very well-liked hobby among young and elderly people. They adore _____ the heat intensity and consider it to be extremely beneficial both for the mind and the body.

(a) experiencing
(b) to experience
(c) having experienced
(d) to have experienced

지난 몇 년간, 핫 요가는 젊은 사람들과 노인들 사이에서 매우 인기 있는 취미인 것이 확실해졌다. 그들은 열의 강도를 경험하는 것을 매우 좋아하고 그것이 몸과 마음 모두에 매우 유익하다고 생각한다.

해설 ▶ 보기에 동사 experience가 준동사 형태들로 나왔으므로 준동사 문제이다. 빈칸 앞에 동사가 목적어로 동명사를 취하는지 to부정사를 취하는지 확인한다. 동사 adore는 동명사를 목적어로 취하는 동사이므로 (a)가 정답이다.

오답 분석 ▶ (c) having experienced는 완료형 동명사로 주절의 동사의 시제보다 앞선 시제일 때 사용되는데 여기서는 주절의 동사와 시제가 동일하므로 (c)는 오답이다.

어휘 ▶ prove to be ~임이 확실해지다　well-liked 인기 있는　hobby 취미　elderly 나이 많은　adore 매우 좋아하다　intensity 강도, 세기　extremely 극도로　beneficial 유익한

Mrs. Smith, the newly hired staff member, is a meticulous executive assistant. She has spent the past week reorganizing all the files in the office in alphabetical order _____ her boss could find things more easily.

(a) because
(b) so that
(c) unless
(d) therefore

새로 고용된 직원인 스미스 부인은 꼼꼼한 임원 비서이다. 그녀는 상사가 물건을 좀 더 쉽게 찾을 수 있도록 사무실의 모든 파일을 알파벳 순으로 다시 정리하느라 지난주를 보냈다.

해설 ▶ 보기에 다양한 연결어가 나왔으므로 연결어 문제이다. 보기의 연결어를 하나씩 빈칸에 대입해서 앞뒤 문장의 의미 관계를 가장 잘 연결하는 연결어를 고르면 된다. 빈칸이 들어간 문장의 의미는 '그녀는 상사가 물건을 좀 더 쉽게 찾을 수 있도록 사무실의 모든 파일을 알파벳 순으로 다시 정리하느라 지난주를 보냈다.'가 자연스러우므로 빈칸에 '~할 수 있도록'이라는 목적의 의미 관계가 있는 연결어 so that이 가장 적합하다. 따라서 (b)가 정답이다.

오답 분석 ▶ (a) because는 '~때문에'(이유), (c) unless는 '~하지 않으면'(조건), (d) therefore는 '그러므로'(결과)의 뜻을 가지므로 문맥상 어색해서 오답이다.

어휘 ▶ meticulous 꼼꼼한　executive assistant 임원 비서　in ~ order ~한 순서대로　reorganize 재정리하다

25 당위성/이성적 판단 (형용사: vital) ★★★

정답 (a)

The CEO of the company asked his executive assistant to cancel all of his afternoon meetings due to a family emergency. He also mentioned that it was vital that all the clients _____ a cancellation message with an apology.

(a) receive
(b) are receiving
(c) have received
(d) received

그 회사 대표는 급한 가정 사정으로 오후 회의를 모두 취소해 달라고 임원 비서에게 부탁했다. 그는 모든 고객이 사과와 함께 취소 메시지를 받는 것이 필수적이라고 언급하기도 했다.

해설 보기에 동사 receive가 동사원형과 다양한 시제로 나왔으므로 시제 문제 아니면 당위성/이성적 판단 문제이다. 빈칸 앞에 형용사 vital은 이성적 판단 형용사 중 하나이므로 뒤에 오는 that절의 구조는 'that + 주어 + (should) + 동사원형'이 와야 한다. 따라서 동사원형 (a)가 정답이다.

어휘 cancel 취소하다 due to ~ 때문에 family emergency 급한 가정 사정 mention 언급하다 vital 중요한, 필수적인 cancellation message 취소 메시지 apology 사과

26 관계사 (관계대명사: whom) ★★★

정답 (c)

My younger brother has always loved tree houses. When he decided to move from Manhattan to Kansas, he had no idea he would build his own with the help of a local man, _____ while fishing along the Kansas River one afternoon.

(a) that he met by accident
(b) what he met by accident
(c) whom he met by accident
(d) which he met by accident

내 남동생은 항상 나무 집을 좋아했다. 그가 맨해튼에서 캔자스로 이사하기로 했을 때, 한 지역 주민의 도움으로 자신의 집을 지을 줄은 몰랐는데, 그는 그 남자를 어느 날 오후 캔자스 강변에서 낚시를 하다가 우연히 만났다.

해설 보기에 다양한 관계사가 이끄는 절이 나왔으므로 관계사 문제이다. 빈칸 앞에 선행사는 명사 'a man'이고 관계사가 이끄는 절에서 동사 met의 목적어 역할을 한다. 선행사가 사람이고 목적격인 관계대명사이면서 계속적 용법에 쓰일 수 있는 것은 whom이므로 (c)가 정답이다.

오답 분석 (a)에서 that은 선행사가 사람, 사물일 때 모두 가능하며 주격, 목적격 모두 가능한 관계대명사이지만 계속적 용법에는 쓰일 수 없어서 오답이다. (b)에서 what은 선행사를 포함하는 관계대명사인데 여기서는 선행사가 있으므로 오답이다. (d)에서 which는 선행사가 사물일 때 사용되는 관계대명사인데 여기서는 선행사가 사람이므로 오답이다.

어휘 have no idea 모르다 by accident 우연히

TEST 2 — LISTENING

정답 확인하기

LISTENING													
PART 1	27	(c)	28	(b)	29	(a)	30	(a)	31	(c)	32	(d)	33	(d)
PART 2	34	(d)	35	(a)	36	(a)	37	(b)	38	(c)	39	(c)		
PART 3	40	(b)	41	(d)	42	(b)	43	(b)	44	(d)	45	(b)		
PART 4	46	(d)	47	(c)	48	(c)	49	(b)	50	(a)	51	(b)	52	(a)

문항별 취약 유형 체크하기

PART 1 개인적 대화		
27	주제 (What)	
28	세부사항 (What)	
29	세부사항 (Why)	
30	세부사항 (why)	
31	세부사항 (Why)	
32	세부사항 (What)	
33	추론 (What)	

PART 3 협상적 대화		
40	세부사항 (Why)	
41	세부사항 (what)	
42	세부사항 (What)	
43	세부사항 (Why)	
44	세부사항 (Why)	
45	추론 (What)	

PART 2 발표		
34	세부사항 (what)	
35	추론 (Why)	
36	세부사항 (What)	
37	세부사항 (What)	
38	세부사항 (How)	
39	세부사항 (What)	

PART 4 절차 설명		
46	주제/목적 (What)	
47	세부사항 (What)	
48	세부사항 (What)	
49	세부사항 (What)	
50	세부사항 (What)	
51	세부사항 (which)	
52	추론 (Why)	

★ 틀린 문항을 확인하고 취약한 유형을 집중 학습하세요.

건망증에 대한 고민	F: Hi, Ben. You don't look too happy. What's wrong? M: Indeed. I'm not, Cathy. [27]I had an important business meeting earlier today with foreign clients who flew all the way from Europe, and I failed to bring my laptop because I forgot where it was. It contained important information for my clients. My boss was extremely upset, and I almost got fired. F: I'm sorry to hear that. Everyone forgets sometimes, though. Don't be too hard on yourself. It was just a one-time occurrence.	F: 안녕, 벤. 너는 기분이 그렇게 좋아 보이지 않네. 무슨 일이야? M: 정말로. 기분이 안 좋아, 캐시. [27]오늘 일찍 유럽에서 비행기를 타고 온 외국 고객들과 중요한 업무 미팅이 있었는데, 노트북이 어디 있는지 잊어버려서 가져오지 못했어. 그것은 고객들을 위한 중요한 정보들을 담고 있었어. 내 상사는 매우 화가 났고 나는 거의 해고될 뻔했어. F: 그 말을 들으니 유감이야. 하지만 다들 가끔 잊어버리잖아. 자신에게 너무 모질게 대하지 마. 그것은 단지 한 번 일어난 일이었어.
해결 방법 (1) 목록 작성	M: Do you honestly think so? I have such a terrible memory, and it doesn't seem to be getting any better with age. F: Oh, yeah? Well, [28]there are a couple of things you might want to try. For instance, making a list is a good way to remember things. It's helpful. Why don't you try it? M: It does not sound complicated, but [29]I'm pretty sure I'll forget about the list! That's how forgetful a person I am. F: Well, don't be so pessimistic. If you put it on top of your car keys, you'll see it when you go out. That's what I always do. I am sure it will work. It works fine for me.	M: 정말 그렇게 생각해? 나는 정말 기억력이 안 좋고 나이가 들어도 나아지지 않는 것 같아. F: 오 그래? [28]네가 시도해 볼 몇 가지가 있어. 예를 들어, 목록을 만드는 것은 사물을 기억하는 좋은 방법이야. 그건 도움이 돼. 한번 해보는 게 어때? M: 복잡하게 들리지는 않지만, [29]나는 분명히 그 목록을 잊어버릴 거야! 그 정도로 나는 건망증이 심한 사람이야. F: 음. 그렇게 비관적이지 마. 네가 그것을 차 열쇠 위에 올려놓으면 네가 외출할 때 볼 수 있어. 그게 내가 항상 하는 일이야. 나는 그것이 효과가 있을 것이라고 확신해. 그게 나에게는 꽤 도움이 되거든.
해결 방법 (2) 휴대 전화 알람 이용	M: I see. I'll try it. I think I might need much more than a list to solve my forgetfulness. I have tried several things already. F: How about making a to-do list on your smartphone and setting alarms as reminders? M: [30]I've tried that already. But most of the time, I forget to set the alarms, which brings me back to square one.	M: 알았어. 시도해 볼게. 그러나 내가 건망증을 해결하기 위해서는 목록보다 더 많은 것들이 필요할 것 같아. 나는 이미 여러 가지를 시도해 왔어. F: 스마트폰에서 할 일 목록을 만들고 상기시켜 주는 것으로 알람을 설정하는 건 어때? M: [30]이미 해봤어. 하지만 대부분 알람 맞추는 것을 잊어버려서 원점으로 돌아가게 돼.

해결 방법 (3) 전문적 도움 받기	F: I see your point! Well, have you ever considered seeking professional help? M: What do you mean? F: Oh! I simply mean seeing a therapist. M: Umm. A psychologist? No, I haven't. I never thought I needed professional help. Do you know what I mean? F: Yeah. Well, I am not a doctor. But sometimes, forgetting can be connected to much deeper problems.	F: 무슨 말인지 알겠어! 그러면, 전문가의 도움을 구할 생각은 해봤니? M: 무슨 말이야? F: 애 그냥 심리 치료사를 만나보는 걸 말하는 거야. M: 음. 심리학자? 아니, 안 해봤어. 나는 내가 전문적 도움을 필요로 할 것이라고 생각해 본 적이 없어. 무슨 뜻인지 알겠어? F: 그래. 음, 나는 의사가 아니야. 하지만 가끔 잊어버리는 것이 훨씬 더 깊은 문제와 연결될 수 있어.
치료사 추천 및 예약	M: I agree. ³¹I have always suspected it but never dared to admit I had a problem, I guess. Could you recommend a good therapist? F: Sure. I know someone that I have seen a few times personally. I'll text you his contact information right away. M: Thank you. I'm so lucky to count you as a friend. May I ask you for one more favor? F: Of course. Just name it. M: I've never seen a therapist and I'm nervous. Would you mind coming with me this time? It would mean a lot to me. F: You got it. When would you like to go? M: The sooner the better. Since you already know him, ³²why don't you contact him on my behalf and check when he might be available? F: Sure. I can do that. ³³I'll call him sometime today to make an appointment and get back to you with the details. M: Awesome! That would work. I can't thank you enough, Cathy.	M: 나도 동의해. ³¹나는 항상 그것을 의심해 왔지만, 감히 내게 문제가 있다는 것을 인정하지는 못했던 것 같아. 좋은 치료사를 추천해 줄 수 있니? F: 물론이지. 개인적으로 몇 번 진찰을 받아 본 사람이 있어. 그의 연락처를 바로 문자로 보낼게. M: 고마워. 나는 너를 친구로 생각할 수 있어서 정말 행운이야. 너에게 한 가지 부탁을 더 해도 될까? F: 물론이야. 말만 해. M: 난 치료사를 만나 본 적이 없어서 긴장돼. 이번에 나와 함께 가 줄 수 있어? 그것은 나에게 큰 의미가 있을 거야. F: 알겠어. 언제 가고 싶어? M: 빠르면 빠를수록 좋아. 너는 이미 그를 알고 있으니, ³²나를 대신해서 네가 그에게 연락해서 그가 언제 시간이 되는지 알아보는 게 어떨까? F: 물론. 내가 할 수 있어. ³³오늘 중으로 그에게 전화해서 약속을 잡고 너에게 자세한 내용을 알려 줄게. M: 굉장해! 그것은 효과가 있을 거야. 정말 고마워, 캐시.
마무리	F: Come on, Ben! I'm sure you would do the same for me. That's what friends are for. M: You're right! Talk to you later, then.	F: 이봐, 벤! 너도 나를 위해 그렇게 할 거라고 확신해. 그게 친구 좋다는 거야. M: 네 말이 맞아! 그럼 나중에 얘기하자.

어휘 indeed 정말로 foreign client 외국인 고객 fail to+동사원형 ~하지 못하다 laptop 노트북 컴퓨터 contain 담고 있다 extremely 극도로, 매우 get fired 해고되다 be hard on ~에게 모질게 대하다 occurrence (예상치 못한) 일, 사건 honestly 정말로, 진짜로 for instance 예를 들어 complicated 복잡한 forgetful 잘 잊어 버리는, 건망증 심한 pessimistic 비관적인 work for ~에게 도움이 되다 to-do list 할 일 목록 reminder 상기시키는 것, 메모 most of the time 대부분, 대개 set the alarm 알람을 설정하다 bring A back to square one A를 원점으로 되돌려 놓다 consider 고려하다 seek 구하다 simply 그냥, 그저 therapist 심리 치료사 psychologist 심리학자 suspect 의심하다 dare to+동사원형 감히~하다 admit 인정하다 recommend 추천하다 see (의사에게) 진찰을 받다 text 문자를 보내다 contact information 연락처 right away 바로 count A as B A를 B로 생각하다 ask A for a favor A에게 부탁하다 name it (뭐든지) 말만 해 nervous 긴장된, 불안한 Would you mind ~ing ~해 주시겠어요? contact 연락하다 on one's behalf ~를 대신하여 available 시간이 되는 make an appointment 약속을 잡다

---

27 주제 (What) ★★   정답 (c)

What is Ben's problem at the beginning of the conversation?

(a) He forgot to meet his clients.
(b) He got his clients very upset.
(c) He misplaced his computer.
(d) He just lost his employment.

대화 초기에 벤의 문제점은 무엇인가?

(a) 그는 고객을 만나는 것을 잊었다.
(b) 그는 고객을 몹시 화나게 했다.
(c) 그는 컴퓨터를 잘못 놓아두었다.
(d) 그는 방금 실직했다.

해설 대화에서 "²⁷I had an important business meeting earlier today with foreign clients who flew all the way from Europe, and I failed to bring my laptop because I forgot where it was."(오늘 일찍 유럽에서 비행기를 타고 온 외국 고객들과 중요한 업무 미팅이 있었는데, 노트북이 어디 있는지 잊어버려서 가져오지 못했어.)라고 하였다. 노트북 컴퓨터를 어디 뒀는지 기억이 안 나서 중요한 미팅에 못 가져 갔으므로 (c)가 정답이다.

Paraphrasing I forgot where it was ➡ He misplaced his computer.

어휘 client 고객 misplace (물건을) 잘못 놓아두다 employment 직장, 고용, 취업

---

28 세부사항 (What) ★   정답 (b)

What did Cathy first suggest that Ben do about his memory issue?

(a) to seek the help of a professional
(b) to start by making a list
(c) to stop worrying about petty things
(d) to take some time off from work

캐시는 처음에 벤에게 기억력 문제에 대해 무엇을 하라고 제안했는가?

(a) 전문가의 도움을 구하기
(b) 목록을 만드는 것부터 시작하기
(c) 사소한 것에 대한 걱정을 멈추기
(d) 일을 잠시 쉬기

해설 대화에서 "²⁸there are a couple of things you might want to try. For instance, making a list is a good way to remember things."(네가 시도해 볼 몇 가지가 있어. 예를 들어, 목록을 만드는 것은 사물을 기억하는 좋은 방법이야.)라고 하였으므로 (b)가 정답이다.

어휘 seek 구하다 professional 전문가 petty 사소한 take some time off from work 일을 잠시 쉬다

Why did Cathy tell Ben not to be pessimistic?

(a) because he blamed himself for being forgetful
(b) because he hasn't tried several methods yet
(c) because many people experience forgetfulness
(d) because his forgetfulness was a well-known fact

왜 캐시가 벤에게 비관하지 말라고 말했는가?

(a) 그가 건망증 때문에 자책해서
(b) 그가 아직 여러 방법을 시도하지 않아서
(c) 많은 사람들이 건망증을 경험해서
(d) 그의 건망증이 잘 알려진 사실이어서

해설 ▶ 대화에서 "²⁹I'm pretty sure I'll forget about the list! That's how forgetful a person I am."(나는 분명히 그 목록을 잊어버릴 거야! 그 정도로 난 건망증이 심한 사람이야.)라고 하였다. 이와 같이, 벤이 자신의 건망증에 대해 자책하자 바로 이어서 캐시가 비관하지 말라고 했으므로 (a)가 정답이다.

Paraphrasing ▶ That's how forgetful a person I am. ➡ he blamed himself for being forgetful

어휘 ▶ pessimistic 비관적인   blame oneself 자책하다   method 방법   forgetfulness 건망증   well-known 잘 알려진

Based on the conversation, why doesn't Ben like the phone idea?

(a) because he usually fails to set the alarms
(b) because he doesn't own a smartphone
(c) because he doesn't trust technology
(d) because he always misses his morning alarm

대화에 따르면, 벤은 왜 휴대전화 아이디어를 좋아하지 않는가?

(a) 보통은 알람을 설정해 놓지 못하기 때문
(b) 스마트 폰을 가지고 있지 않기 때문
(c) 기술을 믿지 않기 때문
(d) 항상 아침 알람을 놓치기 때문

해설 ▶ 대화에서 "³⁰I've tried that already. But most of the time, I forget to set the alarms, which brings me back to square one."(이미 해봤어. 하지만 대부분 알람 맞추는 것을 잊어버려서 원점으로 돌아가게 돼.)라고 하였으므로 (a)가 정답이다.

Paraphrasing ▶ most of the time, I forget to set the alarms ➡ he usually fails to set the alarms

어휘 ▶ fail to+동사원형 ~하지 못하다   set the alarm 알람을 설정하다   own 소유하다   trust 믿다   miss 놓치다

Why didn't Ben seek professional help earlier?

(a) He didn't know a good therapist.
(b) He could not confide in any strangers.
(c) He could not acknowledge his problem.
(d) He didn't think forgetting was a big deal.

벤은 왜 더 일찍 전문가의 도움을 구하지 않았는가?

(a) 좋은 치료사를 알지 못했다.
(b) 어떤 낯선 사람에게도 털어놓을 수 없었다.
(c) 자신의 문제를 인정할 수 없었다.
(d) 잊는다는 것을 대수롭지 않게 생각했다.

해설 ▶ 대화에서 "³¹I have always suspected it but never dared to admit I had a problem, I guess."(나는 항상 그것을 의심해 왔지만, 감히 내게 문제가 있다는 것을 인정하지는 못했던 것 같아.)라고 하였으므로 (c)가 정답이다.

Paraphrasing never dared to admit I had a problem ➡ He could not acknowledge his problem.

어휘 confide in ~에게 비밀을 털어 놓다   **stranger** 낯선 사람   **acknowledge** 인정하다   **big deal** 별 일, 대단한 일

32 세부사항 (What) ★   정답 (d)

What did Ben ask Cathy to do to help him?

(a) teach him how to set his alarm clock

(b) help him make a to-do list

(c) find the contact information of a therapist

(d) make an appointment with the therapist

벤은 캐시에게 무엇을 도와달라고 부탁했는가?

(a) 그에게 알람 맞추는 법을 가르쳐 줄 것

(b) 그가 할 일 목록을 만드는 것을 도와줄 것

(c) 치료사의 연락처를 찾아줄 것

(d) 치료사와 진료 예약을 해줄 것

해설 대화에서 "³²why don't you contact him on my behalf and check when he might be available?"(나를 대신해서 네가 그에게 연락해서 그가 언제 시간이 되는지 알아보는 게 어떨까?)라고 하였다. 벤은 캐시에게 자신을 대신해서 치료사와 연락하고 진료 일정을 물어봐 달라고 부탁했으므로 (d)가 정답이다.

Paraphrasing contact him on my behalf and check when he might be available ➡ make an appointment with the therapist

어휘 contact information 연락처   make an appointment (진료 등)을 예약하다

33 추론 (What) ★★★   정답 (d)

What will Cathy most likely do soon after the conversation?

(a) visit her therapist's office right away

(b) spend some quality time with Ben

(c) help Ben overcome his forgetfulness

(d) call Ben with his appointment information

캐시는 대화 후 곧 무엇을 할 것 같은가?

(a) 바로 치료사를 찾아간다

(b) 벤과 오붓한 시간을 보낸다

(c) 벤이 건망증을 극복하도록 돕는다

(d) 예약 정보를 가지고 벤에게 전화한다

해설 대화에서 "³³I'll call him sometime today to make an appointment and get back to you with the details."(오늘 중으로 그에게 전화해서 약속을 잡고 너에게 자세한 내용을 알려 줄게.)라고 하였다. 캐시는 치료사와 전화로 연락해서 치료 예약을 잡고 상세한 예약 내용은 벤에게 전화로 알려 준다고 했으므로 (d)가 정답이다.

어휘 right away 바로   quality time 오붓한 시간   overcome 극복하다

매장 소개	Hello, everyone! My name is Jenny Flynn, owner of Foot Palace 101, the most affordable, comfortable, and durable shoes you will ever own and wear. I'm here today to introduce you to my expanded online shoe store. [34]We all know that shopping for shoes can be a challenging task. It is not always easy to find comfort at a reasonable price. Start shopping today, and you will be able to take advantage of a panoply of benefits.
할인 혜택 홍보	[35]If you make any purchases now, you are eligible for 40% off designer brands. This offer is valid from December 1–31, and if you use the offer code FORTY-OFF, [36]you'll receive a discount on footwear, socks, and leggings. You can also select from any men's, women's, or children's brands. This offer may be combined with VIP benefits and gift-with-purchase offers only. But it is not valid at all of our stores across North America. So, make sure to check where the offers are valid before making any purchases.
혜택 적용 조건 및 유의 사항	Also, [37]to benefit from the "Buy Now, Pay Later" offer, you must be over 18 and be a resident of the U.S. However, late fees will apply both in select stores and online. Please note that our advertised prices may vary by location and are subject to change at any time without notice. Visit our online store for current pricing.
회원 등급과 포인트 지급	Foot Palace 101 VIP members earn rewards for each dollar spent in-store or online on eligible product purchases. Club and Gold members earn one point for every dollar spent and Elite members earn two points for every dollar spent. [38]Foot Palace 101 VIP members reach Club status upon enrollment in the VIP Program, Gold status upon spending over $200 on eligible product purchases in the same calendar

여러분, 안녕하세요! 제 이름은 제니 플린 이고 여러분이 소유하고 신게 될 가장 저렴 하고 편안하고 튼튼한 신발인 풋팰리스 101 의 소유주입니다. 저는 오늘 여러분께 저의 확장된 온라인 신발 매장을 소개하기 위해 왔습니다. [34]우리 모두는 신발을 사는 것이 어려운 일이 될 수 있다는 것을 알고 있습 니다. 합리적인 가격으로 편안함을 찾기가 항상 쉬운 것은 아닙니다. 오늘부터 쇼핑을 시작하세요, 그러면 당신은 많은 혜택을 누 릴 수 있을 것입니다.

[35]여러분이 지금 구매하면 디자이너 브랜 드를 40% 할인받을 수 있습니다. 이 할인 혜택은 12월 1일부터 31일까지 유효하며, 할인 코드 FORTY-OFF를 이용하면 [36]신 발, 양말, 레깅스 등을 할인받게 됩니다. 여 러분은 또한 어떤 남성, 여성, 아동용 브랜 드에서든지 선택할 수 있습니다. 이 할인은 VIP 혜택 및 구매 시 선물 제공과 결합될 수 있습니다. 하지만 북미 전역의 모든 매장 에서 유효하지는 않습니다. 따라서 구매하 기 전에, 그 할인이 유효한 곳을 반드시 확 인하세요.

또한, [37]"선구매, 후결제"의 혜택을 받으 려면, 당신은 18세가 넘고 미국 거주자여야 합니다. 하지만 연체료는 엄선된 매장과 온 라인에서 모두 적용될 것입니다. 당사의 광 고되는 가격은 지역에 따라 다를 수 있으며 언제든지 예고 없이 변경될 수 있음을 주목 해 주세요. 현재 가격 책정을 확인하려면 온 라인 상점을 방문하세요.

풋팰리스 101 VIP 회원은 매장 내 또는 온 라인에서 적격한 제품 구매에 대해 달러당 보상을 받습니다. 클럽 회원과 골드 회원은 1달러 당 1포인트, 엘리트 회원은 1달러 당 2 포인트를 획득합니다. [38]풋팰리스 101 VIP 회원은 VIP 프로그램 등록 시 클럽 지위에, 같은 연도의 적격한 제품 구매에 대해 200 달러 넘게 지출 시 골드 지위에, 같은 연도 의 적격 제품 구매에 대해 500달러 넘게 지 출 시 엘리트 지위에 도달합니다.

	year, and Elite status upon spending over $500 on eligible product purchases in the same calendar year.	
이용 약관에 대한 문의	However, rewards are not redeemable for cash, and they are non-transferable. All rewards are subject to the VIP terms and conditions found on our website. Since terms and VIP programs are subject to change without prior notice, you can contact customer service at 1-866-857-1422 with any additional questions. As for written correspondence, please mail it to Foot Palace 101, 254 Elm Street, Suite 1600, Louisville, Kentucky, 40201. Make sure to include a return address on the envelope.	그러나 보상은 현금으로 교환할 수 없으며 양도할 수 없습니다. 모든 보상은 저희 웹 사이트에 있는 VIP 이용약관을 따라야 합니다. 약관 및 VIP 프로그램은 사전 통보 없이 변경될 수 있으므로 추가 질문이 있는 경우 1-866-857-1422로 고객 서비스에 문의할 수 있습니다. 서신에 대해서는 40201, 켄터키주 루이스빌 스위트 1600, 엘름 스트리트 254, 풋팰리스 101로 보내주세요. 봉투에 회신 주소를 반드시 적어 주세요.
회사의 환경 보호 정책 홍보	At our company, we believe in sustainability and in protecting the environment. Consequently, our policies and materials used are all for the promotion of sustainable growth and development. [39]We ensure that animals are not exploited for their fur or skin. Besides caring for animal protection, Foot Palace 101 has a foundation that supports organizations which have worked for conserving the environment. If you want to take part in this great movement, join us. You can invest your time or donate your shoes. Your donated shoes have the power to change lives and create opportunities. Plus, your donations can reduce waste and promote environmental sustainability.	저희 회사는 지속가능성과 환경 보호를 믿고 있습니다. 결과적으로, 저희의 정책과 이용되는 소재는 모두 지속가능한 성장과 발전을 촉진하기 위한 것입니다. [39]저희는 동물들이 털이나 가죽 때문에 착취당하지 않도록 보장합니다. 동물 보호에 관심을 가지는 것 외에도 풋팰리스 101은 환경 보전을 위해 일하는 단체들을 지원하는 재단이 있습니다. 이 멋진 운동에 동참하고 싶다면 저희와 함께해 주세요. 여러분은 시간을 투자하거나 신발을 기부할 수 있습니다. 여러분이 기부한 신발은 생활을 바꾸고 기회를 창조할 힘을 가지고 있습니다. 게다가 여러분의 기부는 쓰레기를 줄이고 환경 지속성을 촉진시킬 수 있습니다.
마무리 및 인사	Please visit our online shoe store, which has been newly extended. I hope that you will enjoy shopping for shoes at Foot Palace 101 and that you will be satisfied with our variety of offers and discounted prices as well as our high-quality products. Thank you for listening. Have a good day!	새롭게 확장한 저희 온라인 신발 매장을 방문해 주세요. 여러분이 풋팰리스 101에서 신발 쇼핑을 즐기고 저희의 고품질 제품뿐 아니라 다양한 혜택과 할인된 가격에 만족하기를 바랍니다. 들어 주셔서 감사합니다. 좋은 하루 되세요!

어휘 affordable (가격이) 알맞은, 저렴한 comfortable 편안한 durable 내구성 있는, 튼튼한 introduce A to B A에게 B를 처음 접하게 하다, 소개하다 expanded 확장된 challenging 어려운 reasonable 합리적인 take advantage of 이용하다 a panoply of 많은 benefit 혜택 make a purchase 구매하다 eligible for ~할 자격이 있는 offer 제안, (짧은 기간의) 할인 valid 유효한 be combined with ~와 결합되다 make sure to ~을 반드시 확인하다 resident 거주자 late fee 연체료 apply 적용되다 select 엄선된 note 유념하다, 주의하다 vary by location 지역에 따라 다르다 be subject to ~될 수 있다, ~을 따라야 하다 notice 통보 pricing 가격 책정 reward 보상 status 지위 enrollment 등록 redeemable (현금과) 교환할 수 있는 non-transferable 양도할 수 없는 terms and conditions 이용 약관 prior 사전의 additional 추가적인 as for ~에 대해서 correspondence 서신 return address 회신 주소 envelope 편지 봉투 sustainability 지속가능성 protect 보호하다 environment 환경 consequently 결과적으로 policy 정책 promotion 촉진 ensure 보장하다 exploit 착취하다 skin (동물의) 가죽 besides ~외에 care for ~에 관심을 가지다 foundation 재단 conserve 보존하다 take part in 참여하다 invest 투자하다 donate 기부하다 opportunity 기회 plus 게다가 reduce 감소시키다, 줄이다 waste 쓰레기 extend 확장하다

According to the speaker, what is the main problem when buying shoes?

(a) It can be very time-consuming.
(b) It can be quite unnecessary.
(c) It is hard to find high-quality ones.
(d) It is hard to find cost-effective and comfortable ones.

강연자에 따르면, 신발을 살 때 무엇이 주요한 문제인가?

(a) 시간이 많이 걸릴 수 있다.
(b) 상당히 불필요할 수 있다.
(c) 고품질의 신발을 찾기가 힘들다.
(d) 가성비가 좋고 편한 신발을 찾기가 어렵다.

해설 담화 1단락에서 "³⁴We all know that shopping for shoes can be a challenging task. It is not always easy to find comfort at a reasonable price."(우리 모두는 신발을 사는 것이 어려운 일이 될 수 있다는 것을 알고 있습니다. 합리적인 가격으로 편안함을 찾기가 항상 쉬운 것은 아닙니다.)라고 하였다. 신발을 살 때, 알맞은 가격에 편한 신발을 찾기가 어렵다고 했으므로 (d)가 정답이다.

Paraphrasing It is not always easy to find comfort at a reasonable price. ➡ It is hard to find cost-effective and comfortable ones.

어휘 time-consuming 시간이 많이 걸리는   unnecessary 불필요한   high-quality 고품질의   cost-effective 가성비 좋은, 비용 효율적인

Why most likely are customers urged to buy the shoes immediately?

(a) because the offer is limited to a specific time
(b) because the store is about to go bankrupt
(c) because most of the products are limited
(d) because the offer is limited to a specific country

고객은 왜 신발을 즉시 구매하도록 권유받을까?

(a) 그 할인이 특정 시간으로 제한되어 있기 때문
(b) 그 매장이 파산 직전이기 때문
(c) 대부분의 제품이 수량이 한정되어 있기 때문
(d) 그 할인이 특정 국가에 한정되어 있기 때문

해설 담화 2단락에서 "³⁵If you make any purchases now, you are eligible for 40% off designer brands. This offer is valid from December 1-31"(지금 구매하면 디자이너 브랜드를 40% 할인받을 수 있습니다. 이 할인은 12월 1일부터 31일까지 유효합니다)라고 하였다. 이러한 가격 할인은 12월 31일까지만 유효하므로 고객이 즉시 구매하도록 권유받고 있는 이유는 가격 할인이 이 기간에만 한정되어 있기 때문인 것으로 추론된다. 따라서 (a)가 정답이다.

Paraphrasing This offer is valid from December 1-31 ➡ the offer is limited to a specific time

어휘 be urged to ~하도록 권유받다   immediately 즉시   offer 할인, 제안   be limited to ~에 한정되다   specific 특정한 be about to+동사원형 ~하려는 참이다   go bankrupt 파산하다

What does the store Foot Palace 101 specialize in?

(a) selling brands at discounted prices and offering benefits
(b) producing specialty socks and leggings
(c) producing dress shoes for men and women
(d) selling kids' and women's shoes only

풋팰리스 101 매장은 무엇을 전문으로 하는가?

(a) 브랜드 제품 할인 판매 및 혜택 제공
(b) 전문 분야의 양말과 레깅스를 생산
(c) 남녀 공용 정장 구두를 생산
(d) 아동용과 여성용 신발 판매

담화 2단락에서 "³⁶you'll receive a discount on footwear, socks, and leggings. You can also select from any men's, women's, or children's brands. This offer may be combined with VIP benefits and gift-with-purchase offers only."(여러분은 신발, 양말, 레깅스 등을 할인 받게 됩니다. 여러분은 또한 어떤 남성, 여성, 아동용 브랜드에서든지 선택할 수 있습니다. 이 할인은 VIP 혜택 및 구매 시 선물 제공과 결합될 수 있습니다.)라고 하였다. 보기 중 이 내용과 가장 가까운 (a)가 정답이다.

어휘 specialize in ~을 전문으로 하다 specialty 전문 (분야) dress shoes 정장 구두, 예복용 구두

---

37 세부사항 (What) ★★   정답 **(b)**

What is the requirement to benefit from the "Buy Now, Pay Later" offer?

(a) to become a VIP member first
(b) to be an American resident above the age of 18
(c) to be an Elite member for at least 1 year
(d) to make a $100 purchase now

"선구매, 후결제" 제안으로부터 혜택을 누리기 위한 요건은 무엇인가?

(a) 먼저 VIP 회원이 되기
(b) 18세가 넘는 미국 거주자 되기
(c) 적어도 1년간 엘리트 멤버를 유지하기
(d) 지금 100달러의 구매를 하기

해설 담화 3단락에서 "³⁷to benefit from the "Buy Now, Pay Later" offer, you must be over 18 and be a resident of the U.S."("선구매, 후결제"의 혜택을 받으려면, 당신은 18세가 넘고 미국 거주자이어야 합니다.)라고 하였다. 18세 이상이면서 미국에 거주해야만 이러한 혜택을 누릴 수 있다고 했으므로 (b)가 정답이다.

Paraphrasing you must be over 18 and be a resident of the U.S. ➡ to be an American resident above the age of 18

어휘 requirement 요건, 자격 요건 benefit from ~의 혜택을 받다 resident 거주자, 거주민 at least 최소한 make a purchase 구매하다

---

38 세부사항 (How) ★★   정답 **(c)**

How does a customer reach Gold status?

(a) by enrolling in the VIP program online
(b) by becoming a regular online customer first
(c) by spending over $200 on specific products within the same year
(d) by spending over $500 on any products within the same year

고객은 어떻게 골드 지위에 도달하는가?

(a) VIP 프로그램에 온라인으로 등록함으로써
(b) 먼저 온라인 단골 고객이 됨으로써
(c) 같은 해에 특정 제품에 200달러 넘게 소비함으로써
(d) 같은 해에 어떤 제품에든 500달러 넘게 소비함으로써

해설 담화 4단락에서 "³⁸Foot Palace 101 VIP members reach Club status upon enrollment in the VIP Program, Gold status upon spending over $200 on eligible product purchases in the same calendar year"(풋팰리스 101 VIP 회원은 VIP 프로그램 등록 시 클럽 지위에, 같은 연도의 적격 제품 구매에 200달러 넘게 지출 시 골드 지위에 도달합니다)라고 하였으므로 (c)가 정답이다.

Paraphrasing spending over $200 on eligible product purchases in the same calendar year ➡ spending over $200 on specific products within the same year

어휘 reach ~에 도달하다 status 지위 enroll in 등록하다 regular customer 단골 고객

What does Foot Palace 101 do to protect the environment?   풋펠리스 101 매장은 환경을 보호하기 위해 무엇을 하는가?

(a) It prohibits the use of plastic.

(b) It only uses recycled materials.

(c) It prohibits the exploitation of animals.

(d) It participates in environmental seminars.

(a) 플라스틱 사용을 금지한다.

(b) 재활용된 재료만 사용한다.

(c) 동물에 대한 착취를 금지한다.

(d) 환경 세미나에 참가한다.

해설 담화 6단락에서 "³⁹We ensure that animals are not exploited for their fur or skin."(저희는 동물들이 털이나 가죽 때문에 착취당하지 않도록 보장합니다.)라고 하였으므로 (c)가 정답이다.

Paraphrasing We ensure that animals are not exploited for their fur or skin. ➡ It prohibits the exploitation of animals.

어휘 prohibit 금지하다 recycled 재활용된 material 재료 exploitation 착취 participate in ~에 참가하다 environmental 환경의

인사	M: Hello, Sheila! ⁴⁰I was in the neighborhood and just thought of dropping by to see how things are. So, do you like living here? It's only been a month since you moved, right? F: Hey, Jim. It's been only three weeks, but I do love this town! Don't you?	M: 안녕, 쉴라! ⁴⁰근처에 있다가 그냥 어떻게 지내나 보려고 잠깐 들러 볼까 생각했어. 그래서, 너는 여기 사는 게 좋아? 네가 여기로 이사온 지 한 달 밖에 안됐지, 그렇지? F: 안녕, 짐. 이사온 지 3주밖에 안 됐지만 난 이 도시가 정말 좋아! 너는 안 그래?
새로 이사온 도시의 장단점	M: I guess so, but I've been reading about a lot of interesting places lately, and I've been thinking about moving someplace else. F: Seriously? Why? You are not getting used to your new apartment or the neighborhood? M: I believe it's all right. But it's a very big city, though, so it takes forever to get anyplace. You know what I mean? F: Not particularly. What about the new subway system? Isn't it fast? M: Well, yeah! ⁴¹The trains are fast, but they're so crowded that sometimes you have to wait for the next one. I can't take buses, of course, because they make a lot of stops. Before I can get to my final destination, I would spend on average 30-40 minutes on the bus. F: I see what you mean. But I guess I am already used to it. So, it does not bother me anymore. How's work?	M: 그런 것 같아. 하지만 최근에 흥미로운 장소들에 대해 많이 읽었고, 어딘가 다른 곳으로 이사하는 것에 대해 생각해 왔어. F: 정말? 왜? 새 아파트나 동네에 적응이 안 되니? M: 새 동네가 괜찮다고 생각해. 하지만 이곳은 매우 큰 도시여서, 어느 곳이든 가는 데 한참 걸려. 무슨 뜻인지 알지? F: 잘 모르겠네. 새로운 지하철 시스템은 어때? 그건 빠르지 않니? M: 음, 그래! ⁴¹기차가 빠르긴 한데 사람이 너무 많아서 가끔 다음 열차를 기다려야 할 때가 있어. 버스는 정차하는 곳이 많아서 당연히 탈 수 없어. 최종 목적지에 도착하기 전에, 버스로 이동하는 데 평균 30분에서 40분을 쓸 거야. F: 무슨 말인지 알겠어. 하지만 나는 그것에 이미 익숙해진 것 같아. 그래서 더는 신경 쓰이지 않아. 일은 어때?
새 직장의 장점	M: Fortunately, ⁴²I love my new job, and it is right downtown. It's very convenient. F: That's nice! You can walk around during your lunch hour, run errands, or even catch up with friends at one of those trendy coffee shops.	M: 다행히 ⁴²나는 새 직장이 아주 마음에 들고 직장이 바로 시내에 있어. 그건 참 편리해. F: 그거 좋네! 너는 점심 시간에 돌아다니거나, 볼일을 보거나, 심지어 최신 유행하는 커피숍 중 한 곳에서 친구들과 만나 얘기를 나눌 수도 있어.

<table>
<tr>
<td>새
직장의
장점</td>
<td>
M: That's exactly what I've been doing! During my walks, I've spotted a few great restaurants.

F: That's great! You know I like trying new restaurants.

M: That's right. The next time you visit me, I'll know exactly where to take you to eat.
</td>
<td>
M: 그게 바로 내가 하고 있는 것이지! 산책 하는 동안 훌륭한 식당 몇 군데를 발견 했어.

F: 잘됐네! 너도 내가 새로운 식당 시도하 는 것을 좋아하는 거 알잖아.

M: 맞아. 네가 다음에 올 때, 식사를 위해 너를 어디로 데려갈 지 정확히 알고 있 을 거야.
</td>
</tr>
<tr>
<td>퇴근
후
여가
활동</td>
<td>
F: Great. So, what do you do for fun around town?

M: Not much. ⁴³After work, I usually feel too exhausted to go hang out with anyone. From time to time, I go out on Friday nights for dinner or a movie, but that's about it.

F: ⁴³I can totally relate. Like you, I don't go out much. Instead, I stay home and watch movies or documentaries. In fact, not too long ago, I watched a documentary about Johannesburg, South Africa. My best friend has lived there for a long time because it is such a great place to live.
</td>
<td>
F: 좋아. 그럼. 너는 도시에서 재미로 무엇 을 하니?

M: 별로 없어. ⁴³퇴근하고 나면 보통 너무 피곤해서 누구와도 나가서 어울려 놀지 못해. 가끔 금요일 저녁에 식사나 영화 때문에 나가는데, 그게 다야.

F: ⁴³완전히 공감해. 너처럼 나도 외출을 잘 안해. 대신, 나는 집에 있으면서 영화나 다큐멘터리를 봐. 사실 얼마 전 남아공 요하네스버그에 관한 다큐멘터리를 봤 어. 그곳은 살기 좋은 곳이기 때문에 내 절친이 거기에서 오랫동안 살고 있어.
</td>
</tr>
<tr>
<td>새로
이사
가고
싶은
도시의
장점</td>
<td>
M: Oh, yeah? How so?

F: Well, according to my friend, ⁴⁴Johannesburg is a pretty interesting place. It's culturally diverse and people are very friendly. So, I've been thinking about moving there potentially.

M: Alright! But what is life in the city like?

F: Umm… Based on what I saw, for one thing, it's close to the ocean. So, there's always fresh seafood. And you know that I'm a big fan.

M: That's true. But is that all? You would move across the ocean only for seafood? That would not make much sense to me.

F: Of course not. The weather is also very nice. It's never too cold or too hot, and they don't get serious storms very often like in this country. Do you know what I mean?

M: Of course, I do! But is it an interesting place besides those factors?
</td>
<td>
M: 오 그래? 어째서?

F: 음, 내 친구에 따르면, ⁴⁴요하네스버그는 꽤 흥미로운 곳이야. 그곳은 문화적으로 다양하고 사람들은 매우 친절해. 그래서 나는 잠재적으로 그곳으로 이주하는 것 을 생각하고 있어.

M: 그렇구나! 그런데 그 도시에서의 삶은 어떠니?

F: 음… 내가 본 것에 따르면, 우선 그곳은 바다와 가까워. 그래서 싱싱한 해산물이 항상 있어. 그리고 내가 해산물 좋아하 는 걸 너도 알잖아.

M: 맞아. 하지만 그게 다야? 단지 해산물을 위해서 바다를 건너 이주한다고? 그건 나한테는 말이 안돼.

F: 물론 아니지. 날씨도 매우 좋아. 날씨가 너무 춥지도 덥지도 않고, 이 나라처럼 심각한 폭풍을 그다지 자주 겪지 않아. 무슨 말인지 알겠니?

M: 물론, 알지! 하지만 그런 요인들 외에도 그곳은 흥미로운 곳이니?
</td>
</tr>
</table>

| 이사 가고 싶은 도시 조사 | F: I think so. ⁴⁵Hey, Jim, let's go to the historical museum or the library and we can find out about some of the fascinating things in Johannesburg. And perhaps, who knows, we can both move there. I'm sure a little research at the library won't hurt us. It'll only give us a better picture.

M: ⁴⁵Sounds good, Sheila! Let's do that. | F: 그런 것 같아. ⁴⁵짐, 역사 박물관이나 도서관에 가자. 그러면 요하네스버그의 흥미진진한 것들에 대해 좀 알아볼 수 있을 거야. 그리고 어쩌면 우리 둘 다 그곳으로 이주할 수 있을지도 몰라. 도서관에서 좀 조사를 해보는 것이 나쁘진 않을 거라고 확신해. 그러면 더 명확하게 이미지가 그려질 거야.

M: ⁴⁵좋은 생각이야, 쉴라! 그렇게 하자. |

어휘 in the neighborhood 근처에 drop by 들르다 lately 최근에 someplace else 어딘가 다른 곳으로 seriously 정말로, 진짜로 get used to ~에 익숙해지다 take forever 끝없이(한참) 걸리다 anyplace 아무데나, 어느 곳이나 not particularly 그다지, 별로 crowded (사람들로) 붐비는 stop 정류장 get to 도착하다 final destination 최종 목적지 on average 평균적으로 bother 신경 쓰게 하다 fortunately 운 좋게도, 다행히 convenient 편리한 run errands 볼일을 보다 catch up with ~와 만나 (밀린) 얘기를 나누다 trendy 최신 유행의 spot (장소를) 발견하다 exhausted 지친 hang out with ~와 어울려 다니다 from time to time 때때로, 가끔 totally 완전히, 전적으로 relate 공감하다 in fact 사실 according to ~에 따르면 diverse 다양한 potentially 잠재적으로 based on ~에 근거하면 for one thing 우선 make sense 말이 되다 serious 심각한 storm 폭풍 besides ~ 외에도 factor 요인, 요소 find out about ~에 대해 알아보다 fascinating 매혹적인, 흥미진진한 won't hurt 해로울 것은 없다 picture (머릿속의) 그림, 이미지

---

40 세부사항 (Why) ★★	정답 (b)

Why is Jim visiting his friend Sheila?	짐은 왜 친구 쉴라를 방문하고 있는가?
(a) because Sheila had been sick lately (b) because Sheila just moved to a new town (c) because today is Sheila's birthday (d) because Jim usually visits Sheila	(a) 쉴라가 최근에 아팠기 때문 (b) 쉴라가 방금 새 도시로 이사왔기 때문 (c) 오늘이 쉴라의 생일이기 때문 (d) 짐은 보통 쉴라를 방문하기 때문

해설 대화에서 "⁴⁰I was in the neighborhood and just thought of dropping by to see how things are. So, do you like living here? It's only been a month since you moved, right?"(근처에 있다가 그냥 어떻게 지내나 보려고 잠깐 들러 볼까 생각했어. 그래서 너는 여기에서 사는 게 좋아? 네가 이사 여기로 이사온 지 한 달 밖에 안됐지, 그렇지?)라고 하였다. 짐은 쉴라가 이사온 동네 근처에 왔다가 쉴라를 방문하고 이 동네가 마음에 드는지 물었으므로 (b)가 정답이다.

어휘 lately 최근에 usually 보통, 일반적으로

---

41 세부사항 (what) ★★	정답 (d)

According to Jim, what is one of the downsides of the new town?	짐에 따르면, 새 도시의 단점 중 하나는 무엇인가?
(a) There aren't enough great restaurants. (b) There is a lack of trendy coffee shops. (c) Housing prices are on the rise. (d) Public transportation is inconvenient.	(a) 좋은 레스토랑이 많이 없다. (b) 요즘 유행하는 커피숍이 부족하다. (c) 집값이 상승하고 있다. (d) 대중교통이 불편하다.

대화에서 "⁴¹The trains are fast, but they're so crowded that sometimes you have to wait for the next one. I can't take buses, of course, because they make a lot of stops. Before I can get to my final destination, I would spend on average 30-40 minutes on the bus."(기차가 빠르긴 한데 사람이 너무 많아서 가끔 다음 열차를 기다려야 할 때가 있어. 버스는 정차하는 곳이 많아서 당연히 탈 수 없어. 최종 목적지에 도착하기 전에, 버스로 이동하는 데 평균 30분에 40분을 쓸 거야.)라고 하였다. 기차는 너무 붐비고 버스는 시간이 오래 걸리는 등 대중교통 이용이 불편하다고 했으므로 (d)가 정답이다.

downside 단점 lack 부족 housing 주택 be on the rise 상승하다 public transportation 대중교통 inconvenient 불편한

---

42 세부사항 (What) ★★   정답 **(b)**

What does Jim seem to like most about the new town?

(a) the fast and convenient subways
(b) his well-located workplace
(c) the diversity of the restaurants
(d) his proximity to Sheila's apartment

짐이 새 도시에 관해 무엇을 가장 좋아하는 것 같은가?

(a) 빠르고 편리한 지하철
(b) 좋은 위치에 있는 그의 직장
(c) 식당들의 다양성
(d) 쉴라의 아파트와의 근접성

대화에서 "⁴²I love my new job, and it is right downtown. It's very convenient."(나는 새 직장이 아주 마음에 들고 직장이 바로 시내에 있어. 그건 참 편리해.)라고 하였다. 짐은 시내에 있는 새 직장의 위치가 마음에 든다고 했으므로 (b)가 정답이다.

Paraphrasing it is right downtown. It's very convenient. ➡ his well-located workplace

seem to+동사원형 ~하는 것 같다 well-located 좋은 위치에 있는 diversity 다양성 proximity to ~에 대한 근접성

---

43 세부사항 (Why) ★★   정답 **(b)**

Why don't Jim and Sheila go out much during the week?

(a) because there is a lack of entertainment downtown
(b) because they are both tired during the week
(c) because their friends live in another state
(d) because public transportation isn't reliable

왜 짐과 쉴라는 주중에 자주 외출하지 않는가?

(a) 시내에는 오락거리가 부족하기 때문
(b) 그들 둘 다 주중에 피곤하기 때문
(c) 그들의 친구들은 다른 주에 살기 때문
(d) 대중교통은 믿을 수 없기 때문

대화에서 "M: ⁴³After work, I usually feel too exhausted to go hang out with anyone."(퇴근하고 나면 보통 너무 피곤해서 누구와도 나가서 어울려 놀지 못해.)라고 하였고, "F: ⁴³I can totally relate. Like you, I don't go out much."(완전히 공감해. 너처럼 나도 외출을 잘 안해.)라고 하였다. 퇴근 후 피곤해서 외출을 잘 안한다는 짐의 말에 쉴라가 완전히 공감한다고 했으므로 (b)가 정답이다.

lack 부족 entertainment 오락거리 state (미국의) 주 reliable 믿을 수 있는

Why is Johannesburg such an interesting city to live in?

(a) because there aren't any hurricanes

(b) because it has a tropical climate

(c) because seafood is extremely cheap

(d) because there is cultural diversity

요하네스버그는 왜 살기에 흥미로운 도시인가?

(a) 허리케인이 전혀 없어서
(b) 열대성 기후이기 때문에
(c) 해산물이 매우 싸기 때문에
(d) 문화적 다양성이 있어서

해설 대화에서 "⁴⁴Johannesburg is a pretty interesting place. It's culturally diverse and people are very friendly."(요하네스버그는 꽤 흥미로운 곳이야. 그곳은 문화적으로 다양하고 사람들은 매우 친절해.)라고 하였다. 보기 중 이 내용과 가장 가까운 (d)가 정답이다.

Paraphrasing It's culturally diverse ➡ there is cultural diversity

어휘 tropical 열대성의   climate 기후   diversity 다양성

What are the speakers probably going to do next?

(a) They will both move to Johannesburg.

(b) They will do more research on Johannesburg.

(c) They'll decide to move out of town.

(d) They'll have dinner together.

화자들은 다음에 무엇을 할 것 같은가?

(a) 둘 다 요하네스버그로 이사할 것이다.
(b) 요하네스버그에 대해 더 많이 조사할 것이다.
(c) 도시를 떠나 이사하기로 결정할 것이다.
(d) 함께 저녁을 먹을 것이다.

해설 대화에서 "F: ⁴⁵Hey, Jim, let's go to the historical museum or the library and we can find out about some of the fascinating things in Johannesburg."(짐, 역사 박물관이나 도서관에 가자, 그러면 요하네스버그의 흥미진진한 것들에 대해 좀 알아볼 수 있을 거야.)라고 하였고 "M: ⁴⁵Sounds good, Sheila! Let's do that."(좋은 생각이야, 쉴라! 그렇게 하자.)라고 하였다. 짐과 쉴라는 박물관이나 도서관에서 요하네스버그에 대해 알아보기로 했으므로 (b)가 정답이다.

Paraphrasing find out about some of the fascinating things in Johannesburg ➡ do more research on Johannesburg

어휘 research 조사   decide to+동사원형 ~하기로 결정하다   move out of ~를 떠나 이사 가다

연봉 협상 전략	Good morning, everyone. Welcome to our yearly workshop organized by some of the biggest companies in the country. As one of the speakers and as an experienced business owner myself, I'd like to share some practical information with you when it comes to salaries. [46]You'll learn the best techniques and strategies to help you manage the most difficult salary negotiations and what you need to know when asking for a raise.	여러분, 좋은 아침입니다. 몇몇 국내 최대 기업들이 주관하는 저희의 연례 워크숍에 오신 것을 환영합니다. 강연자 중 한 사람이자 경험이 풍부한 사업주로서 저는 급여에 관한 실용적인 정보를 여러분과 나누고 싶습니다. [46]여러분은 가장 어려운 연봉 협상을 관리하는 데 도움이 되는 최고의 기술과 전략, 그리고 임금 인상을 요청할 때 알아야 할 것을 배우게 될 것입니다.
연봉 협상 시 고려점	We often heard that money isn't everything. However, [47]being paid a competitive salary is important to all of us, and that's why it's crucial to always negotiate pay before accepting a job offer. [48]One thing many people fail to consider is how competitive the market can be in major cities, particularly when it comes to getting a job at one of the popular firms. However, after numerous interviews, one might finally be offered a job. The pay might be decent, but when trying to negotiate for a higher salary, the employer might be reluctant.	우리는 자주 돈이 전부가 아니라는 말을 듣습니다. 하지만, [47]경쟁력 있는 급여를 받는 것은 우리 모두에게 중요하며, 그것은 일자리 제안을 수락하기 전에 항상 급여를 협상하는 것이 중요한 이유입니다. [48]많은 사람들이 고려하지 못하는 한 가지는, 특히 인기 있는 회사 중 한 곳에 취업할 때, 주요 도시에서 그 시장이 얼마나 경쟁적일 수 있는지에 대한 것입니다. 하지만, 수많은 면접 후에, 마침내 일자리를 제안받을지도 모릅니다. 급여는 괜찮은 편일 수 있지만, 더 높은 급여를 받기 위해 협상할 때 고용주는 꺼릴 수 있습니다.
연봉 협상 단계	If you are not one to just back down, these strategies and techniques can come in handy for job offers. Here are the four important steps in the process.	만약 당신이 그냥 물러설 사람이 아니라면, 이 전략과 기술이 일자리 제의에 유용하게 쓰일 수 있습니다. 여기 그 과정에서 네 가지 중요한 단계들이 있습니다.
1단계: 유연성 징후 찾기	[49]First, look for signs of flexibility. Often, by doing some research, you can uncover areas where potential employers may be flexible. For example, if a company wants to stagger the start dates of a group of new hires, management might be willing to accommodate your preference for a certain start date. If you have special expertise or experience, you could ask your interviewers if you might qualify for a more senior position. You might also find that volunteering	[49]첫째, 유연성의 징후를 찾아보세요. 종종, 몇 가지 조사를 함으로써, 당신은 잠재적인 고용주들이 융통성 있게 행동할 수 있는 분야를 발견할 수 있습니다. 예를 들어, 회사가 신입사원 그룹의 시작 날짜에 시차를 두고 싶어 한다면, 경영진은 특정 시작 날짜에 대한 여러분의 선호를 기꺼이 수용할 수 있습니다. 만약 당신이 특별한 전문지식이나 경험을 가지고 있다면, 면접관에게 당신이 좀 더 고위직에 자격이 있는지 물어볼 수 있습니다. 또한 당신이 특정 역할에

	for a particular role or agreeing to move to a less popular location could qualify you for a customized package.	자원하거나 덜 인기 있는 지역으로 옮기는 데 동의하면 맞춤형 패키지를 받을 수 있다는 것을 알게 될 수도 있습니다.
2단계: 장기적 시각 갖기	Secondly, take a long-term perspective. Ideally, you will face the task of comparing job offers from multiple organizations. When doing so, most candidates focus on salary, bonus potential, and other "year one" items, such as a signing bonus. But what happens after year one? With a little research—such as calling alums from your school who have worked for the firm for several years or asking your interviewers directly—you can get more information on trend lines. For example, Company A's $80,000 salary might sound better than Company B's offer of $70,000. However, Company A only provides cost-of-living raises. [50]So, it's imperative to ponder on the pros and cons before accepting the offer.	둘째, 장기적인 시각을 가지세요. 이상적으로는 여러 조직들의 일자리 제안들을 비교하는 작업에 직면할 것입니다. 그렇게 할 때, 대부분의 지원자들은 급여, 보너스 가능성, 신입직원 보너스와 같은 다른 "1년차" 항목에 초점을 맞춥니다. 하지만 1년 후에는 어떻게 될까요? 몇 년 동안 그 회사에 근무한 학교 졸업생에게 전화하거나 면접관에게 직접 문의하는 등의 약간의 조사로, 당신은 추세에 대한 더 많은 정보를 얻을 수 있습니다. 예를 들어, A사의 연봉 8만 달러는 B사의 연봉 7만 달러보다 더 좋게 들릴 수 있습니다. 그러나 A사는 생활비 인상만을 제공합니다. [50]그래서, 그 제안을 수락하기 전에 장단점을 숙고하는 것이 필수적입니다.
3단계: 채점 시스템 만들기	[51]Thirdly, create a scoring system. The number of factors at stake in a job decision can be overwhelming: role, department, pay package, location, and so on. Job candidates often find that they can effectively determine which issues matter most to them by creating a scoring system by which they can compare the various issues at stake. After weighing all the known elements of a job and likely trend lines, you might decide to negotiate the one or two issues that are most important to you.	[51]셋째, 채점 시스템을 만드세요. 직장 결정에서 쟁점이 되는 요인의 수는 엄청나게 많을 수 있습니다: 역할, 부서, 급여, 위치 등. 취업 준비생들은 쟁점이 되는 다양한 문제들을 비교할 수 있는 채점 시스템을 만들어서, 어떤 문제가 자신에게 가장 중요한지를 효과적으로 결정할 수 있다는 것을 종종 알게 됩니다. 한 직업의 알려진 모든 요소와 가능한 추세선을 따져본 후, 여러분에게 가장 중요한 한두 가지 문제를 협상하기로 결정할 것입니다.
4단계: 융통성 보여 주기	Lastly, demonstrate flexibility. [52]Because organizations are often prevented from making changes by strict policies and procedures, your interviewers are likely to appreciate some flexibility from you regarding how they meet your interests. For instance, you might explain that it matters little to you how the total dollars that you earn your first year on the job are divided up.	마지막으로 유연성을 보여주세요. [52]조직은 엄격한 정책과 절차로 인해 자주 변화를 꾀하지 못하게 되기 때문에 면접관은 회사가 당신의 관심사를 충족하는 방법에 관하여 당신으로부터 약간의 융통성을 평가할 것입니다. 예를 들어, 당신은 입사 첫 해에 버는 총 달러를 어떻게 나누는 지에 대해서는 별로 중요하지 않다고 설명할 수도 있습니다.
마무리	I hope that this has been educational and that you'll be able to negotiate your salary or raise wisely next time around.	저는 이것이 교육적이었기를 바라며 여러분이 다음 번에는 현명하게 연봉을 협상하거나 인상할 수 있기를 바랍니다.

어휘 organize 주관하다 share 공유하다 practical 실질적인, 실용적인 when it comes to ~에 관한 한 salary 임금 strategy 전략 negotiation 협상 raise 임금 인상 competitive 경쟁력 있는 crucial 중요한 fail to+동사원형 ~하지 못하다 particularly 특히 numerous 수많은 decent 괜찮은, 적절한 negotiate 협상하다 reluctant 꺼리는, 주저하는 back down 물러서다, 굽히다 come in handy 유용하게 쓰이다 flexibility 융통성, 유연성 do research 조사하다 uncover 발견하다, 밝혀내다 potential 잠재의, 가능성 stagger (진행에) 시차를 두다 new hire 신입사원 be willing to+동사원형 기꺼이 ~하다 accommodate 수용하다 preference 선호 expertise 전문지식 qualify for ~에 자격이 있다 volunteer for ~에 자원하다 particular 특정한 customized 맞춤형의 perspective 시각, 관점 ideally 이상적으로 compare 비교하다 candidate 지원자, 후보자 signing bonus 신입직원 보너스 alum 졸업생, 동창(=alumnus) cost of living 생활비 imperative 필수적인, 의무적인 ponder on ~에 대해 숙고하다, 곰곰이 생각하다 pros and cons 장단점 at stake 쟁점이 되는, 걸려 있는 overwhelming 압도적인, 엄청나게 많은 department 부서 pay package 급여 effectively 효과적으로 determine 결정하다 matter 중요하다 weigh 따져보다, 비교 검토하다 element 요소 demonstrate 보여주다 A is prevented from ~ing A가 ~하지 못하게 되다 policy 정책 procedure 절차 be likely to+동사원형 ~할 것 같다 appreciate 고맙게 여기다 regarding ~에 관하여 divide up ~를 나누다 educational 교육적인

46 주제/목적 (What) ★★★   정답 (d)

What is the main purpose of the talk?

(a) how to get a better job
(b) how to get a better salary
(c) how to prepare for an interview
(d) how to bargain for a salary or a raise

이 강연의 주된 목적은 무엇인가?

(a) 더 나은 직업을 얻는 방법
(b) 더 좋은 급여를 받는 방법
(c) 면접을 준비하는 방법
(d) 임금이나 임금 인상을 협상하는 방법

해설 담화 1단락에서 "⁴⁶You'll learn the best techniques and strategies to help you manage the most difficult salary negotiations and what you need to know when asking for a raise."(여러분은 가장 어려운 임금 협상을 관리하는 데 도움이 되는 최고의 기술과 전략, 임금 인상을 요청할 때 알아야 할 것을 배우게 될 것입니다.)라고 하였다. 이 강연을 통해 임금 협상과 임금 인상 요청 시 도움이 되는 전략을 알려준다고 했으므로 (d)가 정답이다.

Paraphrasing the best techniques and strategies to help you manage the most difficult salary negotiations and what you need to know when asking for a raise ➡ how to bargain for a salary or a raise

어휘 purpose 목적 prepare for ~를 준비하다, 대비하다 bargain for ~에 대해 협상하다, 흥정하다 raise 임금 인상

47 세부사항 (What) ★★   정답 (c)

What does the speaker advise one to do before accepting a job offer?

(a) ensure that the commute time is reasonable
(b) ensure the company's working environment is safe
(c) make sure to negotiate the remuneration first
(d) make sure to negotiate the yearly benefits first

강연자는 일자리 제안을 수락하기 전에 무엇을 하라고 조언하는가?

(a) 통근 시간이 적당한지 확인하기
(b) 회사의 근무 환경이 안전한지 확인하기
(c) 반드시 먼저 보수를 협상하기
(d) 반드시 먼저 연간 혜택을 협상하기

해설 담화 2단락에서 "⁴⁷being paid a competitive salary is important to all of us, and that's why it's crucial to always negotiate pay before accepting a job offer."(경쟁력 있는 급여를 받는 것은 우리 모두에게 중요하며, 그것은 일자리 제안을 수락하기 전에 항상 급여를 협상하는 것이 중요한 이유입니다.)라고 하였으므로 (c)가 정답이다.

advise A to+동사원형 A에게 ~하라고 조언하다   **accept** 수락하다   **ensure** 확인하다   **commute time** 통근 시간
reasonable 합리적인, 적당한   **working environment** 근무 환경   **make sure to** 반드시 ~하다   **remuneration** 보수
yearly 연간의

---

48 세부사항 (What) ★★   정답 (c)

What is a common mistake most people make when looking for a job?

(a) neglecting the importance of an advanced degree
(b) forgetting to negotiate the best salary or benefits
(c) ignoring how tough the job market is
(d) sending incomplete resumes or application forms

대부분의 사람들이 직업을 구할 때 흔히 하는 실수는 무엇인가?

(a) 고학력의 중요성을 소홀히 함
(b) 최고의 급여나 복리후생 협상을 잊음
(c) 고용 시장이 얼마나 힘든지 무시함
(d) 불완전한 이력서나 지원서를 보냄

해설 담화 2단락에서 "⁴⁸One thing many people fail to consider is how competitive the market can be in major cities, particularly when it comes to getting a job at one of the popular firms."(많은 사람들이 고려하지 못하는 한 가지는, 특히 인기 있는 회사 중 한 곳에 취업할 때, 주요 도시에서 그 시장이 얼마나 경쟁적일 수 있는지에 대한 것입니다.)라고 하였다. 보기 중 이 내용과 가장 가까운 (c)가 정답이다.

Paraphrasing fail to consider is how competitive the market can be in major cities ➡ ignoring how tough the job market is

어휘 **common** 흔한, 공통적인   **neglect** 소홀히 하다, 도외시하다   **advanced degree** 고학력   **ignore** 무시하다, 외면하다
incomplete 불완전한   **resume** 이력서   **application form** 지원서 양식

---

49 세부사항 (What) ★   정답 (b)

What is the first thing to do when engaging in a job search?

(a) look for the best companies on the market
(b) investigate into the company's adaptability
(c) investigate into the possibility of a raise
(d) look for the most senior position

구직 활동을 할 때 가장 먼저 해야 할 일은 무엇인가?

(a) 시장에서 가장 좋은 회사를 찾기
(b) 회사의 융통성을 조사하기
(c) 임금 인상 가능성을 조사하기
(d) 최고위직을 물색하기

해설 담화 4단락에서 "⁴⁹First, look for signs of flexibility. Often, by doing some research, you can uncover areas where potential employers may be flexible."(첫째, 유연성의 징후를 찾아보세요. 종종, 몇 가지 조사를 함으로써, 당신은 잠재적인 고용주들이 융통성 있게 행동할 수 있는 분야를 발견할 수 있습니다.)라고 하였다. 구직 활동을 할 때, 가장 먼저 그 회사가 어떤 영역에서 어느 정도의 융통성을 가지는지를 파악하라고 했으므로 (b)가 정답이다.

Paraphrasing look for signs of flexibility ➡ investigate into the company's adaptability

어휘 **engage in** ~에 참여하다   **job search** 구직   **investigate into** ~을 조사하다   **adaptability** 적응성, 융통성   **possibility** 가능성
senior position 고위직

What should be taken into consideration when dealing with salaries?

(a) the advantages and disadvantages of all options
(b) the advantages of all options
(c) the highest possible salary in the long-term
(d) the highest possible salary in the short-term

급여를 다룰 때 무엇이 고려되어야 하는가?

(a) 모든 선택 사항의 장단점
(b) 모든 선택 사항의 이점
(c) 장기적으로 가능한 최고 급여
(d) 단기적으로 가능한 최고 급여

해설 ▶ 담화 5단락에서 "⁵⁰So, it's imperative to ponder on the pros and cons before accepting the offer."(그래서 그 제안을 수락하기 전에 장단점을 숙고하는 것이 필수적입니다.)라고 하였다. 보기 중 이 내용과 가장 가까운 (a)가 정답이다.

Paraphrasing ▶ the pros and cons before accepting the offer ➡ the advantages and disadvantages of all options

어휘 ▶ take ~ into consideration ~을 고려하다   deal with 다루다   advantage 장점   disadvantage 단점   option 선택 사항 in the long-term 장기적으로

According to the talk, which factor would be considered in the job scoring system?

(a) the yearly promotion granted
(b) the location of the company
(c) the relationship between employees and employers
(d) the performance level of the employer

대화에 따르면, 직업 채점 체계에서 어떤 요소가 고려될까?

(a) 연간 부여되는 승진
(b) 회사 소재지
(c) 직원과 고용주 사이의 관계
(d) 고용주의 실적 수준

해설 ▶ 담화 6단락에서 "⁵¹Thirdly, create a scoring system. The number of factors at stake in a job decision can be overwhelming: role, department, pay package, location, and so on."(세 번째, 채점 시스템을 만드세요. 직장 결정에서 쟁점이 되는 요인의 수는 엄청나게 많을 수 있습니다: 역할, 부서, 급여, 위치 등.)이라고 하였다. 보기 중 이 내용과 가장 가까운 (b)가 정답이다.

어휘 ▶ yearly 연간의   promotion 승진   grant 부여하다   relationship 관계   employee 직원   employer 고용주   performance level 실적 수준

Why do potential employers probably value candidates who show adaptability?

(a) because companies are hindered by too many rules already

(b) because companies have too many strict employees already

(c) because it makes the employers' job much easier

(d) because most firms want to hire people who can adapt

왜 잠재적인 고용주들은 융통성을 보이는 지원자들을 중요하게 생각할까?

(a) 회사들은 이미 너무 많은 규칙들에 의해 방해받고 있어서

(b) 회사들은 이미 너무 많은 엄격한 직원들이 있어서

(c) 그것은 고용주의 일을 훨씬 더 쉽게 만들어서

(d) 대부분의 회사들은 적응할 수 있는 사람을 고용하기를 원해서

해설 담화 7단락에서 "⁵²Because organizations are often prevented from making changes by strict policies and procedures, your interviewers are likely to appreciate some flexibility from you regarding how they meet your interests."(조직은 엄격한 정책과 절차로 인해 자주 변화를 꾀하지 못하게 되기 때문에 면접관은 회사가 당신의 관심사를 충족하는 방법에 관하여 당신으로부터 약간의 융통성을 평가할 것입니다.)라고 하였다. 회사 조직은 정책이나 절차로 인해 경직되어 있어서, 면접 시 지원자의 융통성을 평가하는 경향이 있다고 했으므로 고용주가 융통성을 가진 직원을 원한다는 것을 추론할 수 있다. 따라서 (a)가 정답이다.

Paraphrasing organizations are often prevented from making changes by strict policies and procedures ➡ companies are hindered by too many rules already

어휘 value 중요시하다 candidate 지원자 adaptability 적응성, 융통성 hinder 방해하다 strict 엄격한 adapt 적응하다

READING AND VOCABULARY														
PART 1	**53**	(d)	**54**	(a)	**55**	(d)	**56**	(b)	**57**	(c)	**58**	(b)	**59**	(d)
PART 2	**60**	(c)	**61**	(d)	**62**	(a)	**63**	(a)	**64**	(b)	**65**	(d)	**66**	(b)
PART 3	**67**	(a)	**68**	(d)	**69**	(b)	**70**	(c)	**71**	(a)	**72**	(d)	**73**	(b)
PART 4	**74**	(a)	**75**	(b)	**76**	(c)	**77**	(a)	**78**	(d)	**79**	(c)	**80**	(d)

문항별 취약 유형 체크하기

PART 1 인물 일대기		
53	세부사항 (What)	
54	세부사항 (Why)	
55	추론 (What)	
56	세부사항 (How)	
57	True or Not True (Which of the following)	
58	어휘 (동사: mutter)	
59	어휘 (명사: acclaim)	

PART 3 지식 백과		
67	추론 (What)	
68	세부사항 (What)	
69	세부사항 (Why)	
70	세부사항 (When)	
71	세부사항 (How)	
72	어휘 (형용사: distinctive)	
73	어휘 (명사: disturbance)	

PART 2 잡지 기사		
60	주제 (What)	
61	세부사항 (what)	
62	세부사항 (What)	
63	세부사항 (Why)	
64	추론 (how)	
65	어휘 (동사: gauge)	
66	어휘 (동사: bolster)	

PART 4 비즈니스 레터		
74	주제/목적 (Why)	
75	추론 (Who)	
76	True or Not True (what)	
77	추론 (Why)	
78	세부사항 (What)	
79	어휘 (명사: disposition)	
80	어휘 (형용사: fulfilling)	

★ 틀린 문항을 확인하고 취약한 유형을 집중 학습하세요.

	JERRY SEINFELD	제리 사인펠드
인물 소개	American comedian, actor, writer, and producer [53]Jerry Seinfeld is best known for playing a semi- fictionalized version of himself in the sitcom *Seinfeld*, which he created and wrote with television producer Larry David. The show aired on NBC from 1989 until 1998, becoming one of the most acclaimed and popular American sitcoms of all time.	미국의 코미디언, 배우, 작가이자, 제작자 인 [53]제리 사인펠드는 시트콤 '사인펠드'에 서 자신에 대해 반쯤 허구로 만든 모습을 연기한 것으로 가장 잘 알려져 있는데, 그 는 이 시트콤을 텔레비전 프로듀서 래리 데 이비드와 함께 제작하고 집필했다. 이 쇼는 1989년부터 1998년까지 NBC에서 방영되 었으며, 역대 가장 호평을 받고 인기 있는 미국 시트콤 중 하나가 되었다.
어린 시절	Jerome Allen Seinfeld was born on April 29, 1954, in Brooklyn, New York, and [54]decided early on that he wanted to be funny like his father, a sign maker who was also a closet comedian. By age 8, Seinfeld was watching TV day and night to study the technique of every comedian.	제롬 앨런 사인펠드는 1954년 4월 29일 뉴욕 브루클린에서 태어났으며, [54]드러나지 않은 코미디언이기도 한 간판 제작자인 아 버지처럼 재밌는 사람이 되고 싶다고 일찍 감치 결심했다. 8살 때까지 사인펠드는 모 든 코미디언의 기술을 연구하기 위해 밤낮 으로 텔레비전을 보았다.
무명 시절	Shortly after graduating from Queens College in New York in 1976, he attempted to make his stand-up debut behind the open mike of a Manhattan comedy club, but [55]his mind went blank, and he could only [58]mutter a few words before running off the stage. Fortunately, he did not give up!	1976년 뉴욕의 퀸즈 칼리지를 졸업한 직 후, 그는 맨하탄의 한 코미디 클럽의 오픈 마이크 뒤에서 스탠드업 코미디 데뷔를 시 도했지만, [55]그는 정신이 멍해졌고 무대에서 뛰쳐나오기 전에 겨우 몇 마디만 [58]중얼거 릴 수 있었다. 다행히도, 그는 포기하지 않 았다!
본격적 활동	Over the years, he developed a unique style of comedy that centered on his ironic observations of life's commonness. He made his stand-up debut in 1976 and [56]worked his way to an appearance on *The Tonight Show* in 1981, which gave Seinfeld his first national exposure. By the late 1980s, he was one of the highest-profile stand-up comedians in America.	세월이 흐르면서, 그는 삶의 평범함에 대 한 아이러니한 관찰에 초점을 맞춘 독특한 스타일의 코미디를 발전시켰다. 그는 1976 년에 스탠드업 코미디로 데뷔했고 [56]1981년 '투나잇 쇼'에 출연까지 하게 되었는데, 그 것으로 사인펠드는 처음으로 전국적인 주 목을 받게 되었다. 1980년대 후반까지 그는 미국에서 가장 유명한 스탠드업 코미디언 중 한 명이었다.
전성기 활동	After winning at the American Comedy Awards in 1988, Seinfeld debuted his show the following year. He produced and sometimes co-wrote the show, which received popular and critical [59]acclaim. Many	1988년에 아메리칸 코미디 어워드에서 수상한 후, 사인펠드는 그 다음해에 자신의 쇼를 처음 선보였다. 그는 그 쇼를 제작하며 가끔씩 공동으로 대본을 집필했는데, 그것 은 대중과 평단의 [59]찬사를 받았다. 그 쇼의

전성기 활동	of its catchphrases and plot elements of the show became part of the cultural jargon in America. To this day, the *Seinfeld* show remains a landmark of American popular culture.	많은 유명 문구와 줄거리 요소들이 미국에서 문화 용어의 일부가 되었다. 오늘날까지 '사인펠드' 쇼는 미국 대중문화의 랜드마크로 남아 있다.
후기 활동	After he ended his sitcom, Seinfeld returned to stand-up comedy. Then, in 2012, he started a web series, in which he would pick up a fellow comedian in a car each episode and take them out for coffee and conversation. [57d]Season seven featured its most high-profile guest, the 44th President of the United States—Barack Obama.	시트콤을 끝낸 후 사인펠드는 스탠드업 코미디로 돌아왔다. 그리고 나서 2012년에 그는 웹 시리즈를 시작했는데, 거기에서 그는 매 회마다 동료 코미디언을 차에 태워서 커피와 대화를 위해 데리고 나갔다. [57d]시즌 7에는 가장 세간의 이목을 끄는 게스트인 미국의 44대 대통령 버락 오바마가 출연했다.
근황	In 2019, *Forbes* stated that Seinfeld was the world's highest-paid comedian while *Rolling Stone* named him as one of the funniest comedians of all time. Today, [57a]Seinfeld continues to make people laugh across the globe, either on Netflix or [57b]while on tours.	2019년, 포브스는 사인펠드가 세계에서 가장 돈을 많이 받는 코미디언이라고 밝혔고 '롤링 스톤'은 사인펠드를 역대 가장 재미있는 코미디언 중 한 명으로 그를 선정했다. 오늘날 [57a]사인펠드는 넷플릭스에서 혹은 [57b]투어를 하며 전 세계 사람들을 계속 웃게 만들고 있다.

어휘 producer 제작자 semi-fictionalized 반쯤 허구(소설)로 만들어진 air 방송하다 acclaimed 찬사를 받는, 칭찬받는 of all time 역대의, 지금껏 early on 일찍이, 초기에 sign 간판 closet 드러나지 않은 day and night 밤낮으로 shortly after ~직후에 attempt 시도하다 open mike 오픈 마이크(누구나 무대에서 마이크를 잡고 노래나 개그 등을 하도록 주어진 시간) go blank (정신이) 멍해지다 mutter 중얼거리다 run off (무책임하게) 도망치다 fortunately 다행히도, 운 좋게도 unique 독특한 center on ~에 중점을 두다 ironic 아이러니한, 모순적인 observation 관찰 commonness 평범함 work one's way to 오랫동안 노력하여 ~까지 오르다 appearance 등장, 출연 national 전국적인 exposure 노출, 알려짐 profile 세간의 관심, 인지도 debut 첫 선을 보이다 critical 비평가의, 평론가의 acclaim 찬사 plot 줄거리 element 요소 jargon (특정 집단, 분야의 전문) 용어 to this day 오늘날까지 feature ~를 출연시키다 state 밝히다 name A as B A를 B로 선정하다 across the globe 전 세계적으로

---

53 세부사항 (What) ★   정답 **(d)**

What did the life of Jerry Seinfeld inspire?

(a) the new generation of stand-up comedians
(b) the *Taxi-cab Confessions* TV show
(c) the lexicon of comic taglines in America
(d) one of the best American TV shows

제리 사인펠드의 삶은 무엇에 영감을 주었는가?

(a) 신세대 스탠드업 코미디언들
(b) '택시 고백' TV 쇼
(c) 미국 코미디 핵심 어구 어휘집
(d) 미국 최고의 텔레비전 쇼 중 하나

해설 본문 1단락에서 "[53]Jerry Seinfeld is best known for playing a semi-fictionalized version of himself in the sitcom *Seinfeld*, which he created and wrote with television producer Larry David."(제리 사인펠드는 시트콤 '사인펠드'에서 자신에 대해 반쯤 허구로 만든 모습을 연기한 것으로 가장 잘 알려져 있는데, 그는 이 시트콤을 텔레비전 프로듀서 래리 데이비드와 함께 제작하고 집필했다.)라고 하였다. 사인펠드는 자신이 제작한 텔레비전 시트콤에서 자신의 삶의 모습을 반은 사실적으로 반은 허구적으로 연기하였으므로 그의 삶이 '사인펠드'라는 텔레비전 쇼에 영감을 주었다고 할 수 있다. 따라서 (d)가 정답이다.

어휘 inspire 영감을 주다 generation 세대 confession 고백 lexicon 어휘집, 어휘 목록 tagline (농담, 이야기의) 핵심 대목

54   세부사항 (Why) ★★ 정답 (a)

Why did Seinfeld become a comedian?

(a) because he wanted to be as humorous as his dad
(b) because he wanted to be like his high school friends
(c) because it was the most popular entertainment job
(d) because it was a high-paying job at the time

사인펠드는 왜 코미디언이 되었는가?

(a) 그는 아버지만큼 유머러스해지고 싶어서
(b) 그는 고등학교때 친구들처럼 되고 싶어서
(c) 그것은 가장 인기 있는 연예계 직업이어서
(d) 그것은 그 당시에 보수가 높은 직업이어서

해설 본문 2단락에서 "⁵⁴decided early on that he wanted to be funny like his father, a sign maker who was also a closet comedian."(드러나지 않은 코미디언이기도 한 간판 제작자인 아버지처럼 재밌는 사람이 되고 싶다고 일찌감치 결심했다.)라고 하였다. 보기 중 이 내용과 가장 가까운 (a)가 정답이다.

Paraphrasing ➡ he wanted to be funny like his father ➡ he wanted to be as humorous as his dad

어휘 humorous 재밌는, 유머러스한 entertainment job 연예계 직업 high-paying 보수가 높은

55   추론 (What) ★★★ 정답 (d)

What most likely was Seinfeld's first stand-up comedy experience in public like?

(a) It was beyond his expectations.
(b) His audience was captivated by him.
(c) It brought him great publicity.
(d) It was way below his expectations.

사인펠드의 대중 앞에서 첫 스탠드업 코미디 경험은 어땠을 것 같은가?

(a) 그것은 그의 기대를 넘어선 것이었다.
(b) 그의 청중은 그에게 매료되었다.
(c) 그것은 그를 크게 유명하게 했다.
(d) 그것은 그의 기대에 한참 못 미쳤다.

해설 본문 3단락에서 "⁵⁵his mind went blank, and he could only mutter a few words before running off the stage."(그는 정신이 멍해졌고 무대에서 뛰쳐나오기 전에 겨우 몇 마디만 중얼거릴 수 있었다.)라고 하였다. 첫 데뷔 무대에서 정신이 멍해져서 준비해 간 개그를 제대로 하지 못하고 무대를 내려왔으므로 그의 첫 무대 경험은 기대에 한참 못 미치는 경험이었을 것으로 추론된다. 따라서 (d)가 정답이다.

어휘 in public 대중 앞에서 expectation 기대 audience 청중 captivate 붙잡다, 매료시키다 publicity (언론의) 관심, 주목 be way below ~에 한참 못 미치다

56   세부사항 (How) ★★ 정답 (b)

How did Seinfeld gain nationwide publicity?

(a) by perfecting his comedy act
(b) by appearing on a talk show
(c) by telling jokes that suited his audience
(d) by telling respectful but funny jokes

사인펠드는 어떻게 전국적인 명성을 얻게 되었는가?

(a) 코미디 쇼를 완벽하게 해서
(b) 토크쇼에 출연하여
(c) 청중에게 맞는 농담을 하여
(d) 존중을 표하지만 재미있는 농담을 하여

해설 본문 4단락에서 "⁵⁶worked his way to an appearance on *The Tonight Show* in 1981, which gave Seinfeld his first national exposure."(1981년 '투나잇 쇼'에 출연까지 하게 되었는데, 그것으로 사인펠드는 처음으로 전국적인 주목을 받게 되었다.)라고 하였다. 보기 중 이 내용과 가장 가까운 (b)가 정답이다.

---

57 True or Not True ★★★   정답 (c)

Which of the following is NOT true about Seinfeld?

(a) His shows are currently accessible on Netflix.
(b) He has comedy tours all around the world.
(c) He is one of the five wealthiest men in America.
(d) He has interviewed a former American president.

다음 중 사인펠드에 대한 설명으로 옳지 않은 것은?

(a) 그의 쇼는 현재 넷플릭스에서 볼 수 있다.
(b) 그는 전 세계에 코미디 투어를 하고 있다.
(c) 그는 미국에서 5대 부자 중 한 명이다.
(d) 그는 전직 미국 대통령을 인터뷰했다.

해설 본문 6단락에서 "[57d]Season seven featured its most high-profile guest, the 44th President of the United States—Barack Obama."(시즌 7에는 가장 세간의 이목을 끄는 게스트인 미국의 44대 대통령 버락 오바마가 출연했다.)라고 하였고, 본문 7단락에서 "[57a]Seinfeld continues to make people laugh across the globe, either on Netflix or [57b]while on tours."(사인펠드는 넷플릭스에서 혹은 투어를 하며 전 세계 사람들을 계속 웃게 만들고 있다.)라고 하였다. 따라서 보기 중 본문 내용과 일치하지 않는 (c)가 정답이다.

어휘 currently 최근에 accessible 접근 가능한, 이용 가능한 wealthy 부유한 former 이전의, 전의

---

58 어휘 (동사: mutter) ★★★   정답 (b)

In the context of the passage, <u>mutter</u> means _____.

(a) buzz
(b) mumble
(c) say
(d) shout

본문의 맥락에서 mutter는 _____를 의미한다.

(a) 웅성거리다
(b) 웅얼거리다
(c) 말하다
(d) 소리치다

해설 본문 3단락 "he could only [58]mutter a few words before running off the stage."(그는 무대에서 뛰쳐나오기 전에 겨우 몇 마디만 중얼거릴 수 있었을 뿐이다.)에서 mutter의 의미는 '중얼거리다'이다. 보기 중 이 의미와 가장 가까운 (b)가 정답이다.

어휘 buzz 웅성거리다 mumble 웅얼거리다

---

59 어휘 (명사: acclaim) ★★★   정답 (d)

In the context of the passage, <u>acclaim</u> means _____.

(a) applause
(b) reward
(c) cheers
(d) praise

본문의 맥락에서, acclaim은 _____를 의미한다.

(a) 박수
(b) 보상
(c) 환호성
(d) 칭찬

해설 본문 5단락 "He produced and sometimes co-wrote the show, which received popular and critical [59]acclaim."(그는 그 쇼를 제작하며 가끔씩 공동으로 대본을 집필했는데, 그것은 대중과 평단의 찬사를 받았다.)에서 acclaim의 의미는 '찬사, 칭송'이다. 이 보기 중 이 의미와 가장 가까운 (d)가 정답이다.

어휘 applause 박수 reward 보상 cheer 격려, 환호 praise 칭찬

연구의 발견점	**THE CORRELATION BETWEEN OPTIMISM AND LONGEVITY** If you think life is great and expect that to continue, you may have a good chance of living to a ripe old age, according to a recently published study. [60]The study found that optimistic people tend to live longer than those with a less rosy view of the world. The data comes from a survey of more than 69,000 female health professionals aged 58 to 86, and more than 1,400 male veterans aged 41 to 90, who were followed over 30 years.	**낙관주의와 장수의 상관관계** 최근 발표된 한 연구에 따르면, 만약 여러분이 삶은 위대하다고 생각하고 그것이 계속되기를 기대한다면, 여러분은 성숙한 노년까지 살 가능성이 클 지도 모른다. [60]그 연구는 낙관적인 사람들이 세상을 덜 장밋빛으로 보는 사람들보다 더 오래 사는 경향이 있다는 것을 발견했다. 이 자료는 6만 9,000명이 넘는 58세에서 86세 사이의 여성 건강 전문가들과 1,400명이 넘는 41세에서 90세 사이의 남성 전문가들을 대상으로 한 조사에서 온 것으로, 그들은 30년 넘게 추적 조사되었다.
연구 과정	During the study, participants answered questions to [65]gauge how optimistic they were. It was noted that those who reported the highest levels of optimism were much more likely to live to age 85 or beyond, compared with those who reported less optimism. Additionally, the most optimistic people had a longer lifespan than the least optimistic ones, which remained relevant even after considering heart disease, cancer, and depression.	연구하는 동안, 참가자들은 그들이 얼마나 낙관적인지 [65]알아내기 위한 질문들에 답했다. 덜 낙관적이라고 보고한 사람들과 비교했을 때, 낙관적인 정도를 가장 높게 보고한 사람들은 85세 이상을 살 가능성이 훨씬 더 높은 것으로 나타났다. 게다가, 가장 낙천적인 사람들은 가장 덜 낙천적인 사람들보다 수명이 더 길었는데, 이는 심장병, 암, 우울증 등을 고려한 후에도 여전히 관련이 있었다.
연구의 특징	The results add to a lot of evidence that certain psychological factors may predict a longer lifespan. For example, [61]previous studies have found that more optimistic people have a lower risk of developing chronic diseases and a lower risk of early death. But this study is the first to directly look at the link between optimism and longevity. The researchers note that the link found in the new study wasn't as strong when analyzing certain health behaviors, including smoking, exercise, and diet. This suggests that these behaviors may, in part, explain the link.	그 결과는 특정 심리적 요인들이 더 긴 수명을 예측할 수 있다는 많은 증거를 더한다. 예를 들어, [61]이전의 연구들은 더 낙관적인 사람들이 만성 질환에 걸릴 위험과 조기 사망의 위험이 낮다는 것을 밝혀냈다. 그러나 이 연구는 낙관주의와 수명 사이의 관계를 직접적으로 살펴본 첫 번째 연구이다. 연구원들은 흡연, 운동, 식단을 포함한 특정 건강 행동들을 분석했을 때 새로운 연구에서 발견된 연관성이 그렇게 강하지 않았음에 주목했다. 이것은 이러한 행동들이 부분적으로 그 연관성을 설명할지 모른다는 것을 암시한다.

연구의 한계	[62]Optimistic people may also have an accelerated recovery process from sudden stressors and may experience less extreme emotional responses following such stressors. [63]Since the study only included white people with high socioeconomic status, it's unclear how well the findings apply to other populations, the authors noted. Additionally, the study wasn't able to consider other factors that could also influence a person's optimism level.	[62]낙천적인 사람들은 또한 갑작스러운 스트레스 요인으로부터 빠른 회복 과정을 겪을 것이며, 그러한 스트레스 요인들에 뒤따라오는 극단적인 감정 반응을 덜 경험할 것이다. [63]이번 연구는 사회경제적 지위가 높은 백인만을 대상으로 했기 때문에 연구 결과가 다른 집단에게 얼마나 잘 적용되는지는 불분명하다고 저자들은 지적했다. 게다가, 그 연구는 한 사람의 낙천적인 정도에 함께 영향을 미칠 수 있는 다른 요소들을 고려할 수 없었다.
연구의 시사점 및 향후 과제	But if the findings are true, they suggest that optimism could serve as a psychological attribute that [66]bolsters health and longevity as well. [64]Some studies suggest that interventions such as brief writing exercises, meditation, or some types of talk therapy could help enhance people's optimism. However, more studies are needed to know if improvements in optimism translate to better health both short and long term.	그러나 만약 이 연구 결과들이 사실이라면, 그 연구 결과들은 낙관주의가 건강과 장수를 함께 [66]강화하는 심리적 속성으로 작용할 수 있다는 것을 시사한다. [66]일부 연구들은 간단한 글쓰기 연습, 명상, 또는 몇몇 유형의 대화 치료와 같은 개입이 사람들의 낙관주의를 높이는데 도움을 줄 수 있다는 것을 보여준다. 그러나 낙관주의 향상이 장단기적으로 더 나은 건강으로 이어지는지를 알기 위해서는 더 많은 연구가 필요하다.

어휘 have a chance of ~할 가능성이 있다 ripe 성숙한, 숙성된 published 발표된, 출간된 optimistic 낙관적인 rosy 장밋빛의 survey 조사 professional 전문가 aged ~의 나이의 veteran 전문가 participant 참가자 gauge 측정하다, 알아내다 note 언급하다, 주목하다 optimism 낙천주의, 낙관론 additionally 게다가 lifespan 수명 relevant 관련 있는, 연관성 있는 depression 우울증 add to 더하다, 증가시키다 evidence 증거 psychological 심리적인 predict 예측하다 previous 이전의 chronic 만성의 longevity 수명, 장수 analyze 분석하다 behavior 행동 in part 부분적으로, 어느 정도는 accelerated 가속화된, 빠른 recovery 회복 process 과정 sudden 갑작스러운 stressor 스트레스 요인 extreme 극단적인 emotional 감정적인 socioeconomic 사회경제적인 status 지위 unclear 불분명한 finding (연구) 결과, 발견 apply to ~에 적용되다 populations 집단, (특정 계층의) 사람들 serve as ~로 쓰이다 attribute 속성 bolster 강화하다 intervention 개입 meditation 명상 enhance 높이다 improvement 개선, 향상 translate to ~로 이어지다, ~로 옮겨가다 short and long term 장단기적으로

60	주제 (What) ★★★	정답 (c)

What is the main finding of the study?	이 연구의 주요 발견은 무엇인가?
(a) Every healthy man and woman can live longer. (b) Regular exercise determines how long a person lives. (c) Positive thinking is a decisive factor in a person's lifespan. (d) Healthy food and positive thinking affect lifespan equally.	(a) 모든 건강한 남자와 여자는 더 오래 살 수 있다. (b) 규칙적인 운동이 사람의 수명을 결정한다. (c) 긍정적인 사고는 한 사람의 수명에 결정적인 요소이다. (d) 건강한 음식과 긍정적인 사고는 수명에 똑같이 영향을 미친다.

해설 본문 1단락에서 "⁶⁰The study found that optimistic people tend to live longer than those with a less rosy view of the world."(그 연구는 낙관적인 사람들이 세상을 덜 장밋빛으로 보는 사람들보다 더 오래 사는 경향이 있다는 것을 발견했다.)이다. 보기 중 이 내용과 가장 가까운 (c)가 정답이다.

Paraphrasing optimistic people tend to live longer than those with a less rosy view of the world
➡ Positive thinking is a decisive factor in a person's lifespan.

어휘 regular 정기적인, 규칙적인 determine 결정하다 positive 긍정적인 decisive 결정적인 factor 요인 affect 영향을 미치다

---

61 세부사항 (what) ★★   정답 (d)

According to the article, what did previous studies focus on?

(a) how optimism is linked with heart diseases
(b) how diet and sleeping habits affect health
(c) how lifespan is related to eating habits
(d) how optimism lowers risks of sickness and early death

본문에 따르면, 이전의 연구들은 무엇에 중점을 두었는가?

(a) 낙관주의가 어떻게 심장병과 연관이 있는가
(b) 식단과 수면 습관이 건강에 어떻게 영향을 미치는가
(c) 수명이 식습관과 어떻게 관련되어 있는가
(d) 낙관주의가 어떻게 질병과 요절의 위험을 낮추는가

해설 본문 3단락에서 "⁶¹previous studies have found that more optimistic people have a lower risk of developing chronic diseases and a lower risk of early death"(이전의 연구들은 더 낙관적인 사람들이 만성 질환에 걸릴 위험과 조기 사망의 위험이 낮다는 것을 밝혔다)라고 하였다. 보기 중 이 내용과 가장 가까운 (d)가 정답이다.

Paraphrasing more optimistic people have a lower risk of developing chronic diseases, and a lower risk of early death ➡ optimism lowers risks of sickness and early death

어휘 lower 낮추다 risk 위험 early death 요절

---

62 세부사항 (What) ★★   정답 (a)

What other revelation was made about individuals who think positively?

(a) They tend to heal much faster.
(b) They don't have emotional reactions.
(c) They aren't usually Caucasians.
(d) They have a low economic status.

긍정적으로 생각하는 사람들에 대해 밝혀진 또 다른 것은 무엇인가?

(a) 그들은 훨씬 더 빨리 치유되는 경향이 있다.
(b) 그들은 감정적인 반응을 하지 않는다.
(c) 그들은 대체로 백인들이 아니다.
(d) 그들은 경제적 지위가 낮다.

해설 본문 4단락에서 "⁶²Optimistic people may also have an accelerated recovery process from sudden stressors and may experience less extreme emotional responses following such stressors."(낙천적인 사람들은 또한 갑작스러운 스트레스 요인으로부터 빠른 회복 과정을 겪을 것이며, 그러한 스트레스 요인들에 뒤따라오는 극단적인 감정 반응을 덜 경험할 것이다.)라고 하였다. 낙천적인 사람들이 스트레스로부터 빨리 회복되고 극단적 감정 반응을 덜 겪는다고 했으므로 (a)가 정답이다.

Paraphrasing Optimistic people may also have an accelerated recovery process ➡ They tend to heal much faster.

어휘 revelation 밝혀진 것 individual 개인 reaction 반응 Caucasian 백인 economic 경제적 status 지위

Why did the authors think the study was limited?

(a) because it only covered Caucasian people
(b) because it was only over a period of 30 years
(c) because it only surveyed older men and women
(d) because it only included wealthy people

저자들은 왜 이 연구가 제한적이라고 생각했는 가?

(a) 오직 백인만을 다루었기 때문
(b) 단지 30년밖에 안 넘는 기간이었기 때문
(c) 나이든 남자와 여자만 조사했기 때문
(d) 부유한 사람들만 포함했기 때문

해설 ▶ 본문 4단락에서 "63Since the study only included white people with high socioeconomic status, it's unclear how well the findings apply to other populations, the authors noted."(이번 연구는 사회경제적 지위가 높은 백인만을 대상으로 했기 때문에 연구 결과가 다른 집단에게 얼마나 잘 적용되는지는 불분명하다고 저자들은 지적했다.)라고 하였다. 보기 중 이 내용과 가장 가까운 (a)가 정답이다.

Paraphrasing ▶ the study only included white people ➡ it only covered Caucasian people

어휘 ▶ author 저자   limited 제한적인, 한정된   cover 다루다   survey (~의 의견을) 조사하다

Based on the article, how most likely can one's positive thinking be improved?

(a) by changing one's career
(b) by speaking to a therapist
(c) by changing one's eating habits
(d) by moving to a new neighborhood

본문에 따르면, 긍정적인 사고는 어떻게 향상될 수 있을 것 같은가?

(a) 직업을 바꿈으로써
(b) 심리 치료사와 대화를 나눔으로써
(c) 식습관을 바꿈으로써
(d) 새로운 동네로 이사함으로써

해설 ▶ 본문 5단락에서 "64Some studies suggest that interventions such as brief writing exercises, meditation, or some types of talk therapy could help enhance people's optimism."(일부 연구들은 간단한 글쓰기 연습, 명상, 또는 몇몇 유형의 대화 치료와 같은 개입이 사람들의 낙관주의를 높이는데 도움을 줄 수 있다는 것을 보여준다.)라고 하였다. 낙관주의적 사고를 강화하기 위해서 심리 치료사 등과 대화하는 대화 요법이 도움이 된다고 하였으므로 (b)가 정답이다.

어휘 ▶ improve 향상시키다, 개선시키다   career 직업, 경력   therapist 심리 치료사   neighborhood 동네

In the context of the passage, gauge means _____.

(a) guess
(b) calculate
(c) suppose
(d) determine

본문의 맥락에서 gauge는 _____를 의미한다.

(a) 추측하다
(b) 계산하다
(c) 가정하다
(d) 알아내다

해설 ▶ 본문 2단락 "participants answered questions to 65gauge how optimistic they were"(참가자들은 그들이 얼마나 낙관적인지 알아내기 위한 질문들에 답했다)에서 gauge의 의미는 '알아내다'이다. 보기 중 이 의미와 가장 가까운 (d)가 정답이다.

어휘 ▶ guess 추측하다   calculate 계산하다   suppose 가정하다   determine 알아내다, 결정하다

In the context of the passage, <u>bolsters</u> means _____ .

(a) powers
(b) strengthens
(c) reassures
(d) fuels

본문의 맥락에서 bolsters는 _____를 의미한다.

(a) 작동시키다
(b) 강화하다
(c) 안심시키다
(d) 연료를 넣다

해설 ▶ 본문 5단락 "optimism could serve as a psychological attribute that [66]<u>bolsters</u> health and longevity as well"(낙관주의가 건강과 장수를 함께 <u>강화하는</u> 심리적 속성으로 작용할 수 있다)에서 bolster의 의미는 '강화하다'이다. 보기 중 이 의미와 가장 가까운 (b)가 정답이다.

어휘 **power** 작동시키다, 동력을 공급하다 **strengthen** 강화하다 **reassure** 안심시키다 **fuel** 연료를 넣다

	LEOPARD SEAL	**얼룩무늬물범**
정의	The leopard seal is a species of marine mammal, which is commonly found in the pack ice formations of the Antarctic and sub-Antarctic islands. It has also been sighted on the coasts of South America, South Africa, New Zealand, and Australia. It was named by a French zoologist in the year 1820 when it was first discovered. Leopard seals live on a carnivorous diet, feeding mainly on fish, squid, penguins, and birds.	얼룩무늬물범은 해양 포유류의 한 종류로, 남극과 남극 연안 섬들의 무리 지어 있는 유빙에서 흔히 발견된다. 그것은 남아메리카, 남아프리카, 뉴질랜드, 호주 해안에서도 목격되어 왔다. 그것은 처음 발견된 1820년에 프랑스 동물학자에 의해 이름이 붙여졌다. 얼룩무늬물범은 육식성 식단으로 살며, 주로 물고기, 오징어, 펭귄, 새를 먹고 산다.
특징	The leopard seal's characteristic features include its long, bulbous, and muscular body with skin covered in [72]distinctive leopard-like spots on the back, which is unlike other seals. [67]Its reptilian-like face and gigantic jaws make it one of the main predators in the Antarctic regions, [68]able to kill even sharks and thus making them the most dangerous seal species in the world. They are second only to the killer whale among Antarctica's top predators.	얼룩무늬물범 특유의 특징은 다른 물개들과 달리 등에 표범과 같은 [72]독특한 점이 덮여 있는 피부를 가진 길고, 둥근 근육질의 몸통이다. [67]파충류처럼 생긴 얼굴과 거대한 입은 얼룩무늬물범을 상어도 죽일 수 있는 남극 지역의 주요 포식자 중 하나로 만드는데, [68]심지어 상어도 죽일 수 있고, 그래서 그것들을 세계에서 가장 위험한 기각류 종으로 만든다. 그것들은 남극 대륙의 최상위 포식자 중 범고래 다음으로 위험한 종이다.
생태	[69]Since leopard seals live in an area that's difficult for humans to survive in, there is not a lot of information about their reproduction and breeding habits. But what is known is that leopard seals mostly prefer living and hunting alone. Therefore, they only associate with other seals during the mating season which falls between December and January.	[69]얼룩무늬물범은 사람이 살기 힘든 지역에 살고 있기 때문에 생식이나 번식 습성에 대한 정보는 많지 않다. 하지만 알려진 것은 얼룩무늬물범은 대부분 혼자 살고 혼자 사냥하는 것을 선호한다는 점이다. 따라서 그것들은 짝짓기 기간인 12월부터 1월 사이에만 다른 물범들과 어울린다.
번식 습성	Male leopard seals are known to be polygynous in nature as they mate with more than one female during this season. In preparation for the pups, the females dig a circular hole in the ice for them. The females give birth to only one baby leopard seal in the summer, which the male leopard seal does not care for. In fact, [70]right after the breeding season, the male goes back to his solitary lifestyle, while the 66-pound pup stays with the mother for a month before it is weaned off.	수컷 얼룩무늬물범은 이 계절에 한 마리 이상의 암컷과 짝짓기를 하기 때문에 본성상 일부다처인 것으로 알려져 있다. 새끼를 위한 준비로, 암컷들은 새끼를 위해 얼음에 둥근 구멍을 판다. 암컷은 여름에 새끼 물범 한 마리만 낳는데 수컷 물범은 새끼를 보살피지 않는다. 사실, [70]번식기가 끝난 직후에 수컷은 혼자 생활하는 방식으로 돌아가는 반면 66파운드 정도 무게가 나가는 새끼는 젖을 떼기 전에 어미와 한 달 동안 함께 지낸다.

Currently, the leopard seal does not face any major threats, but there are several factors of concern for their future, including increasing [73]disturbance from tourism and, most importantly, the unknown effects of climate change. [71]A decrease in the amount of pack ice due to environmental factors would affect the habitat available for seals and the availability of the prey species they need to survive.

현재 얼룩무늬물범은 어떤 큰 위협에도 직면해 있지 않지만, 관광으로 인한 [73]방해 증가, 그리고 가장 중요하게는 알려지지 않은 기후 변화의 영향 등 그것들의 미래에 대한 몇 가지 우려 요인이 있다. [71]환경적 요인에 의한 유빙 양의 감소는 얼룩무늬물범이 이용할 수 있는 서식지와 그것들이 생존하기 위해 필요한 먹이 종들에 대한 이용 가능성에 영향을 미칠 것이다.

어휘 ▶ leopard seal 얼룩무늬물범(남극해산 바다표범) species 종 marine 해양의 mammal 포유류 pack ice 유빙(바다를 떠다니는 얼음 덩어리) formation 형성물 Antarctic 남극 지역; 남극의 sub-Antarctic 남극 연안의 sight (멀리, 잠깐) 목격하다 coast 해안 zoologist 동물학자 live on ~을 먹고 살다 carnivorous 육식의 feed on ~을 먹고 살다 squid 오징어 characteristic 특유의 feature 특징 include 포함하다 bulbous 둥근, 둥글 넓적한 muscular 근육의, 근육질의 distinctive 독특한 seal 기각류 reptilian-like 파충류 같은 gigantic 거대한 jaw (동물의) 입 predator 포식자 region 지역 killer whale 범고래 survive 생존하다 reproduction 생식, 번식 breeding habit 번식 습성 mostly 대부분 associate with ~와 어울리다 mating season 짝짓기 기간 fall (특정일이) ~이다 polygynous 일부다처의 in nature 본성상 preparation 준비, 대비 pup (물범의) 새끼 dig 파다 circular 원형의, 둥근 give birth to 낳다 care for 보살피다 breeding season 번식기 solitary 혼자서 하는 wean off 젖을 떼게 하다 face ~에 직면하다 threat 위협 factor 요인, 요소 concern 우려, 걱정 disturbance 방해, 피해, 교란 tourism 관광업 climate 기후 decrease 감소 environmental 환경적인 affect 영향을 미치다 habitat 서식지 availability 이용 가능성 prey 먹이, 사냥감

---

67 추론 (What) ★★★   정답 (a)

What makes leopard seals probably one of the most dangerous mammals in the Antarctic region?

(a) their enormous jaws
(b) their muscular body composition
(c) their leopard-like spots on the body
(d) their scary appearance and body weight

무엇이 얼룩무늬물범을 남극 지역에서 가장 위험한 포유동물 중 하나로 만드는가?

(a) 그들의 거대한 입
(b) 그들의 근육질 신체 구성
(c) 몸에 있는 표범 같은 반점
(d) 그들의 무서운 외모와 몸무게

해설 ▶ 본문 2단락에서 "[67]Its reptilian-like face and gigantic jaws make it one of the main predators in the Antarctic regions"(파충류처럼 생긴 얼굴과 거대한 입은 얼룩무늬물범을 남극 지역의 주요 포식자 중 하나로 만든다)라고 하였다. 얼룩무늬물범은 파충류처럼 생긴 얼굴과 거대한 턱을 가지고 있어 남극 지역의 가장 주된 포식자로 꼽힌다고 했으므로 (a)가 정답이다.

Paraphrasing ▶ Its reptilian-like face and gigantic jaws ➡ their enormous jaws

어휘 ▶ mammal 포유동물 enormous 거대한 composition 구성 scary 무서운 appearance 외모

What is the main difference between leopard seals and other seal species?

(a) They spend most of their time in the deep ocean.
(b) The females are currently an endangered species.
(c) The males usually care for the baby seals alone.
(d) They are the top predators among seal species.

얼룩무늬물범과 다른 기각류 종들의 주된 차이점은 무엇인가?

(a) 그들은 대부분의 시간을 깊은 바다에서 보낸다.
(b) 암컷은 현재 멸종 위기에 처한 종이다.
(c) 수컷은 보통 아기 물범을 혼자 돌본다.
(d) 그들은 기각류 종 중에서 최상위 포식자이다.

해설 본문 2단락에서 "[68]able to kill even sharks and thus making them the most dangerous seal species in the world"(심지어 상어도 죽일 수 있고 그래서 그것들을 세계에서 가장 위험한 기각류 종으로 만든다)라고 하였다. 얼룩무늬물범이 상어까지 죽이는 등 세계에서 가장 위험한 기각류 종이라고 했으므로 (d)가 정답이다.

Paraphrasing making them the most dangerous seal species in the world
➡ They are the top predators among seal species.

어휘 currently 최근에, 현재   endangered 위기에 처한   care for 돌보다   alone 혼자서   predator 포식자

Why are few facts known about leopard seals?

(a) because they have a long hibernation period
(b) because their habitat is remotely located
(c) because there isn't enough research available yet
(d) because there aren't any scientists studying the species

왜 얼룩무늬물범에 대해 알려진 사실들이 거의 없는가?

(a) 긴 동면 기간 때문에
(b) 서식지의 외진 위치 때문에
(c) 아직 충분한 연구가 없어서
(d) 그 종을 연구하는 과학자가 없어서

해설 본문 3단락에서 "[69]Since leopard seals live in an area that's difficult for humans to survive in, there is not a lot of information about their reproduction and breeding habits."(얼룩무늬물범은 사람이 살기 힘든 지역에 살고 있기 때문에 생식이나 번식 습성에 대한 정보는 많지 않다.)라고 하였다. 얼룩무늬물범은 사람이 살지 않는 지역에 서식하므로 얼룩무늬물범에 대해 알려지지 않은 것들이 많다. 따라서 (b)가 정답이다.

Paraphrasing leopard seals live in an area that's difficult for humans to survive in
➡ because their habitat is remotely located

어휘 hibernation 동면   habitat 서식지   remotely 외따로, 멀리서

When do male leopard seals return to living alone?

(a) while female seals dig a hole in the ice for their babies

(b) while female seals give birth to babies

(c) as soon as their mating season ended

(d) right after their babies are weaned off

수컷 얼룩무늬물범은 언제 혼자 살기 위해 돌아가는가?

(a) 암컷이 새끼를 위해 얼음에 구멍을 파는 동안

(b) 암컷이 새끼를 낳는 동안

(c) 짝짓기 시기가 끝나자마자

(d) 새끼가 젖을 뗀 직후

해설 ▶ 본문 4단락에서 "⁷⁰right after the breeding season, the male goes back to his solitary lifestyle"(번식기가 끝난 직후에 수컷은 혼자 생활하는 방식으로 돌아가는)이라고 하였다. 수컷이 암컷과 짝짓기 시기가 끝나고 바로 혼자 사는 방식으로 돌아간다고 했으므로 (c)가 정답이다.

어휘 ▶ give birth to 낳다   mating season 짝짓기 시기   right after ~후 즉시   be weaned off 젖을 떼다

How can changes in the environment be devastating for leopard seals?

(a) by impacting their homes and the food chain

(b) by altering their normal reproduction cycle

(c) by damaging the natural spots on their skin

(d) by preventing many species from having food

얼룩무늬물범에게 환경의 변화는 어떻게 파괴적일 수 있는가?

(a) 집과 먹이사슬에 영향을 미침으로써

(b) 정상적인 번식 주기를 바꿈으로써

(c) 피부에 있는 자연적인 반점을 손상시킴으로써

(d) 많은 종들이 먹이를 갖는 것을 막음으로써

해설 ▶ 본문 5단락에서 "⁷¹A decrease in the amount of pack ice due to environmental factors would affect the habitat available for seals and the availability of the prey species they need to survive."(환경적 요인에 의한 유빙의 감소는 얼룩무늬물범이 이용할 수 있는 서식지와 그것들이 생존하기 위해 필요한 먹이 종들에 대한 이용 가능성에 영향을 미칠 것이다.)라고 하였다. 환경 변화로 얼룩무늬물범이 살아가던 터전을 잃을 수 있고 먹잇감을 잃을 수도 있으므로 (a)가 정답이다.

Paraphrasing ▶ affect the habitat available for seals and the availability of the prey species they need to survive
➡ impacting their homes and the food chain

어휘 ▶ devastating 파괴적인   impact 영향을 주다   alter 바꾸다, 변경시키다   normal 정상적인   reproduction cycle 번식 주기   damage 손상시키다   spot 반점   prevent A from ~ing A가 ~하는 것을 막다

72 어휘 (형용사: distinctive) ★★★　　　　　　　　　　　　　　　　　　　　정답 (d)

In the context of the passage, distinctive means
_____.

(a) vital
(b) superior
(c) personal
(d) unique

본문의 맥락에서 distinctive는 _____를
의미한다.

(a) 필수적인
(b) 상위의
(c) 개인적인
(d) 독특한

해설 ▶ 본문 2단락 "The leopard seal's characteristic features include its long, bulbous, and muscular body with skin covered in
[72]distinctive leopard-like spots on the back, which is unlike other seals."(얼룩무늬물범의 특유의 특징은 다른 물개들과 달리 등에 표범
과 같은 독특한 점이 덮여 있는 피부를 가진 길고, 둥근 근육질의 몸통이다.)에서 distinctive의 의미는 '독특한, 특유의'이다. 보기 중 이 의미와 가
장 가까운 (d)가 정답이다.

어휘 ▶ vital 필수적인　superior 상위의, 우수한　personal 개인적인　unique 독특한, 고유한

---

73 어휘 (명사: disturbance) ★★★　　　　　　　　　　　　　　　　　　　　정답 (b)

In the context of the passage, disturbance means
_____.

(a) intensity
(b) hindrance
(c) upset
(d) excitement

본문의 맥락에서 disturbance는 _____
를 의미한다.

(a) 강렬함
(b) 방해
(c) 곤경
(d) 흥분

해설 ▶ 본문 5단락 "Currently, the leopard seal does not face any major threats, but there are several factors of concern for their
future, including increasing [73]disturbance from tourism and, most importantly, the unknown effects of climate change."(현
재 얼룩무늬물범은 어떤 큰 위협에도 직면해 있지 않지만, 관광으로 인한 방해 증가, 그리고 가장 중요하게는 알려지지 않은 기후 변화의 영향 등 그것들의
미래에 대한 몇 가지 우려 요인이 있다.)에서 disturbance의 의미는 '방해, 교란'이다. 보기 중 이 의미와 가장 가까운 (b)가 정답이다.

어휘 ▶ intensity 강렬함　hindrance 방해　upset 혼란한 상황, 곤경　excitement 흥분

받는 사람	Elsa Boyle HR Director Flex Media Corporation 251 Maple Ave. Takoma Park, MD 20912	엘사 보일 인사 책임자 플렉스 미디어 코퍼레이션 메이플 가 251번지 다코마 파크시 20912, 메릴랜드주
편지의 목적	Dear Mrs. Boyle, [74]We are sending you this letter as a friendly reminder of our annual seminar which will take place in the fall. [77]Just like the past two years, we are again delighted to count you as one of our faithful attendees.	친애하는 보일 부인께, [74]가을에 열리는 연례 세미나를 친절히 상기시켜 드리기 위해 이 편지를 보냅니다. [77]지난 2년과 마찬가지로 당신을 충실한 참석자 중 한 명으로 여기게 된 것을 다시 한 번 기쁘게 생각합니다.
세미나 홍보(1)	Employees often attend seminars related to their jobs and other company-particular requirements. But there is one benefit that some employers often extend to their employees, and [75]that is the opportunity to undergo seminars that focus on enhancement and self-improvement beyond the workplace. These life skills seminars intend to develop skills that could help one advance in life in general.	직원들은 종종 그들의 직업과 관련되고 다른 회사의 특정한 자격 요건과 관련된 세미나에 참석합니다. 그러나 일부 고용주들이 종종 그들의 직원들에게 제공해 주는 혜택이 있는데, [75]그것은 일터를 넘어 향상과 자기 계발에 초점을 맞춘 세미나를 들을 수 있는 기회입니다. 이러한 생활 기술 세미나는 일반적으로 사람이 삶에서 발전하도록 도울 수 있는 기술을 개발하고자 합니다.
세미나 홍보(2)	*New Skills Development* administers those kinds of courses with topics such as success, meditation, [76b]self-esteem, [76d]relationships, [76a]conflict management, and a whole lot more. If you are looking to improve yourself, *New Skills Development* is what you need.	'뉴스킬 디벨롭먼트(새로운 기술 발전)'는 성공, 명상, [76b]자존감, [76d]관계, [76a]갈등 관리와 훨씬 더 많은 주제를 가지고 그러한 종류의 강의를 운영합니다. 스스로를 발전시키고자 한다면, 당신이 필요한 것은 '뉴스킬 디벨롭먼트'입니다.
당부	Employees with an optimistic [79]disposition are those that bring a far greater contribution to the organization, and they ultimately enjoy a much more [80]fulfilling life. If you wish to have that same positive impact on your company, allow your staff the chance to improve themselves.	낙천적인 [79]성향을 가진 직원들은 조직에 훨씬 더 큰 기여를 하는 사람들이며, 그들은 궁극적으로 훨씬 더 [80]만족스러운 삶을 누립니다. 만약 당신이 당신의 회사에 그와 똑같은 긍정적인 영향을 미치기를 원한다면, 당신의 직원들에게 스스로 개선할 기회를 주세요.

끝인사	[78]Call us today for further details about the seminar or to reserve a slot. We have also enclosed a form for you to fill out should you wish to receive related brochures about our life-changing seminars. You can also request one of our representatives to meet with you at a place and time of your convenience.	[78]세미나에 대한 자세한 내용을 원하시거나 자리를 예약하시려면 오늘 전화 주십시오. 또한 당신이 인생을 바꾸는 저희 세미나에 대한 관련 안내 책자를 받길 바란다면 당신이 작성해야 할 서류 양식을 동봉하였습니다. 또한 당신이 편한 장소와 시간에 저희 담당자 중 한 명에게 만나자고 요청할 수 있습니다.
보내는 사람	Respectfully, *Sam Porter* CEO New Skills Development	존경을 다하여, 샘 포터 최고경영자 뉴 스킬 디벨롭먼트

어휘 ▶ reminder 상기시키는 것 annual 매년의, 연례의 take place 개최되다, 열리다 delighted 기쁜 count A as B A를 B로 간주하다 faithful 충실한, 믿을 수 있는 attendee 참석자 attend 참석하다 related to ~에 관련된 particular 특정한 requirements 자격 요건 benefit 이익, 이점 employer 고용주 extend A to B A를 B에게 주다(베풀다) employee 직원, 고용인 opportunity 기회 undergo 겪다, 경험하다 focus on ~에 초점을 맞추다 enhancement 향상, 개선 self-improvement 자기 계발 workplace 일터 intend to+동사원형 ~하는 것을 의도하다 advance 발전하다, 진보하다 in general 일반적으로 administer 운영하다, 관리하다 course 강의 meditation 명상 self-esteem 자존감 conflict management 갈등 관리 look to ~를 기대하다, 바라다 improve 발전하다, 개선하다 optimistic 낙천적인, 낙관적인 disposition 기질, 성향 contribution 기여 organization 조직 ultimately 궁극적으로 fulfilling 성취감을 주는 further details 보다 자세한 사항 reserve a slot 자리를 예약하다 enclose 동봉하다 fill out (서류 등을) 기입하다 related 관련된 brochure 안내 책자 request 요청하다 representative 담당자, 대리인 convenience 편의, 편리

---

74 주제/목적 (Why) ★★ 정답 (a)

Why did Mr. Sam Porter write to Mrs. Boyle?	샘 포터 씨는 왜 보일 부인에게 편지를 썼는가?
(a) to inform her about an upcoming meeting	(a) 곧 있을 모임에 대해 그녀에게 알리려고
(b) to notify her about some available discounts	(b) 그녀에게 이용 가능한 할인 혜택을 알려 주려고
(c) to ask about her availability for a potential meeting	(c) 혹시 있을 수 있는 모임에 그녀가 참석 가능한지 물으려고
(d) to request additional brochures about her company	(d) 그녀의 회사에 대한 추가 안내 책자를 요청하려고

해설 본문 1단락에서 "[74]We are sending you this letter as a friendly reminder of our annual seminar which will take place in the fall."(가을에 열리는 연례 세미나를 친절히 상기시켜 드리기 위해 이 편지를 보냅니다.)라고 하였다. 보기 중 이 내용과 가장 가까운 (a)가 정답이다.

어휘 ▶ inform 알리다 upcoming 곧 있을, 다가오는 notify 고지하다 availability 가능성, 시간을 낼 수 있음 potential 가능성이 있는, 잠재적인

Who would probably be interested in the seminars?

(a) people who are new on the job market
(b) anyone willing to invest in personal development
(c) people who are looking for a career change
(d) anyone willing to invest in a new business

누가 그 세미나에 관심이 있을 것 같은가?

(a) 취업 시장에 새로 온 사람들
(b) 자기 계발에 기꺼이 투자하려는 사람
(c) 직업을 바꾸려는 사람들
(d) 새로운 사업에 투자할 의향이 있는 사람

해설 본문 2단락에서 "[75]that is the opportunity to undergo seminars that focus on enhancement and self-improvement beyond the workplace."(그것은 일터를 넘어 향상과 자기 계발에 초점을 맞춘 세미나를 들을 수 있는 기회입니다.)라고 하였다. 이 세미나는 자기계발에 초점을 맞춘 것이므로 자기계발에 관심이 있는 사람이 이 세미나에 관심을 가질 것으로 추론되므로 (b)가 정답이다.

어휘 job market 취업 시장   invest 투자하다   development 계발, 발전   career 직업, 일   willing to ~ 기꺼이 ~하는

Based on the letter, what might NOT be discussed during the seminar?

(a) how to handle conflicts on a daily basis
(b) how to improve your self-confidence
(c) how to cook a balanced meal for kids
(d) how to deal with your partner

이 편지에 따르면, 세미나에서 논의되지 않을 내용은 무엇인가?

(a) 평상시 갈등을 다루는 방법
(b) 자신감을 높일 수 있는 방법
(c) 아이들을 위한 균형 잡힌 식사 요리법
(d) 당신의 파트너를 대하는 방법

해설 본문 3단락에서 "*New Skills Development* administers those kinds of courses with topics such as success, meditation, [76b]self-esteem, [76d]relationships, [76a]conflict management, and a whole lot more."('뉴스킬 디벨롭먼트'는 성공, 명상, [76b]자존감, [76d]관계, [76a]갈등 관리와 훨씬 더 많은 주제를 가지고 그러한 종류의 강의를 운영합니다.)라고 하였다. 보기 중 세미나의 주제로 언급되지 않은 것은 (c)이다.

어휘 handle 다루다   on a daily basis 평소에, 일상적으로   self-confidence 자신감   balanced 균형 잡힌, 안정적인   deal with ~을 대하다

Why will Mrs. Doyle most likely attend the *New Skills Development* seminars?

(a) She has been attending for the past two years.
(b) She has received an invitation letter.
(c) She is a member of the organizing committee.
(d) She has to attend as the HR director.

왜 도일 부인은 '뉴스킬 디벨롭먼트' 세미나에 참석할 가능성이 높을까?

(a) 그녀는 지난 2년 동안 참석해왔다.
(b) 그녀는 초대장을 받았다.
(c) 그녀는 조직위원회의 일원이다.
(d) 그녀는 인사부장으로서 참석해야 한다.

해설 본문 1단락에서 "⁷⁷Just like the past two years, we are again delighted to count you as one of our faithful attendees."(지난 2년과 마찬가지로 당신을 충실한 참석자 중 한 명으로 여기게 된 것을 다시 한 번 기쁘게 생각합니다.)라고 하였다. 도일 부인이 지난 2년간 이 세미나에 참석했으므로 충실한 참석자에 속하며 이번 세미나에도 참석할 확률이 높을 것으로 추론된다. 따라서 (a)가 정답이다.

Paraphrasing Just like the past two years, we are again delighted to count you as one of our faithful attendees.
➡ She has been attending for the past two years.

어휘 receive 받다   invitation 초대   committee 위원회   HR director 인사 책임자

---

78 세부사항 (What) ★   정답 (d)

What should interested individuals do to secure a seat at the seminar?

(a) fill out an online application form
(b) email Sam Porter for additional information
(c) request supplementary brochures
(d) make a reservation over the phone

세미나에 좌석을 확보하려면 관심이 있는 사람들은 무엇을 해야 하는가?

(a) 온라인 신청서를 작성한다
(b) 추가 정보를 위해 Sam Porter에게 메일을 쓴다
(c) 보충 책자를 요청한다
(d) 전화로 예약한다

해설 본문 5단락에서 "⁷⁸Call us today for further details about the seminar or to reserve a slot."(세미나에 대한 자세한 내용을 원하시거나 자리를 예약하시려면 오늘 전화 주십시오.)라고 하였으므로 (d)가 정답이다.

Paraphrasing Call us today for further details about the seminar or to reserve a slot.
➡ make a reservation over the phone

어휘 interested 관심 있어 하는   secure a seat 자리를 확보하다   application form 신청서   additional 추가적인   supplementary 보충적인   make a reservation 예약하다

---

79 어휘 (명사: disposition) ★★★   정답 (c)

In the context of the passage, disposition means _____.

(a) preference
(b) mood
(c) attitude
(d) humor

본문의 맥락에서 disposition은 _____를 의미한다.

(a) 선호
(b) 분위기
(c) 태도
(d) 유머

해설 본문 4단락 "Employees with an optimistic ⁷⁹disposition are those that bring a far greater contribution to the organization"(낙천적인 성향을 가진 직원들은 조직에 훨씬 더 큰 기여를 하는 사람들이다)에서 disposition의 의미는 '성향, 태도'이다. 보기 중 이 의미와 가장 가까운 (c)가 정답이다.

어휘 preference 선호   mood 분위기   attitude 태도   humor 유머

In the context of the passage, <u>fulfilling</u> means _____.

(a) achieving
(b) realizing
(c) completing
(d) satisfying

본문의 맥락에서 fulfilling은 _____를 의미한다.

(a) 성취하는
(b) 실현하는
(c) 완성하는
(d) 충족시키는

해설 ▶ 본문 4단락 "they ultimately enjoy a much more [80]fulfilling life"(그들은 궁극적으로 훨씬 더 만족스러운 삶을 누린다)에서 fulfilling의 의미는 '충족시키는, 만족스러운'이다. 보기 중 이 의미와 가장 가까운 (d)가 정답이다.

어휘 ▶ achieving 성취하는 realizing 실현하는 completing 완성하는 satisfying 충족시키는, 만족감을 주는

나의 점수 확인하기

영 역	맞은 개수	점 수	나의 총점
GRAMMAR	_____ /26	(맞은 개수/26) x 100 = _____ 점	(영역별 점수 합) / 3 = _____ 점 소수점 이하는 올림 처리
LISTENING	_____ /26	(맞은 개수/26) x 100 = _____ 점	
READING AND VOCABULARY	_____ /28	(맞은 개수/28) x 100 = _____ 점	

정답 확인하기

GRAMMAR

01	(a)	02	(c)	03	(b)	04	(d)	05	(b)	06	(b)	07	(a)	08	(b)
09	(a)	10	(c)	11	(c)	12	(b)	13	(a)	14	(c)	15	(d)	16	(b)
17	(d)	18	(b)	19	(a)	20	(a)	21	(b)	22	(c)	23	(d)	24	(d)
25	(a)	26	(d)												

LISTENING

PART 1	27	(b)	28	(b)	29	(c)	30	(a)	31	(d)	32	(d)	33	(c)
PART 2	34	(b)	35	(d)	36	(a)	37	(c)	38	(a)	39	(c)		
PART 3	40	(b)	41	(a)	42	(d)	43	(c)	44	(b)	45	(c)		
PART 4	46	(d)	47	(a)	48	(b)	49	(b)	50	(a)	51	(c)	52	(b)

READING AND VOCABULARY

PART 1	53	(c)	54	(a)	55	(b)	56	(b)	57	(d)	58	(c)	59	(a)
PART 2	60	(a)	61	(c)	62	(d)	63	(a)	64	(b)	65	(d)	66	(d)
PART 3	67	(d)	68	(c)	69	(b)	70	(d)	71	(c)	72	(b)	73	(c)
PART 4	74	(b)	75	(a)	76	(a)	77	(c)	78	(b)	79	(d)	80	(d)

TEST

3

GRAMMAR
LISTENING
READING AND VOCABULARY

정답 확인하기

GRAMMAR															
01	(a)	02	(c)	03	(b)	04	(d)	05	(b)	06	(b)	07	(a)	08	(b)
09	(a)	10	(c)	11	(c)	12	(b)	13	(a)	14	(c)	15	(d)	16	(b)
17	(d)	18	(b)	19	(a)	20	(a)	21	(b)	22	(c)	23	(d)	24	(d)
25	(a)	26	(d)												

문항별 취약 유형 체크하기

01	가정법 (가정법 과거: if절 + 과거 시제)		14	시제 (현재완료진행: 부사 always, for + 시간명사)
02	시제 (현재진행: nowadays)		15	관계사 (관계부사: where)
03	준동사 (동명사: consider)		16	준동사 (to부정사: forget)
04	조동사 (가능: can)		17	가정법 (가정법 과거완료: if절 + 과거완료)
05	시제 (과거진행: when + 과거 시제절)		18	준동사 (동명사: mind)
06	당위성/이성적 판단 (형용사: important)		19	조동사 (의지: will)
07	시제 (미래완료진행: for + 시간명사, when + 현재 시제절)		20	가정법 (가정법 과거완료: if절 + 과거완료)
08	연결어 (접속부사: instead of)		21	준동사 (to부정사: 부사적 용법)
09	가정법 (가정법 과거: if절 + 과거 시제)		22	가정법 (가정법 과거: if절 + 과거 시제)
10	준동사 (to부정사: want)		23	당위성/이성적 판단 (동사: advise)
11	시제 (미래진행: when + 현재 시제절, 부사 still)		24	관계사 (관계대명사: that)
12	가정법 (가정법 과거완료: if절 + 과거완료)		25	시제 (과거완료진행: for + 시간명사, before + 과거 시제절)
13	연결어 (접속부사: however)		26	당위성/이성적 판단 (동사: urge)

★ 틀린 문항을 확인하고 취약한 유형을 집중 학습하세요.

GRAMMAR | 1-26

1 가정법 (가정법 과거: if절 + 과거 시제) ★★   정답 (a)

A fashion magazine in New York City was looking to hire an intern for the graphic design department, but Gina rejected the offer. If her boyfriend were to agree with her career choice, she _____ to the Big Apple.

(a) would certainly move
(b) will certainly move
(c) certainly moves
(d) would certainly have moved

뉴욕의 한 패션 잡지는 그래픽 디자인 부서에 인턴을 고용하려고 했지만, 지나는 그 제안을 거절했다. 만약 그녀의 남자 친구가 그녀의 직업 선택에 동의한다면, 그녀는 분명히 뉴욕 시로 이사할 텐데.

해설 ▶ 보기에 동사 move가 다양한 시제와 조동사와 같이 나왔으므로 시제 문제 아니면 가정법 문제이다. 빈칸 앞에 if조건절이 있고, 이 절의 시제가 과거이므로 가정법 과거이다. 가정법 과거의 주절은 'would/should/could/might + 동사원형'이 와야 하므로 (a)가 정답이다.

어휘 ▶ look to+동사원형 ~하려 하다   hire 고용하다   reject 거절하다   offer 제안   agree with ~에 동의하다   certainly 분명히   the Big Apple 뉴욕 시의 애칭

참고 가정법 과거

• 형태: If + 주어 + 과거형 동사(were) ~, 주어 + 과거형 조동사(would/should/could/might) + 동사원형 ~.
• 현재 사실을 반대로 돌려서 가정해서 말할 때 사용된다.

2 시제 (현재진행: nowadays) ★★   정답 (c)

The community college downtown will be advertising for the new online programs from next year. This is due to the skyrocketing number of students and working adults who _____ for virtual classes nowadays.

(a) have looked
(b) will be looking
(c) are looking
(d) had been looking

시내에 있는 지역사회 대학에서 내년부터 새로운 온라인 프로그램을 위해 광고할 예정이다. 이것은 요즘 가상 수업을 찾는 학생과 일하는 성인들의 수가 급증하고 있기 때문이다.

보기에 동사 look이 다양한 시제로 나왔으므로 시제 문제이다. 빈칸 앞뒤에 시간 부사구나 부사절을 확인한다. 빈칸 뒤에 현재진행 시제와 자주 사용되는 부사 nowadays가 나왔고 현재 진행 중인 상황을 나타내므로 현재진행 (c)가 정답이다.

어휘 community 지역사회 advertise 광고하다, 홍보하다 due to ~때문에 skyrocketing 급증하는, 치솟는 adult 성인
look for 찾다 virtual 가상의

참고 현재진행

• 형태: am/are/is ~ing
• 의미: (~하고 있다) 현재에 진행 중인 동작을 나타낸다.
• 자주 쓰이는 부사어구: at the moment, now(주로 보기에 나옴), right now, at the weekend, at this time/week/month, currently,
nowadays, continually, constantly, these days

---

3 준동사 (동명사: consider) ★★ 정답 (b)

Veronica wants to become a professional soccer player and just joined the local women's soccer league. Consequently, she is persistently reluctant to go to school because she does not consider _____ regular subjects to be of much help to her future career.

(a) to study
(b) studying
(c) to have studied
(d) having studied

베로니카는 프로 축구 선수가 되고 싶어서 지역 여자 축구 리그에 막 합류했다. 결과적으로, 그녀는 정규 과목을 공부하는 것이 그녀의 미래 직업에 많은 도움이 되지 않는다고 생각하기 때문에 학교에 가는 것을 고집스럽게 꺼린다.

해설 보기에 동사 study가 준동사 형태로 나왔으므로 준동사 문제이다. 빈칸 앞에 동사가 동명사를 목적어로 취하는 동사인지, to부정사를 목적어로 취하는 동사인지 확인한다. 빈칸 앞에 동사 consider는 동명사를 목적어로 취하는 동사이므로 단순동명사 (b)가 정답이다.

오답분석 (d) having studied는 완료동명사로, 주절 동사의 시제보다 앞선 과거를 나타낼 때 사용되는데, 이 문장에서는 주절 동사의 시제와 동명사의 시제가 동일하므로 (d)는 오답이다. 지텔프 문법의 준동사 문제에서 완료형 준동사가 정답이 되는 경우가 극히 드물다.

어휘 consequently 결과적으로 be reluctant to+동사원형 ~하는 것을 꺼리다 persistently 끈질기게, 고집스럽게
consider A to+동사원형 A를 ~하다고 생각하다 regular 정규의 be of much help 많은 도움이 되다 career 직업

참고 동명사만을 목적어로 취하는 동사

adore(흠모하다, 존경하다), mind(꺼리다), advise(충고하다), admit(인정하다), allow(허락하다), practice(연습하다), feel like(~하고 싶다),
enjoy(즐기다), keep(유지하다), consider(고려하다), discuss(의논하다), finish(끝내다), mention(언급하다), postpone(연기하다),
recommend(추천하다), avoid(피하다), delay(미루다) dislike(싫어하다), insist(주장하다), mind(꺼리다), quit(그만두다), deny(부인하다),
involve(포함하다), miss(놓치다), suggest(제안하다)

• 부정적 의미의 동사들이 동명사를 목적어로 취하는 경우가 있다.
  dislike(싫어하다), deny(부인하다), mind(꺼리다), avoid(피하다), discontinue(중단하다)

4

조동사 (가능: can) ★★   정답 **(d)**

In today's fast-growing economy and modernized world, wireless technology is increasingly trendy. If you think about it, it really does make a huge difference in people's lives as they _____ work and communicate on-the-go.

(a) will
(b) shall
(c) would
(d) can

오늘날의 급성장하는 경제와 현대화된 세계에서 무선 기술은 점점 더 최신 유행을 따르고 있다. 그것에 대해 생각해보면, 사람들이 이동 중에도 일하고 소통할 수 있기 때문에 그것은 사람들의 삶에 큰 차이를 정말로 만들어 낸다.

해설 보기에 다양한 조동사가 나왔으므로 조동사 문제이다. 빈칸에 보기에 있는 조동사를 하나씩 대입해서 가장 자연스러운 의미의 조동사를 고르면 된다. 지텔프 문법의 조동사 문제에서는 의미가 명확한 can(능력, 가능), must/should(의무), will(의지, 단순미래)이 주로 출제되므로 이를 염두에 두고 조동사 문제에 접근한다. 빈칸을 포함하고 있는 as가 이끄는 부사절의 의미는 '그것은 사람들이 이동 중에도 일하고 소통할 수 있기 때문에'이고 주절의 의미는 '그것은 사람들의 삶에 큰 차이를 만든다.'이다. 빈칸에 '~할 수 있다'는 가능의 의미를 가진 조동사가 가장 적합하므로 (d)가 정답이다.

오답분석 (a) will(하려고 하다), (b) shall(할 것이다), (c) would(하곤 했다, 하려고 했다)는 문맥상 어색한 조동사이므로 오답이다.

어휘 fast-growing 급성장하는 economy 경제 modernized 현대화된 wireless 무선의 increasingly 점점 더 trendy 최신 유행을 따르는 make a huge difference 큰 차이를 만들다 communicate 의사 소통하다 on-the-go 이동하면서 이용하는

5

시제 (과거진행: when + 과거 시제절) ★★★   정답 **(b)**

Today, global warming is an increasingly alarming issue around the world. According to a recent report, some climatologists _____ carbon dioxide levels in the forests of India when a volcano suddenly erupted. This caused a terrible fire and huge amounts of carbon dioxide emission.

(a) tested
(b) were testing
(c) have been testing
(d) will have tested

오늘날, 지구 온난화는 전 세계적으로 점점 더 걱정스러운 문제이다. 최근 한 보도에 따르면, 화산이 갑자기 폭발했을 때, 몇몇 기후학자들은 인도의 숲에서 이산화탄소 수치를 시험하고 있었다. 이것은 끔찍한 화재와 엄청난 양의 이산화탄소 배출을 초래했다.

해설 보기에 동사 test가 다양한 시제로 나왔으므로 시제 문제이다. 빈칸 앞뒤에 시간 부사구나 부사절을 확인한다. 빈칸 뒤에 과거 시제 부사절 "when a volcano suddenly erupted"가 나왔으므로 기준 시점이 과거임을 알 수 있다. 과거 시점을 기준으로 그 시점에 계속 진행 중인 동작을 나타내므로 과거진행 (b)가 정답이다.

오답분석 단순과거 (a) tested도 기준 시점이 과거이다. 그러나 문맥상 '화산이 갑자기 폭발했을 때, 기후학자들이 조사를 하고 있는 중이었다'가 더 자연스러운데 단순과거 (a)는 과거의 일회성 동작만 나타내고 과거 시점에 계속 진행 중인 동작을 나타낼 수 없으므로 오답이다. 지텔프 문법의 시제 문제에서는 주로 진행시제(현재진행, 과거진행, 미래진행, 현재완료진행, 과거완료진행, 미래완료진행)가 정답으로 나오고 단순시제(현재, 과거, 미래 시제)가 정답이 되는 경우는 드물다는 것에 유의한다.

어휘 alarming 걱정스러운, 우려가 되는 **according to** ~에 따르면 **recent** 최근의 **climatologist** 기후학자, 풍토학자 **carbon dioxide** 이산화탄소 **volcano** 화산 **erupt** 폭발하다 **emission** 배출

참고 **과거진행**

- 형태: was/were ~ing
- 의미: (~하고 있었다) 과거의 특정 시점에 동작이 진행 중이었음을 나타낸다.
- 자주 쓰이는 시간 표현: when/while + 과거 시제절, last + 시간명사, yesterday

---

6 당위성/이성적 판단 (형용사: important) ★★★   정답 (b)

Commercial landscaping involves the planning, designing, installation, and maintenance of aesthetically appealing outdoor business spaces. It is therefore important that the company's fundamental values _____ within the layout of the landscape.

(a) were implemented
(b) be implemented
(c) have been implemented
(d) will be implemented

상업 조경은 미적으로 매력적인 옥외 업무 공간의 기획, 설계, 설치 및 유지 관리를 포함한다. 따라서 기업의 근본적 가치가 풍경 배치 안에서 구현되는 것이 중요하다.

해설 보기에 동사 implement가 다양한 시제와 동사원형으로 나왔으므로 시제 문제 아니면, 당위성/이성적 판단 문제이다. 빈칸 앞뒤에 시간 부사구나 절이 있으면 시제 문제이고, 당위성 동사나 이성적 판단 형용사가 나오면 당위성/이성적 판단 문제로 볼 수 있다. 빈칸 앞에 이성적 판단 형용사 important가 나왔으므로 당위성/이성적 판단 문제이다. 이때 that절의 형태는 'that + 주어 + (should) + 동사원형'이 되어야 하므로 동사원형 be가 나오는 (b)가 정답이다.

어휘 commercial 상업의 landscaping 조경 involve 포함하다, 관련되다 planning 기획 installation 설치 maintenance 유지관리 aesthetically 심미적으로 appealing 매력적인 fundamental 근본적인 value 가치 implement 구현하다, 이행하다 layout 배치 landscape 풍경

참고 **이성적 판단을 나타내는 형용사가 쓰인 문장**

- 형태: It is + 이성적 판단 형용사 + that + 주어 + (should) + 동사원형
- 이성적 판단 문제는 다음의 이성적 판단을 나타내는 형용사와 함께 나온다.
  necessary(필요한), essential(핵심적인), important(중요한), vital(중요한), critical(결정적인), obligatory(의무적인), compulsory(강제적인), mandatory(의무적인), advisable(조언할 만한), natural(당연한), right(옳은), just(정당한), fair(공정한), rational(이성적인)

The plumbers estimate it will take two months just to complete the plumbing of our house. When they complete the work in the summer, they _____ only on the bathroom water pipes for over three weeks.

(a) will have been working
(b) are working
(c) had worked
(d) had been working

배관공들은 우리 집 배관 공사를 완료하는 데만도 두 달이 걸릴 거라고 예상한다. 그들이 여름에 그 작업을 마칠 때에는 그들은 3주 넘게 화장실 수도관만 작업하고 있을 것이다.

해설 보기에 동사 work가 다양한 시제로 나왔으므로 시제 문제이다. 빈칸 앞뒤에 시간 부사구나 부사절을 확인한다. 빈칸 앞에 시간 부사절 'When they complete the work in the summer'가 있는데 시간 부사절에서 현재 시제가 미래의 의미를 나타내므로 기준 시점이 미래임을 알 수 있다. 또, 빈칸 뒤에 완료 시제와 자주 쓰이는 부사구 'for over three weeks'가 나왔다. 기준 시점이 미래이면서 완료의 의미를 나타내므로 미래완료진행 (a)가 정답이다.

어휘 plumber 배관공 estimate 예상하다 plumbing 배관 공사 complete 완성하다

> **참고**
> **미래완료진행**
> • 형태: will have been ~ing
> • 의미: 미래 이전에 시작된 행동이 미래의 특정 시점까지 계속 진행되고 있음을 나타낸다.
> • 자주 쓰이는 시간 부사 표현: by the time/when + 현재 시제절 + (for + 시간명사), by/in + 미래 시점 + (for + 시간명사)

In general, healthy people consume a large variety of fresh fruits and vegetables as well as grains and nuts. They scarcely drink soft drinks or alcoholic beverages. _____, they drink plenty of water and exercise on a regular basis.

(a) Similarly
(b) Instead
(c) In addition
(d) Hence

일반적으로 건강한 사람들은 곡물과 견과류뿐만 아니라 다양한 종류의 신선한 과일과 채소를 섭취한다. 그들은 탄산 음료나 알코올 음료는 거의 마시지 않는다. 대신에 그들은 물을 많이 마시고 규칙적으로 운동을 한다.

해설 보기에 다양한 연결어가 나왔으므로 연결어 문제이다. 빈칸에 보기에 있는 연결어를 하나씩 대입하여 앞뒤 문장의 논리 관계를 확인한다. 빈칸 앞에 문장의 의미는 "그들은 탄산 음료나 알코올 음료는 거의 마시지 않는다."이고, 빈칸 뒤의 문장의 의미는 "그들은 물을 많이 마시고 규칙적으로 운동을 한다."이다. '탄산 음료나 알코올 음료 대신 물을 마신다'는 의미가 가장 적합하므로 '대신에'라는 의미의 접속부사 (b)가 정답이다.

오답분석 (a) Similarly(마찬가지로), (c) In addition(게다가), (d) Hence(그래서)는 문맥상 어색한 연결어이므로 오답이다.

9 가정법 (가정법 과거: if절 + 과거 시제) ★★　　　　　정답 (a)

My next-door neighbor has been suffering from acute migraines for over a month now. If I were her, I _____ a physician as soon as I got a chance because migraines can lead to more complicated health issues.

(a) would visit
(b) will visit
(c) would have visited
(d) am visiting

해설 보기에 동사 visit가 다양한 시제와 조동사와 같이 나왔으므로 시제 문제 아니면 가정법 문제이다. 빈칸 앞에 if절이 나왔고 시제가 과거이므로 가정법 과거 문제이다. 가정법 과거의 주절에는 'would/should/could/might + 동사원형'이 와야 하므로 (a)가 정답이다.

어휘 suffer from ~을 앓다 acute 급성의 migraine 편두통 physician 내과의사 lead to ~로 이어지다 complicated 복잡한

옆집에 사는 이웃이 지금 한 달 넘게 급성 편두통을 앓고 있다. 편두통은 더 복잡한 건강 문제로 이어질 수 있기 때문에 내가 만약 그녀라면 기회가 닿는 대로 의사를 방문할 것이다.

10 준동사 (to부정사: want) ★　　　　　정답 (c)

Chamomile tea has long been used as a traditional remedy for a wide range of health issues. Nowadays, researchers are increasingly exploring its effectiveness in managing illnesses, but if anyone wants _____ mainstream medical treatments, he or she should be careful.

(a) replacing
(b) to be replacing
(c) to replace
(d) having replaced

해설 보기에 동사 replace가 준동사 형태로 나왔으므로 준동사 문제이다. 빈칸 앞에 동사가 목적어로 동명사를 취하는지, to부정사를 취하는지 확인한다. 빈칸 앞에 동사 wants는 to부정사를 목적어로 취하는 동사이므로 (c)가 정답이다.

오답분석 (b) to be replacing은 진행형 to부정사인데 문맥상 진행의 의미는 없으므로 오답이다. 지텔프 문법에서 준동사가 정답일 때 진행준동사나 완료준동사가 정답이 되는 경우는 거의 없다.

어휘 traditional 전통적인 remedy 치료법 a wide range of 광범위한 explore 탐구하다, 검토하다 effectiveness 효능 manage 관리하다 illness 질병 replace 대체하다 mainstream 주류 medical treatment 의학 치료

카모마일 차는 광범위한 건강 문제를 위해 전통적인 치료법으로 오랫동안 사용되어 왔다. 요즘 들어서는 연구자들이 질병 관리에서 그 효능을 점점 더 검토하고 있지만, 누구든 주류 의학 치료법을 대체하고 싶다면, 그 사람은 신중해야 한다.

참고 to부정사를 목적어로 취하는 동사

want(원하다), expect(기대하다), need(필요로 하다), wish(소망하다), hope(희망하다), desire(갈망하다), agree(동의하다), choose(선택하다), learn(배우다), plan(계획하다), promise(약속하다), refuse(거절하다), pretend(~인 체하다), aim(목표로 하다)

My parents are driving across the country to visit me in Chicago, but unfortunately, I cannot promise that I will be home to welcome them because of my busy work schedule. Most likely, I _____ with my team manager when they reach my neighborhood.

(a) still work

(b) have still worked

(c) will still be working

(d) was still working

부모님께서 시카고에 있는 나를 방문하기 위해 전국을 가로질러 운전해 오고 계시지만, 안타깝게도 내 바쁜 업무 일정 때문에 내가 집에 가서 그들을 맞이할 것이라고 약속할 수 없다. 부모님이 우리 동네에 도착할 때, 나는 아마도 팀장과 함께 여전히 일하고 있을 것이다.

해설 보기에 동사 work가 다양한 시제로 나왔으므로 시제 문제이다. 빈칸 앞뒤에 시간 부사구나 부사절을 확인한다. 빈칸 뒤에 시간의 부사절이 있는데 시간 부사절에서는 현재 시제가 미래 의미를 나타내므로 기준 시점이 미래임을 알 수 있다. 또 부사 still이 쓰여서 계속되고 있는 상황을 나타낸다. 기준 시점이 미래이면서 그 미래 시점에 계속 진행 중일 동작을 나타내므로 미래진행 (c)가 정답이다.

어휘 unfortunately 안타깝게도   welcome (반갑게) 맞이하다   most likely 십중팔구, 아마도   neighborhood 동네

참고

미래진행

- 형태: will be ~ing
- 의미: (~하고 있을 것이다) 미래의 특정 시간에 동작이 진행 중일 것임을 나타낸다.
- 자주 쓰이는 표현: 부사구 – when/if/until + 현재 시제절
  부사절 – next week/month/year, next time, until then, in the future, tomorrow
- 시간이나 조건의 부사절 안에서는 미래나 미래진행 시제를 쓸 수 없고, 현재형이나 현재진행으로 써야 한다.

Kayaking is a healthful sport, but can sometimes be dangerous. The earlier you learn how to handle the double-bladed paddle and the kayak, the better you'll be at it. If I had known that, I _____ kayaking when I was much younger.

(a) was starting

(b) would have started

(c) had started

(d) would start

카약은 건강에 좋은 스포츠이지만, 때로는 위험할 수도 있다. 여러분이 양날 노와 카약을 다루는 법을 일찍 배울수록, 여러분은 더 잘하게 될 것이다. 내가 그것을 알았더라면, 훨씬 어렸을 때 카약을 시작했을 것이다.

해설 보기에 동사 start가 다양한 시제와 조동사와 같이 나왔으므로 시제 문제 아니면 가정법 문제이다. 빈칸 앞에 if조건절이 나왔고, if절의 시제가 과거완료이므로 가정법 과거완료임을 알 수 있다. 가정법 과거완료의 주절에 'would/should/could/might + have p.p.'가 와야 하므로 (b)가 정답이다.

어휘 healthful 건강에 좋은   dangerous 위험한   handle 다루다   double-bladed 양날의   paddle 노   be better at ~을 더 잘하다

- 형태: If + 주어 + had p.p. ~, 주어 + would/should/could/might + have p.p. ~.
- 과거에 있었던 일을 반대로 가정해서 말할 때 사용된다.

---

13 연결어 (접속부사: however) ★★★   정답 (a)

When European explorers arrived in the Americas, they saw Native American people eating tomatoes. _____, when they brought tomatoes back to Europe, people there wouldn't eat them.

(a) However
(b) Additionally
(c) Therefore
(d) Similarly

유럽 탐험가들이 아메리카 대륙에 도착했을 때, 그들은 아메리카 원주민들이 토마토를 먹는 것을 보았다. 하지만, 그들이 토마토를 유럽으로 가지고 왔을 때, 그곳의 사람들은 그것을 먹으려 하지 않았다.

해설 ▶ 보기에 다양한 연결어가 나왔으므로 연결어 문제이다. 빈칸에 보기에 있는 연결어를 하나씩 대입하여 앞뒤 문장의 의미 관계를 확인한다. 빈칸 앞의 문장의 의미는 '원주민이 토마토를 먹는 것을 보았다'이고 빈칸 뒤의 문장의 의미는 '유럽 사람들은 토마토를 먹으려 하지 않았다.'이다. 문맥상 반대나 대조의 의미 관계를 나타내는 연결어가 적합하므로 (a)가 정답이다.

어휘 explorer 탐험가 the Americas 아메리카 대륙 native 원주민의 additionally 게다가 similarly 마찬가지로

참고 비교, 대조를 나타내는 연결어

however(그러나), by contrast(대조적으로), in contrast(대조적으로), on the contrary(반대로), on the other hand(다른 한편으로는, 반면에)

---

14 시제 (현재완료진행: 부사 always, for + 시간명사) ★★★   정답 (c)

To buy his wife the diamond bracelet she has always wanted, Mr. Denver _____ less on his personal needs for a whole year. Therefore, this December, he will buy the piece of jewelry for his wife.

(a) will spend
(b) spent
(c) has been spending
(d) is spending

덴버 씨는 아내가 항상 원했던 다이아몬드 팔찌를 사주기 위해 1년 내내 개인적으로 필요한 것에 돈을 덜 써오고 있다. 따라서, 올 12월 그는 아내를 위해 이 보석을 살 것이다.

해설 ▶ 보기에 동사 spend가 다양한 시제로 나왔으므로 시제 문제다. 빈칸 앞뒤에 시간 부사구나 부사절을 확인한다. 빈칸 앞에 시간 부사 always가 쓰여 기준 시점이 현재임을 알 수 있고 빈칸 뒤에 기간을 나타내는 부사구 'for a whole year'가 나와 있어 완료 시제가 필요함을 알 수 있다. 현재를 기준으로 그 이전에 시작된 동작이 현재까지 일정 기간 계속 진행 중인 상황을 나타내므로 현재완료진행 (c)가 정답이다.

어휘 ▶ bracelet 팔찌 spend less on ~에 돈을 덜 쓰다 needs 필요로 하는 것 jewelry 보석

참고 **현재완료진행**

- 형태: have/has been ~ing
- 의미: (~해오고 있는 중이다) 과거에 시작한 행동이 현재까지 계속 진행되고 있음을 나타낸다.
- 자주 쓰이는 시간 부사어구: since + 과거 시점/과거 시제절(~한 이래로), for + 시간명사(~동안), lately(최근에)

---

15 관계사 (관계부사: where) ★★★   정답 (d)

Migration is a dangerous time for birds, especially during flights over a large body of water. Many North American birds migrate directly across the Gulf of Mexico, _____ to complete a distance of about 1,000 kilometers.

(a) which strength and endurance are important
(b) who strength and endurance are important
(c) that strength and endurance are important
(d) where strength and endurance are important

철새의 이동은 특히 넓은 수역 위를 비행하는 동안 새들에게 위험한 시간이다. 많은 북미 새들이 멕시코만을 가로질러 곧장 이동하는데, 거기에서는 약 1,000km의 거리를 완주하기 위해 힘과 지구력이 중요하다.

해설 ▶ 보기에 다양한 관계사가 이끄는 절이 나왔으므로 관계사 문제이다. 빈칸 앞에 관계사의 선행사를 찾고, 관계사절에서 그 선행사의 역할을 확인한다. 빈칸 앞에 선행사는 장소를 나타내는 명사구 'the Gulf of Mexico'이고 관계사절이 완벽한 문장 구조를 이루므로 빈칸에는 장소의 의미를 가진 관계부사 where이 적합하다. 따라서 (d)가 정답이다.

어휘 ▶ migration (철새의) 이동 flight 비행 a body of water (바다, 호수의) 수역 directly 곧장, 바로 gulf 만 strength 힘 endurance 지구력 complete 완수하다 distance 거리

참고 **관계부사의 선행사와 격**

- 관계부사는 접속사와 부사의 역할을 동시에 한다. 두 절의 연결 부분에서 두 절을 연결하는 접속사 역할을 하면서 동시에 자신이 이끄는 절 안에서 부사 역할을 한다.
- 관계부사가 이끄는 절은 주어나 목적어 같은 필수 성분이 빠져 있지 않은 완벽한 구조가 온다.
- 단, 방법을 나타내는 선행사 the way와 관계부사 how는 함께 오지 않고, 둘 중 하나는 반드시 생략됨에 유의한다.

	선행사	관계부사
장소	the place, the city, the house 등	where
시간	the time, the day, the period 등	when
이유	the reason	why
방법	the way	how

During his road test last week, Kurt completely forgot _____ on the right-turn signal before making a turn and consequently did not get his driver's license. If he had practiced more, he would have passed the road test.

(a) turning
(b) to turn
(c) having turned
(d) to have turned

커트는 지난주 도로 주행 시험에서 회전을 하기 전에 우회전 신호에서 회전하는 것을 완전히 잊어서 결과적으로 운전면허를 따지 못했다. 만약 그가 더 많이 연습했다면 도로 주행 테스트를 통과했을 것이다.

해설 ▶ 보기에 동사 turn이 다양한 준동사의 형태로 나왔으므로 준동사 문제이다. 빈칸 앞에 to부정사와 동명사를 둘 다 목적어로 취하는 동사 forgot이 나와 있다. 동사 forget은 미래에 해야 할 것을 잊어버린 경우에는 to부정사를 목적어로 취하지만, 과거에 이미 한 일을 잊어버린 경우에는 동명사를 목적어로 취한다. 여기서는 문맥상 미래에 해야 할 일을 잊은 경우이므로 to부정사 (b)가 정답이다.

어휘 road test 도로 주행 시험   completely 완전히   signal 신호   consequently 결과적으로   practice 연습하다

참고

to부정사와 동명사를 둘 다 목적어로 취하지만 뜻이 달라지는 동사

• remember, forget, regret 등의 동사는 to부정사와 동명사를 모두 목적어로 취하나 뜻이 달라진다. 미래에 해야 할 것을 기억/망각/유감인 경우에는 to부정사를, 과거에 이미 한 일을 기억/망각/후회할 때에는 동명사를 목적어로 취한다.
  e.g.) Tony remembers to send the letter to Jessica.
      토니는 그 편지를 제시카에게 보낼 것을 기억하고 있다. (~할 것을 기억하다)
  e.g.) Tony remembers sending the letter to Jessica.
      토니는 그 편지를 제시카에게 보냈던 것을 기억하고 있다. (~했던 일을 기억하다)
  e.g.) Ken forgot to turn right on the first intersection.
      켄은 첫 번째 교차로에서 우회전해야 하는 것을 잊어버렸다. (~할 것을 잊어버리다)
  e.g.) Ken forgot turning right on the first intersection.
      켄은 첫 번째 교차로에서 우회전했던 것을 잊고 있었다. (~했던 것을 잊고 있다)
  e.g.) I regret to tell you this sad news.
      나는 당신에게 이 슬픈 소식을 알리게 되어 유감이다. (곧 ~하게 될 일에 대해 유감이다)
  e.g.) I regret telling you the sad news.
      나는 그 슬픈 소식을 당신에게 알려줬던 것을 후회한다. (과거에 ~했던 일을 후회하다)

Mr. Willard neglected the broken windshield wipers in his car until it finally rained heavily last night. If he had taken the car to a mechanic, they _____ at the garage right away.

(a) would be fixed
(b) had been fixed
(c) are fixed
(d) would have been fixed

윌라드 씨는 어젯밤 마침내 폭우가 내릴 때까지 그의 차에 있는 고장 난 앞 유리 와이퍼를 방치했다. 만약 그가 정비공에게 그 차를 가져갔다면, 그것들은 즉시 정비소에서 수리되었을 것이다.

해설 ▶ 보기에 동사 fix가 다양한 시제와 조동사와 같이 나왔으므로 시제 문제 아니면 가정법 문제이다. 빈칸 앞뒤에 시간 부사구나 부사절 혹은
조건절이 있는지 확인한다. 빈칸 앞에 if조건절이 나왔고, 이 절의 시제가 과거완료(had taken)이므로 가정법 과거완료이다. 가정법 과거
완료의 주절에 'would/should/could/might + have p.p.'가 와야 하므로 (d)가 정답이다.

어휘 ▶ neglect 방치하다, 소홀히 하다   windshield (자동차) 앞 유리   heavily 심하게   mechanic 자동차 정비공   garage 정비소, 차고
right away 즉시

---

18 준동사 (동명사: mind) ★★   정답 (b)

Wendy is a hardworking student, who does not give up
easily. Whenever she misses a few questions on her exams,
she gets a hold of herself and starts over. She doesn't
mind _____ all the extra work to improve her overall
grades in school.

(a) to have done
(b) doing
(c) to do
(d) having done

웬디는 열심히 공부하는 학생으로, 쉽게 포기하
지 않는다. 그녀는 시험에서 몇 문제를 놓칠 때
마다 정신을 차리고 다시 시작한다. 그녀는 전반
적인 학교 성적을 올리기 위해 모든 추가 공부를
마다하지 않는다.

해설 ▶ 보기에 동사 do가 준동사 형태로 나왔으므로 준동사 문제이다. 빈칸 앞에 동사가 목적어로 동명사를 취하는지 to부정사를 취하는지 확
인한다. 빈칸 앞에 동사 mind는 동명사를 목적어로 취하는 대표적인 동사이므로 단순동명사 (b)가 정답이다.

오답
분석 ▶ (d) having done은 완료동명사로, 주절 동사의 시제보다 앞선 과거를 나타낼 때 사용되는데, 문맥상 동명사의 시제가 주절 동사의 시
제와 동일하므로 (d)는 오답이다. 지텔프 문법의 준동사 문제에서는 완료형 준동사가 정답이 되는 경우는 거의 없다.

어휘 ▶ hardworking 열심히 일하는   give up 포기하다   get a hold of oneself 정신을 차리다   start over 다시 시작하다   mind 꺼리다
improve 향상시키다   overall 전반적인   grade 성적

---

19 조동사 (의지: will) ★★   정답 (a)

As part of the baking contest at the community center
downtown, Tania, who just completed an internship with
a renowned baker in Paris, _____ participate by
presenting her favorite chocolate soufflé. She intends to
impress the judges.

(a) will
(b) could
(c) may
(d) must

시내에 있는 주민센터에서 열리는 제빵 경연 대
회의 일환으로, 파리의 유명 제빵사와의 인턴십
을 막 마친 타니아는 자신이 좋아하는 초콜릿 수
플레를 선보이며 참가할 것이다. 그녀는 심사위
원들에게 깊은 인상을 주려고 한다.

해설 ▶ 보기에 다양한 조동사가 나왔으므로 조동사 문제이다. 빈칸에 보기에 있는 조동사를 하나씩 대입하여 가장 자연스러운 의미의 조동사를
고르면 된다. 빈칸 앞 문장의 의미는 '타니아가 제빵 경연대회에 초콜릿 수플레를 선보이며 참가할 것이다.'이고 뒤의 문장의 의미는 '그
녀는 심사위원들에게 깊은 인상을 주려고 한다.'이다. 빈칸에 의지를 나타내는 조동사 will이 가장 적합하므로 (a)가 정답이다.

어휘 as part of ~의 일환으로 community center 주민센터 renowned 유명한 participate 참여하다 present 선보이다, 발표하다 intend 의도하다 impress 깊은 인상을 주다 judge 심사위원

---

20 가정법 (가정법 과거완료: if절 + 과거완료) ★   정답 (a)

Despite the poor quality of the products, ingenious marketing in the form of popular influencers promoting the products helped them initially sell out. But customers soon learned not to make the same mistake twice. If the company _____ quality products, they wouldn't have lost customers long-term.

(a) had made
(b) would make
(c) makes
(d) were to make

제품의 품질이 좋지 않음에도 불구하고 인기 인플루언서들이 제품을 홍보하는 형태의 기발한 마케팅이 처음에는 판매에 도움이 되었다. 그러나 고객들은 곧 같은 실수를 두 번 저지르지 않는 것을 배웠다. 만약 그 회사가 양질의 제품을 만들었다면, 그들은 장기적으로 고객을 잃지 않았을 것이다.

해설 보기에 동사 make가 다양한 시제와 조동사와 함께 나왔고 빈칸이 들어간 문장에 if조건절이 있으므로 가정법 문제이다. 가정법의 주절에 '주어 + would have p.p.'가 나왔으므로 가정법 과거완료 문제이다. 가정법 문제는 조건절을 주고, 주절의 동사 형태를 고르는 문제가 일반적이지만, 가끔 응용 문제로 주절을 먼저 주고, 조건절의 시제를 고르는 문제가 출제되기도 한다. 주절의 형태가 가정법 과거완료이므로 조건절은 'If + 주어 + had p.p.' 형태가 되어야 하므로 (a)가 정답이다.

어휘 despite ~에도 불구하고 quality 품질; 양질의 ingenious 기발한 promote 홍보하다 initially 처음에 sell out 매진되다, 모두 판매하다 twice 두 번 long-term 장기간

---

21 준동사 (to부정사: 부사적 용법) ★★   정답 (b)

The firefighters who were on duty last night heard some strange noises coming from the rubble of the burnt building. One of them marched inside _____ the place, only to find out that it was an injured cat.

(a) to be checking out
(b) to check out
(c) to have checked out
(d) having checked out

어젯밤 당직이었던 소방관들이 불에 탄 건물의 잔해에서 이상한 소리가 나는 것을 들었다. 그들 중 한 명은 그곳을 확인하기 위해 안으로 들어갔는데, 단지 그것이 다친 고양이라는 것을 알게 되었을 뿐이다.

해설 보기에 동사 check이 준동사 형태로 나왔으므로 준동사 문제이다. 빈칸 앞에 동사가 목적어로 동명사를 취하는지, to부정사를 취하는지 확인한다. 그러나 앞에 완벽한 문장이 나왔고 목적(확인하기 위해서)의 의미로 쓰였으므로 to부정사의 부사적 용법임을 알 수 있다. 따라서 (b)가 정답이다.

오답분석 (c) to have checked out은 완료형 to부정사인데 주절의 동사와 준동사의 시제가 일치하므로 답이 될 수 없다. 또한, 지텔프 문법에서는 완료 준동사가 정답인 문제는 거의 출제되지 않는다.

어휘 on duty 당직인, 당번인 rubble 잔해 burnt 불에 탄 march (급히) 걸어가다 check out 확인하다 only to+동사원형 단지 ~하게 되다 injured 다친, 부상 당한

---

22 가정법 (가정법 과거: if절 + 과거 시제) ★★ — 정답 (c)

Teenagers can be very supportive and loving towards their peers, but social media has changed that. In fact, the negative effects of social media on their behavior have become more apparent recently. Perhaps they _____ if they changed how they treat each other.

십대들은 또래들을 매우 지지하고 좋아할 수 있지만, 소셜미디어가 그것을 바꾸었다. 사실 그들의 행동에 대한 소셜미디어의 부정적인 영향이 최근에 더 분명해지고 있다. 아마도 그들이 서로를 대하는 방식을 바꾼다면 더 즐거울 것이다.

(a) would have been more pleasant
(b) will be more pleasant
(c) would be more pleasant
(d) have been more pleasant

해설 보기에 be동사가 다양한 시제와 조동사와 같이 나왔으므로 시제 문제 아니면 가정법 문제이다. 빈칸 뒤에 if절이 있고, 이 절의 시제가 과거이므로 가정법 과거이다. 가정법 과거의 주절은 'would/should/could/might + 동사원형'이 와야 하므로 (c)가 정답이다.

어휘 supportive 지지하는 loving 좋아하는 peer 또래 negative 부정적인 effect 효과 behavior 행동 apparent 분명한 recently 최근에 treat 대하다, 대우하다

---

23 당위성/이성적 판단 (동사: advise) ★★★ — 정답 (d)

In October 2020, Blue Origin's New Shepard rocket system lifted off from Earth carrying 90-year-old Star Trek actor William Shatner and three other civilians. The actor advised that more people _____ the chance to explore the undiscovered universe.

2020년 10월, 블루 오리진의 뉴 셰퍼드 로켓 시스템이 90세의 스타 트렉 배우 윌리엄 샤트너와 다른 세 명의 민간인을 태우고 지구에서 발사되었다. 그 배우는 더 많은 사람들이 미지의 우주를 탐험할 수 있는 기회를 잡아야 한다고 조언했다.

(a) will grab
(b) grabs
(c) are grabbing
(d) grab

해설 보기에 동사 grab이 다양한 시제와 동사원형으로 나왔으므로 시제 문제 아니면 당위성/이성적 판단 문제이다. 빈칸 앞에 동사 advise는 '충고하다'라는 의미로 당위성 동사이다. 뒤에 오는 that절이 'that + 주어 + (should) + 동사원형' 형태가 되어야 하므로 동사원형 (d)가 정답이다.

어휘 lift off 발사되다 civilian 민간인 advise 조언하다 grab (물건, 기회 등을) 잡다, 움켜쥐다 explore 탐험하다 undiscovered 발견되지 않은, 미지의

참고 **당위성을 나타내는 동사**

- 형태: 주어 + 당위성 동사 + that + 주어 + (should) + 동사원형
- 당위성 문제는 다음의 동사와 함께 나온다.
advise(조언하다), ask(요청하다), beg(간청하다), command(명령하다), stress(강조하다), demand(요구하다), direct(지시하다), insist(주장하다), instruct(지시하다), intend(의도하다), order(명령하다), prefer(선호하다), propose(제안하다), recommend(추천하다), request(요청하다), require(요구하다), stipulate(규정하다), suggest(제안하다), urge(촉구하다), warn(경고하다)

---

24 관계사 (관계대명사: that) ★★★　　　　　　　　　　　　　　　　　　정답 (d)

The mayor of Chicago is aware of the ongoing traffic problem for local residents _____ during rush hour near the hospital construction site downtown. Therefore, during the summer months, the construction will be put on hold temporarily.

(a) where has been especially noticeable
(b) what has been especially noticeable
(c) who has been especially noticeable
(d) that has been especially noticeable

시카고 시장은 시내 병원 공사 현장 부근에서 출퇴근 시간에 특히 두드러졌던 지역 주민들의 계속 진행 중인 교통 문제를 잘 알고 있다. 따라서 여름 몇 달 동안 그 공사는 일시적으로 중단될 것이다.

해설 보기에 다양한 관계사가 이끄는 절이 나왔으므로 관계사 문제이다. 먼저 빈칸 앞에서 관계사의 선행사를 찾고 관계사절에서의 역할을 확인한다. 선행사는 명사구 'the ongoing traffic problem'이고 관계사절에서 주어 역할을 한다. 선행사가 사물이고 주격이므로 (d)가 정답이다.

오답분석 (a)에서 where는 장소를 나타내는 선행사를 취하며 관계사절 안에서 부사 역할을 하는 관계부사인데 여기서는 선행사가 장소를 나타내는 명사가 아니며 관계부사는 주어 역할을 할 수 없으므로 (a)는 오답이다. (b)에서 what은 선행사를 포함한 관계대명사인데 여기서는 선행사가 있으므로 오답이다. (c)에서 who는 사람을 선행사로 하는 관계대명사인데 여기서는 선행사가 사물이므로 오답이다. 관계사 바로 앞에 사람을 나타내는 명사인 'local residents'를 선행사로 착각하지 않도록 유의한다. 관계사 바로 앞에 나와 있는 명사가 선행사일 확률이 높긴 하지만, 내용상 연결이 안될 때는 좀 더 앞으로 거슬러 올라가서 선행사를 찾아야 한다.

어휘 mayor 시장 be aware of ~을 알다, 인지하다 ongoing 진행 중인 traffic 교통 resident 거주자, 주민 noticeable 두드러진 construction site 건설 현장 be put on hold 중단되다 temporarily 일시적으로

참고 **관계대명사의 선행사와 격**

선행사	주격	소유격	목적격
사람	who	whose	whom (who)
사물, 동물	which	whose (of which)	which
사람, 사물, 동물	that	소유격 없음	that
선행사를 포함	what	소유격 없음	what

My younger brother took the entrance exam for a civil servant position at the United States Department of Homeland Security, which has a vital mission to secure the nation from various threats. He _____ for over a month before they finally contacted him with the good news.

(a) had been waiting
(b) wait
(c) will have been waiting
(d) have waited

내 남동생은 미국 국토안보부의 공무원 시험에 응시했는데, 그 부서는 여러 위험으로부터 나라를 지키는 중요한 임무를 맡고 있다. 그는 그들이 마침내 좋은 소식으로 그에게 연락하기 전까지 한 달 넘게 기다렸다.

해설 ▶ 보기에 동사 wait가 다양한 시제로 나왔으므로 시제 문제이다. 빈칸 앞뒤에 시간 부사구나 부사절을 확인한다. 빈칸 뒤에 완료 시제에 자주 쓰이는 기간을 나타내는 부사구 'for over a month'가 나왔고 기준 시점이 과거임을 알려 주는 'before they finally contacted him'이 나왔다. 과거 시점을 기준으로 그 이전에 시작된 행동이 그 시점까지 일정 기간 계속 진행 중이었음을 나타내므로 과거완료진행 (a)가 정답이다.

어휘 ▶ take the entrance exam 입사 시험을 보다   civil servant position 공무원   Homeland Security (미국의) 국토안보 vital 중요한   mission 임무   secure 지키다, 보호하다   various 다양한   threat 위협   contact 연락하다

> **참고** **과거완료진행**
>
> • 형태: had been ~ing
> • 의미: (~해오고 있었다) 과거의 특정 시점 이전에 시작된 동작이 그때까지 계속 진행 중이었음을 나타낸다.
> • 자주 쓰이는 시간 부사 표현: (for + 시간명사) + when/before/until + 과거 시제절

The northern white rhinoceros is considered critically endangered. Consequently, conservationists from the International Union for Conservation of Nature are urging that people in Africa _____ their efforts in preserving the few white rhinoceros that are left in the wild.

(a) endorses
(b) are endorsing
(c) have endorsed
(d) endorse

북부 흰 코뿔소는 심각한 멸종 위기에 처해 있는 것으로 여겨진다. 결과적으로, 국제 자연 보전 연맹의 환경 보호론자들은 아프리카 사람들이 야생에 남겨진 소수의 흰 코뿔소를 보존하려는 그들의 노력을 지지할 것을 촉구하고 있다.

해설 ▶ 보기에 동사 endorse가 다양한 시제와 동사원형으로 나왔으므로 시제 문제 아니면, 당위성/이성적 판단 문제이다. 빈칸 앞에 동사 urge는 '촉구하다'라는 의미의 당위성 동사이므로 종속절이 'that + 주어 + (should) + 동사원형' 형태가 되어야 한다. 따라서 (d)가 정답이다.

어휘 ▶ rhinoceros 코뿔소   A be considered B A가 B라고 여겨지다   critically 심각하게, 결정적으로   endangered (멸종) 위기에 처한 consequently 결과적으로   conservationist 환경 보호론자   urge 촉구하다   endorse 지지하다   effort 노력   preserve 보존하다

정답 확인하기

LISTENING														
PART 1	**27**	(b)	**28**	(b)	**29**	(c)	**30**	(a)	**31**	(d)	**32**	(d)	**33**	(c)
PART 2	**34**	(b)	**35**	(d)	**36**	(a)	**37**	(c)	**38**	(a)	**39**	(c)		
PART 3	**40**	(b)	**41**	(a)	**42**	(d)	**43**	(c)	**44**	(b)	**45**	(c)		
PART 4	**46**	(d)	**47**	(a)	**48**	(b)	**49**	(b)	**50**	(a)	**51**	(c)	**52**	(b)

문항별 취약 유형 체크하기

PART 1 개인적 대화			PART 3 협상적 대화		
27	세부사항 (Why)		**40**	세부사항 (What)	
28	세부사항 (What)		**41**	True or Not True (what)	
29	추론 (What)		**42**	세부사항 (What)	
30	True or Not True (What)		**43**	세부사항 (What)	
31	세부사항 (How)		**44**	세부사항 (what)	
32	세부사항 (How)		**45**	추론 (When)	
33	세부사항 (Why)				
PART 2 발표			PART 4 절차 설명		
34	주제 (What)		**46**	주제 (What)	
35	세부사항 (Who)		**47**	세부사항 (Why)	
36	세부사항 (Which)		**48**	세부사항 (what)	
37	세부사항 (What)		**49**	세부사항 (What)	
38	세부사항 (What)		**50**	추론 (what)	
39	세부사항 (How)		**51**	세부사항 (which)	
			52	세부사항 (Why)	

★ 틀린 문항을 확인하고 취약한 유형을 집중 학습하세요.

휴대전화 고장	M: Sophia! Where have you been? I've been texting you all morning. ²⁷I thought something happened to you. F: Sorry, Noah. ²⁸My phone keeps freezing. And the camera isn't working! I'm going to go buy a new phone right after class today.	M: 소피아! 어디 있었어? 내가 아침 내내 너에게 문자 보냈어. ²⁷너한테 무슨 일이 생긴 줄 알았어. F: 미안해, 노아. ²⁸내 휴대전화가 자꾸 멈춰. 그리고 카메라도 고장났어! 나는 오늘 수업 끝나고 바로 새 휴대전화를 사러 갈 거야.
휴대전화 구입과 수리	M: You'll spend a ton of money on a new phone. Why don't you just fix this one? F: ²⁹I just don't trust repair technicians. They charge you for parts you don't need, or they supposedly fix it, but a few days later, the same problem comes back! I don't have time for that. And besides, I desperately need my phone. I feel so disconnected without it.	M: 너는 새 전화기에 엄청난 돈을 쓰게 될 거야. 그냥 이걸 고치지 그래? F: ²⁹나는 그냥 수리공을 못 믿겠어. 그들은 필요 없는 부품에 대한 비용을 청구하거나 그것을 수리한다 해도 며칠 후 같은 문제가 재발해! 나는 그렇게 할 시간이 없어. 게다가, 나는 휴대전화가 절실히 필요해. 그게 없으면 너무 단절된 기분을 느껴.
휴대전화 수리공 추천	M: I agree there are a lot of dishonest technicians, but I know someone. My phone kept shutting off, and ^{30b}this guy only charged me $50 to fix it! And my phone has worked perfectly ever since. F: Yeah, but we have different phones. Everyone says mine is more complicated. I don't know how true that is, but it sure does seem that way. M: ^{30c}This guy is a genius. ^{30d}He won't charge you if he can't fix it. That I can assure you. F: Really?	M: 정직하지 못한 기술자들이 많다는 건 인정하지만, 나는 아는 사람이 있어. 내 휴대전화가 계속 꺼졌는데, ^{30b}이 남자는 그걸 고치는데 나에게 50달러밖에 청구하지 않았어! 그리고 그 이후로 내 휴대전화는 완벽하게 작동해 왔어. F: 그래, 하지만 우리는 다른 휴대전화를 가지고 있어. 모두가 내 것이 더 복잡하다고 말하지. 그게 얼마나 사실인지는 모르겠지만, 확실히 그래 보여. M: ^{30c}이 남자는 천재야. ^{30d}만약 그가 고칠 수 없다면 청구하지 않을 거야. 그건 내가 장담할 수 있어. F: 정말?
휴대전화 수리 옹호 근거: 버리기 문화 우려	M: Yes. In addition, you shouldn't throw electronics away if you can fix them. It's terrible for the environment. I read this article about how we're becoming a throwaway culture. F: A throwaway culture? What does that even mean? M: ³¹We throw things away instead of trying to fix them.	M: 그래. 게다가, 고칠 수 있다면 전자제품을 버리지 말아야 해. 그것은 환경에 해로워. 나는 우리가 어떻게 버리기 문화가 되고 있는지에 대한 기사를 읽었어. F: 버리기 문화? 그건 무슨 뜻이야? M: ³¹우리는 물건을 고치려고 하는 대신에 그것들을 버려버리지.

휴대전화 수리 옹호 근거: 버리기 문화 우려	F:	Well, I think companies don't make things, especially electronics, as well as they used to. They aren't of desirable quality anymore.	F: 글쎄, 내 생각에 회사들은 물건을, 특히 전자 제품을 예전처럼 잘 만들지 못하는 것 같아. 그것들은 더는 바람직한 품질이 아니야.
	M:	I couldn't agree more. The article mentioned that, too, but it made a good point. ³²If the companies are making things worse than previously, why should we buy more? That's exactly what those giant companies want. It's better to give a local repair technician some money and help small businesses. And by the same token, spend less, as well.	M: 전적으로 동의해. 기사에서도 그 점을 언급했지만, 좋은 지적이었어. ³²기업들이 예전보다 상황을 더 악화시키고 있다면, 왜 우리가 더 많이 사야 하지? 그것이 바로 그 거대 기업들이 원하는 거야. 지역 수리 기술자에게 돈을 주고 영세업체를 돕는 게 더 좋아. 그리고 동시에, 돈도 덜 쓰고.
휴대전화 수리 결정	F:	I guess I see your point. So, this guy guarantees impeccable work?	F: 무슨 말인지 알 것 같아. 그럼 이 사람은 흠잡을 데 없는 작업을 보장한다는 거야?
	M:	Absolutely! Why don't we stop by his shop after class? It wouldn't cost you anything to give it a try. Listen, I suggest you try the repair guy first and if things do not go your way, then you do whatever you wish. I will not stop you. I promise.	M: 물론이지! 수업 끝나고 그의 가게에 들르는 게 어때? 한번 해보는 데는 돈이 들지 않을 거야. 일단, 수리공을 먼저 만나보고 일이 잘 안 풀리면 네가 원하는 대로 해. 막지 않을게. 약속해.
친구의 설득력 칭찬	F:	³³All right, you've got yourself a deal. I must admit, you're very convincing. Have you ever thought of a career in marketing or sales? You might be good at it.	F: ³³좋아, 거래를 성사시켰네. 네가 대단히 설득력 있다는 것을 인정해야겠어. 너는 마케팅이나 영업직의 직업을 생각해 본 적이 있어? 너는 그것을 잘 할 것 같아.
	M:	You are funny! I just elaborated on the pros and cons of your decision. That's all I did. I just wanted you to make the right decision, and I'm glad you did. Let's hope things work out and you get your phone fixed soon enough.	M: 너 재밌어! 나는 단지 너의 결정에 대한 장단점을 상세히 설명했을 뿐이야. 그게 내가 한 전부야. 나는 그저 네가 옳은 결정을 내리길 바랐을 뿐이고 네가 그렇게 해서 나는 기뻐. 일이 잘 해결돼서 휴대전화를 빨리 고치길 바라자.
감사와 마무리	F:	That makes two of us. Thanks for your help, Noah. It was useful!	F: 동감이야. 도와줘서 고마워, 노아. 그것은 유용했어!
	M:	Oh, come on, Sophia. There's no need to thank me. If your phone is fixed, I'll be as happy as you. I'll finally be able to get in touch with you. So, I've got my fingers crossed right now.	M: 오, 제발, 소피아. 나한테 고마워할 필요 없어. 너의 휴대전화가 고쳐진다면 나도 너처럼 기분 좋을 거야. 드디어 너에게 연락할 수 있겠네. 그래서 지금 행운을 빌고 있어.

freeze (휴대전화 등이) 작동을 멈추다   spend A on B A를 B에 쓰다   a ton of 아주 많은   trust 신뢰하다   repair technician 수리 기술자
charge A for B A에게 B에 대해 청구하다   supposedly 아마도, 추정상   besides 게다가   desperately 절실하게   disconnected
단절된   dishonest 부정직한   shut off (전자 기기 등이) 꺼지다   ever since 그 이후로   complicated 복잡한   sure 정말, 확실히
assure 보장하다   electronics 전자제품   throwaway 쓰고 버리는   especially 특히   of desirable quality 바람직한 품질인
couldn't agree more 전적으로 동의하다   mention 언급하다   make a point 의견을 제시하다, 지적하다   previously 이전에
by the same token 마찬가지로, 같은 이유로   as well 또한   guarantee 보장하다, 보증하다   impeccable 흠 잡을 데 없는, 완벽한
absolutely 물론이지   stop by 들르다   cost (값, 비용이) 들다, 희생시키다   give it a try 한번 해보다   suggest 제안하다
go one's way ~가 원하는 대로 되다   get oneself a deal 거래를 성사시키다   admit 인정하다   convincing 설득력 있는
elaborate on ~에 관해 상세하게 설명하다   pros and cons 장단점, 찬반 의견   decision 결정   work out (일이) 잘 풀리다, 해결되다
that makes two of us 동감이야   there is no need to+동사원형 ~할 필요 없다   get in touch with ~와 연락하다
get one's fingers crossed 행운을 빌다

---

27 세부사항 (Why) ★★   정답 (b)

Why did Noah try contacting Sophia all morning?

(a) because he was missing her
(b) because he thought of the worst
(c) because he had something urgent to tell her
(d) because he needed her phone

노아는 왜 아침 내내 소피아에게 연락하려고 했
는가?

(a) 그가 그녀를 그리워했기 때문
(b) 그는 최악을 생각했기 때문
(c) 그는 그녀에게 급하게 할 말이 있었기 때문
(d) 그는 그녀의 휴대전화가 필요했기 때문

대화에서 "²⁷I thought something happened to you."(너한테 무슨 일이 생긴 줄 알았어.)라고 하였다. 전화를 계속 안 받으니까 소피아에
게 안 좋은 일이 생겼을까 걱정이 되어서 계속 연락을 한 것이므로 (b)가 정답이다.

I thought something happened to you. ➡ he thought of the worst

contact 연락하다   think of the worst 최악을 생각하다   urgent 긴급한

---

28 세부사항 (What) ★   정답 (b)

What is wrong with Sophia's phone?

(a) It is driving her crazy.
(b) It is not working properly.
(c) It is very old and needs to be replaced.
(d) Its battery keeps dying.

소피아의 전화기에 무슨 문제가 있는가?

(a) 그녀를 화나게 하고 있다.
(b) 작동이 잘 되지 않는다.
(c) 너무 낡아서 교체가 필요하다.
(d) 배터리가 계속 방전된다.

대화에서 "²⁸My phone keeps freezing. And the camera isn't working!"(내 휴대전화가 자꾸 멈춰. 그리고 카메라가 고장났어!)라고 하였
다. 소피아의 휴대전화가 자꾸 멈추고 기능 작동이 잘 되지 않는 문제가 있으므로 (b)가 정답이다.

My phone keeps freezing. And the camera isn't working! ➡ It is not working properly.

drive A crazy A를 화나게 하다   work properly 잘 작동되다   replace 교체하다

What would most likely explain Sophia's skepticism of repair technicians?

(a) Most people do not trust repair technicians.
(b) She's heard it from her closest friends.
(c) She's probably had a bad experience with them.
(d) Most repair technicians take too much time to fix things.

무엇이 수리 기술자에 대한 소피아의 회의론을 설명할 수 있을 것 같은가?

(a) 대부분의 사람들은 수리 기술자를 신뢰하지 않는다.
(b) 그녀는 가장 친한 친구들에게서 그 말을 들었다.
(c) 그녀는 아마 그들에 대해 안 좋은 경험이 있었을 것이다.
(d) 대부분의 수리 기술자는 수리하는데 너무 많은 시간을 들인다.

해설 대화에서 "²⁹I just don't trust repair technicians. They charge you for parts you don't need, or they supposedly fix it, but a few days later, the same problem comes back!"(나는 그냥 수리공을 못 믿겠어. 그들은 필요 없는 부품에 대한 비용을 청구하거나 그것을 수리한다 해도 며칠 후 같은 문제가 재발해!)라고 하였다. 소피아는 수리공을 못 믿겠다고 하면서 수리공들이 필요 없는 비용 청구를 하거나 제대로 고치지 못해 금방 같은 고장이 난다는 말을 하는 것으로 보아 소피아는 이전에 수리와 관련한 안 좋은 경험을 했을 것으로 추론된다. 따라서 (c)가 정답이다.

어휘 skepticism 회의론 repair technician 수리 기술자 close (사이가) 가까운, 친밀한

What is NOT true about Noah's repair technician?

(a) He sometimes takes advantage of his customers.
(b) He charged Noah a $50 fee to repair his phone.
(c) He is a technical expert.
(d) He is a reliable repairman.

노아의 수리 기술자에 대한 설명으로 옳지 않은 것은?

(a) 그는 가끔 손님들을 이용한다.
(b) 노아에게 휴대전화 수리에 50달러 요금을 청구했다.
(c) 그는 기술 전문가이다.
(d) 그는 믿을 만한 수리공이다.

해설 대화에서 "³⁰ᵇthis guy only charged me $50 to fix it"(이 남자는 그걸 고치는데 나에게 50달러밖에 청구하지 않았어)는 (b)의 내용과 일치하고 "³⁰ᶜThis guy is a genius."(이 남자는 천재야.)는 (c)의 내용과 일치한다. 또한, "³⁰ᵈHe won't charge you if he can't fix it. That I can assure you."(만약 그가 고칠 수 없다면 청구하지 않을 거야. 그건 내가 장담할 수 있어.)는 (d)의 내용과 일치하는 동시에 (a)가 옳지 않음을 보여준다. 따라서 (a)가 정답이다.

어휘 take advantage of (이익을 위해) 이용하다 fee 요금 expert 전문가 reliable 믿을 만한 repairman 수리공

How does Noah define the term "throwaway culture"?

(a) as a kind of disposable packaging
(b) as a kind of disposable silverware
(c) as replacing cheaper goods rather than fixing them
(d) as discarding goods rather than fixing them

노아는 '버리기 문화'를 어떻게 정의하는가?

(a) 일회용 포장의 일종으로
(b) 일회용 은식기의 일종으로
(c) 고치기보다는 더 저렴한 물건으로 교체하는 것으로
(d) 제품을 고치지 않고 버리는 것으로

대화에서 "³¹We throw things away instead of trying to fix them."(우리는 물건을 고치려고 하는 대신에 그것들을 버려버리지.)라고 하였으므로 '버리기 문화'는 고치면 쓸 수 있는 물건을 그냥 쉽게 버리는 문화를 의미하므로 (d)가 정답이다.

Paraphrasing throw things away instead of trying to fix them ➡ discarding goods rather than fixing them

어휘 define 정의하다 disposable 일회용의 packaging 포장 silverware 은식기 replace 교체하다 rather than ~라기 보다 goods 제품, 상품 discard 버리다

---

32 세부사항 (How) ★★   정답 **(d)**

How do big companies contribute to the "throwaway culture"?

(a) by making high-quality products
(b) by helping small businesses thrive
(c) by discouraging overspending
(d) by promoting consumerism

대기업은 어떻게 '버리기 문화'를 조장하는 하나의 원인이 되는가?

(a) 고품질의 제품을 만들어서
(b) 소기업들의 번창에 도움을 줘서
(c) 과소비를 막음으로써
(d) 소비주의를 부추김으로써

해설 대화에서 "³²If the companies are making things worse than previously, why should we buy more? That's exactly what those giant companies want."(기업들이 예전보다 상황을 더 악화시키고 있다면, 왜 우리가 더 많이 사야 하지? 그것이 바로 그 거대 기업들이 원하는 거야.)라고 하였다. 기업들이 예전만큼 물건을 견고하게 만들지 않아서 소비자들이 버리고 더 많이 사도록 소비를 조장하는 측면이 있다고 했으므로 (d)가 정답이다.

어휘 contribute to (~을 조장하는) 하나의 원인이 되다 thrive 번창하다 discourage ~ing ~을 막다 overspend (돈을) 너무 많이 쓰다 promote 부추기다. 조장하다 consumerism 소비(지상)주의

---

33 세부사항 (Why) ★★   정답 **(c)**

Why did Sophia finally give in to Noah's suggestions?

(a) because it was the easiest thing to do
(b) because Sophia did not want to argue
(c) because Noah's arguments were very persuasive
(d) because Noah's arguments were controversial

소피아는 왜 마침내 노아의 제안을 받아들였는가?

(a) 그것이 가장 쉬운 일이었기 때문
(b) 소피아가 논쟁하고 싶지 않았기 때문
(c) 노아의 주장이 매우 설득력이 있었기 때문
(d) 노아의 주장이 논란이 되었기 때문

해설 대화에서 "³³ All right, you've got yourself a deal. I must admit, you're very convincing."(좋아, 거래를 성사시켰네. 네가 대단히 설득력 있다는 것을 인정해야겠어.)라고 하였다. 노아는 새 휴대전화를 사려는 소피아에게 수리해서 쓸 것을 설득하여 결국 소피아가 이를 받아들이게 된다. 이에 소피아는 노아가 대단히 설득력 있다고 인정하고 있으므로 노아의 주장이 설득력이 있어서 소피아가 그의 제안을 받아들인 것으로 풀이된다. 따라서 (c)가 정답이다.

Paraphrasing you're very convincing ➡ Noah's arguments were very persuasive

어휘 give in to 받아들이다 suggestion 제안 argue 논쟁하다 argument 주장 persuasive 설득력 있는 controversial 논란이 되는

사진 학원 소개	Hello, everyone! [34]I am a professional photographer and the founder of an LA-based digital photography academy. [35a]Whether you want to start a new career, [35b]earn money part-time, [35c]or take your hobby to the next level – LA Photo Academy offers online photography classes to help. Learn at your own pace and experience an improvement in your skills after the very first lesson. Submit photos online and receive feedback from a professional photographer in hours.	여러분 안녕하세요! [34]저는 전문 사진작가이며 LA에 기반을 둔 디지털 사진 아카데미의 설립자입니다. [35a]당신이 새로운 직업을 시작하거나, [35b]파트타임으로 돈을 벌거나, [35c]혹은 당신의 취미를 한 단계 발전시키기를 원하든지 간에 LA 포토 아카데미는 도움을 주기 위해 온라인 사진 수업을 제공합니다. 당신의 속도에 맞춰 배우고 바로 첫 번째 수업 후에 실력이 향상되는 것을 경험하세요. 온라인으로 사진을 제출하고 몇 시간 내에 전문 사진작가로부터 피드백을 받으세요.
사진 학원의 특징 및 장점	[34]At LA Photo Academy, we offer world-class photography courses and workshops that fit your budget. We offer courses for all levels of photographers; whether you are holding a camera for the first time or are ready to learn professional techniques, LA Photo Academy is always here to help. We also offer workshops and seminars on many different photography subjects. Check out our full list of photography classes on our website.	[34]LA 포토 아카데미에서는 당신의 예산에 맞는 세계적인 수준의 사진 강좌와 워크숍을 제공합니다. 저희는 모든 수준의 사진작가를 위한 강좌를 제공합니다; 여러분이 카메라를 처음 들어 보는 것이든 전문적인 기술을 배울 준비가 되어 있든 간에, LA 포토 아카데미는 도움을 드리기 위해 항상 이곳에 있습니다. 저희는 또한 많은 다양한 사진 주제에 대한 워크숍과 세미나를 제공합니다. 저희 웹사이트에서 사진 강좌의 전체 목록을 확인하세요.
강좌 소개(1) 디지털 사진 기본 원리 강좌	[36]Our 'Fundamentals of Digital Photography' course is a beginner course meant to help you master your digital camera. Learn the basic functions of your camera so you can begin to shoot in manual mode, capturing higher-quality images of the people and places around you. Professional photographers will show you how to see the world as a photographer, whether you're just starting or you've been taking photos for years. Throughout the course, you'll complete a series of photo projects that will help you practice the skills you are learning. Your teacher will assist you every step of the way. By the time you finish, you will have the skills to take professional-quality photographs.	[36]저희의 '디지털 사진의 기본 원리' 강좌는 당신이 디지털 카메라를 완전히 익히도록 도와주는 초급자용 강좌입니다. 카메라의 기본 기능을 배워보세요, 그러면 수동 모드에서 촬영을 시작해 주변 인물과 장소를 더 높은 품질의 이미지로 포착할 수 있습니다. 전문 사진작가들은 사진작가로써 세상을 보는 방법을 보여줄 것입니다. 여러분이 이제 막 시작했든, 몇 년 동안 사진을 찍어왔든 말이죠. 본 코스를 통해 여러분은 배우고 있는 기술을 연습하는 데 도움이 되는 일련의 사진 프로젝트를 완성할 것입니다. 여러분의 선생님이 과정의 모든 단계를 도와줄 것입니다. 당신이 끝마칠 때쯤이면 전문가급 사진을 찍을 수 있는 능력을 갖추게 될 것입니다.

강좌 소개(2) 여행 사진 강좌	'Become a Travel Photographer' is an online travel photography course for anyone who desires to take the kind of inspiring photographs seen in the pages of *National Geographic*. To be a great travel photographer, one must learn how to see the world as a photographer. [37]This course will do just that, teaching you many types of travel photography: landscapes, nature, portraits, and documentaries. During the course, you will complete several photo projects that will be reviewed and evaluated by your teacher, a professional photographer there to help you improve. At the end of the program, you will have a portfolio of high-quality photos and the know-how necessary to succeed in the world of travel photography.	'여행 사진작가 되기' 강좌는 '내셔널 지오그래픽'에서 보이는 영감을 줄 것 같은 사진들을 찍고 싶어하는 사람들을 위한 온라인 여행 사진 강좌입니다. 훌륭한 여행 사진작가가 되기 위해서는 사진작가로써 세상을 보는 법을 배워야 합니다. [37]이 과정은 풍경, 자연, 인물 사진, 다큐멘터리 등 다양한 종류의 여행 사진술을 여러분에게 가르쳐 주면서 바로 그 역할을 할 것입니다. 이 강좌 동안, 여러분은 여러분의 향상을 돕기 위해 그곳에 있는 전문 사진작가인 선생님이 검토하고 평가할 몇 가지 사진 프로젝트를 완성하게 될 것입니다. 프로그램 말미에, 여러분은 고품질의 사진 포트폴리오와 여행 사진의 세계에서 성공하는 데 필요한 노하우를 가지게 될 것입니다.
강좌 소개(3) 사진 워크숍	What's more, LA Photo Academy offers photography workshops in LA. Whether it's touring a museum, learning how to work with lighting in a photoshoot, or perfecting your street photography skills, our workshops cover a wide variety of topics. These workshops are led by the professionals at LA Photo Academy and are designed for amateurs who are interested in improving their digital photography skills. Students should expect to leave these classes with more of an understanding of professional photography.	추가로, LA 포토 아카데미는 LA에서 사진 워크숍을 제공합니다. 박물관 견학이든, 사진 촬영에서 조명 작업법을 배우든, 거리 사진 기술을 완벽하게 하는 것이든, 저희의 워크숍은 매우 다양한 주제를 다룹니다. 이러한 워크숍은 LA 포토 아카데미의 전문가들이 주도하며 디지털 사진 기술 향상에 관심이 있는 아마추어들을 위해 만들어졌습니다. 학생들은 전문적인 사진술에 대해 더 많이 이해한 상태로 이 수업을 마칠 것을 기대할 수 있습니다.
등록 안내 및 마무리	Are you interested in attending one of our photography workshops in LA? Check out our schedule at www.laphotoacademy.com for more information on upcoming workshops and seminars. [38]Enroll and try out any photography program for up to 2 weeks, and if it's not right for you for any reason, simply let us know and we'll refund every penny. We are at 212 East 46th Street, Suite 303, LA, California 23709. [39]For details about schedules and tuition fees, email us at LAPhotoAcademy@gmail.com or give us a call at 1-532-398-5295. There is no better time than the present. So, make that call today! We are waiting!	LA에서 열리는 저희 사진 워크숍에 참석하는 것에 관심이 있으세요? 다가오는 워크숍 및 세미나에 대한 자세한 내용은 www.laphotoacademy.com에서 일정을 확인해 보세요. [38]등록하여 최대 2주 동안 사진 촬영 프로그램을 체험해 보고 어떤 이유에서라도 마음에 안 드신다면 저희에게 말씀해 주시면 전액을 환불해 드립니다. 저희는 우편번호 23709, 캘리포니아 주 로스앤젤레스, 이스트 46번가 212번지, 303호에 있습니다. [39]일정과 수업료에 대한 자세한 내용은 LAPhotoAcademy@gmail.com으로 이메일을 보내거나 1-532-398-5295로 전화 주십시오. 지금보다 더 좋은 시간은 없습니다. 그러니 오늘 전화 주세요! 기다리고 있겠습니다!

어휘 professional 전문적인, 전문가의 founder 설립자 start a new career 새 직업을 시작하다 at one's own pace 자신의 속도에 맞춰 improvement 향상 submit 제출하다 fit one's budget ~의 예산에 맞다 for the first time 처음으로 check out 확인하다 fundamental 기본 원리 be meant to+동사원형 ~하기 위한 것이다 master ~을 완전히 익히다 function 기능 shoot 촬영하다 in manual mode 수동 모드로 capture 포착하다, 잡다 throughout ~을 통해 complete 완성하다, 완수하다 a series of 일련의 assist 도와주다 desire to+동사원형 ~하기를 원하다 inspiring 영감을 주는 landscape 풍경 portrait 초상화, 인물 사진 evaluate 평가하다 portfolio 포트폴리오 necessary 필요한, 필수적인 tour 견학하다 lighting 조명 photoshoot 사진 촬영 perfect 완벽하게 하다 cover 다루다 a wide variety of 매우 다양한 expect 기대하다, 예상하다 attend 참석하다 upcoming 곧 있을, 다가오는 enroll 등록하다 try out 체험해 보다 up to (최대) ~까지 for any reason 어떤 이유에서든지 refund every penny 전액 환불하다 suite (빌딩의) 호수 tuition fee 수업료 give ~ a call ~에게 전화하다

34 주제 (What) ★★   정답 (b)

What is the main subject of the talk?

(a) taking the best photographs
(b) introducing the courses of a photo academy
(c) making good use of digital cameras
(d) introducing travel photography

담화의 주제는 무엇인가?

(a) 가장 좋은 사진 찍기
(b) 사진 학원 강좌 소개하기
(c) 디지털 카메라 제대로 사용하기
(d) 여행 사진 촬영 소개하기

해설 담화 1단락에서 "34I am a professional photographer and the founder of an LA-based digital photography academy."(저는 전문 사진작가이며 LA에 기반을 둔 디지털 사진 아카데미의 설립자입니다.)라고 하였고, 담화 2단락에서 "34At LA Photo Academy, we offer world-class photography courses and workshops that fit your budget."(LA 포토 아카데미에서는 당신의 예산에 맞는 세계적인 수준의 사진 강좌와 워크숍을 제공합니다.)라고 하였다. 사진 아카데미 설립자가 자신의 학원의 사진 강좌들에 대해 소개하고 있으므로 (b)가 정답이다.

어휘 subject 주제 make good use of ~를 잘 활용하다

35 세부사항 (Who) ★★   정답 (d)

Who is the LA Photo Academy probably NOT ideal for?

(a) people who want to make a career switch to photography
(b) people who want to make money part-time
(c) individuals who want a new hobby
(d) individuals who have no interest in photography

LA 사진 아카데미는 누구에게 이상적이지 않은가?

(a) 사진술 쪽으로 직업을 바꾸려는 사람들
(b) 아르바이트로 돈을 벌고 싶은 사람들
(c) 새로운 취미를 원하는 사람들
(d) 사진 찍기에 관심이 없는 사람들

해설 담화 1단락에서 "35aWhether you want to start a new career,(당신이 새로운 직업을 시작하기를 원하거나)은 (a)와 일치하고 35bearn money part-time,(파트타임으로 돈을 벌거나)는 (b)와 일치하며 35cor take your hobby to the next level"(혹은 당신의 취미를 한 단계 발전 시키기를 원하든지 간에)은 (c)와 일치하므로 본 담화에서 언급되지 않은 (d)가 정답이다.

어휘 ideal for ~에 이상적인, 적합한 make a career switch to ~로 직업을 바꾸다 individual 개인 have no interest in ~에 관심이 없다

36 세부사항 (Which) ★★　　　　　　　　　　　　　　　　　정답 (a)

Which course or workshop should a novice in photography probably take?

(a) Fundamentals of Digital Photography
(b) Become a Travel Photographer
(c) The Museum Photography workshop
(d) The Photoshoot Lighting workshop

사진 초보자는 어느 강좌나 워크숍을 수강해야 하는가?

(a) 디지털 사진의 기본 원리 강좌
(b) 여행 사진가 되기 강좌
(c) 박물관 사진 워크숍
(d) 사진 촬영 조명 워크숍

해설 담화 3단락에서 "³⁶Our 'Fundamentals of Digital Photography' course is a beginner course meant to help you master your digital camera."(저희의 '디지털 사진의 기본 원리' 강좌는 당신이 디지털 카메라를 완전히 익히도록 도와주는 초급용 강좌입니다.)라고 하였다. 디지털 사진의 기본 원리 강좌가 초급자를 위한 강좌라고 했으므로 (a)가 정답이다.

어휘 novice 초보자　fundamental 기본 원리　photoshoot 사진 촬영

---

37 세부사항 (What) ★★　　　　　　　　　　　　　　　　　정답 (c)

What aspect of photography does the travel photography course cover?

(a) lighting at a photoshoot
(b) touring a landmark
(c) making documentaries
(d) shooting in manual mode

여행 사진술 강좌는 사진술의 어떤 측면을 다루는가?

(a) 사진 촬영 시 조명 비추기
(b) 랜드마크 둘러보기
(c) 다큐멘터리 만들기
(d) 수동 모드로 촬영하기

해설 담화 4단락에서 "³⁷This course will do just that, teaching you many types of travel photography: landscapes, nature, portraits, and documentaries."(이 과정은 풍경, 자연, 인물 사진, 다큐멘터리 등 다양한 종류의 여행 사진술을 여러분에게 가르쳐 주면서 바로 그 역할을 할 것입니다.)라고 하였으므로 (c)가 정답이다.

어휘 aspect 측면, 양상　light 조명을 비추다　shoot 촬영하다　manual 수동의

---

38 세부사항 (What) ★★　　　　　　　　　　　　　　　　　정답 (a)

What does the LA Photo Academy guarantee the students after the first two weeks?

(a) a complete tuition refund if unsatisfied
(b) a private instructor all year for immediate registration
(c a one-year discount for immediate registration
(d) a full month of free tuition if unsatisfied

LA 사진 아카데미는 첫 2주 후에 학생들에게 무엇을 보장하는가?

(a) 불만족 시 등록금 전액 환불
(b) 즉시 등록 시 1년 내내 개인 강사
(c) 즉시 등록 시 1년간 할인
(d) 불만족 시 한 달 내내 무료 수업

해설 담화 6단락에서 "[38]Enroll and try out any photography program for up to 2 weeks, and if it's not right for you for any reason, simply let us know and we'll refund every penny."(등록하여 최대 2주 동안 사진 촬영 프로그램을 체험해 보고 어떤 이유에서라도 마음에 안 드신다면 저희에게 말씀해주시면 전액을 환불해 드립니다.)라고 하였다. 등록 후 2주까지 체험해 보고 불만족할 경우는 전액 환불해 주겠다고 했으므로 (a)가 정답이다.

Paraphrasing if it's not right for you for any reason, simply let us know and we'll refund every penny.
➡ a complete tuition refund if unsatisfied

어휘 guarantee 보장하다 complete tuition refund 전액 환불 unsatisfied 불만족스러운 private instructor 개인 강사
immediate registration 즉시 등록

---

39 세부사항 (How) ★★   정답 (c)

How can potential students find out about the academy's schedules?

(a) by calling their assigned instructor directly
(b) by sending a letter to the founder
(c) by calling the academy
(d) by emailing each instructor individually

잠재적 학생들은 어떻게 그 아카데미의 일정을 알 수 있는가?

(a) 지정된 강사에게 직접 전화를 걸어
(b) 설립자에게 편지를 보내서
(c) 아카데미에 전화해서
(d) 각 강사에게 개별적으로 이메일을 보내서

해설 담화 6단락에서 "[39]For details about schedules and tuition fees, email us at LAPhotoAcademy@gmail.com or give us a call at 1-532-398-5295."(일정과 수업료에 대한 자세한 내용은 LAPhotoAcademy@gmail.com으로 이메일을 보내거나 1-532-398-5295로 전화 주십시오.)라고 하였으므로 (c)가 정답이다.

어휘 potential 잠재적인 assigned 지정된, 배정된 instructor 강사 directly 직접 founder 설립자 individually 개별적으로

인사 및 용건	M: [40]Good morning and welcome to Chase National Bank. What can I do for you today?	M: [40]좋은 아침입니다, 체이스 내셔널 은행에 오신 것을 환영합니다. 오늘 무엇을 도와드릴까요?
	F: Hello! I would like to apply for a new credit card, please.	F: 안녕하세요! 새로운 신용카드를 신청하고 싶어요.
	M: Of course. I'd be glad to help you. [41a]Do you have any accounts with us at the moment?	M: 물론이죠, 기꺼이 도와드리겠습니다. [41a]현재 저희와 거래하는 계좌가 있나요?
	F: No, I don't. Is that a problem?	F: 아니요, 없어요. 그것이 문제인가요?
	M: Not at all. I can help you apply for a credit card today if you'd like.	M: 전혀요. 원하시면 오늘 신용카드 신청을 도와드릴 수 있습니다.
	F: I'd like that! Thanks.	F: 좋아요! 감사합니다.
신용 카드 안내 요청	M: Great! First, I need you to fill out an application form. Do you know which of our credit cards you would like to apply for?	M: 좋습니다! 우선 신청서를 작성해 주셔야 합니다. 저희 신용카드 중 어떤 것을 신청하고 싶은지 아세요?
	F: Not yet. [42]Could you please give me more information about the cards available?	F: 아직요. [42]사용 가능한 카드에 대한 더 많은 정보를 주실 수 있나요?
	M: Sure! Here is a brochure about our most popular cards for this year.	M: 물론이죠. 여기 올해 가장 인기 있는 카드들에 대한 안내 책자가 있습니다.
	F: Thank you.	F: 감사합니다.
카드 선택 위한 질문	M: Could I ask you a few questions to better understand what you're looking for?	M: 당신이 찾고 있는 것을 더 잘 이해하기 위해 제가 몇 가지 질문을 해도 될까요?
	F: Absolutely!	F: 물론이죠!
	M: OK, great. Firstly, what credit limit would you like to apply for?	M: 네, 좋아요. 먼저, 어떤 신용 한도를 신청하고 싶으신가요?
	F: I would like a $10,000 spending limit.	F: 10,000달러 한도로 해주세요.
	M: Alright. We have three cards available with that limit. Are you looking for a reward program with your card?	M: 네. 그 한도가 있는 카드가 세 장 있습니다. 카드 보상 프로그램을 찾고 계신가요?
	F: Yes, [43]I would like to earn points whenever I use the card, ideally.	F: 네, [43]카드를 사용할 때마다 이상적으로 포인트를 적립하고 싶어요.

조건에 맞는 카드 비교	M: Wonderful. Well, we have two cards which best suit your needs. One is our Platinum Flyer Rewards Card, the other is our Elite Shopper Card. F: What's the difference? M: The Platinum Flyer Rewards Card has a higher interest rate, which is 16% per annum. But there is no annual fee, and you will receive two frequent flyer miles with several airlines for every dollar you spend. F: I see, but the fact is that [41b]I don't usually fly that much. Can you tell me about the Elite Shopper Card, then? M: Sure. [44]The Elite Shopper Card has a lower interest rate of 10% per annum and has an interest-free period of 35 days on any purchases made. This card gives you one reward point in our rewards program for every dollar you spend. But there is a $50 annual fee.	M: 좋아요. 음, 고객님의 요구에 가장 적합한 카드가 두 장 있습니다. 하나는 플래티넘 플라이어 리워드 카드이고 다른 하나는 엘리트 쇼퍼 카드입니다. F: 차이점이 뭔가요? M: 플래티넘 플라이어 리워드 카드는 연 16%로 이자율이 더 높아요. 하지만 연회비는 없고 당신이 쓰는 1달러당 여러 항공사에서 단골 비행객 마일리지 2점을 받을 수 있어요. F: 그렇군요. 하지만 [41b]사실은 제가 비행기를 그렇게 많이 타지 않아요. 그럼 엘리트 쇼퍼 카드에 대해 알려주시겠어요? M: 물론이죠. [44]엘리트 쇼퍼 카드는 연 10%의 더 낮은 이자율을 적용하며, 어떤 구매에 대해서도 35일의 무이자 기간이 있어요. 이 카드는 당신이 쓰는 1달러당 저희 보상 프로그램에서 1점의 보상 포인트를 제공합니다. 하지만 연회비 50달러가 있습니다.
고객 상황에 맞는 카드 선정	F: It's OK. [41c]I really don't mind paying the annual fee. [41d]What can I do with the reward points? M: Well, you can redeem your points at any gas station in the country. You can also redeem the points at convenience stores. There is a list of selected stores on the back of the card. F: OK! [44]I'd like to apply for the Elite Shopper Card, then, please.	F: 괜찮네요. [41c]저는 연회비 내는 것을 신경 쓰지 않아요. [41d]보상 포인트로는 무엇을 할 수 있나요? M: 음, 전국 어느 주유소에서든 포인트를 상환하실 수 있습니다. 편의점에서도 포인트 상환이 가능합니다. 카드 뒷면에 선별된 매장 목록이 있습니다. F: 좋아요! [44]그럼 엘리트 쇼퍼 카드를 신청하고 싶어요.
신청서 작성 및 가입	M: Sure thing. Here's the application form. Please fill in your personal details. Do you have an identification card with you? F: Yes. My driver's license. M: We'll run a credit check to see if you're eligible. Could you please check the box stating that you agree? F: OK! I'm done. Here's the form and here's my driver's license.	M: 물론이죠. 여기 신청서가 있습니다. 인적 사항을 기입해 주세요. 신분증을 가지고 계신가요? F: 네. 운전면허증이요. M: 저희는 당신이 카드를 사용할 자격이 있는지 알아보기 위해 신용 조회를 진행할 것입니다. 동의한다고 적힌 박스에 체크해 주시겠어요? F: 네! 다 했어요. 여기 서류와 제 운전면허증이 있어요.

<table>
<tr><td rowspan="5">마무리
및
끝인사</td><td>M: Thank you, Mrs. Richardson. I will make photocopies of your ID card and will be right back.</td><td>M: 감사합니다, 리처드슨 부인. 신분증을 복사해서 바로 오겠습니다.</td></tr>
<tr><td>F: Of course.</td><td>F: 물론이죠.</td></tr>
<tr><td>M: All done. ⁴⁵You should hear from someone within the next 48 hours to let you know whether you have been approved.</td><td>M: 다 됐습니다. ⁴⁵48시간 이내에 당신이 승인되었는지 여부를 알려드리는 사람으로부터 연락을 받으실 겁니다.</td></tr>
<tr><td>F: Sounds good. Thank you for everything.</td><td>F: 좋네요. 여러 가지로 고마워요.</td></tr>
<tr><td>M: Always a pleasure! Thank you for doing business with us, Mrs. Richardson.</td><td>M: 별말씀을요! 저희와 거래해 주셔서 감사합니다, 리처드슨 부인.</td></tr>
</table>

어휘 apply for 신청하다 account 계좌 at the moment 현재 fill out 작성하다 application form 신청서 available 이용 가능한 brochure 안내 책자 absolutely 물론이죠 credit limit 신용 한도 spending limit 지출 한도 reward 보상 earn points 포인트를 적립하다 ideally 이상적으로 suit one's needs ~의 요구에 적합하다 interest rate 이자율 per annum 1년에 annual fee 연 회비 frequent flyer miles 단골 비행객 마일리지 airline 항공사 interest-free 무이자의 purchase 구매 mind ~ing 신경 쓰다, 꺼려하다 redeem 상환하다, 만회하다 convenience store 편의점 fill in 기입하다, 작성하다 personal details 인적사항 identification card 신분증 license 면허(증) run a check 조사하다, 조회하다 eligible 자격이 있는 state 명시하다, 밝히다 make a photocopy of ~를 복사하다 approve 승인하다 do business with ~와 거래하다

---

40 주제 (What) ★★   정답 (b)

What is the conversation mainly about?

(a) how to open a bank account
(b) applying for credit cards
(c) applying for a bank job
(d) how to apply for a house loan

이 대화는 주로 무엇에 관한 것인가?

(a) 은행 계좌를 개설하는 법
(b) 신용 카드 신청하기
(c) 은행 일자리 지원하기
(d) 주택 융자를 신청하는 법

해설 대화에서 "M: ⁴⁰Good morning and welcome to Chase National Bank. What can I do for you today?"(M: 좋은 아침입니다, 체이스 내셔널 은행에 오신 것을 환영합니다. 오늘 무엇을 도와드릴까요?)라고 하였고 "F: Hello! I would like to apply for a new credit card, please.(F: 안녕하세요! 새로운 신용카드를 신청하고 싶어요.)라고 답했다. 신용카드를 신청하려고 은행에 와서 이 용무로 대화가 계속 이어지므로 (b)가 정답이다.

어휘 open a bank account 은행 계좌를 개설하다 apply for ~를 신청하다 house loan 주택 융자

41　True or NOT True ★★　　　　　　　　　　　　　　정답 (a)

Based on the conversation, what is NOT true about Mrs. Richardson?

(a) She has been a long-time customer at the bank.
(b) She is not a regular user of air transportation.
(c) She is willing to pay a credit card fee yearly.
(d) She is interested in credit card point systems.

대화에 따르면 리처드슨 부인에 관해 사실이 아닌 것은?

(a) 그녀는 이 은행의 오랜 고객이었다.
(b) 그녀는 항공편을 정기적으로 이용하지 않는다.
(c) 그녀는 매년 신용카드 회비를 기꺼이 지불할 의사가 있다.
(d) 그녀는 신용카드 포인트 시스템에 관심이 있다.

해설 대화 전반부에 "⁴¹ᵃDo you have any accounts with us at the moment? F: No, I don't."(현재 저희와 거래하는 계좌가 있나요? F: 아니요, 없어요.)라고 하였다. 리처드슨 부인은 이 은행에 신용 거래가 없으므로 오랜 고객이라고 말한 (a)가 사실이 아니다. 대화 중반부에 "⁴¹ᵇI don't usually fly that much."(사실은 제가 비행기를 그렇게 많이 타지 않아요.)라고 하였고 "⁴¹ᶜI really don't mind paying the annual fee."(저는 연회비 내는 것을 신경 쓰지 않아요.)라고 하였으며 "⁴¹ᵈWhat can I do with the reward points?"(보상 포인트로는 무엇을 할 수 있나요?)라고 하였으므로 각각 보기 (b), (c), (d)의 내용과 일치하거나 부합한다. 따라서 정답은 (a)이다.

어휘 regular 정기적인　air transportation 항공편　be willing to+동사원형 기꺼이 ~하다　yearly 매년

42　세부사항 (What) ★★　　　　　　　　　　　　　　정답 (d)

What does Mrs. Richardson request from the bank clerk before completing the application form?

(a) additional information about student loans
(b) additional information about home loans
(c) more information about all the debit cards available
(d) more information about all the credit cards available

리처드슨 부인은 신청서를 작성하기 전에 은행 직원에게 무엇을 요청하는가?

(a) 학자금 대출에 대한 추가 정보
(b) 주택 대출에 대한 추가 정보
(c) 사용 가능한 체크 카드에 대한 추가 정보
(d) 사용 가능한 신용카드에 대한 추가 정보

해설 대화에서 "⁴²Could you please give me more information about the cards available?"(사용 가능한 카드에 대한 더 많은 정보를 주실 수 있나요?)라고 하였다. 리처드슨 부인은 이 은행의 신용 카드에 대한 추가적인 정보를 원한다고 했으므로 (d)가 정답이다.

어휘 request 요청하다　clerk 직원　additional 추가의　student loan 학자금 대출　home loan 주택 대출　debit card 체크 카드

43　세부사항 (What) ★★　　　　　　　　　　　　　　정답 (c)

What kind of credit card is Mrs. Richardson looking for?

(a) one that she can use to earn flight mileage
(b) one that she can use to get free airline tickets
(c) one that she can use to get reward points
(d) one that she can use without paying an annual fee

리차드슨 부인은 어떤 종류의 신용카드를 찾고 있는가?

(a) 비행 마일리지를 얻기 위해 사용할 수 있는 것
(b) 무료 항공권을 얻기 위해 사용할 수 있는 것
(c) 보상 포인트를 얻기 위해 사용할 수 있는 것
(d) 연회비를 내지 않고 사용할 수 있는 것

해설 대화에서 "⁴³I would like to earn points whenever I use the card, ideally."(이상적으로는, 카드를 사용할 때마다 포인트를 적립하고 싶어요.)라고 하였다. 리처드슨 부인이 원하는 신용카드는 쓴 만큼 포인트로 돌려주는 보상 포인트를 주는 카드이므로 (c)가 정답이다.

어휘 earn 얻다, 벌다 flight mileage 비행 마일리지 reward 보상 annual fee 연회비

---

44 세부사항 (what) ★★   정답 **(b)**

Based on the conversation, what did the customer finally decide to apply for?

(a) the card that offers free hotel vouchers
(b) the card that provides points upon purchases
(c) the card that provides flight miles
(d) the card that has no annual fee

대화에 따르면, 고객은 최종적으로 무엇을 신청하기로 정했는가?

(a) 무료 호텔 이용권을 제공하는 카드
(b) 구매 시 포인트를 주는 카드
(c) 비행 마일리지를 제공하는 카드
(d) 연회비가 없는 카드

해설 대화에서 "M: ⁴⁴The Elite Shopper Card has a lower interest rate of 10% per annum and has an interest-free period of 35 days on any purchases made. This card gives you one reward point in our rewards program for every dollar you spend. But there is a $50 annual fee."(M: 엘리트 쇼퍼 카드는 연 10%의 더 낮은 이자율을 적용하며, 어떤 구매에 대해서도 35일의 무이자 기간이 있어요. 이 카드는 당신이 쓰는 1달러당 저희 보상 프로그램에서 1점의 보상 포인트를 제공합니다. 하지만 연회비 50달러가 있습니다.)라고 하였고 후에 "F: ⁴⁴I'd like to apply for the Elite Shopper Card, then, please."(F: 그럼 엘리트 쇼퍼 카드를 신청하고 싶어요.)라고 하였다. 엘리트 쇼퍼 카드는 이자율이 더 낮고 보상 포인트를 주지만 연회비가 있는 카드인데 고객이 이 카드를 선택했으므로 (b)가 정답이다.

Paraphrasing gives you one reward point in our rewards program for every dollar you spend
➡ provides points upon purchases

어휘 finally 최종적으로 hotel voucher 호텔 이용권 purchase 구매

---

45 추론 (When) ★★★   정답 **(c)**

When will Mrs. Richardson probably get confirmation of her credit card approval?

(a) right after the bank teller speaks to the credit company
(b) immediately after applying for the card
(c) within two days after the application is submitted
(d) within a couple of weeks of her application

언제 리처드슨 부인은 신용카드 승인을 확인하게 될 것 같은가?

(a) 은행 창구 직원이 신용 회사에 말한 직후
(b) 카드를 신청한 후 바로
(c) 신청서가 제출된 후 이틀 이내에
(d) 그녀가 신청한 지 2주 이내에

해설 대화에서 "⁴⁵You should hear from someone within the next 48 hours to let you know whether you have been approved."(48시간 이내에 당신이 승인되었는지 여부를 알려드리는 사람으로부터 연락을 받으실 겁니다.)라고 하였다. 리처드슨 부인의 카드 신청이 승인되었는지 여부는 이틀 안에 통보된다고 했으므로 리처드슨 부인은 이틀 이내에 카드 신청이 승인되었는지 확인할 수 있을 것으로 추론된다. 따라서 (c)가 정답이다.

Paraphrasing within the next 48 hours ➡ within two days after the application is submitted

어휘 confirmation 확인 approval 승인 immediately 곧바로, 즉시 application 신청서 submit 제출하다 a couple of weeks 2주

포푸리 제조 방법	Good afternoon, everyone, and welcome to my DIY monthly program. Keeping your home or office pleasant and smelling nice is important. [46]On today's show, I'll show you how to make your own homemade potpourri.	안녕하십니까, 여러분, DIY 월간 프로그램에 오신 것을 환영합니다. 집이나 사무실을 쾌적하고 좋은 향이 나게 유지하는 것은 중요합니다. [46]오늘 방송에서는 여러분 자신만의 홈메이드 포푸리 만드는 법을 알려드릴게요.
포푸리 제조 장점	In today's world of scented everything — from candles to sprays, to air fresheners and plug-in deodorizers, the art of drying flowers and using them to fragrance your home seems obsolete. However, making potpourri, although old, is an easy craft. [47]The supplies are inexpensive, and it's a way to reduce and recycle trash while limiting the chemicals you use in your home.	양초부터 스프레이, 방향제와 플러그를 꽂아 쓰는 탈취제까지, 오늘날의 모든 것이 향이 나는 세계에서, 꽃을 말리고 그것을 사용하여 집을 향기롭게 만드는 이 기술은 구식처럼 보입니다. 하지만 포푸리를 만드는 것은, 오래되긴 했지만, 쉬운 기술입니다. [47]준비물은 저렴하고, 여러분의 집에서 사용하는 화학물질을 제한하면서 쓰레기를 줄이고 재활용할 수 있는 방법입니다.
1단계 포푸리 재료 선택	The first step is to choose potpourri flowers and plant materials. The best flowers for potpourri are those that retain their color and shape when you dry them. If they are fragrant too, that is a bonus, but you can always add fragrance. [48]In fact, it's better not to use too many fragrant flowers, as the perfumes can clash when combined.	첫 번째 단계는 포푸리 꽃과 식물 재료를 고르는 것입니다. 포푸리에 가장 좋은 꽃은 말릴 때 색깔과 모양이 그대로 유지되는 꽃입니다. 향기도 좋다면 그것은 덤이지만, 향기는 언제든지 첨가할 수 있습니다. [48]사실 향기가 섞이면 어울리지 않을 수 있기 때문에 향기로운 꽃을 너무 많이 사용하지 않는 것이 더 낫습니다.
포푸리 꽃 종류	Annual flowers you can grow and harvest for potpourri include calendula, gomphrena, pansies, and scented geraniums. Excellent perennial flower choices for potpourri are lavender, rosebuds, dianthus, and chrysanthemums.	포푸리를 위해 기르고 수확할 수 있는 1년생 화초들에는 금잔화, 천일홍, 팬지, 센티드 제라늄이 포함됩니다. 포푸리를 위한 훌륭한 다년생 꽃에는 라벤더, 로즈버드, 패랭이꽃과 국화가 있습니다.
시각적 재료 추가	[49]Half of the appeal of a good potpourri mix is visual, so consider supplementing it with natural materials you gather from woods and fields around your home, like seed pods or small pinecones. Look to your pantry for fragrant and beautiful additives, such as dried citrus rind and cinnamon sticks.	[49]좋은 포푸리 배합이 가진 매력의 절반은 시각적인 것이므로, 씨앗 꼬투리나 작은 솔방울과 같이 집 주변의 숲과 들판에서 채집하는 천연 재료를 추가하는 것을 고려해보세요. 팬트리에서 말린 감귤류 껍질이나 계피 스틱과 같은 향기롭고 아름다운 첨가물을 찾아보세요.

2단계 포푸리 고정제 구매	The second step is to gather the potpourri-making supplies. Purchase a fixative to help your potpourri fragrance last longer. What are fixatives? [50]They are natural or synthetic substances that reduce the evaporation rate of oil and water in the plants used to make potpourri so that it lasts longer. The plants used to make potpourri naturally consist of oils and water that, over time, evaporate, making the potpourri less effective. Orris root, made from the rhizomes of irises, is one of the most popular fixatives. Other fragrant fixatives include vanilla beans and the angelica root. Each of these exotic fixatives should make up about ten to twenty percent of the potpourri mix.
3단계 향기 증진 재료 사용	Next, use small vials of essential oils or another fragrance-boosting ingredient. You can add oils at the initiation of the potpourri-making process, or later when the mix begins to lose its scent. Oils are richly fragrant and should be used sparingly. In fact, too much essential oil can impart a medicinal smell to your potpourri, which might be desirable for chasing insects from a musty closet but isn't pleasing in the living room. Essential oils can mirror the ingredients of your potpourri, like roses, lavender, or citrus. [51]But buy only the purest essential oils, which do not contain any chemical substances.
4단계 포푸리 제조 및 유의점	For the most fragrant potpourri, start with freshly picked ingredients you've dried for a few days. The materials should be pliable and not yet brittle. Layer plant materials with coarse salt in a bowl, alternating layers. After a few weeks, stir the mixture and add your fixatives and oils. After six months, your moist potpourri will be ready to use. [52]Always choose any type of non-metal container or vessel to display your potpourri as metals can react with the essential oils. Enjoy your potpourri for months!

두 번째 단계는 포푸리를 만드는 물품을 모으는 것입니다. 당신의 포푸리 향이 더 오래 지속되도록 도와주는 고정제를 구매하세요. 고정제란 무엇일까요? [50]그것들은 천연 또는 합성 물질로 포푸리를 만드는 데 사용된 식물에서 기름과 물의 증발 속도를 줄여 포푸리가 더 오래 지속되게 합니다. 포푸리를 만드는 데 사용되는 식물은 자연적으로 시간이 지나며 증발되는 기름과 물로 구성되어 있어 포푸리의 효능을 떨어지게 만듭니다. 아이리스의 뿌리줄기로 만들어진 오리스 뿌리는 가장 인기 있는 고정제 중 하나입니다. 다른 향기로운 고정제로는 바닐라 열매와 안젤리카 뿌리가 있습니다. 이러한 각각의 이국적인 고정제는 포푸리 혼합물의 약 10~20%를 차지해야 합니다.

다음으로, 작은 병에 든 에센셜 오일이나 다른 향기를 증진시키는 재료를 사용하세요. 포푸리를 만드는 과정이 시작될 때, 또는 나중에 혼합물의 향이 없어지기 시작할 때 오일을 첨가할 수 있습니다. 오일은 향기가 풍부하여 조금씩 사용되어야 합니다. 사실, 에센셜 오일을 너무 많이 사용하면 포푸리에 약 냄새가 날 수 있는데, 이것은 곰팡이 낀 옷장에서 곤충을 쫓아내기엔 바람직할 수 있지만 거실에서는 상쾌하지 않습니다. 에센셜 오일은 장미, 라벤더 또는 감귤과 같은 당신의 포푸리의 성분을 반영할 수 있습니다. [51]하지만 화학 물질이 전혀 함유되지 않은 가장 순수한 에센셜 오일만 구매하세요.

가장 향기로운 포푸리를 위해, 며칠 동안 말린 갓 딴 재료들로 시작하세요. 재료는 유연하지만 아직 부서지지 않아야 합니다. 볼에 굵은 소금과 식물 재료를 번갈아 겹겹이 쌓으세요. 몇 주 후, 혼합물을 저어주고 고정제와 오일을 추가하세요. 6개월 후, 당신의 촉촉한 포푸리는 사용할 준비가 될 것입니다. [52]금속이 에센셜 오일과 화학 반응을 일으킬 수 있으므로 항상 어떠한 종류든 비금속 용기 또는 그릇을 선택하여 포푸리를 전시하세요. 몇 달 동안 포푸리를 즐기세요!

scented 향기가 나는 **air freshener** 방향제 **deodorizer** 탈취제 **fragrance** 향기; 향기롭게 하다 **obsolete** 구식의, 한물간 **craft** 기술 **supply** 준비물, 필수품 **reduce** 줄이다 **chemical** 화학물질 **retain** 유지하다, 유지하다 **fragrant** 향기로운 **clash** 어울리지 않다, 충돌하다 **annual flower** 1년생 화초 **harvest** 수확하다 **calendula** 금잔화 **gomphrena** 천일홍 **pansy** 팬지 **perennial** 다년생의 **dianthus** 패랭이꽃 **chrysanthemum** 국화 **supplement** 추가하다, 보충하다 **seed pod** 씨앗 꼬투리 **pinecone** 솔방울 **pantry** 팬트리(식료품 저장실) **additive** 첨가제 **citrus** 감귤류 **rind** (과일) 껍질 **cinnamon** 계피 **purchase** 구매하다 **fixative** 고정제, 접착제 **synthetic** 합성의 **substance** 물질 **evaporation rate** 증발률 **last** 지속하다, 오래가다 **consist of** ~로 구성되다 **over time** 오랜 시간에 걸쳐 **evaporate** 증발하다 **rhizome** 뿌리 줄기 **angelica** 안젤리카(장식용 식물의 일종) **exotic** 이국적인 **make up** 차지하다, 구성하다 **vial** 유리병, 물약병 **boost** 증진시키다, 북돋우다 **initiation** 시작, 착수 **richly** 풍부하게 **sparingly** 조금씩만, 가끔씩만 **impart** 전하다, 주다 **desirable** 바람직한 **chase** 쫓아내다 **musty** 곰팡이 낀 **mirror** 반영하다 **pliable** 유연한 **brittle** 잘 부서지는 **layer A with B** A와 B를 겹겹이 쌓다 **coarse salt** 굵은 소금 **alternate** 번갈아 가면서 하다 **stir** 휘젓다 **mixture** 혼합물 **moist** 촉촉한 **completely** 완전히 **vessel** 그릇 **display** 전시하다 **react with** ~와 (화학) 반응을 일으키다

---

46 주제 (What) ★★   정답 (d)

What topic is the speaker mainly discussing?

(a) how to select the right flowers

(b) how to improve one's health

(c) how to use pure essentials oils

(d) how to make a dried flower medley

화자는 주로 어떤 주제를 논의하고 있는가?

(a) 적합한 꽃을 선택하는 방법
(b) 건강을 증진시키는 방법
(c) 순수 에센셜 오일을 사용하는 방법
(d) 말린 꽃 혼합물을 만드는 법

해설 담화 1단락에서 "⁴⁶On today's show, I'll show you how to make your own homemade potpourri."(오늘 방송에서는 여러분 자신만의 홈메이드 포푸리 만드는 법을 알려드릴게요.)라고 하였다. 화자는 말린 꽃 혼합물인 포푸리를 만드는 방법에 대해 알려 주고 있으므로 (d)가 정답이다.

Paraphrasing how to make your own homemade potpourri ➡ how to make a dried flower medley

어휘 select 선택하다 improve 향상시키다 medley 혼합, 조합

---

47 세부사항 (Why) ★★★   정답 (a)

Why is potpourri making beneficial?

(a) It contributes to reducing trash.

(b) It increases health benefits.

(c) It helps reduce expenses.

(d) It allows one to use artistic skills.

왜 포푸리를 만드는 것이 유익할까?

(a) 쓰레기를 줄이는데 기여한다.
(b) 건강상의 이점을 증가시킨다.
(c) 비용을 줄이는 데 도움이 된다.
(d) 예술적 기술을 사용하도록 한다.

해설 담화 2단락에서 "⁴⁷The supplies are inexpensive, and it's a way to reduce and recycle trash while limiting the chemicals you use in your home."(준비물은 저렴하고, 여러분의 집에서 사용하는 화학물질을 제한하면서 쓰레기를 줄이고 재활용할 수 있는 방법입니다.)라고 하였으므로 (a)가 정답이다.

Paraphrasing it's a way to reduce and recycle trash ➡ It contributes to reducing trash.

어휘 beneficial 유익한, 이득이 되는 contribute to ~에 기여하다 expense 비용, 경비

According to the talk, what is the problem with the use of several fragrances?

(a) They pose real health hazards.
(b) Their smells can overlap each other.
(c) They pose threats to the environment.
(d) They include unstable substances.

담화에 따르면, 여러 향기의 사용에 대한 문제는 무엇인가?

(a) 그것들은 실제 건강상의 위험을 초래한다.
(b) 그것들의 냄새가 서로 겹쳐질 수 있다.
(c) 그것들은 환경에 위협을 가한다.
(d) 그것들은 불안정한 물질을 포함한다.

해설 담화 3단락에서 "[48]In fact, it's better not to use too many fragrant flowers, as the perfumes can clash when combined."(사실 향기들이 섞이면 어울리지 않을 수 있기 때문에 향기로운 꽃을 너무 많이 사용하지 않는 것이 더 낫습니다.)라고 하였다. 너무 여러 향기들을 사용하면 향기들이 서로 겹쳐서 안 좋은 냄새가 날 수 있다고 했으므로 (b)가 정답이다.

Paraphrasing the perfumes can clash when combined ➡ Their smells can overlap each other.

어휘 pose 제기하다, 초래하다   hazard 위험   overlap 겹치다   threat 위협   unstable 불안정한   substance 물질

What makes up a big part of the charm of potpourri?

(a) the container that holds it
(b) the visual aspect that it presents
(c) the essential oils that bind it
(d) the fixatives that are added

포푸리의 매력에서 큰 부분을 차지하는 것은 무엇인가?

(a) 포푸리를 담는 용기
(b) 보여 주는 시각적 측면
(c) 포푸리를 감싸는 에센셜 오일
(d) 첨가되는 고정제

해설 담화 4단락에서 "[49]Half of the appeal of a good potpourri mix is visual, so consider supplementing it with natural materials you gather from woods and fields around your home, like seed pods or small pinecones."(좋은 포푸리 배합이 가진 매력의 절반은 시각적인 것이므로, 씨앗 꼬투리나 작은 솔방울과 같이 집 주변의 숲과 들판에서 채집하는 천연 재료를 추가하는 것을 고려해 보세요.)라고 하였으므로 (b)가 정답이다.

Paraphrasing Half of the appeal of a good potpourri mix is visual ➡ the visual aspect that it presents

어휘 make up ~을 차지하다   charm 매력   visual aspect 시각적 측면   present 나타내다, 보여주다   bind 감싸다, 묶다   fixative 고정제

Based on the talk, what would likely happen if fixatives were omitted?

(a) The scent would evaporate quite rapidly.
(b) The dry and moist ingredients would react badly.
(c) The plant would give off a nasty smell.
(d) The dry ingredients would be odorless immediately.

담화에 따르면, 고정제가 생략되면 어떤 일이 발생할 수 있을 것 같은가?

(a) 향기는 아주 빨리 증발할 것이다.
(b) 건조하고 촉촉한 성분은 거부 반응을 일으킬 것이다.
(c) 식물은 고약한 냄새를 풍길 것이다.
(d) 마른 재료들은 즉시 냄새가 나지 않게 될 것이다.

───────────────────────────────

해설 ▶ 담화 5단락에서 "⁵⁰They are natural or synthetic substances that reduce the evaporation rate of oil and water in the plants used to make potpourri so that it lasts longer."(그것들은 천연 또는 합성 물질로 포푸리를 만드는 데 사용된 식물에서 기름과 물의 증발 속도를 줄여 포푸리가 더 오래 지속되게 합니다.)라고 하였다. 고정제는 포푸리의 오일과 수분의 증발 속도를 줄여서 포푸리의 향기를 오래 지속시켜 준다고 했으므로 만일 고정제를 쓰지 않으면 포푸리 향이 빨리 날아갈 것으로 추론된다. 따라서 (a)가 정답이다.

어휘 ▶ omit 생략하다 evaporate 증발하다 rapidly 빨리 moist 촉촉한 ingredient 성분 react badly 거부 반응을 보이다 give off ~을 풍기다, 내뿜다 nasty 끔찍한, 고약한 odorless 냄새가 없는 immediately 즉시

According to the speaker, which essential oils are recommended for potpourri making?

(a) dilutable ones
(b) ones with additives
(c) the purest ones
(d) antibacterial ones

화자에 따르면, 포푸리 제조 시 어느 에센셜 오일이 권장되는가?

(a) 희석 가능한 오일
(b) 첨가제가 있는 오일
(c) 가장 순수한 오일
(d) 항균성 오일

───────────────────────────────

해설 ▶ 담화 6단락에서 "⁵¹But buy only the purest essential oils, which do not contain any chemical substances."(하지만 화학 물질이 전혀 함유되지 않은 가장 순수한 에센셜 오일만 구매하세요.)라고 하였으므로 (c)가 정답이다.

어휘 ▶ recommend 권하다, 추천하다 dilutable 희석 가능한 additive 첨가제 antibacterial 항균성의

Why does the speaker suggest not using a metal container?

(a) because it is more expensive
(b) because it can react to oils
(c) because it cannot hold scents
(d) because it is not transparent

화자는 왜 금속 용기를 사용하지 말라고 제안하는가?

(a) 금속 용기는 더 비싸기 때문
(b) 금속 용기는 오일에 반응할 수 있기 때문
(c) 금속 용기는 냄새를 담을 수 없기 때문
(d) 금속 용기는 투명하지 않기 때문

해설 담화 7단락에서 "⁵²Always choose any type of non-metal container or vessel to display your potpourri as metals can react with the essential oils."(금속이 에센셜 오일과 화학 반응을 일으킬 수 있으므로 항상 어떠한 종류든 비금속 용기 또는 그릇을 선택하여 포푸리를 전시하세요.)라고 하였다. 포푸리를 만들 때 금속 용기를 사용하면 금속과 에센셜 오일이 반응을 일으킬 수 있다고 했으므로 (b)가 정답이다.

Paraphrasing as metals can react with the essential oils ➡ because it can react to oils

어휘 metal container 금속 용기 react to ~에 반응하다 hold scent 냄새를 담다 transparent 투명한

정답 확인하기

READING AND VOCABULARY													
PART 1	53	(c)	54	(a)	55	(b)	56	(b)	57	(d)	58	(c)	59	(a)
PART 2	60	(a)	61	(c)	62	(d)	63	(a)	64	(b)	65	(d)	66	(d)
PART 3	67	(d)	68	(c)	69	(b)	70	(d)	71	(c)	72	(b)	73	(c)
PART 4	74	(b)	75	(a)	76	(a)	77	(c)	78	(b)	79	(d)	80	(d)

문항별 취약 유형 체크하기

PART 1 인물 일대기	
53	세부사항 (What)
54	세부사항 (Why)
55	세부사항 (Why)
56	세부사항 (What)
57	True or Not True (Which of the following)
58	어휘 (동사: establish)
59	어휘 (동사: dedicated)

PART 2 잡지 기사	
60	세부사항 (What)
61	세부사항 (what)
62	세부사항 (Which of the following)
63	세부사항 (How)
64	추론 (Why)
65	어휘 (동사: improve)
66	어휘 (동사: comprise)

PART 3 지식 백과	
67	세부사항 (What)
68	세부사항 (How)
69	세부사항 (What)
70	추론 (Which)
71	세부사항 (Where)
72	어휘 (동사: reveal)
73	어휘 (부사: roughly)

PART 4 비즈니스 레터	
74	주제/목적 (Why)
75	세부사항 (what)
76	추론 (Why)
77	세부사항 (Why)
78	세부사항 (what)
79	어휘 (명사: attendee)
80	어휘 (동사: investigate)

★ 틀린 문항을 확인하고 취약한 유형을 집중 학습하세요.

	GEORGE WASHINGTON CARVER	조지 워싱턴 카버
인물 소개	[53]George Washington Carver was an American agricultural chemist, agronomist, and inventor who promoted alternative crops to cotton and methods to prevent soil depletion. He was the most prominent black scientist of the early 20th century.	[53]조지 워싱턴 카버는 미국의 농화학자, 농학자, 그리고 목화에 대한 대체 작물과 토양 고갈 방지 방법을 육성한 발명가였다. 그는 20세기 초 가장 저명한 흑인 과학자였다.
어린 시절	Born sometime in 1864 as a slave on a farm near Diamond Grove, Missouri, Carver was freed after the American Civil War. In his late 20s, he managed to finish high school in Kansas.	1864년 어느 때에 미주리주 다이아몬드 그로브 인근 농장에서 노예로 태어난 카버는 남북전쟁 이후 해방되었다. 20대 후반에 그는 캔자스에서 간신히 고등학교 교육을 마쳤다.
초기 활동	Later, he attended Simpson College in Iowa and Iowa State College of Agriculture and Mechanic Arts, [54]after several refusals from other universities due to the color of his skin. From the latter, he earned a bachelor's degree in agricultural science in 1894 and a master's degree in 1896. Carver left for Alabama in the fall of 1896 to direct the department of agriculture at the Tuskegee Normal and Industrial Institute, where Carver would remain for the rest of his life.	그는 [54]피부색으로 인해 다른 대학들로부터 여러 번 거절당한 후 아이오와주의 심슨 칼리지와 아이오와 주립 농업 기계기술 대학에 다녔다. 후자(아이오와 주립 농업 기계기술 대학)에서 그는 1894년에 농학 학사 학위를 받았고 1896년에 석사 학위를 받았다. 카버는 1896년 가을에 앨라배마로 떠나 터스키기 노멀 앤 인더스트리 연구소의 농업 부서를 총괄했고, 거기에서 카버는 그의 여생을 보냈다.
활동 시작 계기	Carver devoted his time to research projects aimed at helping Southern agriculture. Since the unremitting single-crop cultivation of cotton had left the soil worthless and erosion had then taken its toll on many areas, [55]Carver urged Southern farmers to plant peanuts and soybeans to restore nitrogen to the soil and prevent erosion. The peanuts would in turn provide protein to many Southerners.	카버는 남부의 농업을 돕는 것을 목표로 하는 연구 프로젝트에 그의 시간을 쏟았다. 끊임없이 단일 작물인 면화만 재배하는 것은 토양을 쓸모없는 상태로 남겨두었고, 토양 침식이 많은 지역에 해를 끼쳤기 때문에, [55]카버는 남부 농부들에게 토양에 질소를 회복시키고 침식을 막기 위해 땅콩과 콩을 심도록 촉구했다. 그 결과로 땅콩은 남부인들에게 단백질을 제공해줄 것이었다.
주요 업적	Carver found that Alabama's soils were particularly well-suited to growing peanuts and sweet potatoes, but [56]when the state's farmers began cultivating these crops instead of cotton, they found little demand for them on the market. In response to this problem,	카버는 앨라배마의 토양이 땅콩과 고구마를 재배하기에 특히 적합하다는 것을 발견했지만, [56]그 주의 농부들이 목화 대신 이 작물들을 재배하기 시작했을 때, 그들은 시장에서 그것들에 대한 수요가 거의 없다는 것을 알았다. 이 문제에 대응하여, 카버는 오

주요 업적	Carver set about enlarging the commercial possibilities of the peanut and the sweet potato through a long and ingenious program of laboratory research. He ultimately developed 300 derivative products from peanuts and 118 from sweet potatoes.	래 걸리지만 독창적인 실험 연구 프로그램을 통해 땅콩과 고구마의 상업적 가능성을 확대하는 일에 착수했다. 그는 결국 땅콩에서 300개 파생 제품과 고구마에서 118개 파생 제품을 개발했다.
업적에 대한 평가	[57a]During his 47 years in scientific agriculture and chemurgy (the industrial use of raw products from plants), Carver contributed to agricultural and scientific knowledge. For much of white America, [57b]he came to stand as a kind of saintly and comfortable symbol of the intellectual achievements of African Americans. Carver was elected to Britain's Society for the Encouragement of Arts, Manufactures, and Commerce in 1916. His friends included Henry Ford, Mahatma Gandhi, and President Theodore Roosevelt.	[57a]47년 동안 과학적 농업과 농산화학(식물에서 생산되는 원제품을 산업적으로 사용하는 것)을 하면서 카버는 농업과 과학 지식에 기여했다. 많은 백인 미국인들에게, [57b]그는 아프리카계 미국인들의 지적 성취의 일종의 성스럽고 편안한 상징으로 우뚝 서게 되었다. 카버는 1916년 영국 예술, 제조, 상업 장려 협회 회원으로 선출되었다. 그의 친구로는 헨리 포드, 마하트마 간디, 그리고 시어도어 루즈벨트 대통령이 있었다.
말년	[57c]In 1940 he used his life savings to [58]establish the George Washington Carver Foundation for research in agricultural chemistry. [57d]Ten years after his death in Tuskegee on Jan. 5, 1943, Carver's birthplace was [59]dedicated as a national monument.	[57c]1940년 그는 평생 모은 돈을 농화학 분야의 연구를 위해 조지 워싱턴 카버 재단을 [58]설립하는데 사용했다. [57d]1943년 1월 5일 터스키기에서 그가 사망한 지 10년 후, 카버의 생가는 국가 기념물로 [59]바쳐졌다.

어휘 agricultural chemist 농화학자 agronomist 농학자 inventor 발명가 alternative crop 대체 농작물 prevent 막다. 예방하다 depletion 고갈 prominent 저명한 free 해방하다. 풀어주다 American Civil War 남북 전쟁 manage to+동사원형 간신히 ~하다 refusal 거절 due to ~때문에 bachelor's degree 학사 학위 institute 협회, 연구소 devote A to B A를 B에 바치다(쏟다) aimed at ~을 목표로 하는 unremitting 끊임없는 cultivation 경작 worthless 쓸모없는 erosion 부식, 침식 take its toll on ~에 해를 끼치다 urge A to+동사원형 A에게 ~하라고 촉구하다 restore 회복시키다 nitrogen 질소 in turn 그 결과로 protein 단백질 particularly 특히 well-suited to ~에 적합한 demand 수요 in response to ~에 대응하여 set about ~에 착수하다 enlarge 확대하다. 확장하다 commercial 상업적인 ingenious 기발한. 독창적인 laboratory 실험실 ultimately 궁극적으로 derivative product 파생 상품 chemurgy 농산화학 contribute to ~에 기여하다 knowledge 지식 much of ~의 대부분 saintly 성스러운 comfortable 편안한 intellectual 지적인 achievement 성취 be elected to ~에 선출되다 encouragement 장려 manufacture 제조 commerce 상업 one's life savings ~가 평생 모은 돈 establish 설립하다 foundation 재단 birthplace 생가, 출생지 dedicate 바치다. 헌정하다 monument 기념물

What contributed to Carver's fame?   무엇이 카버의 명성에 기여했는가?

(a) his invention of fertilizer for crops
(b) his invention of an irrigation system
(c) his methods to prevent soil erosion
(d) his methods to cultivate sugarcane

(a) 작물용 비료 발명
(b) 관개 시설 발명
(c) 토양 침식 방지를 위한 방법들
(d) 사탕수수 재배 방법들

해설 ▶ 본문 1단락에서 "[53]George Washington Carver was an American agricultural chemist, agronomist, and inventor who promoted alternative crops to cotton and methods to prevent soil depletion."(조지 워싱턴 카버는 미국의 농화학자, 농학자, 그리고 목화에 대한 대체 작물과 토양 고갈 방지 방법을 육성한 발명가였다.)라고 하였다. 보기 중 이 내용과 가장 가까운 (c)가 정답이다.

Paraphrasing ▶ methods to prevent soil depletion ➡ methods to prevent soil erosion

어휘 contribute to ~에 기여하다   fame 명성   invention 발명   fertilizer 비료   crop 농작물   irrigation system 관개 시설   soil erosion 토양 침식   cultivate 경작하다, 재배하다   sugarcane 사탕수수

Why did some universities refuse admission to Carver?   일부 대학은 왜 카버에게 입학을 거부했는가?

(a) because he was of African descent
(b) because he was homeschooled
(c) because he wasn't rich enough
(d) because he wasn't smart enough

(a) 아프리카계 혈통이었기 때문에
(b) 홈스쿨링을 받았기 때문에
(c) 충분히 부유하지 않았기 때문에
(d) 충분히 똑똑하지 않았기 때문에

해설 ▶ 본문 3단락에서 "[54]after several refusals from other universities due to the color of his skin"(피부색으로 인해 다른 대학들로부터 여러 번 거절당한 후)라고 하였다. 그는 흑인이라는 이유로 여러 대학에서 입학을 거절당했으므로 (a)가 정답이다.

Paraphrasing ▶ due to the color of his skin ➡ because he was of African descent

어휘 refuse 거절하다   admission 입학   of ~ descent ~ 혈통인   homeschool 홈스쿨링하다, 집에서 가르치다

Why did Carver encourage Southern farmers to cultivate peanuts and soybeans?   왜 카버는 남부 농부들에게 땅콩과 콩을 경작할 것을 권장했는가?

(a) because they could be very lucrative
(b) because they were beneficial for the soil
(c) because he tried to apply the new trend in Europe
(d) because he wanted to try something new

(a) 그것들이 수익성이 매우 좋을 가능성이 있어서
(b) 그것들이 토양에 유익해서
(c) 그가 유럽의 새로운 트렌드를 적용해 보려고
(d) 그가 새로운 것을 시도해 보고 싶어서

본문 4단락에서 "⁵⁵Carver urged Southern farmers to plant peanuts and soybeans to restore nitrogen to the soil and prevent erosion."(카버는 남부 농부들에게 토양에 질소를 회복시키고 침식을 막기 위해 땅콩과 콩을 심도록 촉구했다.)라고 하였다. 카버가 남부 농부들에게 땅콩과 콩 재배를 권한 이유는 이 작물들이 토양에 질소를 회복시키고 침식을 막아주는 등의 토양에 유익한 작용을 하기 때문이므로 (b)가 정답이다.

encourage 격려하다 cultivate 경작하다 lucrative 수익성이 좋은 beneficial 유익한 apply 적용하다

---

56 세부사항 (What) ★★　　　　　　　　　　　　　　　　　정답 (b)

What challenge did farmers face when they first started to grow peanuts and sweet potatoes?

(a) They didn't know how to cultivate the crops.
(b) Demand was much lower than supply.
(c) They didn't have enough space available.
(d) Supply was much lower than demand.

농부들이 땅콩과 고구마를 처음 재배하기 시작했을 때 어떤 어려움에 직면했는가?

(a) 그들은 그 농작물을 경작하는 방법을 몰랐다.
(b) 수요가 공급보다 훨씬 더 적었다.
(c) 그들은 사용 가능한 공간이 충분하지 않았다.
(d) 공급이 수요보다 훨씬 적었다.

본문 5단락에서 "⁵⁶when the state's farmers began cultivating these crops instead of cotton, they found little demand for them on the market."(그 주의 농부들이 목화 대신 이 작물들을 재배하기 시작했을 때, 그들은 시장에 그것들에 대한 수요가 거의 없다는 것을 알았다.)라고 하였다. 땅콩과 고구마에 대한 시장의 수요가 거의 없었으므로 수요가 공급에 비해 훨씬 적었다. 따라서 (b)가 정답이다.

they found little demand for them on the market ➡ Demand was much lower than supply.

face ~에 직면하다 demand 수요 supply 공급 space 공간 available 이용 가능한

---

57 True or Not True ★★　　　　　　　　　　　　　　　　　정답 (d)

Which of the following is NOT true about Carver?

(a) He devoted himself to research in agricultural science.
(b) He became a symbol of African Americans' intellectual accomplishments.
(c) He formed a foundation named after himself for research.
(d) Right after his death, his birthplace became a monument.

다음 중 카버에 관해 사실이 아닌 것은?

(a) 농과학 분야의 연구에 헌신했다.
(b) 아프리카계 미국인의 지적 성취의 상징이 되었다.
(c) 연구를 위해 자신의 이름을 딴 재단을 만들었다.
(d) 사망 직후 그의 생가가 기념물이 되었다.

본문 6단락에서 "⁵⁷ᵃDuring his 47 years in scientific agriculture and chemurgy, Carver contributed to agricultural and scientific knowledge."(47년 동안 과학 농업과 농산화학을 하면서 카버는 농업과 과학 지식에 기여했다.), "⁵⁷ᵇhe came to stand as a kind of saintly and comfortable symbol of the intellectual achievements of African Americans."(그는 아프리카계 미국인들의 지적 성취의 일종의 성스럽고 편안한 상징으로 우뚝 서게 되었다.)라고 하였고 본문 7단락에서 "⁵⁷ᶜIn 1940 he used his life savings to establish the George Washington Carver Foundation for research in agricultural chemistry."(1940년 그는 평생 모은 돈을 농화학 분야의 연구를 위해 조지 워싱턴 카버 연구 재단을 설립하는데 사용했다.)라고 하였으므로 (a), (b), (c)의 내용과 일치한다. 본문 7단락 "⁵⁷ᵈTen years after his death in Tuskegee on Jan. 5, 1943, Carver's birthplace was dedicated as a national monument."(1943년 1월 5일 터스키기에서 그가 사망한 지 10년 후, 카버의 생가는 국가 기념물로 헌정되었다.)에서 (d)의 내용과 일치하지 않으므로 (d)가 정답이다.

58 어휘 (동사: establish) ★★★　　　　　　　　　　　　　정답 (c)

In the context of the passage, <u>establish</u> means _____.

(a) set
(b) locate
(c) organize
(d) consist

본문의 맥락에서, establish는 _____을 의미한다.
(a) 설정하다
(b) 위치를 알아내다
(c) 조직하다
(d) 구성되다

해설 본문 7단락 "In 1940 he used his life savings to [58]establish the George Washington Carver Foundation for research in agricultural chemistry."(1940년 그는 평생 모은 돈을 농화학 분야의 연구를 위해 조지 워싱턴 카버 재단을 설립하는데 사용했다.)에서 establish의 의미는 '설립하다'이다. 보기 중 이 의미와 가장 가까운 (c)가 정답이다.

어휘 set 정해놓다, 설정하다　locate 위치를 알아내다　organize 조직하다, 구성하다　consist 구성되다

59 어휘 (동사: dedicated) ★★★　　　　　　　　　　　　정답 (a)

In the context of the passage, <u>dedicated</u> means _____.

(a) devoted
(b) made
(c) purposed
(d) proposed

본문의 맥락에서, dedicated는 _____를 의미한다.
(a) 바쳐진
(b) 만들어진
(c) 의도된
(d) 제안된

해설 본문 7단락 "Carver's birthplace was [59]dedicated as a national monument."(카버의 생가는 국가 기념물로 바쳐졌다.)에서 dedicated의 의미는 '~에 바쳐진, 헌정된'이다. 보기 중 이 의미와 가장 가까운 (a)가 정답이다.

어휘 devote 바치다, 쏟다　purpose 의도하다　propose 제안하다

중국의 새 정책 소개	**WORLD'S BIGGEST PLASTIC PRODUCER IMPLEMENTS NEW ECO-FRIENDLY POLICIES!** By the end of 2020, non-biodegradable plastic bags will be banned in supermarkets and malls in major cities in China. [60]Food delivery and takeout services, which use vast amounts of plastics, will stop using single-use plastic straws and cutlery and they will be banned nationwide. Instead, China will encourage the use of alternative materials, such as biodegradable shopping bags.	**세계에서 가장 큰 플라스틱 제품 생산국 새로운 환경 정책을 시행하다!** 2020년 말까지, 중국 주요 도시의 슈퍼마켓과 쇼핑몰에서 분해되지 않는 비닐 봉투가 금지될 것이다. [60]방대한 양의 플라스틱을 사용하는 음식 배달과 테이크아웃 서비스 업체들이 일회용 플라스틱 빨대와 식기 사용을 중단할 것이고 그것들은 전국적으로 금지될 것이다. 대신에 중국은 생분해성 쇼핑백과 같은 대체 물질의 사용을 장려할 것이다.
정책 수립의 계기	China is catching up with the rest of the world according to a recent report. [61]The EU is the leader in solving the plastic crisis and has already passed a law to widely ban single-use plastic items, and many developing countries in Africa and Southeast Asia are also tracking the problem. A lot of plastic waste is generated each year, and 60% of that has been dumped in either landfills or the natural environment. Regardless of where it's dumped, plastic's resistance to degradation makes it nearly impossible to completely break down.	최근 한 보고서에 따르면, 중국이 세계의 나머지 국가들을 따라잡고 있다고 한다. [61]EU는 플라스틱 위기 해결의 선두주자로 이미 일회용 플라스틱 품목을 광범위하게 금지하는 법을 통과시켰고, 아프리카와 동남아시아의 많은 개발도상국들도 이 문제를 추적하여 조사하고 있다. 매년 많은 플라스틱 쓰레기가 발생하며, 그중 60%가 매립지나 자연 환경에 버려지고 있다. 어디에 버려지든 상관없이, 플라스틱은 분해에 저항성이 있어서 완전히 분해되는 것은 거의 불가능하다.
여러 나라의 친환경 정책	Regulations on single-use plastic are on the rise globally. France banned the use of plastic items starting this year, while hoping to phase them out by 2040. Thailand and New Zealand have either placed restrictions on or banned single-use plastic bags, and so have many countries in Africa. [62]Still, India held off imposing a single-use plastic ban last year, fearing the policy would trigger an economic slowdown.	일회용 플라스틱에 대한 규제가 세계적으로 증가하고 있다. 프랑스는 2040년까지 플라스틱 품목을 단계적으로 폐지하길 희망하며 올해부터 플라스틱 품목 사용을 금지했다. 태국과 뉴질랜드는 일회용 비닐봉투를 제한하거나 금지했으며 아프리카의 많은 나라들도 그렇게 해왔다. [62]그러나 인도는 그 정책이 경기 둔화를 유발할 것을 우려하여, 지난해 일회용 플라스틱 사용 금지 조치를 연기한 바 있다.
정책 이행의 어려운 점	The use of plastic in China has risen as online shopping has become part of everyday life. In fact, Alibaba has been criticized for shipping 1 billion packages during its yearly 24-hour-long shopping marathon. [63]The new	온라인 쇼핑이 일상의 일부가 되면서 중국에서 플라스틱 사용이 증가했다. 사실, 알리바바는 매년 24시간 쇼핑마라톤 행사 동안 10억 개의 상품을 배송하여 비난을 받아왔다. [63]새로운 정책은 포장 전략을 조정할

정책 이행의 어려운 점	policy may increase the costs for e-commerce platforms that will need to adjust their packaging strategies. Biodegradable materials and recycled plastics are still more expensive. But by 2022, some delivery services in major cities will be forbidden from using non-degradable packaging, with the ban extended to the whole country by 2025.	필요가 있는 전자 상거래 플랫폼의 비용을 증가시킬 수 있다. 생분해성 물질과 재활용 플라스틱은 훨씬 더 비싸다. 그러나 2022년까지 주요 도시의 일부 배달 서비스는 분해되지 않는 포장재를 사용하는 것이 금지될 것이며, 2025년까지 금지령은 전국으로 확대될 것이다.
새 정책의 한계	While China's regulations are likely to slow the flow of plastic usage and [65]improve the country's recycling rate, the initiative could be a headwind for the petrochemical industry, which is expected to [66]comprise half of its long-term demand growth through 2050. [64]The new policy will suppress demand for plastics, which is a potential risk for oil and chemical companies.	중국의 규제가 플라스틱 사용량의 흐름을 늦추고 재활용률을 [65]향상시킬 가능성이 높지만 이 계획이 2050년까지 장기적인 수요 성장의 절반을 [66]차지할 것으로 예상되는 석유 화학 산업에 역풍이 될 수 있다. [64]새로운 정책은 플라스틱에 대한 수요를 억제할 것인데, 이는 석유와 화학 회사들에게 잠재적인 위험 요소이다.

어휘 biodegradable 생분해되는 ban 금지하다 delivery 배달 takeout service 테이크아웃 서비스 vast 막대한, 방대한 single-use 일회용 cutlery 식기 instead 대신 encourage 장려하다, 격려하다 alternative 대체의, 대안적인 catch up with (뒤쳐지지 않게) 따라잡다 developing country 개발도상국 track 추적하여 조사하다 generate 발생시키다 dump 버리다 landfill 쓰레기 매립지 environment 환경 regardless of ~에 상관없이 resistance 저항, 저항성 degradation 저하, 분해 nearly 거의 break down 분해되다 regulation 규제, 규정 be on the rise 증가하다 phase out 단계적으로 폐지하다 place restrictions on ~을 제한하다 hold off 연기하다 impose a ban 금지 조치를 내리다 fear 우려하다 policy 정책 trigger 유발하다, 촉발하다 economic slowdown 경기 둔화 be criticized for ~에 대해 비난받다 e-commerce 전자상거래 adjust 조정하다 packaging strategy 포장 전략 be forbidden from ~하는 것이 금지되다 extend A to B A를 B까지 확대하다 be likely to +동사원형 ~할 가능성이 높다 usage 사용량 initiative 계획, 방안 headwind 역풍 petrochemical 석유 화학의 be expected to+동사원형 ~할 것으로 예상되다 comprise 차지하다, 구성하다 suppress 억누르다, 억제하다 potential 잠재적인

---

60 세부사항 (What) ★★   정답 (a)

What does this article reveal about China's new initiative?

(a) Individual use of single-use plastic will be banned nationwide.
(b) Plastic will be used only in some stores.
(c) Takeout services will be banned.
(d) Food delivery services will be banned.

본문은 중국의 새로운 계획에 대해 무엇을 드러내고 있는가?

(a) 전국적으로 개인적인 일회용 플라스틱의 사용이 금지될 것이다.
(b) 플라스틱은 일부 상점에서만 사용될 것이다.
(c) 테이크아웃 서비스는 금지될 것이다.
(d) 음식 배달 서비스가 금지될 것이다.

해설 본문 1단락에서 "[60]Food delivery and takeout services, which use vast amounts of plastics, will stop using single-use plastic straws and cutlery and they will be banned nationwide."(방대한 양의 플라스틱을 사용하는 음식 배달과 테이크아웃 서비스 업체들이 일회용 플라스틱 빨대와 식기 사용을 중단할 것이고 그것들은 전국적으로 금지될 것이다.)라고 하였다. 테이크아웃이나 음식 배달 서비스 자체가 금지되는 것이 아니라 이들 서비스에서 일회용 플라스틱 용품을 쓰는 것이 금지될 것이라고 했으므로 (a)가 정답이다.

어휘 reveal 드러내다 individual 개인의 nationwide 전국적으로

Based on the article, what entities have been leading the battle against the plastic crisis so far?

(a) all the advanced economies
(b) all the emerging economies
(c) the European Union mostly
(d) all the developing economies

본문에 따르면, 지금까지 플라스틱 위기와의 전쟁을 주도해 온 것은 어떤 집단들인가?

(a) 모든 선진국들
(b) 모든 신흥 경제국들
(c) 유럽 연합의 대부분
(d) 모든 개발 도상국

해설 본문 2단락에서 "61The EU is the leader in solving the plastic crisis and has already passed a law to widely ban single-use plastic items, and many developing countries in Africa and Southeast Asia are also tracking the problem." (EU는 플라스틱 위기 해결의 선두주자로 이미 일회용 플라스틱 품목을 광범위하게 금지하는 법을 통과시켰고, 아프리카와 동남아시아의 많은 개발도상국들도 이 문제를 추적하여 조사하고 있다.)라고 하였다. 유럽 연합이 플라스틱 위기 해결에 선도적 역할을 했고 개발도상국들이 이를 따라가고 있다고 했으므로 (c)가 정답이다.

어휘 entity 집단, 독립체 advanced economies 선진국 emerging economies 신흥 경제국 European Union 유럽 연합 mostly 대부분 developing economies 개발 도상국

Which of the following best describes India's reaction to single-use plastic ban?

(a) India is in support of the policy.
(b) India does not support the policy.
(c) India fears the reaction of the general public.
(d) India fears an economic fallout due to the policy.

다음 중 일회용 플라스틱 금지에 대한 인도의 반응을 가장 잘 설명하는 것은?

(a) 인도는 그 정책을 지지하고 있다.
(b) 인도는 그 정책을 지지하지 않는다.
(c) 인도는 일반 대중의 반응을 우려한다.
(d) 인도는 이 정책으로 인한 경제적 여파를 우려하고 있다.

해설 본문 3단락에서 "62Still, India held off imposing a single-use plastic ban last year, fearing the policy would trigger an economic slowdown."(그러나 인도는 그 정책이 경기 둔화를 유발할 것을 우려하여, 지난해 일회용 플라스틱 사용 금지 조치를 연기한 바 있다.)라고 하였다. 인도는 일회용 플라스틱 사용 금지 정책이 경기 둔화를 촉발할 것에 대해 우려한다고 했으므로 (d)가 정답이다.

Paraphrasing fearing the policy would trigger an economic slowdown ➡ fears an economic fallout due to the policy

어휘 describe 설명하다, 묘사하다 reaction 반응 in support of 지지하는 fear 우려하다 the general public 일반 대중 economic 경제적 fallout 여파, 파장 due to ~ 때문에

63

세부사항 (How) ★★   정답 **(a)**

How will China's grand environmental strategies affect e-commerce?

(a) by making it much pricier
(b) by improving the services
(c) by having it more accessible
(d) by limiting customers' purchases

중국의 대환경 전략은 전자상거래에 어떻게 영향을 미칠 것인가?

(a) 그것을 훨씬 비싸게 함으로써
(b) 서비스를 개선함으로써
(c) 그것을 더 접근 가능하게 함으로써
(d) 고객의 구매를 제한함으로써

해설 ▶ 본문 4단락에서 "⁶³The new policy may increase the costs for e-commerce platforms that will need to adjust their packaging strategies. Biodegradable materials and recycled plastics are still more expensive."(새로운 정책은 포장 전략을 조정할 필요가 있는 전자 상거래 플랫폼의 비용을 증가시킬 수 있다. 생분해성 물질과 재활용 플라스틱은 훨씬 더 비싸다.)라고 하였다. 플라스틱 사용을 제한하는 환경 전략은 전자상거래 업체의 비용을 증가시킴으로써 전자상거래에 영향을 미치게 되므로 (a)가 정답이다.

어휘 ▶ grand 큰. 웅장한 environmental strategy 환경 전략 affect 영향을 미치다 e-commerce 전자상거래 pricy 비싼 accessible 접근 가능한 limit 제한하다 purchase 구매

64

추론 (Why) ★★★   정답 **(b)**

Why most likely would the new policy be a threat to oil companies?

(a) It will reduce air pollution levels.
(b) It will reduce their yearly turnover.
(c) It will increase the oil prices internationally.
(d) It will decrease oil demand nationwide.

왜 새로운 정책이 석유 회사들에게 위협이 될 것 같은가?

(a) 대기 오염 수준을 감소시킬 것이다.
(b) 그들의 연간 매출액을 감소시킬 것이다.
(c) 국제적으로 유가를 상승시킬 것이다.
(d) 전국적으로 석유 수요를 감소시킬 것이다.

해설 ▶ 본문 5단락에서 "⁶⁴The new policy will suppress demand for plastics, which is a potential risk for oil and chemical companies."(새로운 정책은 플라스틱에 대한 수요를 억제할 것인데, 이는 석유와 화학 회사들에게 잠재적인 위험 요소이다.)라고 하였다. 석유나 화학 회사들이 플라스틱 생산에 관여하는데, 플라스틱 사용을 억제하는 정책은 플라스틱에 대한 수요를 줄어들게 해서 결과적으로 이 회사들의 매출이 감소하는 것을 추론할 수 있다. 따라서 (b)가 정답이다.

어휘 ▶ threat 위협 reduce 줄이다, 감소시키다 air pollution 대기 오염 yearly turnover 연간 매출액 increase 증가시키다 decrease 감소시키다 nationwide 전국적으로

In the context of the passage, <u>improve</u> means _____.

(a) deduct
(b) approve
(c) refine
(d) raise

본문의 맥락에서, improve는 _____를 의미한다.

(a) 공제하다
(b) 승인하다
(c) 정제하다
(d) 올리다, 인상하다

해설 본문 5단락 "While China's regulations are likely to slow the flow of plastic usage and ⁶⁵<u>improve</u> the country's recycling rate"(중국의 규제가 플라스틱 사용량의 흐름을 늦추고 재활용률을 향상시킬 가능성이 높지만)에서 improve의 의미는 '향상시키다'이다. 보기 중 이 의미와 가장 가까운 (d)가 정답이다.

어휘 deduct 공제하다 approve 승인하다 refine 정제하다 raise 올리다, 인상하다

In the context of the passage, <u>comprise</u> means _____.

(a) acquire
(b) add
(c) insert
(d) include

본문의 맥락에서 comprise는 _____를 의미한다.

(a) 습득하다
(b) 추가시키다
(c) 삽입하다
(d) 포함하다

해설 본문 5단락 "the petrochemical industry, which is expected to ⁶⁶<u>comprise</u> half of its long-term demand growth through 2050"(2050년까지 석유화학 산업이 장기적인 수요 성장의 절반을 <u>차지할</u> 것으로 전망된다)에서 comprise의 의미는 '~를 구성하다, 차지하다'이다. 보기 중 이 의미와 가장 가까운 (d)가 정답이다.

어휘 acquire 습득하다 add 더하다, 추가하다 insert 삽입하다 include 포함하다

	SCRABBLE	스크래블
게임 소개	Originally called "Criss-Cross," Scrabble is a board game based on three different games. It was developed by Alfred M. Butts, an American architect, in 1931. Then in 1948, it was redesigned, renamed, and marketed by James Brunot, a game-loving entrepreneur.	원래는 '크리스–크로스'로 불렸던 스크래블(Scrabble)은 세 개의 다른 게임을 바탕으로 하는 보드 게임이다. 그것은 1931년 미국 건축가 알프레드 M. 버츠에 의해 개발되었다. 그후 1948년 게임을 사랑하는 사업가 제임스 브루노트에 의해 다시 디자인되고 이름도 변경되어 마케팅되었다.
게임 개발 계기 및 과정	Scrabble was conceived during the Great Depression by then unemployed New York architect [67]Alfred M. Butts, who figured Americans could use a bit of distraction during the bleak economic times. After determining what he believed were the most enduring games in history, notably board games, number games like cards, and letter games such as crossword puzzles — he combined all three. He then chose the frequency and the distribution of the tiles by counting letters on the pages of popular newspapers. For more than a decade, he tinkered with the rules while trying to attract a corporate sponsor, but failed.	스크래블은 당시 실직한 뉴욕 건축가 알프레드 M. 버츠에 의해 대공황 시기에 고안되었는데, [67]그는 미국인들이 암울한 경제 시기에 약간의 오락 거리를 이용할 수도 있을 것이라고 생각했다. 그는 특히 보드 게임, 카드와 같은 숫자 게임, 십자말풀이와 같은 문자 게임 등 역사상 가장 오래 가는 게임이라고 믿었던 것들을 결정한 후 이 세 가지를 모두 결합했다. 그리고 나서 그는 인기 있는 신문의 페이지에 있는 글자를 세어서 타일의 빈도와 분포를 선택했다. 10년 넘게 그는 기업 후원자를 유치하려고 노력하며 게임 규칙들을 손봤지만 실패했다.
게임 개발자 교체	So, when James Brunot contacted Butts about mass-producing the game, he readily handed the operation over. Brunot's contributions were significant in many ways, and he conceived the name "Scrabble."	그래서 제임스 브루노트가 버츠에게 게임 양산에 대해 연락하자, 버츠는 선뜻 회사를 넘겼다. 브루노트의 기여는 여러 가지 방식으로 의미가 있었으며 그는 '스크래블'이라는 이름을 착안했다.
게임 방식 설명	[68]The game Scrabble is cognitive in nature and involves two to four players scoring points by placing tiles, each bearing a single letter, onto a game board divided into a 15×15 grid of squares. The tiles must form words that, in crossword fashion, read left to right in rows or downward in columns, and be included in a standard dictionary or lexicon. [69]The purpose is to score as many points as possible by placing letter tiles to create words.	[68]스크래블 게임은 본질적으로 인지적이며 2~4명의 플레이어가 15×15 정사각형 격자로 나뉜 게임 보드에 각각 하나의 문자가 새겨진 타일을 배치하여 점수를 얻는 것을 포함한다. 타일들은 크로스워드 방식으로 행에서 왼쪽에서 오른쪽으로 혹은 열에서 아래로 읽혀지며 표준 사전이나 어휘집에 포함되어 있는 단어들을 만들어야 한다. [69]단어들을 만들기 위해 글자 타일을 배치함으로써 가능한 한 많은 점수를 얻는 것이 목적이다.

게임 흥행 계기	The first Scrabble factory was an abandoned schoolhouse, where Brunot and his friends manufactured 12 games an hour. [70]When the chairman of Macy's discovered the game on vacation and decided to stock his shelves with it, the game exploded. By 1954, nearly 4 million Scrabble sets were sold in the US and the UK.	첫 번째 스크래블 공장은 버려진 학교 건물이었고, 그곳에서 브루노트와 친구들은 시간당 12개의 게임을 만들었다. [70]메이시스의 회장이 휴가 중에 그 게임을 발견하고 그의 매장 선반들을 그것으로 채우기로 결정했을 때, 그 게임은 폭발적으로 증가했다. 1954년까지 거의 4백만 개의 스크래블 세트가 미국과 영국에서 팔렸다.
게임 흥행 실적	Today, Hasbro and Mattel are the two main producers of the game which is sold in 121 countries. [71]150 million sets have been sold worldwide, and about one-third of American and half of British homes have a Scrabble set. Recent Google data [72]reveals that Scrabble is the most-searched and most popular game in French-speaking countries. There are [73]roughly 4,000 Scrabble clubs around the world.	오늘날, 하스브로와 마텔은 121개국에서 판매되는 이 게임의 두 주요 제작사이다. [71]세계적으로 1억 5000만 세트가 팔렸고, 대략 미국 가정의 1/3과 영국 가정의 절반이 스크래블 세트를 가지고 있다. 최근 구글 데이터는 스크래블이 프랑스어권 국가에서 가장 많이 검색되고 가장 인기 있는 게임이라는 것을 [72]보여준다. 전 세계에 [73]대략 4,000개의 스크래블 클럽들이 있다.

어휘 originally 원래 architect 건축가 entrepreneur 사업가 conceive 고안하다, 착안하다 the Great Depression 대공황 unemployed 실직한 figure ~라고 생각하다, 판단하다 distraction 오락(거리), 기분전환 (활동) bleak 암울한 determine 결정하다 enduring 오래 가는, 지속성 있는 notably 특히, 눈에 띄게 crossword puzzle 십자말풀이 combine 결합하다 frequency 빈도 distribution 분포 decade 10년 tinker with (어설프게) 손보다, 고치다 attract 관심을 끌다 corporate 기업의 sponsor 후원자 contact 연락하다 mass-produce 양산하다 readily 선뜻, 손쉽게 hand over 넘기다, 양도하다 operation 기업, 회사 contribution 기여, 공헌 significant 의미심장한, 중요한 cognitive 인지적인 in nature 본질적으로, 본성상 involve 포함하다 grid 격자 square 정사각형 in crossword fashion 크로스워드 방식으로 row 가로열(줄) column 세로줄(열) standard 표준 lexicon 어휘집 purpose 목적 abandoned 버려진 manufacture 제조하다 chairman 회장 Macy's 메이시스(미국의 백화점 중 하나) stock A with B A를 B로 채우다 explode 폭발하다 one-third 3분의 1 reveal 보여주다, 드러내다 the most-searched 가장 많이 검색되는 roughly 대략

---

67 세부사항 (What) ★★   정답 (d)

What inspired Butts to conceptualize Scrabble?

(a) his desire to copy a variety of existing board games
(b) his affection for diverse board games
(c) his hope of inspiring the younger generation with board games
(d) his idea to offer a diversion to families during a financial crisis

무엇이 버츠가 스크래블을 개념화하도록 영감을 주었는가?

(a) 기존의 다양한 보드 게임을 모방하려는 욕망
(b) 다양한 보드 게임에 대한 애정
(c) 젊은 세대에게 보드게임으로 영감을 주려는 희망
(d) 재정 위기 동안 가정들에게 오락거리를 제공하려는 생각

해설 본문 2단락에서 "[67]Alfred M. Butts, who figured Americans could use a bit of distraction during the bleak economic times."(알프레드 M. 버츠는 미국인들이 암울한 경제 시기에 약간의 오락거리를 이용할 수도 있을 거라고 생각했다.)라고 하였다. 버츠는 경제 불황으로 고통받는 미국인들에게 주의를 딴 데로 돌리고 기분을 전환할 오락거리가 필요할 거라고 생각해서 이 게임을 만들었으므로 (d)가 정답이다.

Paraphrasing a bit of distraction during the bleak economic times ➡ a diversion to families during a financial crisis

어휘 inspire 영감을 주다　conceptualize 개념화하다　desire 욕구　existing 기존의　affection 애정　diverse 다양한
generation 세대　offer 제공하다　diversion 오락거리, 기분 전환　financial crisis 재정 위기

68　세부사항 (How) ★★　　　　　　　　　　　　　　　　　　　　　　　정답 **(c)**

How could one define the board game Scrabble?

(a) as a hit-and-miss game

(b) as a simulation game

(c) as an intellectual game

(d) as an adventure game

보드게임인 스크래블을 어떻게 정의할 수 있을까?

(a) 복불복 게임으로
(b) 모의실험 게임으로
(c) 지적 게임으로
(d) 모험 게임으로

해설 본문 4단락에서 "[68]The game Scrabble is cognitive in nature and involves two to four players scoring points by placing tiles, each bearing a single letter, onto a game board divided into a 15×15 grid of squares."(게임 스크래블은 본질적으로 인지적이며 2~4명의 플레이어가 15×15 정사각형 격자로 나뉜 게임 보드에 각각 하나의 문자가 새겨진 타일을 배치하여 점수를 얻는 것을 포함한다.)라고 하였다. 이 게임은 본질적으로 인지적이라고 했으므로 정신적이고 지적 능력을 요구하는 게임으로 정의될 수 있으므로 (c)가 정답이다.

어휘 define 정의하다　hit-and-miss 복불복의, 예측이 어려운　simulation 모의실험　intellectual 지적인　adventure 모험

69　세부사항 (What) ★★　　　　　　　　　　　　　　　　　　　　　　　정답 **(b)**

What is the ultimate goal of the Scrabble board game?

(a) to get the lowest number of penalty points

(b) to earn the highest points by forming words

(c) to prevent the opponent from moving faster

(d) to keep tiled letters in a straight line

스크래블 보드게임의 최종 목표는 무엇인가?

(a) 최저의 벌점을 받기
(b) 단어를 만들어 최고점 획득하기
(c) 상대가 더 빨리 움직이는 것을 막기
(d) 타일 글자를 일직선으로 배열하기

해설 본문 4단락에서 "[69]The purpose is to score as many points as possible by placing letter tiles to create words."(단어들을 만들기 위해 글자 타일을 배치함으로써 가능한 한 많은 점수를 얻는 것이 목적이다.)라고 하였다. 보기 중 이 내용과 가장 가까운 (b)가 정답이다.

Paraphrasing to score as many points as possible by placing letter tiles to create words
➡ to earn the highest points by forming words

어휘 ultimate 최종의, 궁극적인　goal 목표　penalty point 벌점　earn 얻다　prevent 막다　opponent 상대, 적　in a straight line 일직선으로

Which factor probably contributed to the initial success of Scrabble?

(a) the ownership of Hasbro and Mattel
(b) the initial trial and error versions
(c) the contribution of James Brunot
(d) the discovery by a major US store

어떤 요인이 스크래블의 초기 성공에 기여했는가?

(a) 하스브로와 마텔의 소유권
(b) 초기 시행착오 버전들
(c) 제임스 브루노트의 기여
(d) 미국의 한 주요 매장의 발견

해설 본문 5단락에서 "⁷⁰When the chairman of Macy's discovered the game on vacation and decided to stock his shelves with it, the game exploded."(메이시스의 회장이 휴가 중에 그 게임을 발견하고 그의 매장 선반들을 그것으로 채우기로 결정했을 때, 그 게임은 폭발적으로 증가했다.)라고 하였다. 제임스 브루노트가 게임의 완성도를 높인 것은 사실이지만 이 게임이 관심을 끌고 흥행에 성공한 것은 메이시스 회장이 이 게임을 발견했고 그의 매장에서 팔았기 때문이므로 (d)가 정답이다.

어휘 factor 요인 contribute to ~에 기여하다 initial 초기의 ownership 소유권 trial and error 시행착오 discovery 발견

Where did the Scrabble board game first prevail?

(a) in South America
(b) in Asia and Africa
(c) in the US and the UK
(d) in French-speaking countries

스크래블 보드 게임은 어디서 처음 유행했는가?

(a) 남미에서
(b) 아시아와 아프리카에서
(c) 미국과 영국에서
(d) 불어권 국가에서

해설 본문 6단락에서 "⁷¹150 million sets have been sold worldwide, and about one-third of American and half of British homes have a Scrabble set."(세계적으로 1억 5000만 세트가 팔렸고, 대략 미국 가정의 1/3과 영국 가정의 절반이 스크래블 세트를 가지고 있다.)라고 하였다. 이 게임은 미국과 영국에서 유행했으므로 (c)가 정답이다.

어휘 prevail 대유행하다, 만연하다 French-speaking 불어를 말하는, 불어권의

In the context of the passage, <u>reveals</u> means _____.

(a) certifies
(b) indicates
(c) proposes
(d) imagines

본문의 맥락에서 reveals는 _____를 의미한다.

(a) 증명하다
(b) 나타내다
(c) 제안하다
(d) 상상하다

해설 본문 6단락 "Recent Google data ⁷²reveals that Scrabble is the most-searched and popular game in French-speaking countries."(최근 구글 데이터는 스크래블이 프랑스어권 국가에서 가장 많이 검색되고 가장 인기 있는 게임이라는 것을 보여준다.)에서 reveals의 의미는 '보여주다'이다. 보기 중 이 의미와 가장 가까운 (b)가 정답이다.

어휘 certify 증명하다 indicate 나타내다, 보여주다 propose 제안하다 imagine 상상하다

In the context of the passage, roughly means _____.

(a) rudely
(b) crudely
(c) approximately
(d) unevenly

본문의 맥락에서, roughly는 _____ 를 의미한다.

(a) 무례하게
(b) 조잡하게
(c) 대략적으로
(d) 고르지 않게

해설 본문 6단락 "There are [73]roughly 4,000 Scrabble clubs around the world."(전 세계에 대략 4,000개의 스크래블 클럽들이 있다.)에서 roughly는 '대략'이라는 뜻이다. 보기 중 이 의미와 가장 가까운 (c)가 정답이다.

어휘 rudely 무례하게 crudely 조잡하게 approximately 대략 unevenly 고르지 않게

받는 사람	The Administrative Officer Media Exhibition International 2389 Pine Avenue San Francisco, CA 95112	행정 담당자 국제 미디어 전시회 파인 애비뉴 2389번지 캘리포니아주 샌프란시스코, 95112
편지의 목적	Dear Mr. Nixon: Last year, I attended your exhibition, which was held at the Grand Marriott Hotel from September 10 to 13, and found it to be informative and interesting. [74]Unfortunately, my enjoyment of the event was spoiled by a number of organizational problems.	친애하는 닉슨 씨: 저는 작년 9월 10일부터 13일까지 그랜드 메리어트 호텔에서 열린 귀사의 전시회에 참석하여 그것이 유익하고 흥미롭다는 것을 알게 되었습니다. [74]안타깝게도, 여러 가지 조직적인 문제로 저는 행사를 즐기지 못했습니다.
행사 관련 불만(1)	Firstly, it was difficult to register for the event. [75]You set up an online registration system, which I found totally unworkable. [76]Even after spending several wasted hours trying to register following your guidelines, the computer would not process my application. I eventually succeeded in registering by faxing documents.	첫째, 이벤트에 등록하는 것이 어려웠습니다. [75]당신은 온라인 등록 시스템을 설치했는데, 저는 그게 완전히 실행 불가능하다는 것을 발견했습니다. [76]당신의 지침에 따라 등록하려고 몇 시간을 허비한 후에도, 컴퓨터가 저의 신청을 처리하지 못했습니다. 저는 결국 서류를 팩스로 보내서 등록을 할 수 있었습니다.
행사 관련 불만(2)	Secondly, the venue would have been better suited to a medium-sized business conference than to a large exhibition open by registration to the public. [77]The lack of space led to serious overcrowding, particularly at peak visiting times such as lunchtime and early evenings. At times, I was also seriously concerned about my physical safety as an [79]attendee.	둘째, 그 장소는 등록을 통해 대중에게 개방된 대형 전시회보다는 중간 규모의 비즈니스 컨퍼런스에 더 적합했을 것입니다. [77]특히 점심시간이나 초저녁과 같은 방문객이 가장 많은 시간에, 공간 부족으로 인해 심각한 혼잡이 발생했습니다. 저 역시도 가끔씩 [79]참석자로서 저의 신체적인 안전에 대해 심각하게 걱정이 되었습니다.
행사 관련 불만(3)	The final point I'd like to make is about product information. It is very enjoyable to see and test a range of excellent sound systems, but it is also important to be able to take away leaflets on interesting products for research purposes before deciding which system to buy. [78]However, by the time I attended the exhibition, all the leaflets had been taken.	마지막으로 제기하고 싶은 것은 제품 정보에 관한 것입니다. 다양한 우수한 사운드 시스템을 보고 테스트하는 것은 매우 즐겁지만, 어떤 시스템을 구입할지 결정하기 전에 연구 목적으로 흥미로운 제품에 대한 전단을 가지고 갈 수 있는 것도 중요합니다. [78]하지만 제가 전시회에 참석했을 때는 전단이 남아 있지 않았습니다.

당부 및 끝인사	Would you be kind enough to [80]investigate these matters on my behalf? Thank you for your time. I look forward to hearing from you soon. Cordially yours,	저를 대신하여 이 문제에 대해 [80]조사해 주시겠습니까? 시간 내 주셔서 감사합니다. 빠른 답변 기다리겠습니다. 진심으로,
보내는 사람	*Richard Jones* Exhibition Attendee Representative of Apple	리처드 존스 전시회 참가자 애플 대표자

어휘 administrative 행정의, 운영의 exhibition 전시회 attend 참석하다 informative 유익한 unfortunately 안타깝게도 spoil 망치다 a number of 여럿의, 몇몇의 organizational 조직의, 조직적 register for ~에 등록하다 set up 설치하다 registration 등록 totally 완전히 unworkable 실행 불가능한 following ~에 따라 process 처리하다 application 신청 eventually 결국 venue 행사장 be suited to ~에 적합하다 lead to ~을 초래하다 overcrowding 혼잡 particularly 특히 at peak visiting time 방문객이 가장 많은 시간에 at times 가끔 be concerned about ~에 대해 걱정하다 physical safety 신체적 안전 attendee 참석자 make the point 주장하다 a range of 다양한 take away 가져가다 leaflet 전단 purpose 목적 investigate 조사하다 would you be kind enough to+동사원형 ~해 주시겠습니까 on one's behalf ~를 대신하여 look forward to ~을 기대하다 cordially 진심으로 representative 대표자

---

74 주제/목적 (Why) ★★   정답 (b)

Why did Mr. Jones send a letter to exhibition organizers?

(a) to ask a question about registration
(b) to file an official complaint
(c) to ask a question about accommodation
(d) to request a cash refund

존스 씨는 왜 전시회 기획자에게 편지를 보냈는가?

(a) 등록에 관한 질문을 하려고
(b) 공식적 불만을 제기하려고
(c) 숙소에 대해 질문하려고
(d) 현금 환불을 요청하려고

해설 본문 1단락에서 "[74]Unfortunately, my enjoyment of the event was spoiled by a number of organizational problems."(안타깝게도, 여러 가지 조직적인 문제로 저는 행사를 즐기지 못했습니다.)라고 하였다. 그 행사를 제대로 즐기지 못했다고 말하면서 이후로 여러 가지 불편 사항을 나열하고 전시 담당자에게 조사해 줄 것을 촉구하였으므로 (b)가 정답이다.

어휘 exhibition 전시회 organizer 조직자, 기획자 file a complaint 불만을 제기하다 accommodation 숙소 request 요청하다 refund 환불

---

75 세부사항 (what) ★★   정답 (a)

According to the letter, what was the first problem Mr. Jones encountered during the exhibition?

(a) The registration system was inefficient.
(b) The registration fee was too expensive.
(c) The food was not well-prepared.
(d) The attendees were very unruly.

편지에 따르면, 존스 씨가 전시회 중에 처음 마주친 문제는 무엇인가?

(a) 등록 시스템이 비효율적이었다.
(b) 등록비가 너무 비쌌다.
(c) 음식이 잘 준비되지 않았다.
(d) 참석자들이 매우 제멋대로였다.

해설 본문 2단락에서 "75You set up an online registration system, which I found totally unworkable."(당신은 온라인 등록 시스템을 설치하셨는데, 저는 그게 전혀 실행 불가능하다는 것을 발견했습니다.)라고 하였다. 온라인 등록 시스템이 실행 불가능했다고 했으므로 등록 시스템에 문제가 있음을 알 수 있다. 따라서 (a)가 정답이다.

Paraphrasing an online registration system, which I found totally unworkable
➡ The registration system was inefficient.

어휘 encounter 마주치다   inefficient 비효율적인   fee 등록비, 회비   well-prepared 잘 준비된   attendee 참석자   unruly 제멋대로인

---

76 추론 (Why) ★★★   정답 (a)

Why was Mr. Jones probably unable to use the regular registration system?

(a) because the system was faulty
(b) because he had a faulty computer
(c) because he was applying from overseas
(d) because he was using a different system

존스 씨는 왜 일반 등록 시스템을 사용할 수 없었을 것 같은가?

(a) 시스템이 잘못되었기 때문
(b) 그는 고장 난 컴퓨터를 가지고 있었기 때문
(c) 그는 해외에서 신청했기 때문
(d) 다른 시스템을 사용했기 때문

해설 본문 2단락에서 "76Even after spending several wasted hours trying to register following your guidelines, the computer would not process my application."(당신의 지침에 따라 등록하기 위해 몇 시간을 허비했음에도, 컴퓨터는 저의 신청을 처리하지 못했습니다.)라고 하였다. 지침대로 등록 시스템에서 등록을 시도했지만 등록 신청이 처리되지 않았다고 했으므로 등록 시스템에 결함이 있는 것으로 추론된다. 따라서 (a)가 정답이다.

어휘 faulty 흠이 있는, 잘못된   apply 신청하다   from overseas 해외로부터

---

77 세부사항 (Why) ★★   정답 (c)

Why was the venue not suitable for the exhibition?

(a) It was too pricy for such an event.
(b) The business center was not well equipped.
(c) It was occasionally too congested.
(d) It was too fancy for such a meeting.

행사 장소는 왜 그 전시회에 적합하지 않았는가?

(a) 그런 행사로는 너무 비쌌다.
(b) 비즈니스 센터가 장비를 잘 갖추고 있지 않았다.
(c) 때때로 너무 혼잡했다.
(d) 그런 모임에는 너무 화려했다.

해설 본문 3단락에서 "77The lack of space led to serious overcrowding, particularly at peak visiting times such as lunchtime and early evenings."(특히 점심시간이나 초저녁과 같은 방문객이 가장 많은 시간에, 공간 부족으로 인해 심각한 혼잡이 발생했습니다.)라고 하였다. 전시장 공간이 충분하지 않아서 피크 타임에 전시장이 지나치게 혼잡했다고 했으므로 이 전시 장소는 대형 전시에는 적합하지 않다. 따라서 (c)가 정답이다.

Paraphrasing The lack of space led to serious overcrowding ➡ It was occasionally too congested.

어휘 venue 행사 장소   suitable 알맞은, 적합한   pricy 비싼   well equipped 장비가 잘 갖춰진   occasionally 때때로   congested 혼잡한   fancy 화려한

According to the writer, what was the last shortcoming of the exhibition?

(a) There were not enough sound systems on display.
(b) There were not enough pamphlets available.
(c) The pamphlets were not detailed enough.
(d) There was not enough sound system testing.

글쓴이에 따르면, 전시회의 마지막 단점은 무엇인가?

(a) 사운드 시스템 진열이 충분하지 않았다.
(b) 이용 가능한 팸플릿이 충분하지 않았다.
(c) 팜플렛은 충분히 상세하지 않았다.
(d) 사운드 시스템 테스트가 충분하지 않았다.

해설 ▶ 본문 4단락에서 "⁷⁸However, by the time I attended the exhibition, all the leaflets had been taken."(하지만 제가 전시회에 참석했을 때는 전단이 남아 있지 않았습니다.)라고 하였다. 글쓴이가 이 편지에서 마지막으로 제기한 불만 사항은 전시회에서 팸플릿이 충분히 마련되어 있지 않아서 참석자에게 모두 제공되지 못했다는 것이므로 (b)가 정답이다.

어휘 ▶ shortcoming 단점 exhibition 전시회 display 진열 pamphlet 팸플릿, 소책자 detailed 상세한

In the context of the passage, attendee means _____.

(a) membership
(b) individual
(c) person
(d) participant

본문의 맥락에서 attendee는 _____를 의미한다.

(a) 회원 자격
(b) 개인
(c) 사람
(d) 참가자

해설 ▶ 본문 3단락 "At times, I was also seriously concerned about my physical safety as an ⁸⁰attendee."(저 역시도 가끔씩 참석자로서 저의 신체적인 안전에 대해 심각하게 걱정이 되었습니다.)에서 attendee의 의미는 '참석자'이다. 보기 중 이 의미와 가장 가까운 (d)가 정답이다.

어휘 ▶ membership 회원 자격 individual 개인 participant 참가자

In the context of the passage, investigate means _____.

(a) review
(b) ponder
(c) consider
(d) scrutinize

본문의 맥락에서 investigate는 _____를 의미한다.

(a) 복습하다
(b) 곰곰이 생각하다
(c) 고려하다
(d) 면밀히 조사하다

해설 ▶ 본문 5단락 "Would you be kind enough to ⁸⁰investigate these matters on my behalf."(저를 대신하여 이 문제에 대해 조사해 주시겠습니까?)에서 investigate의 의미는 '조사하다'이다. 보기 중 이 의미와 가장 가까운 (d)가 정답이다.

어휘 ▶ review 복습하다 ponder 숙고하다, 곰곰이 생각하다 consider 고려하다 scrutinize 면밀히 조사하다

나의 점수 확인하기

영 역	맞은 개수	점 수	나의 총점
GRAMMAR	_____ /26	(맞은 개수/26) x 100 = _____ 점	(영역별 점수 합) / 3 = _____ 점 소수점 이하는 올림 처리
LISTENING	_____ /26	(맞은 개수/26) x 100 = _____ 점	
READING AND VOCABULARY	_____ /28	(맞은 개수/28) x 100 = _____ 점	

정답 확인하기

GRAMMAR

01	(d)	02	(a)	03	(c)	04	(b)	05	(b)	06	(c)	07	(a)	08	(a)
09	(d)	10	(b)	11	(a)	12	(d)	13	(b)	14	(c)	15	(b)	16	(c)
17	(b)	18	(a)	19	(d)	20	(c)	21	(b)	22	(c)	23	(d)	24	(b)
25	(c)	26	(a)												

LISTENING

PART 1	27	(a)	28	(a)	29	(b)	30	(b)	31	(c)	32	(d)	33	(c)
PART 2	34	(b)	35	(c)	36	(b)	37	(d)	38	(d)	39	(a)		
PART 3	40	(d)	41	(a)	42	(d)	43	(b)	44	(d)	45	(b)		
PART 4	46	(d)	47	(a)	48	(b)	49	(d)	50	(b)	51	(c)	52	(a)

READING AND VOCABULARY

PART 1	53	(b)	54	(c)	55	(a)	56	(b)	57	(d)	58	(c)	59	(d)
PART 2	60	(c)	61	(a)	62	(c)	63	(a)	64	(b)	65	(d)	66	(a)
PART 3	67	(a)	68	(d)	69	(b)	70	(c)	71	(d)	72	(a)	73	(b)
PART 4	74	(d)	75	(b)	76	(d)	77	(d)	78	(c)	79	(d)	80	(a)

TEST

4

GRAMMAR

LISTENING

READING AND VOCABULARY

정답 확인하기

GRAMMAR															
01	(d)	02	(a)	03	(c)	04	(b)	05	(b)	06	(c)	07	(a)	08	(a)
09	(d)	10	(b)	11	(a)	12	(d)	13	(b)	14	(c)	15	(b)	16	(c)
17	(b)	18	(a)	19	(d)	20	(c)	21	(b)	22	(c)	23	(d)	24	(b)
25	(c)	26	(a)												

문항별 취약 유형 체크하기

01	시제 (미래진행: next week)	14	가정법 (가정법 과거: if절 + 과거 시제)
02	조동사 (가능: can)	15	시제 (미래완료진행: for + 시간명사, 부사구 by next fall)
03	준동사 (to부정사: 진주어)	16	준동사 (동명사: involve)
04	시제 (현재진행: right now)	17	가정법 (가정법 과거완료: if절 + 과거완료, if 생략 도치 구문)
05	당위성/이성적 판단 (동사: suggest)	18	준동사 (동명사: consider)
06	시제 (현재완료진행: for + 시간명사, 부사 now)	19	조동사 (의지: will))
07	가정법 (가정법 과거: if절 + 과거 시제)	20	가정법 (가정법 과거: if절 + 과거 시제)
08	시제 (과거완료진행: for + 시간명사, before + 과거 시제절)	21	준동사 (to부정사: want)
09	당위성/이성적 판단 (형용사: essential)	22	연결어 (접속사: because)
10	가정법 (가정법 과거완료: if절 + 과거완료)	23	관계사 (관계대명사: whom)
11	준동사 (동명사: recommend)	24	연결어 (전치사구: rather than)
12	가정법 (가정법 과거완료: if절 + 과거완료)	25	관계사 (관계대명사: 계속적 용법 which)
13	시제 (과거진행: just)	26	당위성/이성적 판단 (동사: request)

★ 틀린 문항을 확인하고 취약한 유형을 집중 학습하세요.

1 시제 (미래진행: next week) ★★   정답 (d)

A new major French wine producer plans to launch a new line of dry white wine this coming December. Accordingly, to highlight the event, the owner of this family business _____ a wine tasting event next week to announce the details.

(a) will have been hosted
(b) hosts
(c) has hosted
(d) will be hosting

한 신규 주요 프랑스 와인 생산업체는 오는 12월에 새로운 종류의 드라이 화이트 와인을 출시할 계획이다. 이에 따라 이 행사를 강조하기 위해 이 가족 기업의 소유주는 자세한 내용을 알리기 위해 다음 주에 와인 시음회를 개최하고 있을 것이다.

> 해설 보기에 동사 host가 다양한 시제로 나왔으므로 시제 문제이다. 빈칸 앞뒤에 시간 부사구나 부사절을 확인한다. 빈칸 뒤에 미래 시제 부사구 next week가 나왔으므로 기준 시점이 미래임을 알 수 있다. 미래 시점을 기준으로 한창 진행되고 있을 동작을 나타내므로 미래진행 (d)가 정답이다.

> 오답 분석 미래완료 시제 (a) will have been hosted도 미래를 기준 시점으로 하지만, 이 문장에서는 기간을 나타내는 표현이 나오지 않아서 미래 시점보다 앞서 시작된 행동이 일정 기간 동안 계속 진행됨을 나타내지 못하므로 오답이다.

> 어휘 launch 출시하다 accordingly 이에 따라 highlight 강조하다 host 개최하다 announce 알리다

2 조동사 (가능: can) ★★   정답 (a)

In recent years, many people have been practicing a new hobby—flying drones, which are small flying objects with cameras. The good news is that anyone with a few hundred dollars _____ easily buy the equipment and get started right away.

(a) can
(b) shall
(c) may
(d) could

최근 몇 년 간, 많은 사람들이 새로운 취미로 카메라가 달린 작은 비행 물체인 드론을 날리는 것을 연습하고 있다. 좋은 소식은 몇 백 달러만 있으면 누구나 손쉽게 장비를 구입하고 바로 시작할 수 있다는 것이다.

> 해설 보기에 다양한 조동사가 나왔으므로 조동사 문제이다. 빈칸에 보기를 하나씩 대입해서 문맥에 맞는 조동사 용법을 찾으면 된다. 빈칸 앞 문장의 해석은 '사람들이 새로운 취미로 드론을 날리는 것을 연습하고 있다.'이고 빈칸이 들어간 문장의 해석은 '누구나 손쉽게 장비를 구입하고 바로 시작하다.'이다. 문맥상 빈칸에 '구입할 수 있다'가 들어가는 것이 가장 자연스러우므로 (a)가 정답이다.

---

3 준동사 (to부정사: 진주어) ★★   정답 (c)

A few of the employees from the accounting department were extremely unhappy because they can't be at the Christmas party this year. They think it's unfair _____ the party despite their hard work throughout the whole year.

(a) having missed
(b) to have missed
(c) to miss
(d) missing

회계 부서 직원들 중 몇 명이 올해 크리스마스 파티에 참석할 수 없어서 극도로 슬퍼했다. 그들은 1년 내내 열심히 일했음에도 불구하고 파티를 놓치는 것은 불공평하다고 생각한다.

해설 보기에 동사 miss가 준동사 형태로 나왔으므로 준동사 문제이다. 빈칸 앞에 be동사가 있고 그 문장의 주어로 가주어 it이 나왔으므로 '가주어 It + 동사(be) + 주격 보어(unfair) + 진주어 to부정사'의 구조이다. 따라서 to부정사 (c)가 정답이다. 지텔프 문법에서 to부정사는 동사의 목적어뿐만 아니라 명사적 용법으로 가주어/진주어 문제나 가목적어/진목적어 문제도 가끔 출제된다.

오답
분석 완료 부정사 (b) to have missed는 주절 시제보다 한 시제 앞선 시제를 나타낼 때 사용되는데 문맥상 to부정사의 시제와 주절 시제가 동일하므로 오답이다.

어휘 accounting department 회계 부서 extremely 극도로 unfair 불공평한 miss 놓치다 despite ~에도 불구하고

---

4 시제 (현재진행: right now) ★★   정답 (b)

Most of the employees at the automobile company are upset with management for the long working hours. They _____ outside the building on Main Street right now to get the attention of the media and the local government.

(a) protest
(b) are protesting
(c) have protested
(d) have been protesting

그 자동차 회사에 다니는 대부분의 근로자들은 긴 근무 시간 때문에 경영진에게 화가 나 있다. 그들은 언론과 지방 정부의 관심을 끌기 위해 지금 바로 메인 가의 건물 밖에서 시위를 하고 있다.

해설 보기에서 동사 protest가 다양한 시제로 나왔으므로 시제 문제이다. 빈칸 앞뒤에 시간 부사구나 부사절을 확인한다. 빈칸 뒤에 현재진행 시제에 자주 쓰이는 부사구 right now가 나왔고 현재 진행중인 동작을 나타내므로 현재진행 (b)가 정답이다.

어휘 employee 근로자 automobile 자동차 management 경영, 경영진 protest 항의하다, 시위하다 get the attention of ~의 관심을 끌다

The blue orchid is a species of orchid found in Northeast India with very long-lasting blue flowers. To encourage healthy growth and blooms, horticulturists suggest that the blue orchids _____ a few hours of direct sunlight every day.

(a) will receive
(b) receive
(c) are receiving
(d) received

푸른 난초는 인도 북동부에서 발견되는 난초의 일종으로 매우 오래가는 푸른 꽃을 가지고 있다. 건강한 성장과 개화를 촉진하기 위해, 원예가들은 푸른 난초가 매일 몇 시간 동안 직사광선을 받아야 한다고 권한다.

해설 보기에 동사 receive가 다양한 시제와 동사원형 형태로 나왔으므로 당위성/이성적 판단 문제이다. 빈칸 앞에 동사 advise는 대표적인 당위성 동사이므로 종속절 'that + 주어 + (should) + 동사원형'을 취한다. 따라서 동사원형 (b)가 정답이다.

어휘 orchid 난초   long-lasting 오래가는   encourage 장려하다   growth 성장   bloom 개화   horticulturist 원예가

참고   당위성을 나타내는 동사

• 형태: 주어 + 당위성 동사 + that + 주어 + (should) + 동사원형
• 당위성 문제는 다음의 동사와 함께 나온다.
  advise(조언하다), ask(요청하다), beg(간청하다), command(명령하다), stress(강조하다), demand(요구하다), direct(지시하다), insist(주장하다), instruct(지시하다), intend(의도하다), order(명령하다), prefer(선호하다), propose(제안하다), recommend(권장하다), request(요청하다), require(요구하다), stipulate(규정하다), suggest(제안하다), urge(촉구하다), warn(경고하다)

The board members cannot agree on any of the solutions that they have discussed. They _____ for almost 5 hours now at the meeting about the continuing loss in company revenue.

(a) talked
(b) had talked
(c) have been talking
(d) are talking

이사회 멤버들은 그들이 논의했던 해결책 중 어느 것도 합의할 수 없다. 그들은 지금 계속되는 회사 매출 손실에 대해 회의에서 거의 5시간째 이야기하고 있다.

해설 보기에 동사 talk가 다양한 시제로 나왔으므로 시제 문제이다. 빈칸 앞뒤에 시간 부사구나 부사절을 확인한다. 빈칸 뒤에 시간 부사 now가 쓰여서 기준 시점이 현재임을 알 수 있고 기간을 나타내는 부사구 'for almost 5 hours now'가 쓰였으므로 현재를 기준으로 현재보다 앞서 시작된 행동이 현재까지 일정 기간 동안 계속 진행 중임을 나타낸다. 따라서 현재완료진행 (c)가 정답이다.

어휘 board member 이사회 멤버   agree on ~에 합의하다   continuing 계속되는   loss 손실   revenue 수익, 매출

Businesses such as Starbucks or Tim Hortons attract millions of customers despite the exorbitant prices of coffee and food products. In fact, most customers visit these stores because they are socially responsible. If only more businesses were like them, people _____ more comfortable spending their money there.

스타벅스나 팀 호튼과 같은 사업체들은 커피와 음식의 터무니없는 가격에도 불구하고 수백만 명의 고객을 끌어 들인다. 사실, 대부분의 고객들은 그 업체들이 사회적으로 책임을 지기 때문에 이러한 매장들을 방문한다. 만약 더 많은 업체들이 그 업체들과 같다면, 사람들은 돈을 그곳에서 사용하는 것을 더 편하게 생각할 것이다.

(a) would feel
(b) would have felt
(c) will feel
(d) feel

> **해설** 보기에 동사 feel이 다양한 시제 및 조동사와 같이 나왔으므로 시제 문제 아니면 가정법 문제이다. 빈칸 앞에 if조건절이 있고, 이 절의 시제가 과거이므로 가정법 과거이다. 가정법 과거의 주절은 'would/should/could/might + 동사원형'이 와야 하므로 (a)가 정답이다.

> **어휘** attract 끌어들이다 millions of 수백만의 exorbitant 터무니없는 responsible 책임지는, 책임이 있는

During the last game, the baseball coach told some of the players that they were in danger of being let go by the team's owner because of their lack of dedication. He inquired if they _____ any personal problems for the last few months before they finally admitted they were having trouble and requested professional help.

지난 경기에서 야구 감독은 몇몇 선수들에게 그들이 헌신 부족으로 구단주로부터 해고될 위기에 처했다고 말했다. 그는 그들이 문제가 있다는 것을 마침내 인정하고 전문적인 도움을 요청하기 전에 지난 몇 달 동안 그들에게 개인적인 문제가 있었는지 물었다.

(a) had been having
(b) were having
(c) are having
(d) have been having

> **해설** 보기에 동사 have가 다양한 시제로 나왔으므로 시제 문제이다. 빈칸 뒤에 완료 시제와 자주 쓰이는 기간을 나타내는 부사구 'for the last few month'가 쓰였고 기준 시점이 과거임을 알려 주는 과거 시제절 'before finally they admitted they were having trouble and requested professional help'가 나왔다. 과거 시점을 기준으로 그 이전에 시작된 행동이 그 시점까지 일정 기간 계속 진행 중이었음을 나타내므로 과거완료진행 (a)가 정답이다.

> **어휘** in danger 위험에 처한 let A go A를 해고하다, 풀어주다 lack 부족 dedication 헌신 inquire 묻다, 문의하다 admit 인정하다 request 요청하다 professional 전문적인

참고

과거완료진행

- 형태: had been ~ing
- 의미: (~해오고 있었다) 과거의 특정 시점 이전에 시작된 동작이 그때까지 계속 진행 중이었음을 나타낸다.
- 자주 쓰이는 시간 부사 표현: (for + 시간명사) + when/before/until + 과거 시제절

9

당위성/이성적 판단 (형용사: essential) ★★★　　　　　　　　　　정답 (d)

Healthy eating is an important part of growth and development. Children and teenagers should eat plenty of fruits and vegetables, whole grains, and a variety of protein foods. Additionally, nutritionists believe it is essential that people _____ physically active for at least 60 minutes every day.

(a) have stayed
(b) stayed
(c) will stay
(d) stay

건강한 식사는 성장과 발달의 중요한 부분이다. 어린이와 청소년들은 많은 과일과 채소, 통곡물과 다양한 단백질 식품을 먹어야 한다. 게다가, 영양학자들은 사람들이 매일 적어도 60분 동안 신체적으로 활동적인 상태를 유지하는 것이 필수적이라고 믿는다.

해설 보기에 동사 stay가 다양한 시제와 동사원형으로 나왔으므로 시제 문제 아니면 당위성/이성적 판단 문제이다. 빈칸 앞에 형용사 essential은 대표적인 이성적 판단 형용사이므로 뒤에 나오는 that절이 'that + 주어 + (should) + 동사원형'이 되어야 한다. 따라서 동사원형 (d)가 정답이다.

어휘 plenty of 많은　whole grain 통곡물　a variety of 다양한　protein 단백질　additionally 게다가　nutritionist 영양학자　essential 필수적인　physically 신체적으로　at least 적어도

> **참고**
> **이성적 판단을 나타내는 형용사가 쓰인 문장**
>
> • 형태: It is + 이성적 판단 형용사 + that + 주어 + (should) + 동사원형
> • 당위성 문제는 다음의 이성적 판단을 나타내는 형용사와 함께 나온다.
> necessary(필요한), essential(필수적인), important(중요한), vital(필수적인), critical(결정적인), obligatory(의무적인), compulsory(강제적인), mandatory(의무적인), advisable(조언할 만한), natural(당연한), right(옳은), just(정당한), fair(공정한), rational(이성적인)

10

가정법 (가정법 과거완료: if절 + 과거완료) ★　　　　　　　　　　정답 (b)

Peter dreamed of becoming a professional barista and coffee shop owner after taking his first part-time job as a barista at his friend Tony's coffee shop. If he had not worked at the coffee shop, he _____ his future dream.

(a) would not find
(b) would not have found
(c) will not be finding
(d) had not been found

그의 친구인 토니의 커피숍에서 바리스타로 첫 아르바이트를 한 후, 피터는 전문 바리스타와 커피숍 사장이 되는 것을 꿈꿨다. 만약 그가 커피숍에서 일하지 않았다면, 그는 그의 미래의 꿈을 찾지 못했을 것이다.

해설 보기에 동사 find가 다양한 시제나 조동사와 함께 나왔으므로 시제 문제 아니면 가정법 문제이다. 빈칸 앞에 if절이 있고, 이 절의 시제가 과거완료이므로 가정법 과거완료임을 알 수 있다. 가정법 과거완료의 주절에 'would/should/could/might + have p.p.'가 와야 하므로 (b)가 정답이다.

어휘 dream of ~ing ~을 꿈꾸다　professional 전문적인　part-time job 아르바이트

Dry hands can make cold winter months tough to bear, and it gets worse as people get older. While lots of creams and lotions boast extreme hydrating powers, dermatologists recommend _____ oil-based moisturizers instead of lotion-type ones.

건조한 손은 추운 겨울을 견디기 어렵게 만들 수 있고, 사람이 나이가 들수록 더 심해진다. 많은 크림과 로션이 극도의 보습력을 자랑하지만, 피부과 의사들은 로션 타입 대신 오일 소재의 보습제를 바르는 것을 추천한다.

(a) applying
(b) to apply
(c) to be applying
(d) having applied

해설 보기에 동사 apply가 준동사 형태로 나왔으므로 준동사 문제이다. 빈칸 앞의 동사가 목적어로 동명사를 취하는지 to부정사를 취하는지 확인한다. 빈칸 앞 동사 recommend는 동명사를 목적어로 취하는 동사이므로 단순동명사 (a)가 정답이다.

오답분석 (d) having applied는 완료형 동명사로, 동명사의 시제가 주절 동사의 시제보다 앞선 시제일 때 쓰이지만, 여기에서는 문맥상 동명사의 시제와 주절 동사의 시제가 동일하므로 (b)는 오답이다. 지텔프 문법의 준동사 문제는 완료형이나 진행형 준동사가 정답이 되는 경우는 극히 드물다.

어휘 tough 힘든, 어려운 bear 견디다 get worse 악화되다 boast 자랑하다 extreme 극도의 hydrating power 보습력 dermatologist 피부과 의사 recommend 추천하다 apply 바르다, 도포하다 moisturizer 보습제 instead of ~대신에

> **참고**
> **동명사만을 목적어로 취하는 동사**
>
> adore(흠모하다), mind(~을 꺼리다), advise(충고하다), admit(인정하다), allow(허락하다), practice(연습하다), feel like(~하고 싶다), enjoy(즐기다), keep(유지하다), consider(고려하다), discuss(의논하다), finish(끝내다) mention(언급하다), postpone(연기하다), recommend(권장하다), avoid(피하다), delay(미루다), dislike(싫어하다), insist(주장하다), mind(꺼리다), quit(그만두다), deny(부인하다), involve(포함하다), miss(놓치다), suggest(제안하다)

I was raised in an English-speaking country and spent my entire life using English as my first language, which changed later on. In fact, if I had not taken a one-year internship in Geneva when I was in college, I _____ fluent in French.

나는 영어권 국가에서 자랐고 영어를 모국어로 사용하면서 평생을 보냈는데, 이것은 나중에 바뀌었다. 사실 내가 대학 다닐 때 제네바에서 1년 인턴십을 수락하지 않았다면, 프랑스어를 유창하게 할 수 없었을 것이다.

(a) had not become
(b) would not become
(c) will not become
(d) would not have become

보기에 동사 become이 다양한 시제와 조동사와 같이 나왔으므로 시제 문제 아니면 가정법 문제이다. 빈칸 앞에 If 절이 있고, 이 절의 시제가 과거완료이므로 가정법 과거완료임을 알 수 있다. 가정법 과거완료의 주절에 'would/should/could/might + have p.p.'가 와야 하므로 (d)가 정답이다.

raise 기르다, 양육하다 spend A ~ing ~하느라 A를 보내다 entire 전체의 first language 모국어 later on 그 후, 나중에 internship 인턴십 fluent 유창한

---

13 시제 (과거진행: just) ★★★ 정답 (b)

Not willing to wear a boring costume for her Halloween party this year, Sara decided to do something different. So, she said that she _____ to explore the new specialty store near her office downtown.

올해 핼러윈 파티를 위해 지루한 의상을 입고 싶지 않아서, 새라는 뭔가 다른 것을 하기로 결심했다. 그래서 그녀는 시내에 그녀의 사무실 근처에 있는 새로운 전문점을 둘러보길 원하고 있다고 말했다.

(a) just hoped
(b) was just hoping
(c) has just hoped
(d) is just hoping

보기에 동사 hope가 다양한 시제로 나왔으므로 시제 문제이다. 빈칸 앞뒤에 시간 부사구나 부사절을 확인한다. 빈칸 앞에 쓰인 동사 decided, said가 과거형으로 쓰이고 있으므로 기준 시점이 과거임을 알 수 있다. 보기에 진행 시제와 자주 쓰이는 부사 just가 나왔고, 동사가 decided와 said가 연속적인 동작이므로 진행 시제가 적합하다. 따라서 기준 시점이 과거이고 연속적으로 계속되는 동작을 나타내므로 과거진행 (b)가 정답이다.

주절의 동사가 과거 시제인 경우에 종속절에서 단순과거 (a) just hoped도 쓰일 수 있지만 단순과거는 과거의 일회성 동작을 나타내므로 일련의 동작들이 연속적으로 일어나는 이 문맥에서는 어울리지 않아서 오답이다. 지텔프 문법에서는 주로 진행 시제가 정답으로 나오고 단순 시제(현재, 과거, 미래 시제)는 정답으로 나오지 않는다는 점에 유의해야 한다.

willing to+동사원형 기꺼이 ~ 하는 costume 의상 explore 둘러보다 specialty store 전문점

---

14 가정법 (가정법 과거: if절 + 과거 시제) ★★ 정답 (c)

An aurora polaris is a natural light display in Earth's sky, predominantly seen in high-latitude regions such as the Arctic and the Antarctic. If one captured it on camera, the natural phenomenon _____ spectacular.

오로라는 북극과 남극과 같은 고위도 지역에서 주로 보여지는 지구 하늘의 자연적인 빛의 발현이다. 만약 누군가가 그것을 카메라에 담았다면, 그 자연 현상은 아마 장관처럼 보일 것이다.

(a) is probably looking
(b) would probably have looked
(c) would probably look
(d) will probably look

보기에 동사 look이 다양한 시제 및 조동사와 같이 나왔다. 시제 문제 아니면 가정법 문제이다. 빈칸 앞에 if절이 있고, 이 절의 시제로 과거 시제가 나왔으므로 가정법 과거이다. 가정법 과거의 주절에 '주어 + would/should/could/might + 동사원형'이 와야 하므로 (c)가 정답이다.

aurora polaris 오로라, 극광 display 발현 predominantly 대개, 주로 high-latitude 고위도 Arctic 북극(의) Antarctic 남극(의) capture 포착하다, 잡다 phenomenon 현상 spectacular 장관의

Jennifer is pleased with her work as a senior researcher at the National Institute of Health in Maryland. She _____ a team of researchers for a year by next fall, most likely with surprising outcomes.

(a) will manage
(b) will have been managing
(c) managed
(d) is managing

제니퍼는 메릴랜드에 있는 국립 건강 협회에서 선임 연구원으로 일하는 것에 만족하고 있다. 그녀는 내년 가을이면 놀라운 성과를 거둘 것 같은 연구팀을 1년째 관리해 오고 있을 것이다.

해설 보기에 동사 manage가 다양한 시제로 나왔으므로 시제 문제이다. 빈칸 앞뒤에 시간 부사구나 부사절을 확인한다. 빈칸 뒤에 완료 시제에 자주 쓰이는 부사구 for a year가 나왔고, 기준 시점이 미래임을 알려 주는 시간 부사구 by next fall이 나왔다. 미래 특정 시점을 기준으로 그보다 앞서 시작된 행동이 일정 기간 계속 진행되고 있을 것임을 나타내므로 미래완료진행 (b)가 정답이다.

어휘 senior researcher 선임 연구원   institute 협회   manage 관리하다, 감독하다   outcome 성과

> **참고**
> **미래완료진행**
>
> • 형태: will have been ~ing
> • 의미: 미래 이전에 시작된 행동이 미래의 특정 시점까지 계속 진행되고 있음을 나타낸다.
> • 자주 쓰이는 시간부사어구: by + 미래 시점, in + 미래 시점, by the time + 미래 시점, for + 시간명사

The fall season can trigger allergies, and the symptoms may vary. But ragweed pollen is the biggest allergy trigger in the fall. One of the best ways to stay safe from it involves _____ certain fruits such as bananas and melon.

(a) to avoid
(b) having avoided
(c) avoiding
(d) to be avoiding

가을철은 알레르기를 유발할 수 있고 그 증상은 다양할 수 있다. 하지만 돼지풀 꽃가루는 가을에 가장 큰 알레르기 유발 요인이다. 그것으로부터 안전하게 지내는 가장 좋은 방법 중 하나는 바나나와 멜론과 같은 특정 과일을 피하는 것을 포함한다.

해설 보기에 동사 avoid가 준동사 형태로 나왔으므로 준동사 문제이다. 빈칸 앞에 오는 동사가 목적어로 동명사를 취하는지 to부정사를 취하는지 확인한다. 빈칸 앞의 동사 involve는 동명사를 목적어로 취하므로 동명사 (c)가 정답이다.

어휘 trigger 유발하다   symptom 증상   vary 다양하다   ragweed 돼지풀   pollen 꽃가루   certain 특정한

In recent years, the retail industry has seen a lot of growth driven mainly by the expansion of e-commerce. Had economic activities not increased, it _____ so drastically.

(a) would not grow
(b) would not have grown
(c) had not grown
(d) was not growing

최근 몇 년간 소매업은 주로 전자 상거래의 확장에 의해 많은 성장을 해왔다. 경제활동이 증가하지 않았다면 그것은 이렇게 급격하게 성장하지 못했을 것이다.

> **해설** ▶ 보기에 동사 grow가 다양한 시제와 조동사와 같이 나왔다. 시제 문제 아니면 가정법 문제이다. 빈칸 앞에 had가 먼저 나왔고 뒤에 주어 economic activities가 나왔으므로 'If economic activities had not increased'에서 접속사 if가 생략되고 had와 주어 economic activities가 도치된 가정법 과거완료 구문이다. 가정법 과거완료의 주절은 '주어 + would/should/could/might + have p.p.'의 형태가 와야 하므로 (b)가 정답이다.

> **어휘** ▶ recent 최근의   retail 소매, 소매의   drive (~하도록) 만들다, 몰다   mainly 주로   expansion 확장   e-commerce 전자 상거래   drastically 급격하게

The new personal coach at the Golden Gym Health Club in the city has obtained a substantial number of positive reviews and has consequently become popular among young women. Now the owner of the fitness club is considering _____ to older people to increase its influence in the entire state.

(a) advertising
(b) having advertised
(c) to advertise
(d) to have advertised

도시에 있는 골든짐 헬스클럽의 새로운 개인 코치는 상당히 많은 긍정적인 평가를 받았고, 결과적으로 젊은 여성들 사이에서 유명해지게 되었다. 이제 그 헬스 클럽의 주인은 주 전체에서 영향력을 높이기 위해 노년층을 대상으로 광고할 것을 고려하고 있다.

> **해설** ▶ 보기에 동사 advertise가 준동사 형태로 나왔으므로 준동사 문제이다. 빈칸 앞에 오는 동사가 목적어로 동명사를 취하는지 to부정사를 취하는지 확인한다. 빈칸 앞에 동사 consider는 동명사를 목적어로 취하는 동사이므로 동명사 (a)가 정답이다.

> **오답분석** ▶ (b) having advertised는 완료 동명사로서 주절의 시제보다 한 시제 이전을 나타낼 때 사용되지만 여기에서는 주절의 시제와 동명사의 시제가 동일하므로 오답이다. 지텔프 문법에서는 완료형 준동사가 정답이 되는 경우는 극히 드물다.

> **어휘** ▶ obtain 얻다, 획득하다   substantial 상당한   a number of 많은   consequently 결과적으로   consider 고려하다   advertise 광고하다   influence 영향(력)   entire 전체의

Mr. Wilson enjoys his morning exercises. To ensure that his body will get enough physical activity every day this month, he _____ get up before dawn for a long jog by the beach. Then, in the evening, he will do yoga.

(a) could
(b) can
(c) would
(d) will

윌슨 씨는 아침 운동을 즐긴다. 그의 몸이 이번 달에 매일 충분한 신체 활동을 할 것을 보장하기 위해, 그는 바닷가에서의 긴 조깅을 위해 동이 트기 전에 일어나려고 한다. 그러고 나서 저녁에 그는 요가를 할 것이다.

해설 보기에 다양한 조동사가 나왔으므로 조동사 문제이다. 빈칸에 보기에 나와 있는 조동사를 하나씩 대입해서 가장 자연스런 용법의 조동사를 고르면 된다. 빈칸 앞의 문장의 의미가 '그의 몸이 이번 달 매일 충분한 신체 활동을 할 것을 보장하기 위해'이므로 빈칸 뒤 문장의 의미를 '그는 바닷가에서의 긴 조깅을 위해 동이 트기 전에 일어나려고 한다'로 해석해야 가장 자연스럽다. 따라서 의지의 의미를 가진 조동사 (d)가 정답이다.

오답 분석 (a) could(~할 수도 있다: 불확실한 가능성), (b) can(~할 수 있다: 능력, 가능), (c) would(~하곤 했었다: 과거의 습관)은 문맥상 어색하므로 오답이다.

어휘 ensure 확실히 하다, 보장하다   physical activity 신체 활동   dawn 새벽

David's mother isn't used to doing physical therapy every day since her ski accident. If she were mindful of her health, she _____ more conscientious and not skip her therapy sessions.

(a) will have been
(b) are being
(c) would be
(d) will be

데이비드의 어머니는 스키 사고 이후 매일 물리 치료를 받는 것에 익숙하지 않다. 만약 그녀가 건강에 신경을 쓴다면, 그녀는 치료에 더 공을 들일 것이고 치료 시간을 빠지지 않을 것이다.

해설 보기에 동사 be가 다양한 시제와 조동사와 같이 나왔다. 시제 문제 아니면 가정법 문제이다. 빈칸 앞에 if절이 있고, 이 절의 시제로 과거 시제 were이 나왔으므로 가정법 과거이다. 가정법 주절은 '주어 + would/should/could/might + 동사원형'이 되어야 하므로 (c)가 정답이다.

어휘 be used to ~ing ~에 익숙하다   physical therapy 물리 치료   mindful ~을 신경 쓰는   conscientious 공을 들이는, 성실한   skip 건너 뛰다, 빠지다   session 시간, 기간

In a society where youthful appearances are desired, many people spend money on expensive skincare and cosmetics. If you want _____ getting wrinkles, the most important thing you need to remember is sunblock or sunscreen.

(a) avoiding
(b) to avoid
(c) avoided
(d) to be avoiding

젊은 외모를 원하는 사회에서, 많은 사람들이 비싼 피부 관리와 화장품에 돈을 쓴다. 만약 당신이 주름이 생기는 것을 피하고 싶다면, 당신이 기억해야 할 가장 중요한 것은 선블록이나 선스크린이다.

해설 ▶ 보기에 동사 avoid가 준동사 형태로 나왔으므로 준동사 문제이다. 빈칸 앞에 동사 want는 to부정사를 목적어로 취하는 동사이므로 (b)가 정답이다. 이때, 동사 avoid는 동명사를 목적어로 취하는 동사이므로 그 동사의 목적어는 동명사 getting을 취했다. 이 동사에 혼동되어 동명사 avoiding을 정답으로 고르지 않도록 유의한다.

어휘 ▶ **youthful** 젊은, 앳되어 보이는   **appearance** 외모   **desire** 바라다   **cosmetics** 화장품   **wrinkle** 주름   **sunblock** 선블록   **sunscreen** 선스크린, 자외선 차단제

> 참고
> ### to부정사를 목적어로 취하는 동사
>
> want(원하다), expect(기대하다), need(필요로 하다), wish(소망하다), hope(희망하다), desire(갈망하다), agree(동의하다), choose(선택하다), learn(배우다), plan(계획하다), promise(약속하다), refuse(거부하다), pretend(~인 체하다), aim(목표로 하다), decide(결심하다)

An episodic memory refers to the memory of an event or an episode. _____ it allows people to mentally travel back in time to an event from the past, psychologists often use them to help patients deal with their negative experiences.

(a) Whether
(b) Although
(c) Because
(d) Until

일화 기억은 사건이나 에피소드에 대한 기억을 말한다. 그것은 사람들이 과거로부터의 어떤 사건으로 시간을 거슬러 올라가 정신적으로 여행을 할 수 있게 해주기 때문에, 심리학자들은 환자들이 부정적인 경험을 다루는 것을 돕기 위해 그것을 종종 활용한다.

해설 ▶ 보기에 다양한 연결어가 나왔으므로 연결어 문제이다. 빈칸에다 보기에 나온 연결어를 하나씩 대입해서 앞뒤 문장의 논리 관계를 잘 살펴보아야 한다. 빈칸을 포함하고 있는 절의 의미는 '그것은 과거로부터의 어떤 사건으로 시간 여행을 할 수 있게 해준다'이고 그 뒤에 나오는 주절은 '심리학자들은 환자들이 부정적 경험을 다루는 것을 돕도록 그것을 종종 활용한다'라고 하였으므로 이 두 문장 간의 논리 관계는 원인과 결과 관계이다. 따라서 '~때문에'라는 의미로 쓰이는 접속사 (c)가 정답이다.

오답분석 ▶ (a) Whether(~이든 아니든), (b) Although(~에도 불구하고)와 (d) Until(~할 때까지)는 문맥상 어색한 연결어이므로 오답이다.

어휘 ▶ **episodic memory** 일화 기억   **refer to** 나타내다, 말하다   **allow A to+동사원형** A가 ~하도록 허용하다   **mentally** 정신적으로   **psychologist** 심리학자   **patient** 환자   **deal with** 다루다

Friendship is a relationship of mutual affection between people and is often a stronger form of interpersonal bond than an association. But most importantly, a friend is someone _____, regardless of the circumstances.

(a) when you choose to be yourself with
(b) whose you choose to be yourself with
(c) which you choose to be yourself with
(d) whom you choose to be yourself with

우정은 사람들 사이의 상호 애정의 관계이며 보통 친분보다 더 강한 형태의 사람 간의 유대이다. 하지만 가장 중요한 것은, 친구는 상황에 관계없이 당신이 당신과 함께하기로 선택한 사람이라는 것이다.

해설 보기에 다양한 관계사가 이끄는 절이 나왔으므로 관계사 문제이다. 빈칸 앞에 관계사의 선행사를 확인하고 관계사절에서의 역할을 파악한다. 앞에 나온 대명사 someone이 선행사이고 관계사가 이끄는 절에서 전치사 with의 목적어 역할을 한다. 선행사가 사람이고 목적어 역할을 하므로 관계대명사 whom이 적합하다. 따라서 (d)가 정답이다.

오답분석 (a)에서 관계부사 when은 선행사로 시간을 니디내는 말이 오고 when 뒤에 완벽한 문장 구조가 와야 하는데 여기서는 선행사가 사람이고 전치사의 목적어가 빠져 있는 문장이 와서 오답이다. (b)에서 소유격 관계대명사 whose는 바로 다음에 명사가 나와야 하는데 뒤에 대명사 you가 나와서 오답이다. (c)에서 관계대명사 which는 선행사가 사물이어야 하는데 여기서 선행사가 사람이므로 오답이다.

어휘 relationship 관계   mutual 상호의   affection 애정   interpersonal 사람 간의   bond 유대   association 친분, 관계   regardless of ~와 관계없이   circumstance 상황

참고

관계대명사의 선행사와 격

선행사	주격	소유격	목적격
사람	who	whose	whom (who)
사물, 동물	which	whose (of which)	which
사람, 사물, 동물	that	소유격 없음	that
선행사를 포함	what	소유격 없음	what

Now that Nick has completed cooking classes online, he is pretty good at making simple but delicious meals. _____ using dried thyme and parsley in his pasta sauce, he picks fresh herbs from his own balcony garden.

(a) Because of
(b) Rather than
(c) Other than
(d) In spite of

닉은 온라인 요리 수업을 끝마쳤기 때문에 간단하지만 맛있는 식사를 만드는 것을 꽤 잘한다. 그는 파스타 소스에 건조 타임과 파슬리를 사용하기보다는 자신의 발코니 정원에서 신선한 허브를 따다 쓴다.

해설 보기에 다양한 연결어가 나왔으므로 연결어 문제이다. 빈칸에 보기에 나온 연결어를 하나씩 대입해서 앞뒤 문장 간의 논리관계를 확인한 후, 가장 자연스러운 것을 고른다. 빈칸을 포함하고 있는 부분의 의미는 '파스타 소스에 말린 백리향과 파슬리를 사용하는 것'이고 빈칸 뒤의 부분의 의미는 '자신의 발코니 정원에서 신선한 것을 따다 쓴다'이므로 '말린 백리향 파슬리를 사용하기보다는 정원에서 신선한 것을 선호했다.'가 가장 자연스러우므로 (b)가 정답이다.

---

25 관계사 (관계대명사: 계속적 용법 which) ★★★   정답 (c)

Cinnamon is a sweet, fragrant spice produced from the inner bark of trees, _____ subcontinent. It was also popular in biblical times and mentioned in numerous books of the Bible as a kind of ointment.

(a) where is native to the Indian
(b) who is native to the Indian
(c) which is native to the Indian
(d) that is native to the Indian

계피는 인도 아대륙이 원산지인, 나무 안쪽 껍질에서 생산되는 달콤하고 향기로운 향신료이다. 그것은 성서 시대에도 인기가 많았고 연고의 일종으로 수많은 경전에 언급되었다.

해설 보기에 다양한 관계사가 이끄는 절이 나왔으므로 관계사 문제이다. 관계사 문제는 빈칸 앞에서 선행사를 찾고 알맞은 관계사를 고른 후, 그 관계사가 관계사절에서 어떤 역할을 하는지를 확인한다. 빈칸 앞에 선행사는 the inner bark of trees이고 관계사절에서 주어 역할을 한다. 선행사가 사물이고 관계사절에서 주어 역할을 하며, 선행사 앞에 콤마가 있는 계속적 용법으로 사용 가능한 관계대명사는 which이므로 (c)가 정답이다.

오답분석 (a) 관계부사 where는 선행사가 장소를 나타내는 말이고 뒤에 완벽한 문장 구조가 오지만, 여기서는 선행사가 사물이고 주어가 빠진 구조가 와서 오답이다. (b) 관계대명사 who는 사람을 선행사로 하지만, 여기서는 사물이 선행사이므로 오답이다. (d) 관계대명사 that은 선행사가 사람, 사물 모두 가능하고 주격, 목적격 모두 가능하지만, 계속적 용법에서는 사용할 수 없으므로 오답이다.

어휘 cinnamon 계피 fragrant 향기로운 spice 향신료 bark 나무 껍질 (the Indian) subcontinent (인도) 아대륙 biblical times 성서 시대 mention 언급하다 numerous 수많은 ointment 연고

---

26 당위성/이성적 판단 (동사: request) ★★   정답 (a)

Some of the war refugees were detained at the border. Their defense attorney argued the case objectively. He requested that they _____ due to their unfortunate circumstances.

(a) be released
(b) will be released
(c) have been released
(d) are released

전쟁 난민들 중 일부는 국경에 억류되었다. 그들의 변호사는 객관적으로 그 사건을 변론했다. 그는 그들의 불운한 상황 때문에 그들이 석방되어야 한다고 요청했다.

해설 보기에 동사 release가 다양한 시제와 동사원형으로 나왔으므로 시제 문제 아니면 당위성/이성적 판단 문제이다. 빈칸 앞에 동사 request가 나왔는데 이 동사는 당위성 동사이므로 종속절은 'that + 주어 + (should) + 동사원형'이 되어야 한다. 따라서 (a)가 정답이다.

어휘 refugee 피난민, 난민 detain 억류하다, 구금하다 border 국경 defense attorney 변호사 argue a case 변론하다 objectively 객관적으로 request 요청하다 release 석방하다 due to ~때문에 unfortunate 불운한 circumstance 상황, 사정

정답 확인하기

LISTENING														
PART **1**	**27**	(a)	**28**	(a)	**29**	(b)	**30**	(b)	**31**	(c)	**32**	(d)	**33**	(c)
PART **2**	**34**	(b)	**35**	(c)	**36**	(b)	**37**	(d)	**38**	(d)	**39**	(a)		
PART **3**	**40**	(d)	**41**	(a)	**42**	(d)	**43**	(b)	**44**	(d)	**45**	(b)		
PART **4**	**46**	(d)	**47**	(a)	**48**	(b)	**49**	(d)	**50**	(b)	**51**	(c)	**52**	(a)

문항별 취약 유형 체크하기

PART 1 개인적 대화			PART 3 협상적 대화		
27	주제 (What)		**40**	주제 (What)	
28	세부사항 (Who)		**41**	세부사항 (how)	
29	True or Not True (what)		**42**	세부사항 (What)	
30	세부사항 (why)		**43**	세부사항 (What)	
31	세부사항 (How)		**44**	세부사항 (Why)	
32	세부사항 (how)		**45**	추론 (What)	
33	추론 (What)				
PART 2 발표			PART 4 절차 설명		
34	주제 (What)		**46**	주제 (What)	
35	추론 (How)		**47**	세부사항 (what)	
36	세부사항 (What)		**48**	추론 (Why)	
37	세부사항 (What)		**49**	세부사항 (How)	
38	True or Not True (what)		**50**	세부사항 (Why)	
39	추론 (what)		**51**	세부사항 (Why)	
			52	추론 (Who)	

★ 틀린 문항을 확인하고 취약한 유형을 집중 학습하세요.

지구 온난화	M: Hello, Grace! We'll be discussing a crucial subject today. F: I know and I'm glad, Kenny. M: So, how would you define global warming? F: Simply put, global warming is when the average temperature of the Earth rises.	M: 안녕하세요, 그레이스! 오늘 우리는 중요한 주제에 대해 토론할 거예요. F: 저도 알고 있어요, 그래서 기뻐요, 케니. M: 그렇다면, 당신은 지구 온난화를 어떻게 정의하겠어요? F: 간단히 말하자면, 지구 온난화는 지구의 평균 온도가 상승하는 시기예요.
지구 온난화 문제 대두 시기	M: Nowadays, [29a]global warming has become one of the biggest social problems, and it is around the world. I wonder when global warming became a social problem, though. F: [29c]It came to light in a 1972 report of the Club of Rome. [28]It was only then, among former heads of state, environmental activists, scientists, economists, and business leaders from around the globe, that it emerged as a social problem for the first time.	M: 요즘, [29a]지구 온난화는 가장 큰 사회 문제 중 하나가 되었고 그것은 전 세계적으로 일어나고 있어요. 그런데 저는 언제부터 지구온난화가 사회 문제가 되었는지 궁금해요. F: [29c]그것은 1972년 클럽 오브 로마 보고서에서 알려졌어요. [28]전 세계의 전임 각국 정상들과 환경 운동가, 과학자, 경제학자, 기업주들 사이에서 그것이 처음으로 사회 문제로 떠올랐던 것은 바로 그 때였어요.
지구 온난화 영향: 해수면 상승	M: Oh, really! That's good to know. How did it become a social problem? F: [27]Global warming has had disastrous effects on the environment, and consequently on our lives. M: But what if global warming continues to worsen? F: Typically, the sea level rises due to the melting of glaciers. M: I'm sorry, but I can't understand how the two are related. F: [30]If only the glaciers in the sea melt, the sea level may not rise. But if the glaciers on land also melt, the sea level rises as a result. M: It was not obvious before, but I think I get it now.	M: 오, 그렇군요! 알게 되어서 좋네요. 그것은 어떻게 사회적 문제가 되었나요? F: [27]지구 온난화는 환경에, 그리고 결과적으로 우리의 삶에 끔찍한 영향을 끼쳐왔어요. M: 하지만 만약 지구 온난화가 계속 악화된다면요? F: 일반적으로는 빙하가 녹아서 해수면이 상승하죠. M: 죄송하지만 저는 그 둘이 어떻게 관련되어 있는지 이해할 수 없군요. F: [30]만약 바다의 빙하만 녹는다면 해수면은 올라가지 않을 수도 있어요. 그러나 육지의 빙하도 녹으면 결과적으로 해수면이 상승하죠. M: 전에는 분명하지 않았지만 이제는 알 것 같아요.

지구 온난화 영향: 해양 변화	F: In addition, ^{29d}due to the rising temperatures in the ocean, the ocean's ecosystem will be affected. M: Could you elaborate? F: Well, it simply means, that due to the rising temperatures in the ocean, rare species such as monster jellyfish and whale sharks have been found.	F: 또한, ^{29d}바다의 온도 상승으로 인해, 해양 생태계가 영향을 받을 거예요. M: 좀 더 자세히 말씀해 주시겠어요? F: 음, 그것은 단순히 바다의 온도 상승 때문에, 괴물 해파리와 고래 상어와 같은 희귀종들이 발견되었다는 것을 의미해요.
지구 온난화 긍정적 영향	M: I see. But I also think there are definitely some positive impacts of global warming. For example, it could increase the number of ice-free ports and possible areas for multiple cropping of grain due to hot weather conditions. Don't you share my opinion?	M: 그렇군요. 하지만 저는 지구 온난화의 긍정적인 영향도 분명히 있다고 생각해요. 예를 들어, 그건 더운 기후 조건으로 인해 부동항과 곡물의 다모작이 가능한 지역의 수를 증가시킬 수 있어요. 당신도 제 의견과 같지 않나요?
지구 온난화 영향: 가뭄과 홍수로 곡물 수확량 감소	F: I'm afraid I have to disagree. An increased sea level due to global warming will submerge the ports. ³¹Additionally, global warming increases the frequency of droughts and floods. It will hinder the growth of grains, which can cause the grain harvest to decline as a result. M: It's a serious problem. F: That is correct. And we need a solution. M: So, what is the ultimate solution to global warming?	F: 유감이지만 동의할 수 없어요. 지구 온난화 때문에 높아지는 해수면은 항구를 잠기게 만들 거예요. ³¹게다가, 지구 온난화는 가뭄과 홍수의 빈도를 증가시켜요. 그것은 곡물의 성장을 방해할 것이고, 결과적으로 곡물 수확량을 감소시킬 수 있어요. M: 심각한 문제네요. F: 맞아요. 그리고 우리는 해결책이 필요해요. M: 그렇다면, 지구 온난화에 대한 궁극적인 해결책은 무엇인가요?
해결책	F: ³²The most fundamental solution is to reduce emissions of greenhouse gases. M: Could you give me some concrete examples? F: Sure. We can consider recycling or using eco-friendly products. M: From now on, we must be more careful.	F: ³²가장 근본적인 해결책은 온실가스의 배출을 줄이는 것입니다. M: 구체적인 예를 좀 들어주시겠어요? F: 물론이죠. 재활용이나 친환경 제품 사용을 생각해 볼 수 있어요. M: 이제부터 우리는 더 조심해야 해요.
해결을 위한 구체적 노력	F: You're right! And we should try to solve the problem. ³³For instance, I take my own bag when I go grocery shopping and my tumbler when I get coffee at Starbucks. M: Wow! ³³I promise to follow in your footsteps from this day forward.	F: 맞아요! 그리고 우리는 문제를 해결하려고 노력해야 해요. ³³예를 들어, 나는 장을 볼 때 내 가방을 가져가고 스타벅스에서 커피를 살 때 텀블러를 챙겨 가요. M: 우와! ³³오늘부터 당신을 따라 하겠다고 약속해요.

마무리	F: I'm glad we discussed this topic, Kenny! M: It was time well spent, Grace!	F: 우리가 이 주제에 대해 논의해서 기뻐 요, 케니! M: 좋은 시간이었어요, 그레이스!

어휘 crucial 중요한 define 정의하다 global warming 지구 온난화 simply put 간단히 말해서 average 평균 temperature 온도 nowadays 요즘 wonder 궁금하다 come to light 알려지다. 밝혀지다 former 전의 head of state 국가 정상 environmental activist 환경 운동가 economist 경제학자 emerge 나타나다. 출현하다 for the first time 처음으로 disastrous 처참한 consequently 결과적으로 worsen 악화되다 typically 전형적으로 sea level 해수면 due to ~때문에 melt 녹다 glacier 빙하 related 관련된 obvious 분명한 in addition 게다가 ecosystem 생태계 affect 영향을 미치다 elaborate 자세히 말하다 rare species 희귀종 jellyfish 해파리 whale shark 고래 상어 definitely 분명히 impact 영향 ice-free port 부동항 multiple cropping 다모작 share one's opinion ~와 의견이 같다 submerge 침수시키다 additionally 게다가 frequency 빈도 drought 가뭄 flood 홍수 hinder 방해하다 grain harvest 곡물 수확 decline 감소하다 as a result 결과적으로 ultimate 궁극적인 fundamental 근본적인 emission 배출 concrete 구체적인, 명확한 from now on 이제부터 for instance 예를 들어 follow in one's footsteps ~을 따라 하다. ~와 같은 길을 걷다 forward 앞으로 time well-spent 시간을 들일 만한

---

27 주제 (What) ★★ 정답 (a)

What is the conversation mainly about?

(a) the effects of global warming
(b) the positive effect of globalization
(c) the effects of the rising tides
(d) the effect of melting glaciers

이 대화는 주로 무엇에 관한 것인가?

(a) 지구 온난화의 영향
(b) 세계화의 긍정적인 영향
(c) 밀물의 영향
(d) 빙하가 녹는 것의 영향

해설 대화에서 "²⁷Global warming has had disastrous effects on the environment, and consequently on our lives."(지구 온난화는 환경에, 그리고 결과적으로 우리의 삶에 끔찍한 영향을 끼쳐 왔어요.)라고 하였다. 지구 온난화의 부정적 영향에 대한 대화이므로 (a)가 정답이다.

어휘 effect 영향, 결과 globalization 세계화 rising tide 밀물

---

28 세부사항 (Who) ★★ 정답 (a)

Who first acknowledged global warming as a real issue facing our society?

(a) a group of influential world leaders and environmentalists
(b) a group of students from Ivy League universities
(c) various environmentalists and activists
(d) heads of state from only wealthy countries

누가 가장 먼저 지구 온난화를 우리 사회가 직면한 현실적인 문제로서 인식했는가?

(a) 영향력 있는 세계 지도자들과 환경 운동가들의 모임
(b) 아이비리그 대학 학생들의 모임
(c) 다양한 환경 운동가들과 활동가들
(d) 부유한 나라의 국가 원수들만

해설 대화에서 "²⁸It was only then, among former heads of state, environmental activists, scientists, economists, and business leaders from around the globe, that it emerged as a social problem for the first time."(전 세계 전임 각국 정상들과 환경운동가, 과학자, 경제학자, 기업주들 사이에서 그것이 처음으로 사회 문제로 떠올랐던 것은 바로 그때서였어요.)라고 하였다. 전임 국가 정상, 과학자, 경제학자, 기업주들은 영향력 있는 세계 지도자라고 할 수 있으므로 보기 중 가장 적절한 답은 (a)이다.

Paraphrasing former heads of state, environmental activists, scientists, economists, and business leaders from around the globe ➡ a group of influential world leaders and environmentalists

어휘 acknowledge 인식하다   influential 영향력 있는   environmentalist 환경운동가   activist (사회 운동) 활동가

29   True or Not True ★★★   정답 (b)

Based on the conversation, what is NOT a characteristic of global warming?

(a) It is a global issue.

(b) It only affects islands.

(c) It was first reported almost half a century ago.

(d) It influences marine ecosystems.

대화에 따르면 지구 온난화의 특징이 아닌 것은 무엇인가?

(a) 그것은 세계적인 문제이다.
(b) 그것은 섬에만 영향을 미친다.
(c) 그것은 거의 반세기 전에 처음 보도되었다.
(d) 그것은 해양 생태계에 영향을 준다.

해설 대화에서 "²⁹ᵃglobal warming has become one of the biggest social problems, and it is around the world."(지구 온난화는 가장 큰 사회적 문제 중 하나가 되었고 그것은 전 세계적으로 일어나고 있어요.), "²⁹ᶜIt came to light in a 1972 report of the Club of Rome."(그것은 1972년 클럽 오브 로마 보고서에서 알려졌어요.), "²⁹ᵈdue to the rising temperatures in the ocean, the ocean's ecosystem will be affected"(바다의 온도 상승으로 인해, 해양 생태계가 영향을 받을 거예요.)라고 하였다. 이 내용은 각각 보기 (a), (c), (d)의 내용과 일치하지만, (b)는 본 대화의 내용과 일치하지 않는다. 따라서 정답은 (b)이다.

어휘 characteristic 특징   affect 영향을 끼치다   report 보도하다   marine 바다의, 해양의

30   세부사항 (why) ★★   정답 (b)

According to the conversation, why does the sea level rise?

(a) because the glaciers in the sea melt

(b) because glaciers in the sea and on land melt

(c) because it rains a lot and glaciers in the sea melt

(d) because it rains a lot and glaciers on land melt

대화 내용에 따르면, 해수면은 왜 상승하는가?

(a) 바다의 빙하가 녹기 때문에
(b) 바다와 육지의 빙하가 녹기 때문에
(c) 비가 많이 오고 바다의 빙하가 녹기 때문에
(d) 비가 많이 내리고 육지의 빙하가 녹기 때문에

해설 대화에서 "³⁰If only the glaciers in the sea melt, the sea level may not rise. But if the glaciers on land also melt, the sea level rises as a result."(만약 바다의 빙하만 녹는다면 해수면은 올라가지 않을 수도 있어요. 그러나 육지의 빙하도 녹으면 결과적으로 해수면이 상승하죠.)라고 하였다. 바다의 빙하와 육지의 빙하가 모두 녹아서 해수면이 상승한다고 했으므로 (b)가 정답이다.

어휘 sea level 해수면   glacier 빙하   rise 상승하다, 올라가다   melt 녹다

31   세부사항 (How) ★★★   정답 (c)

How can global warming eventually lead to a food shortage?

(a) by increasing the frequency of snowstorms and rain

(b) by decreasing the frequency of thunderstorms

(c) by increasing the frequency of droughts and floods

(d) by decreasing the frequency of torrential rain

지구 온난화가 어떻게 결국 식량 부족으로 이어질 수 있나요?

(a) 눈보라와 비의 빈도를 증가시켜서
(b) 뇌우의 빈도를 감소시켜서
(c) 가뭄과 홍수의 빈도를 증가시켜서
(d) 집중 호우의 빈도를 감소시켜서

대화에서 "[31]Additionally, global warming increases the frequency of droughts and floods. It will hinder the growth of grains, which can cause the grain harvest to decline as a result."(게다가, 지구 온난화는 가뭄과 홍수의 빈도를 증가시켜요. 그것은 곡물의 성장을 방해할 것이고, 결과적으로 곡물 수확량을 감소시킬 수 있어요.)라고 하였으므로 지구 온난화로 가뭄과 홍수가 잦아지고 이로 인해 곡물의 성장이 저하되고 수확량이 줄어들 수 있다고 했다. 이는 결국 식량 부족으로 이어질 수 있으므로, (c)가 정답이다.

eventually 결국 snowstorm 눈보라 thunderstorm 뇌우 drought 가뭄 flood 홍수 torrential rain 집중 호우

---

32 세부사항 (how) ★★   정답 (d)

According to the conversation, how can people put an end to global warming?

(a) by using only eco-friendly cars
(b) by using only eco-friendly light bulbs
(c) by prohibiting single-use plastics
(d) by reducing greenhouse gas emissions

대화에 따르면, 사람들은 어떻게 지구 온난화를 끝낼 수 있는가?

(a) 친환경 자동차만을 이용함으로써
(b) 친환경 전구만을 사용함으로써
(c) 일회용 플라스틱을 금지함으로써
(d) 온실 가스 배출을 줄임으로써

대화에서 "[32]The most fundamental solution is to reduce emissions of greenhouse gases."(가장 근본적인 해결책은 온실가스의 배출을 줄이는 것입니다.)라고 하였으므로 정답은 (d)이다.

put an end to ~을 끝내다 prohibit 금지하다 single-use 일회용의

---

33 추론 (What) ★★   정답 (c)

What will the speakers probably do soon?

(a) stop traveling by airplanes
(b) cut down on the consumption of fuel
(c) cut down on the consumption of single-use plastics
(d) stop buying automobiles that use fuel

화자들은 곧 무엇을 할 것 같은가?

(a) 비행기 여행을 그만둔다
(b) 연료 소모를 줄인다
(c) 일회용 플라스틱 소비를 줄인다
(d) 연료를 사용하는 자동차 구매를 그만둔다

대화에서 "F: [33]For instance, I take my own bag when I go grocery shopping and my tumbler when I get coffee at Starbucks."(예를 들어, 나는 장을 볼 때 내 가방을 가져가고 스타벅스에서 커피를 살 때 텀블러를 챙겨 가요.)라고 하였고 "M: [33]I promise to follow in your footsteps from this day forward."(오늘부터 당신을 따라 하겠다고 약속해요.)라고 하였다. 여자가 장바구니와 텀블러를 가지고 다닌다고 말하자 남자도 동참하겠다고 말했으므로, 일회용 플라스틱 사용을 줄이겠다는 뜻으로 풀이된다. 따라서 (c)가 정답이다.

I take my own bag when I go grocery shopping and my tumbler when I get coffee at Starbucks.
➡ cut down on the consumption of single-use plastics

cut down ~을 줄이다 consumption 소비 automobile 자동차 fuel 연료

건강에 대한 조언	Good morning, listeners! I'm Alice Jamison—your host and health counselor at the Washington Medical Center in Maryland. Over the past few weeks, we have received thousands of requests from all across the United States, and ³⁴I am here today to share some vital health advice with you. More than ever before, staying healthy has become the number one priority for most people, and maintaining good health doesn't happen by accident. ³⁵It requires work, smart lifestyle choices, and the occasional checkup. It's the little things that you do each day that add up to being healthy and fit. While we do what we can to be as health-conscious as we can, it is always a work in progress since there are many elements to a healthy lifestyle.	좋은 아침입니다, 청취자 여러분! 저는 사회자이자 매릴랜드 워싱턴 메디컬 센터의 건강 상담가인 앨리스 제이미슨입니다. 지난 몇 주 동안 저희는 미국 전역에서 수천 건의 요청을 받았고, ³⁴저는 오늘 여러분과 중요한 건강 조언을 나누고자 이 자리에 왔습니다. 그 어느 때보다도 건강을 유지하는 것이 대부분의 사람들에게 최우선 과제가 되었고, 건강을 유지하는 것은 우연히 되는 것이 아닙니다. ³⁵그것은 노력과 현명한 생활방식 선택, 그리고 가끔씩 건강 검진 받는 것을 필요로 합니다. 결국 건강하고 몸을 탄탄하게 하는 것은 바로 여러분이 매일 하는 사소한 것들입니다. 우리는 가능한 한 건강을 의식하기 위해 할 수 있는 일은 하지만, 건강한 생활 방식에는 많은 요소가 있기 때문에 그것은 항상 진행 중인 일입니다.
건강 조언 (1) 나쁜 습관 줄이기	I'm here to give you a few tips that will guide you on your journey to good health. ³⁶First, it would be wise to give up some of your bad habits, while cutting back on others. For instance, habits in the "quit" category would be smoking, drugs, too much coffee, and other unhealthy addictions. There's just no way to do any of these in a "healthy" way. It might take some time, but it's worth it if you want to be healthier.	저는 건강으로 가는 여정을 안내할 몇 가지 조언을 드리려 이 자리에 왔습니다. ³⁶첫째, 다른 나쁜 습관들은 줄이면서, 나쁜 습관들 중 일부는 버리는 것이 현명합니다. 예를 들어, '끊기' 범주의 습관에는 흡연, 약물, 과도한 커피, 그리고 건강에 해로운 다른 중독이 있을 것입니다. 이것들 중 어떤 것도 '건강한' 방법으로 할 수 있는 방법은 없습니다. 시간은 좀 걸리겠지만, 여러분이 더 건강해지고 싶다면 가치가 있습니다.
건강 조언 (2) 수면 확보	The second important thing is to get enough sleep. Sleep affects our physical and mental health tremendously, and many of us do not get enough sleep according to research data. Lack of sleep adversely affects metabolism, mood, concentration, memory, motor skills, stress hormones, and even the immune system and cardiovascular health. Sleep allows the body to heal, repair, and rejuvenate itself in a way it simply cannot when a person is awake.	두 번째로 중요한 것은 잠을 충분히 자는 것입니다. 수면은 우리의 신체적, 정신적 건강에 대단히 영향을 미치며, 연구 자료에 따르면 우리 중 많은 사람들이 충분한 수면을 취하지 못합니다. 수면 부족은 신진대사, 기분, 집중력, 기억력, 운동 능력, 스트레스 호르몬, 심지어 면역 체계와 심혈관 건강에 부정적으로 영향을 미칩니다. 수면은 사람이 깨어 있을 때는 그저 할 수 없는 방식으로 신체가 스스로 치유하고, 복구하고, 활기를 되찾을 수 있게 합니다.

건강 조언 (3) 운동	Another key factor is to exercise. Even if you just get out for a walk a few times a week, it can be helpful for your health. Cardiovascular exercise helps to strengthen the heart and lungs, intensity training helps to strengthen the muscles, and stretching helps to reduce the risk of injury by increasing flexibility. Exercise also improves circulation and body awareness, and regular exercise can help combat depression.	또 다른 중요한 요소는 운동을 하는 것입니다. 여러분이 일주일에 몇 번 산책을 나가기만 해도 그것은 여러분의 건강에 도움이 될 수 있어요. 심혈관 운동은 심장과 폐를 강화하고, 강도 높은 훈련은 근육을 강화하며, 스트레칭은 유연성을 높여 부상의 위험을 줄이는 데 도움을 줍니다. 운동은 또한 혈액순환과 신체 인식을 향상시키며, 규칙적인 운동은 우울증을 방지하는 데 도움을 줄 수 있습니다.
건강 조언 (4) 스트레스 줄이기	The other important thing would be to reduce your stress level by any means. ³⁷Stress can cause a myriad of problems, from heart trouble to digestive problems, which should not come as a surprise to you. What many people do not know is what to do about their stress and how to manage it. Exercise, ³⁸ᵃmeditation, ³⁸ᵇdoing what you love, appropriate boundaries, spirituality, ³⁸ᵃbeing in nature, and enjoyable hobbies ³⁸all help alleviate the harmful effects of stress on the body. Don't overwork. Take breaks and ³⁸ᶜmake sure to surround yourself with people who love and support you.	다른 중요한 것은 어떻게 해서든 여러분의 스트레스 수준을 낮추는 것입니다. ³⁷스트레스는 심장 질환에서 소화기 문제에 이르기까지 무수한 문제를 일으킬 수 있는데, 이것은 여러분에게 놀라운 일로 다가오지 않을 것입니다. 많은 사람들이 모르는 것은 그들의 스트레스에 관해 무엇을 해야 하고 그것을 어떻게 관리해야 하는지입니다. 운동, ³⁸ᵃ명상, ³⁸ᵇ좋아하는 것을 하는 것, 적절한 경계, 영성, ³⁸ᵃ자연 속에 있는 것, 그리고 즐거운 취미 ³⁸모두 신체에 스트레스가 미치는 해로운 영향을 완화하는데 도움을 줍니다. 과로하지 마세요. 휴식을 취하고 ³⁸ᶜ여러분을 사랑하고 지지하는 사람들을 항상 여러분과 함께 하도록 하세요.
건강 조언 (5) 건강한 식사	³⁹Finally, and perhaps most importantly, eat a healthy diet. Get as many fresh fruits, vegetables, and whole grains as possible into your diet, and make them the main part of your overall diet. Include lean sources of protein such as poultry, fish, tofu, and beans. Eat balanced meals and do not overeat. Stop eating before you become full and give yourself a chance to digest your food. Snack on whole foods such as fruit, vegetables, and nuts. Avoid highly processed foods that contain artificial sweeteners or excessive fat. Also, include fresh, plain water in your daily diet.	³⁹마지막으로, 그리고 아마도 가장 중요한 것은, 건강한 식사를 하세요. 가능한 한 많은 신선한 과일, 채소, 그리고 통곡물을 식단에 넣고 그것들을 여러분의 전반적인 식단의 주요 부분으로 만드세요. 가금류, 생선, 두부, 콩과 같은 기름지지 않은 단백질 공급원을 포함하세요. 균형 잡힌 식사를 하고 과식하지 마세요. 배가 부르기 전에 그만 먹고 음식을 소화할 기회를 주세요. 과일, 채소, 견과류와 같은 자연식품으로 간식을 드세요. 인공 감미료나 과도한 지방을 함유한 고도로 가공된 음식은 피하세요. 또한, 매일의 식단에 신선한 물을 포함시키세요.

어휘 host 사회자, 진행자 request 요청 counselor 상담사 vital 필수적인 more than ever before 그 어느때보다도 priority 우선순위 maintain 유지하다 by accident 우연히 require 필요로 하다, 요구하다 occasional 가끔씩의 checkup (건강) 검진 add up to (결국) ~가 되다 fit 탄탄한, 건강한 health-conscious 건강을 의식하는 in progress 진행 중인, 미완성의 element 요소 give up (습관을) 버리다 cut back on ~을 줄이다 quit 끊다 addiction 중독 worth 가치가 있는 tremendously 대단히, 광장히 according to ~에 따르면 lack 부족 adversely 부정적으로 metabolism 신진대사 concentration 집중력 motor skill 운동 기술 immune system 면역 체계 cardiovascular 심혈관의 repair 복구하다 rejuvenate 활기를 되찾게 하다 strengthen 강화하다 lung 폐 intensity 강도, 강함 muscle 근육 reduce 줄이다 risk 위험 flexibility 유연성 circulation 혈액 순환 body awareness 신체 인식 regular 규칙적인 combat 방지하다 depression 우울증 by any means 어떻게 해서든

a myriad of 무수한   digestive 소화의   come as a surprise 놀라운 일로 다가오다   manage 관리하다   meditation 명상   appropriate 적절한, 알맞은   boundary 경계   spirituality 영성   alleviate 경감시키다   harmful 해로운   overwork 과로하다   make sure to+동사원형 반드시 ~하다   surround oneself with 항상 ~를 옆에 두다   overall 전반적인   lean 기름기가 적은, 살코기의   poultry 가금류   overeat 과식하다   digest 소화하다   snack on ~을 간식으로 먹다   whole food 자연식품   processed food 가공식품   contain 함유하다   artificial 인공의   sweetener 감미료   excessive 과도한, 지나친   plain water 맹물

---

34   주제 (What) ★★   정답 **(b)**

What is the talk mainly about?

(a) How to enroll in a new fitness center
(b) The important tips for healthy lifestyle
(c) How to join a hot yoga class
(d) The benefits of drinking lots of water

이 담화는 주로 무엇에 대한 것인가?

(a) 새 피트니스 센터에 등록하는 방법
(b) 건강한 생활 방식을 위한 중요한 조언
(c) 핫 요가 수업에 참여하는 방법
(d) 물을 많이 마시는 것의 이점

해설 ▶ 담화 1단락에서 "³⁴I am here today to share some vital health advice with you."(저는 오늘 여러분과 중요한 건강 조언을 나누기 위해 이 자리에 왔습니다.)라고 하였다. 이 강연은 건강 유지를 위한 조언을 다루고 있으므로 (b)가 정답이다.

어휘 ▶ enroll 등록하다   benefit 장점, 이점

---

35   추론 (How) ★★   정답 **(c)**

How will a medical examination probably help people?

(a) by telling them what to eat everyday
(b) by showing them when to exercise
(c) by showing them their health issues
(d) by keeping track of their red blood cells

건강 검진은 사람에게 어떻게 도움을 줄 수 있을 것 같은가?

(a) 매일 무엇을 먹을지 알려줌으로써
(b) 언제 운동을 할지 보여줌으로써
(c) 그들의 건강 문제를 보여줌으로써
(d) 그들의 적혈구를 추적 조사함으로써

해설 ▶ 담화 1단락에서 "³⁵It requires work, smart lifestyle choices, and the occasional checkup. It's the little things that you do each day that add up to being healthy and fit. While we do what we can to be as health-conscious as we can"(그것은 노력과 현명한 생활방식 선택, 그리고 가끔씩 건강 검진 받는 것을 필요로 합니다. 건강하고 몸을 탄탄하게 하는 것은 바로 여러분이 매일 하는 사소한 것들입니다. 우리는 가능한 한 건강을 의식하기 위해 우리가 할 수 있는 것들을 하지만,)이라고 하였다. 건강을 유지하기 위해 수시 건강 검진을 필요로 하며 건강을 의식할 수 있도록 해야 한다고 했으므로 건강 검진을 통해 건강 문제를 확인할 수 있음을 추론할 수 있다. 따라서 정답은 (c)이다.

어휘 ▶ medical examination 건강 검진   keep track of ~을 추적 조사하다   red blood cell 적혈구

What did the speaker advise for a healthy lifestyle?

(a) try to keep a positive mindset
(b) consider giving up addictions
(c) try to stay stress-free
(d) consider going to bed early

건강한 생활을 위해 화자는 무엇을 조언했는가?

(a) 긍정적인 마음을 유지하려고 노력하기
(b) 중독을 끊는 것을 고려하기
(c) 스트레스 받지 않는 것을 유지하려고 노력하기
(d) 일찍 잘 것을 고려하기

해설 담화 2단락에서 "³⁶First, it would be wise to give up some of your bad habits, while cutting back on others."(첫째, 다른 나쁜 습관들은 줄이면서, 나쁜 습관들 중 일부는 버리는 것이 현명합니다.)라고 하였으므로 (b)가 정답이다.

Paraphrasing to give up some of your bad habits ➡ consider giving up addictions

어휘 advise 조언하다, 충고하다   mindset 마음가짐   addiction 중독

What is the speaker's opinion on stress?

(a) that it only affects the older generation
(b) that it generally causes mental issues
(c) that it can be alleviated by taking pills
(d) that it can bring about many health complications

스트레스에 대한 화자의 의견은 무엇인가요?

(a) 나이든 세대에게만 영향을 미친다는 것
(b) 일반적으로 정신적인 문제를 일으킨다는 것
(c) 약을 먹음으로써 완화될 수 있다는 것
(d) 많은 건강 합병증을 초래할 수 있다는 것

해설 담화 5단락에서 "³⁷Stress can cause a myriad of problems, from heart trouble to digestive problems"(스트레스는 심장 질환에서 소화기 문제에 이르기까지 무수한 문제를 일으킬 수 있습니다)라고 하였다. 스트레스가 여러 건강상의 문제를 초래한다고 했으므로 (d)가 정답이다.

Paraphrasing Stress can cause a myriad of problems, from heart trouble to digestive problems
➡ it can bring about many health complications

어휘 generally 일반적으로   alleviate 완화시키다   pill 알약   bring about 초래하다   complication 합병증

Based on the talk, what is NOT recommended to reduce a person's stress level?

(a) meditating in nature
(b) doing the things you like most
(c) being with your loved ones
(d) going to the crowded city malls

담화에 따르면, 사람의 스트레스 수준을 줄이기 위해 추천하지 않는 것은?

(a) 자연에서 명상하기
(b) 가장 좋아하는 것 하기
(c) 사랑하는 사람들과 함께 있기
(d) 붐비는 도시 쇼핑몰에 가기

담화 5단락에서 "³⁸ᵃameditation(명상), ³⁸ᵇdoing what you love(좋아하는 것을 하는 것), ³⁸ᵃbeing in nature(자연 속에 있는 것), ³⁸all help alleviate the harmful effects of stress on the body(모두 신체에 스트레스가 미치는 해로운 영향을 완화하는데 도움을 줍니다), "³⁸ᶜmake sure to surround yourself with people who love and support you."(여러분을 사랑하고 지지하는 사람들을 항상 여러분과 함께 하도록 하세요.)라고 하였으므로 (a), (b), (c)의 내용과 일치한다. 따라서 담화에서 언급되지 않은 (d)가 정답이다.

recommend 추천하다 **reduce** 줄이다 **meditate** 명상하다 **crowded** 붐비는

---

39 추론 (what) ★★★   정답 (a)

According to the speaker, what is probably the best thing to do to stay in good health?

(a) eat balanced meals every day
(b) go on a strict diet immediately
(c) quit all the bad habits at once
(d) go to the health club every day

화자에 따르면, 건강을 유지하기 위해 가장 좋은 방법은 무엇일까?

(a) 매일 균형 잡힌 식사하기
(b) 즉시 철저한 다이어트 시작하기
(c) 나쁜 버릇을 단번에 그만두기
(d) 헬스클럽에 매일 가기

담화 6단락에서 "³⁹Finally, and perhaps most importantly, eat a healthy diet."(마지막으로, 그리고 아마도 가장 중요한 것은 건강한 식사를 하세요.)라고 하였으므로 (a)가 정답이다.

balanced 균형 잡힌 **meal** 식사 **go on** 시작하다 **strict** 철저한, 엄격한 **immediately** 즉시 **at once** 즉시

주제 제시	F: Hello, David! [40]Our next assignment is about customs and traditions in the modern world. I thought about it over the past few days. What do you think about social networking sites?	F: 안녕, 데이비드! [40]우리의 다음 과제는 현대의 관행과 전통에 관한 거야. 나는 지난 며칠 동안 그것에 대해 생각했어. 너는 소셜 네트워킹 사이트에 대해 어떻게 생각해?
SNS의 영향: 생일 축하 방식 변화	M: Well, I'm not sure, Mia. Could you elaborate? F: I think it's pretty simple. For instance, you can write a "happy birthday" message online for everyone to see. I know that's really lazy, though. Also, whenever my friends have a birthday, the website sends me a reminder. I don't even need to make an effort to remember. [41]All I have to do is click and send a quick "happy birthday" message. Where's the personal touch? But at the time, if I don't send one, my friend will get upset. M: Oh! I couldn't agree more. Last week, one of my friends had his birthday, so I said "happy birthday" when I met him at the school library. But he said he was sad because I hadn't written anything on his Facebook page.	M: 글쎄, 잘 모르겠어, 미아. 자세히 말해줄래? F: 내 생각엔 그게 꽤 간단한 것 같아. 예를 들어, 너는 모든 사람들이 볼 수 있도록 '생일 축하해'라는 메시지를 온라인에 쓸 수 있어. 하지만 그게 정말 게으르다는 건 알아. 또한 내 친구들이 생일을 맞이할 때마다 웹사이트는 나에게 알림을 보내줘. 나는 기억하려고 노력할 필요도 없어. [41]내가 해야 할 일은 빨리 가는 '생일 축하해'라는 메시지를 클릭해서 보내는 것뿐이야. 개인적인 접촉은 어디에 있는 거지? 하지만 그때 내가 메세지를 보내지 않으면 친구는 기분이 상할 거야. M: 오! 전적으로 동의해. 저번 주에 친구 한 명이 생일이어서 학교 도서관에서 만났을 때 "생일 축하해"라고 말했어. 하지만 그는 내가 그의 페이스북에 아무것도 써주지 않아서 슬프다고 말했어.
SNS의 영향 (1)	F: Indeed, social networking has changed our lives and how we behave with our friends. Another new custom is [42a]the constant pressure to click the "like" button whenever my friends upload a photo or even a short video on Instagram. M: I am not sure I understand what you mean! F: There's a "like" button under each photo. So, [43]whenever my friends upload something, they expect me to "like" it. If I don't, the next day, they ask me if I've seen their photos. And most of the photos that they upload aren't really interesting. It seems pointless to me.	F: 정말로, 소셜 네트워킹은 우리의 삶과 우리가 친구들과 행동하는 방식을 바꿔 놓았어. 또 다른 새로운 관습은 [42a]친구들이 인스타그램에 사진이나 짧은 동영상이라도 올릴 때마다 '좋아요' 버튼을 눌러야 한다는 계속되는 압박이야. M: 네가 말한 걸 내가 이해했는지 잘 모르겠어! F: 각각의 사진 아래에 '좋아요' 버튼이 있어. 그래서 [43]내 친구들은 뭔가를 올릴 때마다 내가 '좋아요'를 눌러주기를 기대해. 내가 그렇게 안 하면 다음 날 그들은 나에게 사진을 봤냐고 물어봐. 그리고 그들이 올리는 대부분의 사진들은 별로 흥미롭지 않아. 그건 나에겐 무의미해 보여.

SNS의 영향 (2)	M: I totally agree. I get tired of it, too. ^{42b}It seems that there is another trend nowadays—taking photos of everything you eat, see, or do and posting them on the Internet. Last year, I went to a concert with a friend. ^{42c}He hardly saw any of the concert because he was too busy taking photos of himself and uploading them online. I was thinking to myself, "Why don't you just enjoy the concert?" It's really annoying.	M: 전적으로 동의해. 나 역시 그게 지겨워. ^{42b}요즘에는 또 다른 트렌드가 있는 것 같아 – 너가 먹거나, 보거나, 하는 모든 것들의 사진을 찍고 그것을 인터넷에 올리는 것 말이야. 작년에 나는 친구와 콘서트에 갔었어. ^{42c}그는 그 자신의 사진을 찍고 온라인에 올리느라 콘서트의 어떤 것도 거의 보지 못했어. "그냥 콘서트를 즐기는 게 어때?"라고 혼자 생각했어. 그건 정말 짜증나는 일이야.
사진 공개에 반론	F: I understand what you mean. I think sometimes people upload pictures of themselves on holidays or at concerts just because they want to show off. They want people to know how amazing their lives are. So, David, do you think it's alright to share pictures of your wedding day or your newborn baby? Personally, I don't have a problem with it. M: Sorry, I think it's unnecessary. ⁴⁴I think that personal events should be for family or close friends. Your real friends, those who care about you, will know about the event anyway, so why tell the entire world about it?	F: 네 말이 무슨 뜻인지 알겠어. 가끔 사람들은 단지 자랑하고 싶어서 휴일이나 콘서트에서 자신들의 사진을 올리는 것 같아. 그들은 사람들이 그들의 삶이 얼마나 대단한지 알기를 원해. 그래서, 데이비드, 너는 너의 결혼식 날이나 너의 갓 태어난 아기의 사진을 공유하는 것이 괜찮다고 생각하니? 개인적으로, 나는 그것에는 문제가 없어. M: 미안하지만, 그건 불필요하다고 생각해. ⁴⁴개인적인 행사는 가족이나 친한 친구들을 위한 것이어야 한다고 생각해. 너의 진짜 친구들, 너를 아끼는 사람들은 어쨌거나 그 행사에 대해 알 거야, 그런데 왜 전 세계에 그것에 대해 알리지?
SNS의 장점	F: Actually, since I've been in the UK, I've missed my family, and so I upload photos from time to time so they can see what's going on in my life. ^{42d}It's an easy and cheap way to stay in touch with people back home. M: Well, in that case, I understand. That's actually a good point. There are situations when sharing photos is not about showing off. Okay, what ideas do we have so far?	F: 사실, 영국에 있던 이후로, 나는 내 가족이 그리워서, 그들이 내 삶에 무슨 일이 일어나고 있는지 알 수 있도록 가끔 사진을 올려. ^{42d}그것은 고국의 사람들과 연락하는 쉽고 저렴한 방법이지. M: 음, 그런 경우라면, 이해해. 그건 사실 좋은 지적이야. 사진을 공유하는 것이 자랑을 위한 것이 아닌 경우가 있어. 좋아, 지금까지 우리는 어떤 아이디어가 있지?
토론 정리와 추후 활동 계획	F: We've discussed birthday messages, using the like button, and sharing photos. Anything else? M: I think that's enough, Mia. ⁴⁵Let's do some more research, and then we can meet again to summarize our discussion before submitting the assignment. F: Okay then, David! Give me a call to set up the meeting.	F: 우리는 생일 축하 메시지, 좋아요 버튼을 사용하는 것, 그리고 사진 공유에 대해 의견을 나눴어. 또 다른 건 없니? M: 충분한 것 같아, 미아. ⁴⁵조사를 좀 더 한 후에 다시 만나서 과제 제출 전에 논의한 내용을 요약하면 될 것 같아. F: 그래, 데이비드! 미팅 일정을 잡기 위해 나에게 전화해 줘.

어휘 assignment 과제 custom 관습 tradition 전통 elaborate 자세히 말하다 lazy 게으른 whenever ~할 때마다 reminder 알림, 상기시키는 것 make an effort 노력하다 get upset 기분이 상하다 couldn't agree more 전적으로 동의하다 indeed 정말로 behave 행동하다 constant 계속되는, 끊임없는 pressure 압박, 압력 expect 기대하다, 예상하다 pointless 의미 없는 totally 전적으로, 완전히 get tired of ~에 질리다, 싫증나다 hardly 거의 ~않는 be busy ~ing ~하느라 바쁘다 annoying 성가신, 짜증나게 하는 show off 자랑하다 amazing 굉장한, 대단한 newborn 갓 태어난 unnecessary 불필요한 care about 마음 쓰다, 관심 갖다 anyway 어쨌든 entire 전체적인 actually 사실 from time to time 가끔 stay in touch with ~와 연락을 취하며 지내다 so far 지금까지 summarize 요약하다 submit 제출하다 set up (약속 등을) 잡다, 준비하다

40　주제 (What) ★★　　　　　　　　　　　　　　　정답 (d)

What are the speakers talking about?

(a)　an internship application for a program abroad
(b)　a part-time job application online
(c)　the newest technological devices online
(d)　ideas for a common project

화자들은 무엇에 대해 말하고 있는가?

(a) 해외 프로그램에 대한 인턴십 지원서
(b) 온라인상의 아르바이트 지원서
(c) 온라인상의 최신 기술 장치
(d) 공동 프로젝트에 대한 아이디어

해설 대화에서 "⁴⁰Our next assignment is about customs and traditions in the modern world."(우리의 다음 과제는 현대의 관습과 관행에 관한 거야.)라고 하였다. 공동 과제에 대해 의논하고 있으므로 (d)가 정답이다.

어휘 application 지원서 part-time 시간제의, 파트타임의 device 장치 common 공동의

41　세부사항 (how) ★★　　　　　　　　　　　　　　정답 (a)

According to Mia, how has social networking influenced the way people send birthday wishes?

(a)　by making it less personal
(b)　by making it more meaningful
(c)　by causing it to be more complicated
(d)　by allowing it to be a lot more fun

미아에 따르면, 소셜 네트워킹은 사람들이 생일 축하를 보내는 방식에 어떤 영향을 미쳤는가?

(a) 그 방식을 덜 개인적인 것으로 만듦으로써
(b) 그 방식을 더 의미 있게 함으로써
(c) 그 방식을 더 복잡하게 만듦으로써
(d) 그 방식을 훨씬 더 재미있게 함으로써

해설 대화에서 "⁴¹All I have to do is click and send a quick "happy birthday" message. Where's the personal touch?"(내가 해야 할 일은 '생일 축하해' 메시지를 클릭해서 보내는 것 뿐이야. 개인적인 접촉은 어디에 있는 거지?)라고 하였다. 소셜 네트워킹의 영향으로 친구에게 생일 축하를 보내는 방법이 지나치게 자동화되고 간단해지면서 개인적 감정이나 정성이 덜 들어가게 되었으므로 (a)가 정답이다.

어휘 personal 직접적인, 개인적인 meaningful 의미 있는 complicated 복잡한

What is the benefit of using social networking?

(a) It forces people to react to their friends' uploads.
(b) It encourages people to take photos of their lifestyle.
(c) It puts more focus on taking pictures than enjoying oneself.
(d) It's a cheap and easy way to contact loved ones.

소셜 네트워킹을 사용하는 것의 장점은 무엇인가?

(a) 사람들로 하여금 그들의 친구들의 업로드한 파일들에 반응하도록 강요한다.
(b) 사람들로 하여금 그들의 생활 방식의 사진을 찍도록 부추긴다.
(c) 스스로 즐기는 것보다 사진 찍는 것에 더 초점을 맞춘다.
(d) 사랑하는 사람들과 연락을 취하는 저렴하고 쉬운 방법이다.

해설 ▶ 대화에서 "⁴²ᵃthe constant pressure to click the "like" button whenever my friends upload a photo or even a short video on Instagram"(친구들이 인스타그램에 사진이나 짧은 동영상이라도 올릴 때마다 '좋아요' 버튼을 눌러야 한다는 계속되는 압박), "⁴²ᵇIt seems that there is another trend nowadays — taking photos of everything you eat, see, or do and posting them on the internet."(요즘에는 또 다른 트렌드가 있는 것 같아 — 너가 먹고, 보거나, 하는 모든 것들의 사진을 찍고 그것을 인터넷에 올리는 것 말이야.), "⁴²ᶜHe hardly saw any of the concert because he was too busy taking photos of himself and uploading them online."(그는 그 자신의 사진을 찍고 온라인에 올리느라 콘서트의 어떤 것도 거의 보지 못했어.), "⁴²ᵈIt's an easy and cheap way to stay in touch with people back home."(그것은 고국 사람들과 연락하는 쉽고 저렴한 방법이지.)라고 하였다. (a), (b), (c)도 이 대화에 언급되어 있지만 소셜 네트워킹의 부작용이나 단점을 지적한 말이고, (d)는 이 대화에 언급된 소셜 네트워킹의 장점이다. 따라서 (d)가 정답이다.

어휘 ▶ benefit 장점, 이점   react 반응하다   upload 업로드한 파일; 업로드하다   encourage 장려하다, 격려하다

What bothers Mia the most about her friends' pictures on social media?

(a) that she has to look at all their photos
(b) that she has to "like" all their photos
(c) that her friends' lives are so boring
(d) that her friends' lives are so exciting

SNS에 올린 친구들의 사진에 대해 미아를 가장 신경 쓰게 하는 것은 무엇인가?

(a) 그들의 모든 사진을 봐야 한다는 것
(b) 그들의 모든 사진을 '좋아요'를 눌러야 한다는 것
(c) 그녀 친구들의 삶이 너무 지루하다는 것
(d) 그녀 친구들의 삶이 너무 재미있다는 것

해설 ▶ 대화에서 "⁴³whenever my friends upload something, they expect me to "like" it. If I don't, the next day, they ask me if I've seen their photos. And most of the photos that they upload aren't really interesting. It seems pointless to me."(내 친구들은 뭔가를 올릴 때마다 그들은 내가 '좋아요'를 눌러주기를 기대해. 내가 그렇게 안 하면 다음 날 그들은 나에게 사진을 봤냐고 물어봐. 그리고 그들이 올리는 대부분의 사진들은 별로 흥미롭지 않아. 그건 나에게 무의미해 보여.)라고 하였다. 미아는 친구들이 올리는 게시물에 '좋아요'를 누르거나 좋아하는 표시를 해야 하는 것이 의미 없게 느껴진다고 했으므로 (b)가 정답이다.

어휘 ▶ bother 신경 쓰게 하다   like '좋아요'를 누르다   boring 지루한

Why doesn't David agree with Mia about sharing personal family photos?

(a) because he thinks Mia is showing off her lifestyle
(b) because he doesn't like showing off what he has
(c) because he thinks everything should be kept private
(d) because he thinks some aspects should be kept private

데이비드는 왜 개인적인 가족 사진을 공유하는 것에 대해 미아와 동의하지 않는가?

(a) 미아가 그녀의 생활 방식을 과시하고 있다고 생각하기 때문에
(b) 그가 가진 것을 과시하기 싫어하기 때문에
(c) 모든 것을 비밀로 해둬야 한다고 생각하기 때문에
(d) 어떤 측면은 비공개로 해둬야 한다고 생각하기 때문에

> 해설　대화에서 "⁴⁴I think that personal events should be for family or close friends. Your real friends, those who care about you, will know about the event anyway, so why tell the entire world about it?"(개인적인 행사는 가족이나 친한 친구들을 위한 것이어야 한다고 생각해. 너의 진짜 친구들, 너를 아끼는 사람들은 어쨌든 그 행사에 대해 알 거야, 그런데 왜 전 세계에 그것에 대해 알리지?)라고 하였다. 데이비드는 개인적인 행사는 가족이나 친지들과만 공유하고 다른 사람들에게 알릴 필요가 없다고 했으므로 (d)가 정답이다.

> 어휘　agree with ~에 동의하다　show off 자랑하다, 과시하다　keep private 비공개로 해두다

What will David and Mia probably do next?

(a) David will deactivate his social media accounts.
(b) They will get together to finish their homework.
(c) They will get together to celebrate a friend's birthday.
(d) Mia will delete her social media accounts.

데이빗과 미아는 다음에 무엇을 할 것 같은가?

(a) 데이비드는 그의 소셜 미디어 계정을 비활성화할 것이다.
(b) 그들은 숙제를 끝내기 위해 모일 것이다.
(c) 그들은 친구의 생일을 축하하기 위해 모일 것이다.
(d) 미아는 그녀의 소셜 미디어 계정을 삭제할 것이다.

> 해설　대화에서 "⁴⁵Let's do some more research, and then we can meet again to summarize our discussion before submitting the assignment."(조사를 좀 더 한 후에 다시 만나서 과제 제출 전에 논의한 내용을 요약하면 될 것 같아.)라고 하였다. 데이비드와 미아는 다음에 다시 만나서 과제 내용을 요약하기로 했으므로 (b)가 정답이다.

> **Paraphrasing**　we can meet again to summarize our discussion before submitting the assignment
> ➡ They will get together to finish their homework.

> 어휘　deactivate 비활성화하다, 중지하다　account 계정　get together 모이다　celebrate 축하하다　delete 삭제하다

미래 직업 적응 방법	Good afternoon, everyone. My name is Dr. Alex Chan, and I am a career counselor and the founder of Future Career Association. Thank you for joining our special talk for young people. [46]Today, I'd like to talk to you about my passion: work in the new era and how to fit in. [47]First and foremost, one important thing to remember is that the idea of "one job for life" is going to disappear. As a matter of fact, it's already becoming history. This is true in countries, like Japan, where a few years ago, most workers expected to have one job for their entire working life.	좋은 오후입니다. 여러분. 저는 알렉스 챈 박사이고 직업 상담사이자 미래 직업 협회의 설립자입니다. 젊은이들을 위한 특별 토크에 참여해 주셔서 감사합니다. [46]오늘 저는 여러분께 제 열정, 즉 새로운 시대에서의 일과 적응하는 방법에 대해 말씀드리고자 합니다. [47]무엇보다도, 기억해야 할 한 가지 중요한 것은 '평생 한 가지 직업'이라는 생각이 사라질 것이라는 점입니다. 사실, 그것은 이미 역사가 되어가고 있습니다. 이것은 몇 년 전만 해도 대부분의 근로자들이 평생 동안 한 가지 직업을 갖기로 예상되었던 일본과 같은 국가들에서는 사실입니다.
미래 업무 기술 습득의 필요성	[48]Young people like you will most likely have eight to ten jobs in your adult life. You'll probably change your job every four to five years. One reason for this is that many jobs will become out of date or unnecessary because of technology. That sounds a little frightening and stressful, but the good news is that many new jobs will be created. Here's an interesting fact for you: 65% of children born today will have jobs that don't exist yet. So, what does this all mean for you? [49]It means you'll definitely need new skills to help you overcome the challenges in the job market of the future. So, here's my forecast of five job skills that will help you be successful in the next twenty years.	[48]당신과 같은 젊은 사람들은 성인이 되어 8개에서 10개의 직업을 갖게 될 것입니다. 아마 4~5년마다 이직을 할 거예요. 이것의 한 가지 이유는 많은 직업들이 기술 때문에 구식이 되거나 불필요해질 것이기 때문입니다. 조금 무섭고 스트레스처럼 들리겠지만, 좋은 소식은 많은 새로운 일자리가 창출될 것이라는 것입니다. 여러분에게 흥미로운 사실이 있습니다: 오늘날 태어난 아이들의 65%가 아직 존재하지 않는 직업을 갖게 될 것입니다. 그래서, 이 모든 것이 당신에게 무엇을 의미하는 것이냐고요? [49]이것은 여러분이 미래의 고용 시장에서 어려움을 극복하도록 도와줄 새로운 기술이 반드시 필요하다는 것을 의미합니다. 따라서, 당신이 앞으로 20년 안에 성공하는 데 도움이 될 5가지 직무 능력에 대한 저의 예측이 여기에 있습니다.
업무 기술(1) 센스 메이킹	First, you'll need what I call sense-making. This is the ability to figure out the deeper meaning, or importance, of information. Our computers will be able to give us more and more information, but we will have to be able to use this data to make good and effective decisions.	먼저, 당신은 제가 '센스 메이킹(의미 만들기)'이라고 부르는 것이 필요할 것입니다. 이것은 정보의 더 깊은 의미 또는 중요성을 알아내는 능력입니다. 우리의 컴퓨터는 우리에게 점점 더 많은 정보를 줄 수 있을 것이지만, 우리는 이 데이터를 좋고 효과적인 결정을 내리기 위해 사용할 수 있어야 할 것입니다.

업무 기술(2) 감성적 지능	50Next, you're going to need social or emotional intelligence. As the world becomes more and more globalized, you will have to work with large groups of people in different settings—both physical settings, for example in offices, and virtual settings, such as email. That will involve the ability to work well with people and to adapt or change your behavior according to the setting.	50다음으로, 여러분은 사회적 또는 감성적 지능이 필요할 것입니다. 세계가 점점 더 세계화되면서 여러분은 많은 사람들과 서로 다른 환경에서 함께 일해야 할 것입니다 – 예를 들어, 사무실 같은 물리적인 환경과 이메일 같은 가상적인 환경에서 모두요. 그것은 사람들과 잘 어울려 일하고 환경에 따라 당신의 행동을 적응시키거나 변화시키는 능력을 포함할 것입니다.
업무 기술(3) 다문화 기술	Third, successful workers will definitely need very strong cross-cultural skills. Workers will move around much more, and they will need to feel comfortable and confident wherever they are, in Saudi Arabia, the United States, and Japan, for instance. You will have to see beyond people's cultural differences, working styles, and ways of thinking.	셋째, 성공적인 근로자들은 분명히 매우 강력한 다문화 기술을 필요로 할 것입니다. 근로자들은 훨씬 더 많이 이동할 것이고, 그들은 예를 들어 사우디 아라비아, 미국, 일본 등 어디에 있든지, 편안함과 자신감을 느낄 필요가 있을 것입니다. 당신은 사람들의 문화적 차이, 일하는 방식과 사고방식을 초월해서 봐야 할 것입니다.
업무 기술(4) 뉴미디어 문해력	51Fourth, most workers within the next ten to twenty years will need to have new media literacy. In other words, they must have the ability and confidence to use new media like wikis, blogs, and podcasts to create and present their own audio and visual information. Paper will possibly be a thing of the past within the next ten to twenty years.	51넷째, 향후 10~20년 이내에 대부분의 근로자는 뉴미디어 문해력을 가지고 있어야 합니다. 다시 말해 위키, 블로그, 팟캐스트 등과 같은 뉴미디어를 활용해 자신만의 오디오 및 시각 정보를 만들어 제시할 수 있는 능력과 자신감이 있어야 한다는 것입니다. 신문은 아마 앞으로 10년에서 20년 이내에 과거의 것이 될 것입니다.
업무 기술(5) 다중적 전문 지식	Finally, and perhaps most importantly, successful future workers will have to be multi-specialists so that they can work in several different jobs. People will need a deep understanding of one field but have a good general knowledge of a broader range of work fields. This will force people to go on learning far beyond the years of formal education. Workers in the future will have to be lifelong learners.	마지막으로, 그리고 아마도 가장 중요하게, 성공적인 미래의 근로자들은 여러 가지 다른 직업에서 일할 수 있도록 다중 전문가가 되어야 할 것입니다. 사람들은 한 분야에 대한 깊은 이해를 필요로 하지만 더 넓은 범위의 업무 분야에 대한 훌륭한 종합 지식을 가질 것입니다. 이때문에 사람들은 수 년의 정규 교육을 훨씬 넘어서 학습을 계속하게 될 것입니다. 미래의 근로자들은 평생 동안 배우는 사람이 되어야 할 것입니다.
당부와 마무리	So, there you have five important work skills for the future. Just remember, when it comes to preparing for your career, the future is now. Thank you for your attention, and 52I hope these tips will help you make better career choices as you throw yourself into the job market.	자, 여러분은 미래를 위한 다섯 가지 중요한 업무 기술을 가지고 있습니다. 경력을 준비하는 것에 관한 한, 미래는 지금이라는 것을 기억하세요. 여러분의 관심에 감사드리며 52이 조언들이 여러분이 취업 시장에 뛰어들 때 더 나은 직업을 선택하는 데 도움이 되기를 바랍니다.

어휘 founder 설립자 association 협회 passion 열정 era 시대 fit in 적응하다 first and foremost 다른 무엇보다도 disappear 사라지다 as a matter of fact 사실상 expect 예상하다 out of date 구식인 frightening 무서운 overcome 극복하다 challenge 어려움 forecast 예측 ability 능력 figure out 알아내다 effective 효과적인 emotional intelligence 감성 지능 globalized 세계화된 setting 환경, 배경 physical 물리적인 virtual 가상의 adapt 적응시키다 behavior 행동 cross-cultural 다문화의, 다른 문화 간의 confident 자신감 있는 beyond ~을 초월하여 difference 차이 literacy 문해력 in other words 다시 말해, 즉 present 제시하다 multi-specialist 다중 전문가 understanding 이해 general 종합적인, 광범위한 force A to+동사원형 A가 ~하도록 강요하다 formal education 정규 교육 lifelong 평생의 when it comes to ~에 관한 한 throw oneself into ~에 몸을 던지다

46 주제 (What) ★★   정답 (d)

What is the main topic of this talk?

(a) how to prepare for a job interview
(b) how to draft the perfect résumé
(c) how to draft a good cover letter
(d) how to fit into the new job market

이 담화의 주제는 무엇인가?

(a) 취업 면접에 대비하는 방법
(b) 완벽한 이력서의 초안을 작성하는 방법
(c) 좋은 자기소개서의 초안을 작성하는 방법
(d) 새로운 직업 시장에 적응하는 방법

해설 담화 1단락에서 "46Today, I'd like to talk to you about my passion: work in the new era and how to fit in."(오늘 저는 여러분께 제 열정, 즉 새로운 시대에서의 일과 적응하는 방법에 대해 말씀드리고자 합니다.)라고 하였다. 미래에 펼쳐질 새로운 직업에 적응하는 방법에 대한 강연이므로 (d)가 정답이다.

어휘 draft 초안을 작성하다 résumé 이력서 cover letter 자기 소개서

47 세부사항 (what) ★★   정답 (a)

According to the speaker, what has already become history?

(a) Most people only have one career for life.
(b) All young people do not need extra career training.
(c) The job market is centered on technology only.
(d) Most people do not have one career for life

화자에 따르면, 무엇이 이미 역사가 되었는가?

(a) 대부분의 사람들은 평생 한 가지 직업만 가진다.
(b) 모든 젊은 사람들은 추가적인 직업 훈련을 필요로 하지 않는다.
(c) 고용 시장은 기술에만 집중되어 있다.
(d) 대부분의 사람들은 평생 하나의 직업을 갖지는 않는다.

해설 담화 1단락에서 "47First and foremost, one important thing to remember is that the idea of "one job for life" is going to disappear. As a matter of fact, it's already becoming history."(무엇보다도, 기억해야 할 한 가지 중요한 것은 '평생 한 가지 직업'이라는 생각이 사라질 것이라는 점입니다. 사실, 그것은 이미 역사가 되어가고 있습니다.)라고 하였으므로 (a)가 정답이다.

Paraphrasing the idea of "one job for life" ➡ Most people only have one career for life.

어휘 become history 역사가 되다, 구식이 되다 career 경력 be centered on ~에 집중되다

Why most likely would young people be worried by the speaker's predictions?

(a) because they don't have a college degree
(b) because their jobs will become obsolete
(c) because they won't be prepared to change
(d) because they don't have the experience

왜 젊은 사람들이 화자의 예측에 대해 걱정할까?

(a) 그들은 대학 학위가 없기 때문에
(b) 그들의 직업이 구식이 될 것이기 때문에
(c) 그들은 변화에 준비가 되어있지 않을 것이기 때문에
(d) 그들은 경험이 없기 때문에

해설 담화 2단락에서 "[48]Young people like you will most likely have eight to ten jobs in your adult life. You'll probably change your job every four to five years. One reason for this is that many jobs will become out of date or unnecessary because of technology."(당신과 같은 젊은 사람들은 성인이 되어 8개에서 10개의 직업을 갖게 될 것입니다. 아마 4~5년마다 이직을 할 거예요. 이것의 한 가지 이유는 많은 직업들이 기술 때문에 구식이 되거나 불필요해질 것이기 때문입니다.)라고 하였다. 많은 직업이 기술 발달로 구식이 되거나 불필요해지는 일이 발생하여 새로운 직업을 계속 찾아야 하는 어려움이 있으므로 (b)가 정답이다.

Paraphrasing many jobs will become out of date or unnecessary ➡ their jobs will become obsolete

어휘 prediction 예측 college degree 대학 학위 obsolete 구식의, 쓸데 없는

How will one be able to survive the new realities of the job market?

(a) by starting to look for a job now
(b) by going back to college immediately
(c) by quitting one's current job
(d) by learning the necessary skills

고용 시장의 새로운 현실에서 어떻게 살아남을 수 있을 것인가?

(a) 이제 직업을 찾기 시작함으로써
(b) 바로 대학으로 돌아감으로써
(c) 현재의 직업을 그만둠으로써
(d) 필요한 기술을 배움으로써

해설 담화 2단락에서 "[49]It means you'll definitely need new skills to help you overcome the challenges in the job market of the future."(이것은 여러분이 미래의 고용 시장에서 어려움을 극복하도록 도와줄 새로운 기술이 반드시 필요하다는 것을 의미합니다.)라고 하였다. 미래의 고용 시장에서 어려움을 극복하고 살아 남기 위해 새로운 기술을 배워야 하므로 (d)가 정답이다.

Paraphrasing need new skills to help you overcome the challenges in the job market of the future
➡ by learning the necessary skills

어휘 survive 살아남다 reality 현실 immediately 곧바로 quit 그만두다 current 현재의

Why will emotional intelligence become increasingly important?

(a) because people will become more emotional
(b) because of globalization and its widening impacts
(c) because of social media and its influences
(d) because people will need more understanding

감성 지능이 점점 중요해지는 이유는 무엇일까?

(a) 사람들은 더 감정적이게 될 것이기 때문에
(b) 세계화와 그것의 확대되는 영향들 때문에
(c) 소셜 미디어와 그것의 영향 때문에
(d) 사람들은 더 많은 이해를 필요로 할 것이기 때문에

해설 담화 4단락에서 "⁵⁰Next, you're going to need social or emotional intelligence. As the world becomes more and more globalized, you will have to work with large groups of people in different settings."(다음으로, 여러분은 사회적 또는 감성적 지능이 필요할 것입니다. 세계가 점점 더 세계화되면서, 여러분은 많은 사람들과 서로 다른 환경에서 함께 일해야 할 것입니다.)라고 하였다. 세계화가 진행되면서 다른 문화권 사람들과 접촉하며 일해야 되면서 사회적, 감성적 지능이 요구된다고 하였으므로 (b)가 정답이다.

Paraphrasing ▶ As the world becomes more and more globalized, you will have to work with large groups of people in different settings. ➡ because of globalization and its widening impacts

어휘 ▶ increasingly 점점 더   globalization 세계화   widen 확대되다, 넓어지다

Why is new media literacy a must-have skill according to the speaker?

(a) because it will make people feel smart
(b) because it is only for computer scientists
(c) because it will become indispensable soon
(d) because everything is done by computers today

화자에 따르면 왜 '뉴미디어 문해력'이 필수 기술인가?

(a) 그것은 사람들이 똑똑하다고 느끼게 할 것이기 때문에
(b) 그것은 오직 컴퓨터 과학자들만을 위한 것이기 때문에
(c) 그것은 곧 필수적이게 될 것이기 때문에
(d) 오늘날에는 모든 것이 컴퓨터로 이루어지기 때문에

해설 담화 6단락에서 "⁵¹Fourth, most workers within the next ten to twenty years will need to have new media literacy. In other words, they must have the ability and confidence to use new media like wikis, blogs, and podcasts to create and present their own audio and visual information. Paper will possibly be a thing of the past within the next ten to twenty years."(넷째, 향후 10~20년 이내에 대부분의 근로자는 뉴미디어 문해력을 가지고 있어야 합니다. 다시 말해 위키, 블로그, 팟캐스트 등과 같은 뉴미디어를 활용해 자신만의 오디오 및 시각 정보를 만들어 제시할 수 있는 능력과 자신감이 있어야 한다는 것입니다. 신문은 아마 앞으로 10년에서 20년 이내에 과거의 것이 될 것입니다.)라고 하였다. 뉴미디어에 대한 이해와 활용 능력을 갖추어야 하는 이유는 가까운 미래에는 현재 사용 중인 기술이 과거의 것이 되고, 뉴미디어 관련 기술이 없이는 버틸 수 없을 것이므로 (c)가 정답이다.

어휘 ▶ must-have skill 필수 기술   indispensable 없어서는 안 되는, 필수적인

Who will most likely benefit from the speaker's advice?

(a) people who just graduated from college
(b) people who retired a long time ago
(c) successful business owners
(d) experienced entrepreneurs

화자의 조언으로 누가 가장 이익을 얻을 것 같은가?

(a) 대학을 갓 졸업한 사람들
(b) 오래전에 은퇴한 사람들
(c) 성공한 사업주들
(d) 노련한 사업가들

해설 담화 8단락에서 "[52]I hope these tips will help you make better career choices as you throw yourself into the job market."(이 조언들이 여러분이 취업 시장에 뛰어들 때 더 나은 직업을 선택하는 데 도움이 되기를 바랍니다.)라고 하였다. 이 강연자는 자신의 조언이 취업을 준비하려는 사람들에게 도움이 되길 바란다고 했으므로 대학을 갓 졸업한 사람들에게 도움이 될 것으로 추론된다. 따라서 (a)가 정답이다.

어휘 graduate 졸업하다　retire 은퇴하다　experienced 경험이 풍부한, 노련한　entrepreneur 사업가

READING AND VOCABULARY

READING AND VOCABULARY														
PART 1	53	(b)	54	(c)	55	(a)	56	(b)	57	(d)	58	(c)	59	(d)
PART 2	60	(c)	61	(a)	62	(c)	63	(a)	64	(b)	65	(d)	66	(a)
PART 3	67	(a)	68	(d)	69	(b)	70	(c)	71	(d)	72	(a)	73	(b)
PART 4	74	(d)	75	(b)	76	(d)	77	(d)	78	(c)	79	(d)	80	(a)

문항별 취약 유형 체크하기

PART 1 인물 일대기	
53	세부사항 (what)
54	세부사항 (What)
55	추론 (Why)
56	세부사항 (How)
57	세부사항 (What)
58	어휘 (동사: debut)
59	어휘 (형용사: relatable)

PART 3 지식 백과	
67	세부사항 (What)
68	세부사항 (Why)
69	세부사항 (Who)
70	세부사항 (What)
71	세부사항 (Why)
72	어휘 (동사: commission)
73	어휘 (형용사: striking)

PART 2 잡지 기사	
60	세부사항 (why)
61	세부사항 (What)
62	추론 (How)
63	세부사항 (what)
64	세부사항 (How)
65	어휘 (동사: allocate)
66	어휘 (동사: embrace)

PART 4 비즈니스 레터	
74	주제/목적 (Why)
75	세부사항 (How)
76	세부사항 (What)
77	True or Not True (Which of the following)
78	추론 (What)
79	어휘 (명사: arrangement)
80	어휘 (명사: concern)

★ 틀린 문항을 확인하고 취약한 유형을 집중 학습하세요.

	CHARLIE BROWN	찰리 브라운
만화 캐릭터 소개	Charlie Brown is an American character in Charles Schulz's enormously popular comic strip which first ran on October 2, 1950. [53]Portrayed as a "lovable loser," Charlie Brown is one of the great American archetypes, both a popular and widely recognized cartoon character. Charlie Brown is characterized as a person who frequently suffers, and as a result, is usually nervous and lacks self-confidence. He shows both pessimistic and optimistic attitudes. [54]Sometimes, he is extremely reluctant to go out of the house because his day might just be spoiled, but otherwise, he hopes for the best and tries as much as he can to accomplish things. He is easily recognized by his trademark zigzag-patterned shirt.	찰리 브라운(Charlie Brown)은 1950년 10월 2일 처음 방영된 찰스 슐츠의 엄청나게 인기 있는 미국 만화 캐릭터이다. [53]'사랑스러운 낙오자'로 묘사된 찰리 브라운은 인기도 있고 널리 알려진 만화 캐릭터이자, 위대한 미국인의 원형 중 하나이다. 찰리 브라운은 자주 괴로워해서 그 결과 평소에 긴장하고 자신감이 부족한 인물로 묘사된다. 그는 비관적인 태도와 낙관적인 태도를 모두 보인다. [54]때때로, 그는 하루가 그냥 엉망이 될까봐 집 밖으로 나가는 것을 극도로 꺼리기도 하지만, 그 외에는 최선을 바라고 무언가를 성취하기 위해 할 수 있는 한 많이 노력한다. 그는 그의 트레이드마크인 지그재그 무늬 셔츠로 쉽게 알아볼 수 있다.
데뷔 및 초기 활약	Charlie Brown was created in 1950 by Charles M. Schulz for the *Peanuts* comic strip. [55]The animated series was likely named *Peanuts* because it was a well-known term for children at the time. It was popularized by the television program *The Howdy Doody Show* which [58]debuted in 1947 and featured an audience section for children called the "Peanut Gallery."	찰리 브라운은 1950년 찰스 M. 슐츠에 의해 '피너츠' 연재 만화를 위해 만들어졌다. [55]이 애니메이션 시리즈는 그 당시 어린이들에게 '피너츠'라는 단어가 잘 알려진 용어였기 때문에 '피너츠'라고 이름 붙여졌을 가능성이 높다. 그것은 1947년 [58]초연되었고 '피넛 갤러리'라고 불리는 아이들을 위한 관객 코너를 특징으로 하는 텔레비전 프로그램 '하우디 두디 쇼'에 의해 많은 사람들에게 알려졌다.
캐릭터 설정	Charles M. Schulz said that Charlie Brown must be the one who suffers because he is a caricature of the average person and that most people are more acquainted with losing than winning. [56]Despite this, Charlie Brown does not always suffer, as he has experienced some happy moments and victories through the years, and on occasion, he has shown self-assertiveness regardless of his nervousness.	찰스 M. 슐츠는 찰리 브라운은 평범한 사람을 희화한 인물이기 때문에 틀림없이 고통받는 사람일 것이고 대부분의 사람들은 승리보다는 패배에 더 익숙하다고 말했다. [56]그럼에도 불구하고, 찰리 브라운은 시간이 흐르며 행복한 순간들과 승리를 경험했고, 때로는 그의 불안에 개의치 않고 자기 주장을 보여왔기 때문에 늘 괴로워만 한 것은 아니다.

외모와 성격	In the series, Charlie Brown almost always wears black shorts and a yellow polo shirt with a black zigzag stripe around the middle. He does not care about his appearance, but when it comes to his personality, he is gentle, insecure, and easy to love.	이 시리즈에서 찰리 브라운은 거의 항상 검은색 반바지와 가운데에 검은색 지그재그 줄무늬가 있는 노란색 폴로 셔츠를 입는다. 외모는 신경 쓰지 않지만, 성격은 순하고 자신이 없으며 사랑하기 쉽다.
만화에 대한 평가	Charlie Brown is the only *Peanuts* character to have been a part of the strip throughout its 50-year run, which last ran in February 2000. The television cartoon series based on the strip received several awards including the Primetime Emmy Award for Outstanding Children's Program and a Peabody Award. Additionally, [57]it helped start the career of several people, such as Peter Robins who was the first voice actor for Charlie Brown, and others who continued creating award-winning cartoon series including *Snoopy*. Due to Charlie Brown's [59]relatable character and personality, children and adults alike continue to enjoy this cult animated series.	찰리 브라운은 50년의 방송을 통틀어 이 만화의 일부였던 유일한 '피너츠' 캐릭터였고, 이 만화는 2000년 2월에 마지막으로 게재되었다. 이 만화를 바탕으로 한 TV 만화 시리즈는 최우수 어린이 프로그램 부문 프라임타임 에미상과 피바디상을 포함한 여러 상을 받았다. 또한, [57]이것은 찰리 브라운의 첫 성우였던 피터 로빈스 같은 여러 사람들과 '스누피'를 포함한 수상 만화 시리즈를 계속해서 만든 다른 사람들의 커리어를 시작하도록 도움을 주었다. 찰리 브라운의 [59]공감대를 형성하는 특징과 성격 때문에 어린이와 어른 양쪽 모두 이 컬트적인 애니메이션 시리즈를 계속해서 즐기고 있다.

어휘 comic strip 연재 만화 enormously 엄청나게 run 싣다; 연속 방송 portray A as B A를 B로 묘사하다 lovable 사랑스러운 loser 낙오자, 패자 archetype 전형, 원형 recognize 알아보다, 인식하다 be characterized as (성격, 특징이) ~로 묘사되다 frequently 빈번하게, 자주 suffer 고통받다, 괴로워하다 as a result 그 결과 lack 부족하다 self-confidence 자신감 pessimistic 비관적인 optimistic 낙관적인 attitude 태도 extremely 극도로 reluctant to+동사원형 ~하기를 꺼리는 spoil 망치다 otherwise 그렇지 않으면, 그 외에는 accomplish 성취하다, 완수하다 likely 아마도, 가능성이 높은 term 용어 at the time 당시에 popularize 대중화하다 debut 초연되다 feature ~을 특징으로 하다 gallery 갤러리, 방청객 caricature 풍자된 인물, 희화된 인물 be acquainted with ~에 익숙하다 despite ~에도 불구하고 on occasion 때때로 regardless of ~에 개의치 않고 self-assertiveness 자기 주장 shorts 반바지 stripe 줄무늬 appearance 외모 when it comes to ~에 관해서라면 personality 성격, 개성 gentle 순한 insecure 자신 없는 outstanding 뛰어난 additionally 게다가 voice actor 성우 award-winning 수상한 relatable 공감대를 형성하는 alike 양쪽 모두 cult 컬트(일부 집단에게서 열광적인 지지를 받는 상황)적인

---

53 세부사항 (what) ★★ 　　　　　　　　　　　　　　　　　　　　　　　　　　　　정답 (b)

According to the article, what is Charlie Brown described as?

(a) a person who brings American children together
(b) someone who represents a charming loser
(c) a character who provides jobs to young actors
(d) someone who gives confidence to hopeless children

기사에 따르면, 찰리 브라운은 무엇으로 묘사되어 있는가?

(a) 미국 아이들을 한데 모으는 사람
(b) 매력적인 패배자를 대표하는 사람
(c) 젊은 배우들에게 일자리를 제공하는 사람
(d) 희망 없는 아이들에게 자신감을 주는 사람

본문 1단락에서 "53Portrayed as a "lovable loser," Charlie Brown is one of the great American archetypes, both a popular and widely recognized cartoon character."('사랑스러운 낙오자'로 묘사된 찰리 브라운은 인기도 있고 널리 알려진 만화 캐릭터이자, 위대한 미국인의 원형 중 하나이다.)라고 하였다. 찰리 브라운은 사랑스러운 낙오자 캐릭터를 가진 미국인의 전형으로, 패배자이면서도 사람들 사이에서 공감대를 형성하는 매력적인 캐릭터이다. 따라서 (b)가 정답이다.

be described as ~로 묘사되다 **bring A together** A를 한데 모으다 **represent** 대표하다 **charming** 매력적인 **confidence** 자신감 **hopeless** 희망 없는

---

54 세부사항 (What) ★★ 정답 (c)

What can Charlie Brown be recognized by?

(a) his outgoing personality traits
(b) his tendency to procrastinate in life
(c) his pessimistic view on the outside world
(d) his extreme fear of failing in school

찰리 브라운은 무엇으로 알아볼 수 있는가?

(a) 외향적인 성격 특성
(b) 삶에서 꾸물거리는 경향
(c) 바깥세상에 대한 비관적 견해
(d) 학교에서 낙제하는 것에 대한 극도의 두려움

본문 1단락에서 "54Sometimes, he is extremely reluctant to go out of the house because his day might just be spoiled"(때때로 그는 하루가 그냥 엉망이 될까 봐 집 밖으로 나가는 것을 극도로 꺼리기도 한다)라고 하였다. 집 밖으로 나가는 것을 꺼리는 것으로 보아 외부 세상에 대한 두려움과 비관적 태도를 엿볼 수 있으므로 (c)가 정답이다.

Paraphrasing he is extremely reluctant to go out of the house because his day might just be spoiled
➡ his pessimistic view on the outside world

outgoing 외향적인 **trait** 특성 **tendency** 경향 **procrastinate** (일을) 미루다, 꾸물거리다 **extreme** 극도의 **fear** 두려움 **fail** 낙제하다

---

55 추론 (Why) ★★★ 정답 (a)

Why most likely was the TV series named *Peanuts*?

(a) because it was already a popular term
(b) because all American kids love peanuts
(c) because peanuts are lovable nuts worldwide
(d) because the creator was a huge fan of peanuts

왜 그 TV 시리즈는 '피너츠'라는 이름을 가지게 되었을까?

(a) 그것은 이미 대중적인 용어였기 때문에
(b) 모든 미국 아이들은 땅콩을 좋아하기 때문에
(c) 땅콩은 세계적으로 사랑스러운 견과류이기 때문에
(d) 창작자가 엄청난 땅콩 팬이었기 때문에

본문 2단락에서 "55The animated series was likely named *Peanuts* because it was a well-known term for children at the time."(이 애니메이션 시리즈는 그 당시 어린이들에게 '피너츠'라는 단어가 잘 알려진 용어였기 때문에 '피너츠'라고 이름 붙여졌을 가능성이 높다.) 라고 하였다. 이 만화 시리즈가 '피너츠'라는 이름이 붙은 이유가 바로 피너츠 라는 말이 그 당시 어린이들 사이에 잘 알려진 용어였기 때문이었을 것으로 추정된다고 했으므로 (a)가 정답이다.

Paraphrasing because it was a well-known term for children at the time ➡ because it was already a popular term

popular 대중적인, 인기 있는 **worldwide** 세계적으로, 세계적인

56 세부사항 (How) ★★

정답 **(b)**

How does Charlie Brown sometimes break from his initial "loser" character?

(a) by dressing up more appropriately
(b) by behaving with self-confidence
(c) by treating others indifferently
(d) by behaving disrespectfully towards others

찰리 브라운은 어떻게 때때로 그의 초기 '패배자' 캐릭터에서 벗어났는가?

(a) 좀 더 알맞게 차려입음으로써
(b) 자신감을 가지고 행동함으로써
(c) 남을 무심하게 대함으로써
(d) 남에게 무례하게 행동함으로써

해설 ▶ 본문 3단락에서 "⁵⁶Despite this, Charlie Brown does not always suffer, as he has experienced some happy moments and victories through the years, and on occasion, he has shown self-assertiveness regardless of his nervousness."(그럼에도 불구하고, 찰리 브라운은 시간이 흐르며 행복한 순간들과 승리를 경험했고, 때로는 그의 불안에 개의치 않고 자기 주장을 보여왔기 때문에 늘 괴로워만 한 것은 아니다.)라고 하였다. 찰리 브라운은 평소엔 초조하고 자신감이 부족하지만 시간이 흐르면서 가끔씩 자기주장도 하는 등 자신 있게 행동하는 모습을 보이기도 했으므로 (b)가 정답이다.

Paraphrasing ▶ he has shown self-assertiveness ➡ by behaving with self-confidence

어휘 break from 벗어나다 initial 초기의 dress up 차려입다 appropriately 알맞게, 적절하게 behave 행동하다
self-confidence 자신감 treat 대하다 indifferently 무심하게 disrespectfully 무례하게

57 세부사항 (What) ★★

정답 **(d)**

What was Charlie Brown's contribution to Hollywood's animation business?

(a) It was the first American cartoon to be enjoyed internationally.
(b) It became a stepping stone for many actors.
(c) It opened many doors for successful voice actors.
(d) It paved the way for people engaging in the animation industry.

찰리 브라운이 할리우드의 애니메이션 사업에 기여한 것은 무엇인가?

(a) 국제적으로 즐길 수 있는 최초의 미국 만화였다.
(b) 많은 배우들에게 디딤돌이 되었다.
(c) 성공적인 성우들에게 많은 길을 열어주었다.
(d) 애니메이션 산업에 종사하는 사람들에게 길을 열어주었다.

해설 ▶ 본문 5단락에서 "⁵⁷it helped start the career of several people, such as Peter Robins who was the first voice actor for Charlie Brown, and others who continued creating award-winning cartoon series including *Snoopy*."(이것은 찰리 브라운의 첫 성우였던 피터 로빈스 같은 여러 사람들과 '스누피'를 포함한 수상 만화 시리즈를 계속해서 만든 다른 사람들의 커리어를 시작하도록 도움을 주었다.)라고 하였다. 찰리 브라운 만화 시리즈가 상을 받은 만화 시리즈를 만드는 사람들의 경력을 시작하는데 도움을 주었으므로 만화의 가치를 일깨워 주었다고 할 수 있다. 따라서 (d)가 정답이다.

어휘 contribution 기여 internationally 국제적으로 stepping stone 디딤돌 open the door to ~에게 길을 열어주다
voice actor 성우 pave the way 길을 열다 engage in ~에 종사하다

58 어휘 (동사: debut) ★★★	정답 **(c)**

In the context of the passage, <u>debuted</u> means _____.	본문의 맥락에서 debuted는 _____를 의미한다.
(a) began	(a) 시작했다
(b) introduced	(b) 도입했다
(c) premiered	(c) 초연했다
(d) originated	(d) 유래했다

해설 ▶ 본문 2단락 "It was popularized by the television program *The Howdy Doody Show*, which [58]debuted in 1947 and featured an audience section for children called the "Peanut Gallery.""(그것은 1947년 초연되었고, '피넛 갤러리'라고 불리는 아이들을 위한 관객 코너를 특징으로 하는 텔레비전 프로그램 '하우디 두디 쇼'에 의해 많은 사람들에게 알려졌다.)라고 하였다. debut의 의미는 '초연되다, 첫 선을 보이다'이므로 보기 중 이 의미와 가장 가까운 (c)가 정답이다.

어휘 ▶ premiere 개봉하다, 초연하다 originate 유래하다

59 어휘 (형용사: relatable) ★★★	정답 **(d)**

In the context of the passage, <u>relatable</u> means _____.	본문의 맥락에서 relatable은 _____를 의미한다.
(a) affordable	(a) 가격이 적당한
(b) essential	(b) 본질적인
(c) comfortable	(c) 편안한
(d) understandable	(d) 이해할 만한

해설 ▶ 본문 5단락 "Due to Charlie Brown's [59]relatable character and personality, children and adults alike continue to enjoy this cult animated series."(찰리 브라운의 공감대를 형성하는 특징과 성격 때문에 어린이와 어른 양쪽 모두 이 컬트적인 애니메이션 시리즈를 계속해서 즐기고 있다.)에서 relatable의 의미는 '관련되어 있다고 느끼는, 공감대를 형성하는'의 의미이므로 보기 중 이 의미와 가장 가까운 (d)가 정답이다.

어휘 ▶ affordable (가격이) 적당한 essential 본질적인 comfortable 편안한 understandable 이해할 만한

	A NEW ERA: CHALLENGES FOR THE BANKING INDUSTRY	새로운 시대: 은행 산업의 과제
사이버 범죄 증가 추세	[60]As businesses undergo rapid digital transformation, security has to be reinvented, especially when handling sensitive personal information, which becomes prime targets for cybercriminals. Financial institutions must use comprehensive, intelligent, and proactive security strategies. According to a new report, the banking sector is up to 300 times more likely to suffer a cyberattack than others. [61]Cyber activities such as phishing, malware, and ransomware attacks grew from fewer than 5,000 per week in February 2020 to more than 200,000 per week in late April 2021.	[60]기업이 급속한 디지털 전환을 겪으면서, 특히 사이버 범죄자들의 주요 표적이 되는 민감한 개인정보를 다룰 때, 보안은 완전히 바뀌어져야 한다. 금융 기관은 포괄적이고 지능적이며 선제적인 보안 전략을 사용해야 한다. 새로운 보고서에 따르면, 은행 부문이 다른 분야보다 사이버 공격을 받을 가능성이 최대 300배까지 더 높다고 한다. [61]피싱, 악성코드, 랜섬웨어 공격 같은 사이버 활동은 2020년 2월 주당 5,000건 미만에서 2021년 4월 말에는 주당 20만 건이 넘게 증가했다.
사이버 보안 체계 강화의 필요성	Now that digital services have been widely embraced, banks need to protect consumers proactively. [62]New processes, barriers, and cybersecurity frameworks are required to prevent and mitigate attacks. Financial institutions must consider strategies that analyze new omnichannel models, such as physical branch networks, self-service, and online and mobile banking services, to protect the entire banking. It should be done in a structured, centralized, and optimized way.	디지털 서비스가 널리 받아들여진 만큼 은행도 선제적으로 소비자를 보호해야 한다. [62]공격을 예방하고 완화하기 위해서는 새로운 절차, 장벽 및 사이버 보안 체계가 필요하다. 금융 기관은 은행 전체를 보호하기 위해 물리적 지점망, 셀프 서비스, 그리고 온라인·모바일뱅킹 서비스 등 새로운 전방위 채널 모델을 분석하는 전략을 고려해야 한다. 그것은 체계적이고, 중앙 집중적이며, 최적화된 방식으로 행해져야 한다.
사이버 공격 유형(1)	There are three types of cyberattacks. Firstly, there is malware aimed at encoding information by publishing the personal information of customers and/or employees. Cybercriminals obtain private information about people or companies on social media, company websites, or via other publicly accessible sources. Spear phishing uses this information to trick their victims into performing a task or sharing valuable information.	3가지 종류의 사이버 공격이 있다. 첫째, 고객 및/또는 직원의 개인 정보를 게시하여 정보를 암호화하는 것을 목적으로 하는 악성 프로그램이 있다. 사이버 범죄자들은 소셜 미디어, 회사 웹 사이트, 또는 기타 공개적으로 접근 가능한 출처를 통해 사람이나 회사에 대한 개인 정보를 얻는다. 스피어 피싱은 피해자가 어떤 작업을 수행하거나 귀중한 정보를 공유하도록 속이기 위해 이 정보를 이용한다.

사이버 공격 유형(2)	[63]Another mechanism is social engineering, which is the psychological manipulation of people to make them reveal information or act wrongly. Often, victims do not even know they have made a mistake until the fraud is exposed. Both types are targeted at a small number of potential victims, such as bank employees.	[63]또 다른 수법은 사람들로 하여금 정보를 드러내게 하거나 잘못되게 행동하도록 심리적으로 조종하는 사회 공학 기법이다. 흔히 피해자들은 그 사기 행위가 드러나기 전까지 자신이 실수했다는 것조차 알지 못한다. 두 유형 모두 은행 직원과 같은 소수의 잠재적인 피해자를 대상으로 한다.
사이버 공격 유형(3)	The other cybersecurity threat is end-user PC and laptop vulnerabilities. [64]When cybercriminals send phishing emails or malicious attachments to employees, they target any device that can somehow be manipulated to gain access to the entire network.	다른 사이버 보안 위협은 최종 사용자의 PC와 노트북 컴퓨터의 취약성이다. [64]사이버 범죄자들은 직원들에게 피싱 이메일이나 악의적인 첨부 파일을 보낼 때, 전체 네트워크에 접근하기 위해 어떻게든 조작될 수 있는 어떤 장치라도 목표로 삼는다.
향후 과제	Digital transformation has equally contributed to the massive use of new technologies such as cloud servers, which indirectly make organizations vulnerable, especially if they do not [65]allocate the necessary investment to keep their systems secure. Last but not least, all industries have [66]embraced remote working and gone digital because of the pandemic. The challenge now is to improve the overall customer experience no matter what channel is used.	디지털 전환은 클라우드 서버와 같은 새로운 기술의 대규모 사용에 똑같이 기여했는데, 이는 특히 시스템을 안전하게 유지하는 데 필요한 투자를 [65]배분하지 않을 경우 간접적으로 조직을 취약하게 만든다. 마지막이지만 여전히 중요한 것은, 대유행 전염병으로 인해 모든 산업이 원격 작업을 [66]수용하고 디지털로 전환해 왔다는 것이다. 이제 과제는 어떤 채널이 사용되든 전반적인 고객 경험을 개선하는 것이다.

어휘 era 시대 challenge 과제 undergo 겪다 rapid 빠른 transformation 변형, 전환 security 보안 reinvent 완전히 바꾸다 especially 특히 handle 다루다 sensitive 민감한, 예민한 prime 주요한, 주된 cybercriminal 사이버 범죄자 financial institution 금융 기관 comprehensive 포괄적인 proactive 선제적인 strategy 전략 sector 부문, 분야 up to ~까지 cyberattack 사이버 공격 phishing 피싱(인터넷 등으로 개인 정보를 빼내는 사기 행위) malware 악성코드, 악성 소프트웨어 ransomware 랜섬웨어(컴퓨터를 중단시키고 재가동을 조건으로 금품을 요구하는 악성 프로그램) now that ~이므로 embrace 받아들이다. 채택하다 consumer 소비자 barrier 장벽 framework 체계, 틀 require 요구하다 prevent 막다 mitigate 완화시키다, 경감시키다 analyze 분석하다 omnichannel 전방위 채널의 entire 전체의 structured 체계적인, 구조화된 centralized 중앙 집중적인, 중앙 집권화된 optimized 최적화된 aimed at ~을 목표로 하는 encode 암호화하다 publish 게시하다 obtain 얻다, 획득하다 via ~을 통해 publicly 공개적으로 accessible 접근 가능한 trick 속이다 victim 피해자 valuable 귀중한 mechanism 방법, 매커니즘 social engineering 사회 공학 psychological 심리적인 manipulation 조작, 조종 reveal 드러내다, 보여주다 fraud 사기 expose 노출시키다 potential 잠재적인, 가능성이 있는 threat 위협 end-user 최종 사용자 vulnerability 취약성 malicious 악의적인 attachment 첨부 (파일) device 장치, 장비 somehow 어떻게든 manipulate 조작하다 gain access to ~에 접근하다 equally 똑같이 contribute to ~의 요인이 되다 massive 대규모의 indirectly 간접적으로 vulnerable 취약한, 연약한 allocate 배분하다, 할당하다 investment 투자 last but not least 마지막이지만 여전히 중요한 것은 embrace 수용하다 remote working 원격 작업 pandemic 대유행 전염병 overall 전반적인 no matter what 무엇이든 간에

60 세부사항 (why) ★★

정답 (c)

Based on the article, why are security issues for banks skyrocketing?

(a) because of a growing economy around the world
(b) because of much wealthier customers
(c) because of growing digital changes
(d) because of rich financial institutions

기사에 따르면, 은행의 보안 문제가 왜 급증하고 있는가?

(a) 전 세계적으로 성장하고 있는 경제 때문에
(b) 훨씬 부유해진 고객들 때문에
(c) 늘어나는 디지털 변화들 때문에
(d) 부유한 금융 기관들 때문에

해설 본문 1단락에서 "⁶⁰As businesses undergo rapid digital transformation, security has to be reinvented, especially when handling sensitive personal information, which becomes prime targets for cybercriminals."(기업이 급속한 디지털 전환을 겪으면서, 특히 사이버 범죄자들의 주요 표적이 되는 민감한 개인정보를 다룰 때, 보안은 완전히 바뀌어져야 한다.)라고 하였다. 급속한 디지털 변환으로 인해 개인 정보를 다룰 때 보안이 혁신되어야 할 정도로 보안 문제가 급증하고 있다고 할 수 있으므로 (c)가 정답이다.

어휘 skyrocket 급증하다   wealthy 부유한

61 세부사항 (what) ★★★

정답 (a)

Based on the article, what kind of cyber activities are customers usually victims of?

(a) receiving fraudulent emails or messages
(b) losing personal information or identity theft
(c) having one's bank information stolen
(d) having one's email account or computer hacked

기사에 따르면, 고객들은 보통 어떤 종류의 사이버 활동의 피해자가 되는가?

(a) 사기성 이메일 또는 메시지 수신
(b) 개인정보 분실 또는 신원 도용
(c) 은행 정보 도난
(d) 이메일 계정이나 컴퓨터 해킹

해설 본문 1단락에서 "⁶¹Cyber activities such as phishing, malware, and ransomware attacks grew from fewer than 5,000 per week in February 2020 to more than 200,000 per week in late April 2021."(피싱, 악성코드, 랜섬웨어 공격 같은 사이버 활동은 2020년 2월 주당 5,000건 미만에서 2021년 4월 말에는 주당 20만 건이 넘게 증가했다.)라고 하였다. 본문에 따르면 최근 들어 사기성 메일을 보내서 속이는 피싱이나 악성코드 등의 사이버 공격으로 피해를 보는 사례가 증가하고 있으므로 (a)가 정답이다.

어휘 fraudulent 사기성의, 사기 치는   identity theft 신원 도용

62 추론 (How) ★★★

정답 (c)

How most likely will banks protect their valued customers?

(a) by reinforcing security at all the locations
(b) by increasing insurance policy rates
(c) by strengthening cybersecurity systems
(d) by hiring more qualified law enforcement officers

은행이 소중한 고객을 어떻게 보호할 것 같은가?

(a) 모든 장소에 보안을 강화함으로써
(b) 보험료를 인상함으로써
(c) 사이버 보안 체계를 강화함으로써
(d) 더 자격을 갖춘 경관을 고용함으로써

해설 본문 2단락에서 "⁶²New processes, barriers, and cybersecurity frameworks are required to prevent and mitigate attacks. Financial institutions must consider strategies that analyze new omnichannel models, such as physical branch networks, self-service, and online and mobile banking services, to protect the entire banking."(공격을 예방하고 완화하기 위해서는 새로운 절차, 장벽 및 사이버 보안 체계가 필요하다. 금융 기관은 은행 전체를 보호하기 위해 물리적 지점망, 셀프 서비스, 온라인·모바일뱅킹 서비스 등 새로운 전방위 채널 모델을 분석하는 전략을 고려해야 한다.)라고 하였다. 은행들이 고객을 보호하기 위해 새로운 장벽이나 사이버 보안 체계, 그리고 새로운 전방위 채널 모델을 분석하는 전략이 필요하다고 했으므로 정답은 (c)이다.

Paraphrasing New processes, barriers, and cybersecurity frameworks are required to prevent and mitigate attacks.
➡ by strengthening cybersecurity systems

어휘 valued 소중한 reinforce 강화하다 insurance policy rate 보험료 strengthen 강화하다 qualified 자격이 있는
law enforcement officer 법 집행관, 경관

---

63 세부사항 (what) ★★　　　　　　　　　　　　　　　　　　　　　　　　　　　정답 (a)

According to the article, what does social engineering involve?

(a) pushing people to act wrongfully
(b) socially manipulating social media users
(c) psychologically manipulating teens who use the Internet
(d) forcing people to act intentionally

기사에 따르면, 사회 공학 기법은 무엇을 포함하는가?

(a) 사람들을 부당하게 행동하도록 부추기기
(b) 소셜 미디어 사용자를 사회적으로 조종하기
(c) 인터넷을 사용하는 10대들을 심리적으로 조종하기
(d) 사람들이 의도적으로 행동하도록 강요하기

해설 본문 4단락에서 "⁶³Another mechanism is social engineering, which is the psychological manipulation of people to make them reveal information or act wrongly. Often, victims do not even know they have made a mistake until the fraud is exposed."(또 다른 수법은 사람들로 하여금 정보를 드러내게 하거나 잘못되게 행동하도록 심리적으로 조종하는 사회 공학 기법이다. 흔히 피해자들은 그 사기 행위가 드러나기 전까지 자신이 실수했다는 것조차 알지 못한다.)라고 하였다. 사이버 공격의 다른 수법은 사람들이 정보를 노출하도록 하거나 부당한 행동을 하도록 조작하는 사회 공학이라고 했으므로 (a)가 정답이다.

Paraphrasing to make them reveal information or act wrongly ➡ pushing people to act wrongfully

어휘 wrongfully 부당하게 manipulate 조종하다 psychologically 심리적으로 intentionally 의도적으로

---

64 세부사항 (How) ★★　　　　　　　　　　　　　　　　　　　　　　　　　　　정답 (b)

How do malicious emails contribute to cyberattacks?

(a) by reaching many customers at once
(b) by connecting to a whole network
(c) by influencing many bank employees at once
(d) by attacking an entire financial institution

악성 이메일은 어떻게 사이버 공격의 한 원인이 되는가?

(a) 한 번에 많은 고객에게 다가감으로써
(b) 전체 네트워크에 연결함으로써
(c) 한 번에 많은 은행 직원에게 영향을 미침으로써
(d) 금융기관 전체를 공격함으로써

해설 본문 5단락에서 "⁶⁴When cybercriminals send phishing emails or malicious attachments to employees, they target any device that can somehow be manipulated to gain access to the entire network."(사이버 범죄자들은 직원들에게 피싱 이메일이나 악의적인 첨부 파일을 보낼 때, 전체 네트워크에 접근하기 위해 어떻게든 조작될 수 있는 어떤 장치라도 목표로 삼는다.)라고 하였다. 악의적인 메일을 보내는 사이버 범죄자들이 노리는 것은 전체 네트워크에 접속하는 것이므로 (b)가 정답이다.

Paraphrasing gain access to the entire network ➡ connecting to a whole network

어휘 contribute to ~의 원인이 되다 at once 즉시 connect to ~에 연결하다

In the context of the passage, <u>allocate</u> means _____.

(a) deliver
(b) classify
(c) rationalize
(d) assign

본문의 맥락에서 allocate는 _____를 의미한다.

(a) 전달하다
(b) 분류하다
(c) 합리화하다
(d) 배정하다

해설 ▶ 본문 6단락 "which indirectly make organizations vulnerable, especially if they do not [65]allocate the necessary investment to keep their systems secure"(이는 특히 시스템을 안전하게 유지하는 데 필요한 투자를 <u>배분하지</u> 않을 경우 간접적으로 조직을 취약하게 만든다)에서 allocate의 의미는 '할당하다, 배분하다'이므로 보기 중 이 의미와 가장 가까운 (d)가 정답이다.

어휘 ▶ deliver 전달하다, 배달하다　classify 분류하다　rationalize 합리화하다　assign 배분하다, 할당하다

In the context of the passage, <u>embraced</u> means _____.

(a) accepted
(b) fashioned
(c) assumed
(d) violated

본문의 맥락에서 embraced는 _____를 의미한다.

(a) 받아들이다
(b) 만들다
(c) 가정하다
(d) 위반하다

해설 ▶ 본문 6단락 "Last but not least, all industries have [66]embraced remote working and gone digital because of the pandemic."(마지막이지만 여전히 중요한 것은, 대유행 전염병으로 인해 모든 산업이 원격 작업을 <u>수용하고</u> 디지털로 전환해 왔다는 것이다.)에서 현재완료형으로 쓰인 embraced의 의미는 '받아들이다'이다. 보기 중 이 의미와 가장 가까운 (a)가 정답이다.

어휘 ▶ accept 받아들이다　fashion 만들다　assume 가정하다　violate 위반하다

소개	**THE ARC de TRIOMPHE** [67]The Arc de Triomphe is an emblematic symbol of the French capital and represents the various victories of the French army under Napoleon, who [72]commissioned its construction. The arch stands at the center of the Place Charles de Gaulle, formerly the Place de l'Étoile, which is the western end of the Avenue des Champs-Élysées.	**개선문** [67]개선문은 프랑스 수도의 상징물이며 그것의 건축을 [72]의뢰했던 나폴레옹 휘하 프랑스 군대의 다양한 승리를 나타낸다. 이 아치형 구조물은 샹젤리제 거리의 서쪽 끝이자 옛 에투알 광장인 샤를 드 골 광장의 중심에 서 있다.
건립 과정	[68]The monument was designed by Jean-François Chalgrin, and it took thirty years to build due to his miscalculations. [69]It was commissioned by Napoleon in 1806 at the end of the battle of Austerlitz and inaugurated by King Louis-Philippe. The two-century-old Arc de Triomphe has witnessed the city's most relevant turning points, including Napoleon's funeral on December 15th, 1840, the World War I victory parade in 1919, and the "Victory Day" parade to celebrate the end of World War II in 1944.	[68]이 기념비는 장-프랑수아 샬그랭이 설계한 것으로, 그의 계산 착오로 건립하는 데 30년이 걸렸다. [69]그것은 1806년 아우스터리츠 전투가 끝난 후 나폴레옹에 의해 의뢰되었고 루이-필리프 국왕에 의해 개관되었다. 200년이 된 개선문은 1840년 12월 15일 나폴레옹의 장례식, 1919년 제1차 세계대전 승리 퍼레이드와 1944년 제2차 세계대전 종전을 기념하기 위한 '승리의 날' 퍼레이드 등 도시의 가장 유의미한 전환점들을 목격해왔다.
건축물 세부 설명	[70]The Arc de Triomphe is, along with the Eiffel Tower, one of the main symbols of Paris. It is 50 meters high, 45 meters wide, and 22 meters deep, and it represents all the French military victories in the Napoleonic Wars. At the base of the arch is the Tomb of the Unknown Soldier, erected in 1921. The burning flame represents all French soldiers who died during World War I and were unfortunately never identified. Each of its four pillars represents important victories, such as the French resistance during the War of the Sixth Coalition in 1814, the Treaty of Paris in 1815, La Marseillaise, and the Treaty of Schonbrunn in 1810.	[70]개선문은 에펠탑과 함께 파리의 주요 상징 중 하나이다. 그것은 높이 50미터, 폭 45미터, 깊이 22미터로 나폴레옹 시대의 전쟁에서 프랑스의 모든 군사적 승리를 상징한다. 아치 하단에는 1921년에 세워진 무명 용사의 무덤이 있다. 불타는 불꽃은 제1차 세계대전 중 사망했고 안타깝게도 신원이 밝혀지지 않은 모든 프랑스 군인들을 상징한다. 네 개의 기둥은 각각 1814년 제6차 대프랑스 동맹의 프랑스 저항군, 1815년 파리 조약, 라 마르세예즈(1792년 8월 혁명)와 1810년 쇤브룬 조약과 같은 중요한 승리를 상징한다.

전망대에 오르는 이유	Although this Roman-inspired arch doesn't stand as high as the Eiffel Tower, its views are equally breathtaking. But [71]visitors should also climb to the top to see the meeting point of Paris' twelve avenues, which stands at the center of Place Charles de Gaulle.	비록 로마에서 영감을 받은 이 아치가 에 펠탑만큼 높지는 않지만, 그것의 경관은 똑 같이 숨이 막힐 정도로 멋지다. 그러나 방 문객들은 샤를 드 골 광장의 중심에 위치해 있는 [71]파리의 열두 거리가 만나는 지점을 보기 위해서는 꼭대기까지 올라가야 한다.
내부 시설 안내	To get to the observation deck of the arch, visitors have to pay the admission ticket and go up 286 steps, where the views of the Champs-Élysées are [73]striking. Inside there is a small museum along with an information desk. To get to the base of the Arc de Triomphe, visitors have to take the underpass on the Champs-Élysées.	아치 전망대에 오르기 위해서는 방문객들 은 입장권을 지불하고 286개의 계단을 올 라가야 하는데, 그곳에서는 샹젤리제의 전 망이 [73]장관을 이룬다. 내부에는 안내데스크 와 함께 작은 박물관이 있다. 개선문의 하단 으로 가기 위해서는 방문객들은 샹젤리제의 지하도를 타야 한다.

어휘 emblematic 상징적인, 전형적인 capital 수도 represent 나타내다, 대표하다 commission 의뢰하다 construction 건설, 건축 formerly 예전에 monument 기념비, 기념물 due to ~ 때문에 miscalculation 계산 착오 battle 전투 inaugurate 개관하다, 제막식을 하다 witness 목격하다 relevant 유의미한, 관련 있는 funeral 장례식 celebrate 기념하다 represent 상징하다 base 맨 아래 부분 tomb 무덤 erect 건립하다 flame 불꽃 unfortunately 안타깝게도 identify 신원을 밝히다 pillar 기둥 resistance 저항 coalition 연합, 연립 treaty 조약 La Marseillaise 1792년 8월 혁명(프랑스 제 1공화국 탄생을 기념) inspire 영감 을 주다 breathtaking (아름다워서) 숨이 맞는 듯한 avenue 거리, 길 observation deck 전망대 admission ticket 입장권 striking 굉장히 매력적인, 인상적인 underpass 지하도

---

67 세부사항 (What) ★★   정답 (a)

What is the Arc de Triomphe most famous for?

(a) being an emblem of the victories of Napoleon
(b) representing the culture of Parisians
(c) representing wealth and success
(d) symbolizing French pride after the war

개선문은 무엇으로 가장 유명한가?

(a) 나폴레옹의 승리의 상징이 되는 것
(b) 파리인의 문화를 대표하는 것
(c) 부와 성공을 대표하는 것
(d) 전쟁 이후 프랑스인의 자부심을 상징하는 것

해설 본문 1단락에서 "[67]The Arc de Triomphe is an emblematic symbol of the French capital and represents the various victories of the French army under Napoleon, who commissioned its construction."(개선문은 프랑스 수도의 상징물이며 그것의 건 축을 의뢰했던 나폴레옹 휘하 프랑스 군대의 다양한 승리를 나타낸다.)라고 하였다. 개선문은 나폴레옹 군대의 승리를 나타낸다고 했으므로 (a)가 정답이다.

Paraphrasing represents the various victories of the French army under Napoleon
➡ being an emblem of the victories of Napoleon

어휘 emblem 상징, 표상 victory 승리 represent 나타내다, 대표하다 wealth 부 symbolize 상징하다

Why did the construction of the monument take so long?

(a) because there were many ongoing wars
(b) because Napoleon was away at war
(c) because France did not have enough manual labor
(d) because the designer misjudged the project

기념비의 건축은 왜 그렇게 오래 걸렸는가?

(a) 진행중인 많은 전쟁이 있었기 때문에
(b) 나폴레옹이 참전해 멀리 떠나 있었기 때문에
(c) 프랑스는 충분한 노동력이 없었기 때문에
(d) 설계자가 프로젝트를 잘못 예측했기 때문에

해설 본문 2단락에서 "⁶⁸The monument was designed by Jean-François Chalgrin, and it took thirty years to build due to his miscalculations."(이 기념비는 장-프랑수아 샬그랭이 설계한 것으로, 그의 계산 착오로 건립하는 데 30년이 걸렸다.)라고 하였다. 이 기념물의 설계자가 계산 착오를 하는 등 이 건설 프로젝트에 대해 잘못 판단하였기 때문에 공사 기간이 오래 걸린 것이므로 (d)가 정답이다.

Paraphrasing due to the his miscalculations ➡ because the designer misjudged the project

어휘 ongoing 진행 중인   manual labor 육체 노동   misjudge ~을 잘못 예측하다

Who initiated the conception of the monument?

(a) the king and queen of France
(b) a French army officer
(c) government leaders in Europe
(d) soldiers who fought in World War I

누가 기념비를 구상하기 시작했는가?

(a) 프랑스의 왕과 왕비
(b) 프랑스 육군 장교
(c) 유럽의 정부 지도자들
(d) 제1차 세계대전에 참전한 병사들

해설 본문 2단락에서 "⁶⁹It was commissioned by Napoleon in 1806 at the end of the battle of Austerlitz and inaugurated by King Louis-Philippe."(그것은 1806년 아우스터리츠 전투가 끝난 후 나폴레옹에 의해 의뢰되었고 루이-필리프 국왕에 의해 개관되었다.)라고 하였다. 아우스터리츠 전투 후 나폴레옹이 처음에 이 기념물을 제작하도록 의뢰했으므로 (b)가 정답이다.

어휘 initiate 시작하다, 개시하다   conception 구상   army officer 장교

What is an important characteristic of the Arc de Triomphe?

(a) It is the highest monument in Paris.
(b) It reminds people of Napoleon's tenacity.
(c) It is as meaningful as the Eiffel Tower.
(d) It is not open to the general public all year round.

개선문의 중요한 특징은 무엇인가?

(a) 파리에서 가장 높은 기념물이다.
(b) 사람들에게 나폴레옹의 끈기를 상기시킨다.
(c) 에펠탑만큼 의미가 있다.
(d) 일 년 내내 일반 대중에게 공개되지 않는다.

해설 본문 3단락에서 "⁷⁰The Arc de Triomphe is, along with the Eiffel Tower, one of the main symbols of Paris.(개선문은 에펠탑과 함께 파리의 주요 상징 중 하나이다.)라고 하였다. 개선문은 에펠탑과 더불어 파리의 주요 상징이라고 했으므로 (c)가 정답이다.

Paraphrasing The Arc de Triomphe is, along with the Eiffel Tower, one of the main symbols of Paris.
➡ It is as meaningful as the Eiffel Tower.

어휘 characteristic 특징   remind A of B A에게 B를 상기시키다   tenacity 끈기   meaningful 의미가 깊은   all year around 1년 내내

Why should people climb to the top of the arch?

(a) to see the Bastille Day military parade location
(b) to identify how high the arch is
(c) to reach the underpass in the museum
(d) to have a complete overview of Paris

왜 사람들은 개선문의 꼭대기에 올라가야 하는가?

(a) 프랑스 혁명 기념일의 군대 행진 장소를 보기 위해
(b) 개선문이 얼마나 높은지 확인하기 위해
(c) 박물관의 지하도에 가기 위해
(d) 파리의 전경을 보기 위해

해설 ▶ 본문 4단락에서 "⁷¹visitors should also climb to the top to see the meeting point of Paris' twelve avenues"(파리의 열두 거리가 만나는 지점을 보기 위해서는 꼭대기까지 올라가야 한다)라고 하였다. 파리의 열두 거리가 만나는 지점의 전망을 보기 위해 올라간다고 했으므로 (d)가 정답이다.

Paraphrasing ▶ to see the meeting point of Paris' twelve avenues ➡ to have a complete overview of Paris

어휘 ▶ Bastille Day 프랑스 혁명 기념일   location 장소   identify 확인하다   complete overview 전경

In the context of the passage, commissioned means _____.

(a) instructed
(b) hired
(c) picked
(d) taught

본문의 맥락에서 commissioned는 _____를 의미한다.

(a) 지시했다
(b) 고용했다
(c) 뽑았다
(d) 가르쳤다

해설 ▶ 본문 1단락 "The Arc de Triomphe is an emblematic symbol of the French capital and represents the various victories of the French army under Napoleon, who ⁷²commissioned its construction."(개선문은 프랑스 수도의 상징물이며 그것의 건축을 <u>의뢰했던</u> 나폴레옹 휘하 프랑스 군대의 다양한 승리를 나타낸다.)에서 commissioned의 의미는 '(공적으로) 의뢰했다'이다. 보기 중 이 의미와 맥락상 가장 가까운 (a)가 정답이다.

어휘 ▶ instruct 지시하다   hire 고용하다

In the context of the passage, striking means _____.

(a) severe
(b) spectacular
(c) obvious
(d) imposing

본문의 맥락에서 striking은 _____를 의미한다.

(a) 가혹한
(b) 장관을 이루는
(c) 명백한
(d) 책임을 부과하는

해설 ▶ 본문 5단락 "To get to the observation deck of the arch, visitors have to pay the admission ticket and go up 286 steps, where the views of the Champs-Élysées are ⁷³striking."(아치 전망대에 오르기 위해서는 방문객들은 입장권을 지불하고 286개의 계단을 올라가야 하는데, 그곳에서는 상젤리제의 전망이 <u>장관을 이룬다</u>.)에서 striking의 의미는 '굉장히 매력적인, 인상적인'이다. 보기 중 이 의미와 가장 가까운 (b)가 정답이다.

어휘 ▶ severe 가혹한   spectacular 장관을 이루는, 멋진   obvious 명백한   imposing 책임을 부과하는

받는 사람	Thomas Parker COO West Carolina Fabric Ltd. Santa Monica, CA	토머스 파커 최고 운영 책임자 웨스트캐롤라이나 패브릭 유한 책임 회사 산타모니카, 캘리포니아 주
편지의 목적	Dear Mr. Parker: [74]I am writing to you on behalf of my partner and me to request some information about the products that you manufacture. [75]We were impressed by the selection and the quality of sweaters that were displayed at your stand at the Women's Wear Exhibition held in Los Angeles, at the end of last spring.	친애하는 파커 씨: [74]당신이 생산하는 제품에 대한 정보를 요청하고자 제 파트너와 저를 대표하여 이 편지를 씁니다. 지난 봄 끝 무렵에 LA에서 열린 [75]여성복 전시회에서 귀사의 가판대에 진열된 스웨터의 선택 목록과 품질이 인상 깊었습니다.
회사 소개	We are a large chain of retailers, across several states in America, and are [76]looking for a manufacturer who could supply us with a wide range of sweaters for teenage girls and young ladies.	저희는 미국의 여러 주에 걸쳐 있는 대형 소매업체 체인으로, [76]10대 소녀들과 젊은 여성들을 위한 다양한 스웨터를 저희에게 공급할 수 있는 제조업체를 찾고 있습니다.
거래 조건 제안	As we usually place very large orders, [77a]we would expect a quantity discount in addition to a 35% trade discount off the net prices. Also, [77b]our terms of payment are generally a 30-day bill of exchange, which is a written document used especially in international trade, and it orders a person or organization to pay a particular amount of money at a particular time for goods or services. [77c]As for documents against acceptance (D/A), there is an [79]arrangement in which someone has the right to collect imported goods only after the document has been signed at a bank.	저희는 보통 아주 많은 양을 주문하기 때문에 [77a]정가에서 35% 동업자 할인에 더해 추가적으로 수량 할인을 기대하고 있습니다. 또한 [77b]저희의 지불 조건은 일반적으로 30일짜리 환어음으로, 이것은 특히 국제 무역에서 사용되는 서면 문서이며 개인이나 단체에게 재화나 서비스에 대해 특정한 시간에 특정 금액을 지불하도록 명령합니다. [77c]인수인도 조건어음에 관해서는, 은행에서 서류가 서명된 후에야 수입품을 회수할 수 있는 권리를 갖는 [79]약정이 있습니다.

요청 및 끝인사	[78]If these conditions interest you, and you can meet orders of over 500 sweaters at one time, please email us your most updated catalog with the price list. For any questions or [80]concerns, feel free to contact us. We look forward to hearing from you soon. Yours faithfully,	[78]만약 이 조건에 관심이 있고, 한 번에 500개가 넘는 스웨터에 대한 주문을 충족시킬 수 있다면, 저희에게 귀사의 최신 카탈로그와 가격표를 이메일로 보내주시기 바랍니다. 궁금한 점이나 [80]문제점이 있으시다면, 언제든지 문의해 주십시오. 빠른 답변을 기다리겠습니다. 진심을 다하여,
보내는 사람	*Mary Landale* CEO Hudson Factory Mills Inc.	메리 랜데일 최고경영자 허드슨 팩토리 밀스 사

어휘 COO (Chief Operations Officer) 최고 운영 책임자 Ltd (Limited) 유한 책임의 on behalf of ~을 대표해서 request 요청하다 manufacture 제조하다, 생산하다 be impressed by ~에 깊은 인상을 받다 selection (선택 가능하게) 준비된 목록 display 전시하다, 진열하다 stand 가판대, 진열대 exhibition 전시회 retailer 소매상, 소매업체 supply A with B A에게 B를 공급하다 a wide range of 광범위한, 다양한 place order 주문하다 quantity discount 수량 할인 in addition to ~에 추가하여 trade discount 영업 할인 net price 정가 terms 조건 payment 지불 generally 일반적으로 bill of exchange 환어음 particular 특정한 documents against acceptance (D/A) 인수인도 조건 어음 arrangement 약정 imported goods 수입품 sign 서명하다 interest ~의 관심을 끌다 meet 충족시키다, 맞추다 at one time 한꺼번에 concern 문제, 걱정 feel free to+동사원형 편하게 ~하다 look forward to ~ing ~하기를 고대하다

74	주제/목적 (Why) ★★	정답 (d)

Why did Mary Landale write to Thomas Parker?

(a) to inform him about the company's services
(b) to notify him about the latest order
(c) to ask him for some personal information
(d) to inquire about some of the company's products

메리 랜데일은 왜 토마스 파커에게 편지를 썼는가?

(a) 그에게 회사 서비스에 대해 알려주기 위해
(b) 그에게 최근의 주문에 대해 통지하기 위해
(c) 그에게 개인 정보 일부를 요청하기 위해
(d) 회사 제품 몇 가지에 대해 문의하기 위해

해설 본문 1단락에서 "[74]I am writing to you on behalf of my partner and me to request some information about the products that you manufacture."(당신이 생산하는 제품에 대한 정보를 요청하고자 제 파트너와 저를 대표하여 이 편지를 씁니다.)라고 하였다. 이 편지의 목적은 제품에 대한 정보 요청과 문의이므로 (d)가 정답이다.

Paraphrasing to request some information about the products that you manufacture
➡ to inquire about some of the company's products

어휘 inform 알리다 notify 통보하다 latest 최근의 inquire 문의하다

How did Mary Landale become aware of Parker's business?

(a) She visited one of his stores.
(b) She visited his stand at a clothing exhibition.
(c) She shopped for his products online.
(d) She found an ad in the local newspaper.

메리 랜데일은 어떻게 파커의 업체를 알게 되었는가?

(a) 그의 매장 중 하나를 방문했다.
(b) 옷 전시회에 있는 그의 가판대를 방문했다.
(c) 온라인으로 그의 제품을 샀다.
(d) 지역 신문에서 광고를 발견했다.

해설 ▶ 본문 1단락에서 "⁷⁵We were impressed by the selection and the quality of sweaters that were displayed at your stand at the Women's Wear Exhibition"(여성복 전시회에서 귀사의 가판대에 진열된 스웨터의 선택 목록과 품질이 인상 깊었습니다)라고 하였다. 메리 랜데일은 옷 전시회에서 토마스 파커의 회사 스웨터를 보고 인상 깊었다고 했으므로, 옷 전시회에서 토마스 파커의 회사 가판대를 방문했다는 내용의 (b)가 정답이다.

어휘 ▶ become aware of ~을 알게 되다   clothing exhibition 옷 전시회

Why is Mary Landale contacting West Carolina Fabric Ltd.?

(a) because she enjoyed the New York exhibition
(b) because the products were cheap and high quality
(c) because they both are located in California
(d) because she needs clothing for women

메리 랜데일은 왜 웨스트 캐롤라이나 패브릭 유한회사에 연락하고 있는가?

(a) 그녀가 뉴욕 전시회를 즐겼기 때문에
(b) 제품들이 싸고 품질이 좋았기 때문에
(c) 둘 다 캘리포니아에 있기 때문에
(d) 그녀는 여성용 옷이 필요하기 때문에

해설 ▶ 본문 2단락에서 "⁷⁶looking for a manufacturer who could supply us with a wide range of sweaters for teenage girls and young ladies"(10대 소녀들과 젊은 여성들을 위한 다양한 스웨터를 저희에게 공급할 수 있는 제조업체를 찾고 있습니다)라고 하였으므로 (d)가 정답이다.

Paraphrasing ▶ looking for a manufacturer who could supply us with a wide range of sweaters for teenage girls and young ladies ➡ needs clothing for women

어휘 ▶ contact 연락하다   be located in ~에 위치하다

Which of the following is NOT part of Landale's suggestions?

(a) a 35% discount on the order
(b) a 30-day bill of exchange
(c) documents against acceptance
(d) free shipping and handling

다음 중 랜데일의 제안이 아닌 것은?

(a) 주문액의 35%를 할인
(b) 30일짜리 환어음
(c) 인수인도 조건어음
(d) 무료 배송 및 운반

해설 ▶ 본문 3단락에서 "⁷⁷ᵃwe would expect a quantity discount in addition to a 35% trade discount off the net prices"(정가에서 35% 동업자 할인에 더해 수량 할인을 기대하고 있습니다), "⁷⁷ᵇour terms of payment are generally a 30-day bill of exchange"(저희의 지불 조건은 일반적으로 30일짜리 환어음입니다), "⁷⁷ᶜAs for documents against acceptance (D/A), there is an arrangement in which someone has the right to collect imported goods only after the document has been signed at a bank."(인수인도 조건어음에 관해서는, 은행에서 서류가 서명된 후에야 수입품을 회수할 수 있는 권리를 갖는 약정이 있습니다.)라고 하였다. 이 내용은 각각 (a), (b), (c)의 내용과 일치하지만 (d)는 본문에 언급되어 있지 않으므로 (d)가 정답이다.

어휘 ▶ suggestion 제안 handling (상품의) 운반, 취급

---

78 추론 (What) ★★★ 　　　　　　　　　　　　　　　　　　　　정답 (c)

What should Parker probably do in the case the conditions are favorable?

조건이 호의적인 경우 파커는 무엇을 해야 할까?

(a) make an immediate call with the details
(b) send a fax immediately including the prices
(c) email the catalog and price list
(d) visit Landale's office as soon as possible

(a) 즉시 전화로 자세한 내용을 말하기
(b) 즉시 가격을 포함해 팩스를 보내기
(c) 카탈로그와 가격표를 이메일로 보내기
(d) 가능한 한 빨리 랜데일의 사무실을 방문하기

해설 ▶ 본문 4단락에서 "⁷⁸If these conditions interest you, and you can meet orders of over 500 sweaters at one time, please email us your most updated catalog with the price list."(만약 이 조건에 관심이 있고, 한 번에 500개가 넘는 스웨터에 대한 주문을 충족시킬 수 있다면, 저희에게 귀사의 최신 카탈로그와 가격표를 이메일로 보내주시기 바랍니다.)라고 하였으므로 (c)가 정답이다.

어휘 ▶ in the case ~한 경우에 favorable 적당한, 찬성하는 immediate 즉각적인 immediately 즉시

---

79 어휘 (명사: arrangement) ★★★ 　　　　　　　　　　　　　　정답 (d)

In the context of the passage, <u>arrangement</u> means _____.

본문의 맥락에서 arrangement는 _____ 를 의미한다.

(a) development
(b) appointment
(c) assignment
(d) agreement

(a) 발전
(b) 임명
(c) 할당
(d) 합의

해설 ▶ 본문 3단락 "there is an ⁷⁹arrangement in which someone has the right to collect imported goods only after the document has been signed at a bank"(은행에서 서류가 서명된 후에야 수입품을 회수할 수 있는 권리를 갖는 약정이 있습니다)에서 arrangement의 의미는 '동의, 합의'이므로 보기 중 이 의미와 가장 가까운 (d)가 정답이다.

어휘 ▶ development 발전 appointment 임명, 지명 assignment 할당, 과제 agreement 합의, 동의

In the context of the passage, <u>concerns</u> means _____.

(a) problems
(b) enterprises
(c) works
(d) interests

본문의 맥락에서 concerns는 _____를 의미한다.

(a) 문제들
(b) 기업들
(c) 작업들
(d) 관심사들

해설 ▶ 본문 4단락 "For any questions or [80]<u>concerns</u>, feel free to contact us."(궁금한 점이나 <u>문제점</u>이 있으시다면, 언제든지 문의해 주십시오.)에서 concerns의 의미는 '문제들, 걱정들'이므로 보기 중 이 의미와 가장 가까운 (a)가 정답이다.

어휘 ▶ enterprise 기업 interest 관심, 흥미

TEST

5

GRAMMAR

LISTENING

READING AND VOCABULARY

문항별 취약 유형 체크하기

01	조동사 (의지: will)		**14**	준동사 (to부정사: expect)
02	당위성/이성적 판단 (형용사: necessary)		**15**	시제 (미래완료진행: for + 시간명사, when + 현재 시제절)
03	시제 (현재진행: 부사 now)		**16**	준동사 (동명사: suggest)
04	연결어 (접속부사: however)		**17**	가정법 (가정법 과거: if절 + 과거 시제)
05	관계사 (관계대명사: 계속적 용법 which)		**18**	조동사 (의무: should)
06	가정법 (가정법 과거완료: if절 + 과거완료)		**19**	가정법 (가정법 과거: if절 + 과거 시제)
07	시제 (미래진행: when + 현재 시제절)		**20**	관계사 (관계대명사: whom)
08	준동사 (동명사: mind)		**21**	연결어 (상관접속사: so that)
09	당위성/이성적 판단 (동사: advise)		**22**	가정법 (가정법 과거완료: if절 + 과거완료)
10	시제 (현재완료진행: for + 시간명사, 부사 now)		**23**	시제 (과거진행: when + 과거 시제절)
11	준동사 (to부정사: 진주어)		**24**	당위성/이성적 판단 (동사: ask)
12	시제 (과거완료진행: for + 시간명사)		**25**	준동사 (동명사: advocate)
13	가정법 (가정법 과거: if절 + 과거 시제)		**26**	가정법 (가정법 과거완료: if절 + 과거완료)

★ 틀린 문항을 확인하고 취약한 유형을 집중 학습하세요.

1 조동사 (의지: will) ★★★

정답 (c)

With the holiday season coming up, retailers are busy with more customers in their stores. It is fortunate that they prepared and stocked up on the most popular products. They _____ try to make sure that such products are always in stock.

(a) may
(b) could
(c) will
(d) can

휴가철을 맞아 소매업체들은 매장에 더 많은 손님이 몰리면서 분주하다. 그들이 가장 인기 있는 제품들을 준비하고 비축한 것은 다행이다. 그들은 그러한 제품들이 항상 재고가 있도록 노력할 것이다.

해설 ▶ 보기에 다양한 조동사가 나왔으므로 조동사 문제이다. 빈칸에 보기에 나와 있는 조동사를 하나씩 대입해서 가장 자연스런 의미의 조동사를 고르면 된다. 빈칸 앞의 문장의 의미가 "그들이 가장 인기 있는 제품을 준비해서 비축한 것이 다행이다."이므로, 빈칸 뒤 문장의 의미가 "그들은 그러한 제품들이 항상 재고가 있도록 노력할 것이다."인 것이 가장 자연스럽다. 따라서 '의지'의 뜻을 가지는 (c)가 정답이다.

오답분석 ▶ (a) may는 '~할 지 모른다'는 추측이나 '~해도 된다'는 허락을 나타내고 (b) could는 '~할 수도 있을 것이다'는 가능성이 낮은 추측을 나타내며 (d) can은 '~할 수 있다'는 능력, 가능을 나타내므로 문맥상 어색해서 오답이다.

어휘 ▶ retailer 소매업체, 소매상 fortunate 다행인 stock up 비축하다 make sure 확실히 ~하다 in stock 재고가 있는

2 당위성/이성적 판단 (형용사: necessary) ★★

정답 (a)

It is necessary that anyone who is able _____ some blood because hospitals are always in need of blood. This is especially crucial for patients who have very rare blood types, because sometimes they can't have surgery without an exact match.

(a) donate
(b) donates
(c) is donating
(d) will donate

병원은 항상 혈액이 필요하기 때문에 가능한 사람이라면 헌혈하는 것이 필요하다. 이것은 특히 매우 희귀한 혈액형을 가진 환자들에게 중요한데, 이는 그들이 때때로 정확하게 일치하는 혈액 없이는 수술을 받을 수 없기 때문이다.

해설 ▶ 보기에 동사 donate가 동사원형과 다양한 시제로 나왔으므로 시제 문제 아니면 당위성/이성적 판단 문제이다. 빈칸 앞에 형용사 necessary는 이성적 판단 형용사이므로 that절의 구조는 'that + 주어 + (should) + 동사원형'이 되어야 한다. 따라서 (a)가 정답이다.

어휘 ▶ necessary 필요한 be in need of ~이 필요하다 especially 특히 crucial 중요한 rare 희귀한 surgery 외과 수술 exact match 정확하게 일치하는 것

---

3   시제 (현재진행: 부사 now) ★★   정답 (b)

Elizabeth has happily lived most of her life as a single woman. Although she has a great job and many wonderful friends, she _____ about settling down, getting married, and having children.

(a) has now thought
(b) is now thinking
(c) will now think
(d) was now thinking

엘리자베스는 비혼 여성으로 대부분의 삶을 행복하게 살아왔다. 비록 그녀는 좋은 직업과 많은 멋진 친구들이 있지만, 이제 정착해서 결혼하고 아이를 갖는 것에 대해서 생각하고 있다.

> **해설** 보기에 동사 think가 다양한 시제로 나왔으므로 시제 문제이다. 빈칸 앞뒤에 시간 부사구나 부사절을 확인한다. 보기에 현재진행 시제에 자주 쓰이는 부사 now가 나왔으므로 현재진행 시제가 (b)가 정답이다.

> **어휘** settle down 정착하다   get married 결혼하다

---

4   연결어 (접속부사: however) ★★★   정답 (d)

The latest iPhone was launched just a couple of months ago to very good reviews. _____, the sales numbers were lower than last year's sales, and as a result, the company has cut down the production of the new phones.

(a) Additionally
(b) Similarly
(c) Therefore
(d) However

최신 아이폰은 불과 몇 달 전에 출시되어 아주 좋은 평가를 받았다. 그러나 판매량은 작년보다 낮았고, 그 결과 회사는 새로운 전화기의 생산을 줄였다.

> **해설** 보기에 다양한 연결어가 나왔으므로 연결어 문제이다. 빈칸에 보기에 있는 연결어를 하나씩 대입하여 앞뒤 문장의 논리 관계를 확인한다. 빈칸 앞에 문장의 의미는 '최신 아이폰은 불과 몇 달 전에 출시되어 아주 좋은 평가를 받았다.'이고, 빈칸 뒤 문장의 의미는 '판매량은 작년보다 낮았다'이다. 논리적으로 최신 제품이고 평가도 좋은데 판매량은 낮다는 것은 역접 관계이므로 (d)가 정답이다.

> **오답 분석** (a) additionally(게다가), (b) similarly(마찬가지로), (c) therefore(그래서)는 문맥상 어색한 연결어이므로 오답이다.

> **어휘** latest 최신의   launch 출시하다   a couple of 몇 개의, 둘의   as a result 그 결과, 결과적으로   cut down 줄이다, 삭감하다

관계사 (관계대명사: 계속적 용법 which) ★★★　　　　　　　정답 (c)

Although the northern west coast has experienced wildfires during the summers, it is getting much worse. The wildfires, _____, are now causing the surrounding cities to experience very poor air quality.

(a) where can devastate acres of forests
(b) what can devastate acres of forests
(c) which can devastate acres of forests
(d) who can devastate acres of forests

북서부 해안은 여름 동안 산불을 겪었음에도 상황이 훨씬 더 심해지고 있다. 넓은 면적의 숲을 황폐화시킬 수 있는 산불로 인해 현재 주변 도시들은 매우 나쁜 대기질을 경험하고 있다.

해설 보기에서 다양한 관계사가 나왔으므로 관계사 문제이다. 빈칸 앞에 관계사의 선행사를 찾고, 관계사절에서 그 선행사의 역할을 확인한다. 빈칸 앞 선행사는 명사구 'The wildfires'이고 관계사절에서 주어 역할을 하며, 콤마가 있어 계속적 용법으로 사용되었으므로 관계대명사 which가 적절하다. 따라서 (c)가 정답이다.

오답분석 (a)에서 관계부사 where는 선행사로 장소를 나타내는 말이 오고 where 뒤에 완벽한 문장 구조가 오지만, 여기서는 선행사가 사물이고 주어가 빠져 있는 문장이 와서 오답이다. (b)에서 what은 선행사를 포함하는 관계대명사인데 여기서는 선행사가 있으므로 오답이다. (d)에서 who는 사람을 선행사로 하는 관계대명사이지만, 여기서는 선행사가 사물이므로 오답이다.

어휘 wildfire 산불　devastate 황폐화시키다　acre 에이커(토지 면적의 단위)　cause A to+동사원형 A가 ~하도록 유발하다　surrounding 에워싸고 있는, 주변의

가정법 (가정법 과거완료: if절 + 과거완료) ★★　　　　　　　정답 (d)

Ryan initially hired the new employee because she interviewed very well. But only a week into her employment, everyone has started complaining about how difficult she is to work with. If he had known about her personality beforehand, he _____ her.

(a) will not hire
(b) had not hired
(c) would not hire
(d) would not have hired

라이언은 면접을 아주 잘 봤기 때문에 처음에 그 신입사원을 고용했다. 그러나 그녀를 고용한 지 단 일주일만에, 모든 사람은 그녀와 함께 일하기가 얼마나 어려운지에 대해 불평을 하기 시작했다. 만약 그가 그녀의 성격을 미리 알았다면, 그는 그녀를 고용하지 않았을 것이다.

해설 보기에 동사 hire가 다양한 시제와 조동사와 같이 나왔으므로 시제 문제 아니면 가정법 문제이다. 빈칸 앞에 if절이 있고, 이 절의 시제로 과거완료 시제인 'had known'이 나왔으므로 가정법 과거완료이다. 가정법 과거완료의 주절에 'would/should/could/might + have p.p.'가 와야 하므로 (d)가 정답이다.

어휘 initially 처음에　hire 고용하다　employee 직원　employment 고용　personality 성격　beforehand 사전에, 미리

After a long week of meetings with clients, Luke will travel to Hong Kong for another business trip. He _____ with clients when we arrive in Hong Kong for the business conference.

(a) will still be meeting
(b) have still be meeting
(c) will still have met
(d) were still meeting

루크는 일주일간의 긴 고객 미팅 후에, 또 다른 출장을 위해 홍콩으로 갈 것이다. 우리가 업무 회의를 위해 홍콩에 도착할 때, 그는 여전히 고객들과 만나고 있을 것이다.

해설 보기에 동사 meet이 다양한 시제로 나왔으므로 시제 문제이다. 빈칸 앞뒤에 시간 부사구나 부사절을 확인한다. 빈칸 뒤에 시간 부사절 'when we arrive in Hong Kong for the business conference'가 나왔는데 시간을 나타내는 부사절에서 현재 시제가 쓰이면 미래의 일을 나타내므로 기준 시점이 미래임을 알 수 있다. 미래를 기준 시점으로 하여 그 시점에 한창 진행 중일 동작을 나타내므로 미래진행 (a)가 정답이다.

어휘 travel (장거리를) 가다   **client** 고객   **business trip** 출장   **conference** 회의

Because the professional sports team has such a loyal fan base and excellent management team, many free agents often want to join the team. They don't even mind _____ a pay cut.

(a) to get
(b) to be getting
(c) getting
(d) being gotten

그 프로 스포츠팀은 워낙 충실한 팬층과 우수한 관리진을 보유하고 있기 때문에 많은 자유 계약 선수(FA)들이 팀에 합류하고 싶어 하는 경우가 많다. 그들은 심지어 감봉도 개의치 않는다.

해설 보기에 동사 get이 준동사 형태로 나왔으므로 준동사 문제이다. 빈칸 앞에 오는 동사가 목적어로 동명사를 취하는지 to부정사를 취하는지 확인한다. 빈칸 앞에 동사 mind는 동명사를 목적어로 취하는 대표적인 동사이므로 (c)가 정답이다.

어휘 loyal 충실한   **fan base** 팬층   **management** 관리   **free agent** 자유 계약 선수   **mind** 신경 쓰다, 개의하다   **pay cut** 감봉

> **참고**
> **동명사만을 목적어로 취하는 동사**
>
> adore(흠모하다), mind(신경 쓰다), advise(충고하다), admit(인정하다), allow(허락하다), practice(연습하다), feel like(~하고 싶다), enjoy(즐기다), keep(유지하다), consider(고려하다), discuss(의논하다), finish(끝내다), mention(언급하다), postpone(연기하다), recommend(추천하다), avoid(피하다), delay(미루다), dislike(싫어하다), insist(주장하다), mind(꺼리다), quit(그만두다), deny(부인하다), involve(포함하다), miss(놓치다), suggest(제안하다)

Learning a new language can be very time consuming and difficult for adults compared to younger learners. Educators advise that adult learners _____ patient and persistent because eventually, they will get results.

(a) stay
(b) will stay
(c) are staying
(d) stayed

새로운 언어를 배우는 것은 어린 학습자들에 비해 어른들에게 매우 시간이 많이 걸리고 어려울 수 있다. 교육자들은 그들이 결국에는 결과를 얻을 것이기 때문에, 성인 학습자들에게 인내하고 끈기가 있어야 한다고 조언한다.

해설 보기에 동사 stay가 다양한 시제와 동사원형이 나왔으므로 시제 문제 아니면, 당위성/이성적 판단 문제이다. 빈칸 앞뒤에 시간 부사구나 부사절, 혹은 당위성 동사나 이성적 판단 형용사가 있는지 확인한다. 빈칸 앞에 동사 advise는 당위성 동사이므로 뒤에 that절에 should가 생략된 동사원형이 나와야 한다. 따라서 동사원형 (a)가 정답이다.

어휘 time consuming 시간이 많이 걸리는   compared to ~에 비해   educator 교육자   advise 조언하다   patient 인내하는 persistent 끈기 있는, 끈질긴   eventually 결국   result 결과

> **참고**
> **당위성을 나타내는 동사**
>
> • 형태: 주어 + 당위성 동사 + that + 주어 + (should) + 동사원형
> • 당위성 문제는 다음의 동사와 함께 나온다.
>
> advise(조언하다), ask(요청하다), beg(간청하다), command(명령하다), stress(강조하다), demand(요구하다), direct(지시하다), insist(주장하다), instruct(지시하다), intend(의도하다), order(명령하다), prefer(선호하다), propose(제안하다), recommend(권장하다), request(요청하다), require(요구하다), stipulate(규정하다), suggest(제안하다), urge(촉구하다), warn(경고하다)

Their children _____ them to get a puppy for a couple of years now. As a result, they finally concluded that their children were old enough and responsible enough to care for a family pet and decided to check some adoption sites.

(a) beg
(b) begged
(c) will be begging
(d) have been begging

그들의 아이들은 지금 몇 년 동안 그들에게 강아지를 사 달라고 졸라 오고 있다. 결과적으로, 그들은 마침내 그들의 아이들이 가족 애완동물을 돌볼 수 있을 만큼 충분히 나이가 들었고 책임감이 있다고 결론을 내렸고 몇몇 입양 장소를 확인하기로 결정했다.

해설 보기에 동사 beg가 다양한 시제로 나왔으므로 시제 문제이다. 빈칸 앞뒤에 시간 부사구나 부사절을 확인한다. 빈칸 뒤에 완료 시제에 자주 쓰이는 부사구 'for a couple of years'가 나왔고 현재 시점을 나타내는 시간부사 now가 쓰였다. 현재를 기준 시점으로 하여 몇 년 동안 계속 진행된 행동이나 상황을 나타내므로 현재완료진행 (d)가 정답이다.

어휘 beg A to+동사원형 A에게 ~해달라고 간청하다, 조르다   responsible 책임감 있는   care for ~를 돌보다   adoption 입양

11 준동사 (to부정사: 진주어) ★★ 정답 (a)

New outlets can be cutthroat as stories need to be published as quickly as possible. However, this can create problems, especially online, as writers publish with grammatical errors. It is necessary _____ a story before printing it or posting it online.

(a) to double check
(b) double checking
(c) having double checked
(d) to be double checking

기사는 가능한 한 빨리 게재되어야 하기 때문에 새로운 매체들은 경쟁이 치열할 수 있다. 그러나 필자들이 문법 오류가 있는 상태에서 게재하기 때문에 이것은 특히 온라인에서 문제를 일으킬 수 있다. 기사를 인쇄하거나 온라인에 게시하기 전에 기사를 다시 한 번 확인하는 것이 필요하나.

해설 보기에 동사 check가 준동사 형태로 나왔으므로 준동사 문제이다. 빈칸 앞에 있는 동사가 목적어로 동명사를 취하는지 to부정사를 취하는지 확인한다. 빈칸 앞에 be동사가 있고 그 문장의 주어로 가주어 it이 나왔으므로 가주어/진주어 문제이다. 지텔프 문법에서 to부정사는 명사적 용법 중 동사의 목적어뿐만 아니라 가주어/진주어 문제, 가목적어/진목적어 문제도 가끔 출제된다. 이 문제는 '가주어 it + 동사(be) + 주격 보어(necessary) + 진주어(to부정사)의 구조'이므로 (a)가 정답이다.

어휘 outlet 대중매체 cutthroat 경쟁이 치열한 story 기사, 뉴스 publish 게재하다, 발행하다 grammatical error 문법적 오류 double check 다시 확인하다 post 게시하다, 올리다

12 시제 (과거완료진행: for + 시간명사) ★★ 정답 (b)

The company was on the brink of bankruptcy until new ownership took over. The company _____ money for the past couple of years, but now with new ownership, there seems to be signs that things can turn around.

(a) lost
(b) had been losing
(c) will have lost
(d) is losing

그 회사는 새로운 소유주가 인수할 때까지 파산하기 직전이었다. 그 회사는 지난 몇 년 동안 적자를 보고 있었지만, 이제 새로운 소유주가 생기면서 상황이 호전될 수 있는 징후가 있는 것 같다.

해설 보기에 동사 lose가 다양한 시제로 나왔으므로 시제 문제이다. 빈칸 앞에 있는 문장의 동사가 was, took 등 과거 시제로 쓰였으므로 기준 시점이 과거임을 알 수 있고, 완료 시제와 자주 쓰이는 부사구 'for the past couple of years'가 나왔다. 기준 시점이 과거이고 그 시점 이전에 있었던 상황이 그 시점까지 계속 진행 중이었음을 나타내므로 과거완료진행 (b)가 정답이다.

어휘 on the brink of ~하기 직전인 bankruptcy 파산 ownership 소유주 take over 인수하다 sign 징후, 조짐 turn around (상황이) 호전되다

---

13 가정법 (가정법 과거: if절 + 과거 시제) ★★　　　　　　　　　　　　　　정답 (b)

Isabelle trained her dogs not to jump onto the couch in the living room. If she knew that her dogs were lying on the couch as soon as she left the house, she _____ at the sneakiness of her dogs.

(a) will laugh
(b) would laugh
(c) would have laughed
(d) has laughed

이사벨은 그녀의 개들이 거실의 소파 위로 뛰어오르지 않도록 훈련시켰다. 그녀가 집을 떠나자마자 그녀의 개들이 소파에 누워있다는 것을 안다면, 그녀는 그녀의 개들의 엉큼한 행동에 웃을 것이다.

해설 보기에 동사 laugh가 다양한 시제와 조동사와 같이 나왔으므로 시제 문제 아니면 가정법 문제이다. 빈칸 앞에 if조건절이 있고, 이 절의 시제가 과거이므로 가정법 과거이다. 가정법 과거의 주절은 'would/should/could/might + 동사원형'이 와야 하므로 (b)가 정답이다.

어휘 couch 소파　sneakiness 엉큼한 행동

---

14 준동사 (to부정사: expect) ★★★　　　　　　　　　　　　　　　　　정답 (a)

The largest real estate company in the country was experiencing financial problems and was no longer profiting from its home sales. The company is expected _____ billions of dollars and may even lose a lot of their investors.

(a) to lose
(b) losing
(c) to be losing
(d) having lost

그 나라에서 가장 큰 부동산 회사는 재정 문제를 겪고 있었고 더는 주택 판매로 수익을 내지 못하고 있었다. 그 회사는 수십억 달러의 손실을 볼 것으로 예상되고 심지어 많은 투자자를 잃을지도 모른다.

해설 보기에 동사 lose가 준동사 형태로 나왔으므로 준동사 문제이다. 빈칸 앞에 '주어(the company) + be expected'가 있다. 동사 expect는 5형식 문장에서 'expect + 목적어(A) + 목적격보어(to부정사)'를 취하는데 수동태가 되면서 'A is expected to부정사' 형태가 되었으므로 (a)가 정답이다. 또한, (c) to be losing은 진행형 부정사로 쓰였는데 지텔프 문법에서 준동사 문제는 진행형 준동사가 정답이 되는 경우는 극히 드물다.

어휘 real estate 부동산　financial 재정적인　no longer 더는 ~않는　profit from (~부터) 수익을 내다　be expected to+동사원형 ~할 것으로 예상되다　investor 투자자

참고

to부정사를 목적격보어로 취하는 동사

allow(허락하다), encourage(격려하다), invite(권하다), permit(허락하다), require(요구하다), ask(요구하다), convince(설득하다), expect(기대하다), persuade(설득하다), tell(말하다), warn(경고하다), cause(야기하다), enable(가능하게 하다), force(강요하다), order(명령하다), urge(촉구하다)

15 시제 (미래완료진행: for + 시간명사, when + 현재 시제절) ★★★ 정답 (b)

Joshua just graduated from university and is preparing himself to enter the workforce in March. He _____ for a few weeks when his first day of work begins as he is currently buying new work outfits and researching his new workplace.

(a) is getting ready
(b) will have been getting ready
(c) had been getting ready
(d) have been getting ready

조슈아는 대학을 갓 졸업했고 3월에 처음으로 직장에 들어갈 준비를 하고 있다. 지금 새로운 작업복을 구입하고 새로운 일터를 위해 자료를 조사하고 있기 때문에 출근 첫날이 시작될 때면 그는 몇 주 동안 준비를 해오고 있을 것이다.

해설 보기에 동사구 'get ready'가 다양한 시제로 나왔으므로 시제 문제이다. 빈칸 앞뒤에 시간 부사구나 부사절을 확인한다. 빈칸 뒤에 완료 시제에 자주 쓰이는 부사구 'for a few weeks'가 나왔다. 또, 시간 부사절 'when his first day of work begins'가 나왔는데, 시간을 나타내는 부사절에서 현재 시제가 쓰이면 미래의 일을 나타내므로 기준 시점이 미래임을 알 수 있다. 미래를 기준 시점으로 그보다 앞서서 시작된 행동이 그 시점까지 계속 진행중일 것임을 나타내므로 미래완료진행 (b)가 정답이다.

어휘 prepare oneself to+동사원형 ~할 준비를 하다 enter the workforce 첫 직장을 갖다 work outfit 작업복 research ~을 위해 자료를 조사하다 workplace 일터, 직장

참고

미래완료진행

• 형태: will have been ~ing
• 의미: 미래 이전에 시작된 행동이 미래의 특정 시점까지 계속 진행되고 있음을 나타낸다.
• 자주 쓰이는 시간부사어구: by + 미래 시점, in + 미래 시점, by the time + 미래 시점, for + 시간명사

16 준동사 (동명사: suggest) ★★★ 정답 (c)

Although the new manager of the sales department was promoted to her position after years of working in the department, the VP of sales suggested _____ her further training before giving her full autonomy.

(a) having given
(b) to have given
(c) giving
(d) to give

영업부의 새 매니저는 수년간 부서에서 근무한 끝에 자신의 직책으로 승진했지만, 영업부 부사장은 그녀에게 완전한 자율권을 주기 전에 그녀를 추가 교육시킬 것을 제안했다.

---

17 가정법 (가정법 과거: if절 + 과거 시제) ★★　　　　　　　　　　　　　　　　　　　　　정답 (d)

Brett often relies on caffeinated drinks in order to get through long work days, but this often causes insomnia at night. If he were to focus on healthier eating instead, he _____ caffeine to keep up his energy during the day.

(a) does not need
(b) will not need
(c) is not needing
(d) would not need

브렛은 긴 근무 시간을 견디기 위해 종종 카페인 음료에 의존하지만, 이것은 종종 밤에 불면증을 유발한다. 그 대신 그가 더 건강한 식사에 집중하면, 그는 낮 동안 에너지를 유지하기 위해 카페인을 필요로 하지 않을 것이다.

---

18 조동사 (의무: should) ★★★　　　　　　　　　　　　　　　　　　　　　　　　　　　정답 (c)

Although the Internet can be a great source of useful information, it can also be dangerous for younger people. Parents _____ monitor the online activities of their children, especially on social media.

(a) would
(b) could
(c) should
(d) shall

인터넷이 유용한 정보의 좋은 원천이 될 수 있지만, 그것은 어린 사람들에게 위험할 수도 있다. 부모들은 자녀들의 온라인 활동, 특히 소셜 미디어에서의 활동을 감시해야 한다.

The young athlete may need to pull out of the upcoming international competitions in the next few weeks since her doctor warned her not to put any more strain on her leg injury. If she were feeling better, she _____, but even that is not an option.

주치의가 그 젊은 선수의 다리 부상에 더는 부담을 주지 말라고 경고했기 때문에 그녀는 앞으로 몇 주 안에 다가오는 국제 대회에서 빠져야 할 수도 있다. 그녀는 기분이 나아지면 연습할 텐데, 그것마저도 불가능하다.

(a) would have practiced
(b) was practicing
(c) would practice
(d) will practice

해설 보기에 동사 practice가 다양한 시제와 조동사와 같이 나왔으므로 시제 문제 아니면 가정법 문제이다. 빈칸 앞에 if절이 있고, 이 절의 시제로 과거 시제 were이 나왔으므로 가정법 과거임을 알 수 있다. 가정법 과거의 주절에 '주어 + would/should/could/might + 동사원형'이 와야 하므로 (c)가 정답이다.

어휘 athlete 운동 선수   pull out of ~에서 빠지다, 손을 떼다   upcoming 다가오는   competition 대회, 경쟁   warn A to+동사원형 A에게 ~라고 경고하다   put a strain on ~에 부담을 주다   A is not an option A는 선택사항이 아니다, 불가능하다

The wealthy businessman was known to be a happy bachelor and spent a lot of his time building his empire instead of searching for his ideal wife. This was why it was a surprise when he suddenly married a woman, _____ just a few weeks prior.

그 부유한 사업가는 행복한 독신남으로 알려져 있었고 이상적인 아내를 찾는 대신에 자신의 제국을 건설하는 데 많은 시간을 보냈다. 이것은 그가 불과 몇 주 전 만났던 한 여성과 갑자기 결혼했을 때 깜짝 놀란 이유다.

(a) that he had met
(b) where he had met
(c) what he had met
(d) whom he had met

해설 보기에 다양한 관계사가 이끄는 절이 나왔으므로 관계사 문제이다. 빈칸 앞에 선행사는 명사 a woman이고 관계사가 이끄는 절에서 동사 met의 목적어 역할을 한다. 선행사가 사람이고 목적격인 관계대명사이면서 계속적 용법에 쓰일 수 있는 것은 whom이므로 (d)가 정답이다.

오답 분석 (a)에서 that은 사람과 사물 모두를 선행사로 하고 주격과 목적격으로 모두 사용되지만 계속적 용법에 쓰일 수 없어서 오답이다. (b)에서 관계부사 where는 선행사가 장소를 나타내는 말이 오고 where 뒤에 완벽한 문장 구조가 와야 하는데 여기서는 선행사가 사람이고 목적어가 빠져 있는 문장이 와서 오답이다. (c)에서 what은 선행사를 포함하는 관계대명사인데 여기서는 선행사가 나와 있어서 오답이다.

어휘 bachelor 독신남   empire 제국   instead of ~ 대신   search for ~을 찾다   ideal 이상적인   surprise 놀라운 일, 뜻밖의 일   prior 이전의

관계대명사의 선행사와 격

선행사	주격	소유격	목적격
사람	who	whose	whom (who)
사물, 동물	which	whose (of which)	which
사람, 사물, 동물	that	소유격 없음	that
선행사를 포함	what	소유격 없음	what

---

21 연결어 (상관접속사: so that) ★★★ 정답 (b)

Halloween was just around the corner. We bought several large bags of fun-sized candy bars _____ we had enough for all the neighborhood kids who came to trick-or-treat.

(a) because
(b) so that
(c) unless
(d) in case

핼러윈이 코앞으로 다가왔다. 우리는 트릭오트릿을 하러 오는 모든 동네 아이들을 위해 충분한 양을 가지고 있도록 미니 사이즈 캔디바 여러 봉지를 샀다.

해설 보기에 다양한 연결어가 나왔으므로 연결어 문제이다. 보기의 연결어를 하나씩 빈칸에 대입해서 앞뒤 문장 의미 관계를 가장 잘 연결하는 연결어를 고르면 된다. 빈칸이 들어간 문장의 의미는 '우리는 트릭오트릿을 하러 오는 모든 동네 아이들을 위해 충분한 양의 사탕을 가지고 있도록 미니 사이즈 캔디바 여러 봉지를 샀다.'이다. '아이들을 위해 충분한 양을 가지고 있도록'이라고 하는 것이 가장 자연스러우므로 목적의 의미 관계가 있는 연결어 (b)가 정답이다.

오답분석 (a) because는 '~때문에(이유)', (c) unless는 '~하지 않으면(조건)', (d) in case는 '~한 경우'의 뜻을 가지기 때문에 문맥상 연결이 어색하므로 정답이 될 수 없다.

어휘 just around the corner 아주 가까운 fun-sized 미니 사이즈의(보통 크기보다 작은 상품을 가리킬 때) neighborhood 이웃의, 동네의 trick-or-treat 트릭오트릿 놀이를 하다(핼러윈 때 사탕을 안 주면 장난칠 거라고 말하면서 집집마다 사탕을 얻으러 다니는 놀이)

---

22 가정법 (가정법 과거완료: if절 + 과거완료) ★★ 정답 (d)

Jack was so angry at himself since he missed the bus and arrived late for his job interview. If he hadn't woken up late that morning, he _____ to the interview on time.

(a) was getting
(b) had gotten
(c) would get
(d) would have gotten

잭은 버스를 놓쳐서 취업 면접에 늦게 도착했기 때문에 자신에게 매우 화가 났다. 만약 그가 그날 아침 늦게 일어나지 않았다면, 그는 제시간에 면접에 도착했을 것이다.

보기에 동사 get이 다양한 시제와 조동사와 같이 나왔으므로 시제 문제 아니면 가정법 문제이다. 빈칸 앞에 if절이 있고, 이 절의 시제가 과거완료이므로 가정법 과거완료임을 알 수 있다. 가정법 과거완료의 주절에 'would/should/could/might + have p.p.'가 와야 하므로 (d)가 정답이다.

miss 놓치다   interview 면접   wake up 일어나다   get to ~에 도착하다   on time 제 시간에

---

23 시제 (과거진행: when + 과거 시제절) ★★★   정답 (a)

My relatives are very active and enjoy activities that require physical strength. When I joined them for a hike that afternoon, they _____ the steepest and most challenging trails.

내 친척들은 매우 활발해서 체력을 요구하는 활동을 즐긴다. 내가 그날 오후에 하이킹에 합류했을 때, 그들은 가장 가파르고 힘든 산길을 오르고 있었다.

(a) were climbing
(b) will have climbed
(c) are climbing
(d) have climbed

보기에 동사 climb이 다양한 시제로 나왔으므로 시제 문제이다. 빈칸 앞뒤에 시간 부사구나 부사절을 확인한다. 빈칸 앞에 시간 부사절 'When I joined them for a hike that afternoon'이 나왔으므로 기준 시점이 과거임을 알 수 있다. 과거를 기준 시점으로 하고 그 과거 시점에 한창 진행 중이었던 동작을 나타내므로 과거진행 (a)가 정답이다.

relative 친척   active 활동적인   require 요구하다   physical strength 체력   hike 하이킹   climb (산, 암벽을) 오르다   steep 가파른   challenging 도전적인, 힘든   trail 오솔길, 산길

---

24 당위성/이성적 판단 (동사: ask) ★★   정답 (b)

Because some of the popular products were limited in quantity at the shop, the owners asked that customers _____ their names on a waiting list so that they could be contacted once the item was available.

일부 인기 상품들은 매장 내 수량이 한정되어 있기 때문에, 주인들은 손님들이 상품 구입이 가능해지면 연락을 받을 수 있도록 대기자 명단에 이름을 올려야 한다고 부탁했다.

(a) placed
(b) place
(c) will place
(d) are placing

보기에 동사 place가 다양한 시제와 동사원형으로 나왔으므로 시제 문제 아니면 당위성/이성적 판단 문제이다. 빈칸 앞뒤에 시간 부사구나 부사절 혹은 당위성 동사/이성적 판단 형용사가 있는지 확인한다. 빈칸 앞에 당위성 동사 asked가 있고 뒤에 that절을 목적어로 취하고 있으므로 당위성 문제임을 알 수 있다. that절에 '주어 + (should) + 동사원형'의 구조를 취해야 하므로 동사원형 (b)가 정답이다.

limited 한정된   quantity 수량   place A on B A를 B에 올리다   waiting list 대기자 명단   so that ~하도록   contact 연락하다   available 구입 가능한, 이용 가능한

Some people do not get enough fluids during the day, and as a result, they may feel fatigued due to dehydration. Experts advocate _____ at least eight cups of water every day.

어떤 사람들은 낮 동안 충분한 수분을 섭취하지 못하고 그 결과 탈수증으로 인해 피곤함을 느낄 수 있다. 전문가들은 매일 최소 8컵의 물을 마시는 것을 권장한다.

(a) to be drunk
(b) drinking
(c) having drunk
(d) to drink

해설 ▶ 보기에 동사 drink가 준동사 형태로 나왔으므로 준동사 문제이다. 빈칸 앞에 오는 동사가 목적어로 동명사를 취하는지 to부정사를 취하는지 확인한다. 빈칸 앞에 동사 advocate는 동명사를 목적어로 취하는 동사이므로 동명사 (b)가 정답이다.

어휘 ▶ fluid 액체, 수분　fatigued 지친, 피로한　due to ~때문에　dehydration 탈수증　expert 전문가　advocate 권장하다, 지지하다　at least 최소한, 적어도

June decided to make a big change in her life and work towards becoming more active since she remains so sedentary at work. If she hadn't quit junk food and decided to go to the gym after work, she _____ 10 kilograms so far.

준은 직장에서 주로 앉아서 일하기 때문에 자신의 삶에 큰 변화를 주고 더 활동적이 되도록 노력하기로 결심했다. 그녀가 정크 푸드를 끊고 퇴근 후에 체육관에 가기로 결심하지 않았다면 지금까지 10kg을 빼지 못 했을 것이다.

(a) would not have lost
(b) did not lose
(c) would not lose
(d) had not lost

해설 ▶ 보기에 동사 lose가 다양한 시제와 조동사와 같이 나왔다. 시제 문제 아니면 가정법 문제이다. 빈칸 앞에 if절이 있고, 이 절의 시제가 과거완료이므로 가정법 과거완료임을 알 수 있다. 가정법 과거완료의 주절에 'would/should/could/might + have p.p.'가 와야 하므로 (a)가 정답이다.

어휘 ▶ work towards ~을 위해 노력하다　sedentary 앉아서 하는　at work 직장에서　quit 끊다　gym 체육관　so far 지금까지

정답 확인하기

LISTENING													
PART 1	27	(c)	28	(b)	29	(d)	30	(a)	31	(c)	32	(b)	33	(d)
PART 2	34	(b)	35	(c)	36	(d)	37	(a)	38	(b)	39	(a)		
PART 3	40	(b)	41	(c)	42	(a)	43	(b)	44	(d)	45	(c)		
PART 4	46	(d)	47	(a)	48	(d)	49	(c)	50	(b)	51	(c)	52	(a)

문항별 취약 유형 체크하기

PART 1 개인적 대화		
27	주제 (What)	
28	세부사항 (what)	
29	세부사항 (Why)	
30	세부사항 (What)	
31	세부사항 (why)	
32	세부사항 (why)	
33	추론 (What)	

PART 3 협상적 대화		
40	세부사항 (What)	
41	세부사항 (What)	
42	세부사항 (why)	
43	세부사항 (Why)	
44	세부사항 (How)	
45	추론 (what)	

PART 2 발표		
34	주제 (What)	
35	세부사항 (what)	
36	세부사항 (Why)	
37	추론 (Why)	
38	세부사항 (Why)	
39	세부사항 (How)	

PART 4 절차 설명		
46	주제 (What)	
47	세부사항 (what)	
48	세부사항 (Why)	
49	세부사항 (How)	
50	세부사항 (Why)	
51	세부사항 (who)	
52	추론 (Why)	

★ 틀린 문항을 확인하고 취약한 유형을 집중 학습하세요.

봄맞이 및 봄철 대청소	M: Hello, Rosie. How is it going? Are you ready for the spring? F: Hey, Ted! I couldn't be more ready. I love spring, and I am tired of the cold weather. M: I can relate. We are both from cold places. I was wondering if people from your home country practice seasonal cleaning. For instance, [27]at the end of spring in many parts of the USA, we have spring cleaning. F: I'm not sure if it is a worldwide custom, but in the French part of Canada, everyone does it. It helps people get ready for the warmer months ahead. So, what does your spring cleaning involve in the USA?	M: 안녕, 로지. 어떻게 지내? 봄을 맞이할 준비가 됐니? F: 안녕 테드! 나는 더할 나위 없이 준비가 되어 있지. 나는 봄을 좋아하고 추운 날씨에 질렸어. M: 공감할 수 있어. 우리 둘 다 추운 곳에서 왔잖아. 너의 나라 사람들은 계절 대청소를 하는지 궁금했어. 예를 들어, [27]미국의 많은 지역에서는 봄의 끝 무렵에 봄 대청소를 해. F: 그것이 전 세계적인 관습인지는 모르겠지만, 캐나다의 불어 사용 지역에서는 모두가 그렇게 해. 그것은 사람들이 앞에 올 더 따뜻한 달을 준비하도록 도와줘. 그럼, 미국에서의 봄 대청소에는 어떤 것이 포함되니?
식품 창고 정리	M: [27]Well, we usually start by discarding old and expired things from the kitchen pantry. F: Do you donate them or just toss them? M: For food items, if they are expired, we throw them away for sure. How about you? F: We don't usually check the pantry during our spring cleaning. But I personally make sure to verify the expiration dates of my makeup.	M: 음, [27]우리는 보통 주방 식료품 창고에서 오래되고 유통기한이 지난 물건들을 버리는 것으로 시작해. F: 너희는 그것들을 기부하니, 아니면 그냥 치워버리니? M: 식품은 유통기한이 지나면 반드시 폐기해. 너희는 어때? F: 봄 대청소를 할 때 우리는 보통 식료품 창고를 점검하지는 않아. 하지만 나는 개인적으로 내 화장품의 유효기간을 확인하려고 해.
옷장 정리	M: I see. Then, we go through the closets. [28]My family and I get rid of the clothes we don't use anymore. We always take them out on the day someone comes to pick them up. F: Oh. I do the same. [29]In fact, I get rid of my clothes when they start to look a bit shabby. I do not donate them because I don't think anyone else will want to wear them. I just throw them away.	M: 그렇구나. 그런 다음 우리는 옷장을 살펴봐. [28]우리 가족과 나는 더는 사용하지 않는 옷을 버려. 우리는 항상 누군가 그것들을 가지러 오는 날에 옷을 꺼내 놓지. F: 오, 나도 그렇게 해. [29]사실, 나는 옷이 좀 허름해 보일 때 그 옷을 버려. 다른 사람이 입고 싶어하지 않을 것 같아서 기부하지 않아. 나는 그것들을 그냥 버리지.

거실 청소 및 가구 교체	M: I get that. So, I'm sure you clean the living room as well. What about your furniture? Do you get rid of some pieces, too? F: Very rarely. M: I see. F: [30]It seems like such a waste to throw out such large things. It's also a big decision. M: Yeah, but you never want to replace the couch or the chairs? F: The couch has been replaced three or four times. M: Oh, not very often! F: Well, it's a big item, but we've still got the same kitchen table. However, we are planning on getting some new chairs in the coming months.	M: 맞아. 그래서 나는 네가 거실도 청소할 거라 확신해. 너의 가구는 어떻게 해? 일부는 버리기도 하니? F: 그런 경우는 거의 없어. M: 그렇구나. F: [30]그렇게 큰 것을 버리는 것은 너무 낭비인 것 같아. 그것도 큰 결정이야. M: 그래, 하지만 소파나 의자를 교체하고 싶은 적은 없어? F: 소파는 서너 번 교체했었어. M: 오, 그렇게 자주는 아니네! F: 그것은 크잖아. 그런데 우리는 여전히 같은 식탁을 가지고 있어. 하지만 우리는 몇 달 안에 새 의자 몇 개를 구입할 계획이야.
중고 가구 구입의 장점	M: Yeah, I've never been a big furniture guy. I'm always amazed by people who buy new furniture because when you walk by a store and you see the furniture, everything is so expensive. [31]In fact, you could get second-hand furniture for half the price. F: I'm a used furniture person myself. M: It's more economical and you help save some trees, too.	M: 그래, 나는 가구에 크게 관심을 가진 적이 없어. 새 가구를 사는 사람들을 보며 항상 신기해하고 있어. 왜냐하면 가게 앞을 지나가다가 가구를 보면 모든 것이 너무 비싸기 때문이야. [31]사실, 중고 가구는 반값에 구할 수 있어. F: 나도 중고 가구 애호가야. M: 그것이 더 경제적이고 나무를 아끼는 데도 도움이 돼.
전자 제품 청소	F: That's right. M: What about electronic goods, like your TV, refrigerator, stuff like that? Do you clean them during your spring cleaning? Or even get rid of the ones that do not work well? F: We do clean them. But we just wait until they break down before replacing them. M: What about your TV, though? A TV set doesn't usually break. F: You might be wrong because our last TV set broke. M: It did?	F: 맞아. M: TV나 냉장고 같은, 그런 전자제품의 경우는 어때? 너희는 봄 대청소를 할 때 그것들을 청소하니? 아니면 잘 작동하지 않는 것들을 없애 버리기도 하니? F: 우리는 그것들을 물론 청소해. 하지만 그것들을 교체하기 전에 고장이 날 때까지 그냥 기다리지. M: 하지만, TV는? TV는 보통 고장이 잘 나지 않잖아. F: 지난 번 TV가 고장 났기 때문에 너의 말이 틀릴 수도 있어. M: 그랬니?

마무리	F:	³²Well, we had lightning hit the house, and we lost the TV and computer.	F:	³²사실, 집에 번개가 쳐서 TV와 컴퓨터가 고장 났어.
	M:	³³Oh, wow! Anyhow, I hope your spring cleaning goes well this year, Rosie.	M:	³³오, 와! 어쨌든, 올해 봄 대청소가 잘 되길 바라, 로지.
	F:	Thank you, Ted. Enjoy yours as well.	F:	고마워, 테드. 너도 잘해.

어휘 ▶ couldn't be more ready 더할 나위 없이 준비되어 있다 be tired of 싫증나다, 질리다 relate 공감하다 practice (관습 등을) 행하다 seasonal cleaning 계절 대청소 for instance 예를 들어 worldwide 전 세계적인 custom 관습 involve 관련시키다, 포함하다 discard 버리다, 폐기하다 expired 기한이 지난 pantry 식료품 저장실 donate 기부하다 toss 치워버리다, 없애버리다 throw A away A를 버리다 for sure 반드시, 확실히 personally 개인적으로 make sure 확실히 하다 verify 확인하다 expiration date 유효 기한 makeup 화장품 go through 살펴보다; 겪다 get rid of 제거하다, 버리다 take out 꺼내다 shabby 허름한, 낡은 as well 또한 furniture 가구 rarely 거의 ~ 않는 waste 낭비 replace 교체하다 plan on ~하려고 하다, ~할 계획이다 second-hand 중고의 used 중고의 economical 경제적인 electronic goods 전자 제품 break 고장 나다 lightning 번개 anyhow 어쨌든

---

27 주제 (What) ★★   정답 (c)

What is the conversation mainly about?

(a) the side effects of cold temperatures
(b) the side effects of the spring season
(c) getting rid of unused household goods
(d) throwing away expired groceries

이 대화는 주로 무엇에 관한 것인가?

(a) 한랭한 기온의 부작용
(b) 봄철의 부작용
(c) 사용하지 않는 가재도구 버리기
(d) 유통기한이 지난 식료품 폐기하기

해설 ▶ 대화에서 "²⁷at the end of spring in many parts of the USA, we have spring cleaning"(미국의 많은 지역에서는 봄의 끝 무렵에 봄 대청소를 해)라고 하였고 "²⁷Well, we usually start by discarding old and expired things from the kitchen pantry."(음, 우리는 보통 주방 식료품 창고에서 오래되고 유통기한이 지난 물건들을 버리는 것으로 시작해.)라고 하였다. 봄을 맞아 대청소를 하면서 오래된 물건들을 버리는 것부터 시작해서 여러 가재도구를 버리는 것에 대한 대화이므로 (c)가 정답이다.

Paraphrasing ▶ discarding old and expired things from the kitchen pantry ➡ getting rid of unused household goods

어휘 ▶ side effect 부작용 household goods 가재도구 grocery 식료품

---

28 세부사항 (what) ★★   정답 (b)

According to the conversation, what does Ted do during his spring cleaning?

(a) He checks the expiration date of his makeup.
(b) He gives away some of his unused clothes.
(c) He buys a new television set and a computer.
(d) He shops for second-hand furniture online.

대화에 따르면 테드는 봄 대청소 중에 무엇을 하는가?

(a) 화장품의 유효기한을 확인한다.
(b) 사용하지 않는 옷 몇 벌을 나눠준다
(c) 새 텔레비전 세트와 컴퓨터를 산다.
(d) 중고 가구를 온라인으로 구매한다.

해설 대화에서 "²⁸My family and I get rid of the clothes we don't use anymore. We always take them out on the day someone comes to pick them up."(우리 가족과 나는 더는 사용하지 않는 옷을 버려. 우리는 항상 누군가 그것들을 가지러 오는 날에 옷을 꺼내 놓지.)라고 하였다. 더는 입지 않는 옷들을 누군가가 가지러 오는 날에 꺼내 놓아서 남이 가져다 쓸 수 있게 한다고 했으므로 (b)가 정답이다.

Paraphrasing My family and I get rid of the clothes we don't use anymore.
➡ He gives away some of his unused clothes.

어휘 expiration date 유효 기한 give away 나눠주다, 양보하다 unused 사용하지 않는

---

29 세부사항 (Why) ★★★   정답 (d)

Why does Rosie throw away her clothes instead of donating them?

(a) because her clothing style is very peculiar
(b) because she does not wear trendy clothes
(c) because her neighborhood doesn't have needy people
(d) because she does not think people will wear them

왜 로지는 자신의 옷을 기부하는 대신에 그것들을 버리는가?

(a) 그녀의 옷 스타일은 매우 특이하기 때문에
(b) 그녀는 유행하는 옷을 입지 않기 때문에
(c) 그녀의 이웃에는 가난한 사람들이 없기 때문에
(d) 그녀는 사람들이 그것을 입을 것이라 생각하지 않아서

해설 대화에서 "²⁹In fact, I get rid of my clothes when they start to look a bit shabby. I do not donate them because I don't think anyone else will want to wear them."(사실, 나는 옷이 좀 허름해 보일 때 그 옷을 버려. 다른 사람이 입고 싶어하지 않을 것 같아서 기부하지 않아.)라고 하였다. 옷이 허름해 보일 때 남들도 그것을 입고 싶지 않아 할 것 같아서 그 옷을 버린다고 했으므로 (d)가 정답이다.

Paraphrasing because I don't think anyone else will want to wear them
➡ because she does not think people will wear them

어휘 instead of ~대신에 donate 기부하다 peculiar 특이한 trendy 유행하는 needy 가난한, 빈곤한

---

30 세부사항 (What) ★★   정답 (a)

What is Rosie's opinion when it comes to replacing the furniture in her house?

(a) She thinks it is usually a waste of money.
(b) She thinks it is usually very important.
(c) She replaces her furniture at least once a year.
(d) She replaces her furniture when it is worn out.

집에 있는 가구를 교체하는 것에 대한 로지의 의견은 무엇인가?

(a) 그것이 보통 돈 낭비라고 생각한다.
(b) 그것이 보통 매우 중요하다고 생각한다.
(c) 적어도 일 년에 한 번은 가구를 교체한다.
(d) 가구가 낡으면 가구를 교체한다.

해설 대화에서 "³⁰It seems like such a waste to throw out such large things. It's also a big decision."(그렇게 큰 것을 버리는 것은 너무 낭비인 것 같아. 그것도 큰 결정이야.)라고 하였다. 로지는 가구처럼 큰 물건을 버리는 것은 낭비인 것 같다고 말했으므로 (a)가 정답이다.

Paraphrasing It seems like such a waste to throw out such large things. ➡ She thinks it is usually a waste of money.

어휘 when it comes to ~에 관해서 at least 적어도 worn out 너덜너덜한, 닳고 닳은

Based on the conversation, why does Ted prefer second-hand furniture?

(a) because he doesn't have a job
(b) because he cannot afford expensive things
(c) because the furniture is cost-effective
(d) because the furniture doesn't use wood

대화에 따르면, 테드는 왜 중고 가구를 선호하는가?

(a) 그는 직업이 없기 때문에
(b) 그는 비싼 것들을 살 여유가 없기 때문에
(c) 그 가구는 비용 효율이 높기 때문에
(d) 그 가구는 나무를 사용하지 않기 때문에

해설 대화에서 "³¹In fact, you could get second-hand furniture for half the price."(사실, 중고 가구는 반값에 구할 수 있어.)라고 하였다. 테드는 중고 가구가 가격이 훨씬 저렴하다고 했으므로 (c)가 정답이다.

Paraphrasing you could get second-hand furniture for half the price ➡ because the furniture is cost-effective

어휘 prefer 선호하다 second-hand 중고의 afford ~을 살 형편이 되다 cost-effective 비용 효율이 높은

According to the conversation, why was Rosie's TV set damaged?

(a) She accidentally knocked down the screen.
(b) It was inadvertently hit by lightning.
(c) It was unintentionally hit with a baseball bat.
(d) She purposefully used the wrong power outlet.

대화에 따르면, 로지의 TV는 왜 망가졌는가?

(a) 그녀가 실수로 TV 스크린을 쓰러뜨렸다.
(b) 그것은 우연히 벼락을 맞았다.
(c) TV가 본의 아니게 야구 방망이에 맞았다.
(d) 그녀가 고의로 잘못된 콘센트를 사용했다.

해설 대화에서 "³²Well, we had lightning hit the house, and we lost the TV and computer."(사실, 집에 번개가 쳐서 TV와 컴퓨터가 고장 났어.)라고 하였으므로 (b)가 정답이다.

Paraphrasing we had lightning hit the house, and we lost the TV and computer ➡ It was inadvertently hit by lightning.

어휘 accidentally 실수로, 사고로 knock down 쓰러뜨리다 inadvertently 우연히 unintentionally 본의 아니게 purposefully 고의로 power outlet 콘센트

What most likely will the speakers do soon?

(a) go furniture shopping downtown
(b) look for a brand-new TV set online
(c) check on the expiration dates of their groceries
(d) start cleaning their respective houses for spring

화자들은 곧 무엇을 할 것 같은가?

(a) 시내에 가구를 사러 간다
(b) 온라인으로 새 텔레비전을 찾는다
(c) 식료품의 유통기한을 확인한다
(d) 그들 각자의 집 봄 대청소를 시작한다

해설 ▶ 대화에서 "M: ³³Oh, wow! Anyhow, I hope your spring cleaning goes well this year, Rosie."(오,와! 어쨌든, 올해 봄 대청소가 잘 되길 바라, 로지.), "F: Thank you, Ted. Enjoy yours as well."(고마워, 테드. 너도 잘해.)라고 하였으므로 두 사람은 곧 각자 자기집 봄 대청소를 할 것으로 보인다. 따라서 (d)가 정답이다.

어휘 ▶ downtown 시내   look for ~을 찾다   brand-new 완전히 새것의   respective 각자의

선물 포장 방법의 중요성	Good morning, everyone! Thank you for joining our weekly program. Picking out presents for friends and loved ones is so fun and rewarding. Who doesn't love to see a smiling face when someone tears into a gift that is exactly what they wanted? However, you should make sure your loved ones are equally impressed with the gifts as they are with your professional-looking wrapping skills. So, as promised, today ³⁴I'll give you some pointers on how to wrap a gift like a professional.	여러분, 안녕하세요! 주간 프로그램에 참여해 주셔서 감사합니다! 친구들과 사랑하는 사람들을 위한 선물을 고르는 것은 매우 즐겁고 보람 있는 일입니다. 누군가가 그들이 원하던 바로 그 선물 포장지를 찢을 때 웃는 얼굴을 보는 것을 좋아하지 않는 사람이 누가 있을까요? 하지만, 여러분의 사랑하는 사람들이 여러분의 전문적으로 보이는 포장 기술에 감명받듯이 그 선물에 똑같이 감명받는다는 것을 잊지 말아야 합니다. 그래서 오늘 약속대로, ³⁴전문가처럼 선물을 포장하는 방법에 대한 몇 가지 조언을 드릴게요.
선물 포장법 배우는 이유	³⁵If you follow the simple steps below, you'll be on your way to wrapping anything from small gifts to larger Christmas presents in a snap and have them looking like a million bucks. So, grab your favorite wrapping paper, ribbon, and tape, and start learning how to wrap a gift because Valentine's Day, Christmas, or a special occasion will be here before you know it!	³⁵아래의 간단한 단계들을 따르면, 당신은 작은 선물부터 더 큰 크리스마스 선물에 이르기까지 어떤 것도 즉시 포장하여 그것들을 아주 멋있어 보이게 할 것입니다. 그러니, 여러분이 가장 좋아하는 포장지, 리본과 테이프를 들고 선물 포장하는 법을 배우기 시작하세요. 왜냐하면 밸런타인데이, 크리스마스, 또는 특별한 행사들이 순식간에 올 것이기 때문입니다!
넓고 평평한 작업 공간	Firstly, when it comes to gift wrapping, having a large flat workspace is very helpful. ³⁶So, find a work table that makes it easy to gather all your supplies and still gives plenty of room to unroll a large roll of wrapping paper. ³⁷This will allow you to proceed with the most important factor in neatly wrapping a present, which is starting with a correctly sized cut piece of wrapping paper. It is the hardest part to do.	첫째, 선물 포장에 있어서는 넓고 평평한 작업 공간을 갖는 것은 매우 도움이 됩니다. ³⁶따라서 모든 준비물을 쉽게 모으고 여전히 큰 포장지를 펼 수 있는 넉넉한 공간을 제공하는 작업 테이블을 찾으세요. ³⁷이것은 선물을 깔끔하게 포장할 때 가장 중요한 요소를 계속 진행할 수 있게 해 주는데, 그것은 정확한 크기로 잘린 포장지로 시작하는 것입니다. 그것이 하기 제일 어려운 부분이에요.
포장지 사이즈 재기	The second important factor is to measure your paper. Unroll your wrapping paper face down, and place your gift on top of it. If your gift is a rectangle, align the longer sides of the box to be parallel to the end of the roll. Fold the end of the paper up and over the gift until it fully wraps the box. Mark where the end meets the wrapping paper, and add about one inch. This indicates the width of your paper. Cut along the mark from bottom to top.	두 번째 중요한 요소는 포장지를 재는 것입니다. 포장지 앞면을 아래쪽으로 펼쳐 놓고 그 위에 선물을 올려놓으세요. 선물이 직사각형인 경우 상자의 긴 면을 롤의 끝과 평행하게 정렬시키세요. 포장지가 선물 상자를 완전히 감쌀 때까지 포장지의 끝을 선물 위로 그리고 선물 너머로 접으세요. 끝이 포장지와 맞닿는 곳에 표시를 하고 1인치 정도 추가하세요. 이것은 포장지의 폭을 나타냅니다. 표시를 따라 아래에서 위로 자르세요.

알맞은 크기의 포장지 완성	Make sure the box is still in place. Then, fold the top edge of the wrapping paper up to measure just over halfway up the side of the box. You should now have a piece of wrapping paper that's perfectly sized to wrap your gift box.	상자가 아직 제자리에 있는지 확인하세요. 그리고 포장지의 위쪽 가장자리를 접어서 상자 옆면의 중간 정도를 재세요. 당신은 이제 선물 상자를 포장하기에 딱 좋은 크기의 포장지를 가질 거예요.
포장지 접고 테이프 붙이기	Next, fold and tape the paper. Center the box on the paper, and fold over one end along the length of the box. This creates a neat edge for taping later. [38]To make the wrapping have clean edges, do not tape the paper directly to the box. Instead, put the tape on the folded side of the paper. This method gives the present wrapping a more professional look.	그 다음에 포장지를 접고 테이프로 붙이세요. 포장지 위에 상자를 중앙에 놓고 상자 길이를 따라 한쪽 끝을 접으세요. 이렇게 하면 나중에 테이핑할 수 있는 깔끔한 가장자리가 만들어집니다. [38]포장지의 가장자리가 깨끗해지도록 하기 위해서는 포장지를 박스에 직접 테이프로 붙이지 마세요. 대신에, 테이프는 포장지의 접힌 면 위에 붙이세요. 이 방법은 선물 포장을 보다 전문적으로 보이게 합니다.
포장지 모서리 처리	For the corners, fold them in one by one. This will create two triangles. Fold the bottom triangle up, and the top triangle down. Tape each one of them, and you've got yourself a wrapped gift!	모서리는 하나씩 접어주세요. 이렇게 하면 두 개의 삼각형이 생깁니다. 아래쪽 삼각형을 위로 접고 위쪽 삼각형은 아래로 접으세요. 그것들 각각을 테이프로 붙이면 당신은 손수 선물 포장을 완료하신 겁니다!
포장된 선물 장식	Lastly, decorate the wrapped gift. People usually use a bow or some ribbon to finish off the gift wrapping. [39]But you can also make your gifts look chic by decorating them with fresh flowers. For example, use cherry blossoms if it's spring, conifers if it's winter, and so on. Find seasonal flowers, and turn them into ornaments for your gifts. Keep the gift simple but elegant.	마지막으로 포장된 선물을 장식하세요. 사람들은 보통 선물 포장을 마무리할 때 나비 모양의 매듭이나 리본을 사용합니다. [39]하지만 신선한 꽃으로 장식함으로써 선물을 세련되게 보이게 할 수도 있어요. 예를 들어 봄이면 벚꽃을, 겨울이면 침엽수 등을 사용하세요. 계절에 맞는 꽃을 찾아 선물을 위한 장식으로 바꿔보세요. 선물을 단순하지만 우아하게 유지하세요.
마무리	I guarantee you if you stick to my instructions, you'll be wrapping gifts like a pro in no time!	제가 가르쳐 드린 것만 지키시면 당신은 금방 프로처럼 선물을 포장하실 것이라고 장담합니다!

어휘 pick out 고르다 rewarding 보람 있는 tear into ~를 찢다 exactly 바로 be impressed with ~에 감명을 받다 equally 똑같이 professional-looking 전문가처럼 보이는 wrapping 포장 pointer 조언, 충고 in a snap 즉시 look like a million bucks 아주 멋져 보이다 grab 잡다 occasion 행사 before you know it 순식간에 when it comes to ~에 있어서 flat 평평한 gather 모으다 supplies 준비물, 필수품 plenty of 풍부한 room 공간, 여지 unroll (천, 종이를) 펴다 proceed with ~을 계속 진행하다 factor 요인 neatly 깔끔하게 measure 재다, 측정하다 face down 앞면이 아래쪽으로 rectangle 직사각형 align 정렬하다 parallel to ~에 평행한, 나란한 fold 접다 mark 표시하다; 표시 indicate 나타내다 bottom 아래 width 너비, 폭 in place 제자리에 edge 가장자리 halfway 중간에 length 길이 neat 깔끔한 directly 직접 method 방법 triangle 삼각형 bow 나비 모양 매듭, 리본 finish off 마무리하다 chic 세련된 cherry blossom 벚꽃 conifer 침엽수 and so on 기타 등등 ornament 장식품, 장식 elegant 우아한 guarantee 장담하다 stick to 지키다 instruction 지시(사항) in no time 금방, 곧

34

주제 (What) ★★   정답 **(b)**

What is the talk mainly about?

(a) how to enroll in a rewards program online
(b) the best way to wrap a special present
(c) how to join a DIY workshop in the summer
(d) the best place to buy birthday gifts

이 담화는 주로 무엇에 관한 것인가?

(a) 온라인으로 보상 프로그램에 등록하는 방법
(b) 특별한 선물을 포장하는 가장 좋은 방법
(c) 여름에 DIY 워크숍에 참여하는 방법
(d) 생일 선물을 사기에 가장 좋은 장소

해설 담화 1단락에서 "³⁴I'll give you some pointers on how to wrap a gift like a professional."(전문가처럼 선물을 포장하는 방법에 대한 몇 가지 조언을 드릴게요.)라고 하였으므로 (b)가 정답이다.

Paraphrasing how to wrap a gift like a professional ➡ the best way to wrap a special present

어휘 enroll 등록하다 rewards 보상 wrap 포장하다 DIY 디아이와이(가정용품의 제작, 수리 등을 소비자가 직접 하는 것, 'do-it-yourself'의 약어)

35

세부사항 (what) ★★   정답 **(c)**

Based on the talk, what does the speaker guarantee?

(a) that the present will be extremely expensive
(b) that the present will be much appreciated
(c) that the listeners will master the art of gift wrapping
(d) that the listeners will be a professional gift wrapper

담화에 따르면, 화자는 무엇을 보장하는가?

(a) 그 선물은 엄청나게 비쌀 것이다
(b) 그 선물은 많은 찬사를 받을 것이다
(c) 강연을 듣는 사람들은 선물 포장의 기술을 통달할 것이다
(d) 강연을 듣는 사람들은 전문적인 선물 포장인이 될 것이다

해설 담화 2단락에서 "³⁵If you follow the simple steps below, you'll be on your way to wrapping anything from small gifts to larger Christmas presents in a snap and have them looking like a million bucks."(아래의 간단한 단계들을 따르면, 당신은 작은 선물부터 더 큰 크리스마스 선물에 이르기까지 어떤 것도 즉시 포장하여 그것들을 아주 멋있어 보이게 할 것입니다.)라고 하였다. 강연자는 이 강연을 듣는 사람들에게 자신의 조언대로 따라하면 선물을 멋지게 포장하게 될 것이라고 했으므로 (c)가 정답이다.

어휘 extremely 극도로 appreciate 가치가 오르다, 진가를 알아보다 master 통달하다, 숙달하다 art 기술

36

세부사항 (Why) ★★   정답 **(d)**

Why is it important to have a spacious and flat working area?

(a) It helps with measuring large pieces of wrapping paper.
(b) It helps with measuring bigger presents, like television sets.
(c) It allows one to work with other people in one place.
(d) It allows one to keep all the materials together.

넓고 평평한 작업 공간을 갖는 것이 왜 중요한가?

(a) 포장지의 큰 조각을 측정하는 것에 도움이 된다.
(b) 텔레비전처럼 큰 선물을 포장하는 것에 도움이 된다.
(c) 한 장소에서 다른 사람들과 일할 수 있게 해준다.
(d) 모든 재료를 한 곳에 보관할 수 있게 해준다.

해설 담화 3단락에서 "³⁶So, find a work table that makes it easy to gather all your supplies and still gives plenty of room to unroll a large roll of wrapping paper."(따라서 모든 준비물을 쉽게 모으고도 여전히 큰 포장지를 펼 수 있는 넉넉한 공간을 제공하는 작업 테이블을 찾으세요.)라고 하였으므로 (d)가 정답이다.

Paraphrasing that makes it easy to gather all your supplies ➡ It allows one to keep all the materials together.

어휘 spacious 넓은 allow A to+동사원형 A가 ~하도록 해주다 material 재료

---

37 추론 (Why) ★★★   정답 (a)

Why do people probably have a hard time cutting the perfect size piece of wrapping paper?

(a) because it usually requires a lot of practice and skills
(b) because it usually depends on the kind of wrapping paper
(c) because they usually work on a small table
(d) because they do not handle scissors or rulers well

왜 사람들은 포장지를 완벽한 크기의 조각으로 자르는 데 어려움을 겪을까?

(a) 보통 많은 연습과 기술을 필요로 하기 때문에
(b) 보통 포장지의 종류에 따라 달라지기 때문에
(c) 보통 작은 테이블에서 일하기 때문에
(d) 가위나 자를 잘 다루지 못하기 때문에

해설 담화 3단락에서 "³⁷This will allow you to proceed with the most important factor in neatly wrapping a present, which is starting with a correctly sized cut piece of wrapping paper. It is the hardest part to do."(이것은 선물을 깔끔하게 포장할 때 가장 중요한 요소를 계속 진행할 수 있게 해 주는데, 그것은 정확한 크기로 잘린 포장지로 시작하는 것입니다. 그것이 하기 제일 어려운 부분이에요.)라고 하였다. 올바른 크기로 포장지를 자르는 일이 가장 어려운 부분이라고 했으므로 포장지를 완벽한 크기로 자르는 것이 많은 연습과 기술이 필요한 작업임을 유추할 수 있다. 따라서 (a)가 정답이다.

어휘 have a hard time ~ing ~하느라 어려움을 겪다 require 요구하다, 필요로 하다 depend on ~에 달려 있다 handle 다루다

---

38 세부사항 (Why) ★★   정답 (b)

Why does the speaker recommend taping the folded sides instead of the box?

(a) because that's what most gift-wrapping stores do
(b) because it looks professional
(c) because that's the new trend in department stores
(d) because it will stick better

화자가 왜 상자 대신 접힌 면을 테이프로 붙이는 것을 추천하는가?

(a) 대부분의 선물 포장 가게들은 그렇게 하기 때문에
(b) 전문적으로 보이기 때문에
(c) 백화점의 새로운 경향이기 때문에
(d) 더 잘 붙기 때문에

해설 담화 6단락에서 "³⁸To make the wrapping have clean edges, do not tape the paper directly to the box. Instead, put the tape on the folded side of the paper. This method gives the present wrapping a more professional look."(포장지의 가장자리가 깨끗해지도록 하기 위해서는 포장지를 박스에 직접 테이프로 붙이지 말아 주세요. 대신에, 테이프는 포장지의 접힌 면 위에 붙이세요. 이 방법은 선물 포장을 보다 전문적으로 보이게 합니다.)라고 하였다. 포장지를 박스에 직접 붙이지 않고 포장지의 접힌 면에 붙이는 이유는 포장지의 가장자리를 깔끔하게 처리하여 포장이 더 전문적으로 보이게 하기 위해서이므로 (b)가 정답이다.

어휘 recommend 추천하다 folded side 접힌 면 instead of ~대신에 department store 백화점 trend 경향, 유행 stick 붙다, 접착하다

How can one bring a fancy look to the wrapped present?

(a) by embellishing it with fresh flowers
(b) by adding an expensive bow on top
(c) by using vintage wrapping paper
(d) by looking for metal ornaments

어떻게 하면 포장된 선물을 화려하게 보이게 할 수 있는가?

(a) 싱싱한 꽃으로 장식함으로써
(b) 비싼 나비 리본을 위에 추가함으로써
(c) 빈티지 포장지를 사용함으로써
(d) 금속 장신구를 구함으로써

해설 　담화 8단락에서 "³⁹But you can also make your gifts look chic by decorating them with fresh flowers. For example, use cherry blossoms if it's spring, conifers if it's winter, and so on. Find seasonal flowers, and turn them into ornaments for your gifts."(하지만 신선한 꽃으로 장식함으로써 선물을 세련되게 보이게 할 수도 있어요. 예를 들어 봄이면 벚꽃을, 겨울이면 침엽수 등을 사용하세요. 계절에 맞는 꽃을 찾아 선물을 위한 장식으로 바꿔보세요.)라고 하였으므로 (a)가 정답이다.

Paraphrasing 　by decorating them with fresh flowers ➡ by embellishing it with fresh flowers

어휘 　fancy 화려한, 장식이 많은 　look 모습, 외양 　embellish A with B A를 B로 장식하다, 꾸미다 　ornament 장식품, 장신구

논문 연구 방법 고민	**F:** Hi, Rick! What's the matter? I've never seen you this upset! **M:** Hey, Anna. I'm not OK, to be honest. I've been struggling with quite a big decision since last week. I'm completing a degree in psychology, and I need to write a dissertation. ⁴⁰I need to do a lot of research, but because of my busy work and study schedule, I'm trying to figure out how I should carry out the research. So, I'm reading about it a little. **F:** Oh! Now, I understand. That's pretty tough! Well, I personally completed my Ph.D. two years ago, and I was lucky enough to be a full-time student. So, I did most of my research at the university library, but I used online information as well. So, I'll be glad to give you my input.	**F:** 안녕, 릭! 무슨 일이야? 네가 이렇게 기분이 안 좋은 건 처음 봐! **M:** 안녕, 안나. 솔직히 말해서 난 괜찮지 않아. 지난주부터 꽤 큰 결정으로 고군분투하고 있어. 나는 심리학 학위를 이수하고 있고 논문을 써야 해. ⁴⁰나는 많은 연구를 해야 하는데, 바쁜 일과 공부 일정 때문에 연구를 어떻게 해야 할지 해결하려 노력 중이야. 그래서 관련 자료를 조금 읽고 있어. **F:** 아! 이제 알겠다. 그거 꽤 어렵네! 음, 나는 개인적으로 2년 전에 박사 학위를 마쳤는데, 전일제 학생이 될 만큼 운이 좋았지. 그래서 나는 대부분의 조사를 대학 도서관에서 했지만 온라인 정보도 이용했어. 그래서 기꺼이 너에게 내 의견을 줄게.
온라인 조사의 장점(1)	**M:** Great! Please, give me your input about both methods. **F:** Sure! ⁴¹One of the advantages of doing research online is the flexibility that it provides, especially for someone with a full-time job like you.	**M:** 좋아! 두 가지 방법에 대해 조언을 해줘. **F:** 물론이지! ⁴¹온라인으로 조사를 하는 것의 장점 중 하나는 특히 너처럼 상근직인 사람에게 제공하는 유연성이야.
온라인 조사의 단점	**M:** I agree. It will also require a lot of work on my part. **F:** Right. Therefore, if you are not disciplined, it might not be ideal for you. In addition, you might not have all the infrastructure. Online libraries can be limited, even if you are given access to the school libraries, which are available during certain hours.	**M:** 동감이야. 그것은 또한 내 입장에서 많은 작업을 필요로 할 거야. **F:** 맞아. 그렇기 때문에 너가 만약 훈련되어 있지 않다면 그건 너에게 이상적이지 않을 수도 있어. 또한, 너는 모든 정보 인프라가 갖춰져 있지 않을 수도 있지. 특정 시간에 사용이 가능한 학교 도서관에 접근 권한이 주어진다고 해도, 온라인 도서관은 제한적일 수 있어.
도서관 이용의 단점(1)	**M:** I see. Now, how about the downsides of going to the library—the actual physical building on campus or in the city?	**M:** 알겠어. 캠퍼스나 도시에 있는 실제 물리적으로 존재하는 건물인 도서관에 가는 것의 단점은 어떠니?

도서관 이용의 단점(1)	F: Well, going to the library is time-consuming. M: Right! The commute can sometimes be terrible in the morning or the afternoon. It will require a lot of investment.	F: 음, 도서관에 가는 것은 시간을 많이 잡아먹지. M: 맞아! 아침이나 오후에는 정기적으로 왕복하는 것이 가끔 끔찍할 수도 있어. 그것은 시간 투자가 많이 필요할 거야.
도서관 이용의 장점(1)	F: I could not agree more. It will also require some organization on your part. But it will allow exchanges amongst students, which can be very favorable to your overall fulfillment both as a student and as a researcher.	F: 전적으로 동의해. 또한 도서관에 가는 것은 네 입장에서 준비도 필요해. 그러나 그건 학생들 간의 교류를 가능하게 할 것이고, 이것은 학생으로서나 연구자로서나 전반적인 너의 성취에 매우 유리할 수 있어.
온라인 조사의 장점(2)	M: Yeah! Indeed. So, what are some additional benefits of doing research online from home? F: ⁴²One major benefit is in terms of time. You'll save time! M: That's correct.	M: 맞아! 정말이야. 그렇다면 집에서 온라인으로 조사를 하는 것의 또 다른 이점은 무엇일까? F: ⁴²주요 장점 중 하나는 시간에 관한 것이야. 너는 시간을 절약할 수 있어! M: 정확해.
온라인 조사의 장점(3)	F: Also, doing research online allows the student to choose the kind of information to look for, unlike researching library books. ⁴³You control the information that you want to access. You can limit your searches with respect to specific dates and periods. Also, websites provide up-to-the-minute news and information about current events, trends, and controversial topics.	F: 또, 온라인으로 조사를 하는 것은, 도서관 책들을 조사하는 것과는 달리, 학생이 찾고 있는 정보의 종류를 선택할 수 있게 해줘. ⁴³접근하고 싶어하는 정보를 조절할 수 있어. 특정 날짜와 기간에 관해 검색을 제한할 수 있지. 또한 웹사이트는 최신 뉴스와 시사, 트렌드, 논란이 많은 주제에 대한 정보를 제공해.
도서관 이용의 장점(2)	M: That's useful. So, what are the advantages of libraries? F: ⁴⁴Well, of course, regular libraries provide scholarly books which contain authoritative information, and this can include comprehensive accounts of research or scholarship. This is needed when you want to add depth to a research topic or put your topic in context with other important issues.	M: 그건 유용하네. 그렇다면, 도서관의 장점은 무엇일까? F: ⁴⁴음, 물론 일반 도서관은 권위 있는 정보를 담고 있는 학술 서적을 제공하고, 여기에는 연구나 학문의 포괄적인 설명이 포함될 수 있어. 이것은 너가 연구 주제에 깊이를 더하고 싶거나 주제를 다른 중요한 이슈와 함께 맥락 속에 넣고 싶을 때 필요해.
도서관 이용의 단점(2)	M: You are right! But on the flip side, because it can take years, in some instances, to write and publish books, they are not always the best sources for current topics. F: I'll keep that in mind.	M: 네 말이 맞아! 하지만 다른 한편으로는, 책을 쓰고 출판하는 데 어떤 경우에는 몇 년이 걸릴 수도 있기 때문에, 최신 주제에 있어서 그것들이 항상 가장 적합한 출처인 것은 아니야. F: 명심할게.

남자의 결정: 두 방법 절충	M: I think I'm ready to make a decision. Thanks a lot for your help, Anna. F: Anytime, Rick. So, what will it be? M: [45]Well, I don't think I have enough time to be at the school library regularly, but I also want my research to reflect accurate and updated information. So, I will need to find the perfect combination. F: I agree, Rick. That's wise.	M: 결정을 내릴 준비가 된 것 같아. 도와줘서 정말 고마워, 안나. F: 언제든지, 릭. 그럼, 뭘로 할 거야? M: [45]음, 나는 정기적으로 학교 도서관에 있을 시간이 충분치 않다고 생각하지만, 또 내 연구가 정확하고 최신 정보를 반영했으면 좋겠어. 그러니까 나는 완벽한 조합을 찾아야겠어. F: 동의해, 릭. 현명한 선택이야.

어휘 to be honest 솔직히 말하자면 struggle 어려움을 겪다, 애쓰다 decision 결정 complete 이수하다, 완수하다 degree 학위 psychology 심리학 dissertation (학위) 논문 figure out 찾아내다, 해결하다 carry out 실시하다, 행하다 Ph.D. 박사 (학위) input 조언, 의견 advantage 장점 flexibility 유연성 require 요구하다 on my part 내 입장에서, 나로서는 disciplined 훈련된 in addition 게다가 infrastructure 인프라, 기반 시설 limited 제한된 access 접근 권한; 접속하다 available 이용가능한 certain 특정한, 일정한 downside 난섬 actual 실제의 time-consuming 시간이 많이 걸리는 commute 통근, 정기적으로 왕복하기 investment 투자 could not agree more 전적으로 동의하다 organization 순비, 조직 exchange 교환, 교류 amongst ~ 사이에 favorable 호의적인, 유리한 overall 전반적인 fulfillment 성취 indeed 정말 (그래) additional 추가의 benefit 이점 major 주요한 in terms of ~의 측면에서 save 절약하다 unlike ~와 달리 with respect to ~에 관하여 specific 특정한 up-to-the-minute 가장 최근의, 최신 정보를 가진 current event 시사 controversial 논란이 많은, 논쟁이 되는 useful 유용한 regular 일반의 contain 포함하다 authoritative 권위 있는 include 포함하다 comprehensive 포괄적인 account 설명 scholarship 학문 depth 깊이 context 맥락 on the flip side 반면에, 다른 한편으로는 instances 경우, 사례 keep A in mind A를 명심하다 make a decision 결정하다 regularly 정기적으로 reflect 반영하다 accurate 정확한 updated 최신의 combination 결합

---

40 세부사항 (What) ★★   정답 (b)

What is Rick making a decision about? (a) applying for a new job online (b) browsing for information about research (c) looking for academic journals on the Internet (d) completing a psychology degree online	릭은 무엇에 대해 결정을 내리려고 하는가? (a) 온라인으로 새 일자리에 지원하기 (b) 연구에 대한 정보 검색하기 (c) 인터넷에서 학술지 찾기 (d) 온라인 심리학 학위를 수료하기

해설 대화에서 "[40]I need to do a lot of research, but because of my busy work and study schedule, I'm trying to figure out how I should carry out the research. So, I'm reading about it a little."(나는 많은 연구를 해야 하는데, 바쁜 일과 공부 일정 때문에 연구를 어떻게 해야 할지 해결하려고 노력 중이야. 그래서 관련 자료를 조금 읽고 있어.)라고 하였다. 릭은 연구를 어떻게 해야 하는지 알아보고 있으므로 (b)가 정답이다.

어휘 apply for 지원하다, 신청하다 browse 검색하다, 둘러보다 academic journal 학술지 complete 완성하다, 수료하다 psychology 심리학 degree 학위

What is a potential benefit of carrying out research online?

(a) The information is always reliable.
(b) All the materials available are free.
(c) The researcher has a lot more freedom.
(d) The information can be found quickly.

온라인으로 조사를 실시하는 것의 잠재적인 이점은 무엇인가?

(a) 그 정보는 항상 신뢰할 수 있다.
(b) 이용 가능한 자료가 모두 무료이다.
(c) 연구자가 훨씬 더 많은 자유를 가진다.
(d) 그 정보는 빨리 찾아질 수 있다.

해설 대화에서 "⁴¹One of the advantages of doing research online is the flexibility that it provides, especially for someone with a full-time job like you."(온라인으로 조사를 하는 것의 장점 중 하나는 특히 너처럼 상근직인 사람에게 제공하는 유연성이야.)라고 하였다. 온라인으로 조사하는 것은 직장을 가진 사람에게 유연성을 제공한다고 했는데 이러한 유연성이 시간적, 공간적 자유를 더 많이 제공해 줄 것이다. 따라서 (c)가 정답이다.

어휘 potential 잠재적인 reliable 신뢰할 수 있는, 믿을 만한 freedom 자유

According to the article, why do some people prefer online research?

(a) because it is less time-consuming
(b) because they don't need a library card
(c) because they don't need to commute daily
(d) because it is not as boring as reading old books

기사에 따르면, 왜 어떤 사람들은 온라인 조사를 더 선호하는가?

(a) 시간 소모가 덜해서
(b) 도서관 카드가 필요하지 않아서
(c) 매일 통학할 필요가 없어서
(d) 오래된 책을 읽는 것보다 덜 지루해서

해설 대화에서 "⁴²One major benefit is in terms of time. You'll save time!"(주요 장점 중 하나는 시간에 관한 것이야. 너는 시간을 절약할 수 있어!)라고 하였다. 온라인 조사의 장점으로 시간적 측면에서 절약이 된다고 했으므로 (a)가 정답이다.

어휘 prefer 선호하다 time-consuming 시간 소모가 큰

Why will the "control" factor be valuable to Rick?

(a) It will prevent an unnecessary commute.
(b) It will help him work more efficiently.
(c) It will prevent him from excess printing.
(d) It will allow him to finish the research earlier.

릭에게 '통제' 요소가 왜 중요할 것인가?

(a) 불필요하게 오고 가는 것을 막을 것이다.
(b) 그가 더 효율적으로 일하는 데 도움이 될 것이다.
(c) 그가 과도한 인쇄를 하는 것을 막을 것이다.
(d) 그가 연구를 더 일찍 끝낼 수 있게 해줄 것이다.

해설 대화에서 "⁴³You control the information that you want to access. You can limit your searches with respect to specific dates and periods."(접근하고 싶어하는 정보를 조절할 수 있어. 특정 날짜와 기간에 관해 검색을 제한할 수 있지.)라고 하였다. 온라인 조사는 특정 날짜나 기간으로 검색을 제한하는 등 정보를 통제할 수 있기 때문에 더 효율적으로 정보를 검색할 수 있으므로 (b)가 정답이다.

어휘 factor 요소 valuable 중요한, 소중한 prevent 막다 unnecessary 불필요한 efficiently 효율적으로 excess 과도한, 초과의

How does a traditional library affect the research quality?

(a) It is a quiet place to concentrate and work.
(b) It is very inconvenient to commute every day.
(c) The books are written by intelligent people.
(d) The books are substantial pieces of information.

기존 도서관이 연구의 질에 어떻게 영향을 미치는가?

(a) 집중해서 연구하기에 조용한 장소이다.
(b) 매일 오고 가기에 매우 불편하다.
(c) 그 책들은 지적인 사람들에 의해 쓰여진다.
(d) 그 책들은 가치가 상당한 정보이다.

해설 ▶ 대화에서 "⁴⁴Well, of course, regular libraries provide scholarly books which contain authoritative information, and this can include comprehensive accounts of research or scholarship. This is needed when you want to add depth to a research topic or put your topic in context with other important issues."(음, 물론 일반 도서관은 권위 있는 정보를 담고 있는 학술 서적을 제공하고, 여기에는 연구나 학문의 포괄적인 설명이 포함될 수 있어. 이것은 너가 연구 주제에 깊이를 더하고 싶거나 주제를 다른 중요한 이슈와 함께 맥락에 넣고 싶을 때 필요해.)라고 하였다. 도서관의 책들이 권위 있는 정보를 담고 있고 연구 주제에 깊이를 더해 줌으로써 연구 성과에 영향을 미칠 것이므로 (d)가 정답이다.

Paraphrasing scholarly books which contain authoritative information
➡ The books are substantial pieces of Information.

어휘 affect 영향을 미치다 performance 성과, 수행 concentrate 집중하다 inconvenient 불편한 substantial 상당한

Based on the conversation, what will Rick likely decide to do?

(a) put his doctoral studies on hold
(b) ask for extra time to do his research
(c) try both methods to get the best results
(d) read more about research methods

대화에 따르면, 릭은 무엇을 하기로 결정할 것 같은가?

(a) 그의 박사학위 공부를 보류한다
(b) 그의 연구를 위해 시간을 더 달라고 부탁한다
(c) 최선의 결과를 얻기 위해 두 가지 방법을 모두 시도한다
(d) 조사 방법에 대해 더 많이 읽는다

해설 ▶ 대화에서 "⁴⁵Well, I don't think I have enough time to be at the school library regularly, but I also want my research to reflect accurate and updated information. So, I will need to find the perfect combination."(음, 나는 정기적으로 학교 도서관에 있을 시간이 충분치 않다고 생각하지만, 또 내 연구가 정확하고 최신 정보를 반영했으면 좋겠어. 그러니까 나는 완벽한 조합을 찾아야겠어.)라고 하였다. 도서관에 있을 시간이 충분하지 않지만 정확한 정보를 위해 도서관도 활용할 것이고 최신 정보를 제공받기 위해 온라인 조사도 병행해서 두 가지 방법을 조합하겠다고 했으므로 (c)가 정답이다.

어휘 put A on hold A를 보류하다 doctoral 박사학위 method 방법 result 결과

웹사이트 만들 때 고려할 점	Good afternoon, everyone. My name is Christopher Landry and I'm a web designer by profession. Thank you for joining our monthly workshop despite your busy schedules. Today, we'll discuss a topic that I'm sure you'll find helpful. Beautiful websites are crucial for making an impactful and positive first impression and attracting people to businesses or organizations. [47]But if you are not a web designer, making your website visually appealing can seem an impossible task. [46]So, today, I will break down the four basic elements to consider when making a visually attractive and functional website.	안녕하세요, 여러분. 제 이름은 크리스토퍼 랜드리이고 직업은 웹 디자이너입니다. 바쁜 일정에도 불구하고 월례 워크숍에 참석해 주셔서 감사합니다. 오늘은 여러분에게 분명 도움이 될 만한 주제에 대해 토론해 보겠습니다. 아름다운 웹사이트는 영향력 있고 긍정적인 첫인상을 만들고 사람들을 기업이나 조직으로 끌어들이는 데 매우 중요합니다. [47]하지만 당신이 웹 디자이너가 아니라면, 당신의 웹사이트를 시각적으로 매력적이게 만드는 것은 불가능한 일처럼 보일 수 있습니다. [46]그래서 오늘은 시각적으로 매력적이고 기능적인 웹사이트를 만들 때 고려해야 할 네 가지 기본 요소를 정리해 보겠습니다.
1단계: 색상 선택의 중요성	The first step to making a website appealing is the color choice. It's what first catches your eye as you pass by a bus. It's what makes you pause when flipping through your Facebook feed. Color catches the eye and provides instant communication. [48]Even before the conscious mind has started thinking, the subconscious has already assessed if something is interesting or not only based on colors. Different colors have different meanings. It's important that you understand what different colors mean and how they impact the perception of the web visitors of your business or organization. [49]If you already have colors for your brand, integrate them into your site, and use them with every page you create. However, avoid the use of cluttered colors, which do not instill confidence.	매력적인 웹사이트를 만들기 위한 첫 번째 단계는 색상 선택입니다. 그것은 버스를 지나칠 때 가장 먼저 눈길을 끄는 것입니다. 그것은 페이스북 피드를 넘길 때 여러분을 멈추게 하는 것입니다. 색상은 눈을 사로잡고 즉각적인 의사소통을 제공합니다. [48]의식이 생각을 시작하기도 전에 잠재의식은 오직 색상에만 근거해 어떤 것이 흥미로운지 아닌지를 이미 평가해 왔습니다. 각각 다른 색깔은 다른 의미를 가지고 있습니다. 다양한 색상이 무엇을 의미하는지, 그리고 그것이 기업 또는 조직의 웹 방문자의 인식에 어떻게 영향을 미치는지 당신이 이해하고 있는 것은 중요합니다. [49]만약 이미 여러분의 브랜드 색상들을 가지고 있다면, 그 색상들을 사이트에 통합하고 생성하는 모든 페이지에서 그것들을 사용하세요. 그러나 믿음을 심어주지 않는 어수선한 색상은 사용을 피하십시오.
2단계: 사진과 그래픽의 중요성	The next step is about pictures and graphics. According to a study conducted by Adobe, more than 66% of web users judge a website on the quality of its graphics within the first 15 minutes of landing on the homepage. In recent years, more and more businesses and organizations have been taking pictures of their teams, offices, and products just by using an iPhone or a cheap camera. [50]However, if	다음 단계는 사진과 그래픽에 관한 것입니다. 어도비(Adobe)가 실시한 조사에 따르면 66%가 넘는 웹 사용자가 홈페이지에 접속한 후 처음 15분 이내에 그래픽의 품질을 기준으로 웹 사이트를 판단합니다. 최근 몇 년 동안, 점점 더 많은 기업이나 조직이 단지 아이폰이나 저렴한 카메라를 사용하여 그들의 팀, 사무실과 제품들을 촬영해 왔습니다. [50]그러나 당신이 전문 사진작가에 투자할

2단계: 사진과 그래픽의 중요성	you can invest in a professional photographer, you will blow away your competition, and your website will transform instantly. It will also communicate how committed you are about care, quality, and excellence. The better the pictures, the better your business will look. By all means, avoid using stock photos on your site as it will make your page seem fake.	수 있다면 경쟁자를 물리치고 당신의 웹사이트는 즉시 변모할 것입니다. 또한 그것은 당신이 관리, 품질 및 우수성에 대해 얼마나 열성적인지를 알려줄 것입니다. 사진이 더 잘 나올수록 당신의 업체는 더 좋게 보일 것입니다. 당신의 페이지가 가짜처럼 보일 수 있으므로 당신의 사이트에 대중적인 사진들을 사용하는 것은 반드시 피하세요.
3단계: 사용자 친화적 웹사이트 구축	The third step is to make the website user-friendly. [51]When you're designing appealing websites, you should focus on designing for the user. Your audience will be engaging on your site and learning more about your business or organization. Therefore, it's important that you build a site that works for the users. As you build your awesome website design, think about how to create a design that provides your audience with the best experience. Look at elements like your design format, navigation, and visual elements. [52]When you design for the users first, you create a better experience for them. They will engage on your site longer, which will help you earn more valuable leads for your business or organization. You should avoid complex tasks that will make the user's experience frustrating and time-consuming.	세 번째 단계는 웹사이트를 사용자 친화적으로 만드는 것입니다. [51]매력적인 웹 사이트를 디자인할 때는 사용자를 위한 디자인에 집중해야 합니다. 방문자는 당신의 사이트에 참여하고, 당신의 업체나 조직에 관해 더 많이 알게 될 것입니다. 따라서 사용자에게 도움이 되는 사이트를 구축하는 것은 중요합니다. 멋진 웹 사이트 디자인을 구축할 때, 빙문자에게 최고의 경험을 제공하는 디자인을 만드는 방법에 대해 생각해 보세요. 설계 형식, 탐색 및 시각적 요소와 같은 요소를 살펴보세요. [52]우선적으로 사용자를 위해 설계할 때, 당신은 그들에게 더 나은 경험을 만들어 주게 됩니다. 그들은 여러분의 사이트에서 더 오래 참여할 것이고, 이는 여러분이 사업 또는 조직에 대해 더 가치 있는 선두 지위를 얻도록 도와줄 것입니다. 사용자의 경험을 불만족스럽고 시간이 많이 걸리게 하는 복잡한 작업은 피해야 합니다.
4단계: 일관성 유지	Finally, use consistency. A consistent design allows the user to focus on the message you want to convey. An inconsistent layout means that every page forces the visitors to stop and relearn your message before going back to what is important to them. Hence, include consistency on all of your pages to give your audience a positive experience, which is a point often forgotten by creative web designers.	마지막으로 일관성을 이용하세요. 일관된 디자인은 사용자로 하여금 여러분이 전달하고자 하는 메시지에 집중할 수 있도록 해줍니다. 일관성 없는 레이아웃은 방문자가 그들에게 중요한 항목으로 돌아가기 전에, 페이지마다 억지로 멈춰서 메세지를 다시 학습하게 되는 것을 의미합니다. 따라서 모든 페이지에 일관성을 포함시켜서 사용자들에게 긍정적인 경험을 제공하세요. 이것은 창의적인 웹 디자이너들이 종종 잊어버리는 것입니다.
마무리	With these practical tips, you should be ready to start creating the website of your dreams!	이러한 실용적인 조언과 함께라면, 여러분은 여러분이 꿈꾸는 웹사이트를 만들 준비가 되어 있을 것입니다!

어휘 profession 직업　monthly 매월(의)　despite ~에도 불구하고　crucial 중요한　impactful 인상 깊은　positive 긍정적인 first impression 첫인상　attract (관심을) 끌다, 매료시키다　visually 시각적으로　appealing 매력적인　task 일, 과제 break down 나누다, 분류하다　element 요소　functional 기능적인　catch one's eye ~의 눈길을 끌다　pause 잠시 멈추다 flip through 훑어보다, 휙휙 넘기다　feed (미디어 콘텐츠) 시스템, 피드　instant 즉각적인　conscious 의식적인　subconscious 잠재의식; 잠재의식의　assess 평가하다　impact 영향을 주다　perception 지각, 인식　integrate 통합시키다　cluttered 흐트러진, 어수선한　instill 심어주다, 주입하다　confidence 신뢰, 자신감　conduct 실행하다　judge 판단하다　land on (광고, 이메일을 통해) ~에 접속하다　blow away ~를 수월하게 이기다　competition 경쟁, 경쟁자　transform 변형시키다　instantly 즉시 communicate (생각, 느낌을) 전하다, 알리다　committed 헌신하는, 열성적인　care 관리　quality 품질　excellence 우수성 by all means 반드시, 기필코　stock photo 대중적인 사진　fake 가짜인　user-friendly 사용자 친화적인　audience 청중, 사용자 engage 참여하다, 관여하다　work for ~에게 도움이 되다　navigation 이동, 탐색　valuable 가치 있는　lead 선두, 앞섬 frustrating 불만스러운, 짜증나게 하는　time-consuming 시간이 (많이) 걸리는　consistency 일관성　consistent 일관된 convey 전달하다　inconsistent 일관성 없는　layout 레이아웃, 배치　force A to+동사원형 억지로 A가 ~하게 하다　hence 따라서 creative 창의적인　practical 실용적인

---

46 주제 (What) ★★　　　　　　　　　　　　　　　　　　　　　　　　　정답 (d)

What is the main topic of this talk?

(a) how to prepare for an online exam
(b) the best way to surf the Internet
(c) the best method to apply for a job
(d) how to create an appealing website

이 강연의 주제는 무엇인가?

(a) 온라인 시험을 준비하는 방법
(b) 인터넷 서핑을 하는 가장 좋은 방법
(c) 구직에 가장 좋은 방법
(d) 매력적인 웹사이트를 만드는 방법

해설 담화 1단락에서 "⁴⁶So, today, I will break down the four basic elements to consider when making a visually attractive and functional website."(그래서 오늘은 시각적으로 매력적이고 기능적인 웹사이트를 만들 때 고려해야 할 네 가지 기본 요소를 정리해 보겠습니다.)라고 하였으므로 (d)가 정답이다.

어휘 prepare 준비하다　surf (인터넷) 검색을 하다, 서핑하다　method 방법　apply for ~에 지원하다, 신청하다

---

47 세부사항 (what) ★★　　　　　　　　　　　　　　　　　　　　　　　정답 (a)

According to the speaker, what problem do many people have when it comes to web design?

(a) Most people find it a complex project to carry out.
(b) They do not have enough money to finance it.
(c) They do not know what they really want.
(d) Most people end up creating useless web pages.

화자에 따르면, 많은 사람들이 웹 디자인에 관해 어떤 문제를 가지고 있는가?

(a) 대부분의 사람들은 그것을 수행하기가 복잡한 프로젝트라고 여긴다.
(b) 그들은 그것에 자금을 댈 충분한 돈이 없다.
(c) 그들은 자신이 정말로 무엇을 원하는지 모른다.
(d) 대부분의 사람들은 결국 쓸모없는 웹페이지를 만든다.

해설 담화 1단락에서 "⁴⁷But if you are not a web designer, making your website visually appealing can seem an impossible task."(하지만 당신이 웹 디자이너가 아니라면, 당신의 웹사이트를 시각적으로 매력적으로 만드는 것은 불가능한 일처럼 보일 수 있습니다.)라고 하였다. 대부분의 사람들이 웹 디자인을 어렵고 복잡한 작업이라 생각하므로 (a)가 정답이다.

어휘 when it comes to ~에 관한 한　complex 복잡한　finance 자금을 대다　end up ~ing 결국 ~하다　useless 쓸모 없는

Why is the "color" factor so important when designing a website?

(a) because everyone is attracted to beautiful colors
(b) because everyone likes to surf on colorful websites
(c) because colors represent a kind of language
(d) because colors speak to people subconsciously

웹사이트를 설계할 때 '색상' 요소는 왜 중요한가?

(a) 모두가 아름다운 색깔에 끌리기 때문에
(b) 모두가 형형색색의 웹사이트에서 검색하는 것을 좋아하기 때문에
(c) 색은 일종의 언어를 상징하기 때문에
(d) 색은 무의식적으로 사람들에게 말을 걸기 때문에

해설 담화 2단락에서 "⁴⁸Even before the conscious mind has started thinking, the subconscious has already assessed if something is interesting or not only based on colors."(의식이 생각을 시작하기도 전에 잠재의식은 오직 색상에만 근거해 어떤 것이 흥미로운지 아닌지를 이미 평가해 왔습니다.)라고 하였다. 의식보다 잠재의식이 먼저 색상에 반응하여 평가하므로 무의식적으로 색상이 사람들에게 메시지를 전달한다고 볼 수 있다. 따라서 (d)가 정답이다.

어휘 be attracted to ~에 끌리다   represent 상징하다, 나타내다

How can a business make use of the company's colors during the web design process?

(a) by inserting the colors in the company's logo
(b) by telling customers about the colors' meanings
(c) by incorporating the colors on all the pages of the site
(d) by ensuring employees use the company's colors only

기업은 웹 디자인 과정에서 회사의 색상을 어떻게 활용할 수 있는가?

(a) 회사 로고에 그 색상을 삽입함으로써
(b) 고객에게 색상의 의미에 대해 알려줌으로써
(c) 사이트의 모든 페이지에 그 색상들을 포함시킴으로써
(d) 직원들이 회사의 색상만 사용하도록 함으로써

해설 담화 2단락에서 "⁴⁹If you already have colors for your brand, integrate them into your site, and use them with every page you create."(만약 이미 여러분의 브랜드를 위한 색상들을 가지고 있다면, 그 색상들을 사이트에 통합하고 생성하는 모든 페이지에서 그것들을 사용하세요.)라고 하였으므로 (c)가 정답이다.

Paraphrasing integrate them into your site, and use them with every page you create
➡ by incorporating the colors on all the pages of the site

어휘 make use of ~을 활용하다   insert 삽입하다   incorporate 포함시키다   ensure 확실히 하다   employee 직원

Why is it recommended to hire a professional photographer?

(a) because people prefer professional pictures to iPhone ones
(b) because the pictures will look attractive to people
(c) because too many companies use stock pictures
(d) because people do not enjoy looking at fake pictures

왜 전문 사진작가를 고용하는 것이 권장되는가?

(a) 사람들은 아이폰 사진보다 전문적인 사진을 선호하기 때문에
(b) 그 사진들은 사람들에게 매력적으로 보일 것이기 때문에
(c) 너무 많은 회사들이 대중적인 사진을 사용하기 때문에
(d) 사람들은 가짜 사진을 보는 것을 좋아하지 않기 때문에

해설 담화 3단락에서 "⁵⁰However, if you can invest in a professional photographer, you will blow away your competition, and your website will transform instantly. It will also communicate how committed you are about care, quality, and excellence."(그러나 당신이 전문 사진작가에 투자할 수 있다면 경쟁자를 물리치고 당신의 웹사이트는 즉시 변모할 것입니다. 또한 그것은 당신이 관리, 품질 및 우수성에 대해 얼마나 열성적인지를 알려줄 것입니다.)라고 하였다. 전문 사진작가를 고용하여 웹사이트를 만들면 경쟁자를 물리칠 수 있을 정도로 매력적인 웹사이트가 된다고 했으므로 전문 사진작가의 사진들이 사람들에게 매력적으로 느껴짐을 알 수 있다. 따라서 (b) 가 정답이다.

어휘 prefer A to B A를 B보다 선호하다   attractive 매력적인

---

51   세부사항 (who) ★★   정답 (c)

According to the speaker, who should one keep in mind while creating a website?

(a) all the potential investors who visit the site
(b) customers who might be interested in the company
(c) all the potential users who will come in contact with the site
(d) the owner and the employees of the company

화자에 따르면, 웹사이트를 만들 때 누구를 염두에 두어야 할까?

(a) 사이트를 방문하는 모든 잠재적 투자자들
(b) 그 회사에 관심이 있을 것 같은 고객
(c) 사이트에 접속하는 모든 잠재적인 사용자
(d) 회사의 소유자와 직원

해설 담화 4단락에서 "⁵¹When you're designing appealing websites, you should focus on designing for the user."(매력적인 웹 사이트를 디자인할 때는 사용자를 위한 디자인에 집중해야 합니다.)라고 하였으므로 (c)가 정답이다.

어휘 keep A in mind A를 염두하다, 명심하다   potential 잠재적인   investor 투자자   come in contact with ~에 접속하다, ~와 접촉하다

---

52   추론 (Why) ★★★   정답 (a)

Why most likely should the website be user-friendly?

(a) because the users are usually impatient
(b) because the users enjoy complex computer systems
(c) because the users are computer experts
(d) because the users love surfing on the Internet

왜 웹사이트는 사용자 친화적이어야 할 것 같은가?

(a) 사용자들은 보통 참을성이 없기 때문에
(b) 사용자들은 복잡한 컴퓨터 시스템을 즐기기 때문에
(c) 사용자들은 컴퓨터 전문가이기 때문에
(d) 사용자들은 인터넷 서핑을 좋아하기 때문에

해설 담화 4단락에서 "⁵²When you design for the users first, you create a better experience for them. They will engage on your site longer, which will help you earn more valuable leads for your business or organization."(우선적으로 사용자를 위해 설계할 때, 당신은 그들에게 더 나은 경험을 만들어 주게 됩니다. 그들은 여러분의 사이트에서 더 오래 참여할 것이고, 이는 여러분이 여러분의 사업 또는 조직에 대해 가치 있는 선두 지위를 얻도록 도와줄 것입니다.)라고 하였다. 사용자가 웹사이트를 더 쉽게 사용하도록 사용자를 위해 설계하면 사용자들은 더 오래 웹사이트에 머물며 당신의 영업에 기여할 것이다. 이는 역으로 웹사이트 사용자는 사용하기 쉽지 않으면 금방 다른 사이트로 가버린다는 의미이기도 하므로 (a)가 정답이다.

어휘 impatient 참을성 없는   complex 복잡한   expert 전문가

정답 확인하기

READING AND VOCABULARY													
PART 1	53	(a)	54	(c)	55	(d)	56	(b)	57	(a)	58	(d)	59	(b)
PART 2	60	(a)	61	(d)	62	(b)	63	(d)	64	(a)	65	(c)	66	(b)
PART 3	67	(c)	68	(a)	69	(b)	70	(c)	71	(a)	72	(b)	73	(d)
PART 4	74	(c)	75	(d)	76	(b)	77	(a)	78	(c)	79	(d)	80	(a)

문항별 취약 유형 체크하기

PART 1 인물 일대기			PART 3 지식 백과		
53	세부사항 (What)		67	추론 (How)	
54	세부사항 (Why)		68	세부사항 (What)	
55	추론 (How)		69	세부사항 (what)	
56	세부사항 (What)		70	세부사항 (Why)	
57	세부사항 (why)		71	세부사항 (what)	
58	어휘 (과거분사: marred)		72	어휘 (형용사: long-lasting)	
59	어휘 (과거분사: shattered)		73	어휘 (동사: huddle)	

PART 2 잡지 기사			PART 4 비즈니스 레터		
60	세부사항 (how)		74	주제/목적 (Why)	
61	세부사항 (how)		75	세부사항 (What)	
62	추론 (why)		76	세부사항 (how)	
63	세부사항 (What)		77	추론 (what)	
64	세부사항 (How)		78	추론 (What)	
65	어휘 (명사: contender)		79	어휘 (형용사: enclosed)	
66	어휘 (동사: imperil)		80	어휘 (동사: maintain)	

★ 틀린 문항을 확인하고 취약한 유형을 집중 학습하세요.

	KOBE BRYANT	**코비 브라이언트**
인물 개관	Kobe Bryant was an American professional basketball player regarded as one of America's greatest NBA players of all time. [53]A dominant scorer, Bryant is perhaps best remembered for winning five NBA championships and the 2008 Most Valuable Player (MVP) Award with the Los Angeles Lakers.	코비 브라이언트는 미국의 역대 가장 위대한 NBA 선수들 중 한 명으로 여겨지는 미국인 프로 농구 선수였다. [53]두드러지는 득점자인 브라이언트는 아마도 로스앤젤레스 레이커스 팀과 함께 다섯 번의 NBA 선수권 대회 우승과 2008년 MVP 상을 받은 것으로 가장 잘 기억될 것이다.
어린 시절	Kobe Bean Bryant was born on August 23, 1978, in Philadelphia, Pennsylvania. Named after a city in Japan, Bryant is the son of former NBA player Joe "Jellybean" Bryant and Pamela Bryant. [54]In 1984, after ending his NBA career, the elder Bryant took his family to Italy, where he played in an Italian League. [55]Growing up in Italy alongside two athletic older sisters, Kobe was an avid player of both basketball and soccer.	코비 빈 브라이언트는 1978년 8월 23일 펜실베니아주 필라델피아에서 태어났다. 일본의 한 도시의 이름을 딴 브라이언트는 전 NBA 선수인 조 '젤리빈' 브라이언트와 파멜라 브라이언트의 아들이다. [54]1984년, NBA 선수 생활을 끝낸 후, 브라이언트의 아버지는 가족을 데리고 이탈리아로 가서 이탈리아 리그에서 선수 생활을 했다. [55]이탈리아에서 운동을 잘하는 두 누나와 함께 자라며 코비는 열성적인 농구 선수이자 축구 선수였다.
선수 생활 초기	In 1991, Kobe joined the Lower Merion High School basketball team, leading it to the state championships four years in a row. Despite his good grades and high SAT scores, Bryant decided to go straight to the NBA. He was selected by the Charlotte Hornets during the 1996 NBA draft and was subsequently traded to the Los Angeles Lakers.	1991년, 코비는 로어 메리온 고등학교 농구부에 입단하여 4년 연속 전국 선수권 대회 우승을 이끌었다. 그의 좋은 성적과 높은 SAT 점수에도 불구하고, 브라이언트는 바로 NBA에 가기로 결정했다. 그는 1996년 NBA 드래프트에서 샬럿 호네츠에 의해 선발되었고 그 후에 LA 레이커스로 트레이드되었다.
선수 생활 중기	Bryant was voted a starter for the 1998 All-Star Game, becoming the youngest All-Star in NBA history at 19. He teamed up with superstar center Shaquille O'Neal to win three consecutive NBA championships and was voted as a first-team All-NBA player from 2002–2004.	브라이언트는 1998년 올스타 경기의 선발 선수로 선정되어 19세에 NBA 역사상 최연소 올스타가 되었다. 그는 슈퍼스타인 센터 샤킬 오닐과 팀을 이뤄 NBA 선수권 대회에서 3연패를 달성했고 2002년부터 2004년까지 NBA 1군 선수로 뽑혔다.
전성기	In 2008, Bryant was named MVP and carried his team to the NBA finals, but lost. However, they won the following year against the Orlando Magic. [56]Bryant played on both the 2008 and 2012 U.S. Olympic	2008년, 브라이언트는 MVP로 선정되었고 그의 팀을 NBA 결승전으로 이끌었지만 패했다. 그러나 그들은 그 다음 해에 올랜도 매직을 상대로 승리를 거두었다. [56]브라이언트는 2008년과 2012년 모두 미국 올림

	teams, winning consecutive gold medals with several USA top players.	픽 팀에서 뛰며 여러 명의 미국 정상급 선수들과 함께 연이어 금메달을 획득했다.
선수 생활 말기 및 은퇴후 활동	[57]After suffering a torn Achilles tendon in April 2013, Bryant worked hard to return to the court before fracturing his knee just six games into the 2013–2014 season. Although later seasons were [58]marred by injuries, he surpassed Michael Jordan for third place on the NBA all-time scoring list in December 2014 and retired in 2016 after scoring 60 points in his final game. In 2018, Bryant earned an Academy Award for an animated short film that he wrote and narrated, and published a best-seller, the same year.	[57]2013년 4월 아킬레스건이 찢어진 후, 브라이언트는 코트로 복귀하기 위해 열심히 뛰다가 2013–2014 시즌 6경기 만에 무릎에 골절상을 입었다. 이후 시즌은 부상으로 [58]망쳐졌지만, 그는 2014년 12월 마이클 조던을 제치고 NBA 역대 득점 순위 3위에 올랐고 자신의 마지막 경기에서 60득점을 기록한 뒤 2016년에 은퇴했다. 2018년, 브라이언트는 자신이 쓰고 내레이션을 한 단편 애니메이션 영화로 아카데미 상을 받았고, 같은 해에 베스트셀러를 출판했다.
죽음	Bryant's family's lives were [59]shattered when they lost Kobe and 13-year-old Gianna in a helicopter crash on January 26, 2020. Two years later, a bronze statue of the NBA legend and his daughter Gianna was placed at the crash site in California to mark the anniversary of the tragedy.	브라이언트 가족의 삶은 그들이 2020년 1월 26일 헬리콥터 사고로 코비와 13살의 지아나를 잃었을 때 [59]산산조각 났다. 2년 후, 그 비극의 기일을 추모하기 위해, NBA 전설과 그의 딸 지아나의 동상이 캘리포니아의 추락 현장에 세워졌다.

어휘 professional 프로(선수)의 regarded as ~로 여겨지는 of all time 역대(의) dominant 두드러진, 우세한 scorer 득점자 championship 선수권 (대회) former 전, 과거의 elder 나이가 더 많은 alongside ~와 함께 athletic 운동을 잘하는 avid 열성적인 in a row 연달아, 연이어 despite ~에도 불구하고 grade 성적 straight 곧바로 select 선발하다, 선택하다 draft 드래프트 제도(프로 스포츠팀에서 대학 선수들을 대상으로 선수 선발하는 것) subsequently 그 후에, 나중에 trade 트레이드하다, 맞바꾸다 be voted A (투표를 통해) A로 선정되다, 뽑히다 team up with ~와 팀을 이루다 consecutive 연속적인, 연이은 first-team 1군 name A B A를 B로 선정하다, 임명하다 final 결승전 suffer 겪다 torn 찢어진 Achilles tendon 아킬레스건 fracture ~에 골절상을 입다 mar 손상시키다, 망치다 injury 부상 surpass 능가하다, 뛰어넘다 retire 은퇴하다 earn (상을) 받다 narrate ~의 내레이션을 맡다 shattered 산산조각 난, 피폐해진 bronze statue (청동)동상 crash 추락(충돌) 사고 mark 추모하다, 기념하다 anniversary 기일, 기념일 tragedy 비극

---

53 세부사항 (What) ★★   정답 (a)

What is Kobe Bryant most notable for? (a) his NBA wins and performances (b) his award-winning short film (c) the best-selling book he published (d) the tragedy his family went through	코비 브라이언트는 무엇으로 가장 유명한가? (a) 그의 NBA 우승과 성적 (b) 그의 단편 영화 수상작 (c) 그가 출판한 베스트셀러 책 (d) 그의 가족이 겪은 비극

해설 본문 1단락에서 "[53]A dominant scorer, Bryant is perhaps best remembered for winning five NBA championships and the 2008 Most Valuable Player (MVP) Award with the Los Angeles Lakers."(두드러지는 득점자인 브라이언트는 아마도 로스앤젤레스 레이커스 팀과 함께 다섯 번의 NBA 선수권 대회 우승과 2008년 MVP 상을 받은 것으로 가장 잘 기억될 것이다.)라고 하였으므로 (a)가 정답이다.

Paraphrasing Bryant is perhaps best remembered for winning five NBA championships and the 2008 Most Valuable Player (MVP) Award with the Los Angeles Lakers. ➡ his NBA wins and performances

어휘 notable 유명한, 주목할 만한 performance 실적, 성적 award-winning 상을 탄 tragedy 비극 go through 겪다

---

54 세부사항 (Why) ★★ 정답 (c)

Why did Kobe Bryant's family move abroad when he was a kid?

(a) because his father lost his job at home
(b) because he wanted to play soccer
(c) because his father was hired in Italy
(d) because he wanted to study Italian

코비 브라이언트가 어렸을 때 그의 가족은 외국으로 이주했는가?

(a) 그의 아버지가 자국에서 직장을 잃어서
(b) 그가 축구를 하고 싶어서
(c) 그의 아버지가 이탈리아에서 고용되어서
(d) 그가 이탈리아어를 공부하고 싶어서

해설 본문 2단락에서 "54In 1984, after ending his NBA career, the elder Bryant took his family to Italy, where he played in an Italian League."(1984년, NBA 선수 생활을 끝낸 후, 브라이언트의 아버지는 가족을 데리고 이탈리아로 가서 이탈리아 리그에서 선수 생활을 했다.)라고 하였으므로 (c)가 정답이다.

Paraphrasing the elder Bryant took his family to Italy, where he played in an Italian League.
➡ because his father was hired in Italy

어휘 abroad 해외로 lose job 일자리를 잃다 home 고국, 고향 hire 고용하다

---

55 추론 (How) ★★★ 정답 (d)

How most likely did Kobe develop an interest in sports?

(a) by going to a special sports high school
(b) by playing for an Italian league
(c) by growing up in Europe and America
(d) by being raised in an athletic family

코비는 어떻게 스포츠에 관심을 갖게 되었을 것 같은가?

(a) 특수 스포츠 고등학교에 다님으로써
(b) 이탈리아 리그에서 뜀으로써
(c) 유럽과 미국에서 자람으로써
(d) 운동을 잘하는 가족 속에서 자람으로써

해설 본문 2단락에서 "55Growing up in Italy alongside two athletic older sisters, Kobe was an avid player of both basketball and soccer."(이탈리아에서 운동을 잘하는 두 누나와 함께 자라며 코비는 열성적인 농구 선수이자 축구 선수였다.)라고 하였다. 그는 아버지가 농구 선수였고 누나들도 운동을 잘하는 가정에서 자라면서 스포츠에 관심을 갖게 되었을 것으로 추론되므로 (d)가 정답이다.

Paraphrasing Growing up in Italy alongside two athletic older sisters ➡ by being raised in an athletic family

어휘 interest 관심, 흥미 raise 기르다

What did Kobe Bryant accomplish before he retired?

(a) He coached an Italian soccer team.

(b) He won Olympic medals twice for the USA.

(c) He wrote an animated best-seller.

(d) He won an award for directing a movie.

코비 브라이언트는 은퇴하기 전에 무엇을 성취했는가?

(a) 그는 이탈리아 축구팀을 지도했다.

(b) 그는 미국 대표로 올림픽 메달을 두 번 땄다.

(c) 그는 애니메이션 베스트셀러를 제작했다.

(d) 그는 영화를 감독하여 상을 받았다.

해설 본문 5단락에서 "⁵⁶Bryant played on both the 2008 and 2012 U.S. Olympic teams, winning consecutive gold medals with several USA top players."(브라이언트는 2008년과 2012년 모두 미국 올림픽 팀에서 뛰며 여러 명의 미국 정상급 선수들과 함께 연이어 금메달을 획득했다.)라고 하였으므로 (b)가 정답이다.

Paraphrasing Bryant played on both the 2008 and 2012 U.S. Olympic teams, winning consecutive gold medals
➡ He won Olympic medals twice for the USA.

어휘 accomplish 이루다, 성취하다   retire 은퇴하다   coach 지도하다, 코치하다   animated 애니메이션의, 만화 영화로 된   award 상 direct 감독하다

According to the article, why was Kobe's achievement in his last season outstanding?

(a) because he overcame many challenges to win

(b) because his teammates were not in shape

(c) because he played most of the games out of state

(d) because he competed against some of the best players

본문에 따르면, 코비의 마지막 시즌 성적은 왜 뛰어났는가?

(a) 승리를 위해 많은 어려움을 이겨냈기 때문에

(b) 팀 동료들의 건강 상태가 좋지 않았기 때문에

(c) 대부분의 경기를 주 밖에서 했기 때문에

(d) 몇몇 최고의 선수들과 경쟁했기 때문에

해설 본문 6단락에서 "⁵⁷After suffering a torn Achilles tendon in April 2013, Bryant worked hard to return to the court before fracturing his knee just six games into the 2013–2014 season. Although later seasons were marred by injuries, he surpassed Michael Jordan for third place on the NBA all-time scoring list in December 2014 and retired in 2016 after scoring 60 points in his final game."(2013년 4월 아킬레스건이 찢어진 후, 브라이언트는 코트로 복귀하기 위해 열심히 뛰다가 2013–2014 시즌 6경기 만에 무릎에 골절상을 입었다. 이후 시즌은 부상으로 망쳐졌지만 그는 2014년 12월 마이클 조던을 제치고 NBA 역대 득점 순위 3위에 올랐고 그의 마지막 경기에서 60득점을 기록한 뒤 2016년에 은퇴했다.)라고 하였다. 연이어 부상을 당하면서도 이를 이겨내고 마지막 시즌에서 60득점을 올리는 성적을 거두었으므로 (a)가 정답이다.

어휘 achievement 실적, 성취   outstanding 뛰어난   overcome 극복하다   challenge 역경, 도전   in shape 건강 상태가 좋은 compete 경쟁하다

In the context of the passage, <u>marred</u> means _____.

(a) scratched
(b) deformed
(c) disfigured
(d) ruined

본문의 맥락에서 marred는 _____를 의미한다.

(a) 긁힌
(b) 기형이 된
(c) 보기 흉해진
(d) 망쳐진

해설 본문 6단락 "Although later seasons were ⁵⁸<u>marred</u> by injuries, he surpassed Michael Jordan for third place on the NBA all-time scoring list in December 2014"(이후 시즌은 부상으로 <u>망쳐졌지만</u>, 그는 2014년 12월 마이클 조던을 제치고 NBA 역대 득점 순위 3위에 올랐다)에서 marred의 의미는 '망쳐진, 훼손된'이다. 보기 중 이 의미와 가장 가까운 (d)가 정답이다.

어휘 scratched 긁힌   deformed 기형이 된   disfigured 보기 흉해진   ruined 망쳐진

In the context of the passage, <u>shattered</u> means _____.

(a) smashed
(b) devastated
(c) troubled
(d) disrupted

본문의 맥락에서, shattered는 _____를 의미한다.

(a) 박살 난
(b) 큰 충격을 받은
(c) 골치 아픈
(d) 분열된

해설 본문 7단락 "Bryant's family's lives were ⁵⁹<u>shattered</u> when they lost Kobe and 13-year-old Gianna in a helicopter crash on January 26, 2020."(브라이언트 가족의 삶은 그들이 2020년 1월 26일 헬리콥터 사고로 코비와 13살의 지아나를 잃었을 때 <u>산산조각 났다</u>.)에서 shattered의 의미는 '산산조각이 난, 피폐해진'이다. 보기 중 이 의미와 가장 가까운 것은 (b)가 정답이다.

어휘 smashed 박살 난   devastated 큰 충격을 받은, 황폐해진   troubled 골치 아픈, 문제가 많은   disrupted 분열된

	VACCINES OR SHARKS: THE CHOICE IS OURS	백신 아니면 상어: 선택은 우리의 몫
귀상어 간유의 유용성	The hammerhead shark relies on a special oil in its liver to survive the crushing pressures of the deep oceans while it looks for prey at more than a thousand feet under the surface. Shark liver oil, or squalene, is a fatty substance that provides vital buoyancy for this critically endangered species and many others. [60]But it's also a lifesaver for humans as a boosting agent in vaccines, called an adjuvant, that improves the immune system and makes vaccines more effective.	귀상어는 수면 아래 1,000피트가 넘는 깊이에서 먹이를 찾는 동안 깊은 바다의 치명적인 압력에서 살아남기 위해 간 속의 특별한 기름에 의존한다. 상어 간유 또는 스쿠알렌은 이 심각한 멸종 위기에 처한 종과 다른 종들에게 필수적인 부력을 제공하는 지방질의 물질이다. [60]그러나 그것은 면역 체계를 향상시키고 백신을 더 효과적으로 만드는 보조제라고도 불리는 백신의 증강제로서 인간의 생명을 구하는 역할을 하기도 한다.
백신 재료로서 간유의 수요	As the world's pharmaceutical companies scramble to create a vaccine for the coronavirus, at least 5 of the 202 vaccine candidates rely on squalene sourced from wild-caught sharks. However, there are two of the big [65]contenders which have both demonstrated early success for the vaccine without adjuvants. But unfortunately, there are biopharmaceuticals in Australia which are leading clinical trials with squalene-made vaccines.	세계 제약 회사들이 앞다퉈 코로나 바이러스 백신 만들기에 나서면서 202개 백신 후보 중 최소 5개 이상이 야생에서 잡은 상어의 스쿠알렌에 의존하고 있다. 그러나 거대한 [65]경쟁사 중 두 회사가 있는데, 둘 다 보조제 없이 백신의 초기 성공을 입증했다. 하지만 안타깝게도 호주에는 상어로부터 채취한 스쿠알렌으로 만든 백신을 가지고 임상 실험을 주도하고 있는 바이오 의약품 회사들이 있다.
간유 수요 증가로 멸종 취약 상태	Tens of millions of sharks are caught and traded internationally each year—both legally and illegally— the majority for their meat and fins but roughly three million or more for their squalene. [61]It takes the livers of between 2,500 and 3,000 sharks to extract about a ton of squalene. [62]Conservationists fear that increased demand for squalene for vaccines, among other uses, could further [66]imperil shark species, a third of which are vulnerable to extinction. "This is an unsustainable demand to place on a finite natural resource like sharks," says Stefanie Brendl, founder and executive director of Shark Allies, a California-based conservation nonprofit.	합법적으로든 불법적으로든 매년 수천만 마리의 상어가 잡히고 국제적으로 거래되는데, 대부분은 고기와 지느러미를 위해 잡히지만 약 3백만 마리 이상은 스쿠알렌용으로 잡힌다. [61]약 1톤의 스쿠알렌을 추출하는데 2,500마리에서 3,000마리 상어의 간이 필요하다. [62]환경 보호론자들은 여러 용도 중에서도 백신을 위한 스쿠알렌의 수요 증가가 상어를 더욱 [66]위태롭게 할 수 있다고 우려하는데, 이들의 3분의 1은 멸종에 취약한 상태이다. "이것은 상어처럼 한정된 천연자원에 대한 지속 불가능한 수요이다."라고 캘리포니아에 본부를 둔 환경보호 비영리단체인 샤크 앨라이스 설립자이자 상임 이사인 스테파니 브렌들은 말한다.

백신에 대한 수요 증가	Only about one percent of squalene ends up in vaccines, and most of it goes into cosmetics such as sunscreen, skin creams, and moisturizers. Even so, as the global population booms, the need for vaccines will only increase in the coming years, according to Brendl, [63]noting that medical experts suggest that people will require multiple doses of vaccines against the virus.	스쿠알렌의 약 1%만이 백신으로 만들어지며, 대부분은 선크림, 스킨 크림, 보습 크림과 같은 화장품에 들어간다. 그렇기는 해도, 브렌들에 따르면 전세계 인구가 급증함에 따라, 백신에 대한 필요성은 다가올 몇 년 동안 증가하기만 할 것이며, [63]의학 전문가들은 사람들이 바이러스에 대항하는 백신을 여러 번 접종할 필요가 있음을 제안한다고 지적한다.
식물 기반 대체제 연구	In light of declining shark populations, some biotech companies are looking for other sources of squalene. [61]Plants such as sugarcane, olives, and rice bran, for instance, all contain the substance. While [64]plant-based alternatives are being tested in studies and clinical trials, regulatory agencies such as the U.S. Food and Drug Administration have yet to approve them as part of a final vaccine product.	상어 개체수의 감소를 고려하여, 일부 생명공학 회사들은 스쿠알렌의 다른 공급원을 찾고 있다. [61]예를 들어 사탕수수, 올리브, 쌀겨와 같은 식물들은 모두 그 물질을 포함하고 있다. [64]식물 기반 대체제들이 연구와 임상 시험에서 검사되고 있지만 미국 식품의약국 등 규제 기관은 그것들을 아직 최종 백신 제품의 일부로 승인하지 않았다.

어휘 hammerhead shark 귀상어 rely on 의존하다 liver 간 crushing 치명적인 pressure 압력 prey 먹잇감 surface 표면 squalene 스쿠알렌(상어의 간유에서 얻어지는 약품 제조를 위한 액체 화합물) fatty 지방(질)의, 기름진 substance 물질 vital 필수적인 buoyancy 부력 critically 심각하게 endangered 멸종 위기에 처한 species 종 lifesaver 목숨을 구해 주는 것, 생명의 은인 boosting agent 부양제, 증강제 adjuvant 보조제 immune system 면역 체계 effective 효과적인 pharmaceutical 제약의 scramble to+동사원형 앞다퉈 ~하다 at least 최소 candidate 후보 source A from B B에서 A를 얻다 contender 경쟁자 demonstrate 입증하다, 보여주다 biopharmaceutical 바이오 의약품의(생물 약제학의) clinical trial 임상 실험 tens of millions of 수천만의 legally 합법적으로 illegally 불법적으로 majority 대다수 fin 지느러미 roughly 대략, 약 extract 추출하다 conservationist 환경 보호론자 fear 우려하다 imperil 위태롭게 하다, 위험에 빠뜨리다 vulnerable 취약한, 공격받기 쉬운 extinction 멸종 unsustainable 지속 불가능한 finite 한정된 natural resources 천연자원 founder 설립자 executive director 상임 이사 conservation (환경) 보호, 보존 nonprofit 비영리 단체 end up in 결국 ~가 되다 cosmetics 화장품 sunscreen 자외선 차단제 moisturizer 보습 크림 even so 그렇기는 하지만 population 인구, 개체수 boom 급증하다 note 지적하다 require 필요로 하다 dose 투여량, 복용량 in light of ~을 고려하여 declining 감소하는 biotech 생명공학 sugarcane 사탕수수 rice bran 쌀겨 for instance 예를 들어 contain 포함하다 alternative 대체제, 대안 regulatory agency 규제 기관 have yet to+동사원형 아직 ~하지 않다 approve 승인하다

---

60   세부사항 (how) ★★   정답 (a)

Based on the article, how can hammerhead sharks be beneficial to humans?

(a) Their oil helps save the lives of people.
(b) In some countries, people enjoy their meat.
(c) They contain a substance that provides energy.
(d) They help people survive in deep oceans.

본문에 따르면, 귀상어는 인간에게 어떻게 유용할 수 있는가?

(a) 그것들의 기름은 사람들의 생명을 구하는 데 도움을 준다.
(b) 몇몇 나라에서 사람들은 그것들의 고기를 즐긴다.
(c) 그것들은 에너지를 제공하는 물질을 포함하고 있다.
(d) 그것들은 사람들이 깊은 바다에서 생존하도록 돕는다.

해설 ▶ 본문 1단락에서 "⁶⁰But it's also a lifesaver for humans as a boosting agent in vaccines, called an adjuvant, that improves the immune system and makes vaccines more effective.(그러나 그것은 면역 체계를 향상시키고 백신을 더 효과적으로 만드는 보조제라고 불리는 백신의 증강제로서 인간의 생명을 구하는 역할을 하기도 한다.)라고 하였다. 귀상어의 간유가 백신의 증강제로 쓰여서 인간의 생명을 구하는 역할을 한다고 했으므로 (a)가 정답이다.

Paraphrasing ▶ it's also a lifesaver for humans ➡ Their oil helps save the lives of people.

어휘 ▶ beneficial 유익한, 이로운   provide 제공하다   survive 생존하다

61 　세부사항 (how) ★★   정답 (d)

Based on the article, how can the substance squalene be obtained?

(a) It can be chemically manufactured in a lab.
(b) It can only be extracted from some sharks.
(c) It can only be found in plant-based products.
(d) It can be from an animal source or plant-based.

본문에 따르면, 스쿠알렌이라는 물질을 어떻게 얻을 수 있는가?

(a) 실험실에서 화학적으로 제조될 수 있다.
(b) 일부 상어들로부터만 추출될 수 있다.
(c) 식물 기반 제품에서만 찾아질 수 있다.
(d) 동물 원료나 식물에 기반을 둔 것일 수 있다.

해설 ▶ 본문 3단락에서 "⁶¹It takes the livers of between 2,500 and 3,000 sharks to extract about a ton of squalene."(약 1톤의 스쿠알렌을 추출하는데 2,500에서 3,000마리 상어의 간이 필요하다.), 5단락에서 "⁶¹Plants such as sugarcane, olives, and rice bran, for instance, all contain the substance."(예를 들어 사탕수수, 올리브, 쌀겨와 같은 식물들은 모두 그 물질을 포함하고 있다.)라고 하였다. 스쿠알렌은 상어의 간유뿐 아니라 사탕수수 등의 식물에서 추출 가능하다고 했으므로 (d)가 정답이다.

어휘 ▶ obtain 얻다   chemically 화학적으로   manufacture 제조하다

62 　추론 (why) ★★★   정답 (b)

According to the article, why are conservationists probably concerned about sharks?

(a) because some sharks are already extinct
(b) because of a higher demand for vaccines
(c) because there's no alternative for squalene
(d) because more people are using cosmetics

본문에 따르면, 환경 보호론자들은 왜 상어에 대해 걱정할까?

(a) 어떤 상어들은 이미 멸종되었기 때문에
(b) 백신에 대한 더 높아지는 수요 때문에
(c) 스쿠알렌에 대한 대체제가 없기 때문에
(d) 더 많은 사람들이 화장품을 사용하고 있기 때문에

해설 ▶ 본문 3단락에서 "⁶²Conservationists fear that increased demand for squalene for vaccines, among other uses, could further imperil shark species, a third of which are vulnerable to extinction."(환경 보호론자들은 여러 용도 중에서도 백신을 위한 스쿠알렌의 수요의 증가가 상어를 더욱 위태롭게 할 수 있다고 우려하는데, 이들의 3분의 1은 멸종에 취약한 상태이다.)라고 하였다. 환경론자들이 상어에 대해 걱정하는 이유는 백신에 대한 수요가 증가하여 백신의 원료인 상어가 더 희생될 것이 우려되기 때문이므로 (b)가 정답이다.

Paraphrasing ▶ increased demand for squalene for vaccines ➡ a higher demand for vaccines

어휘 ▶ be concerned about ~에 대해 걱정하다   extinct 멸종한   demand 수요

What do medical experts think about the vaccine?

(a) They are not sure if the vaccine will work.

(b) They believe the vaccine will need clinical trials.

(c) They know people will only need one vaccine.

(d) They think people will need several shots.

의학 전문가들은 백신에 대해 어떻게 생각하는가?

(a) 그들은 백신이 효과가 있을지 확신하지 못한다.

(b) 그들은 백신이 임상 실험을 필요로 할 것이라고 믿는다.

(c) 그들은 사람들이 한 개의 백신만 필요로 할 것이라는 것을 알고 있다.

(d) 그들은 사람들이 여러 번 주사를 맞아야 할 것이라고 생각한다.

해설 본문 4단락에서 "⁶³noting that medical experts suggest that people will require multiple doses of vaccines against the virus"(의학 전문가들이 사람들이 바이러스에 대항하는 백신을 여러 번 접종할 필요가 있음을 제안한다고 지적하면서)라고 하였다. 의학 전문가들이 백신을 여러 번 투여하도록 제안하고 있다고 브렌들이 지적하는 것으로 보아 의학 전문가들은 사람들이 백신을 여러 번 접종해야 한다고 생각하는 것으로 추론되므로 (d)가 정답이다.

어휘 medical expert 의학 전문가　shot 주사

How will some biotech companies deal with the decreasing number of sharks?

(a) They will look into plant-based squalene.

(b) They will start producing squalene from animal sources.

(c) They might try experimenting with synthetic squalene.

(d) They might try farm-raising sharks for squalene.

일부 생명공학 회사들은 줄어드는 상어 수에 어떻게 대처할 것인가?

(a) 식물성 스쿠알렌을 조사할 것이다.

(b) 동물의 원료로부터 스쿠알렌을 생산하기 시작할 것이다.

(c) 합성 스쿠알렌을 가지고 실험할 수도 있다.

(d) 스쿠알렌을 위해 상어를 양식하는 것을 시도할 수도 있다.

해설 본문 6단락에서 "⁶⁴plant-based alternatives are being tested in studies and clinical trials"(식물 기반 대체제들이 연구와 임상 실험에서 검사되고 있다)라고 하였다. 상어 대신 식물에서 추출된 스쿠알렌에 대한 연구가 진행중이라고 했으므로 생명공학 회사들은 식물성 스쿠알렌에 대해 연구하고 있다. 따라서 (a)가 정답이다.

Paraphrasing plant-based alternatives are being tested in studies and clinical trials
➡ They will look into plant-based squalene.

어휘 deal with 다루다　decreasing 줄어드는　look into 조사하다　plant-based 식물성의　synthetic 합성의　farm-raising 양식의

65 어휘 (명사: contender) ★★★   정답 (c)

In the context of the passage, <u>contenders</u> means _____.

(a) candidates
(b) associates
(c) competitors
(d) allies

본문의 맥락에서 contenders는 _____ 를 의미한다.
(a) 후보들
(b) 동료들
(c) 경쟁자들
(d) 동맹자들

해설 본문 2단락 "However, there are two of the big ⁶⁵contenders which have both demonstrated early success for the vaccine without adjuvants."(그러나 거대한 경쟁사 중 두 회사가 있는데, 둘 다 보조제 없이 백신의 초기 성공을 입증했다.)에서 contenders의 의미는 '경쟁자'이다. 보기 중 이 의미와 가장 가까운 (c)가 정답이다.

어휘 candidate 후보 associate 동료 competitor 경쟁자 ally 협력자

---

66 어휘 (동사: imperil) ★★★   정답 (b)

In the context of the passage, <u>imperil</u> means _____.

(a) expose
(b) endanger
(c) abolish
(d) murder

본문의 맥락에서 imperil은 _____ 를 의미한다.
(a) 폭로하다
(b) 위태롭게 하다
(c) 폐지하다
(d) 살해하다

해설 본문 3단락 "Conservationists fear that increased demand for squalene for vaccines, among other uses, could further ⁶⁶imperil shark species, a third of which are vulnerable to extinction."(환경 보호론자들은 여러 용도들 중에서 백신을 위한 스쿠알렌의 수요의 증가가 상어를 더욱 위태롭게 할 수 있다고 우려하는데, 이들의 3분의 1은 멸종에 취약한 상태이다.)에서 imperil의 의미는 '위태롭게 하다'이다. 보기 중 이 질문에 가장 가까운 (b)가 정답이다.

어휘 expose 폭로하다, 노출시키다 endanger 위험에 빠뜨리다 abolish 폐지하다 murder 살해하다

	EMPEROR PENGUIN	황제펭귄
적응 능력	Reaching heights of over three feet, the largest penguin in the world is the emperor penguin. [67]It is equipped with several special adaptations that help [68]it survive an entire year in Antarctica, unlike other penguins, when temperatures drop to −60°C. It stores large amounts of fat that work as an insulator and serve as a [72]long-lasting energy source. Emperor penguins also have small bills and flippers that help to conserve their body heat.	키가 3피트가 넘는, 세계에서 가장 큰 펭귄은 황제펭귄이다. [68]기온이 영하 60도까지 떨어질 때 다른 펭귄들과 달리, 그것은 남극에서 1년 내내 생존할 수 있도록 도와주는 [67]몇 가지 특별한 적응 능력을 갖추고 있다. 그것은 단열재 역할을 하고 [72]오래 지속되는 에너지원으로서 역할을 하는 많은 양의 지방을 저장한다. 황제펭귄은 또한 몸의 열을 보존하는데 도움을 주는 작은 부리와 지느러미발을 가지고 있다.
먹이 활동과 둥지 틀기	[69]Emperor penguins are hunting predators that feed on fish, squid, and sometimes krill in the cold, productive currents around Antarctica. Scientists have demonstrated that these penguins can dive to depths of at least 500 m in search of food. Though they feed in the open ocean, emperor penguins nest on the ice surface. This penguin is the only species that nests during the winter, and its nesting cycle is fascinating.	[69]황제펭귄은 남극 주변의 차갑고 풍요로운 조류에서 물고기, 오징어, 그리고 때로는 크릴새우를 먹고 사냥하는 포식자들이다. 과학자들은 이 펭귄들이 먹이를 찾기 위해 적어도 500미터 깊이까지 잠수할 수 있다는 것을 증명했다. 비록 황제펭귄은 넓은 바다에서 먹이를 먹지만, 그것들은 얼음 표면에 둥지를 튼다. 이 펭귄은 겨울 동안 둥지를 트는 유일한 종이며, 둥지를 트는 주기는 매우 흥미롭다.
수컷의 알 품기	After mating, the female lays a single, large egg that the male will incubate until it hatches. The transfer of the egg from the female to the male can be difficult, and some couples drop it. [70]Even if the egg survives being dropped, it will quickly freeze to death as the penguins have little means to pick it back up. As soon as the egg is with the male, the female heads to the open ocean to feed. The male keeps the egg on top of his feet, covered with a blanket of feathers, skin, and fat for two months in the dead of winter. During this time, he does not feed and [73]huddles with other nearby males to conserve body heat.	짝짓기 후 암컷은 부화할 때까지 수컷이 품게 되는 하나의 큰 알을 낳는다. 암컷에서 수컷으로 알을 옮기는 것은 어려울 수 있어서 어떤 커플들은 알을 떨어뜨리기도 한다. [70]알이 떨어지면서 살아남는다 해도, 펭귄들은 알을 다시 들어올릴 수 있는 수단이 거의 없기 때문에 그것은 빠르게 얼어 죽을 것이다. 알이 수컷과 함께 있게 되자마자 암컷은 먹이를 먹기 위해 넓은 바다로 향한다. 수컷은 한겨울 두 달 동안 깃털, 피부, 지방으로 덮인 발등 위에 알을 올려 둔다. 이 기간 동안 수컷은 먹이를 먹지 않고 체온을 유지하기 위해 근처의 다른 수컷들과 [73]옹기종기 모여 있는다.
	As nesting colonies only form during the winter, emperor penguins are hard to study. It is very difficult for people to spend the winter in Antarctica. However,	둥지 군락은 겨울에만 형성되기 때문에 황제펭귄은 연구하기 어렵다. 사람이 남극에서 겨울을 보내는 것은 매우 힘들다. 그러

| 개체수 추적 방법 | scientists have developed a means to track emperor penguin population sizes using satellites. As these penguins are clear black dots on an otherwise white landscape, satellite pictures of their breeding ground allow scientists to account for their numbers and study their movements. | 나 과학자들은 위성을 이용하여 황제펭귄의 개체 수를 추적할 수 있는 수단을 개발했다. 이 펭귄들은 흰 풍경 위에 선명한 검은 점들이기 때문에 번식지의 위성 사진은 과학자들이 펭귄의 수를 확인하고 그들의 움직임을 연구할 수 있게 해준다. |
| 기후 변화에 대한 취약성 | The emperor penguin is considered "near threatened," and it is not currently at risk of extinction. [71]However, it may be particularly vulnerable to ecosystem changes caused by climate change. | 황제펭귄은 '거의 멸종 위기에 처한' 것으로 여겨지지만 현재 멸종 위기에 처해 있지는 않다. [71]그러나 그것은 기후 변화로 인한 생태계 변화에 특히 취약할 지도 모른다. |

어휘 height 키, 신장 emperor penguin 황제펭귄 be equipped with ~을 갖추다 adaptation 적응 entire 전체적인 Antarctica 남극 store 저장하다 insulator 단열재 serve as ~로 쓰이다, 역할을 하다 long-lasting 오래 지속되는 source 원천 bill (새의) 부리 flipper 지느러미발, 물갈퀴 conserve 보존하다, 아끼다 predator 포식자 feed on ~을 먹고 살다 squid 오징어 krill 크릴새우 productive 생산적인, 풍요로운 current 조류 demonstrate 증명하다, 나타내다 depth 깊이 in search of ~을 찾아서 nest 둥지를 틀다 cycle 주기 fascinating 흥미로운, 매력적인 mating 짝짓기 lay (알을) 낳다 incubate (알을) 품다 hatch 부화하다 transfer 이동, 전달 freeze to death 얼어 죽다 means 수단, 방법 head to ~로 향하다 a blanket of 두껍게 내려앉은 in the dead of winter 한겨울에 huddle 옹기종기 모여 있다 nearby 근처의 form 형성하다 population 개체 수, 인구 satellite 위성 landscape 풍경 breeding ground 번식지 account for 설명하다 movement 움직임 near-threatened 거의 멸종 위기에 처한 currently 현재, 최근에 at risk of ~할 위기에 처한 particularly 특히 ecosystem 생태계 climate change 기후 변화

---

67 추론 (How) ★★★

정답 (c)

How most likely do the emperor penguins deal with their incredibly harsh environment?

(a) by staying in colonies to keep warm
(b) by staying hidden during cold temperatures
(c) by making long-term evolutionary development
(d) by changing the kind of food they eat

황제펭귄들은 어떻게 믿을 수 없을 정도로 가혹한 환경에 대처할 것 같은가?

(a) 따뜻하게 유지하기 위해 무리 지어 지냄으로써
(b) 추운 기온 동안 숨어 지냄으로써
(c) 장기적인 진화적 발달을 함으로써
(d) 그것들이 먹는 먹이의 종류를 바꿈으로써

해설 본문 1단락에서 "[67]It is equipped with several special adaptations that help it survive an entire year in Antarctica, unlike other penguins, when temperatures drop to −60℃."(기온이 영하 60도까지 떨어질 때 다른 펭귄들과는 달리, 그것은 남극에서 1년 내내 생존할 수 있도록 도와주는 몇 가지 특별한 적응을 갖추고 있다.)라고 하였다. 황제펭귄은 혹독한 환경에 대처하기 위해 특별한 적응 기제를 가지고 있다고 했으므로 혹독한 환경에 적응하는 쪽으로 신체 구조 등이 발달하는 진화의 과정을 오랜 기간 거쳤을 것으로 추론된다. 따라서 (c)가 정답이다.

Paraphrasing It is equipped with several special adaptations that help it survive
➡ by making long-term evolutionary development

어휘 deal with ~에 대처하다, ~을 다루다 incredibly 믿을 수 없을 정도로 harsh 가혹한 long-term 장기적인 evolutionary 진화의 development 발전, 발달

What differentiates emperor penguin from other penguins?

(a) It spends the whole year in Antarctica.
(b) It lives in the Arctic and Antarctic oceans.
(c) It is almost at risk of being extinct.
(d) It is one of the tallest penguins.

무엇이 황제펭귄을 다른 펭귄으로부터 구별시키는가?

(a) 남극에서 1년내내 지낸다.
(b) 북극해와 남극해에 산다.
(c) 거의 멸종 위기에 처해 있다.
(d) 가장 키가 큰 펭귄들 중 하나이다.

해설 본문 1단락에서 "68it survive an entire year in Antarctica, unlike other penguins, when temperatures drop to −60℃."(기온이 영하 60도까지 떨어질 때 다른 펭귄들과는 달리, 그것은 남극에서 1년 내내 생존할 수 있다)라고 하였다. 다른 펭귄과 달리 황제펭귄은 1년 내내 남극에서 살 수 있다고 했으므로 (a)가 정답이다.

Paraphrasing survive an entire year in Antarctica ➡ spends the whole year in Antarctica

어휘 differentiate A from B B로부터 A를 구별시키다   Arctic 북극의   Antarctic 남극의   extinct 멸종한

According to the article, what do emperor penguins prey on?

(a) They hunt for wild animals in tundras.
(b) They feed on fish, shellfish, and squid.
(c) They only prey on big fish like tuna or sharks.
(d) They can feed on algae or any sea animals.

본문에 따르면 황제펭귄은 무엇을 먹이로 삼는가?

(a) 툰드라에서 야생 동물을 사냥한다.
(b) 물고기, 갑각류와 오징어를 먹이로 삼는다.
(c) 참치나 상어 같은 큰 물고기만 잡아먹는다.
(d) 조류나 다른 바다 동물도 먹을 수 있다.

해설 본문 2단락에서 "69Emperor penguins are hunting predators that feed on fish, squid, and sometimes krill in the cold, productive currents around Antarctica."(황제펭귄은 남극 주변의 차갑고 풍요로운 조류에서 물고기, 오징어, 그리고 때로는 크릴새우를 먹고 사냥하는 포식자들이다.)라고 하였다. 황제펭귄은 물고기, 오징어, 크릴새우 등을 먹이로 사냥한다고 했으므로 (b)가 정답이다.

어휘 prey on ~을 먹이로 삼다   tundra 툰드라(북극해 부근 연안에 분포하는 춥고 넓은 벌판)   shellfish 갑각류   algae 해조류

Why is it complicated for the emperor penguins to transfer the egg?

(a) because the egg can be eaten by other animals
(b) because the egg is sometimes too heavy to move
(c) because the penguins can drop the egg on the ice
(d) because the egg can be stolen during the transfer

황제펭귄이 알을 옮기는 것은 왜 복잡한가?

(a) 그 알이 다른 동물들에게 먹힐 수 있기 때문에
(b) 알을 움직이기에는 가끔 너무 무겁기 때문에
(c) 펭귄이 얼음에 알을 떨어뜨릴 수 있기 때문에
(d) 이동 중에 달걀을 도둑맞을 수 있기 때문에

해설 본문 3단락에서 "70Even if the egg survives being dropped, it will quickly freeze to death as the penguins have little means to pick it back up."(알이 떨어지면서 살아남는다 해도, 펭귄들은 알을 다시 들어올릴 수 있는 수단이 거의 없기 때문에 그것은 빠르게 얼어 죽을 것이다.)라고 하였다. 펭귄의 알을 암컷에서 수컷으로 옮기는 일은 자칫하면 알이 떨어질 수 있기 때문에 조심스럽고 복잡한 작업이다. 따라서 (c)가 정답이다.

어휘 complicated 복잡한　**too A to+동사원형** ~하기에는 너무 A한　**frozen** 얼어붙은

71　세부사항 (what) ★★　　　　　　　　　　　　　　　정답 (a)

According to the article, what are the dangers facing the emperor penguins?

(a) the impact of climate change
(b) the lack of food during the winter season
(c) the lack of reproduction of the females
(d) the threat of bigger penguins

본문에 따르면 황제펭귄이 직면한 위험은 무엇인가?

(a) 기후 변화의 영향
(b) 겨울철 먹이 부족
(c) 암컷의 번식력 부족
(d) 더 큰 펭귄들의 위협

해설 본문 5단락에서 "71However, it may be particularly vulnerable to ecosystem changes caused by climate change."(그러나 그것은 기후 변화로 인한 생태계 변화에 특히 취약할 지도 모른다.)라고 하였다. 황제펭귄이 기후 변화로 인한 생태계 변화에 취약할 수 있다고 했으므로 생태계 파괴가 황제펭귄이 직면한 위험이라고 할 수 있다. 따라서 (a)가 정답이다.

어휘 face 직면하다　lack 부족　reproduction 번식(력)　female 암컷　threat 위협

72　어휘 (형용사: long-lasting) ★★★　　　　　　　　　정답 (b)

In the context of the passage, long-lasting means _____.

(a) strong
(b) durable
(c) stable
(d) firm

본문의 맥락에서 long-lasting은 _____를 의미한다.

(a) 힘이 센
(b) 오래 가는
(c) 안정적인
(d) 굳은

해설 본문 1단락 "It stores large amounts of fat that work as an insulator and serve as a 72long-lasting energy source."(그것들은 단열재 역할을 하고 오래 지속되는 에너지원으로서 역할을 하는 많은 양의 지방을 저장한다.)에서 long-lasting의 의미는 '오래 가는, 내구성 있는'이다. 보기 중 이 의미와 가장 가까운 (b)가 정답이다.

어휘 durable 오래 가는, 내구성 있는　stable 안정적인　firm 굳은, 확고한

73　어휘 (동사: huddle) ★★★　　　　　　　　　　　　정답 (d)

In the context of the passage, huddles means _____.

(a) meets
(b) collects
(c) sits
(d) congregates

본문의 맥락에서 huddles는 _____를 의미한다.

(a) 만나다
(b) 모으다
(c) 앉다
(d) 모이다

해설 본문 3단락 "During this time, he does not feed and 73huddles with other nearby males to conserve body heat."(이 기간 동안 수컷은 먹이를 먹지 않고 체온을 유지하기 위해 근처의 다른 수컷들과 옹기종기 모여 있는다.)에서 huddles의 의미는 '모이다'이다. 보기 중 이 의미와 가장 가까운 (d)가 정답이다.

어휘 collect 모으다, 수집하다　congregate 모이다

받는 사람	CBS Radio Station Ms. Kate Samuels Production Manager 327 Park Avenue Houston, Texas 45678	CBS 라디오 방송국 케이트 새뮤얼스 생산 관리자 파크 애비뉴 327번지 휴스턴 텍사스주 45678
제품 홍보	Dear Mrs. Kate Samuels: [75]With summer approaching, you must be thinking of how to keep your office cool so that you and your colleagues can continue to work efficiently. [74]Realizing your needs, we have manufactured air conditioners for different capacities. We have provided detailed specifications in the [79]enclosed pamphlet. [76]You would be happy to know that we are giving a guarantee for five years against all manufacturing defects and will repair or replace any part that causes trouble at our own cost.	친애하는 케이트 새뮤얼스 씨: [75]여름이 다가옴에 따라, 당신은 당신과 동료들이 계속해서 효율적으로 업무를 수행할 수 있도록 사무실을 시원하게 유지하는 방법을 고민하고 계실 것입니다. [74]저희는 당신의 요구에 부응하여 다양한 용량에 맞는 냉방기를 제조했습니다. [79]동봉된 팸플릿에 상세한 사양을 제공해 드렸습니다. [76]당신은 저희가 제조상의 모든 결함에 대해 5년간 보증을 해드리고 문제가 되는 모든 부품을 자체 비용으로 수리 또는 교체해 드린다는 것을 아시면 기쁠 것입니다.
우편 요청시 후속 조치	At the end of the pamphlet, you will find a card: please fill it out and mail it. [77]We shall then send our technicians to inspect your office, examine your requirements, and make suggestions accordingly so that your entire office may [80]maintain the proper temperature throughout the summer.	팸플릿 끝에 카드가 있으니 작성해서 우편으로 보내주세요. [77]그런 다음 저희의 기술자를 파견하여 귀하의 사무실을 점검하고 요구 사항을 검토한 후 거기에 맞춰 제안드려서, 당신의 전체 사무실이 여름 내내 적절한 온도를 [80]유지할 수 있도록 하겠습니다.
특별 혜택 설명	If you place the order before July 30th, you shall benefit from the special 5% discount. Our team will transport the coolers to your office and install them whenever you wish. Please note that any extra service fee will be totally free of charge.	7월 30일 이전에 주문을 하시면 5% 특별 할인 혜택을 받으실 수 있습니다. 저희 팀에서 냉방기를 사무실로 운반하여 원하시는 언제라도 설치해 드리겠습니다. 추가 서비스 비용은 전액 무료라는 점을 알아두세요.
당부	It is our belief that you would like to take advantage of this special offer. We thank you in advance for choosing our services. [78]Should you require any additional information, feel free to call at 404-555-5497 or send an email to info@summit.com at your own convenience.	우리는 당신이 이 특가 판매를 이용하고 싶어한다고 믿습니다. 저희 서비스를 선택해 주셔서 미리 감사드립니다. [78]추가 정보가 필요하시면 404-555-5497로 언제든지 전화하시거나 info@summit.com으로 편하실 때 이메일을 보내 주십시오.

끝인사	Thank you for your time, and I look forward to your prompt response. Yours sincerely,	시간 내주셔서 감사드리며 빠른 답변을 기다리겠습니다. 진심을 다하여,
보내는 사람	*Mr. David Morrison* Chief Executive Officer Summit Electric Company	데이비드 모리슨 CEO 서밋 전기 회사

어휘 approach 다가오다, 접근하다   colleague 동료   efficiently 효율적으로   realize 인식하다   manufacture 제조하다   air conditioner 에어컨   capacity 용량   detailed 상세한   specification 설명서, 사양   enclose 동봉하다   pamphlet 팸플릿, 소책자   guarantee 보증; 보장하다   defect 결함   repair 수리하다   replace 교체하다   cost 비용   fill out 서류를 작성하다   technician 기술자   inspect 점검하다, 검사하다   examine 조사하다, 검토하다   requirement 요구 사항   make suggestions 제안하다   accordingly 그에 맞게   maintain 유지하다   proper 알맞은, 적절한   temperature 온도   throughout ~ 내내   place the order 주문을 하다   benefit from ~에서 혜택을 받다   transport 운송하다   cooler 냉방기   install 설치하다   note 수록하다   totally 완전히   free of charge 무료인   take advantage of ~을 (제때) 이용하다   special offer 특가 제공, 특가 판매   in advance 미리   additional 추가의   feel free to+동사원형 마음 놓고 ~하다   look forward to ~을 기대하다   prompt 신속한   response 응답   summit 정상   electric 전기(의)

---

74 | 주제/목적 (Why) ★★ | 정답 (c)

Why did Mr. Morrison send a letter to Ms. Kate Samuels? | 모리슨 씨는 왜 케이트 새뮤얼스 씨에게 편지를 보냈는가?

(a) to cancel some of her current orders
(b) to urge her to pay for her outstanding balance
(c) to inform her of his company's current goods
(d) to reward her long-standing business with his company

(a) 그녀의 현재 주문 중 일부를 취소하기 위해
(b) 그녀의 미지불된 잔액을 납부할 것을 촉구하려고
(c) 그의 회사의 현재 상품을 그녀에게 알리기 위해
(d) 그의 회사와의 오랜 거래에 보답하기 위해

해설 본문 1단락에서 "74Realizing your needs, we have manufactured air conditioners for different capacities."(저희는 당신의 요구에 부응하여 다양한 용량에 맞는 냉방기를 제조했습니다.)라고 하였다. 고객이 필요로 할 제품을 만들었고 이 제품을 알리기 위해서 이 편지를 쓴 것이므로 (c)가 정답이다.

어휘 cancel 취소하다   current 현재의   urge 촉구하다   outstanding 미지불된   balance 잔액   inform 알리다   reward 보답하다, 보상하다   long-standing 오래된, 오랜

What motivated David Morrison to send the letter when he did?

(a) Summer was already over in America.
(b) It was time to advertise the new coolers.
(c) It was the regular advertisement season.
(d) Summer was just around the corner.

무엇이 데이비드 모리슨에게 편지를 보내도록 동기를 주었는가?

(a) 미국에서 여름은 이미 끝났다.
(b) 새로운 쿨러를 광고할 시기였다.
(c) 정기 광고 시즌이었다.
(d) 여름이 코앞으로 다가왔다.

해설 본문 1단락에서 "[75]With summer approaching, you must be thinking of how to keep your office cool so that you and your colleagues can continue to work efficiently."(여름이 다가옴에 따라, 당신은 당신과 동료들이 계속해서 효율적으로 업무를 수행할 수 있도록 사무실을 시원하게 유지하는 방법을 고민하고 계실 것입니다.)라고 하였다. 곧 여름이 다가오면서 자사의 쿨러 판매를 위해 편지를 보낸 것이므로 (d)가 정답이다.

Paraphrasing With summer approaching ➡ Summer was just around the corner.

어휘 motivate 동기를 부여하다   advertise 광고하다   cooler 에어컨, 쿨러   regular 정기의   advertisement 광고
just around the corner 곧 다가온

According to Morrison, how can his company benefit Ms. Samuels?

(a) It can supply technicians by appointment only.
(b) It can offer a five-year guarantee to fix the coolers.
(c) It can provide technicians for cooler installations for an extra fee.
(d) It can give a 5% discount to regular customers only.

모리슨 씨에 따르면, 이 회사는 새뮤얼스 씨에게 어떤 혜택을 줄 수 있는가?

(a) 예약으로만 기술자를 제공할 수 있다.
(b) 쿨러 수리를 5년간 보증할 수 있다.
(c) 추가 요금으로 냉방기 설치를 하도록 기술자를 제공할 수 있다.
(d) 단골 고객에게만 5% 할인해 줄 수 있다.

해설 본문 1단락에서 "[76]You would be happy to know that we are giving a guarantee for five years against all manufacturing defects and will repair or replace any part that causes trouble, at our own cost."(당신은 제조상의 모든 결함에 대해 5년간 보증을 해드리고 문제가 되는 모든 부품을 자체 비용으로 수리 또는 교체해 드린다는 것을 아시면 기쁠 것입니다.)라고 하였다. 5년간 결함에 대해 수리 혹은 부품 교체를 보증한다고 했으므로 (b)가 정답이다.

Paraphrasing we are giving a guarantee for five years against all manufacturing defects and will repair or replace any part that causes trouble, at our own cost ➡ It can offer a five-year guarantee to fix the coolers.

어휘 supply 제공하다   technician 기술자   appointment 예약   guarantee 보증   installation 설치   fee 비용
regular customer 단골 고객

Based on the letter, what will the technicians most likely do as soon as they receive an order?

편지에 따르면 기술자들은 주문을 받는 즉시 무엇을 할 것 같은가?

(a) inspect the customer's office immediately
(b) examine the requirements of the order
(c) check the customer's order of business
(d) call the customer's office right away

(a) 즉시 고객의 사무실을 점검한다
(b) 주문의 요구 사항을 검토한다
(c) 고객의 주문 순서를 확인한다
(d) 바로 고객 사무실로 전화한다

해설 본문 2단락에서 "⁷⁷We shall then send our technicians to inspect your office, examine your requirements, and make suggestions accordingly"(그런 다음 당사의 기술자를 파견하여 귀하의 사무실을 점검하고, 귀하의 요구 사항을 검토하며, 이에 따라 제안해 드립니다)라고 하였다. 주문을 받으면 기술자를 보내서 고객의 사무실을 점검한다고 했으므로 (a)가 정답이다.

Paraphrasing We shall then send our technicians to inspect your office ➡ inspect the customer's office immediately

어휘 receive (주문을) 받다 immediately 즉시 examine 검토하다 requirement 요구 사항 right away 바로, 즉시

What will the customer probably do to get further information?

고객은 더 많은 정보를 얻기 위해 어떻게 해야 할까?

(a) send a text message to the supplier immediately
(b) send a fax to the supplier's headquarters
(c) make a phone call to the supplier's office
(d) visit the company's website

(a) 즉시 공급회사에 문자를 보낸다
(b) 공급회사 본사로 팩스를 보낸다
(c) 공급회사의 사무실로 전화를 건다
(d) 공급회사 홈페이지를 방문한다

해설 본문 4단락에서 "⁷⁸Should you require any additional information, feel free to call at 404-555-5497 or send an email to info@summit.com at your own convenience."(추가 정보가 필요하시면 404-555-5497로 언제든지 전화하시거나 info@summit.com으로 편하실 때 이메일을 보내주십시오.)라고 하였으므로 (c)가 정답이다.

어휘 further information 추가 정보 supplier 공급회사 headquarters 본사

In the context of the passage, <u>enclosed</u> means _____.

(a) elaborated
(b) advertised
(c) outlined
(d) included

본문의 맥락에서 enclosed는 _____를 의미한다.

(a) 상세한
(b) 광고된
(c) 윤곽이 잡힌
(d) 포함된

해설 ▶ 본문 1단락 "We have provided detailed specifications in the [79]enclosed pamphlet."(동봉된 팸플릿에 상세한 사양을 제공해 드렸습니다.)에서 enclosed의 의미는 '동봉된'이다. 보기 중 이 의미와 가장 가까운 (d)가 정답이다.

어휘 ▶ elaborated 상세한 advertised 광고된 outlined 윤곽이 잡힌 included 포함된

In the context of the passage, <u>maintain</u> means _____.

(a) sustain
(b) declare
(c) assert
(d) uphold

본문의 맥락에서, maintain은 _____를 의미한다.

(a) 지속시키다
(b) 선언하다
(c) 주장하다
(d) 지지하다

해설 ▶ 본문 2단락 "so that your entire office may [80]maintain the proper temperature throughout the summer"(당신의 사무실 전체가 여름 내내 적절한 온도를 유지할 수 있도록)에서 maintain의 의미는 '유지하다'이다. 보기 중 이 의미와 가장 가까운 (a)가 정답이다.

어휘 ▶ sustain 지속시키다 declare 선언하다 assert 주장하다 uphold 지지하다

TEST
6

GRAMMAR
LISTENING
READING AND VOCABULARY

정답 확인하기

								GRAMMAR							
01	(b)	**02**	(a)	**03**	(c)	**04**	(d)	**05**	(b)	**06**	(d)	**07**	(d)	**08**	(c)
09	(a)	**10**	(a)	**11**	(c)	**12**	(a)	**13**	(c)	**14**	(c)	**15**	(b)	**16**	(a)
17	(c)	**18**	(a)	**19**	(b)	**20**	(c)	**21**	(b)	**22**	(a)	**23**	(c)	**24**	(b)
25	(d)	**26**	(c)												

문항별 취약 유형 체크하기

01	조동사 (단순미래: will)	**14**	준동사 (동명사: advise)
02	가정법 (가정법 과거: if절 + 과거 시제)	**15**	시제 (미래진행: when + 현재 시제절)
03	시제 (과거진행: when + 과거 시제절)	**16**	준동사 (to부정사: wait)
04	준동사 (동명사: involve)	**17**	조동사 (가능: can)
05	가정법 (가정법 과거완료: if절 + 과거완료)	**18**	연결어 (접속부사: therefore)
06	시제 (현재완료진행: since + 과거 시제절)	**19**	당위성/이성적 판단 (동사: beg)
07	당위성/이성적 판단 (동사: command)	**20**	가정법 (가정법 과거완료: if절 + 과거완료)
08	연결어 (접속부사: in fact)	**21**	시제 (현재진행: now)
09	관계사 (관계대명사: whom)	**22**	관계사 (관계대명사: 계속적 용법 which)
10	가정법 (가정법 과거: if절 + 과거 시제)	**23**	가정법 (가정법 과거완료: if절 + 과거완료)
11	시제 (과거완료진행: for + 시간명사, when + 과거 시제절)	**24**	시제 (미래완료진행: for + 시간명사, by the time + 현재 시제절)
12	준동사 (동명사: finish)	**25**	준동사 (to부정사: expect)
13	가정법 (가정법 과거: if절 + 과거 시제)	**26**	당위성/이성적 판단 (형용사: important)

★ 틀린 문항을 확인하고 취약한 유형을 집중 학습하세요.

1 조동사 (단순미래: will) ★★

As the colleagues prepared for the business conference, the team manager gave each person a specific task. They _____ be at the conference for three days, promoting the launch of their new products.

동료들이 업무 회의를 준비하는 동안 팀장은 각각의 사람들에게 특정한 과제를 부여했다. 그들은 신제품 출시를 홍보하면서 3일간 회의에 참석할 것이다.

(a) could
(b) will
(c) may
(d) can

해설 보기에 다양한 조동사가 나왔으므로 조동사 문제이다. 빈칸에 보기를 하나씩 대입하여 가장 자연스러운 의미의 조동사를 고르면 된다. 빈칸 앞 문장의 의미는 '동료들이 업무 회의를 준비하는 동안 팀장은 각자에게 특정한 임무를 부여했다.'이고, 빈칸이 들어간 문장에서는 '그들은 신제품 출시를 홍보하면서 3일간 회의에 참석할 것이다.'이다. 문맥상 미래에 일어날 사실이나 예정을 나타내는 조동사 will이 가장 자연스러우므로 (b)가 정답이다. 지텔프 문법에서는 의미가 명확한 can(능력/가능), should(당위), will(의지/예정), must/have to(의무)가 자주 출제된다.

오답 분석 (a) could(~할 수도 있다)는 약한 가능성을, (c) may(~해도 된다, ~일지 모른다)는 허락이나 추측을, (d) can(~할 수 있다)는 능력을 나타내는 조동사로, 문맥상 어색하기 때문에 오답이다.

어휘 colleague 동료 business conference 업무 회의 specific 특정한 task 임무 promote 홍보하다 launch 출시

2 가정법 (가정법 과거: if절 + 과거 시제) ★★

Trevor is a very talented musician who taught himself how to play the piano and guitar. If he were to attend a prestigious music school, he _____ a professional musician.

트레버는 피아노와 기타 연주하는 법을 독학으로 배운 매우 재능 있는 음악가이다. 만약 그가 명문 음대에 다닌다면, 그는 아마도 전문적인 음악가가 될 것이다.

(a) would probably become
(b) has probably become
(c) would have probably become
(d) will become

해설 보기에 동사 become이 다양한 시제와 조동사와 같이 나왔으므로 시제 문제 아니면 가정법 문제이다. 빈칸 앞에 if절이 나왔고 이 절의 시제가 과거이므로 가정법 과거이다. 특히, if절 안에 were to가 쓰여 가능성이 희박한 일을 가정하고 있다. 가정법 과거의 주절은 'would/should/could/might + 동사원형'이 와야 하므로 (a)가 정답이다.

어휘 talented 재능 있는 teach oneself ~을 독학하다 attend (학교에) 다니다 prestigious 명망 있는, 명문의

Last night at around 2 a.m. when we came home from work, we were surprised to find that our son's bedroom light was still on. When we checked to see what he was up to, we found that he _____ on a big project for school.

(a) will work
(b) is working
(c) was working
(d) has been working

어젯밤 새벽 2시쯤 퇴근하고 집에 돌아왔을 때 우리는 아들의 침실 조명이 아직 켜져 있는 것을 확인하고 놀랐다. 그가 무엇을 꾸미고 있는지 확인했을 때, 우리는 그가 학교를 위한 큰 프로젝트에 공을 들이고 있음을 발견했다.

해설 보기에 동사 work가 다양한 시제로 나왔으므로 시제 문제이다. 빈칸 앞뒤에 시간 부사구나 부사절을 확인한다. 빈칸 뒤에 과거 시제 부사절 'When we checked to see what he was up to'가 나왔으므로 기준 시점이 과거이다. 과거의 특정 시점을 기준으로 그 시점에 한창 진행 중인 동작을 나타내므로 과거진행 시제가 적합하다. 따라서 (c)가 정답이다.

어휘 up to (몰래) ~을 꾸미는　work on ~에 공을 들이다

Some residents live in areas that are prone to hurricanes during the summer months. While most people evacuate if the storms are dangerous, people can still take steps to keep safe at home if the storms are not as strong. This involves _____ emergency supplies including a medical kit, water, and non-perishable foods.

(a) to prepare
(b) having prepared
(c) to be preparing
(d) preparing

일부 주민들은 여름철 동안 허리케인이 발생하기 일쑤인 지역에 산다. 대부분의 사람들은 폭풍이 위험하다면 대피하지만, 사람들은 폭풍이 그렇게 강력하지 않다면 여전히 집에서 안전을 지키기 위한 조치를 취할 수 있다. 이것은 구급 상자, 물과 잘 상하지 않는 음식을 포함한 비상 용품을 준비하는 것을 포함한다.

해설 보기에 동사 prepare가 준동사 형태로 나왔으므로 준동사 문제이다. 빈칸 앞에 동사가 목적어로 동명사를 취하는지, to부정사를 취하는지 확인한다. 빈칸 앞에 나온 동사 involve는 동명사를 목적어로 취하는 동사이므로 단순동명사 (d)가 정답이다.

오답 분석 (b) having prepared는 완료동명사로, 동명사가 주절의 동사의 시제보다 한 시제 앞설 때 사용되지만, 여기서는 동명사의 시제가 주절의 동사의 시제와 동일하므로 오답이다.

어휘 resident 주민　prone to ~하기 일쑤인, ~하기 쉬운　evacuate 대피하다　take steps 조치를 취하다　emergency supplies 비상 용품　medical kit 구급 상자, 의료용품　non-perishable 잘 상하지 않는

가정법 (가정법 과거완료: if절 + 과거완료) ★★　　　　　정답 (b)

Stewart, who was the best man at a wedding, had to borrow his friend's suit after he accidentally spilled coffee all over himself. If he had been more mindful, he _____ the disaster.

(a) had prevented
(b) could have prevented
(c) could prevent
(d) was preventing

결혼식의 들러리가 된 스튜어트는 실수로 온몸에 커피를 엎지른 후 친구의 양복을 빌려야 했다. 그가 조금만 더 주의를 기울였더라면, 그는 재앙을 막을 수 있었을 것이다.

해설 보기에 동사 prevent가 다양한 시제와 조동사와 같이 나왔으므로 시제 문제 아니면 가정법 문제이다. 빈칸 앞에 if절이 나왔고, 이 절의 시제가 과거완료이며, 과거의 일에 대한 후회를 나타내므로 가정법 과거완료임을 알 수 있다. 가정법 과거완료의 주절에 'would/should/could/might + have p.p.'가 와야 하므로 (b)가 정답이다.

어휘 best man (신랑 측) 들러리　accidentally 실수로　spill 엎지르다　mindful 주의를 기울이는　prevent 막다　disaster 재앙, 재난

시제 (현재완료진행: since + 과거 시제절) ★★　　　　　정답 (d)

The famous pop singer is known for her glamorous fashion, beauty, and performances on stage, but few knew that she is also an animal welfare activist. She _____ at her local shelters since she was a teenager.

(a) is volunteering
(b) volunteers
(c) will volunteer
(d) has been volunteering

그 유명한 팝 가수는 그녀의 화려한 패션, 아름다움과 무대에서의 공연으로 유명하지만, 그녀가 동물 복지 운동가이기도 하다는 것을 아는 사람은 거의 없었다. 그녀는 10대 때부터 지역 보호소에서 자원봉사를 해오고 있다.

해설 보기에 동사 volunteer가 다양한 시제로 나왔으므로 시제 문제이다. 빈칸 앞뒤에 시간 부사구나 부사절을 확인한다. 빈칸 뒤에 현재완료진행 시제와 자주 쓰이는 부사절 'since she was a teenager'가 나왔으므로 10대 때부터 지금까지 계속 진행 중인 상황을 나타내므로 현재완료진행 (d)가 정답이다.

어휘 be known for ~로 유명하다　glamorous 화려한, 매력 넘치는　performance 공연　welfare 복지　activist 운동가, 활동가　volunteer 자원봉사하다　local 지역의　shelter 보호소

참고

현재완료진행

• 형태: have/has been ~ing
• 의미: (~해오고 있는 중이다) 과거에 시작한 행동이 현재까지 계속 진행되고 있음을 나타낸다.
• 자주 쓰이는 시간 부사어구: since + 과거 시점/과거 시제절(~한 이래로), for + 시간명사(~동안), lately(최근에)

The military sergeant was disappointed during the training session with one particular recruit since he seemed to tire very easily. He commanded that the soldier _____ the obstacle course every day for several hours to increase his endurance.

그 군대 병장은 훈련 기간 동안 한 특정 신병에게 실망했는데, 그 신병이 매우 쉽게 지치는 것처럼 보였기 때문이다. 그는 그 병사의 지구력을 향상시키기 위해 매일 몇 시간 동안 장애물 코스를 연습하라고 병사에게 명령했다.

(a) will practice
(b) has practiced
(c) practices
(d) practice

> **해설** 보기에 동사 practice가 다양한 시제와 동사원형으로 나왔으므로 시제 문제 아니면 당위성 동사/이성적 판단 문제이다. 빈칸 앞에 당위성 동사 중 하나인 command가 나왔으므로 당위성 문제이다. 당위성 동사의 목적어인 that절은 'that + 주어 + (should) + 동사원형'의 형태로 쓰이므로 동사원형 (d)가 정답이다.

> **어휘** sergeant 병장 particular 특정한 recruit 신병 tire 지치다 command 명령하다 obstacle course 장애물 코스 endurance 지구력, 참을성

The chef and TV personality often judges contestants very harshly and even yells at some people, but in real life, he is very kind. _____, many people say that he is one of the nicest people they have ever met.

그 요리사 겸 방송인은 종종 참가자들을 매우 가혹하게 심사하고 심지어 몇몇 사람들에게는 소리를 지르기도 하지만, 실생활에서 그는 매우 친절하다. 사실, 많은 사람들은 그가 그들이 여태껏 만난 사람들 중 가장 친절한 사람들 중 하나라고 말한다.

(a) Hence
(b) Otherwise
(c) In fact
(d) Even So

> **해설** 보기에 다양한 연결어가 나왔으므로 연결어 문제이다. 빈칸에다 보기에 있는 연결어를 하나씩 대입해서 가장 자연스럽게 연결되는 것을 고르면 된다. 지텔프 문법에서는 앞뒤 문장의 의미관계가 명확한 원인/이유, 결과, 양보, 부연 설명 등을 나타내는 연결어가 출제된다. 빈칸 앞 문장의 의미는 '그 요리사 겸 방송인은 종종 참가자들에게 매우 가혹하게 대하지만 실생활에서는 매우 친절하다.'이고, 빈칸이 들어간 문장의 의미는 '사실, 많은 사람들은 그가 그들이 여태껏 만난 사람들 중 가장 친절한 사람들 중 하나라고 말한다.'이다. 앞의 내용을 부연해서 좀더 설명하고 있으므로 '사실은'이란 의미를 가진 연결어 (c)가 정답이다.

> **오답분석** (a) Hence(따라서), (b) Otherwise(그렇지 않으면, 다른 방식으로는), (d) Even so(그렇기는 하지만)는 문맥상 어색한 연결어이므로 오답이다.

> **어휘** TV personality 방송인, 연예인 judge 심사하다, 평가하다 contestant (대회) 참가자 harshly 가혹하게 yell at ~에게 소리치다

I was pleasantly surprised to learn that an old friend of mine, _____ when we were children was moving into the house next door. We were friends as children but lost touch over time. It was nice to reconnect like this.

(a) whom I grew up with
(b) what I grew up with
(c) which I grew up with
(d) that I grew up with

나는 어렸을 때 같이 자란 옛 친구가 옆집으로 이사 온다는 것을 알고 놀랐지만 기뻤다. 우리는 어렸을 때 친구였지만 시간이 흐르며 연락이 끊겼었다. 이렇게 다시 가까워지게 되어 좋았다.

해설 보기에 다양한 관계사가 이끄는 절이 나왔으므로 관계사 문제이다. 빈칸 앞에 선행사는 명사 'an old friend of mine'이고 관계사가 이끄는 절 안의 동사구 'grew up with'에서 전치사 with의 목적어 역할을 한다. 선행사가 사람이고 목적격이므로 관계대명사 whom이 적절하다. 따라서 (a)가 정답이다.

오답 분석 (b) what은 선행사를 포함한 관계대명사인데 여기서는 선행사가 있으므로 오답이다. (c) 관계대명사 which는 선행사가 사물일 때 쓰이지만 여기서는 선행사가 사람이므로 오답이다. (d) 관계대명사 that은 계속적 용법에 쓰일 수 없으므로 오답이다.

어휘 pleasantly surprised 놀랍지만 기쁜   grow up 자라다   lose touch 연락이 끊기다   over time 시간이 흐르며 reconnect 다시 가까워지다

Parenting is one of the toughest jobs. My friend wants to homeschool her extremely shy daughter. But if I were to make the choice, I _____ my shy daughter in school so that she could learn social skills.

(a) would put
(b) would have put
(c) are putting
(d) had also put

육아는 가장 힘든 일 중 하나이다. 내 친구는 매우 수줍음을 타는 그녀의 딸을 홈스쿨링하고 싶어 한다. 하지만 만약 내가 선택을 하게 된다면, 나는 그녀가 사교성을 기를 수 있도록 나의 수줍은 딸을 학교에 보낼 것이다.

해설 보기에 동사 put이 다양한 시제와 조동사와 같이 나왔다. 시제 문제 아니면 가정법 문제이다. 빈칸 앞에 if절이 나왔고 이 절의 시제가 과거이므로 가정법 과거이다. 가정법 과거의 주절은 'would/should/could/might + 동사원형'이 와야 하므로 (a)가 정답이다.

어휘 parenting 육아   tough 힘든   homeschool 집에서 가르치다, 홈스쿨링하다   extremely 극도로   make a choice 선택하다 social skills 사교성

Once Dan got home after work, he immediately fell asleep on the couch. He _____ for almost 18 hours straight when he finally finished his paperwork for the new project that the company just launched.

(a) worked
(b) have been working
(c) had been working
(d) will have worked

댄은 퇴근 후 집에 돌아오자 곧바로 소파에서 잠이 들었다. 회사가 막 착수한 새 프로젝트에 대한 서류 작업을 마침내 끝냈을 때, 그는 거의 18시간 동안 계속 일하고 있었다.

해설 ▶ 보기에 동사 work가 다양한 시제로 나왔으므로 시제 문제이다. 빈칸 앞뒤에 시간 부사구나 부사절을 확인한다. 빈칸 뒤에 완료시제 부사구 'for almost 18 hours'가 나왔다. 또한 과거시제 부사절 'when he finally finished his paperwork for the new project that the company just launched'이 나왔으므로 기준 시점이 과거임을 알 수 있다. 과거의 시점을 기준으로 하여 그 이전에 시작된 동작이 그 시점까지 계속 진행 중임을 나타내므로 과거완료진행 (c)가 정답이다.

어휘 ▶ immediately 곧바로 fall asleep 잠이 들다 couch 소파 straight 연속으로 paperwork 문서 작업 launch 착수하다

참고

과거완료진행

· 형태: had been ~ing
· 의미: (~해오고 있었다) 과거의 특정 시점 이전에 시작된 동작이 그때까지 계속 진행 중이었음을 나타낸다.
· 자주 쓰이는 시간 부사 표현: (for + 시간명사) + when/before/until + 과거 시제절

As usual, the paperwork increased towards the end of the year, which also increased the overtime hours for many of the employees. Many of them have not yet finished _____ out the necessary forms.

(a) filling
(b) to have filled
(c) having filled
(d) to fill

여느 때처럼 연말이 다가오며 서류 작업이 늘어났고, 이것은 많은 직원들의 초과 근무도 증가시켰다. 그들 중 상당수는 필요한 서류를 작성하는 것을 아직 끝내지 못했다.

해설 ▶ 보기에 동사 fill이 준동사 형태로 나왔으므로 준동사 문제이다. 빈칸 앞에 동사가 목적어로 동명사를 취하는지, to부정사를 취하는지 확인한다. 빈칸 앞에 동사 finish는 동명사를 목적어로 취하는 동사이므로 동명사 (a)가 정답이다.

오답 분석 ▶ (c) having filled는 완료동명사로서 주절의 동사의 시제보다 한 시제 앞설 때 사용되는데, 여기서는 주절의 동사와 시제가 동일하므로 오답이다. 지텔프 문법에서 준동사가 정답일 때는 단순 준동사만 정답이 되며, 완료형 준동사가 정답이 되는 경우는 극히 드물다.

어휘 ▶ as usual 여느 때처럼 increase 증가하다 overtime hour 시간외 근무, 초과 근무 employee 직원 fill out (서류 등을) 작성하다 necessary 필요한 form 서류, 형식

Despite complaining of pain in his back, the professional soccer player continues to play in games. If I were him, I _____ the doctor's recommendations instead and try to recover at home for a while.

(a) will follow
(b) would have followed
(c) would follow
(d) am following

허리에 통증을 호소하고 있음에도 불구하고, 그 프로 축구 선수는 계속해서 경기에 출전하고 있다. 내가 그 사람이라면, 나는 대신에 의사의 권고에 따라 잠시 동안 집에서 회복하려고 노력할 것이다.

해설 보기에 동사 follow가 다양한 시제와 조동사와 같이 나왔다. 시제 문제 아니면 가정법 문제이다. 빈칸 앞에 if절이 나왔고 이 절의 시제가 과거이므로 가정법 과거이다. 가정법 과거의 주절은 'would/should/could/might + 동사원형'이 와야 하므로 (c)가 정답이다.

어휘 despite ~에도 불구하고   complain of (통증을) 호소하다   back 등, 허리   recommendation 권고   instead 대신에   recover 회복하다   for a while 잠시 동안

After looking at decades of studies on different diets, many nutritionists are coming to the same conclusion. They advise _____ food intake over a longer period of time rather than drastically cutting down calorie intake.

(a) having moderated
(b) to moderate
(c) moderating
(d) to have moderated

다양한 식단에 대한 수십 년간의 연구를 살펴본 후에, 많은 영양학자들은 같은 결론에 도달하고 있다. 그들은 칼로리 섭취량을 급격하게 줄이기보다는 더 오랜 기간에 걸쳐 음식 섭취량을 조절하도록 권고한다.

해설 보기에 동사 moderate가 준동사 형태로 나왔으므로 준동사 문제이다. 빈칸 앞에 동사가 목적어로 동명사를 취하는지, to부정사를 취하는지 확인한다. 빈칸 앞에 동사 advise는 동명사를 목적어로 취하는 동사이므로 동명사 (c)가 정답이다.

어휘 decade 10년   diet 식단   nutritionist 영양학자   come to the conclusion 결론에 도달하다   advise 권고하다, 조언하다   moderate 조절하다, 완화하다   intake 섭취(량)   rather than ~ 보다는   drastically 급격하게   cut down 줄이다

The renovations to the kitchen are taking longer than I have anticipated. I was going to have a dinner party at my house, but I had to cancel. I thought my kitchen would be ready by the summer, but I have a feeling that the renovations _____ when winter comes around.

(a) have been going on
(b) will be going on
(c) were going on
(d) are going on

부엌 수리가 내가 예상했던 것보다 오래 걸리고 있다. 나는 우리 집에서 저녁 파티를 하려고 했는데 취소해야 했다. 나는 여름까지는 부엌이 준비될 것이라고 생각했지만, 겨울이 돌아와도 수리가 계속될 것 같은 느낌이 든다.

해설 ▶ 보기에 동사구 'go on'이 다양한 시제로 나왔으므로 시제 문제이다. 빈칸 앞뒤에 시간 부사구나 부사절을 확인한다. 빈칸 뒤에 시간을 나타내는 부사절 when절이 현재 시제로 쓰여 미래의 의미를 나타내므로 기준 시점이 미래임을 알 수 있다. 미래를 기준 시점으로 하여 그 시점에 계속 진행하고 있을 동작을 나타내므로 미래진행 (b)가 정답이다.

어휘 ▶ renovation 수리, 혁신   anticipate 예상하다   cancel 취소하다   go on 계속되다   come around 돌아오다

> 참고
> **미래진행**
>
> • 형태: will be ~ing
> • 의미: (~하고 있을 것이다) 미래의 특정 시간에 동작이 진행 중일 것임을 나타낸다.
> • 자주 쓰이는 표현: 부사구 – when/if/until + 현재 시제절
>   부사절 – next week/month/year, next time, until then, in the future, tomorrow
> • 시간이나 조건의 부사절 안에서는 현재 시제가 쓰여서 미래의 의미를 나타낸다.

As a major fan of classical music, Amber was excited to visit Britain and immediately bought tickets to the Royal Festival Hall. She can't wait _____ the London Philharmonic Orchestra live in person.

(a) to experience
(b) experiencing
(c) having experienced
(d) to be experiencing

클래식 음악의 열렬한 팬으로서 앰버는 영국을 방문하는 것에 들떴고 즉시 로열 페스티벌 홀의 티켓을 구입했다. 그녀는 런던 필하모닉 오케스트라의 음악을 라이브로 직접 체험하는 것을 몹시 바라고 있다.

해설 ▶ 보기에 동사 experience가 준동사 형태로 나왔으므로 준동사 문제이다. 빈칸 앞에 동사가 목적어로 동명사를 취하는지, to부정사를 취하는지 확인한다. 빈칸 앞에 동사 wait는 to부정사를 목적어로 취하는 동사이므로 단순 to부정사 (a)가 정답이다.

어휘 ▶ major fan 열렬한 팬   immediately 즉시   can't wait ~을 몹시 바라다, ~하는 것을 기다릴 수 없다   in person 몸소, 직접

The small, family-run ice cream shop expanded the menu in order to bring in more customers during the winter months. Now, customers _____ enjoy a variety of hot beverages, including coffee and hot chocolate.

(a) would
(b) might
(c) can
(d) should

가족이 운영하는 작은 아이스크림 가게는 겨울철 동안 더 많은 손님을 끌기 위해 메뉴를 늘렸다. 이제, 고객들은 커피와 핫 초콜릿을 포함한 다양한 뜨거운 음료를 즐길 수 있다.

해설 보기에 다양한 조동사가 나왔으므로 조동사 문제이다. 빈칸에 보기의 조동사를 하나씩 대입해서 문맥상 자연스러운 의미의 조동사를 고른다. 빈칸 앞 문장의 의미는 '아이스크림 가게는 겨울 동안 더 많은 손님을 끌기 위해 메뉴를 늘렸다.'이고, 빈칸이 들어간 문장의 의미는 '고객들은 다양한 뜨거운 음료를 즐길 수 있다.'이다. 따라서 빈칸에는 '~할 수 있다'는 가능의 의미를 가진 조동사 can이 가장 적합하므로 (c)가 정답이다.

오답분석 (a) would(~하곤 했다)는 과거의 습관을, (b) might(~일지도 모른다)는 가능성이 약한 추측을, (d) should(~해야 한다)는 의무를 나타내는 조동사인데 문맥상 자연스럽지 않아서 오답이다.

어휘 family-run 가족이 운영하는   expand 늘리다   bring in ~을 끌어 오다   customer 소비자, 고객   a variety of 다양한   beverage 음료   including ~을 포함하여

The storm created damage to properties and scattered debris all over the city. _____, efforts to find missing people and pets were made far more challenging as rescuers had to navigate through the mess.

(a) Therefore
(b) Furthermore
(c) On the other hand
(d) Until then

폭풍으로 인해 재산 피해가 발생했고 도시 전체에 파편이 흩어졌다. 그러므로 구조대원들이 이 엉망인 상황을 헤쳐 나가야 했기 때문에 실종된 사람들과 반려동물을 찾기 위한 노력은 훨씬 더 어려워졌다.

해설 보기에 다양한 연결어가 나왔으므로 연결어 문제이다. 보기에 있는 연결어를 빈칸에 하나씩 대입하여 문장 앞뒤를 가장 자연스럽게 연결할 수 있는 것을 고르면 된다. 빈칸 앞 문장의 의미가 '폭풍으로 도시 전체에 파편이 흩어졌다'이고, 빈칸이 들어간 문장의 의미는 '그러므로 구조대원들이 엉망인 상황을 헤쳐 나가야 해서 구조를 위한 노력이 더 어려워졌다'이다. 앞 문장에서 원인이 나왔으므로 그 뒤의 연결어는 결과의 의미를 가진 연결어 'Therefore(그러므로)'가 가장 자연스럽다. 따라서 (a)가 정답이다.

오답분석 (b) Furthermore(게다가), (c) On the other hand(반면에), (d) Until then(그때까지)은 문맥상 자연스럽지 않은 연결어이므로 오답이다.

어휘 storm 폭풍   property 재산   scatter 흩뿌리다, 흐트러뜨리다   debris 파편   effort 노력   missing 실종된   challenging 어려운   rescuer 구조자   navigate 헤쳐 나가다   mess 엉망인 상황

> **참고** **결과를 나타내는 연결어**
>
> therefore(그러므로), as a consequence(결과적으로), as a result(결과적으로), consequently(결과적으로), so(그래서), hence(그래서), in consequence(그래서), thus (따라서)

The two siblings constantly fought over everything, so the parents begged that they _____ for at least an hour during their trip to the zoo. Unfortunately, the ceasefire lasted for only 10 minutes before they bickered over ice cream.

(a) got along
(b) get along
(c) is getting along
(d) will get along

두 형제는 모든 것을 두고 끊임없이 싸웠기 때문에 부모들은 적어도 동물원에 가는 한 시간이라도 잘 지내라고 애원했다. 불행히도, 그 휴전은 그들이 아이스크림을 먹으며 말다툼하기 전까지 겨우 10분 동안만 지속되었다.

> **해설** 보기에 동사구 'get along'이 다양한 시제와 동사원형으로 나왔으므로 시제 문제 아니면 당위성/이성적 판단 문제이다. 빈칸 앞에 당위성 동사 중 하나인 beg가 나왔으므로 당위성 문제이다. 당위성 동사의 목적어인 that절은 'that + 주어 + (should) + 동사원형'의 형태로 쓰인다. 따라서 동사원형 (b)가 정답이다.

> **어휘** sibling 형제, 자매   constantly 끊임없이   beg 애원하다   at least 적어도   get along 사이 좋게 지내다   unfortunately 불행히도   ceasefire 휴전   last 지속되다, 계속되다   bicker over 말다툼하다, 옥신각신하다

> **참고** **당위성 동사**
> • 형태: 주어 + 당위성 동사 + that + 주어 + (should) + 동사원형
> • 당위성 문제는 다음의 동사와 함께 나온다.
> advise(조언하다), ask(요청하다), beg(간청하다), command(명령하다), stress(강조하다), demand(요구하다), direct(지시하다), insist(주장하다), instruct(지시하다), intend(의도하다), order(명령하다), prefer(선호하다), propose(제안하다), recommend(권장하다), request(요청하다), require(요구하다), stipulate(규정하다), suggest(제안하다), urge(촉구하다), warn(경고하다)

The longtime employee regretted missing out on several promotions while colleagues who were hired after him received promotions. Had he worked harder and cooperated more with his supervisors and colleagues, he _____ overlooked each time.

(a) would not be
(b) had not been
(c) would not have been
(d) was being

오랫동안 근무한 그 직원은 자신보다 늦게 채용된 동료들이 승진을 하는 동안 승진을 여러 번 놓친 것을 후회했다. 그가 더욱 열심히 일하고 상사와 동료들과 더 협력했었다면, 그는 매번 간과되지 않았을 것이다.

> **해설** 보기에 동사 be가 다양한 시제와 조동사와 같이 나왔으므로 시제 문제 아니면 가정법 문제이다. 빈칸 앞에 if절 'If he had worked harder and cooperated~'에서 접속사 if가 생략되고 주어(he)와 조동사(had)가 도치된 절인 'Had he worked harder and cooperated ~'가 나왔다. if가 생략된 가정절의 시제가 과거완료이므로 가정법 과거완료 문제이다. 가정법 과거완료의 주절에 'would/should/could/might + have p.p.'가 와야 하므로 (c)가 정답이다.

---

21 시제 (현재진행: now) ★★   정답 **(b)**

After the tragic events at the concert which took the lives of several young people, many concert-goers _____ joining a large lawsuit against the organizers of the event as well as the star performer.	몇몇 젊은이들의 목숨을 앗아간 그 콘서트의 비극적인 사건들 이후, 많은 콘서트 관람객들은 이제 그 스타 공연자 뿐만 아니라 행사의 주최자를 상대로 한 대규모 소송에 동참하는 것을 고려하고 있다.

(a) were now considering
(b) are now considering
(c) have now considered
(d) now consider

해설 보기에 동사 consider가 다양한 시제로 나왔으므로 시제 문제이다. 빈칸 앞뒤에 시간 부사구나 부사절을 확인한다. 보기에 현재진행 시제와 자주 쓰이는 부사 now가 나왔으므로 현재진행 (b)가 정답이다.

어휘 **tragic** 비극적인 **take the lives of** ~의 목숨을 앗아가다 **concert-goer** 콘서트 관람객 **consider** 고려하다 **lawsuit** 소송 **organizer** 주최자, 기획자 **A as well as B** B뿐만 아니라 A도 **performer** 공연자

---

22 관계사 (관계대명사: 계속적 용법 which) ★★   정답 **(a)**

The politician was preparing to campaign for the election and was also aware of the growing homeless problem that plagued the city. He needed to work on a solution, or at least promise one, _____.	그 정치인은 선거를 위해 선거 운동을 할 준비를 하고 있었고 또한 도시를 오랫동안 괴롭힌 증가하는 노숙자 문제에 대해서도 인지하고 있었다. 그는 어떤 해결책에 공을 들이거나 최소한 해결책을 약속할 필요가 있었는데 그것은 그가 재선되는데 도움이 될 것이다.

(a) which would help get him reelected
(b) what would help get him reelected
(c) who would help get him reelected
(d) where would help get him reelected

해설 보기에서 다양한 관계사가 나왔으므로 관계사 문제이다. 빈칸 앞에 관계사의 선행사를 찾고, 관계사절에서 그 선행사의 역할을 확인한다. 빈칸 앞 선행사는 a solution을 대신하는 부정대명사 one이다. 선행사가 사물이고 관계사절 안에서 주어 역할을 하며 관계대명사 앞에 콤마가 있는 계속적 용법으로 사용되었으므로 관계대명사 which가 이끄는 절이 빈칸에 적절하다. 따라서 (a)가 정답이다.

오답 분석 (b) what은 선행사를 포함한 관계대명사인데 여기서는 선행사가 있으므로 오답이다. (c) 관계대명사 who는 선행사가 사람일 때 쓰이지만 여기서는 선행사가 사물이므로 오답이다. (d) 관계부사 where는 선행사가 장소이고, 뒤에 완전한 문장이 와야 한다. 여기서는 뒤에 불완전한 문장이 왔고, 선행사가 사물이기 때문에 오답이다.

어휘 **politician** 정치인 **campaign** (선거) 운동을 하다 **election** 선거 **be aware of** ~을 알다, 인지하다 **homeless** 노숙의 **plague** (오랫동안) 괴롭히다 **work on** ~에 공을 들이다 **reelect** 재선하다

The children got very bad stomachaches after they ate all of their Halloween candy on the night that they went trick-or-treating. If they had listened to their parents, they _____ sick.

아이들은 사탕을 받으러 간 날 밤에 핼러윈 사탕을 다 먹은 후 매우 심한 복통을 겪었다. 그들이 부모님의 말씀을 들었더라면, 그들은 아프지 않았을 것이다.

(a) was not getting
(b) would not get
(c) would not have gotten
(d) had not gotten

해설 보기에 동사 get이 다양한 시제와 조동사와 같이 나왔다. 시제 문제 아니면 가정법 문제이다. 빈칸 앞에 if절이 나왔고, 이 절의 시제가 과거완료이므로 가정법 과거완료임을 알 수 있다. 가정법 과거완료의 주절에 'would/should/could/might + have p.p.'가 와야 하므로 (c)가 정답이다.

어휘 stomachache 복통　go trick-or-treating (핼러윈 데이에) 사탕을 받으러 다니다

Although Nathan has enjoyed his time at the company, he will be retiring from his longtime job soon. By the time he leaves, he _____ as the manager of the sales department for almost half a century.

네이션은 회사 생활을 즐겼지만, 곧 그의 오랜 직장에서 은퇴할 것이다. 그가 떠날 때쯤이면 그는 거의 반세기 동안 영업부의 관리자로 일하고 있을 것이다.

(a) works
(b) will have been working
(c) has been working
(d) will work

해설 보기에 동사 work가 다양한 시제로 나왔으므로 시제 문제이다. 빈칸 앞뒤에 시간 부사구나 부사절을 확인한다. 빈칸 앞에 시간 부사절 'By the time he leaves'가 나왔는데 시간 부사절에서 현재 시제는 미래의 의미를 나타내므로 기준 시점이 미래임을 알 수 있다. 빈칸 뒤에 완료시제 부사구 'for almost half a century'가 나왔으므로 미래를 기준으로 이보다 앞서서 시작한 일이 그 미래 시점까지 계속 진행 중일 것임을 나타낸다. 따라서 미래완료진행 (b)가 정답이다.

어휘 retire from ~에서 은퇴하다　longtime 오랜　manager 관리자　sales department 영업부　century 1세기, 100년

참고
미래완료진행

• 형태: will have been ~ing
• 의미: 미래 이전에 시작된 행동이 미래의 특정 시점까지 계속 진행되고 있음을 나타낸다.
• 자주 쓰이는 시간 부사 표현: by the time/when + 현재 시제절 + (for + 시간명사), by/in + 미래 시점 + (for + 시간명사)

The teachers at the private school were annoyed with some of the changes that the administrative offices made. Before, the teachers were allowed to leave campus during their breaks, but now they are expected _____ in their office during their spare periods and even during the summer vacation.

(a) having remained
(b) remaining
(c) to be remaining
(d) to remain

그 사립학교의 교사들은 행정실이 만든 몇 가지 변화에 짜증이 났다. 전에는 교사들이 쉬는 시간 동안 캠퍼스를 떠나는 것이 허용되었지만, 이제는 그들의 수업이 없는 빈 시간과 심지어 여름방학 동안에도 사무실에 남아 있도록 요구된다.

해설 보기에 동사 remain이 준동사 형태로 나왔으므로 준동사 문제이다. 빈칸을 포함하고 있는 문장은 'A expect B to부정사'의 수동 형태로 'B is expected to부정사'가 쓰인 것이다. 즉, 동사 expect의 목적격보어로 쓰였던 to부정사는 동사 expect가 수동형으로 변해도 그 형태가 변하지 않고 is expected 뒤에 to부정사로 온다. 따라서 정답은 (d)이다.

어휘 be annoyed with ~에 짜증이 나다   administrative office 행정실   be allowed to+동사원형 ~하는 것이 허용되다   break 쉬는 시간   be expected to+동사원형 (당연히) ~하도록 요구되다   spare period 비는 시간   remain 남아 있다

> **참고**
> **to부정사를 목적격보어로 취하는 동사**
>
> allow(허락하다), encourage(격려하다), invite(초대하다), permit(허락하다), require(요구하다), ask(요구하다), convince(설득하다), expect(기대하다), persuade (설득하다), tell(말하다), warn(경고하다), cause(야기하다), enable(가능하게 하다), force(강요하다), order(명령하다), urge(촉구하다)

Dementia is a growing problem in societies with aging populations. It is important that people _____ tackling this issue early. By eating healthy and exercising from an early age, people can prevent or at least delay the effects of dementia as they grow older.

(a) are starting
(b) has started
(c) start
(d) will start

치매는 고령화 사회에서 증가하고 있는 문제이다. 사람들이 이 문제를 초기에 대처하기 시작하는 것이 중요하다. 어릴 때부터 건강한 음식을 먹고 운동을 함으로써, 사람들은 나이가 들면서 치매의 영향을 예방하거나 최소한 늦출 수 있다.

해설 보기에 동사 start가 다양한 시제와 동사원형으로 나왔으므로 시제 문제 아니면 당위성/이성적 판단 문제이다. 빈칸 앞에 이성적 판단 형용사 중 하나인 important가 나왔으므로 이성적 판단 문제이다. 이성적 판단 형용사 뒤에는 that절이 나오는데 이 절은 'that + 주어 + (should) + 동사원형'의 형태로 쓰인다. 따라서 동사원형 (c)가 정답이다.

어휘 dementia 치매   growing 증가하는   aging population 고령화 인구   tackle 대처하다   delay 늦추다, 지연시키다   effect 영향, 효과

정답 확인하기

LISTENING														
PART 1	27	(b)	28	(a)	29	(c)	30	(d)	31	(d)	32	(a)	33	(c)
PART 2	34	(d)	35	(c)	36	(b)	37	(a)	38	(b)	39	(d)		
PART 3	40	(b)	41	(a)	42	(d)	43	(c)	44	(b)	45	(a)		
PART 4	46	(c)	47	(d)	48	(c)	49	(b)	50	(d)	51	(b)	52	(d)

문항별 취약 유형 체크하기

PART 1 개인적 대화			PART 3 협상적 대화		
27	세부사항 (Why)		40	주제 (What)	
28	세부사항 (what)		41	세부사항 (what)	
29	세부사항 (How)		42	세부사항 (which of the following)	
30	세부사항 (What)		43	세부사항 (Why)	
31	세부사항 (what)		44	세부사항 (How)	
32	세부사항 (Why)		45	추론 (what)	
33	추론 (What)				
PART 2 발표			PART 4 절차 설명		
34	주제 (What)		46	주제 (What)	
35	세부사항 (Why)		47	세부사항 (Why)	
36	세부사항 (What)		48	세부사항 (What)	
37	세부사항 (How)		49	세부사항 (Why)	
38	세부사항 (What)		50	True or Not True (what)	
39	세부사항 (how)		51	세부사항 (Why)	
			52	추론 (Who)	

★ 틀린 문항을 확인하고 취약한 유형을 집중 학습하세요.

승진 소식 알림	M: I have really good news today. Oh, I am so happy!	M: 오늘 정말 좋은 소식이 있어요. 오, 정말 행복해요!
	F: Oh, yeah? Do share, Ted.	F: 그래요? 알려주세요, 테드.
	M: ²⁷I got a promotion today. You are looking at the new supervisor of the marketing department.	M: ²⁷저 오늘 승진했어요. 당신은 마케팅 부서의 새 관리자를 보고 계신 거예요.
	F: Wow, congrats! I'm really glad for you. So, do you start next week?	F: 와, 축하해요! 당신이 잘 돼서 정말 기뻐요. 그럼 다음 주부터 시작해요?
	M: ²⁸No, I need to finish my current projects in sales before moving over to marketing. I will probably start my new job next month.	M: ²⁸아니요, 마케팅 부서로 옮기기 전에 영업부의 현재 프로젝트를 끝내야 해요. 저는 아마 다음 달부터 새 일을 시작할 거예요.
새 직책에 대한 책임감	F: I see. You have a lot of experience with this company. That'll help in your new position.	F: 그렇군요. 당신은 이 회사에서 경험이 많으시죠. 그것은 새 직책에 도움이 될 거예요.
	M: I know. However, I have never supervised people before. I hope I will be able to cope with all the new responsibilities.	M: 맞아요. 하지만 저는 지금까지 사람들을 관리해 본 적이 없어요. 제가 모든 새로운 책임에 대처할 수 있기를 바라요.
	F: You'll do fine. You are a natural leader!	F: 잘 할 수 있을 거예요. 당신은 타고난 리더예요!
축구팀 지도와 부서 지도의 상관 관계	M: You think so, Lisa?	M: 그렇게 생각해요, 리사?
	F: ²⁹I know so. You are always good at coaching people. You led your soccer team to victory last year, didn't you?	F: ²⁹당연하죠. 당신은 항상 사람들을 잘 지도해요. 작년에 축구팀을 승리로 이끌었잖아요, 그렇지 않나요?
	M: Leading a soccer team and leading a marketing department are not quite the same.	M: 축구팀을 이끄는 것과 마케팅 부서를 이끄는 것은 전혀 같지 않아요.
관리자 자질과 책무	F: Really? ³⁰But I think they are in a way. First, being a supervisor means building a good team where members work well with each other, right?	F: 그런가요? ³⁰그렇지만 제 생각에는 그 두 가지는 어떤 면에서 비슷한 것 같아요. 첫째, 관리자가 된다는 것은 팀원들이 서로와 잘 일하는 좋은 팀을 만드는 것을 의미하죠, 그렇죠?
	M: Right. If members of a team do not understand the tasks of their teammates as well as their own tasks, it will be chaos.	M: 맞아요. 팀원들이 자신의 업무뿐만 아니라 팀 동료들의 업무를 이해하지 못한다면 혼란이 올 거예요.
	F: You got it. Second, a supervisor needs to identify his employees' working habits and job requirements to build a better work environment.	F: 맞아요. 둘째로, 관리자는 보다 나은 작업 환경을 구축하기 위해 직원들의 작업 습관과 직무 상의 요구 사항을 파악해야 해요.

M: That's right. In order for me to improve my employees' performance, I need to understand their working habits and their skills. Then, I can give them a little bit of coaching if the need arises.

F: Yes, you already know what to do. Third, you need to find out what motivates your employees.

M: OK! Everybody needs to be motivated, either finding a better way of doing one's job or putting in extra effort to perform better.

F: Things will not always run smoothly. There will be problem employees. So, fourth, you need to know how to coach, how to counsel, and even how to discipline them.

관리자 자질과 책무

M: All that? Alright. ³¹That is the worst part of being a supervisor. You need to be strong enough to cope with problem employees, to be wise enough to counsel them, and even to be "mean" enough to discipline them.

F: ³²Things will change, and your department needs to be able to adapt to changes.

M: Yeah, technological changes happen every day. I need to get my employees ready.

F: And if you come up with new ideas, you need to be able to "sell" your ideas to your boss and your employees.

M: There is no need to come up with new ideas if you cannot convince people of their value.

F: I couldn't agree more!

덕담과 마무리

M: If I want to lead, then I need to prove that I am a good leader.

F: Definitely. ³³These are the things that you need to do in your new position. It's like coaching the soccer team. You will do fine. All you need to do is to modify your leadership style to the marketing environment.

M: Thanks, Lisa. I appreciate that!

F: You're most welcome, Ted.

M: 맞아요. 제가 직원들의 업무 수행 능력을 향상시키기 위해서는 그들의 업무 습관과 기량을 이해해야 하죠. 그 다음에 필요에 따라 그들에게 약간의 코칭을 할 수 있어요.

F: 네, 당신은 이미 뭘 해야 할지 알고 있네요. 셋째, 무엇이 직원들에게 동기를 부여하는지 알아내야 해요.

M: 좋아요! 모든 사람들은 자신의 일을 잘하는 더 나은 방법을 찾거나 업무 수행을 더 잘하기 위해 추가로 노력을 더 기울이는 등의 동기부여가 필요해요.

F: 일이 항상 순조롭게 진행되지는 않을 겁니다. 문제가 있는 직원들이 있을 거예요. 따라서 넷째, 당신은 그들을 지도하는 법, 조언하는 법, 심지어는 징계하는 법을 알아야 해요.

M: 그걸 다요? 알겠어요. ³¹그것이 관리자가 되는 것의 가장 힘든 부분이에요. 문제가 있는 직원에 대처할 수 있을 정도로 강해야 하고, 그들을 상담할 수 있을 만큼 현명해야 하며, 심지어 그들을 징계할 만큼 '못되어야' 하죠.

F: ³²상황은 바뀔 것이고, 당신의 부서는 변화에 적응할 수 있어야 해요.

M: 맞아요, 매일 기술적인 변화가 일어나고 있어요. 저는 직원들을 준비시켜야 해요.

F: 그리고 만약 새로운 아이디어가 떠오른다면, 당신의 상사와 직원들에게 당신의 아이디어를 '납득시킬' 수 있어야 해요.

M: 사람들에게 그 아이디어의 가치를 납득시킬 수 없다면 새로운 아이디어를 내놓을 필요가 없죠.

F: 전적으로 동의해요!

M: 잘 이끌고 싶다면 내가 좋은 리더라는 것을 증명하는 것이 필요해요.

F: 물론이죠. ³³이것들은 당신이 새로운 직책에서 해야 할 일이에요. 마치 축구팀을 지도하는 것과 같아요. 당신은 잘할 거예요. 당신이 해야 할 일은 리더십 스타일을 마케팅 환경에 맞게 수정하는 거예요.

M: 고마워요, 리사. 감사해요!

F: 천만에요, 테드.

어휘 get a promotion 승진하다 supervisor 관리자 department 부서 Congrats(=Congratulations) 축하해 current 현재의, 지금의 move over to ~으로 옮겨가다 position (일)자리, 지위 supervise 관리하다 cope with 대처하다, 감당하다 responsibility 책임, 책무 natural 타고난, 선천적인 in a way 어떤 면에서, 어느 정도는 teammate 팀원, 팀 동료 chaos 혼란, 혼돈 identify 확인하다, 파악하다 job requirement 직무 요건 work environment 업무 환경 improve 향상시키다 performance 수행(능력), 성과 if the need arises 필요에 따라, 필요할 경우 find out 알아내다, 파악하다 motivate 동기를 부여하다 put in effort 노력을 기울이다 perform 수행하다 run smoothly 순조롭게 진행되다 counsel 상담하다, 조언하다 discipline 가르치다, 징계하다 mean 못된, 심술 궂은 adapt to ~에 적응하다 technological 기술적인 get A ready A를 준비시키다 come up with 생각해내다 sell 납득시키다; 팔리다 convince A of B A에게 B를 납득시키다 value 가치 couldn't agree more 전적으로 동의하다 prove 증명하다 modify 수정하다, 변경하다 appreciate 감사해 하다, 고맙게 여기다 You're most welcome. 천만에요.

---

27 세부사항 (Why) ★★   정답 (b)

Why is Ted pleased?

(a) because he got a salary increase
(b) because he was promoted at work
(c) because he will be getting married
(d) because he will be taking a job abroad

테드는 왜 기뻐하는가?

(a) 급여가 올랐기 때문에
(b) 직장에서 승진했기 때문에
(c) 결혼할 것이기 때문에
(d) 해외에서 취직할 것이기 때문에

해설 대화에서 "²⁷I got a promotion today. You are looking at the new supervisor of the marketing department."(저 오늘 승진했어요. 당신은 마케팅 부서의 새 관리자를 보고 계신 거예요.)라고 하였다. 마케팅 부서의 관리자로 승진해서 기쁘므로 (b)가 정답이다.

어휘 get a salary increase 급여 인상을 받다 be promoted 승진하다 get married 결혼하다 take a job 취직하다, 일을 맡다

---

28 세부사항 (what) ★★   정답 (a)

According to the conversation, what is preventing Ted from starting his new position right away?

(a) He has some unfinished projects to complete.
(b) He needs to pack his things first.
(c) He needs to be coached about his job.
(d) He has some workshops to attend first.

대화에 따르면 테드가 새 직책을 바로 시작하지 못하게 막고 있는 것은 무엇인가?

(a) 끝내야 할 몇 가지 미완성된 프로젝트가 있다.
(b) 먼저 짐을 싸야 한다.
(c) 그의 직업에 대해 지도를 받아야 한다.
(d) 먼저 참석해야 할 워크숍이 있다.

해설 대화에서 "²⁸No, I need to finish my current projects in sales before moving over to marketing."(아니요, 마케팅 부서로 옮기기 전에 영업부의 현재 프로젝트를 끝내야 해요.)라고 하였다. 진행 중이던 프로젝트가 있어서 이를 완수해야 하므로 바로 새 직책을 시작할 수 없는 상황이다. 따라서 (a)가 정답이다.

Paraphrasing I need to finish my current projects in sales ➡ He has some unfinished projects to complete.

어휘 prevent A from ~ing A가 ~하는 것을 못하게 막다 right away 바로 unfinished 미완성의 complete 끝내다 attend 참석하다

How did Ted prove his leadership with the soccer team?

(a) by helping the team captain be a good leader
(b) by training them rigorously every single day
(c) by bringing the team to a great triumph
(d) by helping all the players improve their skills

테드는 어떻게 축구팀에서의 리더십을 증명했는가?

(a) 팀의 주장이 좋은 리더가 되도록 도움으로써
(b) 매일 그들을 엄격하게 훈련시킴으로써
(c) 팀에게 큰 승리를 가져옴으로써
(d) 모든 선수들이 기술을 향상시키도록 도움으로써

> **해설** 대화에서 "²⁹I know so. You are always good at coaching people. You led your soccer team to victory last year, didn't you?"(당연하죠. 당신은 항상 사람들을 잘 지도해요. 작년에 축구팀을 승리로 이끌었잖아요. 그렇지 않나요?)라고 하였다. 테드는 축구팀을 승리로 이끌어 지도력을 입증했으므로 (c)가 정답이다.

> **Paraphrasing** led your soccer team to victory ➡ by bringing the team to a great triumph

> **어휘** prove 증명하다   team captain 팀 주장   rigorously 엄격하게, 혹독하게   triumph 승리

What is Lisa's suggestion for Ted to be a good leader?

(a) to use a different strategy to lead this team
(b) to take managerial and leadership classes online
(c) to meet the former marketing supervisor for tips
(d) to lead the department like he led the soccer team

테드가 좋은 리더가 되기 위한 리사의 제안은 무엇인가?

(a) 이 팀을 이끌기 위해 다른 전략을 사용하기
(b) 온라인으로 경영 및 리더십 수업을 듣기
(c) 조언을 듣기 위해 전 마케팅 책임자를 만나기
(d) 축구팀을 이끈 것처럼 부서를 이끌기

> **해설** 대화에서 "³⁰But I think they are in a way. First, being a supervisor means building a good team where members work well with each other, right?"(그렇지만, 제 생각에는 그 두 가지는 어떤 면에서 비슷한 것 같아요. 첫째, 관리자가 된다는 것은 팀원들이 서로 잘 일하는 좋은 팀을 만드는 것을 의미하죠. 그렇죠?)라고 하였다. 리사는 테드가 축구팀을 승리로 이끈 것과 새 부서를 이끄는 것은 어떤 의미에서는 같다면서 팀원이 서로 잘하도록 좋은 팀을 만들 것을 제안하고 있다. 따라서 (d)가 정답이다.

> **어휘** suggestion 제안   strategy 전략   managerial 경영의, 관리의   former 이전의   supervisor 책임자, 관리자   department 부서

According to Ted, what is the downside of being a supervisor?

(a) There are too many employees.
(b) The salary is not very lucrative.
(c) Extensive work experience is needed.
(d) Scolding employees is unpleasant.

테드에 따르면 관리자가 되는 것의 단점은 무엇인가?

(a) 직원이 너무 많다.
(b) 봉급은 그다지 높지 않다.
(c) 광범위한 업무 경험이 요구된다.
(d) 직원을 꾸짖는 일은 불쾌하다.

대화에서 "³¹That is the worst part of being a supervisor. You need to be strong enough to cope with problem employees, to be wise enough to counsel them, and even to be "mean" enough to discipline them."(그것이 관리자가 되는 것의 가장 힘든 부분이에요. 문제가 있는 직원에 대처할 수 있을 정도로 강해야 하고, 그들을 상담할 수 있을 만큼 현명해야 하며, 심지어 그들을 징계할 만큼 '못되어야' 해요.) 라고 하였다. 관리자로서 가장 힘든 부분은 문제 직원을 다루는 일로, 문제 직원에게 조언하고 상담하면서 원치 않게 싫은 소리도 해야 한다는 것이다. 따라서 (d)가 정답이다.

downside 단점 employee 직원 lucrative 고수익의, 수익성이 좋은 extensive 광범위한 scold 꾸짖다 unpleasant 불쾌한

---

32 세부사항 (Why) ★★   정답 (a)

Why should employees be able to adjust?

(a) because technology continues to develop
(b) because there are new employees every month
(c) because there are new company policies
(d) because marketing supervisors keep changing

직원들은 왜 적응할 수 있어야 하는가?

(a) 기술은 계속해서 발전하고 있기 때문에
(b) 매달 신입사원이 있기 때문에
(c) 새로운 회사 방침이 있기 때문에
(d) 마케팅 관리자는 계속 바뀌기 때문에

대화에서 "F: ³²Things will change, and your department needs to be able to adapt to changes."(상황은 바뀔 것이고, 당신의 부서는 변화에 적응할 수 있어야 해요.), "M: Yeah, technological changes happen every day. I need to get my employees ready."(맞아요, 매일 기술적인 변화가 일어나고 있어요. 저는 직원들을 준비시켜야 해요.)라고 하였다. 기술적 변화가 늘 일어나고 상황도 시시각각 변하기 때문에 직원들을 변화에 적응하도록 준비시켜야 한다고 했으므로 (a)가 정답이다.

adjust 적응하다 continue to+동사원형 계속해서 ~하다 policy 방침, 정책 supervisor 관리자

---

33 추론 (What) ★★★   정답 (c)

What will Ted probably do in the coming week?

(a) coach the soccer team next month
(b) look for a less challenging job soon
(c) adapt his coaching method to his new job
(d) learn about leadership from a friend

테드는 다가오는 주에 무엇을 할 것 같은가?

(a) 다음 달부터 축구팀을 지도한다
(b) 덜 도전적인 일을 곧 찾아본다
(c) 그의 지도 방법을 새로운 직책에 적응시킨다
(d) 친구로부터 리더십에 대해 배운다

대화에서 "³³These are the things that you need to do in your new position. It's like coaching the soccer team. You will do fine. All you need to do is to modify your leadership style to the marketing environment."(이것들은 당신이 새로운 직책에서 해야 할 일이에요. 마치 축구팀을 지도하는 것과 같아요. 당신은 잘할 거예요. 당신이 해야 할 일은 리더십 스타일을 마케팅 환경에 맞게 수정하는 거예요.)라고 하였다. 테드가 축구팀을 지도했을 때 발휘했던 리더십을 마케팅 부서에 맞게 수정하면 된다고 했고, 테드는 그 조언을 감사히 받아들였으므로 이를 바탕으로 테드가 다음 할 일을 추론해 볼 수 있다. 따라서 (c)가 정답이다.

modify your leadership style to the marketing environment ➡ adapt his coaching method to his new job

coming 다가오는 challenging 힘든, 도전적인 adapt A to B A를 B에 적응시키다 method 방법 leadership 리더십, 지도력

협상 기술의 필요성	Good morning, everyone! Welcome to our quarterly business conference. I'm going to address a subject matter that will be of interest to all of you. When it comes to negotiation skills, it takes much more than acquiring textbook information. It requires hands-on experience. Being an experienced negotiator can come in handy in various situations, such as getting the right salary during a job offer or deciding what to eat with your family members.	여러분, 좋은 아침입니다! 분기별 사업 회의에 오신 것을 환영합니다. 저는 여러분 모두가 관심을 가질 주제를 말씀드리겠습니다. 협상 기술에 있어서 그것은 교과서적인 정보를 습득하는 것보다 훨씬 더 많은 것을 필요로 합니다. 그것은 실무 경험을 필요로 합니다. 숙련된 협상가가 되는 것은 채용 협상 동안 적절한 급여를 받는 것이나 가족과 무엇을 먹을지 결정하는 것과 같은 다양한 상황에서 유용할 수 있습니다.
다른 문화권 상대와 협상 방법	Today we will dive into a complex aspect of negotiation. Let me first ask you the following question: are you struggling with cross-cultural negotiations? If the answer is yes, [34]learn how to overcome cultural barriers, improve your cultural intelligence, and negotiate more successfully by implementing the steps I'll share with you in a few minutes.	오늘은 협상의 복잡한 양상을 살펴보겠습니다. 먼저 여러분에게 다음과 같은 질문을 드리겠습니다: 다양한 문화 간의 협상에 어려움을 겪고 계십니까? 만약 답이 '그렇다'라면, [34]제가 몇 분 후에 여러분에게 공유해 드릴 단계들을 실행함으로써 문화적 장벽을 극복하고, 문화적 지능을 향상시키고, 더 성공적으로 협상할 수 있는 방법을 배우세요.
문화적 장벽 극복의 이점	[35]Overcoming cultural barriers in negotiations can help you understand cultural differences better and consequently improve your working relationships with people at every level. Whether you are an executive member of your company or an aspiring manager, the following tips will help you discover the crucial negotiation strategies you need to succeed.	[35]협상에서 문화적 장벽을 극복하는 것은 당신이 문화적 차이를 더 잘 이해하고, 결과적으로 모든 직급의 사람들과 업무 관계를 개선하도록 도와줄 수 있습니다. 당신이 회사의 경영진이든 매니저가 되길 바라는 사람이든, 다음의 조언들은 당신이 성공하는 데 필요한 중요한 협상 전략들을 발견하는 데 도움을 줄 것입니다.
해외 업체의 문화 조사	Therefore, to ensure success, [36]do your homework before engaging with a foreign counterpart. Learn about your supplier's culture through reading and conversations with people who know about the country. Do not overlook anything, as is often the case with many.	그러므로 성공을 확실히 하기 위해, [36]해외의 상대방을 대하기 전에 사전 조사를 하세요. 독서와 공급업자의 나라에 대해 잘 아는 사람과의 대화를 통해서 그 나라의 문화에 대해 배우세요. 많은 사람들의 경우에 그런 것처럼, 그 어떤 것도 간과하지 마세요.
국제 협상의 어려움: 문화적 차이	[37]When negotiating with foreign suppliers, you'll face various challenges, such as unfamiliar laws and government policies, that are usually absent from negotiations with U.S. suppliers. One particular	[37]외국 공급업체와 협상할 때, 미국 공급업체와의 협상에는 보통 존재하지 않는 생소한 법률이나 정부 정책 등 다양한 어려움에 당신은 직면하게 될 것입니다. 대개 국제

국제 협상의 어려움: 문화적 차이	challenge that usually complicates international negotiations is cultural differences between the two sides.	협상을 복잡하게 만드는 특히 어려운 문제는 양측의 문화적 차이입니다.
문화적 차이가 미치는 영향(1)	Differences in culture complicate business negotiations and relationships in many ways. First, cultural differences can create communication problems. For example, if in response to one of your proposals your Japanese supplier says, "That's difficult," you might mistakenly assume that there is still room for further discussion when, in fact, your supplier, who hates confrontation, was just saying a flat "no."	문화의 차이는 비즈니스 협상과 관계를 여러모로 복잡하게 만듭니다. 첫째로, 문화적 차이는 의사소통 문제를 야기할 수 있습니다. 예를 들어, 당신의 제안 중 하나에 대한 대답으로 일본 공급업체가 "그것은 곤란합니다"라고 말할 경우, 실제로는 대립을 싫어하는 공급업체가 딱 잘라 그냥 "아니오"라고 말하고 있는 상황인데, 당신은 아직 추가로 논의할 여지가 있다고 착각할 수 있습니다.
문화적 차이가 미치는 영향 (2)	Secondly, cultural differences can lead to behavior misunderstanding. In general, Americans may view the hiring of relatives as favoritism, but in the Middle East, hiring a relative is considered to be a necessary practice to secure trustworthy and loyal employees.	둘째, 문화적 차이는 행동을 오해하게 할 수 있습니다. 일반적으로 미국인들은 친인척을 고용하는 것을 편애로 여길 수 있지만, 중동에서는 친인척을 고용하는 것을 신뢰할 수 있고 충성스러운 직원을 확보하기 위한 필수적인 관행으로 여깁니다.
문화적 차이가 미치는 영향 (3)	Thirdly, cultural differences influence the structure and substance of a deal. For instance, when McDonald's first launched its operations in Thailand, it insisted on following its traditional American menu. [38]However, later, when it came under pressure from its Thai counterpart, it allowed the sale of noodles, a dish traditionally served on special occasions in Thailand. As a result, sales increased. Since differences in culture will consistently require adaptation of products and personnel practices abroad, negotiators need to be open to suggestions for change.	셋째, 문화적 차이는 거래의 구조와 핵심에 영향을 미칩니다. 예를 들어, 맥도날드가 태국에서 처음 사업을 시작했을 때, 그들은 전통적인 미국식 메뉴를 따르는 것을 고집했습니다. [38]그러나 이후 태국의 상대측으로부터 압력을 받자 태국에서 전통적으로 특별한 날에 제공되는 음식인 국수의 판매를 허용했습니다. 그 결과 매출이 증가했습니다. 문화의 차이는 해외에서의 상품과 인사 관행의 변경을 지속적으로 요구할 것이기 때문에, 협상가들은 변화를 위한 제안에 개방적이어야 합니다.
문화적 차이가 미치는 영향 (4)	Finally, culture can influence the way people behave and interact at the negotiating table. In Spain, for example, the primary goal of a business negotiator is to get a signed contract, whereas negotiators in other cultures, including India, are focused on establishing an efficient long-term relationship.	마지막으로, 문화는 협상 테이블에서 사람들이 행동하고 상호작용하는 방식에 영향을 미칠 수 있습니다. 예를 들어 스페인에서는 비즈니스 협상가의 주요 목표가 서명된 계약서를 얻어내는 것이지만, 인도를 포함한 다른 문화권의 협상가들은 효율적인 장기적 관계를 구축하는 데 초점을 맞추고 있습니다.
문화적 차이를 줄이는 방법	Cultural differences will always create a divide between you and your suppliers. [39]So, your role is to constantly search for ways to bridge that gap for better negotiation outcomes. One way to build bridges is to find something in common between you and your suppliers, such as a shared interest or goal.	문화적 차이는 당신과 당신의 공급업자들 사이에 항상 차이점을 만들 것입니다. [39]따라서 당신의 역할은 더 나은 협상 결과를 위해 그 격차를 좁힐 방법을 끊임없이 모색하는 것입니다. 다리를 놓는 방법 중 하나는 여러분과 공급업자 사이에 공동 관심사나 목표와 같은 공통된 무언가를 발견하는 것입니다.

---

34 주제 (What) ★★   정답 (d)

What is the main purpose of the talk?

(a) to explain the different types of cultures
(b) to discuss the best business ventures
(c) to give tips on how to manage conflicts
(d) to give tips on how to negotiate across cultures

이 담화의 주된 목적은 무엇인가?

(a) 다른 종류의 문화에 대해 설명하기
(b) 최고의 비즈니스 벤처에 대해 논의하기
(c) 갈등을 관리하는 방법에 대해 조언하기
(d) 문화를 초월하여 협상하는 방법에 대해 조언하기

해설 담화 2단락에서 "³⁴learn how to overcome cultural barriers, improve your cultural intelligence, and negotiate more successfully by implementing the steps I'll share with you in a few minutes"(제가 몇 분 후에 여러분에게 공유해 드릴 단계들을 실행함으로써 문화적 장벽을 극복하고, 문화적 지능을 향상시키고, 더 성공적으로 협상할 수 있는 방법을 배우세요)라고 하였다. 문화적 장벽을 극복하고 성공적으로 협상할 방법에 대해 알려 주겠다고 했으므로 (d)가 정답이다.

어휘 purpose 목적, 의도 discuss 논의하다 conflict 갈등 give a tip on ~에 대해 조언하다 negotiate 협상하다

---

35 세부사항 (Why) ★★   정답 (c)

Why is it important to understand the differences in cultures?

(a) It eliminates language and behavior barriers.
(b) It enables more business opportunities.
(c) It builds better relationships among partners.
(d) It allows businessmen to make more profit.

문화의 차이를 이해하는 것이 왜 중요한가?

(a) 언어와 행동의 장벽을 없앤다.
(b) 더 많은 사업 기회를 가능하게 한다.
(c) 파트너 간 더 좋은 관계를 구축한다.
(d) 사업가들이 더 많은 이익을 낼 수 있게 한다.

해설 담화 3단락에서 "³⁵Overcoming cultural barriers in negotiations can help you understand cultural differences better and consequently improve your working relationships with people at every level."(협상에서 문화적 장벽을 극복하는 것은 당신이 문화적 차이를 더 잘 이해하고, 결과적으로 모든 직급의 사람들과 업무 관계를 개선하도록 도와줄 수 있습니다.)라고 하였다. 문화적 장벽을 극복하면 문화적 차이를 이해할 수 있어 업무 파트너와 관계를 더 좋게 하는데 도움이 된다고 했으므로 (c)가 정답이다.

Paraphrasing improve your working relationships with people at every level
⇒ It builds better relationships among partners.

어휘 eliminate 제거하다 enable 가능하게 하다 opportunity 기회 businessmen 사업가, 회사원 make a profit 이익을 내다

---

36 세부사항 (What) ★★   정답 **(b)**

What should one do before going into business with foreign companies?	외국 기업과 사업을 하기 전에 무엇을 해야 하는가?
	(a) 미리 그 나라로 여행을 간다
(a) take a trip to the country ahead of time	(b) 사전에 그 회사를 철저히 조사한다
(b) research the company thoroughly in advance	(c) 해외 협상에 대한 교과서를 읽는다
(c) read a textbook about foreign negotiation	(d) 문화에 관한 온라인 강좌를 듣는다
(d) take an online course about culture

해설 담화 4단락에서 "³⁶do your homework before engaging with a foreign counterpart. Learn about your supplier's culture through reading and conversations with people who know about the country."(해외의 상대방을 대하기 전에 사전 조사를 하세요. 독서와 공급업자의 나라에 대해 잘 아는 사람과의 대화를 통해서 그 나라의 문화에 대해 배우세요.)라고 하였다. 해외 기업과 상대하기 전에 그 기업의 문화에 대해 미리 배우라고 했으므로 (b)가 정답이다.

Paraphrasing Learn about your supplier's culture through reading and conversations with people who know about the country. ⇒ research the company thoroughly in advance

어휘 take a trip to ~로 여행 가다 ahead of time 사전에, 미리 thoroughly 철저히 in advance 미리 textbook 교과서

---

37 세부사항 (How) ★★★   정답 **(a)**

How is doing business with foreign providers different from local ones?	해외 공급업체와 거래하는 것은 현지 업체와 어떻게 다른가?
	(a) 정부 규제는 대부분 매우 다르다.
(a) Government regulations are often very different.	(b) 통상 정책은 일반적으로 현지 업체들과 비슷하다.
(b) Trading policies are usually similar to the local ones.	(c) 세율은 보통 해외와 국내에서 똑같이 높다.
(c) Tax rates are often equally high abroad and locally.	(d) 배송비는 국제적으로나 국내적으로나 비슷하다.
(d) Shipping costs are similar internationally and nationally.

해설 담화 5단락에서 "³⁷When negotiating with foreign suppliers, you'll face various challenges, such as unfamiliar laws and government policies, that are usually absent from negotiations with U.S. suppliers."(외국 공급업체와 협상할 때, 미국 공급업체와의 협상에는 보통 존재하지 않는 생소한 법률이나 정부 정책 등 다양한 어려움에 당신은 직면하게 될 것입니다.)라고 하였다. 미국 내 업체와는 달리 외국 업체와 거래할 때에는 생소한 법률이나 정부 정책으로 인해 어려움이 있다고 했으므로 (a)가 정답이다.

Paraphrasing you'll face various challenges, such as unfamiliar laws and government policies, that are usually absent from negotiations with U.S. suppliers ⇒ Government regulations are often very different.

어휘 provider 공급업체 similar to ~와 비슷한 local 현지의 regulation 규제 trading policy 통상 정책 tax rate 세율 shipping cost 배송비 nationally 국내적으로

What was the situation at McDonald's in Thailand like?

(a) McDonald's decided to stick to the regular menu.
(b) McDonald's was compelled to adjust its menu.
(c) The locals could not read the English menu.
(d) The locals did not enjoy the hamburgers.

태국 맥도날드의 상황은 어땠는가?

(a) 맥도날드는 일반적인 메뉴를 고수하기로 결정했다.
(b) 맥도날드는 어쩔 수 없이 메뉴를 조정해야 했다.
(c) 현지인들은 영어 메뉴를 읽을 수 없었다.
(d) 지역 주민들은 햄버거를 즐기지 않았다.

해설 담화 8단락에서 "³⁸However, later, when it came under pressure from its Thai counterpart, it allowed the sale of noodles, a dish traditionally served on special occasions in Thailand."(그러나 이후 태국의 상대측으로부터 압력을 받자 태국에서 전통적으로 특별한 날에 제공되는 음식인 국수의 판매를 허용했습니다.)라고 하였다. 태국 맥도날드는 태국 현지의 문화를 고려하여 맥도날드 매장에서 국수 메뉴도 판매했으므로 현지에 맞게 메뉴를 조정한 (b)가 정답이다.

Paraphrasing when it came under pressure from its Thai counterpart, it allowed the sale of noodles
➡ McDonald's was compelled to adjust its menu.

어휘 stick to (바꾸지 않고) 고수하다   be compelled to+동사원형 어쩔 수 없이 ~하다   adjust 조정하다, 조절하다   local 현지인, 주민

According to the speaker, how should a negotiator consistently behave around foreign counterparts?

(a) look for new and exciting business ventures
(b) explore other cultures for more knowledge
(c) find partners with the same cultural background
(d) establish connections through a shared interest

화자에 따르면 협상가는 외국 상대방에 대해 어떻게 일관되게 행동해야 하는가?

(a) 새롭고 흥미로운 비즈니스 벤처를 찾는다
(b) 더 많은 지식을 얻기 위해 다른 문화를 탐구한다
(c) 같은 문화적 배경을 가진 파트너를 찾는다
(d) 공통의 관심사를 통해 관계를 구축한다

해설 담화 10단락에서 "³⁹So, your role is to constantly search for ways to bridge that gap for better negotiation outcomes. One way to build bridges is to find something in common between you and your suppliers, such as a shared interest or goal."(따라서 당신의 역할은 더 나은 협상 결과를 위해 그 격차를 좁힐 방법을 끊임없이 모색하는 것입니다. 다리를 놓는 방법 중 하나는 여러분과 공급업자 사이에 공동 관심사나 목표와 같은 공통된 무언가를 발견하는 것입니다.)라고 하였으므로 (d)가 정답이다.

어휘 consistently 일관되게   behave 행동하다   explore 탐구하다, 조사하다   knowledge 지식   establish 구축하다   connection 관계, 관련성

대입을 위해 필요한 SAT 시험	M: Hey, Cathy, that test was so long! Four hours! I really do not understand why we have to take this test anyway. Isn't our grade point average (GPA) good enough for colleges? F: The test was OK, Mike! GPAs cannot be used as the curriculums of most high schools differ. ⁴¹So, the SAT allows colleges to give every student a fair chance to enter their college of choice. M: That makes sense. ⁴⁰Either way, I really hope I do not have to take the test again and we can both complete our college applications. F: ⁴²I'm with you. We just need the score that will get us where we want to go. Let's just wait and see. Anyways, did you get recommendation letters?	M: 캐시, 그 시험은 너무 길었어! 4시간! 나는 게다가 우리가 왜 이 시험을 봐야 하는지 정말 모르겠어. 대학에 가기 위해 GPA(평균 평점)면 충분하지 않나? F: 시험은 괜찮았어, 마이크! 대부분의 고등학교의 교육 과정은 다 다르기 때문에 GPA는 사용될 수 없어. ⁴¹그래서, SAT는 대학들이 모든 학생들에게 그들이 선택한 대학에 들어갈 수 있도록 공평한 기회를 주도록 해주지. M: 일리가 있네. ⁴⁰어느 쪽이든, 나는 정말 내가 이 시험을 다시 볼 필요가 없고 우리 둘 다 대학 지원을 마무리할 수 있기를 바라. F: ⁴²나도 동의해. 우리가 원하는 곳으로 갈 수 있게 하는 점수만 있으면 돼. 그냥 기다려 보자. 그나저나 너는 추천서를 받았니?
대입 추천서 부탁	M: I have asked two of my favorite teachers to write me one. I liked both their classes, and I think they got to know me better than most teachers, so hopefully, the letters will be well-written. What about you? F: I have also asked my sociology and my English teacher. M: ⁴³So, we both asked the English teacher, Mrs. Smith, then. Isn't she the best? I wish I could have another class with her. F: I agree. Mrs. Smith really enjoys teaching, and it definitely helps her students learn much faster.	M: 나는 내가 가장 좋아하는 선생님 두 분께 추천서를 써 달라고 부탁했어. 나는 그분들의 수업이 모두 좋았고 그들이 대부분의 선생님들보다 나를 더 잘 알게 되었다고 생각하기 때문에, 바라건대 추천서가 잘 쓰였으면 좋겠어. 너는 어때? F: 나 역시 사회 선생님과 영어 선생님께 부탁드렸어. M: ⁴³그럼, 우리 둘 다 영어 선생님인 스미스 선생님께 부탁드렸구나. 그녀가 최고 아니니? 나는 그녀의 또 다른 수업도 들을 수 있으면 좋겠어. F: 동감이야. 스미스 선생님은 가르치는 것을 정말 좋아하고, 그것은 확실히 그녀의 학생들이 훨씬 더 빨리 배우는 데 도움이 돼.
지원할 대학 선택	M: What colleges are you thinking of applying to? Have you visited any campuses yet? F: I am still considering whether I should stay close to home or go to an out-of-state school. I have toured the University of Michigan, and the people	M: 어느 대학에 지원할 생각이야? 너는 캠퍼스에 가 본 적이 있니? F: 나는 집에서 가까운 곳에 있어야 할지 아니면 다른 주에 있는 학교에 가야 할지 아직 고민 중이야. 미시건 대학을 견학했는데 그곳 사람들은 매우

	there were very friendly. ⁴⁴I have also visited the University of Notre Dame in Chicago. It's something I recommend as it gives students a practical experience of what things will be like if they enroll. What about you? Have you checked out any campuses yet?

지원할 대학 선택	M: I want to stay close to home, which is on the West Coast. So, I am hoping to go to California State University. F: Which one? There is practically one in each of the big cities. M: Perhaps UCLA, the University of California, Los Angeles. But I am not too worried just yet. I am more worried about my SAT score right now! If my score is low, I'll have to redo the test.
대학 전공 학과 선택	F: I understand how you feel. Have you decided what to study yet? Any majors in mind? I'm thinking about majoring in English myself. M: English is definitely a possibility. I was thinking about becoming an English teacher, like Mrs. Smith. But I was also considering majoring in biological sciences, which of course will require a lot of work and research in comparison to English. F: Why? English and biological sciences are two radically different areas of study. What would you do with a degree in biological sciences? M: I'm also wondering whether I should pursue medicine. It may be too early to decide, but if I want to become a doctor, the classes I would take as a biological science student would fulfill most of the requirements for medical school.
격려 및 마무리	F: Anyway, ⁴⁵I do not think you have to worry about getting into college. I am sure you did fine on the test, Mike. Let's just keep trying our best. M: You're right, Cathy! I did give it my best shot. We'll know soon. Have patience!

친절했어. ⁴⁴나는 시카고의 노트르데임 대학도 방문해봤어. 등록을 하면 어떤 일이 벌어질지 학생들에게 실제적인 경험을 할 수 있게 해주기 때문에 나는 그것을 추천해. 너는 어때? 너는 캠퍼스를 벌써 확인해 봤니?

M: 나는 웨스트 코스트에 있는 우리집에서 가까운 곳에 있고 싶어. 그래서 나는 캘리포니아 주립대학에 가기를 희망하고 있어.

F: 어느 것을 말하는 거야? 사실상 각 대도시마다 하나씩 있잖아.

M: 아마도 로스앤젤레스에 있는 캘리포니아 대학교인 UCLA 말이야. 하지만 나는 아직 크게 걱정하지 않아. 나는 지금 당장은 SAT 점수가 더 걱정돼! 점수가 낮으면 나는 다시 시험을 봐야 할 거야.

F: 너의 심정을 이해해. 너는 무엇을 공부할지 이미 결정했니? 생각하고 있는 전공이 있어? 나는 영어를 전공할까 생각 중이야.

M: 영어는 확실히 선택할 가능성이 있어. 나는 스미스 선생님처럼 영어 선생님이 되는 것에 대해 생각하고 있었어. 하지만 나는 생물학을 전공하는 것도 고려 중이었는데, 물론 그것은 영어에 비하면 많은 노력과 연구가 필요할 거야.

F: 왜? 영어와 생물학은 근본적으로 두 개의 서로 다른 학문 분야잖아. 생물학 학위를 따면 무엇을 할 거니?

M: 나는 또 의학을 전공해야 할지 고민하고 있어. 결정하기는 너무 이르지만, 의사가 되고 싶다면 생물학 학생으로서 듣게 될 수업은 의과대학의 대부분의 요건을 충족시킬 수 있을 거야.

F: 어쨌든, ⁴⁵나는 네가 대학 진학에 대해 걱정할 필요는 없다고 생각해. 나는 네가 시험을 잘 봤다고 확신해, 마이크. 우리 그냥 계속해서 최선을 다하자.

M: 네 말이 맞아, 캐시! 난 최선을 다했어. 우리는 곧 알게 될 거야. 인내심을 가져봐!

anyway 게다가, 그나저나 grade point average (GPA) 성적 평균, 평점 curriculum 교육 과정 differ 다르다 SAT (Scholastic Aptitude Test) 대학수학능력 시험 fair 공평한 either way 어느 쪽이든 application 지원 I'm with you 나도 동의해 recommendation letter 추천서 get to ~하기 시작하다 hopefully 바라건대 sociology 사회학 definitely 분명히 apply to (대학, 회사)에 지원하다 consider 고려하다 out-of-state 다른 주의 tour 견학하다 recommend 추천하다 practical 실제적인 enroll 등록하다 check out ~을 확인하다, 알아보다 coast 해안 practically 사실상, 거의 redo the test 시험을 다시 보다 major 전공; 전공하다 possibility 가능성 biological science 생물학 require 요구하다, 필요로 하다 in comparison to ~에 비해 radically 근본적으로 degree 학위 wonder ~일지 생각하다 pursue 추구하다, 전공하다 medicine 의학, 의술 fulfill 충족시키다 requirement 요건, 요구 사항 give one's best shot 최선을 다하다 have patience 인내심을 가지다

40　주제 (What) ★★　　　　　　　　　　　　　　　　　　　　　　　정답 (b)

What are the speakers mainly talking about?

(a) where to take the SAT within their state
(b) the considerations for applying to a college
(c) their eligibility for college scholarships
(d) who is the best teacher at school

화자들은 무엇에 대해 이야기하고 있는가?

(a) 그들의 주 내에서 SAT 시험을 어디서 볼지
(b) 대학에 지원할 때 고려할 사항들
(c) 대학 장학금을 받을 자격
(d) 학교에서 가장 좋은 선생님은 누구인지

해설 대화에서 "⁴⁰Either way, I really hope I do not have to take that test again and we can both complete our college applications."(어느 쪽이든, 나는 정말 내가 이 시험을 다시 볼 필요가 없고 우리 둘 다 대학 지원을 마무리할 수 있기를 바래.)라고 하였다. 이처럼 대학 지원에 필수적인 SAT 점수뿐 아니라, 뒤이어 잘 쓰여진 추천서를 받는 문제, 대학 및 학과 선택 시 고려하고 있는 사항들에 대해 이야기하고 있으므로, (b)가 정답이다.

어휘 state 주 consideration 고려 사항 eligibility 자격 scholarship 장학금

41　세부사항 (what) ★★　　　　　　　　　　　　　　　　　　　　　정답 (a)

According to Cathy, what is the advantage of taking the SAT?

(a) Universities can evaluate candidates equitably.
(b) Students can show their true potential.
(c) Parents can be proud of their children.
(d) Schools can gauge students' academic level.

캐시에 따르면 SAT를 치르는 것의 이점은 무엇인가?

(a) 대학은 지원자를 공평하게 평가할 수 있다.
(b) 학생들은 그들의 진정한 잠재력을 보여줄 수 있다.
(c) 부모들은 그들의 아이들을 자랑스러워할 수 있다.
(d) 학교는 학생들의 학업 수준을 측정할 수 있다.

해설 대화에서 "⁴¹So, the SAT allows colleges to give every student a fair chance to enter their college of choice." (그래서, SAT는 대학들이 모든 학생들에게 그들이 선택한 대학에 들어갈 수 있도록 공평한 기회를 주도록 해주지.)라고 하였으므로 (a)가 정답이다.

Paraphrasing the SAT allows colleges to give every student a fair chance to enter their college of choice
➡ Universities can evaluate candidates equitably.

어휘 evaluate 평가하다 candidate 후보, 지원자 equitably 공평하게 potential 잠재력 be proud of 자랑스러워 하다 gauge 측정하다

42 세부사항 (which) ★★★　　　　　　　　　　　　　　　　　　　　　정답 (d)

Based on the conversation, which of the following is an important factor when considering going to college?

(a) getting a decent grade point average
(b) getting a loan from a bank
(c) applying for a full scholarship
(d) getting a reasonable SAT score

대화에 따르면 다음 중 어떤 것이 대학 진학을 고려할 때 중요한 요소인가?

(a) 괜찮은 평균 평점을 받는 것
(b) 은행에서 대출을 받는 것
(c) 전액 장학금을 신청하는 것
(d) 적절한 SAT 점수를 받는 것

해설 ▶ 대화에서 "⁴²I'm with you. We just need the score that will get us where we want to go." (나도 동의해. 우리가 원하는 곳으로 갈 수 있게 하는 점수만 있으면 돼.)라고 하였다. 원하는 대학에 갈 수 있을 정도의 SAT 점수만 필요로 한다고 했으므로 대학 진학을 위해 무엇보다 SAT 점수 확보가 절실함을 알 수 있다. 따라서 (d)가 정답이다.

어휘 ▶ factor 요소　consider 고려하다　decent 괜찮은, 적절한　loan 대출　apply for 신청하다　reasonable 적절한, 합리적인

43 세부사항 (Why) ★★　　　　　　　　　　　　　　　　　　　　　　정답 (c)

Why did Mike and Cathy ask Mrs. Smith for her help?

(a) because she excels at teaching Biology at school
(b) because she writes good references for students
(c) because they both enjoyed her English classes
(d) because they both hope to study with her in the future

마이크와 캐시는 왜 스미스 선생님에게 도움을 요청했는가?

(a) 그녀는 학교에서 생물학을 가르치는 것에 있어 탁월하기 때문에
(b) 그녀는 학생들에게 좋은 추천서를 써주기 때문에
(c) 둘 다 그녀의 영어 수업을 좋아했기 때문에
(d) 둘 다 미래에 그녀와 함께 공부하기를 원하기 때문에

해설 ▶ 대화에서 "M: ⁴³So, we both asked the English teacher, Mrs. Smith, then. Isn't she the best? I wish I could have another class with her." (그럼, 우리 둘 다 영어 선생님인 스미스 선생님께 부탁드렸겠구나. 그녀가 최고 아니니? 그녀의 또 다른 수업을 들을 수 있으면 좋겠어.) "F: I agree. Mrs. Smith really enjoys teaching, and it definitely helps her students learn much faster."(동감이야. 스미스 선생님은 가르치는 것을 정말 좋아하고, 그것은 확실히 그녀의 학생들이 훨씬 더 빨리 배우는 데 도움이 돼.)라고 하였다. 마이크와 캐시 둘 다 스미스 선생님의 수업을 좋아했기 때문에 그 선생님에게 추천서를 부탁하였으므로 (c)가 정답이다.

어휘 ▶ excel at ~에 탁월하다, 뛰어나다　reference 추천서, 참고

44 세부사항 (How) ★★★　　　　　　　　　　　　　　　　　　　　　정답 (b)

How does visiting university campuses help potential college students?

(a) by giving them a broad view of the university
(b) by allowing them to experience some features of campus life
(c) by making it possible to meet some of the renowned professors
(d) by enabling them to talk to other undecided potential students

대학 캠퍼스를 방문하는 것은 예비 대학생들에게 어떻게 도움이 되는가?

(a) 그들에게 대학의 넓은 시야를 줌으로써
(b) 캠퍼스 생활의 몇몇 특징들을 체험하게 함으로써
(c) 유명한 교수 몇 명을 만나는 것을 가능하게 해줌으로써
(d) 결정하지 못한 다른 예비 학생들과 대화할 수 있게 해줌으로써

해설 대화에서 "⁴⁴I have also visited the University of Notre Dame in Chicago. It's something I recommend as it gives students a practical experience of what things will be like if they enroll."(나는 또한 시카고의 노트르데임 대학도 방문해봤어. 등록을 하면 어떤 일이 벌어질지 학생들에게 실제적인 경험을 할 수 있게 해주기 때문에 나는 그것을 추천해.)라고 하였다. 대학 캠퍼스를 미리 방문해 보는 것은 대학 생활을 실제로 체험할 수 있기 때문에 권한다고 했으므로 (b)가 정답이다.

Paraphrasing it gives students a practical experience of what things will be like if they enroll
➡ by allowing them to experience some features of campus life

어휘 potential 잠재적인, 가능성이 있는 broad 넓은 allow A to+동사원형 A에게 ~하도록 허락하다 feature 특징, 특색
renowned 유명한 undecided 결정하지 못한, 미정의

---

45 추론 (what) ★★   정답 (a)

Based on the conversation, what will Mike and Cathy probably do?

(a) Both will wait for their scores patiently.
(b) Both will study to take the SAT a second time.
(c) Mike will visit campuses in his home state.
(d) Cathy will enroll in Mrs. Smith's English class.

대화에 따르면 마이크와 캐시는 어떻게 할 것 같은가?

(a) 둘 다 끈기 있게 점수를 기다릴 것이다.
(b) 둘 다 SAT시험을 다시 보기 위해 공부할 것이다.
(c) 마이크는 그의 고향 주에 있는 캠퍼스를 방문할 것이다.
(d) 캐시는 스미스 선생님의 영어 수업에 등록할 것이다.

해설 대화에서 "F: ⁴⁵I do not think you have to worry about getting into college. I am sure you did fine on the test, Mike. Let's just keep trying our best."(나는 네가 대학 진학에 대해 걱정할 필요는 없다고 생각해. 나는 네가 시험을 잘 봤다고 확신해, 마이크. 우리 그냥 계속해서 최선을 다하자.), "M: You're right, Cathy! I did give it my best shot. We'll know soon. Have patience!"(네 말이 맞아, 캐시! 난 최선을 다했어. 우리는 곧 알게 될 거야. 인내심을 가져봐!)라고 하였다. 둘 다 SAT 시험 결과를 인내를 가지고 기다리면서 최선을 다하자고 했으므로 (a)가 정답이다.

어휘 patiently 참을성 있게, 끈기 있게 home state 고향 주, 태어난 주

패스트 푸드 사업 시작하는 단계	Good afternoon, ladies and gentlemen! Welcome to the "Small Business Workshop" sponsored by the Richmond Community Center in Virginia. As one of your speakers today, [46]I'm going to share the steps involved in starting your own fast food business. Running a fast food business can be both stressful and exciting. It is also one industry that continues to boom, despite related health risks. [47]However, because the fast food industry is so competitive, it's vital to do some research before getting into it.	신사 숙녀 여러분, 좋은 오후입니다! 버지니아 리치몬드 커뮤니티 센터에서 주최하는 '스몰 비즈니스 워크숍'에 오신 것을 환영합니다. 오늘 강연자 중 한 명으로서, [46]저는 여러분 자신의 패스트푸드 사업을 시작하는 것과 관련된 단계들을 공유하려고 합니다. 패스트푸드 가게를 운영하는 것은 스트레스가 많은 동시에 흥미로울 수도 있습니다. 또한 그것은 관련된 건강 위험에도 불구하고 호황을 이어가고 있는 산업이기도 합니다. [47]하지만 패스트푸드 산업은 경쟁이 치열하기 때문에 그것에 들어가기 전에 조사를 하는 것이 필수적입니다.
1단계: 제품 만드는 방법 배우기	[48]The first step to know in starting up a fast food business is the fundamentals of the process. You will have to learn how to make the products you want to specialize in, whether they are hamburgers and fries, pizzas, or even cold and hot sandwiches, because they are the foundation of your business. For that purpose, you might take some classes online or simply hire a professional chef to teach you. After learning the fundamentals of how to produce your specific fast food, you can expand by including various ingredients and options.	[48]패스트푸드 가게를 시작할 때 알아야 할 첫 번째 단계는 그 과정의 기본 원칙들입니다. 제품이 햄버거와 감자튀김, 피자, 또는 심지어 차갑고 뜨거운 샌드위치이든 간에 그 제품들은 사업의 기반이기 때문에 당신이 전문으로 하고 싶은 제품을 만드는 방법을 배워야 할 것입니다. 그 목적을 위해, 당신은 온라인에서 몇 가지 수업을 듣거나 당신을 가르쳐 줄 전문 요리사를 고용할 수도 있습니다. 여러분의 특정 패스트푸드를 만드는 방법의 기본을 익힌 후에, 여러분은 다양한 재료와 선택지를 포함시켜 확장할 수 있습니다.
2단계: 자금 조달 방법 찾기	The next step is to look for financing methods. If you are fortunate enough to have a personal fund, then you are off to a very good start. However, if you don't have the money, there are other alternatives you might want to consider. You could either take a loan from friends or relatives or a microloan from a bank.	다음 단계는 자금을 댈 방법을 찾는 것입니다. 만약 당신이 개인 자금을 가지고 있을 정도로 운이 좋다면, 당신은 아주 좋은 출발을 하는 것입니다. 그러나, 만약 당신이 돈이 없다면, 고려해 볼 수 있는 다른 대안들이 있습니다. 당신은 친구나 친척에게 빌리거나 은행에서 소액 융자를 받을 수도 있습니다.
소액 융자와 지인 대출 비교	While microloans might sound attractive, they should be your last option or, better yet, avoided. [49]Remember that you might be better off borrowing from a family member or a friend rather than from a financial institution, which has time constraints and high interest rates.	소액 융자는 매력적으로 들릴 수도 있지만, 그것들은 당신의 마지막 선택이 되거나, 더 좋은 것은, 피해야 합니다. [49]시간 제약과 고금리가 있는 금융 기관에서보다 가족이나 친구로부터 돈을 빌리는 것이 더 나을 수 있다는 것을 기억하세요.

3단계: 창업 관련 규제 절차 유의	The third step is to follow the regulatory steps involved in starting a business. Whatever your business type, you must take care of the fundamental regulatory and legal steps involved. When launching any kind of food-related business, [50a]a health permit is needed to make sure that the workplace is sanitary, that [50b]the food is safe for consumption, and that customers will keep coming. [50c]It's imperative to keep your products fresh and of high quality to avoid food poisoning. [50d]You will also need to register your business as a business license is needed for tax purposes.	세 번째 단계는 창업과 관련된 규제 절차를 따르는 것입니다. 당신의 비즈니스 유형에 무엇이든, 관련된 기본적인 규제 및 법적 절차에 유의해야 합니다. 어떤 종류의 식품 관련 사업이라도 시작할 때에는, [50a]사업장이 위생적이고 [50b]식품이 섭취하기에 안전하며 고객이 계속 찾아올 수 있도록 보건 허가증이 필요합니다. [50c]식중독을 피하기 위해서는 제품을 신선하고 높은 품질인 상태로 유지하는 것이 필수적입니다. [50d]또한 세무 목적으로 영업 허가가 필요하기 때문에 당신은 당신의 업체를 등록해야 합니다.
4단계: 마케팅	The fourth step is to market your products. Knowing what works and what doesn't will help you to define your target market. Whether it's specializing in authentic Chicago-style hot dogs or New York-style pizza, focus on providing a unique, quality product, and don't try to be all things to all people. [51]Advertise your products on social media platforms. Producing and advertising quality products will build up your reputation and increase your customer base.	네 번째 단계는 제품을 마케팅하는 것입니다. 무엇이 효과가 있고 무엇이 효과가 없는지를 아는 것은 목표 시장을 규정하는 데 도움을 줄 것입니다. 정통 시카고 스타일의 핫도그든 뉴욕 스타일의 피자든, 독특하고 품질이 좋은 제품을 제공하는 데 집중하고, 모든 사람들에게 다 맞추려고 하지 마세요. [51]소셜 미디어 플랫폼에서 제품을 광고하세요. 고품질의 제품을 생산하고 광고하는 것은 당신의 평판을 높이고 고객층을 늘릴 것입니다.
5단계: 예산 편성	The fifth step is to devise a budget. To get discounts, try to purchase your supplies in bulk. You can save a lot just by buying local produce, which is usually quality ingredients at fair prices. Do not depreciate your goods just to encourage customers to buy and consequently make less profit or even suffer losses. Sell your products based on the money you've invested and never below the market price.	다섯 번째 단계는 예산을 짜는 것입니다. 할인을 받으려면 물품을 대량으로 구입하려고 해보세요. 보통 질 좋은 재료인 지역 농산물을 적당한 가격에 사는 것만으로 많은 돈을 절약할 수 있습니다. 단지 고객에게 구매를 장려하려고 결과적으로 이윤을 줄이거나 심지어는 손해를 보면서 당신의 상품을 평가 절하하지 마세요. 투자한 금액을 기준으로 제품을 판매하고 결코 시장 가격보다 낮게 판매하지 마세요.
6단계: 중소기업 개발 센터에 문의	Last but not least, don't do it alone. No matter what kind of business it is, contact your local Small Business Development Centers office. [52]They can give you unrivaled and objective advice about the local market and the process of starting and leading a successful business.	마지막이지만 못지 않게 중요한 것은, 혼자 하지 마세요. 어떤 종류의 사업이든, 해당 지역의 중소기업 개발 센터 사무소에 연락하세요. [52]그들은 당신에게 현지 시장과 성공적인 비즈니스를 시작하고 이끄는 과정에 대해 비할 데 없는 객관적인 조언을 해 줄 수 있습니다.

어휘 sponsored by ~의 후원으로, ~에서 주최하는 involved in ~와 관련된 run 운영하다 boom 호황을 맞다 related 연관이 있는 competitive 경쟁적인 vital 필수적인, 중요한 start up ~을 시작하다 fundamental 근본, 기본 specialize in ~을 전문으로 하다 foundation 기반, 기초 specific 특정한 expand 확장하다 finance 자금을 대다 be off to a good start 순조로운 출발을 하다 alternative 대안 take a loan 대출 받다 relative 친척 microloan 소액 융자 attractive 매력적인 better yet 더 좋은 것은 be better off (형편이) 더 낫다 financial institution 금융 기관 constraint 제약 high-interest rate 고금리 regulatory 규제하는 legal step 법적 절차 launch 개시하다, 시작하다 health permit 보건 허가증 sanitary 위생적인 consumption 섭취

imperative 필수적인 food poisoning 식중독 register 등록하다 business license 영업 허가 define 규정하다 authentic 정통의, 진품인 be all things to all people 모든 사람에게 맞추다 advertise 광고하다 reputation 평판 customer base 고객층 devise 고안하다, 짜다 budget 예산 in bulk 대량으로 local produce 지역 농산물 depreciate 과소평가하다, 평가 절하하다 consequently 결과적으로 make less profit 이득을 덜 보다 suffer losses 손해를 보다 invest 투자하다 last but not least 마지막이지만 똑같이 중요한 것은 unrivaled 비할 데 없는, 무적의 objective 객관적인

---

46 주제 (What) ★★   정답 (c)

What is the talk mainly about?

(a) where to launch the best restaurant
(b) where to open the trendiest coffee shop
(c) how to start a food-related business
(d) how to finance a successful business

이 담화는 주로 무엇에 관한 것인가?

(a) 최고의 레스토랑을 어디서 시작할지
(b) 가장 유행하는 커피숍을 어디서 열지
(c) 식품 관련 사업을 어떻게 시작할지
(d) 성공적인 사업에 어떻게 자금을 조달할지

해설 담화 1단락에서 "⁴⁶I'm going to share the steps involved in starting your own fast food business."(저는 여러분 자신의 패스트푸드 사업을 시작하는 것과 관련된 단계들을 공유하려고 합니다.)라고 하였다. 식품 관련 사업을 시작하기 위한 단계들을 알려 주겠다고 했으므로 (c) 가 정답이다.

Paraphrasing the steps involved in starting your own fast food business ➡ how to start a food-related business

어휘 trendy 최신 유행의 food-related 식품에 관련된 finance 자금을 대다

---

47 세부사항 (Why) ★★★   정답 (d)

Why should one do some research before launching a business?

(a) because it is part of the process
(b) because it is required by law
(c) because it is the bank's requirement
(d) because it is a chance against the competition

사업을 시작하기 전에 왜 조사를 해야 하는가?

(a) 그 과정의 일부이기 때문에
(b) 법에 의해 요구되기 때문에
(c) 은행의 요구 사항이기 때문에
(d) 경쟁에 대비할 기회이기 때문에

해설 담화 1단락에서 "⁴⁷However, because the fast food industry is so competitive, it's vital to do some research before getting into it."(하지만 패스트푸드 산업은 경쟁하기 때문에 그것에 들어가기 전에 조사를 하는 것이 필수적입니다.)라고 하였다. 패스트푸드 사업은 경쟁이 대단히 치열해서 위험성이 있으므로 사전에 철저한 조사가 필요하다고 했으므로 (d)가 정답이다.

어휘 launch 시작하다, 개시하다 require 요구하다 requirement 요건, 요구사항 against ~을 대비하여 competition 경쟁

---

48 세부사항 (What) ★★   정답 (c)

What is the first thing to do when starting a fast food business?

(a) find a good local produce supplier
(b) find the best spot to start the business
(c) learn the basic skills for making your product
(d) look for the best way to support the business

패스트푸드 사업을 시작할 때 가장 먼저 해야 할 일은 무엇인가?

(a) 좋은 지역 공급업체를 찾는 것
(b) 사업 시작을 위한 최적의 장소를 찾는 것
(c) 제품을 만들기 위한 기본 기술을 배우는 것
(d) 비즈니스를 지원하는 최고의 방법을 찾는 것

담화 2단락에서 "⁴⁸The first step to know in starting up a fast food business is the fundamentals of the process. You will have to learn how to make the products you want to specialize in, whether they are hamburgers and fries, pizzas, or even cold and hot sandwiches, because they are the foundation of your business."(패스트푸드 가게를 시작할 때 알아야 할 첫 번째 단계는 그 과정의 기본 원칙들입니다. 제품이 햄버거와 감자튀김, 피자, 또는 심지어 차갑고 뜨거운 샌드위치이든 간에 그 제품들은 사업의 기반이기 때문에 당신이 전문으로 하고 싶은 제품을 만드는 방법을 배워야 할 것입니다.)라고 하였으므로 (c)가 정답이다.

Paraphrasing to learn how to make the products you want to specialize in
➡ learn the basic skills for making your product

어휘 supplier 공급업체 spot 장소 product 제품, 상품 support 지원하다

---

49 세부사항 (Why) ★★   정답 (b)

Why does the speaker recommend getting money from acquaintances?

(a) because it is easier to borrow large amounts of money
(b) because it is a more flexible method of payment
(c) because they will not require any repayment
(d) because they never charge high interest rates

왜 화자는 지인에게 자금을 구하는 것을 권고하는가?

(a) 많은 돈을 빌리기 더 쉽기 때문에
(b) 더 융통성 있는 납입 방법이기 때문에
(c) 그들은 어떠한 상환도 요구하지 않을 것이기 때문에
(d) 그들은 결코 높은 금리를 부과하지 않기 때문에

해설 담화 4단락에서 "⁴⁹Remember that you might be better off borrowing from a family member or a friend rather than from a financial institution, which has time constraints and high interest rates."(시간 제약과 고금리가 있는 금융 기관에서보다 가족이나 친구로부터 돈을 빌리는 것이 더 나을 수 있다는 것을 기억하세요.)라고 하였다. 금융기관에서의 대출은 상환해야 하는 시간 제약이 있고 금리도 높을 수 있는데 지인에게 돈을 빌리면 상대적으로 대출을 상환하는 방식에 좀 더 융통성이 있으므로 (b)가 정답이다.

어휘 acquaintance 지인 amount 액수 flexible 융통성 있는 payment 납입, 지불 repayment 상환, 변제

---

50 True or Not True ★★   정답 (d)

According to the talk, what is NOT true about opening a food business?

(a) Unsanitary foods can lead to the cancellation of a health license.
(b) Contaminated foods can drive customers away.
(c) Contaminated foods can lead to foodborne illness.
(d) Unsanitary foods can affect the business permit.

담화에 따르면 식품 사업 개업에 관해 옳지 않은 것은?

(a) 비위생적인 음식은 보건 면허 취소로 이어질 수 있다.
(b) 오염된 음식은 손님들을 쫓아낼 수 있다.
(c) 오염된 음식은 식중독으로 이어질 수 있다.
(d) 비위생적인 식품은 영업 허가에 영향을 미칠 수 있다.

해설 담화 5단락에서 "⁵⁰ᵃa health permit is needed to make sure that the workplace is sanitary, and that ⁵⁰ᵇthe food is safe for consumption, and that customers will keep coming. ⁵⁰ᶜIt's imperative to keep your products fresh and of high quality to avoid food poisoning."(사업장이 위생적이고 식품이 섭취하기에 안전하며 고객이 계속 찾아올 수 있도록 보건 허가증이 필요합니다. 식중독을 피하기 위해서는 제품을 신선하고 높은 품질인 상태를 유지하는 것이 필수입니다.)라고 하였으므로 (a), (b), (c)의 내용과 일치한다. ⁵⁰ᵈYou will also need to register your business as a business license is needed for tax purposes."(또한 세무 목적으로 영업 허가가 필요하기 때문에 여러분은 당신의 업체를 등록해야 합니다.)라고 하였으므로 영업 허가는 세금과 관련한 목적으로 필요한 것이지 비위생적인 제품과는 관련이 없으므로 (d)가 정답이다.

어휘 unsanitary 비위생적인 cancellation 취소 contaminated 오염된 drive A away A를 쫓아내다 foodborne illness 식중독 affect 영향을 미치다 permit 허가

Why is it important to advertise according to the speaker?

(a) because it's an advantage of social media
(b) because it's helpful for the brand and its number of customers
(c) because it's an expensive way to attract customers
(d) because it's what most food businesses do

화자에 따르면 광고를 하는 것이 왜 중요한가?

(a) 소셜 미디어의 장점이기 때문에
(b) 브랜드와 그 고객의 수에 도움이 되기 때문에
(c) 고객을 유치하기 위한 비싼 방법이기 때문에
(d) 대부분의 식품업체들이 하는 것이기 때문에

해설 담화 6단락에서 "⁵¹Advertise your products on social media platforms. Producing and advertising quality products will build up your reputation and increase your customer base." (소셜 미디어 플랫폼에서 제품을 광고하세요. 고품질의 제품을 생산하고 광고하는 것은 당신의 평판을 높이고 고객층을 늘릴 것입니다.)라고 하였다. 광고는 인지도나 평판을 높이고 고객층을 늘리는데 도움이 된다고 했으므로 (b)가 정답이다.

어휘 advantage 이점, 장점   helpful 도움이 되는   attract (손님 등을) 끌다

Who most likely will benefit from this talk?

(a) anyone looking for a part-time job
(b) anyone looking for a new hobby
(c) people who are fond of fast food
(d) people who want to launch a business

누가 이 강연에서 이익을 얻을 것 같은가?

(a) 아르바이트를 찾고 있는 누구나
(b) 새로운 취미를 찾고 있는 누구나
(c) 패스트푸드를 좋아하는 사람들
(d) 사업을 시작하려는 사람들

해설 담화 8단락에서 "⁵²They can give you unrivaled and objective advice about the local market and the process of starting and leading a successful business."(그들은 당신에게 현지 시장과 성공적인 비즈니스를 시작하고 이끄는 과정에 대해 비할 데 없는 객관적인 조언을 해줄 수 있습니다.)라고 하였다. 이 강연에서 알려 주는 정보는 사업을 시작하는 과정에 대한 조언이므로 사업을 시작하려는 사람들에게 유익할 것으로 생각된다. 따라서 (d)가 정답이다.

어휘 benefit from ~에서 이익을 얻다   be fond of ~을 좋아하다   launch 개시하다, 시작하다

READING AND VOCABULARY

READING AND VOCABULARY														
PART **1**	**53**	(b)	**54**	(c)	**55**	(d)	**56**	(a)	**57**	(b)	**58**	(a)	**59**	(d)
PART **2**	**60**	(c)	**61**	(c)	**62**	(a)	**63**	(d)	**64**	(b)	**65**	(b)	**66**	(a)
PART **3**	**67**	(d)	**68**	(b)	**69**	(a)	**70**	(d)	**71**	(c)	**72**	(d)	**73**	(c)
PART **4**	**74**	(c)	**75**	(c)	**76**	(a)	**77**	(d)	**78**	(a)	**79**	(b)	**80**	(b)

문항별 취약 유형 체크하기

PART 1 인물 일대기			PART 3 지식 백과	
53	세부사항 (What)		**67**	세부사항 (What)
54	추론 (When)		**68**	세부사항 (Who)
55	추론 (how)		**69**	추론 (Why)
56	세부사항 (What)		**70**	세부사항 (Why)
57	세부사항 (why)		**71**	세부사항 (Which)
58	어휘 (동사: build)		**72**	어휘 (명사: submission)
59	어휘 (형용사: optical)		**73**	어휘 (형용사: iconic)
PART 2 잡지 기사			PART 4 비즈니스 레터	
60	세부사항 (What)		**74**	주제/목적 (Why)
61	추론 (what)		**75**	추론 (Why)
62	세부사항 (What)		**76**	세부사항 (What)
63	추론 (Why)		**77**	세부사항 (What)
64	추론 (Why)		**78**	세부사항 (Which of the following)
65	어휘 (명사: disparity)		**79**	어휘 (동사: decline)
66	어휘 (형용사: complex)		**80**	어휘 (동사: seize)

★ 틀린 문항을 확인하고 취약한 유형을 집중 학습하세요.

	ELLEN OCHOA	엘렌 오초아
인물 소개	[53]Ellen Ochoa was picked by NASA in 1990 and completed her training in July 1991 to become the world's first Hispanic-American female astronaut. A mission specialist and flight engineer, she has spent more than 900 hours in space on four different flights. She is also a scientist and an inventor, who helped create several systems that use lasers to gather and process information from images.	[53]엘렌 오초아는 1990년 나사에 의해 선발되었고 1991년 7월에 훈련을 마치고 세계 최초의 히스패닉계 미국인 여성 우주인이 되었다. 우주선 기술자이자 항공 기관사인 그녀는 각기 다른 네 번의 비행으로 900시간 넘게 우주에서 보냈다. 또한 그녀는 과학자이자 발명가로, 이미지에서 정보를 수집하고 처리하기 위해 레이저를 사용하는 여러 시스템을 만드는 데 도움을 주었다.
출생 및 학창 시절	Ellen Ochoa was born on May 10, 1958, in Los Angeles, California. However, she grew up in La Mesa, California, where she graduated from Grossmont High School in 1975. [54]She has a strong academic background in science, having received a BSc in physics from San Diego State University as well as a master's degree and a PhD in electrical engineering from Stanford University. She was also interested in music and played the flute during her college years until she joined the Stanford Symphony Orchestra later on.	엘렌 오초아는 1958년 5월 10일 캘리포니아주 로스앤젤레스에서 태어났다. 하지만 그녀는 캘리포니아주 라메사에서 자랐는데, 거기에서 그녀는 1975년에 그로스몬트 고등학교를 졸업했다. [54]그녀는 과학 분야에서 탄탄한 학력을 가지고 있는데 샌디에이고 주립대학에서 물리학 학사 학위와 스탠퍼드 대학에서 전기공학 석사와 박사 학위를 받았다. 그녀는 또한 음악에도 흥미를 가지고 있어 후에 스탠포드 교향악단에 합류하기 전까지 대학 시절 동안 플룻을 연주했다.
초기 행적	[54]In 1985, after obtaining her doctorate, Ochoa applied to NASA's training program but was rejected. [55]So, she decided to get a pilot's license, hoping it might help [58]build her résumé for NASA. [56]In 1987, she applied a second time but was turned down again. However, her third application in 1990 was accepted. Consequently, Ochoa became the first Hispanic woman to go to space when she served on a nine-day mission aboard the Space Shuttle *Discovery* in 1993.	[54]1985년 박사 학위를 취득한 후 오초아는 나사의 훈련 프로그램에 지원했으나 불합격했다. [55]그래서 그녀는 나사에 지원하기 위한 이력서를 [58]쌓아가는 데 도움이 되기를 바라며 조종사 면허를 따기로 결심했다. [56]1987년, 그녀는 두 번째로 지원했지만 다시 거절당했다. 그러나 1990년 그녀의 세 번째 지원은 받아들여졌다. 결과적으로, 오초아는 1993년 우주왕복선 '디스커버리' 호에서 9일 간의 임무를 수행했고 우주에 간 최초의 히스패닉 여성이 되었다.
연구 활동	During the application process, she also carried out research in [59]optical information systems. [57]She hoped to find ways to use lasers to process images, which later she was able to achieve. She even became the co-inventor of an optical system.	지원 과정 동안 그녀는 [59]광학 정보 시스템에 대한 연구도 실시했다. [57]그녀는 이미지를 처리하기 위해 레이저를 사용하는 방법을 찾아내기를 원했고, 나중에 그것을 이룰 수 있었다. 그녀는 심지어 광학 시스템의 공동 발명가가 되었다.

주요 활동	Ochoa's technical assignments at NASA have included flight software and computer hardware development and robotics development, testing, and training. In addition, she has served as Assistant for Space Station to the Chief of the Astronaut Office, lead spacecraft communicator in Mission Control, and Acting Deputy Chief of the Astronaut Office. She currently serves as Director of Flight Crew Operations at Johnson Space Center in Texas.	나사에서 오초아의 기술적인 업무에는 비행 소프트웨어와 컴퓨터 하드웨어 개발, 로봇 개발, 테스트 및 훈련이 포함되었다. 또한, 그녀는 우주인 사무국장의 우주 정거장 보조, 우주비행 관제센터의 우주선 수석 통신사, 그리고 우주인 사무소의 부국장 대행을 역임했다. 그녀는 현재 텍사스에 있는 존슨 우주 센터의 비행 승무원 운영 책임자로 일하고 있다.
수상 실적과 근황	During her career, Ochoa has received numerous awards, which include the Outstanding Leadership Medal and NASA's Exceptional Service Medal. She was also awarded the Space Flight Medal for each of the four times she was in space. Besides being an astronaut, researcher, and engineer, Ochoa is a classical flutist, who currently lives in Texas with her husband and their two children.	그녀의 경력 동안, 오초아는 '뛰어난 리더십 메달'과 나사의 '탁월한 서비스 메달' 등 많은 상을 받았다. 그녀는 또한 우주에 가 있었던 네 번의 비행 각각에 대해 '우주 비행 메달'을 받았다. 우주인, 연구원, 엔지니어인 것 외에도, 오초아는 클래식 플루트 연주자로 현재 남편과 두 자녀와 함께 텍사스에 살고 있다.

어휘 Hispanic 히스패닉계의(스페인어권 출신의) astronaut 우주 비행사 mission specialist 우주선 탑승 운용 기술자 flight engineer 항공 기관사 process 처리하다 physics 물리학 BSc 이학사(Bachelor of Science) electrical engineering 전기공학 later on 후에, 나중에 obtain 획득하다, 취득하다 doctorate 박사 학위 apply to ~에 지원하다 reject 불합격시키다 license 면허증 build 쌓아가다 résumé 이력서 turn down 거절하다 application 지원, 신청 accept 수락하다, 받아들이다 consequently 결과적으로 serve 근무하다, 복무하다 on a mission 임무로 carry out 수행하다 optical 광학의 achieve 성취하다 co-inventor 공동 발명가 assignment 업무, 과제 in addition 또한 assistant 보조 lead 수석 spacecraft 우주선 communicator 통신사 mission control (지상의) 우주비행 관제센터 acting 대행 deputy chief 부국장 currently 현재 flight crew 비행 승무원 operation 운영 career 직업, 경력 numerous 많은 award 상; 수여하다 outstanding 뛰어난 exceptional 탁월한, 특출난 besides ~외에도

---

53 세부사항 (What) ★★	정답 (b)

What is Ellen Ochoa best known for?	엘렌 오초아는 무엇으로 가장 잘 알려져 있는가?
(a) She is the first American female to join NASA. (b) She is the first Hispanic-American female to go to space. (c) She is the only Hispanic-American female to study optical systems. (d) She is the only Hispanic-American female to run a space center.	(a) 나사에 들어간 최초의 미국 여성이다. (b) 우주에 간 최초의 히스패닉계 미국 여성이다. (c) 광학 시스템을 연구하는 유일한 히스패닉계 미국 여성이다. (d) 우주 센터를 운영하는 유일한 히스패닉계 미국 여성이다.

해설 본문 1단락에서 "53Ellen Ochoa was picked by NASA in 1990 and completed her training in July 1991 to become the world's first Hispanic-American female astronaut."(엘렌 오초아는 1990년 나사에 의해 선발되었고 1991년 7월에 훈련을 마치고 세계 최초의 히스패닉계 미국인 여성 우주인이 되었다.)라고 하였으므로 (b)가 정답이다.

54 추론 (When) ★★★   정답 (c)

When most likely did Ochoa show an interest in becoming an astronaut?

(a) when she attended her first science camp
(b) when she was still in high school
(c) after she completed her degrees in science
(d) after she attended San Diego State University

오초아는 언제 우주인이 되는 것에 관심을 보였을 것 같은가?

(a) 첫 과학 캠프에 참석했을 때
(b) 아직 고등학생이었을 때
(c) 과학 분야의 학위를 마친 후
(d) 샌디에이고 주립대학에 다닌 후

해설 본문 2단락에서 "⁵⁴She has a strong academic background in science, having received a BSc in physics from San Diego State University as well as a master's degree and a PhD in electrical engineering from Stanford University."(그녀는 과학 분야에서 탄탄한 학력을 가지고 있는데 샌디에이고 주립대학에서 물리학 학사 학위와 스탠퍼드 대학에서 전기공학 석사 학위와 박사 학위를 받았다.)라고 하였고 본문 3단락에서 "⁵⁴In 1985, after obtaining her doctorate, Ochoa applied to NASA's training program"(1985년 박사 학위를 취득한 후 오초아는 나사의 훈련 프로그램에 지원했다)라고 하였다. 오초아는 과학 분야에서 탄탄한 학력을 쌓았고 박사 학위 후 나사에 지원한 것으로 보아 과학 분야의 학위를 취득한 후에 우주인이 되는 것에 관심을 보인 것으로 추론된다. 따라서 (c)가 정답이다.

Paraphrasing after obtaining her doctorate ➡ after she completed her degrees in science

어휘 show an interest in ~에 관심을 보이다 astronaut 우주 비행사 attend 참석하다 degree 학위

55 추론 (how) ★★★   정답 (d)

Based on the article, how most likely did Ochoa's pilot license help her as an astronaut?

(a) She became acquainted with the force of gravity.
(b) She learned how to fly commercial airplanes.
(c) It taught her the basic lessons for astronauts.
(d) It gave her some of the experience she needed.

본문에 따르면 오초아의 조종사 면허가 우주 비행사로서 어떻게 도움이 되었을까?

(a) 그녀는 중력의 힘에 대해 알게 되었다.
(b) 그녀는 상업용 비행기를 조종하는 법을 배웠다.
(c) 그녀에게 우주 비행사를 위한 기본 수업을 가르쳤다.
(d) 그녀가 필요로 했던 경험 중 일부를 주었다.

해설 본문 3단락에서 "⁵⁵So, she decided to get a pilot's license, hoping it might help build her résumé for NASA."(그래서 그녀는 나사에 지원하기 위한 이력서를 쌓아가는 데 도움이 되기를 바라며 조종사 면허를 따기로 결심했다.)라고 하였다. 나사에 제출할 이력서에 도움이 되기를 바라면서 비행기 조종사 면허를 따기로 했으므로 나사에서 우주 비행사가 되기 위해 필요한 경력 혹은 기술을 얻기 위해서인 것으로 추론된다. 따라서 (d)가 정답이다.

어휘 be acquainted with (경험을 통해) ~을 알다 force of gravity 중력의 힘 commercial airplane 상업용 비행기

What do Ochoa's numerous applications to NASA say about her personality?

(a) that she does not give up easily
(b) that she is extremely compulsive
(c) that she has a very strong personality
(d) that she enjoys being recognized

오초아가 나사에 제출한 수많은 지원서는 오초아의 성격에 대해 무엇을 말해주는가?

(a) 쉽게 포기하지 않는다는 것
(b) 매우 강박적이라는 것
(c) 매우 강인한 성격을 가지고 있다는 것
(d) 인정받는 것을 좋아한다는 것

해설 본문 3단락에서 "56In 1987, she applied a second time but was turned down again. However, her third application in 1990 was accepted."(1987년, 그녀는 두 번째로 지원했지만 다시 거절당했다. 그러나 1990년 그녀의 세 번째 지원은 받아들여졌다.)라고 하였다. 나사에 두 번이나 지원했지만 거절 당한 상황에서 다시 한 번 더 지원을 해서 결국 합격을 하는 것으로 보아 끈질기고 집념이 강하여 쉽게 포기하지 않는 성격임을 알 수 있다. 따라서 (a)가 정답이다.

어휘 numerous 수많은 application 지원서 personality 성격 compulsive 강박적인 be recognized 인정받다

According to the article, why was Ochoa's research in optical systems successful?

(a) because she upgraded the existing system
(b) because she developed a new system
(c) because the results of her research were published
(d) because she wrote an article about an optical system

본문에 따르면 광학 시스템에 대한 오초아의 연구는 왜 성공적이었는가?

(a) 기존의 시스템을 업그레이드했기 때문에
(b) 새로운 시스템을 개발했기 때문에
(c) 그녀의 연구 결과가 발표되었기 때문에
(d) 광학 시스템에 대한 기사를 썼기 때문에

해설 본문 4단락에서 "57She hoped to find ways to use lasers to process images, which later she was able to achieve. She even became the co-inventor of an optical system."(그녀는 이미지를 처리하기 위해 레이저를 사용하는 방법을 찾아내기를 원했고, 나중에 그것을 이룰 수 있었다. 그녀는 심지어 광학 시스템의 공동 발명가가 되었다.)라고 하였다. 광학 시스템의 공동 발명자가 되었다는 것은 이 분야의 새로운 시스템을 개발했다는 것을 의미하므로 (b)가 정답이다.

Paraphrasing She even became the co-inventor of an optical system. ➡ she developed a new system

어휘 existing 기존의 develop 개발하다 result 결과 publish 발표하다 optical 광학의

In the context of the passage, <u>build</u> means _____.

(a) enhance
(b) construct
(c) define
(d) harvest

본문의 맥락에서 build는 _____를 의미한다.

(a) 강화하다
(b) 구성하다
(c) 정의하다
(d) 수확하다

해설 ▶ 본문 3단락 "So, she decided to get a pilot's license, hoping it might help [58]<u>build</u> her résumé for NASA."(그래서 그녀는 나사에 지원하기 위한 이력서를 발전시키는 데 도움이 되기를 바라며 조종사 면허를 따기로 결심했다.)에서 build의 의미는 '발전시켜 나가다, 쌓아가다'이다. 보기 중 이 의미와 가장 가까운 (a)가 정답이다. (b) construct는 build의 가장 일반적인 의미이지만 이 문맥에서는 (a)의 의미가 더 적합하다.

어휘 ▶ enhance 강화하다 construct 구성하다 define 정의하다 harvest 수확하다

In the context of the passage, <u>optical</u> means _____.

(a) optimal
(b) crucial
(c) vivid
(d) visual

본문의 맥락에서 optical은 _____를 의미한다.

(a) 최적의
(b) 결정적인
(c) 선명한
(d) 시각적인

해설 ▶ 본문 4단락 "During the application process, she also carried out research in [59]<u>optical</u> information systems."(지원 과정 동안 그녀는 광학 정보 시스템에 대한 연구도 실시했다.)에서 optical의 의미는 '광학의'이다. 보기 중 이 의미와 가장 가까운 (d)가 정답이다.

어휘 ▶ optimal 최적의 crucial 중요한, 결정적인 vivid 선명한 visual 시각적인

CAN DITCHING MEAT LOWER YOUR RISK OF CANCER?

고기를 먹지 않는 것이 암 위험을
낮출 수 있을까?

연구 소개	[60]A group of researchers from the University of Oxford recently released the results of a large study that analyzed the effect of meat consumption and the likelihood of developing cancer. The study found that vegetarians, pescatarians, and people who eat little meat have a significantly reduced risk of developing cancer.	[60]옥스포드 대학의 한 연구팀이 최근 육류 섭취의 영향과 암 발병 가능성을 분석한 대규모 연구의 결과를 발표했다. 연구는 채식주의자, 페스카테리언, 그리고 고기를 거의 먹지 않는 사람들이 암에 걸릴 위험을 현저히 줄인다는 것을 발견했다.
연구 대상	[61]The researchers analyzed data from 472,377 adults in the UK, aged 40–70, who started cancer-free and most of whom were white or did not mention their ethnicity. During an average of 11 years of follow-up, the researchers compared the rates of cancer diagnoses to data on how often they ate meat, including processed meat, beef, pork, lamb, and poultry. But fish was considered a different category.	[61]연구진은 40–70세의 영국 성인 472,377명의 데이터를 분석했는데, 이들은 암이 없는 상태로 시작했고 이들 대부분은 백인이거나 인종에 대해 언급하지 않았다. 평균 11년간의 추적 관찰 기간 동안, 연구원들은 암 진단 비율을 가공육, 쇠고기, 돼지고기, 양고기, 가금류를 포함한 고기를 얼마나 자주 먹는지에 대한 데이터와 비교했다. 하지만 생선은 다른 범주로 간주되었다.
연구 결과 (1)	Some of the results were quite astounding. The researchers found that vegetarians and vegans had a 14% lower overall cancer risk compared to people who ate meat almost every day. People who ate fish, but not meat, had a 10% lower risk, and those who ate meat less frequently had a 2% lower risk.	몇몇 결과는 상당히 충격적이었다. 연구원들은 채식주의자들과 절대채식주의자가 거의 매일 고기를 먹는 사람들에 비해 전반적으로 발암 위험이 14% 낮다는 것을 알아냈다. 고기를 먹지 않고 생선을 먹은 사람은 발암 위험이 10% 더 낮았고, 고기를 덜 먹은 사람은 위험이 2% 더 낮았다.
연구 결과 (2)	For certain types of cancer, the difference the diets made was quite significant and a surprise to the researchers. [62]In fact, the biggest shift was the prostate cancer risk for vegetarian and pescatarian men, who had a 20–31% lower risk than their meat-eating counterparts. For women, a vegetarian or pescatarian diet had the biggest impact on reducing their risk of postmenopausal breast cancer.	특정 유형의 암의 경우, 식단이 만든 차이는 상당히 의미심장했고 연구자들에게는 놀라운 것이었다. [62]사실, 가장 큰 변화는 채식주의자와 페스카테리언 남성들의 전립선암 위험인데, 이들은 육식자보다 위험이 20–31% 낮았다. 여성의 경우, 채식이나 페스카테리언 식단이 폐경 후 유방암 위험을 줄이는데 가장 큰 영향을 미쳤다.

육식 식단의 성별 차이	As for the gender [65]disparity, Dr. Cody Watling, the lead researcher, explains that men are typically less health-conscious, based on statistics, and perhaps taking a less healthy approach to their meat-centered dishes. [63]In contrast, women who do follow a regular meat-eating diet are consuming more whole grains and less processed meats such as pepperoni and ham.	성별 [65]격차에 대해, 수석 연구원인 코디 와틀링 박사는 통계 자료에 따르면, 남성들은 전형적으로 건강에 덜 신경을 쓰며, 아마도 육류 중심의 음식에 덜 건강한 접근 방식을 취할 것이라고 설명한다. [63]그와는 대조적으로 규칙적인 육식 식단을 따르는 여성들은 페퍼로니나 햄과 같은 가공육을 덜 먹고 통곡물을 더 많이 먹는다.
연구의 시사점	While more research is needed to understand the connection between diets and cancers, the results suggest that over time how we eat meat — including what we eat with it — may play an important role in health as stated by Dr. Watling. [64]He also noted that simply eliminating meat doesn't necessarily make a person's diet healthier. It is much more [66]complex.	와틀링 박사가 밝힌 것처럼, 식단과 암의 연관성을 이해하기 위해서는 더 많은 연구가 필요하지만, 연구 결과들은 오랜 기간 동안 우리가 육류와 함께 먹는 것을 포함한 육류를 섭취하는 방법이 건강에 중요한 역할을 할 수 있다는 것을 시사한다. [64]그는 또한 단순히 고기를 없애는 것이 사람의 식단을 반드시 더 건강하게 만드는 것은 아니라고 언급했다. 그것은 훨씬 더 [66]복잡하다.

어휘 ditch 버리다, 그만두다 lower 낮추다 recently 최근에 release (정보, 결과를) 발표하다 result 결과 analyze 분석하다 consumption 섭취 likelihood 가능성 develop (병에) 걸리다 vegetarian 채식주의자 pescatarian 해산물 채식주의자(생선을 보충하며 채식을 하는 사람) significantly 현저하게 reduce 줄이다 risk 위험 aged ~의 나이에 cancer-free 암이 없는 mention 언급하다 ethnicity 인종, 민족성 average 평균 follow-up 추적 관찰, 후속 조치 compare A to B A를 B에 비교하다 rate 비율 diagnosis 진단 (복수형 diagnoses) processed meat 가공육 lamb 양 poultry 가금류 astounding 깜짝 놀라게 하는, 충격적인 vegan 절대 채식주의자, 비건 frequently 자주 shift 변화 prostate cancer 전립선 암 counterpart 상대, 대응하는 사람 impact 영향 postmenopausal 폐경 후의 breast cancer 유방암 as for ~에 대해서 gender disparity 성별 격차 health-conscious 건강을 의식하는 based on ~에 따르면 statistics 통계, 통계학 take an approach 접근 방법을 취하다 in contrast 대조적으로 consume 섭취하다 whole grain 통곡물 connection 연결, 관련성 suggest 시사하다 play a role in ~에 역할을 하다 state ~라고 밝히다 note 언급하다 eliminate 제거하다 not necessarily 반드시 ~한 것은 아닌 complex 복잡한

---

60 세부사항 (What) ★★   정답 (c)

What did researchers find about the participants' eating habits?

(a) that they have balanced meals every day
(b) that their diets affect their sleeping habits
(c) that there is a link between food and cancer risks
(d) that there is a link between daily exercise and health

연구자들은 실험 참가자들의 식습관에 대해 무엇을 발견했는가?

(a) 매일 균형 잡힌 식사를 한다는 것
(b) 식습관이 수면 습관에 영향을 미친다는 것
(c) 음식과 발암 위험 사이에 연관성이 있다는 것
(d) 매일의 운동과 건강 사이에 연관성이 있다는 것

해설 본문 1단락에서 "[60]A group of researchers from the University of Oxford recently released the results of a large study that analyzed the effect of meat consumption and the likelihood of developing cancer."(옥스퍼드 대학의 한 연구팀이 최근 육류 섭취의 영향과 암 발병 가능성을 분석한 대규모 연구의 결과를 발표했다.)라고 하였다. 육류 섭취와 발암 가능성에 대해 연구하였으므로 (c)가 정답이다.

어휘 balanced 균형 잡힌 affect 영향을 미치다 link 연관성 cancer 암 risk 위험

Based on the article, what most likely is one of the limitations of the research?

(a) It was carried out over a short period of time.
(b) There were more male than female participants.
(c) Most of the participants in the research were Caucasians.
(d) It was carried out among the wealthy people only.

본문에 따르면 그 연구의 한계 중 하나는 무엇인 것 같은가?

(a) 단기간에 행해졌다.
(b) 여성 참가자보다 남성이 더 많았다.
(c) 연구 참가가 대부분이 백인이었다.
(d) 부유한 사람들 사이에서만 행해졌다.

해설 본문 2단락에서 "[61]The researchers analyzed data from 472,377 adults in the UK, aged 40–70, who started cancer-free and most of whom were white or did not mention their ethnicity."(연구진은 40–70세의 영국 성인 472,377명의 데이터를 분석했는데, 이들은 암이 없는 상태로 시작했고 이들 대부분은 백인이거나 인종에 대해 언급하지 않았다.)라고 하였다. 이 연구의 대상이 주로 백인이었다고 추론할 수 있으므로 (c)가 정답이다.

Paraphrasing most of whom were white or did not mention their ethnicity
➡ Most of the participants in the research were Caucasians.

어휘 limitation 한계   carry out 실행하다   participant 참가자   Caucasian 백인

What findings about the various types of diets shocked the researchers?

(a) Eating a combination of vegetables and fish lowered cancer rates.
(b) Consuming fish every day led to a high rate of different cancers.
(c) Consuming eggs or milk daily led to much better health.
(d) Eating a variety of meat and vegetables lowered cancer risks.

다양한 유형의 식단에 대해 어떤 결과가 연구자들을 놀라게 했는가?

(a) 채소와 생선을 함께 먹는 것이 암 발병률을 낮췄다.
(b) 매일 생선을 섭취하는 것이 다양한 암 발병률을 높게 했다.
(c) 달걀이나 우유를 매일 섭취하는 것이 건강을 훨씬 더 좋게 했다.
(d) 다양한 고기와 채소를 먹는 것이 암 위험을 낮췄다.

해설 본문 4단락에서 "[62]In fact, the biggest shift was the prostate cancer risk for vegetarian and pescatarian men, who had a 20–31% lower risk than their meat-eating counterparts. For women, a vegetarian or pescatarian diet had the biggest impact on reducing their risk of postmenopausal breast cancer."(사실, 가장 큰 변화는 채식주의와 페스카테리언 남성들의 전립선암 위험인데, 이들은 육식자보다 위험이 20–31% 낮았다. 여성의 경우, 채식이나 페스카테리언 식단이 폐경 후 유방암 위험을 줄이는데 가장 큰 영향을 미쳤다.)라고 하였다. 이 연구에서 가장 놀라운 발견은 채식주의자나 채소와 생선을 먹는 페스카테리언의 전립선 암 위험이 육식자에 비해 훨씬 낮았고, 같은 식단의 여성들이 폐경 후 유방암 위험도 줄어들었다는 것이다. 따라서 정답은 (a)이다.

어휘 combination 결합   lower 낮추다   cancer rate 암 발병률   consume 섭취하다   lead to ~로 이어지다

Why most likely did the women show better results than their male counterparts?

(a) because women generally tend to live longer than men
(b) because women were initially healthier than the men
(c) because women are usually more dedicated than men
(d) because women made better food choices than the men

왜 여성들이 남성들보다 더 나은 결과를 나타냈을까?

(a) 여성은 일반적으로 남성보다 더 오래 사는 경향이 있기 때문에
(b) 여성이 처음에는 남성보다 건강했기 때문에
(c) 여성은 보통 남성보다 더 헌신적이기 때문에
(d) 여성은 남성보다 더 나은 음식을 선택했기 때문에

해설 ▶ 본문 5단락에서 "⁶³In contrast women who do follow a regular meat-eating diet are consuming more whole grains and less processed meats such as pepperoni and ham."(그와는 대조적으로 규칙적인 육식 식단을 따르는 여성들은 페퍼로니나 햄과 같은 가공육을 덜 먹고 통곡물을 더 많이 먹는다.)라고 하였다. 여성들이 남성들보다 가공육을 덜 먹고 통곡물을 더 먹는 등 보다 나은 식단을 선택했다고 추론할 수 있으므로 (d)가 정답이다.

Paraphrasing ▶ are consuming more whole grains and less processed meats such as pepperoni and ham
➡ made better food choices than the men

어휘 ▶ counterpart 상대, 대응하는 사람   generally 일반적으로   tend to+동사원형 ~하는 경향이 있다   initially 처음에 dedicated 헌신적인

Why isn't a vegetarian diet probably enough to curb the risks of having cancer?

(a) because there are many unhealthy vegetarians
(b) because there are many factors that can lead to cancer
(c) because eating meat in moderation can be healthy
(d) because eating processed vegetarian food is unhealthy

왜 채식 식단은 암에 걸릴 위험을 억제하기에 충분하지 않을까?

(a) 건강하지 않은 채식주의자들이 많기 때문에
(b) 암을 유발할 수 있는 많은 요인이 있기 때문에
(c) 고기를 적당히 먹는 것은 건강에 좋을 수 있기 때문에
(d) 가공된 채식 음식을 먹는 것은 건강에 해롭기 때문에

해설 ▶ 본문 6단락에서 "⁶⁴He also noted that simply eliminating meat doesn't necessarily make a person's diet healthier. It is much more complex."(그는 또한 단순히 고기를 없애는 것이 사람의 식단을 더 건강하게 만드는 것은 아니라고 언급했다. 그것은 훨씬 더 복잡하다.)라고 하였다. 단순히 고기를 먹지 않는 것이 암 발병을 억제하는 더 건강한 식사라고 할 수 없고 그 외에도 훨씬 복잡한 요인들이 관련되어 있다고 했으므로 육식 외에도 암을 유발하는 다른 요인들이 있음을 추론할 수 있다. 따라서 (b)가 정답이다.

어휘 ▶ curb 억제하다   risk 위험   factor 요인   in moderation 적당히, 알맞게   processed 가공된

In the context of the passage, <u>disparity</u> means _____.

(a) opposition
(b) discrepancy
(c) inequality
(d) disagreement

본문의 맥락에서 disparity는 _____를 의미한다.

(a) 반대
(b) 불일치
(c) 불평등
(d) 의견 충돌

해설 ▶ 본문 5단락 "As for the gender [65]disparity, Dr. Cody Watling, the lead researcher, explains that men are typically less health-conscious, based on statistics, and perhaps taking a less healthy approach to their meat-centered dishes."(성별 격차에 대해, 수석 연구원인 코디 와틀링 박사는 통계 자료에 따르면, 남성들은 전형적으로 건강에 덜 신경을 쓰며, 아마도 육류 중심의 음식에 덜 건강한 접근 방식을 취할 것이라고 설명한다.)에서 disparity의 의미는 '격차, 차이'이다. 보기 중 이 의미와 가장 가까운 (b)가 정답이다.

어휘 ▶ opposition 반대　discrepancy 불일치, 차이　inequality 불평등　disagreement 의견 충돌

In the context of the passage, <u>complex</u> means _____.

(a) elaborate
(b) hard
(c) rough
(d) confused

본문의 맥락에서 complex는 _____를 의미한다.

(a) 정교한
(b) 어려운
(c) 거친
(d) 혼란스러운

해설 ▶ 본문 6단락 "It is much more [66]complex." (그것은 훨씬 더 복잡하다.)에서 complex의 의미는 '복잡한'이다. 보기 중 이 의미와 맥락상 가장 가까운 (a)가 정답이다.

어휘 ▶ elaborate 정교한, 치밀한　hard 어려운　rough 거친, 대략적인　confused 혼란스러운

	THE GATEWAY ARCH	게이트웨이 아치
대상물 소개	Completed in 1965, the Gateway Arch is the tallest memorial in America and the tallest stainless steel monument in the world. ⁶⁷It commemorates Thomas Jefferson's vision and St. Louis' role in the westward expansion of the United States. Every year, this awe-inspiring monument attracts over four million visitors, and approximately one million of them travel to the top.	1965년에 완공된 게이트웨이 아치는 미국에서 가장 높은 기념비이자 세계에서 가장 높은 스테인리스로 된 기념물이다. ⁶⁷그것은 토마스 제퍼슨의 비전과 미국 서부 확장에 있어서의 세인트루이스의 역할을 기념한다. 매년, 이 경외심을 불러일으키는 기념물은 4백만 명이 넘는 방문객들을 끌어 모으며, 그들 중 약 1백만 명이 그 꼭대기로 올라간다.
제작 계기	When ⁶⁸the idea for a publicly funded riverfront memorial space was proposed by some local government officials in 1933, many in St. Louis opposed the meaningless idea due to the uncertainty of the Great Depression. Fortunately, by the 1940s, the National Park Service called for a design competition for a memorial that would best represent American culture and civilization. The representation could be in any form or shape.	⁶⁸1933년 일부 지역 공무원들에 의해 공공 자금 지원을 받는 강변 기념 공간에 대한 아이디어가 제안되었을 때, 세인트루이스에 있는 많은 사람들이 대공황의 불확실한 상황 때문에 이 무의미한 생각에 반대했다. 다행히도, 1940년대까지, 국립공원관리국은 미국의 문화와 문명을 가장 잘 나타낼 기념비에 대한 디자인 공모전을 요구했다. 그 표현은 어떠한 형식이나 형태여도 되었다.
제작 준비 과정	Of the 172 ⁷²submissions, Finnish-American architect Eero Saarinen's design was chosen among the top five finalists. In February 1948, Eero Saarinen's design was the unanimous selection of the judging panel. ⁶⁹His concept was "relevant, beautiful, perhaps inspired," according to the judges. Eero Saarinen took an abstract concept and created one of the most ⁷³iconic monuments in the world.	172개의 ⁷²제안서 중 핀란드계 미국인 건축가 에로 사리넨의 디자인이 5점의 최종 후보작 안에 선정되었다. 1948년 2월, 에로 사리넨의 디자인은 심사위원단의 만장일치로 선택을 받았다. ⁶⁹심사위원들에 따르면, 그의 컨셉은 '관련성이 있고, 아름답고, 아마도 영감을 받았을' 것이라고 한다. 에로 사리넨은 추상적인 개념을 가지고 세계에서 가장 ⁷³상징적인 기념물 중 하나를 만들었다.
제작 과정 및 구성	It took more than a decade to clear the arch's designs. ⁷⁰They had to go through the different branches of government for approval. The construction of the Gateway Arch began on February 12, 1963, and upon its completion on October 28, 1965, the monument had cost a sum of $13 million (roughly $190 million today). The strong, elegant shape of the arch represents a door to the western part of the USA. At the base of the arch, the Museum of Westward Expansion shows what life was like in the 1800s.	그 아치의 설계도를 정리하는 데 10년이 넘게 걸렸다. ⁷⁰그 설계도들은 승인을 받기 위해 정부의 다른 부서들을 거쳐야 했다. 게이트웨이 아치는 1963년 2월 12일에 착공하여 1965년 10월 28일에 완공될 즈음 그 기념물은 총 1천 3백만 달러(현재 가치로 추산하면 대략 1억 9천만 달러)의 비용이 들었다. 아치의 강하고 우아한 모양은 미국 서부로 가는 문을 상징한다. 아치의 맨 아래쪽에 있는 서부 확장 박물관은 1800년대의 삶이 어떠했는지를 보여준다.

기념물 특징	[71]The distance between the two legs of the arch is equal to its height, measuring approximately 190 meters. Each leg has one tram with 8 capsules, and they can hold a maximum of 5 passengers each. For emergencies, the interior structure has two stairwells of 1,076 steps each. And finally, the arch has been the subject of an Oscar-nominated film, namely *Percy Jackson & the Olympians: The Lightning Thief*.	[71]아치의 두 다리 사이의 거리는 그것의 높이와 같은데, 그 길이는 약 190미터이다. 각 다리에는 8개의 캡슐이 달린 한 개의 트램이 있고 그 캡슐들은 각각 최대 5명의 승객을 태울 수 있다. 응급 상황에 대비하여 내부 구조에는 각각 1076개의 계단이 있는 두 개의 계단실이 있다. 마지막으로, 이 아치는 '퍼시 잭슨과 번개 도둑'이라는 오스카 상 후보에 오른 영화의 소재가 되었다.

어휘 memorial 기념비 monument 기념물, 역사적 건축물 commemorate 기념하다 expansion 확장, 확대 awe-inspiring 경외심을 일으키는 attract (관심, 관광객을) 끌다 approximately 약, 대략 fund 자금을 대다, 자금을 제공하다 riverfront 강변의 propose 제안하다 government official 공무원 oppose 반대하다 meaningless 무의미한 due to ~때문에 uncertainty 불확실성 Great Depression 경제 대공황 call for 요구하다 design competition 디자인 공모 represent 대표하다, 나타내다 civilization 문명 representation 표현, 묘사 Finnish-American 핀란드계 미국인 architect 건축가 submission 제안서, 출품작 finalist 결승 진출자, 최종 후보 unanimous 만장일치의 judging panel 심사위원 relevant 관련성 있는, 적절한 inspired 영감을 받은, 탁월한 abstract 추상적인 iconic 상징적인 decade 10년 go through 거치다, 겪다 approval 승인, 동의 construction 건설 completion 완료, 완성 cost (비용이) 들다 sum 총(액) roughly 대략, 거의 height 높이 hold 수용할 수 있다, 들어가다 maximum 최대 stairwell 계단실, 계단(통) subject 소재, 주제 nominate (후보에) 지명하다 namely 즉, 다시 말해

---

67 세부사항 (What) ★★   정답 (d)

What inspired the construction of the Gateway Arch?

(a) the memory of a famous American landmark
(b) the need to attract millions of tourists
(c) the desire to compete with the East Coast
(d) the dream of an American president and the position of a city

무엇이 게이트웨이 아치의 건설에 영감을 주었는가?

(a) 미국의 유명 랜드마크의 기억
(b) 수백만 명의 관광객을 유치할 필요성
(c) 동부 해안과 경쟁하려는 열망
(d) 한 미국 대통령의 소망과 도시의 위치

해설 본문 1단락에서 "[67]It commemorates Thomas Jefferson's vision and St. Louis' role in the westward expansion of the United States."(그것은 토마스 제퍼슨의 비전과 미국의 서부 확장에 있어서의 세인트루이스의 역할을 기념한다.)라고 하였다. 게이트웨이 아치는 미국의 대통령이었던 토마스 제퍼슨의 꿈과 미국 동부와 서부를 잇는 관문 도시 세인트루이스의 역할을 기념하기 위한 것이므로 (d)가 정답이다.

어휘 landmark 랜드마크, 역사적인 장소 need 필요성 attract ~을 유치하다, 끌다 desire 열망 compete with ~와 경쟁하다 the East Coast (미국의) 동부 해안

---

68 세부사항 (Who) ★   정답 (b)

Who had the idea of erecting a monument in St. Louis during a time of crisis?

(a) the sitting president of the United States
(b) some administrators in the city
(c) members of an NGO in the neighboring state
(d) famous American architects around the country

누가 위기의 시기에 세인트루이스에 건축물을 세울 생각을 했는가?

(a) 미국의 현직 대통령
(b) 그 도시의 일부 행정관들
(c) 이웃 주의 NGO 회원들
(d) 전국의 유명한 미국 건축가들

본문 2단락에서 "[68]the idea for a publicly funded riverfront memorial space was proposed by some local government officials in 1933"(1933년 일부 지방 공무원들에 의해 공공 자금 지원을 받는 강변 기념 공간에 대한 아이디어가 제안되었다)라고 하였다. 보기 중 이 내용과 가장 가까운 (b)가 정답이다.

Paraphrasing some local government officials ➡ some administrators in the city

어휘 erect 세우다 crisis 위기 sitting president 현직 대통령 administrator 행정관 neighboring 이웃의, 근처의

---

69 추론 (Why) ★★★   정답 (a)

Why most probably was Saarinen's design selected for the memorial project?	왜 사리넨의 디자인이 기념 사업에 선정되었을 것 같은가?
(a) because the concept was impressive	(a) 그 컨셉이 인상적이어서
(b) because Saarinen had a great reputation as an architect	(b) 사리넨은 건축가로서 명성이 높아서
(c) because his design was very realistic and doable	(c) 그의 디자인은 매우 사실적이고 실행 가능해서
(d) because the design was easy to build	(d) 디자인이 건설하기 쉬워서

해설 본문 3단락에서 "[69]His concept was "relevant, beautiful, perhaps inspired," according to the judges."(심사위원들에 따르면, 그의 컨셉은 '관련성이 있고, 아름답고, 아마도 영감을 받았을' 것이라고 한다.)라고 하였다. 사리넨의 디자인 컨셉이 관련성 있고 아름다웠다고 했으므로 인상적인 디자인 컨셉으로 기념물로 선정되었을 것으로 추론된다. 따라서 (a)가 정답이다.

Paraphrasing His concept was relevant, beautiful, perhaps inspired ➡ the concept was impressive

어휘 memorial project 기념 사업 impressive 인상적인 reputation 평판, 명성 realistic 사실적인 doable 실행 가능한

---

70 세부사항 (Why) ★★   정답 (d)

Why was the construction of the Gateway Arch delayed?	게이트웨이 아치의 건설이 왜 지연되었는가?
(a) There wasn't enough money to fund the project.	(a) 그 프로젝트에 자금을 대기에 충분한 돈이 없었다.
(b) There weren't enough people to build it.	(b) 그것을 지을 사람이 충분하지 않았다.
(c) The plans had to be simplified by other architects first.	(c) 그 계획들은 먼저 다른 건축가들에 의해 단순화되어야만 했다.
(d) The plans had to be approved at various levels first.	(d) 그 계획들은 먼저 여러 단계에서 승인을 받아야 했다.

해설 본문 4단락에서 "[70]They had to go through the different branches of government for approval."(그것들은 승인을 받기 위해 정부의 다른 부서들을 거쳐야 했다.)라고 하였으므로 (d)가 정답이다.

Paraphrasing They had to go through the different branches of government for approval. ➡ The plans had to be approved at various levels first.

어휘 delay 미루다, 지연시키다 simplified 단순화된 approve 승인하다 various 여러 가지의, 다양한

Which factor best characterizes the Gateway Arch monument?

게이트웨이 아치 기념물의 특징을 가장 잘 나타낸 요소는 어느 것인가?

(a) It is the tallest building in the world today.
(b) It is the symbol of the western world.
(c) The length of its base side is identical to its height.
(d) Most of the tourists ride to the top of the structure.

(a) 그것은 오늘날 세계에서 가장 높은 건축물이다.
(b) 그것은 서양 세계의 상징이다.
(c) 그것의 밑면의 길이는 그것의 높이와 동일하다.
(d) 관광객 대부분은 건물 꼭대기에 올라간다.

해설 본문 5단락에서 "[71]The distance between the two legs of the arch is equal to its height"(아치의 두 다리 사이의 거리는 그것의 높이와 같다)라고 하였으므로 (c)가 정답이다.

Paraphrasing The distance between the two legs of the arch is equal to its height ➡ The length of its base side is identical to its height.

어휘 characterize 특징짓다   length 길이   base side 밑면   identical 동일한

In the context of the passage, <u>submissions</u> means _____.

본문의 맥락에서 submissions는 _____를 의미한다.

(a) compliance
(b) presentations
(c) reports
(d) proposals

(a) 준수
(b) 발표
(c) 보고서
(d) 제안서

해설 본문 3단락 "Of the 172 [72]submissions, Finnish-American architect Eero Saarinen's design was chosen among the top five finalists."(172개의 제안서 중 핀란드계 미국인 건축가 에로 사리넨의 디자인이 5점의 최종 후보작 안에 선정되었다.)에서 submissions의 의미는 디자인 아이디어를 그래픽화한 '제안서'이므로 보기 중 이 의미와 가장 가까운 (d)가 정답이다.

어휘 compliance 준수, 복종   presentation 발표   report 보고서   proposal 제안(서)

In the context of the passage, <u>iconic</u> means _____.

본문의 맥락에서 iconic은 _____를 의미한다.

(a) traditional
(b) ideal
(c) symbolic
(d) classic

(a) 전통적인
(b) 이상적인
(c) 상징적인
(d) 고전적인

해설 본문 3단락 "Eero Saarinen took an abstract concept and created one of the most [73]iconic monuments in the world."(에로 사리넨은 추상적인 개념을 가지고 세계에서 가장 상징적인 기념물 중 하나를 만들었다.)에서 iconic의 의미는 '상징적인'이다. 보기 중 이 의미와 가장 가까운 (c)가 정답이다.

어휘 traditional 전통적인   ideal 이상적인   symbolic 상징적인   classic 고전적인

받는 사람	Charles Hoffman HR, Media Publishing San Francisco, CA	찰스 호프만 미디어 퍼블리싱 인사팀 캘리포니아 주 샌프란시스코
인사 및 감사	Dear Mr. Hoffman: First of all, I'd like to thank you for taking the time out of your busy schedule to interview me for the job I applied for a month ago. I am deeply honored that you have chosen me to assume the position of project manager for your prestigious company. It is a tempting offer, which I wouldn't have wanted to pass up. [75]It would have been a dream for me to be part of your organization.	친애하는 호프만 씨: 우선 한 달 전에 제가 지원했던 자리로 저를 면접하시느라 바쁘신 일정 중에 시간을 할애해 주셔서 감사합니다. 명망 높은 귀사의 프로젝트 매니저 직책을 맡도록 저를 발탁해 주셔서 대단히 영광입니다. 그것은 제가 포기하고 싶지 않은 매력적인 제안입니다. [75]제가 당신 조직의 일원이 되는 것이 꿈이었을 것입니다.
제안에 대한 거절과 거절 사유 (1)	I gave the offer some serious thought and after reading some of the job requirements you handed to me last week, [76]I found out that the job requires frequent domestic and international travel to several of the company offices. Therefore, [74]I'll have to respectfully [79]decline the offer.	저는 제안을 진지하게 생각해 보았고, 지난주에 주신 몇 가지 직무 요건을 읽어본 후에, [76]이 직장에서는 여러 군데에 있는 사무실로 국내 및 해외 출장을 자주 다녀야 한다는 것을 알게 되었습니다. 그러므로, [74]저는 정중히 이 제안을 [79]거절해야 할 것 같습니다.
거절 사유 (2)	Additionally, [77]I recently learned that my husband, a sergeant in the US Army, will soon be reassigned to a different military base, and the whole family might have to relocate along with him. So, I have no other option but to put this dream of mine on hold for a while.	게다가 [77]저는 최근에 미군 병장인 제 남편이 곧 다른 군 기지로 재배치될 것이고, 그와 함께 온 가족이 옮겨야 할지도 모른다는 것을 알게 되었습니다. 그래서 저는 저의 이 꿈을 잠시 보류하는 것 외에 다른 선택의 여지가 없습니다.
당부 및 마무리	Again, thank you for placing trust in my abilities. Under different circumstances, I would have [80]seized the chance to work with you. Nonetheless, I hope this kind of opportunity comes along again. [78]I would surely love to be part of your team someday if given the chance. So, please feel free to keep my personal information on file for at least a year.	다시 한 번 제 능력을 믿어 주셔서 감사합니다. 상황이 달랐다면 저는 당신과 일할 기회를 [80]잡았을 것입니다. 그럼에도 저는 다시 이런 기회가 오면 좋겠습니다. [78]기회가 주어진다면 언젠가 꼭 당신의 팀에 들어가고 싶습니다. 제 개인정보를 적어도 1년간 파일에 보관해 주세요.

보내는 사람	Yours sincerely, *Nancy Nichols* Nancy Nichols	진심으로 낸시 니콜스 낸시 니콜스

어휘 first of all 우선, 먼저 take the time 시간을 내다, 짬을 내다 apply for 지원하다, 신청하다 be honored 영광스럽다 assume the position of ~의 직책을 맡다 prestigious 명망 높은 tempting 매력적인, 솔깃한 offer 제안 pass up 포기하다, 사양하다 organization 조직 give A thought A를 깊이 생각하다 hand A to B B에게 A를 건네주다 require 요구하다 frequent 잦은, 자주 있는 domestic 국내의 respectfully 정중하게 decline 거절하다 additionally 게다가 sergeant 병장 be reassigned to ~에 재배치되다 military base 군대 기지 relocate 이전하다 have no other option but to+동사원형 ~하는 것 외엔 다른 선택이 없다 put A on hold A를 잠시 보류하다 for a while 잠시 동안 place trust in ~을 신뢰하다 circumstance 상황 seize the chance 기회를 잡다 nonetheless 그럼에도 불구하고 opportunity 기회 come along (예기치 않게) 생기다, 오다 surely 꼭, 반드시 if given the chance 기회가 주어진다면 feel free to+동사원형 자유롭게 ~하다 keep A on file A를 파일로 보관하다 at least 적어도

---

74 주제/목적 (Why) ★★ 정답 (c)

Why did Mrs. Nichols contact Media Publishing?

(a) to say thank you for the interview
(b) to request a leave of absence
(c) to reject the company's job offer
(d) to apply for the project manager position

왜 니콜스 부인이 미디어 출판사에 연락하였는가?

(a) 인터뷰에 감사하다는 말을 하기 위해서
(b) 휴가를 요청하기 위해서
(c) 그의 회사의 일자리 제안을 거절하기 위해서
(d) 프로젝트 매니저 자리에 지원하기 위해서

해설 본문 2단락에서 "74I'll have to respectfully decline the offer."(저는 정중히 그 제안을 거절해야 할 것 같습니다.)라고 하였으므로 (c)가 정답이다.

Paraphrasing decline the offer ➡ to reject the company's job offer

어휘 contact 연락하다 request 요청하다 a leave of absence 휴가 reject 거절하다 job offer 일자리 제안

---

75 추론 (Why) ★★★ 정답 (c)

Why most likely did Mrs. Nichols feel grateful for the job offer?

(a) because the remuneration was high
(b) because it was a famous company
(c) because it was her dream job
(d) because there were many candidates

니콜스 부인은 왜 그 일자리 제의에 대해 감사하다고 느끼는 것 같은가?

(a) 급여가 높았기 때문에
(b) 유명한 회사였기 때문에
(c) 그녀의 꿈의 직업이었기 때문에
(d) 많은 후보자들이 있었기 때문에

해설 본문 1단락에서 "[75]It would have been a dream for me to be part of your organization."(제가 당신 조직의 일원이 되는 것이 꿈이었을 것입니다.)라고 하였다. 이 회사에 채용되는 것이 꿈이라고 한 것으로 보아 이 직업이 그녀가 꿈꾸던 직업인 것을 알 수 있다. 따라서 (c)가 정답이다.

어휘 grateful 감사하는 remuneration 보수 candidate 후보

---

76 세부사항 (What) ★★★   정답 (a)

What was Mrs. Nichols' primary reason for declining the job offer?	니콜스 부인이 그 일자리 제안을 거절한 주된 이유는 무엇인가?
(a) The position required a lot of traveling.	(a) 그 직책이 많은 출장을 요구했다.
(b) The commute time was too lengthy.	(b) 통근 시간이 너무 길었다.
(c) The salary was not decent enough.	(c) 급여가 충분히 적절하지 않았다.
(d) The company's values were unethical.	(d) 회사의 가치가 비윤리적이었다.

해설 본문 2단락에서 "[76]I found out that the job requires frequent domestic and international travel to several of the company offices."(이 직장에서는 여러 군데에 있는 사무실로 국내 및 해외 출장을 자주 다녀야 한다는 것을 알게 되었습니다.)라고 하였다. 이 직업은 출장이 잦은 직업이라는 것을 발견하고서 거절 의사를 밝혔으므로 (a)가 정답이다.

Paraphrasing the job requires frequent domestic and international travel ➡ The position required a lot of traveling.

어휘 primary 주요한 require 요구하다 commute 통근 lengthy 긴 decent 적절한, 온전한 unethical 비윤리적인

---

77 세부사항 (What) ★★   정답 (d)

What aspect of Mrs. Nichols' life affected her decision about the job?	니콜스 부인의 삶의 어떤 측면이 그녀의 직업에 대한 결정에 영향을 미쳤는가?
(a) She is a busy housewife with children.	(a) 그녀는 아이들로 인해 바쁜 주부이다.
(b) She is the caretaker of a sick family member.	(b) 그녀는 아픈 가족의 간병인이다.
(c) Her house is located far from the new office.	(c) 그녀의 집은 새 사무실에서 멀리 떨어져 있다.
(d) Her husband will move away for a new position.	(d) 그녀의 남편은 새로운 직책을 위해 이사 갈 것이다.

해설 본문 3단락에서 "[77]I recently learned that my husband, a sergeant in the US Army, will soon be reassigned to a different military base, and the whole family might have to relocate along with him."(저는 최근에 미군 병장인 제 남편이 곧 다른 군 기지로 재배치될 것이고, 그와 함께 온 가족이 옮겨야 할지도 모른다는 것을 알게 되었습니다.)라고 하였다. 군인인 남편이 다른 기지로 옮기게 된 일이 그녀가 이 일자리를 거절하게 만들었으므로 (d)가 정답이다.

Paraphrasing my husband, a sergeant in the US Army, will soon be reassigned to a different military base
➡ Her husband will move away for a new position.

어휘 aspect 측면 affect 영향을 끼치다 decision 결심, 결정 be located 위치하다 move away 이사 가다

78 세부사항 (Which) ★★   정답 (a)

Which of the following shows Mrs. Nichols' interest in Media Publishing?

(a) She wants to be considered in the future.
(b) She requested another interview soon.
(c) She highly complimented Media Publishing.
(d) She wrote a heartfelt message to the company's owner.

다음 중 어떤 것이 니콜스 부인의 미디어 퍼블리싱 사에 대한 관심을 보여주는가?

(a) 그녀는 미래에 다시 지원 후보자가 되고 싶어 한다.
(b) 그녀는 곧 또 다른 인터뷰를 요청했다.
(c) 그녀는 미디어 퍼블리싱 사를 극찬했다.
(d) 그녀는 회사의 사장에게 진심 어린 메시지를 썼다.

해설 본문 4단락에서 "⁷⁸I would surely love to be part of your team someday if given the chance. So, please feel free to keep my personal information on file for at least a year."(언젠가 기회가 된다면 꼭 당신의 팀에 들어가고 싶습니다. 제 개인정보를 적어도 1년간 파일에 보관해 주세요.)라고 하였다. 기회가 되면 꼭 이 회사에 지원하고 싶다고 하면서 자신의 개인정보를 당분간 보관해 달라고 요청하고 있으므로 이 회사 입사에 대한 관심을 보여주고 있다. 따라서 (a)가 정답이다.

어휘 be considered (어느 직책에) 고려되다 highly compliment 극찬하다 heartfelt 진심 어린

79 어휘 (동사: decline) ★★★   정답 (b)

In the context of the passage, decline means _____.

(a) collide with
(b) turn down
(c) collapse
(d) congregate

본문의 맥락에서 decline은 _____를 의미한다.

(a) 충돌하다
(b) 거절하다
(c) 무너지다
(d) 집결하다

해설 본문 2단락 "Therefore, I'll have to respectfully ⁷⁹decline the offer."(그러므로, 저는 이 제안을 정중히 거절해야 할 것 같습니다.)에서 decline의 의미는 '거절하다'이다. 보기 중 이 의미와 가장 가까운 (b)가 정답이다.

어휘 collide with ~와 충돌하다 turn down 거절하다 collapse 무너지다 congregate 집결하다

80 어휘 (동사: seize) ★★★   정답 (b)

In the context of the passage, seized means _____.

(a) boosted
(b) grabbed
(c) occupied
(d) swept

본문의 맥락에서 seized는 _____를 의미한다.

(a) 끌어올렸다
(b) 움켜쥐었다
(c) 점유하였다
(d) 휩쓸었다

해설 본문 4단락에서 "Under different circumstances, I would have ⁸⁰seized the chance to work with you."(상황이 달랐다면, 저는 당신과 함께 일할 기회를 잡았을 것입니다.)에서 seized의 의미는 '(기회를) 잡았다'이다. 보기 중 이 의미와 가장 가까운 (b)가 정답이다

어휘 boost 끌어올리다 grab 움켜쥐다 occupy 점유하다 sweep 휩쓸다

정답 확인하기

GRAMMAR

01	(b)	02	(c)	03	(a)	04	(a)	05	(c)	06	(c)	07	(b)	08	(a)
09	(d)	10	(b)	11	(b)	12	(b)	13	(d)	14	(b)	15	(d)	16	(b)
17	(b)	18	(a)	19	(b)	20	(d)	21	(d)	22	(b)	23	(b)	24	(a)
25	(c)	26	(b)												

LISTENING

PART 1	27	(a)	28	(c)	29	(d)	30	(b)	31	(c)	32	(a)	33	(d)
PART 2	34	(b)	35	(b)	36	(a)	37	(d)	38	(c)	39	(a)		
PART 3	40	(c)	41	(a)	42	(a)	43	(b)	44	(d)	45	(c)		
PART 4	46	(c)	47	(d)	48	(a)	49	(b)	50	(a)	51	(d)	52	(c)

READING AND VOCABULARY

PART 1	53	(a)	54	(b)	55	(d)	56	(c)	57	(b)	58	(c)	59	(a)
PART 2	60	(c)	61	(a)	62	(d)	63	(c)	64	(b)	65	(b)	66	(a)
PART 3	67	(c)	68	(c)	69	(d)	70	(a)	71	(b)	72	(a)	73	(c)
PART 4	74	(c)	75	(d)	76	(b)	77	(a)	78	(b)	79	(c)	80	(a)

TEST

7

GRAMMAR

LISTENING

READING AND VOCABULARY

정답 확인하기

GRAMMAR															
01	(b)	02	(c)	03	(a)	04	(a)	05	(c)	06	(c)	07	(b)	08	(a)
09	(d)	10	(b)	11	(b)	12	(b)	13	(d)	14	(b)	15	(d)	16	(b)
17	(b)	18	(a)	19	(b)	20	(d)	21	(d)	22	(b)	23	(b)	24	(a)
25	(c)	26	(b)												

문항별 취약 유형 체크하기

01	가정법 (가정법 과거완료: if절 + 과거완료)	14	준동사 (to부정사: 부사적 용법)
02	준동사 (동명사: consider)	15	시제 (미래완료진행: for + 시간명사, by the time + 현재 시제절)
03	조동사 (단순미래: will)	16	준동사 (to부정사: hesitate)
04	시제 (현재진행: nowadays)	17	조동사 (의무: must)
05	가정법 (가정법 과거: if절 + 과거 시제)	18	연결어 (접속사: because)
06	당위성/이성적 판단 (동사: stress)	19	시제 (과거진행: when + 과거 시제절)
07	시제 (현재완료진행: since + 과거 시제)	20	준동사 (동명사: worth)
08	가정법 (가정법 과거: if절 + 과거 시제)	21	가정법 (가정법 과거완료: if절 + 과거완료, if 생략 도치 구문)
09	관계사 (관계대명사: 계속적 용법 which)	22	시제 (미래진행: when + 현재 시제절)
10	연결어 (전치사구: instead of)	23	당위성/이성적 판단 (동사: demand)
11	가정법 (가정법 과거: if절 + 과거 시제)	24	시제 (과거완료진행: for + 시간명사, before + 과거 시제절)
12	준동사 (동명사: anticipate)	25	당위성/이성적 판단 (형용사: necessary)
13	가정법 (가정법 과거완료: if절 + 과거완료)	26	관계사 (관계대명사: that)

★ 틀린 문항을 확인하고 취약한 유형을 집중 학습하세요.

1 가정법 (가정법 과거완료: if절 + 과거완료) ★★ 　　　　정답 (b)

Savannah saved up to buy a luxury purse as a gift for herself for her graduation, but she couldn't get it on time. She _____ herself on the waitlist much sooner if she had known that the purse she wanted was in high demand and limited in quantity.

(a) will be putting
(b) would have put
(c) had put
(d) would put

사바나는 자신의 졸업 선물로 비싼 핸드백을 사기 위해 돈을 모았지만 제때 그것을 받을 수 없었다. 만약 그녀가 원하는 지갑이 수요가 많고 수량이 한정되어 있다는 것을 알았다면 그녀는 훨씬 더 빨리 대기자 명단에 이름을 올렸을 것이다.

> **해설** 보기에 동사 put이 다양한 시제와 조동사와 같이 나왔다. 시제 문제 아니면 가정법 문제이다. 빈칸 뒤에 if절이 있고, 이 절의 시제가 과거완료이므로 가정법 과거완료 문제임을 알 수 있다. 가정법 과거완료의 주절에는 'would/should/could/might + have p.p.'가 와야 하므로 (b)가 정답이다.

> **어휘** purse 핸드백, 지갑 　on time 제때에 　waitlist 대기자 명단 　in high demand 수요가 높은 　limited in quantity 수량이 한정된

2 준동사 (동명사: consider) ★★ 　　　　정답 (c)

Although he wanted to be a musician, George's parents pressured him to take biology classes instead. He did not enjoy the lab work, and as a result, he often slept during class and did not consider _____ lab animals to be of any interest.

(a) to dissect
(b) to have dissected
(c) dissecting
(d) having dissected

비록 조지는 뮤지션이 되고 싶었지만, 조지의 부모님은 대신 그가 생물 수업을 듣도록 압력을 가했다. 그는 실험실 일을 즐기지 않았고 그 결과 수업 시간에 자주 잠을 잤고 실험용 동물을 해부하는 것을 흥미롭다고 여기지 않았다.

> **해설** 보기에 동사 dissect가 준동사 형태로 나왔으므로 준동사 문제이다. 빈칸 앞에 나오는 동사가 목적어로 동명사를 취하는지, to부정사를 취하는지 확인한다. 빈칸 앞에 동사 consider는 동명사를 목적어로 취하는 동사이므로 동명사 (c)가 정답이다.

> **오답분석** (d) having dissected는 완료동명사로, 주절의 동사의 시제보다 한 시제 앞설 때 쓰이는데 여기서는 동명사의 시제가 주절 동사의 시제와 동일하므로 오답이다. 지텔프 문법 준동사 문제에서는 주로 단순준동사가 정답이 되며 완료준동사가 정답이 되는 경우는 극히 드물다.

> **어휘** pressure A to+동사원형 A에게 ~하도록 압력을 가하다 　biology 생물학 　instead 대신 　lab 실험실 　as a result 그 결과 　dissect 해부하다 　lab animal 실험용 동물 　be of interest 관심을 끌 만하다, 흥미를 주다

동명사만을 목적어로 취하는 동사

adore(흠모하다), recommend(추천하다), advise(충고하다), admit(인정하다), allow(허락하다), practice(연습하다), feel like(~하고 싶다), enjoy(즐기다), keep(유지하다), consider(고려하다), discuss(의논하다), finish(끝내다), mention(언급하다), postpone(연기하다), avoid(피하다), delay(미루다), dislike(싫어하다), insist(주장하다), mind(꺼리다), quit(그만두다), deny(부인하다), involve(포함하다), miss(놓치다), suggest(제안하다)

---

3 조동사 (단순미래: will) ★★★   정답 (a)

Because of inflation, the cost of food has risen quite a bit. The family _____ have to cut back on other things, such as going to the movies, in order to afford healthy meals with the budget they have.

인플레이션으로 인해 식료품 가격이 꽤나 올랐다. 그 가족은 그들이 가진 예산으로 건강한 식사를 할 여유가 되도록 영화 보러 가는 것과 같은 다른 지출을 줄여야 할 것이다.

(a) will
(b) would
(c) can
(d) could

해설 보기에 다양한 조동사가 나왔으므로 조동사 문제이다. 빈칸 앞 문장의 의미는 '식료품 가격이 많이 올랐다'이고, 빈칸이 들어간 문장의 의미는 '그 가족은 그들이 가진 예산으로 건강한 식사를 구입하기 위해 다른 것들을 줄여야 할 것이다.'이다. '식료품 물가상승으로 인해 다른 생활비를 줄여야 할 것이다'라는 문맥에서, 미래에 일어날 사실이나 예정을 나타내는 조동사 will이 가장 적합하므로 (a)가 정답이다.

오답분석 (a) will(~하려고 한다/~할 것이다)은 단순미래 혹은 의지를, (b) would(~하려고 할 것 같다, ~하곤 했다)는 약한 추측이나 과거의 습관을 나타내며, (c) can(~할 수 있다)은 가능 또는 능력을, (d) could(~할 수도 있었다, ~할 가능성이 있다)는 과거의 능력이나 약한 추측을 나타낸다.

어휘 inflation 인플레이션 cut back on (지출 등을) 줄이다, 삭감하다 afford ~할 여유가 되다 meal 식사 budget 예산

---

4 시제 (현재진행: nowadays) ★★   정답 (a)

After several lackluster performances by the baseball team and growing frustration of the fan base, the owner and executive members of the sports organization _____ together nowadays to discuss changes that may result if the team keeps losing.

야구팀의 부진한 성적으로 팬층의 불만이 커지자, 그 스포츠 조직의 구단주와 임원들은 팀이 계속해서 질 경우 발생할지도 모를 변화에 대해 논의하기 위해 요즘 회합하고 있다.

(a) are meeting
(b) have met
(c) will be meeting
(d) had been meeting

보기에 동사 meet가 다양한 시제로 나왔으므로 시제 문제이다. 빈칸 앞뒤에 시간 부사구나 부사절을 확인한다. 빈칸 뒤에 현재진행 시제와 자주 쓰이는 부사 nowadays가 나왔고 현재 계속 진행 중인 동작을 나타내므로 현재진행 (a)가 정답이다.

lackluster 활기 없는, 부진한   performance 실적, 성적   frustration 답답함, 불만   fan base 팬층   executive member 임원
nowadays 최근에, 요즘   result 일어나다, 생기다

| **5** | **가정법 (가정법 과거: if절 + 과거 시제)** ★★ | 정답 (c) |

Most people do not understand art the way my friend does. If only he were here with us in this art gallery today, he _____ not only the history but also the meaning behind the artwork.

(a) is explaining
(b) will explain
(c) would explain
(d) would have explained

대부분의 사람들은 내 친구가 이해하는 방식으로 예술을 이해하지 못한다. 만약 그가 오늘 이 미술관에 우리와 함께 있다면, 그는 역사뿐만 아니라 예술작품 이면에 숨겨진 의미도 설명할 것이다.

보기에 동사 explain이 다양한 시제 형태와 조동사와 같이 나왔으므로 시제 문제 아니면 가정법 문제이다. 빈칸 앞에 if조건절이 있고, 이 절의 시제가 과거이므로 가정법 과거이다. 가정법 과거의 주절은 'would/should/could/might + 동사원형'이 와야 하므로 (c)가 정답이다.

art gallery 미술관   not only A but also B A 뿐만 아니라 B도   behind ~의 이면에 숨겨진   artwork 예술작품

| **6** | **당위성/이성적 판단 (동사: stress)** ★★ | 정답 (c) |

The driving instructor had to keep warning his student driver to slow down on certain streets. He stressed that the driver _____ to speed limits, especially in school zones, so that no accidents occur.

(a) will pay attention
(b) pays attention
(c) pay attention
(d) paid attention

그 운전 강사는 학생 운전자에게 특정한 도로에 서속도를 줄이라고 계속 경고해야 했다. 그는 특히 어린이 보호구역에서는 사고가 발생하지 않도록 운전자가 속도 제한에 주의를 기울여야 한다고 강조했다.

보기에 동사 pay가 다양한 시제와 동사원형으로 나왔으므로 시제 문제 아니면 당위성/이성적 판단 문제이다. 빈칸 앞에 동사 stressed는 당위성 동사이므로 뒤에 오는 that절에 should가 생략된 동사원형이 나와야 한다. 따라서 동사원형 (c)가 정답이다.

instructor 강사   warn 경고하다   certain 특정한   stress 강조하다   pay attention to ~에 주의를 기울이다   occur 발생하다

> 참고
> ### 당위성 동사
>
> • 형태: 주어 + 당위성 동사 + that + 주어 + (should) + 동사원형
> • 당위성 문제는 다음의 동사와 함께 나온다.
> advise(조언하다), ask(요청하다), beg(간청하다), command(명령하다), stress(강조하다), demand(요구하다), direct(지시하다), insist(주장하다), instruct(지시하다), intend(의도하다), order(명령하다), prefer(선호하다), propose(제안하다), recommend(권장하다), request(요청하다), require(요구하다), stipulate(규정하다), suggest(제안하다), urge(촉구하다), warn(경고하다)

The small family home in the quiet neighborhood appears to be an ordinary home. However, people _____ that it is haunted since it was occupied by a family who experienced strange occurrences and needed exorcism.

(a) will have been claiming
(b) have been claiming
(c) are claiming
(d) claimed

조용한 동네에 있는 그 작은 가정집은 평범한 집처럼 보인다. 하지만 사람들은 그 집은 이상한 사건들을 겪고 퇴마 의식이 필요한 가족이 거주한 이후로 귀신이 나온다고 주장해 오고 있다.

해설   보기에 동사 claim이 다양한 시제로 나왔으므로 시제 문제이다. 빈칸 앞뒤에 시간 부사구나 부사절을 확인한다. 빈칸 뒤에 현재완료진행 시제에 자주 쓰이는 부사인 since를 포함한 절 'since it was occupied by a family who experienced strange occurrences and needed exorcism'이 나왔으므로 현재완료진행 (b)가 정답이다.

어휘   **neighborhood** 동네   **claim** 주장하다   **haunted** 귀신이 나오는   **occupy** 거주하다, 사용하다   **occurrence** (예상치 못한) 사건, 일   **exorcism** 퇴마 의식, 귀신(악령)을 쫓는 의식

> 참고 **현재완료진행**
>
> • 형태: have/has been ~ing
> • 의미: (~해오고 있는 중이다) 과거에 시작한 행동이 현재까지 계속 진행되고 있음을 나타낸다.
> • 자주 쓰이는 시간 부사어구: since + 과거 시점/과거 시제절(~한 이래로), for + 시간명사(~동안), lately(최근에)

Although the company is cruelty-free and makes excellent products using all-natural ingredients, not many people seem to know about it. Perhaps the company _____ more customers if they focused on marketing.

(a) would gain
(b) have been gained
(c) will be gained
(d) are gaining

그 회사는 동물 실험을 하지 않고 천연 원료를 사용하여 우수한 제품을 만들지만, 그것에 대해 아는 사람은 많지 않은 것 같다. 아마도 그 회사가 마케팅에 집중한다면 더 많은 고객을 확보할 것이다.

해설   보기에 동사 gain이 다양한 시제와 조동사와 같이 나왔으므로 시제 문제 아니면 가정법 문제이다. 빈칸 앞에 if조건절이 있고, 이 절의 시제가 과거이므로 가정법 과거이다. 가정법 과거의 주절은 'would/should/could/might + 동사원형'이 와야 하므로 (a)가 정답이다.

어휘   **cruelty-free** 동물 실험을 하지 않는   **all-natural** 천연의   **ingredient** 재료   **gain** 확보하다   **customer** 고객, 손님   **focus on** ~에 집중하다

My sister doesn't like mainstream pop, rock, or hip-hop music. She only listens to classical and jazz music, _____. She also attends orchestral concerts whenever famous soloists perform.

(a) when she downloads from the Amazon music store
(b) that she downloads from the Amazon music store
(c) what she downloads from the Amazon music store
(d) which she downloads from the Amazon music store

내 여동생은 주류 팝, 록, 힙합 음악을 좋아하지 않는다. 그녀는 아마존 음악 앱에서 다운로드 받은 클래식이나 재즈 음악만 듣는다. 그녀는 또한 유명한 독주자들이 연주할 때마다 오케스트라 연주회에 간다.

해설 ▶ 보기에서 다양한 관계사가 나왔으므로 관계사 문제이다. 빈칸 앞에서 관계사의 선행사를 찾고, 관계사절에서 그 선행사의 역할을 확인한다. 선행사는 명사구 'classical and jazz music'이고 관계사 앞에 콤마가 있다. 선행사가 사물이고 계속적 용법으로 사용되었으므로 관계대명사 which가 적절하다. 따라서 (d)가 정답이다.

오답 분석 (a) 관계부사 when은 선행사로 시간을 나타내는 명사가 오고 관계사절이 완벽한 문장 구조일 때 쓰이는데 여기에서는 선행사가 사물이고 관계사절 안에 목적어가 빠져 있으므로 오답이다. (b) 관계대명사 that은 선행사가 사물, 사람 모두 가능하나 계속적 용법에 쓰일 수 없어서 오답이다. (c) 관계대명사 what은 선행사를 포함하는데 여기에서는 선행사가 있으므로 오답이다.

어휘 ▶ mainstream 주류의   attend ~에 가다, 참석하다   orchestral concert 오케스트라 연주회   soloist 독주자   perform 연주하다

The students had a major exam coming up in a week, but a couple of them chose to spend their time having fun. _____ studying, they went to the movies, went shopping at the department store, and played computer games.

(a) Because of
(b) Instead of
(c) In case of
(d) Due to

학생들은 일주일 후에 중요한 시험이 있지만, 그들 중 몇 명은 시간을 즐기며 보내기로 했다. 공부하는 대신에 그들은 영화도 보러 가고, 백화점에서 쇼핑도 하고, 컴퓨터 게임도 했다.

해설 ▶ 보기에 다양한 연결어가 나왔으므로 연결어 문제이다. 빈칸에 보기에 있는 연결어를 하나씩 대입하여 앞뒤 문장의 논리관계를 확인한다. 빈칸 앞 문장에서는 '학생들은 일주일 후에 중요한 시험이 있지만, 그들 중 몇 명은 즐기며 보내기로 했다'고 하였고, 빈칸 뒤 문장에서는 '그들은 공부하는 대신 영화도 보러 가고, 백화점에서 쇼핑도 하고, 컴퓨터 게임도 했다.'라고 하였다. 즉, '시험이 있음에도 불구하고, 그들은 영화를 보고 쇼핑했다'고 해석하는 것이 가장 자연스럽다. 양보의 의미를 가진 연결어가 가장 자연스러우므로 (b)가 정답이다.

오답 분석 (a) Because of(~ 때문에), (c) In case of(~에 대비하여), (d) Due to(~ 때문에는) 문맥상 어색한 연결어이므로 오답이다.

어휘 ▶ major 중요한   come up 다가오다   a couple of 두셋, 몇몇   choose to+동사원형 ~하기로 하다   spend A ~ing A를 ~하면서 보내다   instead of ~대신   department store 백화점

가정법 (가정법 과거: if절 + 과거 시제) ★★   정답 (b)

A high school student made an impression on his city when he helped raise money to install wheelchair accessible doors at his school. If only more schools and public buildings were easily accessible, people with disabilities _____ more independence.

(a) would have had
(b) would have
(c) will have
(d) have

한 고등학생이 학교에 휠체어 출입이 가능한 문을 설치하기 위한 기금을 마련하는 것을 도왔을 때, 도시의 사람들에게 깊은 인상을 남겼다. 더 많은 학교와 공공건물에 쉽게 접근할 수 있다면 장애를 가진 사람들은 더 많은 자립성을 가질 수 있을 것이다.

해설 보기에 동사 have가 다양한 시제와 조동사와 같이 나왔다. 시제 문제 아니면 가정법 문제이다. 빈칸 앞에 if조건절이 있고, 이 절의 시제가 과거이므로 가정법 과거이다. 가정법 과거의 주절은 'would/should/could/might + 동사원형'이 와야 하므로 (b)가 정답이다.

어휘 make an impression on ~에게 깊은 인상을 주다   raise money 기금을 모금하다   install 설치하다   accessible 접근 가능한   public 공공의   disability 장애   independence 자립(성), 독립

---

12 준동사 (동명사: anticipate) ★★   정답 (b)

Although a gifted singer, Gina entered the talent competition on a whim. She had fun during the competition but never anticipated _____ the whole competition and becoming famous.

(a) having won
(b) winning
(c) to win
(d) to have won

지나는 재능 있는 가수지만, 그녀는 그 장기 대회에 즉흥적으로 참가했다. 그녀는 대회 기간 동안 즐거웠지만 전체 대회에서 우승하고 유명해질 것이라고는 전혀 예상하지 못했다.

해설 보기에 동사 win이 준동사 형태로 나왔으므로 준동사 문제이다. 빈칸 앞에 나오는 동사가 목적어로 동명사를 취하는지, to부정사를 취하는지 확인한다. 빈칸 앞에 동사 anticipate는 동명사를 목적어로 취하는 동사이므로 단순동명사 (b)가 정답이다.

어휘 gifted 재능 있는   enter ~에 참가하다   talent competition 장기 대회   on a whim 즉흥적으로   anticipate 예상하다

The owners of the apartment complex ignored complaints by tenants about the cracks in the foundations and leaks along the walls and ceilings. If they had listened to the tenants and fixed all the problems, the collapse of the building and subsequent tragedy _____.

(a) was averted
(b) would be averted
(c) had been averted
(d) would have been averted

아파트 단지의 주인들은 건물 토대에 금이 가고 벽과 천장을 따라 물이 샌다는 세입자들의 불만 사항을 무시했다. 만약 그들이 세입자들의 말을 듣고 모든 문제를 수리했다면, 건물의 붕괴와 그에 따른 비극은 피해질 수 있었을 것이다.

해설 보기에 동사 avert가 다양한 시제와 조동사와 같이 나왔으므로 시제 문제 아니면 가정법 문제이다. 빈칸 앞에 if절이 있고, 이 절의 시제가 과거완료이므로 가정법 과거완료임을 알 수 있다. 가정법 과거완료의 주절에 'would/should/could/might + have p.p.'가 와야 하므로 (d)가 정답이다.

어휘 apartment complex 아파트 단지　complaint 불만 (사항)　tenant 세입자　crack 갈라짐, 금　foundation (건물의) 토대　leak (물이) 샘　collapse 붕괴　subsequent 그 다음의　tragedy 비극　avert 피하다

The manager noticed that some money was always unaccounted for at the end of the day when the cash was counted. At first, because the amount was small, he ignored the problem, but as the problem persisted, he launched an investigation _____ who was stealing the money.

(a) finding
(b) to find
(c) having found
(d) to be finding

그 매니저는 현금을 계산하는 하루의 끝 무렵에 항상 약간의 돈의 행방이 묘연하다는 것을 알아챘다. 처음에는 액수가 적다는 이유로 그는 그 문제를 무시했지만, 문제가 지속되자 누가 돈을 훔치고 있는지 알아내기 위해 조사를 시작했다.

해설 보기에 동사 find가 준동사 형태로 나왔으므로 준동사 문제이다. 빈칸 앞에 나오는 동사가 목적어로 동명사를 취하는지, to부정사를 취하는지 확인한다. 빈칸 앞에 완벽한 문장 구조가 나왔고 준동사 부분이 '~하기 위해'라는 의미로 쓰였으므로 to부정사의 부사적 용법임을 알 수 있다. 따라서 (b)가 정답이다.

어휘 notice 알아차리다　unaccounted for 행방불명의　at first 처음에는　amount 양, 액수　ignore 무시하다　persist 지속되다　launch 착수하다　investigation 조사

Andy and Linda are annoyed with their next-door neighbors. Because they refused to get professional painters to paint their home, they have left a bit of an eyesore. The neighbors _____ their home for over two months by the time Andy and Linda host their wedding anniversary in July.

(a) painted
(b) are painting
(c) will paint
(d) will have been painting

앤디와 린다는 옆집 이웃에게 짜증이 났다. 전문 페인트공이 집을 페인트칠하는 것을 거부했기 때문에, 그들은 약간 흉물스러운 것을 남기고 있었다. 그 이웃은 7월에 앤디와 린다가 결혼기념일을 맞쯤이면 2개월 이상 집을 페인트칠하고 있을 것이다.

해설 ▶ 보기에 동사 paint가 다양한 시제로 나왔으므로 시제 문제이다. 빈칸 앞뒤에 시간 부사구나 부사절을 확인한다. 빈칸 뒤에 완료 시제에 자주 쓰이는 부사구 'for over two months'가 나왔다. 또, 시간 부사절 'by the time Andy and Linda host their wedding anniversary in July'가 나왔는데 시간을 나타내는 부사절에서 현재 시제가 쓰여서 미래의 시간을 나타내므로 기준 시점이 미래임을 알 수 있다. 미래를 기준 시점으로 하여 그 이전의 동작이 그 시점까지 계속 진행 중일 것임을 나타내므로 미래완료진행 (d)가 정답이다.

어휘 ▶ be annoyed with ~에게 짜증나다 refuse to+동사원형 거부하다 eyesore 흉물스러운 것, 눈엣가시 host (행사를) 열다, 주최하다 anniversary 기념일

> **참고**
>
> **미래완료진행**
>
> • 형태: will have been ~ing
> • 의미: 미래 이전에 시작된 행동이 미래의 특정 시점까지 계속 진행되고 있음을 나타낸다.
> • 자주 쓰이는 시간 부사 표현: by the time/when + 현재 시제절 + (for + 시간명사), by/in + 미래 시점 + (for + 시간명사)

As the senior coordinator of the sales department, it is my responsibility to manage the group of employees in my department. This is why I tell them not to hesitate _____ me whenever they need some advice or help.

(a) having contacted
(b) to contact
(c) contacting
(d) to have contacted

영업부의 상급 책임자로서 내 부서의 직원 그룹을 관리하는 것은 내 책임이다. 이것이 내가 그들에게 조언이나 도움이 필요할 때 주저하지 말고 연락하라고 말하는 이유이다.

해설 ▶ 보기에 동사 contact가 준동사 형태로 나왔으므로 준동사 문제이다. 빈칸 앞에 동사가 목적어로 동명사를 취하는지 to부정사를 취하는지 확인한다. 빈칸 앞 동사 hesitate는 to부정사를 목적어로 취하는 동사이므로 (b)가 정답이다.

어휘 ▶ senior 상급의, 고위의 coordinator 책임자, 진행자 sales department 영업부 responsibility 책임 manage 관리하다 hesitate 주저하다 contact 연락하다, 접촉하다 advice 조언, 충고

Unfortunately, politics have gotten very expensive. In order for candidates to get their names into the public, they need to raise a lot of money. Those who have the most name recognition are often the ones who get votes, so candidates _____ raise enough money to buy ad spots on TV and the Internet.

(a) could
(b) must
(c) would
(d) might

유감스럽게도 정치에는 돈이 매우 많이 든다. 후보자들이 대중에게 이름을 알리기 위해서는 많은 돈을 모아야 한다. 종종 인지도가 가장 높은 사람들이 표를 얻게 되는 사람들이어서 후보자들은 TV와 인터넷에서 광고 자리를 살 수 있는 충분한 돈을 모아야 한다.

해설 보기에 다양한 조동사가 나왔으므로 조동사 문제이다. 보기에 있는 조동사를 빈칸에 하나씩 대입하여 가장 알맞은 의미의 조동사를 고르면 된다. 빈칸 앞 문장의 의미가 '후보들이 대중에게 이름을 알리기 위해서는 많은 돈이 필요하다'이고 빈칸이 들어 있는 문장의 의미가 '인지도가 높아야 표를 얻을 수 있기 때문에 후보들은 광고를 하기 위해 충분한 돈을 <u>모아야 한다</u>.'이다. 표를 얻기 위해서 홍보가 필요하고 홍보를 위해서는 많은 돈을 모금해야 한다는 해석이 가장 자연스러우므로 (b)가 정답이다.

어휘 unfortunately 유감스럽게도   politics 정치   candidate 후보   public 대중   raise money 자금을 조달하다, 돈을 모으다 recognition 알아봄, 인지도

As part of a new protocol to reduce the number of contaminations, more and more professional players will miss games. _____ the virus is spreading at an alarming rate, some sports leagues are even considering pausing the season for a couple of weeks.

(a) Because
(b) Although
(c) Until
(d) Whether

감염의 수를 줄이기 위한 새로운 규정의 일환으로 점점 더 많은 프로 선수들이 경기를 하지 못하게 될 것이다. 바이러스가 놀라운 속도로 퍼지고 있기 때문에 일부 스포츠 리그는 몇 주 동안 시즌을 잠시 멈추는 것을 고려하고 있다.

해설 보기에 다양한 연결어가 나왔으므로 연결어 문제이다. 빈칸에 보기에 나온 연결어를 하나씩 대입해서 앞뒤 문장의 논리 관계를 잘 살펴보아야 한다. 빈칸 앞 문장의 의미는 '새로운 규정으로 인해 프로 선수들이 게임을 못하게 될 것이다'이고, 빈칸 뒤 문장의 의미는 '<u>바이러스가 놀라운 속도로 퍼지고 있기 때문에</u> 일부 스포츠 리그는 몇 주 동안 시즌을 중단하는 것을 고려하고 있다'이다. 바이러스 확산과 시즌 중단은 원인과 결과의 관계이므로 (a)가 정답이다.

오답분석 (b) Although(비록 ~일지라도), (c) Until(~까지), (d) Whether(~인지 아닌지)는 문맥상 어색한 연결어이므로 오답이다.

어휘 as part of ~의 일환으로   protocol (실험·치료를 위한) 규정   contamination 감염   miss ~을 하지 못하다   alarming 놀라운 at ~ rate ~한 속도로   pause 잠시 멈추다

19   시제 (과거진행: when + 과거 시제절) ★★   정답 (b)

A disastrous tragedy was avoided during the accident. Fortunately, most of the passengers on the subway train _____ at the back of the train when it derailed and crashed into a wall. As a result, the accident only caused minimal injuries.

(a) have sat
(b) were sitting
(c) will have sat
(d) had been sitting

그 사고 동안 참혹한 비극은 피해졌다. 전동차가 탈선하고 벽에 부딪혔을 때 다행히 지하철 승객 대부분은 열차의 뒷좌석에 앉아 있었다. 그 결과로 사고에서는 최소한의 부상만 발생했다.

> **해설** 보기에 동사 sit이 다양한 시제로 나왔으므로 시제 문제이다. 빈칸 앞뒤에 시간 부사구나 부사절을 확인한다. 빈칸 뒤에 과거 시제 부사절 'when it derailed and crashed into a wall'이 나왔으므로 기준 시점이 과거임을 알 수 있다. 과거의 특정 시점에 계속 진행 중인 동작을 나타내므로 과거진행 (b)가 정답이다.

> **어휘** disastrous 대재앙의, 참혹한   tragedy 비극   avoid 피하다   fortunately 다행히   derail 탈선하다   crash into ~에 (세게) 부딪히다 minimal 최소의   injury 부상

20   준동사 (동명사: worth) ★★   정답 (d)

Vancouver is consistently rated as one of the best cities to live in globally. It is also a very beautiful city and a wonderful destination for travel. However, it is worth _____ that it is one of the most expensive cities in the world and therefore only accessible to those who have the financial means to visit.

(a) to state
(b) having stated
(c) to be stating
(d) stating

밴쿠버는 세계적으로 가장 살기 좋은 도시 중 하나로 일관되게 평가된다. 또한 그곳은 매우 아름다운 도시이며 여행하기에 멋진 관광지이다. 하지만, 그것은 세계에서 가장 비싼 도시 중 하나이며, 따라서 방문할 경제력을 가진 사람들만이 접근할 수 있다는 것을 명시할 필요가 있다.

> **해설** 보기에 동사 state가 준동사 형태로 나왔으므로 준동사 문제이다. 빈칸 앞에 나오는 동사가 목적어로 동명사를 취하는지, to부정사를 취하는지 확인한다. 빈칸 앞에 형용사 worth는 다음에 동명사를 취하므로 (d)가 정답이다.

> **어휘** consistently 일관되게, 변함없이   rate 평가하다   destination 관광지, 목적지   it is worth ~ing (권유) ~하는 것이 바람직하다, ~할 필요가 있다   state 언급하다, 명시하다   financial means 재정적 수단, 경제력   accessible 접근할 수 있는

After years of being mediocre, the hockey team finally made it to the playoffs and played exciting games which were entertaining for the fans. Had it not been for their teamwork and a coaching change, they _____ mediocre.

(a) were staying
(b) would stay
(c) had stayed
(d) would have stayed

몇 년 동안 평범했던 하키 팀은 마침내 플레이오프에 진출하여 팬들을 즐겁게 하는 흥미로운 경기를 펼쳤다. 팀워크와 감독 교체가 없었다면 그들은 2류팀에 머물렀을 것이다.

해설 보기에 동사 stay가 다양한 시제와 조동사와 같이 나왔으므로 시제 문제 아니면 가정법 문제이다. 빈칸 앞에 if절에서 접속사 if가 생략되고 주어(it)와 조동사(had)가 도치된 구문이 나왔다. 조건절이 과거완료이므로 문장의 시제가 가정법 과거완료임을 알 수 있다. 가정법 과거완료의 주절에 'would/should/could/might + have p.p.'가 와야 하므로 (d)가 정답이다.

어휘 mediocre 그저 그런, 평범한 make it to (졸업, 결승전)에 도달하다 stay mediocre 2류에 머무르다

> **참고**
> ### if 생략 도치 구문
> 지텔프 문법의 가정법 문제에서 조건절의 접속사 if가 생략되고, 주어와 조동사가 도치되는 구문이 종종 출제된다. 이때 if를 넣고 원래 도치된 구문을 복원하여 가정법 과거인지 가정법 과거완료인지를 확인한 후 주절의 형태를 고르면 된다.
> e.g.) If it had not been for your help, I would have missed the train.
> → Had it not been for your help, I would have missed the train. (너의 도움이 없었다면, 나는 그 기차를 놓쳤을 것이다.)
> e.g.) If it were not for water, no one could live.
> → Were it not for water, no one could live. (물이 없다면, 아무도 살 수 없다.)

The hotel managers have a bit of a situation on their hands. Due to a shortage of cleaning staff members at the hotel, most guests _____ for their rooms well past the check-in time when they arrive, leaving the lobby overcrowded throughout the day.

(a) wait
(b) will be waiting
(c) have waited
(d) is waiting

그 호텔 매니저들은 처리해야 할 약간의 상황이 생겼다. 청소 직원이 부족해서 대부분의 투숙객들은 도착했을 때 체크인 시간을 훨씬 넘겨서 방을 기다리고 있을 것이고, 로비는 하루 종일 꽉 차게 될 것이다.

해설 보기에 동사 wait가 다양한 시제로 나왔으므로 시제 문제이다. 빈칸 뒤에 시간 부사절 'when they arrive'가 나왔는데 시간을 나타내는 부사절에서 현재 시제가 쓰이면 미래의 의미를 나타내므로 기준 시점이 미래임을 알 수 있다. 따라서 미래 진행 (b)가 정답이다.

어휘 have ~ on one's hands ~을 처리하다, 떠맡다 shortage 부족 well 훨씬 overcrowded 너무 붐비는 throughout ~내내

The young athlete had incredible potential, so her coach demanded that she _____ more difficult jumps in her routine. After including these difficult jumps in her routine, she eventually became one of the best figure skaters in the world.

(a) tries
(b) try
(c) will try
(d) is trying

그 어린 선수는 엄청난 잠재력을 가지고 있어서 코치는 그녀의 동작에 더 어려운 점프를 시도할 것을 요구했다. 그녀의 동작에 이러한 어려운 점프를 포함시킨 후, 그녀는 결국 세계 최고의 피겨 스케이트 선수 중 한 명이 되었다.

해설 보기에 동사 try의 다양한 시제와 동사원형이 나왔으므로 시제 문제 아니면, 당위성/이성적 판단 문제이다. 빈칸 앞에 동사 demand는 당위성 동사이므로 뒤에 오는 that절에 should가 생략된 동사원형이 나와야 한다. 따라서 동사원형 (b)가 정답이다.

어휘 athlete 선수   incredible (믿기 어려울 정도로) 대단한, 엄청난   potential 잠재력   demand 요구하다   routine (공연, 운동의) 동작   eventually 마침내, 결국

Thousands of union workers around the United States from many different companies decided to strike. They _____ for better wages and working conditions for several months before some of the companies finally conceded.

(a) had been fighting
(b) have fought
(c) will have been fighting
(d) fought

미국 전역의 많은 회사들에서 온 수천 명의 노조원들은 파업을 하기로 결정했다. 몇몇 회사들이 마침내 마지못해 인정하기 전까지 그들은 몇 달 동안 더 나은 임금과 근로 조건을 위해 싸워 왔었다.

해설 보기에 동사 fight가 다양한 시제로 나왔으므로 시제 문제이다. 빈칸 뒤에 완료 시제에 자주 쓰이는 기간 표현 부사구 'for several months'가 나왔다. 또, 과거 시제 부사절 'before some of the companies finally conceded'가 나왔으므로 기준 시점이 과거임을 알 수 있다. 과거를 기준 시점으로 하여 그 이전에 있었던 행동이 그 시점까지 계속 진행 중이었음을 나타내므로 과거완료진행 (a)가 정답이다.

어휘 union worker 노조원   strike 파업하다   wage 임금, 급여   concede (마지못해) 인정하다, 허락하다

> **참고**
> **과거완료진행**
>
> • 형태: had been ~ing
> • 의미: (~해오고 있었다) 과거의 특정 시점 이전에 시작된 동작이 그때까지 계속 진행 중이었음을 나타낸다.
> • 자주 쓰이는 시간 부사 표현: (for + 시간명사) + when/before/until + 과거 시제절

Social media can be very damaging for young people. In fact, a study showed that over five hours of social media use led to a 50% increase in depressive symptoms in teenage girls and a 35% increase in teenage boys. It is therefore necessary that parents _____ their children from using social media too much.

(a) have limited
(b) will limit
(c) limit
(d) limited

소셜 미디어는 어린 사람들에게 매우 해로울 수 있다. 실제로, 한 연구에 따르면, 소셜 미디어의 5시간 이상 사용은 10대 소녀들의 우울증 증상을 50%, 10대 소년들의 우울증 증상을 35% 증가시킨 것으로 나타났다. 그러므로 부모들이 그들의 자녀들이 소셜 미디어를 너무 많이 사용하는 것을 제한하는 것은 필요하다.

해설 보기에 동사 limit의 다양한 시제와 동사원형이 나왔으므로 시제 문제 아니면 당위성/이성적 판단 문제이다. 빈칸 앞에 이성적 판단 형용사 necessary가 나왔으므로 당위성/이성적 판단 문제이다. 종속절은 'that + 주어 + (should) + 동사원형'이 되어야 하므로 (c)가 정답이다.

어휘 damaging 해로운　lead to ~을 초래하다　increase 증가　depressive symptom 우울증 증상　limit 제한하다

> **참고** **이성적 판단을 나타내는 형용사가 쓰인 문장**
>
> • 형태: It is + 이성적 판단 형용사 + that + 주어 + (should) + 동사원형
> • 당위성 문제는 다음의 이성적 판단, 원인을 나타내는 형용사와 함께 나온다.
>   necessary(필요한), essential(핵심적인), important(중요한), vital(주요한), critical(결정적인), obligatory(의무적인), compulsory(강제적인), mandatory(의무적인), advisable(조언할 만한), natural(당연한), right(옳은), just(정당한), fair(공정한), rational(이성적인)

The famous celebrity is very particular and demands only the best. In fact, he only wears clothes _____ by the best designers in the world and eats only organic foods prepared by his personal chef.

(a) what are tailor-made for him
(b) that are tailor-made for him
(c) who are tailor-made for him
(d) where are tailor-made for him

그 유명 연예인은 매우 까다로웠고 최고만을 요구한다. 사실 그는 세계 최고의 디자이너들이 직접 만든 맞춤 옷만 입고 개인 요리사가 준비한 유기농 음식만 먹는다.

해설 보기에 다양한 관계사가 이끄는 절이 나왔으므로 관계사 문제이다. 먼저 빈칸 앞에서 관계사의 선행사를 찾고 관계사절 내에서의 역할을 확인한다. 선행사는 명사 clothes이다. 선행사가 사물이고, 관계절에서 선행사가 주어 역할을 하고 있으므로 관계대명사 that이 적절하다. 따라서 (b)가 정답이다.

오답분석 (a) what은 선행사를 포함하는 관계대명사인데, 여기서는 선행사가 있어서 오답이다. (c) who는 사람을 선행사로 취하는 관계대명사인데 여기서는 선행사가 사물이므로 오답이다. (d) where는 선행사로 장소를 나타내는 말을 취하고 뒤에 완전한 문장 구조가 오는 관계부사인데 여기서는 조건에 맞지 않아 오답이다.

어휘 celebrity 유명 인사　particular 까다로운, 깐깐한　tailor-made 맞춤의

정답 확인하기

LISTENING													
PART 1	27	(a)	28	(c)	29	(d)	30	(b)	31	(c)	32	(a)	33	(d)
PART 2	34	(b)	35	(b)	36	(a)	37	(d)	38	(c)	39	(a)		
PART 3	40	(c)	41	(a)	42	(a)	43	(b)	44	(d)	45	(c)		
PART 4	46	(c)	47	(d)	48	(a)	49	(b)	50	(a)	51	(d)	52	(c)

문항별 취약 유형 체크하기

PART 1 개인적 대화		PART 3 협상적 대화	
27	주제 (What)	40	주제/의도 (Why)
28	세부사항 (what)	41	세부사항 (What)
29	세부사항 (Why)	42	세부사항 (Why)
30	True or Not True (which of the following)	43	추론 (Why)
31	세부사항 (What)	44	추론 (What)
32	추론 (what)	45	세부사항 (how)
33	세부사항 (Why)		

PART 2 발표		PART 4 절차 설명	
34	주제 (What)	46	주제 (What)
35	세부사항 (Why)	47	세부사항 (what)
36	세부사항 (what)	48	세부사항 (Why)
37	추론 (Why)	49	세부사항 (how)
38	세부사항 (When)	50	추론 (Why)
39	세부사항 (How)	51	세부사항 (what)
		52	추론 (What)

★ 틀린 문항을 확인하고 취약한 유형을 집중 학습하세요.

여름 일자리 구함	M:	Hey, Elma, guess what? My job hunt is finally over. I've found a summer job!	M: 엘마, 그거 알아? 내 구직 활동이 마침내 끝났어. 여름 동안 할 일을 구했어!
	F:	That's great news, Todd! Anything interesting?	F: 좋은 소식이네, 토드! 뭐 재미있는 거라도 있어?
	M:	Yes, I'm working at the new beach resort, which opened last year.	M: 응, 작년에 문을 연 새로운 비치 리조트에서 일할 거야.
	F:	Wow, that does sound fantastic! You must be excited! ²⁷I know you've been looking for a job for the past two months and it hasn't been easy.	F: 와, 환상적이다! 신나겠다! ²⁷네가 지난 두 달 동안 일자리를 찾았는데 쉽지 않았다는 걸 나는 알아.

두 일자리 비교	M:	That's right. Even part-time jobs are hard to find nowadays. How about you? How's your job search going? Have you found anything substantial yet?	M: 맞아. 요즘엔 아르바이트도 구하기 힘들잖아. 너는 어때? 일자리 구하는 건 잘 되고 있어? 너는 괜찮은 일자리를 아직 못 찾았니?
	F:	Nothing yet, but I have a couple of options. The first one is working as an intern for a news website, which is mostly answering emails and posts from readers. The second one is as a camp counselor for less fortunate teenagers of the community.	F: 아직 못 찾았어, 하지만 두 가지 선택의 여지가 있어. 첫 번째는 뉴스 웹사이트의 인턴으로 일하는 것인데, 그것은 주로 독자들의 이메일과 게시글에 답변하는 거야. 두 번째는 지역사회의 불우한 청소년들을 위한 캠프 상담사로 일하는 거야.
	M:	I see. I guess being an intern sounds more challenging than working at a summer camp with teenagers, though. ²⁸Perhaps you could even earn college credits, and it's probably not as much work.	M: 그렇구나. 하지만 인턴이 되는 것이 십 대들과 여름 캠프에서 일하는 것보다 더 어려울 것 같아. ²⁸어쩌면 대학 학점을 딸 수도 있을 것이고, 그것은 아마 그렇게 일이 많지는 않을 거야.

리조트 일자리 부탁	F:	Yeah, but the internship job doesn't pay as much as the summer camp job. ²⁹Do you know if they have another opening at the beach resort? If they do, I could apply because that's the kind of job I'd really enjoy.	F: 맞아, 그렇지만 인턴십 일은 여름 캠프 일만큼 돈을 많이 주지 않아. ²⁹비치 리조트에 또 다른 빈자리가 있는지 아니? 만약 빈자리가 있다면, 그건 내가 정말 좋아할 만한 일이기 때문에 나는 지원할 수 있어.
	M:	Don't worry, I'll keep my ears open for you. But is there anything else you might like to do besides those two jobs?	M: 걱정 마, 내가 너를 위해 잘 알아보고 있을게. 하지만 너는 그 두 가지 일 외에 하고 싶은 일이 있니?
	F:	I'm not quite sure yet. But I'm banking on them at the moment. By the way, you didn't tell me what you will be doing at the beach resort?	F: 아직은 잘 모르겠어. 하지만 지금 당장은 그것들을 기대하고 있어. 그건 그렇고, 너는 비치 리조트에서 무엇을 하고 있을지 나에게 알려주지 않았지?

리조트 일자리 에서 맡은 업무	M: Oh! I didn't? Well, nothing that great actually. I'll be working with the entertainment staff, making sure the guests are having a good time. F: That sounds interesting to me. What exactly will you have to do? M: Well, ³⁰during the day, I'll have to organize activities and games for adults and children. And then we have to take part in evening activities like shows and parties. The parties will involve a lot of food, drinks, music, dancing, and all kinds of fun costumes.	M: 오! 내가 말해주지 않았어? 뭐, 사실 그렇게 대단한 건 아니야. 고객 응대 직원들과 함께 일하게 될 거야. 손님들이 즐거운 시간을 보내고 있는지 확인하는 것 말이야. F: 흥미롭네. 정확하게 무엇을 해야 하니? M: 음, ³⁰낮에는 어른들과 아이들을 위한 활동과 게임을 준비해야 할 거야. 그리고 나서 우리는 쇼와 파티 같은 저녁 활동에 참여해야 해. 그 파티에는 많은 음식과 음료, 음악, 춤, 그리고 모든 종류의 재미있는 의상이 포함될 거야.
리조트 일자리 근무 여건	F: I see. It sounds like your days will be pretty long and exciting. M: For sure. And the job is six days a week. I'll start at 11 a.m. and finish at 11 p.m. every day. F: Wow! Do you mean you only have one day off? M: Yeah. ³¹But the resort is in such a beautiful place that I think it's worth it. Besides, the pay is really good, and the staff can eat and drink anything they want during their working hours.	F: 그렇구나. 너의 하루는 꽤 길고 흥미진진할 것 같네. M: 물론이지. 그리고 그 일은 일주일에 6일이야. 매일 오전 11시에 시작해서 밤 11시에 끝날 거야. F: 우왜! 하루만 쉰다는 말이야? M: 그래. ³¹하지만 리조트가 너무 아름다운 곳에 있으니까 그만한 가치가 있다고 생각해. 게다가, 보수는 정말 좋고 직원들은 근무 시간 동안 원하는 것은 무엇이든 먹고 마실 수 있어.
인턴십 일자리 선택과 이유	F: ³²I'm beginning to think that the internship job isn't so bad after all. On second thought, I think I'm going to apply for it right away. M: Really? Would you like me to check out any vacancies at the resort for you first? If that's what you want, I will, Elma. F: ³³Your job does sound interesting, but I would not be able to handle those long working hours six days a week. Thanks, though, Todd.	F: ³²인턴십 일이 결국엔 그렇게 나쁘지 않다는 생각이 들기 시작했어. 다시 생각해 보니, 나는 그것을 바로 지원해야 할 것 같아. M: 정말? 리조트에 빈자리가 있는지 먼저 알아봐 줄까? 그게 네가 원하는 거라면, 내가 해줄 수 있어, 엘마. F: ³³너의 직업이 재미있을 것 같지만, 나는 일주일에 6일씩 그 긴 근무시간을 감당할 수 없을 거야. 그래도 고마워, 토드.

어휘) job hunt 구직 활동 be over 끝나다 nowadays 요즘 job search 구직 substantial 상당한, 괜찮은 a couple of 두 개의 mostly 대부분 post (인터넷의) 게시글 counselor 상담사 less fortunate 불우한 community 지역사회, 공동체 challenging 어려운, 도전적인 earn 얻다, 벌다 college credit (대학) 학점 apply 지원하다, 신청하다 keep one's ears open 주의를 기울이다, 귀를 기울이다 besides ~을 제외하고; 게다가 bank on ~에 의지하다, ~을 기대하다 by the way 그건 그렇고, 그런데 actually 실제로 entertainment 오락, 응대 exactly 정확하게 organize 준비하다, 조직하다 take part in ~에 참가하다 involve 포함하다 costumes 의상 for sure 물론이지 day off 쉬는 날, 휴일 worth 가치가 있는 after all 결국 on second thought 다시 생각해 보니 right away 지금 바로 check out 확인하다 vacancy 빈자리, 공석

What is the conversation mainly about?

(a) the difficulties of finding short-term employment
(b) the easiest way to find a short-term contract
(c) looking for full-time employment online
(d) applying for freelance jobs in person

이 대화는 주로 무엇에 관한 것인가?

(a) 단기 직장을 찾는 것의 어려움
(b) 단기 계약을 찾는 가장 쉬운 방법
(c) 온라인으로 상근직 일자리를 찾는 것
(d) 직접 프리랜서 직업을 지원하는 것

해설 대화에서 "F: ²⁷I know you've been looking for a job for the past two months and it hasn't been easy."(F: 네가 지난 두 달 동안 일자리를 찾았는데 쉽지 않았다는 걸 나는 알아.), "M: That's right. Even part-time jobs are hard to find nowadays."(M: 맞아. 요즘엔 아르바이트도 구하기 힘들잖아.)라고 하였다. 대화에서 남자가 여름에 다닐 직장을 구했다고 하니까 여자가 일자리 찾기가 쉽지 않았다는 걸 안다고 말하는 것으로 보아 (a)가 정답이다.

어휘 short-term employment 단기 직장, 단기 고용   contract 계약   full-time 상근, 전임   apply for ~을 신청하다   freelance 프리랜서로 일하는, 자유 계약의   in person 직접

According to Todd, what is one benefit of the internship?

(a) The average salary rate is much higher than usual.
(b) The employees are pretty easy to get along with.
(c) The internship can be academically useful.
(d) The location is in a very exciting area of the city.

토드에 따르면, 인턴십의 한 가지 이점은 무엇인가?

(a) 평균 급여율이 평소보다 훨씬 높다.
(b) 직원들은 친해지기가 꽤 쉽다.
(c) 인턴십은 학업적으로 유용할 수 있다.
(d) 도시의 매우 흥미로운 지역에 위치해 있다.

해설 대화에서 "²⁸Perhaps you could even earn college credits, and it's probably not as much work."(어쩌면 대학 학점을 딸 수도 있을 것이고, 그것은 아마 그렇게 일이 많지는 않을 거야.)라고 하였다. 인턴십을 하게 되면 대학 학점도 딸 수 있다고 했으므로 학업적으로 유용할 수 있다. 따라서 (c)가 정답이다.

Paraphrasing Perhaps you could even earn college credits ➡ The internship can be academically useful.

어휘 benefit 이점   average 평균   get along with ~와 친해지다   academically 학업적으로   useful 유용한

Why did Elma ask Todd about potential openings at the resort?

(a) because she is a professional swimmer
(b) because she used to be a lifeguard
(c) because she needs to recommend someone
(d) because she needs a part-time job

엘마는 왜 토드에게 리조트의 잠재적인 공석에 대해 물었는가?

(a) 전문적인 수영 선수이기 때문에
(b) 인명 구조원이었기 때문에
(c) 누군가를 추천해야 하기 때문에
(d) 시간제 근무 일이 필요하기 때문에

대화에서 "²⁹Do you know if they have another opening at the beach resort? If they do, I could apply because that's the kind of job I'd really enjoy."(비치 리조트에 또 다른 빈자리가 있는지 아니? 만약 빈자리가 있다면, 그건 내가 정말 좋아할 만한 일이기 때문에 나는 지원할 수 있어.)라고 하였다. 엘마도 단기 일자리를 찾고 있어서 혹시 그 리조트에 또 다른 일자리가 있는지 물어본 것이므로 (d)가 정답이다.

potential 잠재적인 opening 공석, 빈자리 lifeguard 안전 요원, 인명 구조원 recommend 추천하다

---

30 True or Not True ★★★   정답 (b)

Based on the conversation, which of the following is NOT part of Todd's job description?	대화에 따르면, 다음 중 토드의 직무 설명에 포함되지 않은 것은?
(a) entertaining the guests at the resort	(a) 리조트에서 손님 응대하기
(b) providing room service to all guests	(b) 모든 손님에게 룸서비스 제공하기
(c) organizing and joining evening shows	(c) 저녁 프로그램을 구성하고 참여하기
(d) making interesting games and events for kids	(d) 아이들을 위한 재미있는 게임과 이벤트 만들기

대화에서 "³⁰during the day, I'll have to organize activities and games for adults and children. And then we have to take part in evening activities like show and parties."(낮에는 어른들과 아이들을 위한 활동과 게임을 준비해야 할 거야. 그리고 나서 우리는 쇼와 파티 같은 저녁 활동에 참여해야 해.)라고 하였으므로 담당하는 업무로 언급되지 않은 (b)가 정답이다.

job description 직무 설명 entertain 즐겁게 하다 provide 제공하다 organize 조직하다, 구성하다

---

31 세부사항 (What) ★★   정답 (c)

What does Todd like best about his job at the resort?	토드가 리조트에서의 그의 일에 대해 가장 좋아하는 것은 무엇인가?
(a) using the resort's amenities free of charge	(a) 리조트의 편의 시설을 무료로 이용하는 것
(b) eating anything at any time free of charge	(b) 아무 때나 무엇이든 공짜로 먹는 것
(c) working in an ideal environment	(c) 완벽한 환경에서 일하는 것
(d) working with friendly colleagues	(d) 친절한 동료들과 일하는 것

대화에서 "³¹But the resort is in such a beautiful place that I think it's worth it."(하지만 리조트가 너무 아름다운 곳에 있으니까 그만한 가치가 있다고 생각해.)라고 하였다. 토드는 아름다운 경관을 가진 리조트에서 일하는 것에 많은 가치를 두고 있으므로 (c)가 정답이다.

amenity 편의 시설 free of charge 무료로 ideal 완벽한, 이상적인 environment 환경 friendly 친절한 colleague 동료

Based on the conversation, what most likely will Elma do soon?

(a) apply for the news internship job
(b) keep asking Todd to help her find work
(c) apply for the camp counselor job
(d) keep looking for employment online

대화에 따르면, 엘마는 곧 무엇을 할 것 같은가?

(a) 뉴스 인턴십에 지원한다
(b) 계속 토드에게 일을 찾는 것을 도와달라고 부탁한다
(c) 캠프 상담사 자리에 지원한다
(d) 인터넷으로 일자리를 계속 찾는다

해설 대화에서 "³²I'm beginning to think that the internship job isn't so bad after all. On second thought, I think I'm going to apply for it right away."(인턴십 일이 결국엔 그렇게 나쁘지 않다는 생각이 들기 시작했어. 다시 생각해 보니, 나는 그것을 바로 지원해야 할 것 같아.)라고 하였다. 엘마는 바로 인턴십 일을 지원할 것이라고 했으므로 (a)가 정답이다.

Paraphrasing I'm going to apply for it right away. ➡ apply for the news internship job

어휘 apply for 지원하다　counselor 상담사, 카운셀러　look for ~을 찾다　employment 채용, 고용

Why is Elma reluctant to apply for a job at the beach resort?

(a) She doesn't like to work outdoors all day.
(b) She cannot deal with long daily commutes.
(c) She doesn't enjoy loud music and parties.
(d) She cannot deal with extended working hours.

엘마는 왜 해변 리조트 일자리에 지원하기를 꺼리는가?

(a) 하루 종일 야외에서 일하는 것을 좋아하지 않는다.
(b) 매일 긴 통근을 감당할 수 없다.
(c) 시끄러운 음악과 파티를 즐기지 않는다.
(d) 연장 근무 시간을 감당할 수 없다.

해설 대화에서 "³³Your job does sound interesting, but I would not be able to handle those long working hours six days a week."(너의 직업이 재미있을 것 같지만, 나는 일주일에 6일씩 그 긴 근무 시간을 감당할 수 없을 거야.)라고 하였다. 리조트 일자리가 긴 근무 시간 때문에 힘들다고 했으므로 (d)가 정답이다.

Paraphrasing I will not be able to handle those long working hours, six days a week.
　　　　　➡ She cannot deal with extended working hours.

어휘 be reluctant to+동사원형 ~하는 것을 꺼리다　outdoors 야외에서　deal with ~을 다루다, 감당하다　commute 통근　extended 연장된

Located in Topeka, Kansas, Jenkins Sawmill Corporation is a small, family-owned sawmill that we began in 2012. [35]We are nestled in the Missouri River Bluffs, a region known for producing some of the most beautiful and unique walnut timber in the world. Jenkins Sawmill specializes in various processes when it comes to wood. We can handle projects of any scale by offering a combination of experience, specialty services, and access to a large variety of timber species.

회사 소개

캔자스 주 토피카에 위치한 젠킨스 제재 회사(Jenkins Sawmill Corporation)는 저희가 2012년에 시작한, 가족이 운영하는 작은 제재소입니다. [35]저희는 세계에서 가장 아름답고 독특한 호두나무를 생산하는 지역으로 유명한 미주리 강 블러프스에 자리잡고 있습니다. 젠킨스 제재소는 목재에 관한 여러 가지의 공정 과정을 전문으로 합니다. 저희는 경험, 전문 서비스 및 다양한 목재 종에 대한 접근을 결합하여 어떤 규모의 프로젝트도 처리할 수 있습니다.

But most importantly, we pride ourselves on doing business the right way. We cherish our small-town values and outstanding customer service. We know you'll appreciate the quality, craftsmanship, and service you don't always find in a large-scale operation. [34]At Jenkins Sawmill Corporation, when we help you buy wood, it's not just a purchase: it's an experience. [36]This family-owned business will give you three generations of expertise, accompanied by friendly and knowledgeable service that you won't get anywhere else.

장인 정신과 고객 서비스 정신

하지만 가장 중요한 것은, 저희는 올바른 방식으로 사업을 하는 것에 자부심을 가지고 있다는 것입니다. 저희는 소박한 가치와 뛰어난 고객 서비스를 소중히 여깁니다. 여러분은 대규모 기업에서 항상 찾을 수 있는 것은 아닌 품질, 장인정신과 서비스를 높이 평가할 것입니다. [34]젠킨스 제재 회사에서 저희가 여러분이 목재를 사는 것을 도울 때 그것은 단순한 구매가 아닙니다: 경험입니다. [36]이 가족이 운영하는 사업은 다른 어느 곳에서는 얻을 수 없는 친절하고 지식이 가득한 서비스와 함께 3대에 걸친 전문 기술을 제공할 것입니다.

Since 2012, Jenkins Sawmill has been a major source of building materials for architects, builders, interior designers, and craftspeople who are building log homes or using the rustic wood style of home construction and remodeling. [37]In recent years, there has been continued growth in that type of construction, and its popularity continues to spread beyond the state of Kansas. For the past ten years, Jenkins Sawmill has been a high-quality and large quantity supplier of those rustic building materials to customers throughout the Midwest. Sales to large developers and out-of-state builders are the fastest-growing segment of our market.

회사의 성장 과정

2012년부터 젠킨스 제재소는 통나무 집을 짓거나 주택 건설과 리모델링을 위해 전원풍의 목재 양식을 사용하는 건축가, 건설업자, 인테리어 디자이너, 공예가들을 위한 건축 재료의 주요 공급처가 되어왔습니다. [37]최근 몇 년 동안, 그러한 건축 양식은 지속적으로 증가했고 그것의 인기는 캔자스 주를 넘어 계속해서 퍼져 나가고 있습니다. 지난 10년 동안 젠킨스 제재소는 중서부 전역의 고객들에게 그러한 전원풍 건축 자재를 고품질로 대량 공급하는 업체가 되어 왔습니다. 대규모 개발자와 다른 주의 건설업체에 대한 판매는 저희 시장에서 가장 빠르게 성장하고 있는 부문입니다.

취급 품목 및 서비스	We supply the raw materials that comprise and define both exterior and interior design. We mill the wood, dry it, grade it, finish it, inspect it, and then help you hand-select it based on your project needs. And it's all done right here at our sawmill and retail location.	저희는 외부와 내부 디자인을 모두 구성하고 규정하는 원자재를 공급합니다. 저희는 목재를 가공하고, 건조하고, 등급을 매기고, 마무리하고, 점검한 다음, 여러분의 프로젝트 요구에 따라 직접 선택하는 것을 돕고 있습니다. 그리고 이 모든 것은 바로 여기 저희의 제재소와 소매점에서 이루어집니다.
생산 제품에 대한 설명	We are a leading producer and distributor of all rustic building materials and components, including logs, posts, sidings, as well as birch bark, branches, and twigs. We also operate several sawmills and produce products for log houses, including lumber and specialty sidings, which are all designed and cut according to the customers' requests.	저희는 자작나무 껍질, 가지와 잔가지 뿐만 아니라 통나무, 말뚝, 측벽을 포함한 모든 전원풍 건축 자재와 구성품을 생산 및 유통하는 선두 업체입니다. 저희는 또한 여러 개의 제재소를 운영하고 있으며 목재와 특수 측벽을 포함한 통나무집을 위한 제품을 생산하는데, 모두 고객의 요구에 따라 설계되고 베어집니다.
회사 홍보 및 당부	Our rustic building material facility is located in the Missouri River Bluffs, but our clients are spread across America. In addition to achieving phenomenal growth of our business over the past twenty-five years, our customer base has also increased both in state and out of state. [38]The next time you need expertise and quality that will add beauty and value to your house renovations, commercial remodels, new home construction, or historic building restorations, think Jenkins Sawmill! [39]Come to our manufacturing facility and enjoy the advantages of buying direct. You'll soon see how our family-run business earned its reputation as one of the region's top resources for hardwood lumber.	저희의 전원풍 건축 자재 시설은 미주리 강 블러프스에 위치해 있지만, 저희의 고객들은 미국 전역에 퍼져 있습니다. 지난 25년 동안 저희 사업은 눈부신 성장을 달성했을 뿐만 아니라, 저희의 고객층도 주 안팎에서 모두 증가했습니다. [38]다음 번에 여러분이 주택 보수, 상업용 리모델링, 신규 주택 건설, 또는 역사적인 건물 복원에 아름다움과 가치를 더할 전문성과 품질을 필요로 할 때, 젠킨스 제재소를 생각해 주십시오! [39]저희 제조 시설에 오셔서 직접 구매할 때의 혜택을 누리세요. 저희 가족이 운영하는 업체가 어떻게 이 지역 최고의 견목재 공급처 중 하나로 명성을 얻었는지 곧 알게 될 것입니다.
제품 구매 및 문의처 안내	If you have a tight schedule, simply browse through our website, and take a moment to learn more about our operation and check out some of the gorgeous products that we have to offer. If you have any additional questions, please do not hesitate to call us at 616-286-9813. We'll be more than pleased to answer your questions and send you a quotation if need be. We are located at 410 West 1st Street, Topeka, Kansas, 66090. So, feel free to drop by during weekdays from 8 a.m. to 7 p.m.	일정이 빠듯하시다면 저희 웹사이트를 둘러보시고 저희의 운영에 대해 더 많이 알아보시고 저희가 제공해야 할 멋진 상품들을 확인해 보시는 시간을 가지세요. 추가 문의 사항이 있으시면 주저하지 마시고 616-286-9813으로 전화 주십시오. 필요하다면 기꺼이 여러분의 질문에 대답하고 견적서를 보내겠습니다. 저희는 66090 캔자스주 토피카 웨스트 1번가 410번지에 위치하고 있습니다. 그러니 평일 오전 8시부터 오후 7시까지 편하게 들르세요.

어휘 be located in ~에 위치하다   sawmill 제재소   be nestled in ~에 자리잡고 있다   walnut timber 호두나무 목재   specialize in ~을 전문으로 하다   process 공정 (과정)   when it comes to ~에 관해서라면   handle 처리하다, 다루다   scale 규모   combination 복합, 조합   access 접근   a large variety of 다양한   pride oneself on ~을 자랑스러워하다   cherish 소중히 여기다   small-town 소박한   outstanding 뛰어난   appreciate 높이 평가하다, 인정하다   craftsmanship 장인 정신   operation 기업, 운영   purchase 구매; 구매하다   generation 세대   expertise 전문 기술, 전문 지식   accompanied by ~와 함께 하는   knowledgeable 지식이 많은, 해박한   architect 건축가   builder 건설업자   craftspeople 공예가   rustic 전원풍의   construction 건축   large quantity supplier 대량 공급업체   throughout 전역의   segment 부문   raw material 원자재   comprise 구성하다   define 규정하다   grade 등급을 매기다   inspect 검사하다   hand-select 직접 선택하다   retail location 소매점   distributor 유통업체   component 구성품   post 말뚝, 기둥   siding 측벽   birch bark 자작나무 껍질   twig 잔가지   lumber 목재   request 요청; 요청하다   achieve 달성하다, 성취하다   phenomenal 경이로운   commercial 상업의   restoration 복원   manufacturing facility 제조 시설   reputation 평판, 명성   tight schedule 빠듯한 일정   browse 둘러보다   additional 추가적인   hesitate 망설이다, 주저하다   more than 매우, 정말   quotation 견적, 인용   if need be 필요하다면

---

34 **주제 (What)** ★★★   정답 **(b)**

What is the talk mainly about?   이 담화는 주로 무엇에 관한 것인가?

(a) how to launch a lumber mill business   (a) 목재 공장 사업을 시작하는 방법
(b) the promotion of a Midwestern business   (b) 한 중서부 지역 업체 홍보
(c) the promotion of organic farming   (c) 유기 농업의 홍보
(d) how to remodel a wooden cabin   (d) 목조 오두막을 리모델링하는 방법

해설 담화 2단락에서 "³⁴At Jenkins Sawmill Corporation, when we help you buy wood, it's not just a purchase: it's an experience."(젠킨스 제재 회사에서 저희가 여러분이 목재를 사는 것을 도울 때 그것은 단순한 구매가 아닙니다: 경험입니다.)라고 하였다. 한 목재 회사의 제품 판촉을 위해 회사를 홍보하고 있으므로 (b)가 정답이다.

어휘 launch 시작하다   lumber 목재   mill 공장   promotion 홍보   Midwestern 중서부의   cabin 오두막

---

35 **세부사항 (Why)** ★★★   정답 **(b)**

Why is the location of the Jenkins Sawmill beneficial to the business?   젠킨스 제재소의 위치가 왜 비즈니스에 도움이 되는가?

(a) It brings customers from downtown.   (a) 시내로부터 손님을 불러온다.
(b) It gives access to the best wood.   (b) 가장 좋은 목재를 얻을 수 있게 해준다.
(c) It gives easy access to the highway.   (c) 고속도로에 쉽게 접근할 수 있게 해준다.
(d) It allows hikers to see the products.   (d) 등산객들이 상품을 볼 수 있게 한다.

해설 담화 1단락에서 "³⁵We are nestled in the Missouri River Bluffs, a region known for producing some of the most beautiful and unique walnut timber in the world. Jenkins Sawmill specializes in various processes when it comes to wood."(저희는 세계에서 가장 아름답고 독특한 호두나무를 생산하는 지역으로 유명한 미주리 강 블러프스에 자리잡고 있습니다. 젠킨스 제재소는 목재에 관한 여러 가지의 공정 과정을 전문으로 합니다.)라고 하였다. 훌륭한 목재인 호두나무의 주요 산지인 미주리 강의 블러프스에 자리잡고 있다고 했으므로 목재를 얻기에 유리한 위치임을 알 수 있다. 따라서 (b)가 정답이다.

어휘 beneficial 도움이 되는, 유익한   downtown 시내의, 중심가의   highway 고속도로

According to the speaker, what kind of company is Jenkins Sawmill?

(a) It is a family-owned enterprise.
(b) It is a multinational enterprise.
(c) It is a nonprofit organization.
(d) It is a private business.

화자에 따르면 젠킨스 제재소는 어떤 종류의 회사인가?

(a) 가족 소유의 기업이다.
(b) 다국적 기업이다.
(c) 비영리 단체이다.
(d) 개인 사업체이다.

해설 담화 2단락에서 "³⁶This family-owned business will give you three generations of expertise, accompanied by friendly and knowledgeable service that you won't get anywhere else."(이 가족이 운영하는 사업은 다른 어느 곳에서는 얻을 수 없는 친절하고 지식이 가득한 서비스와 함께 3대에 걸친 전문 기술을 제공할 것입니다.)라고 하였으므로 (a)가 정답이다.

Paraphrasing This family-owned business will give you three generations of expertise
➡ It is a family-owned enterprise.

어휘 enterprise 기업, 회사 multinational 다국적인 nonprofit 비영리의 organization 조직, 단체 private 사적인, 개인의

Why most likely will Jenkins Sawmill's business continue to thrive?

(a) because it has been around for a decade
(b) because it is a family-run enterprise
(c) because trees are increasingly available
(d) because wood is increasingly in demand

왜 젠킨스 제재소의 사업이 계속 번창할 것 같은가?

(a) 10년 동안 존재해 왔기 때문에
(b) 가족이 운영하는 회사이기 때문에
(c) 나무가 점점 더 많이 이용 가능하기 때문에
(d) 목재가 점점 더 수요가 많아지기 때문에

해설 담화 3단락에서 "³⁷In recent years, there has been continued growth in that type of construction, and its popularity continues to spread beyond the state of Kansas.(최근 몇 년 동안, 그러한 건축 양식은 지속적으로 증가했고 그것의 인기는 캔자스 주를 넘어 계속해서 퍼져 나가고 있습니다.)라고 하였다. 전원풍의 목재를 사용하는 건설이 늘어나고 이것의 인기가 전국으로 퍼져 나가고 있으므로 그 목재에 대한 수요가 더 많아지고 있음을 추론할 수 있다. 따라서 (d)가 정답이다.

어휘 thrive 번창하다 decade 10년 family-run 가족이 운영하는 enterprise 회사 available 이용 가능한 in demand 수요가 많은

When can Jenkins Sawmill's services come in handy?

(a) during the demolitions of monuments
(b) during the construction of skyscrapers
(c) when remodeling homes or offices
(d) when repairing towers or highways

언제 젠킨스 제재소의 서비스가 도움이 될까?

(a) 기념물을 철거하는 동안
(b) 초고층 건물을 건설하는 동안
(c) 주택이나 사무실을 개조할 때
(d) 탑이나 고속도로를 수리할 때

해설 담화 6단락에서 "³⁸The next time you need expertise and quality that will add beauty and value to your house renovations, commercial remodels, new home construction, or historic building restorations, think Jenkins Sawmill!"(다음 번에 여러분이 주택 보수, 상업용 리모델링, 신규 주택 건설, 또는 역사적인 건물 복원에 아름다움과 가치를 더할 전문성과 품질을 필요로 할 때, 젠킨스 제재 소를 생각해 주십시오!)라고 하였으므로 (c)가 정답이다.

어휘 come in handy 도움이 되다   demolition 철거   monument 기념물   skyscraper 초고층 건물

39	세부사항 (How) ★★	정답 (a)

How can a customer get the most from what Jenkins Sawmill has to offer?	젠킨스 제재소가 제공하는 혜택에서 고객은 어 떻게 가장 많이 이득을 볼 수 있는가?
(a) by visiting the manufacturing location (b) by visiting the office headquarters (c) by calling the direct phone number (d) by asking for a preliminary quotation	(a) 제조 장소를 방문함으로써 (b) 사무실 본사를 방문함으로써 (c) 직통 전화 번호로 전화함으로써 (d) 예비 견적을 요청함으로써

해설 담화 6단락에서 "³⁹Come to our manufacturing facility and enjoy the advantages of buying direct."(저희 제조 시설에 오셔서 직접 구매할 때의 혜택을 누리세요.)라고 하였다. 제조 공장에 와서 직접 구매하면 혜택을 누릴 수 있다고 했으므로 (a)가 정답이다.

Paraphrasing Come to our manufacturing facility ➡ by visiting the manufacturing location

어휘 manufacturing location 제조 장소   headquarters 본사   preliminary 예비의   quotation 견적

안부 인사와 부탁 (1) 트럭 빌리기	M: Good evening, Kate. It's been a while since we last spoke. What are you up to? F: Hi, Carl. I know. I apologize for not keeping in touch. I've been quite busy with work and school. Things are alright otherwise. Oh, ⁴⁰I was wondering if you could help me with something. I'm moving to my new apartment this weekend, and my car is pretty small, as you know. ⁴¹Could I please borrow your truck? M: Well, I need it on Saturday, but you can borrow it on Sunday.	M: 좋은 저녁이야, 케이트. 우리가 마지막으로 얘기한 지 꽤 됐네. 뭐하고 지내니? F: 안녕, 칼. 맞아. 연락을 못해서 미안해. 나는 일과 학교 때문에 꽤 바빴어. 그것 말고는 별일 없어. 오, ⁴⁰네가 나를 도와줄 수 있는지 궁금했어. 나는 이번 주말에 새 아파트로 이사하는데, 알다시피 내 차는 꽤 작거든. ⁴¹내가 너의 트럭을 좀 빌릴 수 있을까? M: 글쎄, 나는 토요일에 그것이 필요하지만, 너는 일요일에 그것을 빌려도 좋아.
트럭을 빌리는 이유	F: That's a relief. ⁴²I don't have enough cash to rent a truck to move my stuff considering I'm already paying a lot on the new apartment. I need to give a big deposit in addition to the rent money for the first few months. So, thank you so much for your help. M: I'm glad I am able to help. So, have you packed already?	F: 다행이다. ⁴²새 아파트에 이미 많은 돈을 쓰고 있는 것을 감안하면, 나는 내 짐을 옮길 트럭을 빌릴 충분한 현금이 없어. 나는 처음 몇 달 집세 외에 많은 보증금이 필요해. 도와줘서 정말 고마워. M: 내가 도울 수 있어서 기뻐. 짐은 벌써 쌌니?
부탁 (2) 이사짐 싣기	F: Yeah. I've just started packing but I'm sure I'll have everything done by Sunday morning. I still have three more days to get everything packed. ⁴³In fact, I think some of my boxes are going to be kind of heavy. Would you mind helping me put them in your truck on Sunday morning? M: For Sunday, of course, I don't mind helping you. I suppose you want my help to unload the truck as well, right?	F: 응. 짐 싸기를 막 시작했지만 일요일 아침까지는 다 끝낼 수 있을 거야. 모든 짐을 다 싸려면 아직 3일이나 더 남았어. ⁴³사실, 상자들 중 일부는 좀 무거울 것 같아. 일요일 아침에 트럭에 싣는 것 좀 도와줄래? M: 당연히 일요일에는 기꺼이 너를 도울 거야. 트럭에서 짐을 내리는 데에도 역시 내 도움이 필요하지, 맞지?

부탁 (3) 금붕어 맡아 주기	F: Yes, please! If it's not asking too much, that would be really great. I was wondering if you could do me one last favor. M: Um, that depends. F: Well, since I'm moving this weekend, I'll be extremely busy moving things around and cleaning the apartment. Would it be OK if I left my goldfish at your place for the weekend? I don't want to accidentally knock the fishbowl down. M: Your fish? Absolutely. And you're right, it will be safer at my place. I'll be out for a bit, but I can keep it until you are all set in your new apartment. And besides, I love watching those little guys swim around in the fishbowl. It can be pretty entertaining. I remember when I was a teenager, I had a goldfish in my room, too. I took very good care of it. So, you don't need to worry. F: Thanks a million, Carl. ⁴⁴It is OK if I come by your place with my fish on Friday? Will you be home?	F: 맞아! 너무 많이 요구하는 게 아니라면, 그게 정말 좋을 것 같아. 마지막으로 네가 부탁 하나만 들어줄 수 있는지 궁금해. M: 음, 상황에 따라 다르지. F: 이번 주말에 이사하기 때문에, 나는 물건을 이리저리 옮겨 다니고 아파트를 청소하느라 엄청나게 바쁠 거야. 주말에 내 금붕어를 너의 집에 맡겨도 괜찮을까? 나는 실수로 어항을 넘어뜨리고 싶지 않거든. M: 너의 물고기? 당연히 괜찮지. 네 말이 맞아. 우리 집이 더 안전할 거야. 나는 잠깐 나갔다 올 건데, 네가 새 아파트에서 준비될 때까지 보관해 줄 수 있어. 게다가, 나는 그 작은 녀석들이 어항에서 헤엄치는 것을 보는 것을 좋아해. 그것은 꽤 재미있을 수 있거든. 내가 십대였을 때, 내 방에도 금붕어 한 마리가 있었던 것을 기억해. 나는 그것을 아주 잘 돌보았어. 그러니까 걱정하지 않아도 돼. F: 정말 고마워, 칼. ⁴⁴금요일에 내 물고기를 데리고 너의 집에 가도 될까? 너는 집에 있을 거니?
감사 및 일정 의논	M: Friday afternoon works fine. I'll be waiting for you. In case you are unable to make it, just give me a call. F: Alright, Carl. But I'm sure I'll be there. Otherwise, what are your plans for the weekend? I really hope my move isn't going to change your plans. I apologize if it is. M: Oh, no! No need to apologize. ⁴⁵It was going to be a quiet weekend at home for me. I was going to catch up on a few of my favorite shows. That's pretty much it. So, I'm glad to be of help. Anyhow, see you on Friday, Kate.	M: 금요일 오후라면 괜찮아. 기다리고 있을게. 혹시 못 올 것 같으면 전화 줘. F: 알았어, 칼. 하지만 나는 확실히 거기에 갈 거야. 아니면 주말 계획이 뭐야? 나의 이사가 너의 계획을 바꾸지 않기를 정말 바래. 만약 그렇다면 사과할게. M: 오, 아니야! 사과할 필요 없어. ⁴⁵나는 집에서 조용한 주말을 보낼 거였어. 내가 가장 좋아하는 프로그램 몇 편이 밀려 있는 것을 따라잡으려고 했어. 그게 다야. 그래서 도움이 되어 기뻐. 어쨌든 금요일에 보자, 케이트.

어휘 apologize for ~에 대해 사과하다 keep in touch 연락을 계속 취하다 otherwise 그렇지 않다면 relief 안심, 다행 rent 빌리다; 집세 stuff 물건 considering ~을 감안하면 deposit 계약금, 보증금 in addition to ~에 더해 not mind ~ing 기꺼이 ~하다 I suppose ~일 것 같다 unload 짐을 내리다 do A a favor A에게 부탁을 들어주다 that depends 상황에 따라 다르다 extremely 극도로, 엄청나게 be busy ~ing ~하느라 바쁘다 goldfish 금붕어 accidentally 실수로, 사고로 knock A down 넘어뜨리다, 때려 부수다 fishbowl 어항 absolutely 물론이지 for a bit 잠깐 set 준비가 된 besides 게다가 entertaining 즐거운 take care of ~을 돌보다 come by 잠깐 들르다 work fine 잘되다, 괜찮다 in case ~에 대비하여 make it (시간 맞춰) 가다 give A a call A에게 전화하다 catch up on (밀린 것을) 따라잡다, 처리하다 That's pretty much it. 그게 다야. be of help 도움이 되다 anyhow 어쨌든

Why did Kate talk to Carl after not contacting him a while?

(a) because she wanted to eat out

(b) because she wanted to catch up

(c) because she needed his assistance

(d) because she needed to stay with him

케이트는 왜 한동안 연락하지 않다 칼과 이야기를 나누었는가?

(a) 외식을 하고 싶었기 때문에

(b) 밀린 얘기를 나누고 싶었기 때문에

(c) 그의 도움이 필요했기 때문에

(d) 그와 같이 지내야 했기 때문에

해설 대화에서 "⁴⁰I was wondering if you could help me with something."(네가 나를 도와줄 수 있는지 궁금했어.)라고 하였다. 케이트가 칼에게 도움을 요청하기 위해서 대화를 하고 있으므로 (c)가 정답이다.

Paraphrasing I was wondering if you could help me with something. ➡ because she needed his assistance

어휘 contact 연락하다　eat out 외식하다　catch up 밀린 얘기를 나누다　assistance 도움

---

41 세부사항 (What) ★★ 　　　　　　　　　　　　　　　　　　　　　정답 **(a)**

What kind of favor did Kate ask of Carl?

(a) to lend her a truck to move her things

(b) to lend her some money for rent

(c) to help her pack some big boxes

(d) to help her clean up her apartment

케이트는 칼에게 어떤 종류의 부탁을 했는가?

(a) 짐을 옮길 트럭을 빌려주기

(b) 집세를 위해 돈을 좀 빌려주기

(c) 큰 상자들을 포장하는 것을 돕기

(d) 아파트 청소하는 것을 돕기

해설 대화에서 "⁴¹Could I please borrow your truck?"(내가 너의 트럭을 좀 빌릴 수 있을까?)라고 하였으므로 (a)가 정답이다.

Paraphrasing Could I please borrow your truck? ➡ to lend her a truck

어휘 ask a favor of A A에게 부탁을 하다　lend 빌려주다　rent 집세　pack 포장하다, 싸다

---

42 세부사항 (Why) ★★ 　　　　　　　　　　　　　　　　　　　　　정답 **(a)**

Why is Kate unable to afford a moving truck rental?

(a) because she just spent a lot on a new place

(b) because she was out of a job

(c) because she just invested in a business

(d) because she only had cash

케이트는 왜 이삿짐 트럭을 대여할 여유가 없는가?

(a) 방금 새로운 집에 돈을 많이 썼기 때문에

(b) 실직 상태였기 때문에

(c) 막 사업에 투자했기 때문에

(d) 현금만 있었기 때문에

해설 대화에서 "⁴²I don't have enough cash to rent a truck to move my stuff considering I'm already paying a lot on the new apartment."(새 아파트에 이미 많은 돈을 쓰고 있는 것을 감안하면, 나는 내 짐을 옮길 트럭을 빌릴 충분한 현금이 없어.)라고 하였으므로 (a)가 정답이다.

Paraphrasing I'm already paying a lot on the new apartment. ➡ she just spent a lot on a new place

어휘 afford 여유가 되다, 형편이 되다　rental 대여, 임대　invest in ~에 투자하다　out of a job 실직 상태인

Why most likely does Kate need Carl to help her load the truck?

(a) because she does not have enough time
(b) because the boxes are too heavy
(c) because she needs some company
(d) because she is not skillful enough

케이트는 왜 칼이 트럭에 짐을 싣는 걸 도와주길 원하는가?

(a) 그녀는 충분한 시간이 없기 때문에
(b) 그 상자들은 너무 무겁기 때문에
(c) 그녀는 일행이 필요하기 때문에
(d) 그녀는 충분히 능숙하지 않기 때문에

해설 대화에서 "43In fact, I think some of my boxes are going to be kind of heavy."(사실, 상자들 중 일부는 좀 무거울 것 같아.)라고 하였다. 케이트 혼자서 들기엔 무거운 상자들이 있다고 했으므로 칼이 짐을 싣는 일을 도와주길 바란 것으로 보인다. 따라서 (b)가 정답이다.

Paraphrasing some of my boxes are going to be kind of heavy ➡ the boxes are too heavy

어휘 load (짐을) 싣다 company 일행, 함께 있는 사람 skillful 능숙한

What will Kate probably do in the coming days?

(a) look for a cheap truck to rent
(b) drop by the pet store to get fish food
(c) work overtime to make some extra cash
(d) drop off her fish at her friend's place

케이트는 앞으로 무엇을 할 것 같은가?

(a) 싼 트럭을 빌리려고 알아본다
(b) 물고기 사료를 사러 반려동물 가게에 들른다
(c) 여분의 돈을 벌기 위해 잔업을 한다
(d) 친구 집에 물고기를 맡긴다

해설 대화에서 "44Is it OK if I come by your place with my fish on Friday? Will you be home?"(금요일에 내 물고기를 데리고 너의 집에 가도 될까? 너는 집에 있을 거니?)라고 하였다. 물고기를 맡기러 친구집에 갈 것이라고 말하고 있으므로 (d)가 정답이다.

Paraphrasing come by your place with my fish on Friday ➡ drop off her fish at her friend's place

어휘 look for 찾아 보다, 알아 보다 drop by 들르다 drop off (짐 등을) 내려주다

Based on the conversation, how did Carl plan on spending his weekend initially?

(a) He was going to go grocery shopping.
(b) He planned on going to the movies.
(c) He planned on watching some shows.
(d) He was going to eat out with friends.

대화에 따르면, 칼은 처음에 주말을 어떻게 보낼 계획이었는가?

(a) 장을 보러 갈 예정이었다.
(b) 영화를 보러 갈 계획이었다.
(c) 프로그램 몇 편을 볼 계획이었다.
(d) 친구들과 외식할 예정이었다.

해설 대화에서 "45It was going to be a quiet weekend at home for me. I was going to catch up on a few of my favorite shows."(나는 집에서 조용한 주말을 보낼 거였어. 내가 가장 좋아하는 프로그램 몇 편이 밀려 있는 것을 따라잡으려고 했어.)라고 하였으므로 (c)가 정답이다.

Paraphrasing I was going to catch up on a few of my favorite shows. ➡ He planned on watching some shows.

어휘 initially 처음에 go grocery shopping 장보러 가다 plan on ~할 계획이다

중간 아이 대하기	Good evening, everyone! I am Dr. Jason Drew, a behavioral psychologist who specializes in birth order and personality disorders. [46]Today, I am here to advise parents or people who deal with youngsters every day. It is a well-known fact that middle children have a predictable set of emotional experiences in the family, which affect their behavior, emotions, and personality similarly.	좋은 저녁입니다. 여러분! 저는 출생 순서와 성격 장애를 연구하는 행동 심리학자인 제이슨 드류 박사입니다. [46]오늘 저는 부모들에게, 또는 매일 아이들을 대하는 사람들에게 조언을 하기 위해 왔습니다. 중간 아이들이 가족 내에서 예측 가능한 일련의 정서적 경험을 갖고 있으며, 이는 그들의 행동, 감정 및 성격에도 유사하게 영향을 미친다는 것은 잘 알려진 사실입니다.
중간 아이가 갖는 장단점	While the middle child naturally learns how to relate to a group—how to share, listen to others, and join in on activities, he also has to face some challenges. [47]For instance, the middle child has to learn to deal with both an older and younger sibling, each with very different personalities. As a result, he may become particularly skilled as a negotiator in the long run. At the same time, however, [48]the birth order of middle children has its downsides and may bring along a lack of self-esteem to those affected by middle-child syndrome. Consequently, sociologists and psychologists have suggested many ways that parents can help the middle child feel self-confident and equally loved in the family circle.	중간 아이는 자연스럽게 그룹과 관련되는—함께 나누고, 다른 사람들의 말을 듣고, 활동에 참여하는 방법을 배울 수 있는 반면, 중간 아이는 몇 가지 어려움도 직면해야 합니다. [47]예를 들어, 중간 아이는 각각 매우 다른 성격을 가진 형과 동생 모두를 다루는 법을 배워야 합니다. 결과적으로 그는 나중에 협상가로서 특히 노련해질 수 있습니다. 하지만 동시에, [48]중간 아이들의 출생 순서에는 단점이 있고 중간 아이 증후군에 영향을 받는 사람들에게 자존감의 부족을 가져올지도 모릅니다. 결과적으로, 사회학자들과 심리학자들은 부모들이 중간 아이가 자신감 있고 가족들 사이에서 동등하게 사랑받는다고 느낄 수 있도록 도울 수 있는 많은 방법들을 제안해 왔습니다.
단둘이 시간 보내기	First, spend time alone with the child. During the day, set aside some time to read to him or play his favorite card game. You can also set up special outings with him and mark them on the calendar. [49]Having one-on-one attention will allow the child to feel more secure in your love because, for the child, time equals attention, which equals love.	첫째, 아이와 단둘이 시간을 보내세요. 낮에 그에게 책을 읽어줄 시간을 마련하거나, 그가 가장 좋아하는 카드 게임을 하며 놀아주세요. 여러분은 또한 그와 특별한 외출을 준비하고 달력에 그것들을 표시할 수 있습니다. [49]아이에게는 시간이 곧 관심과 사랑이기 때문에, 1대1로 관심을 주는 것은 아이가 여러분의 사랑에 더 안심할 수 있도록 해줄 것입니다.

대화에 참여 시키기	Second, draw him into conversations. When the family is together on a car ride or sitting in the living room, involve the child in the discussions by asking questions, such as, "Can you tell us about your day?" or by eliciting his opinion. For example, you could ask "Where do you think we should go on our vacation?" Make sure to listen attentively when he speaks as your focus will convey that he is important to the family.	둘째, 대화에 끌어들이세요. 가족이 함께 차를 타거나 거실에 앉아 있을 때, "너의 하루를 우리에게 말해줄 수 있니?"와 같은 질문을 하거나 그의 의견을 이끌어냄으로써 아이를 토론에 참여시키세요. 예를 들어 당신은 "우리가 휴가를 어디로 가야 한다고 생각하니?"라는 질문을 할 수도 있습니다. 당신의 주목은 그 아이가 가족에게 중요하다는 것을 전하기 때문에 그가 말을 할 때 반드시 주의 깊게 들으세요.
자존감 길러 주기	Third, [50]build up his self-esteem. Praise your middle child for his talents and unique abilities and celebrate his accomplishments. Even if your oldest has already received many scholastic honors, make sure to celebrate your middle child's awards. Explain that his older sibling can do more things than him because he is older. Children do not naturally understand this concept and assume that they are less capable.	셋째, [50]자존감을 길러 주세요. 중간 아이의 재능과 독특한 능력을 칭찬하고 그의 성취를 축하해 주세요. 비록 여러분의 첫째 아이가 이미 학업적으로 우수한 성적을 많이 얻었더라도, 중간 아이의 상을 반드시 축하해 주세요. 아이의 형은 나이가 많기 때문에 그보다 더 많은 것을 할 수 있는 것이라고 설명하세요. 아이들은 이 생각을 저절로 이해하지는 못하고 자신이 능력이 떨어진다고 생각합니다.
독자성 격려하기	Fourth, encourage his individuality. When you ask his opinions about which shirt he would like to buy, or how he feels a friend moving away, you will help him develop a strong sense of self. So, stay attuned to his interests and talents, and find ways to encourage him to enhance his individuality.	넷째, 독자성을 격려해 주세요. 그가 어떤 셔츠를 사고 싶은지, 또는 이사를 가는 친구에 대해 어떻게 생각하는지 그의 의견을 물어볼 때, 여러분은 그가 강한 자아 의식을 발달시키는데 도움을 줄 것입니다. 그러므로, 그의 흥미와 재능을 계속해서 헤아리고 그의 독자성을 향상시키도록 격려하는 방법을 찾으세요.
정서적 지지	Fifth, support him emotionally. Acknowledge his difficulties as a middle child. You can say, "I know it's hard for you to be in the middle because we can get very busy with your siblings. Your older brother is always doing something new, and we have to figure out how to help him. We will do the same for you. Your younger sister can't care for herself yet, so we have to help her more."	다섯째, 정서적으로 지지해 주세요. 중간 아이로서의 어려움을 인정해 주세요. 여러분은 "우리가 너의 형제자매들 때문에 바빠질 수 있기 때문에 네가 중간에 있는 것이 어렵다는 것을 알아. 너의 형은 항상 새로운 일을 하고 우리는 그를 도울 방법을 찾아야 해. 우리는 네게도 똑같이 해줄 거야. 너의 여동생은 아직 스스로를 돌볼 수 없어서 우리는 그녀를 더 도와주어야 해."라고 말할 수 있습니다.
사랑을 확인 시켜주기	And finally, and most importantly, reassure him of your love. [51]Certain phrases help kids to feel better. Tell your child how much you love and care for him and that you love all your children equally.	그리고 마지막으로 가장 중요한 것은 당신의 사랑을 그에게 확인시켜 주세요. [51]어떤 말들은 아이들의 기분이 나아지도록 도와줍니다. 당신의 아이에게 당신이 얼마나 그를 사랑하고 아끼는지, 그리고 당신의 모든 아이들을 동등하게 사랑한다고 말해 주세요.
당부와 마무리	So, there you have it, parents. [52]And remember that middle children's empathy or flexibility is a valuable skill, and not a weakness to exploit.	자, 부모님들. 바로 이것입니다. [52]그리고 중간 아이들의 공감이나 융통성은 귀중한 능력이지, 이용할 약점이 아니라는 것을 기억하세요.

어휘 behavioral psychologist 행동 심리학자 specialize in (~을 전문으로) 연구하다 birth order 출생 순서 personality disorder 성격 장애 youngster 아이, 청소년 predictable 예측 가능한 affect 영향을 미치다 similarly 마찬가지로 relate to ~에 관련되다 sociable 사교적인 challenge 어려움 for instance 예를 들어 sibling 형제자매 skilled 노련한, 숙련된 negotiator 협상가 in the long run 나중에, 결국 downside 단점 bring along ~을 가지고 오다 lack 부족 self-esteem 자존감 syndrome 증후군 consequently 결과적으로 sociologist 사회학자 suggest 제안하다 self-confident 자신감 있는 set aside 따로 마련하다 outing 외출 one-on-one attention 1대1 관심 secure 안심하는 draw A into B A를 B로 끌어들이다 elicit 이끌어 내다 attentively 주의 깊게 convey (생각, 감정을) 전하다 praise 칭찬하다 accomplishment 성취, 업적 scholastic 학업적 honor 우수한 성적, 영예 capable 능력 있는 encourage 격려하다 individuality 독자성, 개성 attuned to ~을 잘 헤아리는 enhance 향상시키다 acknowledge 인정하다 reassure 안심시키다, 확신시키다 phrase 문구, 표현 empathy 공감 flexibility 융통성, 유연성 valuable 귀중한 weakness 약점 exploit 이용하다, 착취하다

46　주제 (What) ★★★   정답 (c)

What is the main topic of this talk?

(a) to explain the traits of middle children

(b) to explain how to be good siblings

(c) to give tips on how to help a middle child

(d) to teach kids how to behave in society

이 강연의 주제는 무엇인가?

(a) 중간 아이들의 특성 설명하기
(b) 좋은 형제자매가 되는 법 설명하기
(c) 중간 아이를 돕는 방법에 대해 조언하기
(d) 아이들에게 사회에서 행동하는 법 가르치기

해설 담화 1단락에서 "⁴⁶Today, I am here to advise parents or people who deal with youngsters every day. It is a well-known fact that middle children have a predictable set of emotional experiences in the family, which affect their behavior, emotions, and personality similarly."(오늘 저는 부모에게, 또는 매일 아이들을 대하는 사람들에게 조언을 하기 위해 왔습니다. 중간 아이들이 가족 내에서 예측 가능한 일련의 정서적 경험을 갖고 있으며, 이는 그들의 행동, 감정 및 성격에도 유사하게 영향을 미친다는 것은 잘 알려진 사실입니다.)라고 하였다. 중간 아이를 대하는 방법에 대해 조언하기 위해 강연을 한다고 했으므로 (c)가 정답이다.

어휘 explain 설명하다 trait 특성 sibling 형제자매 give a tip on ~에 대해 조언하다 behave 행동하다

47　세부사항 (what) ★★★   정답 (d)

In what way can the birth order affect the middle child positively?

(a) It allows the child to become more sociable.

(b) It allows the child to develop his academic skills.

(c) It builds friendships among the siblings.

(d) It develops the negotiation skills of the child.

출생 순서는 어떤 방식으로 중간 아이에게 긍정적인 영향을 미칠 수 있는가?

(a) 아이가 더 사교적이 될 수 있게 해준다.
(b) 아이가 학업 능력을 발달시킬 수 있게 해준다.
(c) 형제들 사이에 우정을 쌓게 한다.
(d) 아이의 협상 기술을 발달시킨다.

해설 담화 2단락에서 "⁴⁷For instance, the middle child has to learn to deal with both an older and younger sibling, each with very different personalities. As a result, he may become particularly skilled as a negotiator in the long run."(예를 들어, 중간 아이는 각각 매우 다른 성격을 가진 형과 동생 모두를 다루는 법을 배워야 합니다. 결과적으로 그는 나중에 협상가로서 특히 노련해질 수 있습니다.)라고 하였다. 중간에 태어났다는 출생 순서로 인해 위아래 형제들을 대하면서 협상에 관련된 기술을 배우게 된다고 했으므로 (d)가 정답이다.

Paraphrasing become particularly skilled as a negotiator in the long run ➡ It develops the negotiation skills of the child.

어휘 positively 긍정적으로 sociable 사교적인 academic skill 학업 능력 friendship 우정 negotiation skill 협상 기술

Why is it often inconvenient to be the middle child?

(a) because they can suffer from a self-confidence issue
(b) because they cannot get along with siblings
(c) because they want to be the center of attention
(d) because they cannot compete in the real world

왜 종종 중간 아이가 되는 것이 불편한가?

(a) 자신감 문제로 고통받을 수 있기 때문에
(b) 형제자매와 잘 지낼 수 없기 때문에
(c) 관심의 중심이 되고 싶어하기 때문에
(d) 현실 세계에서 경쟁할 수 없기 때문에

해설 ▶ 담화 2단락에서 "⁴⁸the birth order of middle children has its downsides and may bring along a lack of self-esteem to those affected by the middle-child syndrome"(중간 아이들의 출생 순서는 단점이 있고 중간 아이 증후군에 영향을 받는 사람들에게 자존감의 부족을 가져올지도 모릅니다)라고 하였다. 중간 아이들은 자신감 부족 문제를 겪을 수 있다고 했으므로 (a)가 정답이다.

어휘 ▶ inconvenient 불편한, 곤란한   suffer from ~로 고통을 받다   self-confidence 자신감   get along with ~와 잘 지내다 attention 관심, 주목   compete 경쟁하다

Based on the talk, how should parents proceed to help middle children feel more assertive?

(a) by giving them expensive gifts
(b) by spending time with them
(c) by encouraging them to use their empathy skills
(d) by treating middle children better

담화에 따르면, 부모가 중간 아이들이 더 당당함을 느끼도록 돕기 위해 어떻게 해야 하는가?

(a) 비싼 선물을 줌으로써
(b) 그들과 함께 시간을 보냄으로써
(c) 그들이 공감 능력을 사용하도록 격려함으로써
(d) 중간 아이들을 더 잘 대해줌으로써

해설 ▶ 담화 3단락에서 "⁴⁹Having one-on-one attention will allow the child to feel more secure in your love because, for the child, time equals attention, which equals love."(아이에게는 시간이 곧 관심과 사랑이기 때문에, 1대로 관심을 주는 것은 아이가 여러분의 사랑에 더 안심할 수 있도록 해줄 것입니다.)라고 하였다. 중간 아이와 1대1로 시간을 보냄으로써 아이에게 사랑에 대한 확신을 심어 줄 것이라고 했으므로 (b)가 정답이다.

어휘 ▶ proceed (계속) 하다, 진행하다   assertive 당당한, 확신에 찬   empathy 공감   treat 대하다

Why do parents most likely fail to boost their middle children's self-esteem?

(a) because they focus more on the first child
(b) because they are too focused on their jobs
(c) because middle children aren't usually smart
(d) because middle children aren't usually their favorites

왜 부모들은 그들의 중간 아이들의 자존감을 높이지 못할 가능성이 높은가?

(a) 부모가 첫째 아이에게 더 집중하기 때문에
(b) 부모가 자신의 일에 너무 집중하기 때문에
(c) 중간 아이들은 보통 똑똑하지 않기 때문에
(d) 중간 아이들은 보통 가장 좋아하는 아이가 아니기 때문에

해설 담화 5단락에서 "⁵⁰build up his self-esteem. Praise your middle child for his talents and unique abilities and celebrate his accomplishments. Even if your oldest has already received many scholastic honors, make sure to celebrate your middle child's awards."(자존감을 길러 주세요. 중간 아이의 재능과 독특한 능력을 칭찬하고 그의 성취를 축하해 주세요. 비록 여러분의 첫째 아이가 이미 학업적으로 우수한 성적을 많이 얻었더라도, 중간 아이의 상을 반드시 축하해 주세요.)라고 하였다. 중간 아이의 자존감을 길러 주라는 충고 다음에 큰 아이가 상을 많이 받아와도 중간 아이의 상에 대해 반드시 축하하라고 권고하는 것으로 보아 부모가 첫 아이의 성취에 더 집중하고 중간 아이의 성취에 덜 반응하는 경우가 많다는 것을 추론할 수 있다. 따라서 (a)가 정답이다.

어휘 fail 실패하다 boost 북돋우다, 신장시키다 self-esteem 자존감 focus on ~에 집중하다

---

51 세부사항 (what) ★★   정답 **(d)**

According to the speaker, what should parents do as the last step when handling a middle child?

(a) ask all the children to do things as a team
(b) go on family outings as often as possible
(c) help the child with his academic challenges
(d) tell the child "I love you" as often as possible

화자에 따르면, 부모들은 중간 아이를 대할 때 마지막 단계로 무엇을 해야 하는가?

(a) 모든 아이들에게 팀을 이루어 일을 하도록 부탁한다
(b) 가능한 한 자주 가족 나들이를 간다
(c) 그 아이의 학업적인 어려움을 돕는다
(d) 그 아이에게 가능한 한 자주 "사랑해"라고 말한다

해설 담화 8단락에서 "⁵¹Certain phrases help kids to feel better. Tell your child how much you love and care for him and that you love all your children equally."(어떤 말들은 아이들이 기분이 나아지도록 도와줍니다. 당신의 아이에게 당신이 얼마나 그를 사랑하고 아끼는지, 그리고 당신의 모든 아이들을 동등하게 사랑한다고 말해 주세요.)라고 하였다. 중간 아이에게 자주 사랑한다고 말하라고 했으므로 (d)가 정답이다.

Paraphrasing Tell your child how much you love and care for him ➡ tell the child "I love you" as often as possible

어휘 handle 상대하다, 다루다 family outing 가족 나들이 as often as possible 가능한 한 자주 academic 학업의 challenge 어려움, 난제

---

52 추론 (What) ★★★   정답 **(c)**

What is the speaker likely recommending that parents do about their middle children?

(a) encourage stronger bonds among siblings
(b) overlook the problems they might have
(c) view their sympathy as a worthwhile skill
(d) teach them to share their profound feelings

화자는 부모들에게 중간 아이들에 대해 무엇을 하라고 권고하는 것 같은가?

(a) 더 강한 형제 간의 유대를 장려한다
(b) 그들이 가지고 있을 수 있는 문제들을 간과한다
(c) 그들의 공감 능력을 가치 있는 기술로 여긴다
(d) 그들에게 심오한 감정을 나누도록 가르친다

해설 담화 9단락에서 "⁵²And remember that middle children's empathy or flexibility is a valuable skill, and not a weakness to exploit."(그리고 중간 아이들의 공감이나 융통성은 귀중한 능력이지, 이용할 약점이 아니라는 것을 기억하세요.)라고 하였다. 중간 아이들이 가지고 있는 공감 능력이나 융통성을 가치 있게 여기라고 했으므로 (c)가 정답이다.

Paraphrasing remember that middle children's empathy or flexibility is a valuable skill ➡ view their sympathy as a worthwhile skill

어휘 recommend 권고하다 bond 유대 overlook 간과하다 sympathy 공감 worthwhile 가치 있는 profound 심오한

정답 확인하기

READING AND VOCABULARY														
PART **1**	**53**	(a)	**54**	(b)	**55**	(d)	**56**	(c)	**57**	(b)	**58**	(c)	**59**	(a)
PART **2**	**60**	(c)	**61**	(a)	**62**	(d)	**63**	(c)	**64**	(b)	**65**	(b)	**66**	(a)
PART **3**	**67**	(c)	**68**	(c)	**69**	(d)	**70**	(a)	**71**	(b)	**72**	(a)	**73**	(c)
PART **4**	**74**	(c)	**75**	(d)	**76**	(b)	**77**	(a)	**78**	(b)	**79**	(c)	**80**	(a)

문항별 취약 유형 체크하기

PART 1 인물 일대기		
53	세부사항 (What)	
54	추론 (What)	
55	세부사항 (Why)	
56	세부사항 (Why)	
57	세부사항 (what)	
58	어휘 (명사: apprentice)	
59	어휘 (형용사: enduring)	

PART 3 지식 백과		
67	세부사항 (How)	
68	세부사항 (what)	
69	True or Not True (When)	
70	세부사항 (why)	
71	추론 (How)	
72	어휘 (형용사: communal)	
73	어휘 (과거분사: incorporated)	

PART 2 잡지 기사		
60	세부사항 (What)	
61	세부사항 (How)	
62	세부사항 (why)	
63	추론 (why)	
64	세부사항 (What)	
65	어휘 (동사: perceive)	
66	어휘 (동사: democratize)	

PART 4 비즈니스 레터		
74	주제/목적 (What)	
75	추론 (how)	
76	추론 (What)	
77	True or Not True (what)	
78	세부사항 (What)	
79	어휘 (명사: calamity)	
80	어휘 (동사: partake)	

★ 틀린 문항을 확인하고 취약한 유형을 집중 학습하세요.

	MARK TWAIN	마크 트웨인
인물 소개	[53]Mark Twain was an American writer, humorist, entrepreneur, publisher, and lecturer who acquired international fame for his travel narratives. He was praised as the greatest humorist the United States has produced and called "the father of American literature." His novels include *The Adventures of Tom Sawyer* and its sequel *Adventures of Huckleberry Finn*.	[53]마크 트웨인은 그의 여행 이야기로 국제적인 명성을 얻은 미국의 작가, 유머 작가, 사업가, 출판업자이자 강연자였다. 그는 미국이 배출한 가장 위대한 유머 작가로 칭송받았고 "미국 문학의 아버지"로 불렸다. 그의 소설에는 '톰 소여의 모험'과 그 속편인 '허클베리 핀의 모험'이 있다.
출생 및 어린 시절	Born Samuel Langhorne Clemens on November 30, 1835, in the small town of Florida, Missouri, Mark Twain was his pen name. When he was 4 years old, Twain moved with his family to Hannibal, Missouri. [54]Twain's father was an attorney and judge, who died of pneumonia in 1847 when he was 11.	1835년 11월 30일 미주리주 플로리다의 작은 마을에서 사무엘 랭혼 클레멘스로 태어난 마크 트웨인은 그의 필명이었다. 그가 4살이었을 때, 트웨인은 가족과 함께 미주리주 한니발로 이사했다. [54]트웨인의 아버지는 변호사이자 판사였는데, 그는 1847년 트웨인이 11살이었을 때 폐렴으로 사망했다.
소년기 및 청년기	The following year, Twain left the fifth grade to become a printer's [58]apprentice. In 1851, he began working as a typesetter, contributing articles and humorous sketches to the *Hannibal Journal*. [55]When he was 18, he left Hannibal and worked as a printer in New York City, then in Philadelphia, and later in St. Louis. He educated himself in public libraries in the evenings, finding wider information than at a conventional school.	그 이듬해에 트웨인은 인쇄업자의 [58]견습생이 되기 위해 5학년을 중퇴했다. 1851년, 그는 '한니발 저널'에 기사와 해학적인 스케치를 기고하며 식자공으로 일하기 시작했다. [55]그가 18살이었을 때, 그는 한니발을 떠나 뉴욕, 필라델피아, 그리고 나중에는 세인트루이스에서 인쇄공으로 일했다. 그는 저녁에 공공도서관에서 독학했고, 평범한 학교에서보다 더 많은 정보를 알게 되었다.
초기 활동	In the 1860s, Twain became a licensed steamboat pilot on the Mississippi River, which became one of the themes of his writings. During the same period, he started writing under the name Mark Twain. In 1865, he published a story called "Jim Smiley and His Jumping Frog," which made him famous.	1860년대에 트웨인은 미시시피 강에서 면허증 있는 증기선 조종사가 되었고, 이것은 그의 글의 주제 중 하나가 되었다. 같은 시기에 그는 마크 트웨인이라는 이름으로 글을 쓰기 시작했다. 1865년에 그는 "짐 스마일리와 그의 뛰어다니는 개구리"라고 불리는 이야기를 출판했고, 이것은 그를 유명하게 만들었다.

주요 활동	Twain settled in Connecticut, with his family, where he wrote his most famous books. He used his experiences growing up on the Mississippi River to write many stories. He wrote *The Adventures of Tom Sawyer* in 1876, and then in 1884, [56]he wrote his best work *Adventures of Huckleberry Finn*, which, unfortunately, has recently been banned from many American high schools for its use of racial insults.	트웨인은 가족과 함께 코네티컷에 정착했고, 그곳에서 그의 가장 유명한 책들을 썼다. 그는 미시시피 강에서 자라면서 겪은 경험을 많은 이야기를 집필하기 위해 사용했다. 그는 1876년에 '톰 소여의 모험'을 썼고, 그 후 1884년에 [56]그는 자신의 최고의 작품인 '허클베리 핀의 모험'을 썼는데, 이것은 불행히도 최근에 많은 미국 고등학교에서 인종적으로 모욕적인 말을 사용했다는 이유로 금지되었다.
말년	Late in life, Twain lived mainly in Europe with his family. [57]He died of a heart attack on April 21, 1910, in Redding, Connecticut, which he had predicted as his time of death. Twain and his wife are buried side by side in Elmira's Woodlawn Cemetery in New York.	만년에 트웨인은 가족과 함께 주로 유럽에서 살았다. [57]그는 자신이 사망할 것으로 예측했던 시기인 1910년 4월 21일에 코네티컷주 레딩에서 심장마비로 사망했다. 트웨인과 그의 아내는 뉴욕에 있는 엘미라의 우드론 묘지에 나란히 묻혔다.
후대의 평가	When Twain died, the 27th US President said, "Mark Twain gave pleasure, real intellectual enjoyment to millions, and his works will continue to give such pleasure to millions yet to come. He has made an [59]enduring part of American literature."	트웨인이 사망했을 때, 제27대 미국 대통령은 "마크 트웨인은 수백만 명에게 기쁨과 진정한 지적 즐거움을 주었고, 그의 작품은 앞으로도 수백만 명에게 그러한 기쁨을 계속해서 줄 것이다. 그는 미국 문학의 [59]지속되는 한 부분을 차지했다."라고 말했다.

어휘 humorist 유머 작가 entrepreneur 사업가 publisher 출판업자 lecturer 강연가 acquire 얻다, 습득하다 international fame 국제적 명성 travel narrative 여행 이야기 praise 칭찬하다, 칭송하다 literature 문학 novel 소설 adventure 모험 sequel 속편 pen name 필명 attorney 변호사 judge 판사 die of (질병 등)으로 죽다 pneumonia 폐렴 following year 이 듬해, 다음해 printer 인쇄업자 apprentice 견습생 typesetter 식자공(활자를 원고대로 조판하는 사람) contribute 기고하다, 기여하다 article 기사 sketch 스케치 journal 저널, 신문 educate 가르치다, 교육하다 conventional 전통적인, (극히) 평범한 licensed 면허를 가진 steamboat pilot 증기선 조종사 theme 주제, 테마 celebrated 유명한, 명성이 있는 county 자치주, 군 settle in ~에 정착하다 unfortunately 불행하게도 recently 최근에 ban 금지하다 racial 인종의, 인종적인 insult 모욕, 비방 late in life 만년에 mainly 주로 heart attack 심장마비 predict 예언하다, 예측하다 bury 묻다 side by side 나란히 cemetery 묘지 pleasure 기쁨 intellectual 지적인 enjoyment 즐거움, 기쁨 yet to come 아직 오지 않은, 앞으로 올 enduring 지속되는, 오래가는

---

53 세부사항 (What) ★★   정답 (a)

What is Twain most remembered for?

(a) his literary contribution to the world
(b) his unique sense of humor about life
(c) his time as a university professor
(d) his childhood on America's longest river

트웨인은 무엇으로 가장 많이 기억되는가?

(a) 세계에 대한 문학적 공헌
(b) 인생에 대한 독특한 유머 감각
(c) 대학 교수로서 보낸 시간
(d) 미국의 가장 긴 강에서 보낸 어린 시절

해설 본문 1단락에서 "[53]Mark Twain was an American writer, humorist, entrepreneur, publisher, and lecturer who acquired international fame for his travel narratives."(마크 트웨인은 그의 여행 이야기로 국제적인 명성을 얻은 미국의 작가, 유머 작가, 사업가, 출판업자 이자 강연자였다.)라고 하였다. 마크 트웨인은 모험 여행 소설로 국제적 명성을 얻은 작가였으므로 (a)가 정답이다.

어휘 be remembered for ~로 기억되다   literary 문학적인   contribution 공헌, 기여   unique 독특한

---

54   **추론 (What)** ★★★   정답 **(b)**

What most likely prompted Twain to quit school at a very young age?

(a) He did not pass the fourth grade.

(b) He did not have a father to provide for him.

(c) He wanted to work for the newspaper.

(d) He wanted to be homeschooled.

무엇이 트웨인을 아주 어린 나이에 학교를 그만 두게 만들었을까?

(a) 4학년을 통과하지 못했다.

(b) 그를 부양할 아버지가 없었다.

(c) 신문사에서 일하고 싶었다.

(d) 홈스쿨링을 받기를 원했다.

해설 본문 2~3단락에서 "[54]Twain's father was an attorney and judge, who died of pneumonia in 1847 when he was 11. The following year, Twain left the fifth grade to become a printer's apprentice."(트웨인의 아버지는 변호사이자 판사였는데, 그는 1847년 트웨인이 11살이었을 때 폐렴으로 사망했다. 그 이듬해에 트웨인은 인쇄업자의 견습생이 되기 위해 5학년을 중퇴했다.)라고 하였다. 아버지가 돌아가시 고 그 다음해에 학교를 그만두었으므로 부양해줄 아버지의 부재로 인한 학업 포기인 것으로 추론된다. 따라서 (b)가 정답이다.

어휘 prompt A to+동사원형 A가 ~하도록 하다   quit 그만두다   provide for ~을 부양하다   homeschool 홈스쿨링하다

---

55   **세부사항 (Why)** ★★★   정답 **(d)**

Why did Twain leave his home state of Missouri for New York?

(a) He wanted to discover life in a big city.

(b) Missouri only had job openings in farming.

(c) The Midwest had a high unemployment rate.

(d) He wanted to work for a printing company.

왜 트웨인은 그의 고향인 미주리주를 떠나 뉴욕 으로 갔는가?

(a) 그는 대도시에서의 삶에 대해 알게 되기를 원 했다.

(b) 미주리주에는 농업 관련 일자리만 있었다.

(c) 중서부 지방에서는 실업률이 높았다.

(d) 그는 인쇄 회사에서 일하기를 원했다.

해설 본문 3단락에서 "[55]When he was 18, he left Hannibal and worked as a printer in New York City, then in Philadelphia, and later in St. Louis."(그가 18살이었을 때, 그는 한니발을 떠나 뉴욕, 필라델피아, 그리고 나중에는 세인트루이스에서 인쇄공으로 일했다.)라고 하였다. 인 쇄공으로 일하기 위해 인쇄와 관련된 일자리가 있는 대도시로 옮겨 다닌 것이므로 (d)가 정답이다.

어휘 home state 고향, 고국   discover 알게 되다   job opening 일자리   unemployment rate 실업률

Why was Twain's once most-loved novel banned from some schools in America later on?

(a) because parents couldn't afford to buy it
(b) because it was no longer available from the publisher
(c) because the author used degrading words
(d) because it was no longer an academic requirement

트웨인의 한때 가장 사랑받았던 소설은 왜 나중에 미국의 일부 학교에서 금지되었는가?

(a) 부모들은 그것을 살 여유가 없었기 때문에
(b) 그것은 출판사에서 더 이상 구할 수 없었기 때문에
(c) 저자가 비하하는 단어를 사용했기 때문에
(d) 그것은 더 이상 학업 요건이 아니었기 때문에

해설 본문 5단락에서 "⁵⁶he wrote his best work *Adventures of Huckleberry Finn*, which, unfortunately, has recently been banned from many American high schools for its use of racial insults."(그는 자신의 최고의 작품인 '허클베리 핀의 모험'을 썼는데, 이것은 불행히도 최근 많은 미국 고등학교에서 인종적으로 모욕적인 말을 사용했다는 이유로 금지되었다.)라고 하였다. 마크 트웨인의 가장 사랑받았던 소설인 '허클베리 핀의 모험' 속에 인종 모욕적 언사들이 사용되었다는 이유로 많은 미국 학교에서 금지되었으므로 (c)가 정답이다.

Paraphrasing for its use of racial insults ➡ because the author used degrading words

어휘 ban 금지하다   later on 나중에   afford to+동사원형 ~할 여유가 있다   available 구입 가능한   publisher 출판사   degrading 비하하는, 모욕적인   academic requirement 학업 요건

Based on the article, what was Twain's nearly accurate prediction?

(a) that he would die of a heart failure
(b) that he would die at a specific time
(c) that he would become a famous writer
(d) that he would be loved by America's president

본문에 따르면, 트웨인의 거의 정확한 예측은 무엇이었는가?

(a) 심부전으로 죽을 것이라는 것
(b) 특정한 시기에 죽을 것이라는 것
(c) 유명한 작가가 될 것이라는 것
(d) 미국 대통령으로부터 사랑을 받을 것이라는 것

해설 본문 6단락에서 "⁵⁷He died of a heart attack on April 21, 1910, in Redding, Connecticut, which he had predicted as his time of death."(그는 자신이 사망할 것으로 예측했던 시기인 1910년 4월 21일에 코네티컷 주 레딩에서 심장마비로 사망했다.)라고 하였으므로 (b)가 정답이다.

Paraphrasing He died of a heart attack on April 21, 1910, in Redding, Connecticut, which he had predicted as his time of death ➡ that he would die at a specific time

어휘 accurate 정확한   prediction 예측   heart failure 심부전   specific 특정한

In the context of the passage, <u>apprentice</u> means

_____.

(a) expert
(b) assistant
(c) trainee
(d) acquaintance

본문의 맥락에서 apprentice는 _____
를 의미한다.

(a) 전문가
(b) 조수
(c) 연수생
(d) 지인

해설 본문 3단락 "The following year, Twain left the fifth grade to become a printer's ⁵⁸<u>apprentice</u>."(그 이듬해에 트웨인은 인쇄업자의 견습생이 되기 위해 5학년을 중퇴했다.)에서 apprentice의 의미는 '견습생'이다. 보기 중 이 의미와 가장 가까운 (c)가 정답이다.

어휘 expert 전문가 assistant 조수, 보조 trainee 연수생 acquaintance 지인

In the context of the passage, <u>enduring</u> means _____.

(a) lasting
(b) impacting
(c) longing
(d) aspiring

본문의 맥락에서 enduring은 _____을 의미한다.

(a) 지속적인
(b) 충격적인
(c) 갈망하는
(d) 포부가 있는

해설 본문 7단락 "He has made an ⁵⁹<u>enduring</u> part of American literature."(그는 미국 문학의 지속되는 한 부분을 차지했다.)에서 enduring의 의미는 '지속되는, 오래 가는'이다. 보기 중 이 의미와 가장 가까운 (a)가 정답이다.

어휘 lasting 지속적인 impacting 충격적인 longing 갈망하는 aspiring 포부가 있는

KEY OPINION LEADERS:
HOW TO FIND THEM FOR HEALTH-RELATED FIELDS!

핵심 오피니언 리더를 찾는 검색 엔진의 필요성

Have you ever purchased a product or formed your opinion based on the content created by a person or organization you follow? Do you visit blogs to search for tips before making new purchases or making a decision? Then you have been affected by "key opinion leaders(KOLs)." [60]But since finding KOLs isn't easy, a company has recently launched a search engine to do just that in the medical field.

의료 분야의 핵심 오피니언 리더 찾기의 어려움

Key opinion leaders are people or organizations that have such a strong social status that their recommendations and opinions are listened to when people make important decisions. Good examples of key opinion leaders are political figures and CEOs who are known for their work. All KOLs have prominent status in their respective communities, and their opinions are valued and listened to. [61]They are true experts, unlike influencers. In healthcare, KOLs could be physicians, hospital executives, researchers, or patient advocacy group members. [62]Because KOLs come from such a wide range of roles and backgrounds, connecting the dots and finding the right professionals in health care can be difficult.

의료 전문가 찾는 플랫폼 출시

So, earlier this year, a startup that provides the largest global healthcare platform for locating healthcare professionals was launched. HealthMetrica, a Seattle-based company, launched a free search engine that finds influential people for health-related concepts using artificial intelligence(AI). [63]The search engine makes it possible for any person with Internet access to quickly understand the health-related concepts for which doctors, researchers, or companies have [65]perceived reputational trustworthiness.

핵심 오피니언 리더:
의료 관련 분야에서 그들을 찾는 방법!

당신은 당신이 팔로우하는 사람이나 조직이 만든 콘텐츠를 기반으로 제품을 구매하거나 당신의 의견을 형성한 적이 있는가? 당신은 새롭게 구매를 하거나 결정을 내리기 전에 팁을 찾기 위해 블로그를 검색하는가? 그러면 당신은 핵심 오피니언 리더(KOL)의 영향을 받아본 것이다. [60]하지만 핵심 오피니언 리더를 찾는 것은 쉽지 않기 때문에, 한 회사는 최근 의료 분야에서 바로 그것을 하기 위한 검색 엔진을 출시했다.

핵심 오피니언 리더는 사람들이 중요한 결정을 내릴 때 그들의 추천과 의견을 들을 정도로 사회적 지위가 높은 사람들이나 단체이다. 핵심 오피니언 리더의 좋은 예로는 정치인들과 그들의 일로 유명한 CEO들이 있다. 모든 KOL은 각자의 지역 사회에서 중요한 지위를 가지고 있으며, 그들의 의견은 존중되고 경청된다. [61]그들은 인플루언서들과는 달리 진정한 전문가들이다. 의료 분야에서 KOL은 의사, 병원 임원, 연구원 또는 환자 보호 단체의 구성원일 수 있다. [62]KOL은 매우 광범위한 역할과 배경을 가지고 있기 때문에, 다양한 정보를 동원해서 의료 서비스 분야에서 적절한 전문가를 찾는 것은 어려울 수 있다.

그래서, 올해 초 의료 전문가를 찾는 가장 큰 글로벌 의료 플랫폼을 제공하는 스타트업이 출범했다. 시애틀에 본사를 둔 '헬스메트리카'는 인공지능(AI)을 이용해 건강 관련 개념에 대한 영향력 있는 사람들을 찾아주는 무료 검색엔진을 출시했다. [63]검색 엔진을 사용하면 인터넷에 접속할 수 있는 모든 사람이 의사, 연구원 또는 회사가 평판의 신뢰성을 [65]인식해온 건강 관련 개념을 빠르게 이해할 수 있다.

검색 엔진 활용 방법	How does the search engine work? Suppose you wanted to find the top experts in Japan that study the uses of gabapentin among teenagers: the search engine will give you the top experts already pre-ranked by influence for that specific set of criteria. It will also allow you to find the experts by searching for concepts like medical conditions, medications, brand names, organizations, and locations. According to their website, HealthMetrica's database currently has over 30 million researchers worldwide, 80 million publications, and 3 million clinical trial records.	그 검색 엔진은 어떻게 작동할까? 당신이 10대들 사이에서 가바펜틴의 사용을 연구하는 일본의 최고 전문가들을 찾기를 원한다고 가정해보자: 검색 엔진은 그 특정한 기준들에 대한 영향력에 따라 먼저 순위가 매겨진 최고 전문가들을 당신에게 제공할 것이다. 그것은 또한 질병, 약, 브랜드 이름, 조직, 그리고 위치와 같은 개념들을 검색함으로써 당신이 전문가들을 찾을 수 있게 할 것이다. 그들의 웹사이트에 따르면, 헬스메트리카의 데이터베이스는 현재 전 세계적으로 3천만 명 이상의 연구원, 8천만 개의 출판물, 그리고 3백만 개의 임상 실험 기록을 가지고 있다.
검색 엔진 회사의 목표	By making this technology freely available to the public, [64]the company aims to [66]democratize access to healthcare research insights and increase the discoverability of professionals with authority over specific concepts so that they can reach more people.	이 기술을 대중이 자유롭게 이용할 수 있게 함으로써, [64]그 회사는 더 많은 사람들에게 다가갈 수 있도록 의료 연구 이해에 대한 접근을 [66]민주화하고, 특정 개념에 대한 권위를 가진 전문가의 검색 용이성을 높이는 것을 목표로 한다.

어휘 ▶ purchase 구매하다 form 형성하다, 만들다 opinion 의견 content 내용(물) organization 조직 make a decision 결정하다 affect 영향을 미치다 recently 최근 launch 출시하다, 시작하다 social status 사회적 지위 recommendation 추천 decision 결정 political figure 정치인 be known for ~로 알려지다 prominent 중요한, 두드러진 status 지위, 위상 respective 각자의, 각각의 value ~을 존중하다, 중요하게 여기다 expert 전문가 unlike ~와는 달리 influencer 인플루언서, (어떤 분야에) 영향력이 있는 사람 physician 내과 의사, 의사 hospital executive 병원 임원 patient advocacy group 환자 보호 단체 a wide range of 광범위한 background 배경 connect the dots 다양한 정보를 동원하다 professional 전문가 startup 스타트업, 신규 기업 provide 제공하다 healthcare platform 의료(서비스) 플랫폼 locate ~의 위치를 찾아주다 specific 특정한 related 관련된 search engine 검색 엔진 influential 영향력 있는 artificial intelligence (AI) 인공 지능 access 접근 perceive 인식하다 reputational 평판의, 명성 있는 trustworthiness 신뢰 suppose 가정하다 gabapentin 가바펜틴 (간질에 사용되는 약 성분) rank 순위를 매기다 criteria 기준들 (단수형 criterion) medical condition 질병, 의학적 질환 medication 약 database 데이터베이스 worldwide 전 세계에 publication 출판물 clinical trial 임상 실험 record 기록 available 이용 가능한 aim to+동사원형 ~하는 것을 목표로 하다 democratize 민주화하다 insight 이해, 통찰 discoverability 검색 용이성, 발견력 authority 권위

---

60 세부사항 (What) ★★   정답 **(c)**

What kind of service does the Seattle startup provide?

(a) free Internet access to all health professionals
(b) free health care to the population of Seattle
(c) a free program to look for diverse medical experts
(d) a monthly subscription to various medical journals

시애틀의 그 스타트업은 어떤 종류의 서비스를 제공하는가?

(a) 모든 의료 전문가에 대한 무료 인터넷 접속
(b) 시애틀 주민에 대한 무료 의료 서비스
(c) 다양한 의학 전문가를 찾을 수 있는 무료 프로그램
(d) 다양한 의학 잡지의 월간 구독

본문 1단락에서 "⁶⁰But since finding KOLs isn't easy, a company has recently launched a search engine to do just that in the medical field."(하지만 핵심 오피니언 리더를 찾는 것은 쉽지 않기 때문에, 한 회사는 최근 의료 분야에서 바로 그것을 하기 위한 검색 엔진을 출시했다.)라고 하였다. 시애틀에 있는 한 업체가 의료 분야에서 핵심 오피니언 리더를 검색하는 서비스를 출시했으므로 (c)가 정답이다.

access 접속, 접근 diverse 다양한 monthly 월간의 subscription 구독 medical journal 의학 잡지

---

61 세부사항 (How) ★★★   정답 (a)

How do key opinion leaders differ from influencers?

(a) They specialize in specific fields.
(b) They both have the same social status.
(c) They both have important jobs in society.
(d) They represent a name brand by association.

핵심 오피니언 리더와 인플루언서는 어떻게 다른가?

(a) 그들은 특정 분야를 전문으로 한다.
(b) 그들은 둘 다 같은 사회적 지위를 가지고 있다.
(c) 그들은 둘 다 사회에서 중요한 직업을 가지고 있다.
(d) 그들은 연합해 유명 상표를 대표한다.

본문 2단락에서 "⁶¹They are true experts, unlike influencers."(그들은 인플루언서들과는 달리 진정한 전문가이다.)라고 하였다. 핵심 오피니언 리더들은 특정 분야에 대한 전문가라는 점에서 인플루언서들과 다르다고 했으므로 (a)가 정답이다.

Paraphrasing They are true experts, unlike influencers. ➡ They specialize in specific fields.

differ from ~와 다르다 specialize in ~분야를 전문으로 하다 specific 특정한 represent 대표하다 name brand 유명 상표 association 연합

---

62 세부사항 (why) ★★   정답 (d)

Based on the passage, why is it tough to find the appropriate professional as to health care?

(a) because there are too many materials in the health community
(b) because there are many influencers specializing in health care
(c) because there isn't enough data available about medical care
(d) because there is a large variety of health care experts in different fields

본문에 따르면, 의료 서비스에 관해 왜 적절한 전문가를 찾는 것이 어려운가?

(a) 의료 커뮤니티에는 너무 많은 자료들이 있기 때문에
(b) 의료 서비스를 전문으로 하는 많은 인플루언서들이 있기 때문에
(c) 의료 서비스에 대해 이용 가능한 충분한 자료가 없기 때문에
(d) 여러 분야에 다양한 의료 서비스 전문가들이 있기 때문에

본문 2단락에서 "⁶²Because KOLs come from such a wide range of roles and backgrounds, connecting the dots, and finding the right professionals in health care can be difficult."(KOL은 매우 광범위한 역할과 배경을 가지고 있기 때문에, 다양한 정보를 동원해서 의료 서비스 분야에서 적절한 전문가를 찾는 것은 어려울 수 있다.)라고 하였다. 의료 분야에서 핵심 오피니언 리더들은 다양한 역할과 배경을 가지고 있어서 적절한 전문가를 찾기가 어렵다고 했으므로 (d)가 정답이다.

appropriate 적절한 as to ~에 관해 expert 전문가 community 커뮤니티, 공동체 a variety of 다양한

Based on the article, why most likely is the startup limited?

(a) because it doesn't have an outstanding reputation internationally

(b) because it isn't supported by the American health community

(c) because it's only accessible to people with an Internet connection

(d) because it's only available to famous people in the health industry

본문에 따르면, 그 스타트업이 왜 제한적일 가능성이 높은가?

(a) 국제적으로 뛰어난 평판을 가지고 있지 않기 때문에

(b) 미국 의료계의 지원을 받지 못하기 때문에

(c) 인터넷이 연결된 사람들만 접근할 수 있기 때문에

(d) 의료 산업에서 유명한 사람들만 이용할 수 있기 때문에

해설 ▶ 본문 3단락에서 "63The search engine makes it possible for any person with Internet access to quickly understand the health-related concepts for which doctors, researchers, or companies have perceived reputational trustworthiness."(검색 엔진을 사용하면 인터넷에 접속할 수 있는 모든 사람들이 의사, 연구원 또는 회사가 평판의 신뢰성을 인식해온 건강 관련 개념을 빠르게 이해할 수 있다.)라고 하였다. 이 스타트업의 검색 서비스는 인터넷 접속이 가능한 사람에게만 제공 가능하므로 서비스 접근에 제한적인 면이 있다. 따라서 (c)가 정답이다.

어휘 ▶ outstanding 뛰어난 reputation 평판 internationally 국제적으로 accessible 접근 가능한 health industry 의료 산업

What is the ultimate goal of HealthMetrica?

(a) to make better medical care available to Americans
(b) to offer outstanding medical insights to more people
(c) to allow people to meet famous doctors in person
(d) to provide the best medicines to people globally

헬스메트리카 사의 궁극적인 목표는 무엇인가?

(a) 미국인들이 더 나은 의료 서비스를 이용할 수 있게 하기
(b) 더 많은 사람들에게 뛰어난 의학적 통찰력을 제공하기
(c) 유명한 의사들을 직접 만날 수 있도록 하기
(d) 전 세계 사람들에게 최고의 약을 제공하기

해설 ▶ 본문 5단락에서 "64the company aims to democratize access to healthcare research insights and increase the discoverability of professionals with authority over specific concepts so that they can reach more people"(그 회사는 더 많은 사람들에게 다가 갈 수 있도록 의료 연구 이해에 대한 접근을 민주화하고, 특정 개념에 대한 권위를 가진 전문가의 검색 용이성을 높이는 것을 목표로 한다)라고 하였다. 누 구나 의료 연구 이해에 접근할 수 있도록 서비스를 제공하는 것이 이 회사의 목표라고 했으므로 (b)가 정답이다.

Paraphrasing ▶ to democratize access to healthcare research insights ➡ to offer outstanding medical insights to more people

어휘 ▶ available 이용 가능한 outstanding 뛰어난, 중요한 insight 통찰력 in person 직접 globally 전 세계적으로

In the context of the passage, <u>perceived</u> means _____.

(a) searched
(b) identified
(c) legalized
(d) happened

본문의 맥락에서 perceived는 _____을 의미한다.

(a) 검색했다
(b) 확인했다
(c) 합법화했다
(d) 일어났다

해설 본문 3단락 "The search engine makes it possible for any person with Internet access to quickly understand the health-related concepts for which a doctor, researcher, or company has [65]<u>perceived</u> reputational trustworthiness."(검색 엔진을 사용하면 인터넷에 접속할 수 있는 모든 사람이 의사, 연구원 또는 회사가 평판의 신뢰성을 <u>인식해온</u> 건강 관련 개념을 빠르게 이해할 수 있다.)에서 perceived의 의미는 '인식하다'이다. 보기 중 이 의미와 가장 가까운 (b)가 정답이다.

어휘 search 검색하다 identify 확인하다 legalize 합법화하다 happen 일어나다, 발생하다

In the context of the passage, <u>democratize</u> means _____.

(a) standardize
(b) associate
(c) consolidate
(d) incorporate

본문의 맥락에서 democratize는 _____를 의미한다.

(a) 표준화하다
(b) 교제하다
(c) 공고히 하다
(d) 포함하다

해설 본문 5단락 "the company aims to [66]<u>democratize</u> access to healthcare research insights and increase the discoverability of professionals with authority over specific concepts so that they can reach more people"(그 회사는 더 많은 사람들에게 다가갈 수 있도록 의료 연구 이해에 대한 접근을 <u>민주화</u>하고, 특정 개념에 대한 권위를 가진 전문가의 검색 용이성을 높이는 것을 목표로 한다)에서 democratize의 의미는 '민주화하다'이다. 보기 중 이 의미와 맥락상 가장 가까운 (a)가 정답이다.

어휘 standardize 표준화하다 associate 교제하다 consolidate 공고히 하다 incorporate 포함하다

	THE QUILT	퀼트
정의	[67]A quilt is a multi-layered textile, traditionally composed of three layers of fiber—a woven cloth top, a layer of batting or wadding, and a woven back. The technique of quilting is the process of sewing the three layers together. The pattern of stitching can be the key decorative element if a single piece of fabric is used for the top of a quilt. However, oftentimes, the top of the quilt is pieced from a patchwork of smaller fabric pieces.	[67]퀼트는 여러 겹의 옷감으로, 전통적으로 세 겹의 섬유층 — 짜여진 천의 상단, 안솜 혹은 충전재 층, 그리고 짜여진 뒷면 — 으로 구성되어 있다. 퀼팅 기술은 세 겹의 층을 함께 꿰매는 과정이다. 퀼트의 상단에 원단이 한 조각만 사용된다면 바느질 패턴은 중요한 장식적 요소가 될 수 있다. 하지만 종종, 퀼트의 윗부분은 더 작은 천 조각들을 기워서 짜맞춘다.
제작 의도	[68]Quilts disclose valuable historical information about their creators, visualizing particular segments of history in a tangible and textured way. Nowadays, quilts are frequently displayed as non-utilitarian works of art, but historically, quilts were essentially used as bed covers.	[68]퀼트는 역사의 특정 부분을 구체적이고 질감 있는 방식으로 시각화하면서 창작자에 관한 중요한 역사적인 정보를 드러낸다. 오늘날 퀼트는 비실용적인 예술작품으로 자주 보여지지만, 역사적으로 퀼트는 기본적으로 침대 커버로 사용되었다.
특징	In general, quilts are described as patchwork, with some featuring multiple patches of various patterns sewn together to create an old-fashioned real patchwork look, and some being made in more modern designs and patterns. Quilts are lightweight and breathable. Therefore, they are perfect during the spring and summer seasons.	일반적으로 퀼트는 다양한 패턴의 여러 개의 천 조각을 특징으로 하는 패치워크가 구식의 실제 패치워크 룩을 연출하기 위해 꿰매지는 것으로 설명되며, 일부는 더 현대적인 디자인과 패턴으로 만들어진다. 퀼트는 가볍고 통기성이 있다. 따라서 그것은 봄과 여름철에 사용하기에 제격이다.
의의(1) 중요한 행사 기념	[69]Quilts are usually made or given to celebrate important life events such as marriage, the birth of a child, a family member leaving home, or graduations. Modern quilts are not always intended for beds. They may be used as wall hangings, table runners, or tablecloths.	[69]퀼트는 보통 결혼, 아이의 탄생, 집을 떠나는 가족, 또는 졸업식과 같은 중요한 삶의 행사를 기념하기 위해 만들어지거나 주어진다. 현대의 퀼트는 항상 침대를 위한 것은 아니다. 그것들은 벽걸이, 테이블 러너, 또는 식탁보 등으로 사용될 수 있다.

의의(2) 공동의 활동	In the past, quilting was often a [72]communal activity, involving all the women and girls in a family or a larger community. [70]Quilting frames were often used to stretch the quilt layers and maintain even tension to produce high-quality quilting stitches and to allow many individual quilters to work on a single quilt at one time.	과거에 퀼팅은 종종 가족이나 더 큰 공동체 내의 모든 여성과 소녀들을 참여시키는 [72]공동의 활동이었다. [70]퀼팅 틀은 퀼트 층을 펴고 고품질의 퀼팅 스티치를 제작하고, 많은 개별 퀼트 제작자가 한 번에 하나의 퀼트를 작업할 수 있도록 균일한 장력을 유지하기 위해 자주 사용되었다.
현황	In a new tradition, quilt makers across America have been making quilts for wounded veterans of the Afghanistan and Iraq conflicts. Quilting techniques are often [73]incorporated into garment design as well. Quilt shows and competitions are held locally, regionally, and nationally. There are international competitions as well, particularly in the United States, Japan, France, and the United Kingdom. [71]The state of Kentucky even hosts an annual competition and celebration of quilting that attracts artists, celebrities, hobbyists, and novices from the world of quilting from all around the world.	새로운 전통에서, 미국 전역의 퀼트 제작자들은 아프가니스탄과 이라크 분쟁에서 부상당한 참전용사들을 위해 퀼트를 만들어 오고 있다. 퀼팅 기술은 의류 디자인에도 종종 [73]포함된다. 퀼트 쇼와 대회는 지역별로, 지방별로, 그리고 전국적으로 열린다. 특히 미국, 일본, 프랑스, 영국에는 국제적인 대회도 있다. [71]켄터키 주에서는 전 세계 퀼팅 분야의 예술가, 유명인, 애호가, 초보자들을 끌어 모으는 퀼팅 대회와 축하 행사를 매년 개최하기도 한다.

어휘 multi-layered 여러 층으로 된 textile 옷감, 섬유 traditionally 전통적으로 composed of ~로 구성된 layer 층 fiber 섬유 woven cloth 짜여진 천 batting (이불)솜 wadding 충전재 sew 꿰매다 stitching 바느질 decorative 장식적인 element 요소, 성분 piece 짜맞추다 patchwork 조각천 깁기 disclose 드러내다, 보여주다 valuable 중요한, 가치 있는 creator 창작자 visualize 시각화하다 particular 특정한 segment 부분 tangible 만질 수 있는, 구체적인 textured 질감이 나게 만든, 질감을 살린 nowadays 요즘 frequently 자주, 빈번하게 display 보여지다, 드러내다 non-utilitarian 비실용적인 essentially 기본적으로 in general 일반적으로 be described as ~로 묘사되다 patch 조각 천 lightweight 가벼운 breathable 통기성이 있는 celebrate 축하하다 marriage 결혼 birth 탄생, 시작 graduation 졸업(식) intended for ~을 위해 의도된 wall hanging 벽걸이 runner 러너 (가구나 바닥에 까는 좁고 긴 천) tablecloth 식탁보 communal 공동체적, 공동의 involve 포함시키다, 참여시키다 stretch 펴다, 늘이다 maintain 유지하다 even 균일한 tension 긴장, 장력 individual 개인, 개인의 quilter 퀼트 만드는 사람 wounded 부상당한 veteran 참전용사 conflict 갈등, 분쟁 be incorporated into ~에 포함되다, 반영되다 garment 의류 as well ~도 또한 regionally 지역적으로, 지방적으로 nationally 전국적으로 particularly 특히 host 개최하다 annual 매년의 competition 대회 attract (관심을) 끌다 celebrity 유명인사 hobbyist 애호가, 마니아 novice 초보자

67　세부사항 (How) ★★ 　　　　　　　　　　　　　　　　　　　　　　　정답 (c)

How can quilting be described?

(a) as a symbol of ancient Native American traditions
(b) as an ancient method of embroidery used by women
(c) as a kind of sewing tradition used in different countries
(d) as a type of bed cover some people use in America

퀼트는 어떻게 묘사될 수 있는가?

(a) 고대 아메리카 원주민 전통의 상징으로
(b) 여성에 의해 사용된 고대의 자수법으로
(c) 다양한 나라에서 사용되는 바느질 전통의 일종으로
(d) 미국에서 몇몇 사람들이 사용하는 침대 커버의 한 종류로

본문 1단락에서 "[67]A quilt is a multi-layered textile, traditionally composed of three layers of fiber—a woven cloth top, a layer of batting or wadding, and a woven back. The technique of quilting is the process of sewing the three layers together."(퀼트는 여러 겹의 옷감으로, 전통적으로 세 겹의 섬유층 — 짜여진 천의 상단, 안솜 혹은 충전재 층, 그리고 짜여진 뒷면 — 으로 구성되어 있다. 퀼팅 기술은 세 겹의 층을 함께 꿰매는 과정이다.)라고 하였다. 퀼트는 세 겹의 천을 함께 꿰매어 만들어진 바느질 작품이므로 (c)가 정답이다.

어휘 be described as ~로 묘사되다, 설명되다 ancient 고대의 method 방법 embroidery 자수 sewing 바느질

---

68 세부사항 (what) ★★   정답 (c)

According to the article, what do quilt makers usually NOT portray?

(a) where they were born and raised
(b) their unique historical background
(c) their current social status
(d) where their ancestors were from

본문에 따르면, 퀼트 제작자들이 보통 묘사하지 않는 것은 무엇인가?

(a) 그들이 어디서 태어나고 자랐는지
(b) 그들의 독특한 역사적 배경
(c) 그들의 현재 사회적 지위
(d) 그들의 조상이 어디서 왔는지

해설 본문 2단락에서 "[68]Quilts disclose valuable historical information about their creators, visualizing particular segments of history in a tangible and textured way."(퀼트는 역사의 특정 부분을 구체적이고 질감 있는 방식으로 시각화하면서 창작자에 관한 중요한 역사적인 정보를 드러낸다.)라고 하였다. 퀼트가 이를 제작한 사람들의 역사적 정보나 특정 역사적 부분을 구체적으로 시각화해서 나타낸다고 했으므로 퀼트 제작자들이 주로 묘사하는 것에 그들의 현재 사회적 지위는 포함되지 않는다. 따라서 (c)가 정답이다.

어휘 portray 그려내다, 묘사하다 raise 기르다, 양육하다 current 현재의 social status 사회적 지위 ancestor 조상

---

69 True or Not True ★★★   정답 (d)

When might a quilt NOT be an appropriate gift according to the article?

(a) for the celebration of love between two people
(b) for the arrival of a newborn in a family
(c) for the celebration of someone's academic success
(d) for the passing of a loved one or an acquaintance

본문에 따르면, 퀼트가 적절한 선물이 되지 않을 때는 언제일까?

(a) 두 사람의 사랑을 축하하기 위해
(b) 가족에 신생아가 태어난 것에 대해
(c) 어떤 이의 학문적인 성공을 축하하기 위해
(d) 사랑하는 사람이나 지인의 죽음에 대해

해설 본문 4단락에서 "[69]Quilts are usually made or given to celebrate important life events such as marriage, the birth of a child, a family member leaving home, or graduations."(퀼트는 보통 결혼, 아이의 탄생, 집을 떠나는 가족, 졸업과 같은 중요한 삶의 행사를 기념하기 위해 만들어지거나 주어진다.)라고 하였다. 퀼트는 결혼, 출산, 출가, 졸업 등 가족이나 지인의 삶의 중요한 사건을 기념하기 위해 만들어졌다고 했으므로 여기에 언급되어 있지 않은 (d)가 정답이다.

어휘 appropriate 적절한 celebration 기념, 축하 arrival 도착 newborn 신생아 academic 학문적인 passing 죽음
acquaintance 지인

Based on the article, why were quilting frames used in the past?

(a) because they allowed more people to work simultaneously
(b) because they helped avoid pressure during the stitching process
(c) because they brought cordiality among the quilt makers
(d) because they allowed the use of less fabric for quilt making

본문에 따르면, 왜 퀼팅 틀이 과거에 사용되었는가?

(a) 더 많은 사람들이 동시에 일할 수 있게 했기 때문에
(b) 바느질 과정에서 압력을 피하도록 도왔기 때문에
(c) 퀼트를 만드는 사람들 사이에 친목을 가져왔기 때문에
(d) 퀼트를 만들기 위해 천을 덜 사용하게 했기 때문에

해설 ▶ 본문 5단락에서 "70Quilting frames were often used to stretch the quilt layers and maintain even tension to produce high-quality quilting stitches and to allow many individual quilters to work on a single quilt at one time."(퀼팅 틀은 퀼트 층을 펴고 고품질의 퀼팅 스티치를 제작하고, 많은 개별 퀼트 제작자가 한 번에 하나의 퀼트를 작업할 수 있도록 균일한 장력을 유지하기 위해 자주 사용되었다.)라고 하였으므로 (a)가 정답이다.

Paraphrasing ▶ allow many individual quilters to work on a single quilt at one time ➡ allowed more people to work simultaneously

어휘 simultaneously 동시에 avoid 피하다 pressure 압력 stitching 바느질 cordiality 친목 fabric 섬유, 천

How most likely is hosting a quilt festival in Kentucky state beneficial?

(a) by allowing quilt makers to sell their quilts
(b) by encouraging more people to be interested in quilt making
(c) by allowing foreigners to discover traditional food
(d) by helping the state of Kentucky's economy to grow

켄터키 주에서 퀼트 축제를 개최하는 것이 어떻게 유익할까?

(a) 퀼트 제조업자가 퀼트를 팔 수 있도록 허용하여
(b) 더 많은 사람들이 퀼트 만드는 것에 관심 갖도록 장려하여
(c) 외국인들이 전통 음식을 발견하도록 허용하여
(d) 켄터키 주의 경제가 성장하도록 도와주어

해설 ▶ 본문 6단락에서 "71The state of Kentucky even hosts an annual competition and celebration of quilting that attracts artists, celebrities, hobbyists, and novices from the world of quilting from all around the world."(켄터키 주에서는 전 세계 퀼팅 분야의 예술가, 유명인, 애호가, 초보자들을 끌어 모으는 퀼팅 대회와 축하 행사를 매년 개최하기도 한다.)라고 하였다. 켄터키 주에서는 매년 퀼트에 관심 있어 하는 예술가나 유명인, 취미가, 초보자 등을 초대해서 퀼팅 대회와 축하행사를 개최하는데 이는 퀼트 기술의 저변 확대와 명맥 유지를 지원하는 행사로 여겨진다. 따라서 (b)가 정답이다.

어휘 beneficial 유익한, 이로운 host 개최하다 encourage 장려하다

72　어휘 (형용사: communal) ★★★

정답 (a)

In the context of the passage, <u>communal</u> means
_____.

(a) social
(b) local
(c) national
(d) usual

본문의 맥락에서 communal은 _____
를 의미한다.

(a) 사회의
(b) 현지의
(c) 전국의
(d) 평소의

해설 ▶ 본문 5단락 "In the past, quilting was often a [72]<u>communal</u> activity, involving all the women and girls in a family or a larger community."(과거에 퀼팅은 종종 가족이나 더 큰 공동체 내의 모든 여성과 소녀들을 참여시키는 <u>공동의</u> 활동이었다.)에서 communal의 의미는 '공동의'이다. 보기 중 이 의미와 가장 가까운 (a)가 정답이다.

어휘 ▶ social 사회의, 사교의   local 현지의   national 전국의   usual 평소의

73　어휘 (과거분사: incorporated) ★★★

정답 (c)

In the context of the passage, <u>incorporated</u> means
_____.

(a) connected
(b) linked
(c) combined
(d) congregated

본문의 맥락에서 incorporated는
_____를 의미한다.

(a) 연결된
(b) 연계된
(c) 결합된
(d) 모인

해설 ▶ 본문 6단락 "Quilting techniques are often [73]<u>incorporated</u> into garment design as well."(퀼팅 기술은 의류 디자인에도 종종 <u>포함된</u>다.)에서 incorporated의 의미는 '포함된'이다. 보기 중 이 의미와 맥락상 가장 가까운 (c)가 정답이다.

어휘 ▶ connected 연결된   linked 연계된   combined 결합된   congregated 모인

받는 사람	Mr. Jack Smith 3409 Pine Avenue Grand Rapids, Michigan 48002	잭 스미스 파인 애비뉴 3409번지 그랜드 래피즈, 미시간주 48002
편지의 목적	Dear Mr. Smith: 74We, the members of Weston Business Owners Association, would like to invite you to a get-together on the 10th of July at the Clubhouse of Weston Central from 6 p.m. to 10 p.m. We feel that we can offer you something beneficial as well as exciting.	친애하는 스미스 씨: 74웨스턴 비즈니스 오너 협회의 회원인 저희는 7월 10일 오후 6시부터 10시까지 웨스턴 센트럴의 클럽하우스에서 열리는 모임에 당신을 초대하고자 합니다. 저희는 당신에게 흥미로우면서도 유익한 것을 제공할 수 있다고 생각합니다.
협회 소개	75Our association currently has projects and activities that enable our members, in cooperation with other community leaders, to do outreach programs across the state.	75저희 협회는 현재 다른 지역 사회 지도자들과 협력하여 회원들이 주 전역에서 봉사 활동을 수행할 수 있게 하는 프로젝트와 활동을 하고 있습니다.
활동 홍보	Enclosed herein is our calendar of events. Our current community service projects include a book donation to less fortunate kids, a tutorial of children with disabilities, and a visit to retirement facilities. 76At the moment, we also have planting activities, fund-raising for victims of 79calamities, and we are building several orphanages. You will find these activities not only enriching but also hugely rewarding.	여기에 저희 행사 일정표가 동봉되어 있습니다. 저희의 현재 사회 봉사 프로젝트로는 불우아동을 위한 도서 기부, 장애 아동 개별 지도와 은퇴 시설 방문 등이 있습니다. 76현재 저희는 나무 심기 활동과 79재난 피해자들을 위한 모금을 진행하고 있고, 몇몇 고아원을 짓고 있습니다. 당신은 이러한 활동들이 삶을 풍요롭게 할 뿐만 아니라 크게 보람이 있다는 것도 알게 될 것입니다.
당부 및 마무리	Once again, we hope you can honor our invitation and 80partake in our special dinner. 77Our meetings are always scheduled on the second Friday of the month. By coming to the meeting, you can get to know the members both on a personal and professional level. You don't have to pay for anything. We just want you to enjoy the night with us and learn important things from each other. 78If you decide to come, just call me at 1-313-341-2253 in advance. We hope to see you then!	다시 한 번, 저희는 당신이 초대에 응하여 특별한 만찬에 80참석해 주시기를 바랍니다. 77저희 회의는 항상 매월 둘째 주 금요일에 예정되어 있습니다. 회의에 참석함으로써 당신은 회원들을 개인적으로든 전문적 차원이든 모두 알게 될 수 있습니다. 당신은 어떤 비용도 지불하지 않아도 됩니다. 저희는 단지 여러분이 우리와 함께 밤을 즐기고 서로에게 중요한 것들을 배우길 원합니다. 78당신이 오시기로 결정한다면 저에게 1-313-341-2253으로 미리 전화해 주십시오. 그때 뵙기를 바랍니다!

| 보내는
사람 | Sincerely yours,

Ms. Holly Maneli
Public Relations
Weston Business Owners Association | 진심을 담아,

홀리 마넬리
홍보부
웨스턴 비즈니스 오너즈 협회 |

74 주제/목적 (What) ★★   정답 (c)

What is the purpose of Ms. Holly Maneli's letter to Mr. Smith?

(a) to inform him about her job description
(b) to request a recommendation letter
(c) to invite him to a non-business-related function
(d) to request his help on a construction project

홀리 마넬리가 스미스 씨에게 보낸 편지의 목적은 무엇인가?

(a) 그에게 자신의 직무 내용에 대해 알리려고
(b) 추천서를 요청하려고
(c) 비업무 관련 행사에 그를 초대하려고
(d) 건설 프로젝트에 그의 도움을 요청하려고

해설 본문 1단락에서 "⁷⁴We, the members of Weston Business Owners Association, would like to invite you to a get-together on the 10th of July at the Clubhouse of Weston Central from 6 p.m. to 10 p.m."(웨스턴 비즈니스 오너 협회의 회원인 저희는 7월 10일 오후 6시부터 10시까지 웨스턴 센트럴의 클럽하우스에서 열리는 모임에 당신을 초대하고자 합니다.)라고 하였다. 이 편지는 행사에 초대하는 것을 목적으로 하므로 (c)가 정답이다.

어휘 inform 알리다 job description 직무 내용 기술(서) request 요청하다 recommendation letter 추천서 non-business-related 비업무 관련 function 행사, 의식 construction 건설

75 추론 (how) ★★   정답 (d)

Based on the letter, how can the outreach programs probably be beneficial to the participants?

(a) They'll allow members to relax outside the office.
(b) All the meetings will be free of charge.
(c) All the participants will get a free gourmet meal.
(d) They'll allow collaboration of members statewide.

편지에 따르면, 봉사 활동 프로그램이 참가자들에게 어떻게 이로울 수 있을까?

(a) 회원들이 사무실 밖에서 휴식할 수 있도록 할 것이다.
(b) 모든 미팅은 무료로 진행된다.
(c) 모든 참가자들은 무료 고급 식사를 받을 것이다.
(d) 주 전체에 걸쳐 회원들의 협력을 가능하게 할 것이다.

해설 본문 2단락에서 "[75]Our association currently has projects and activities that enable our members, in cooperation with other community leaders, to do outreach programs, across the state."(저희 협회는 현재 다른 지역 사회 지도자들과 협력하여 회원들이 주 전역에서 봉사 활동을 할 수 있게 하는 프로젝트와 활동을 하고 있습니다.)라고 하였다. 주 전역에서 협력하면서 봉사 활동을 할 수 있는 풍성한 경험을 가질 수 있어서 프로그램 참가자들에게 유익할 것으로 생각되므로 정답은 (d)이다.

Paraphrasing enable our members, in cooperation with other community leaders, to do outreach programs, across the state ➡ They'll allow collaboration of members statewide.

어휘 free of charge 무료의 participant 참가자 gourmet meal 고급 식사 collaboration 협업, 협력 statewide 주 전체에 걸쳐

---

76 추론 (What) ★★ 　　　　　　　　　　　　　　　정답 (b)

What kind of projects does the Weston Business Owners Association most likely undertake?

(a) It helps clean beaches and cities.
(b) It contributes to reforestation.
(c) It provides houses for storm victims.
(d) It provides school supplies to orphans.

웨스턴 비즈니스 오너 협회는 어떤 프로젝트를 할 것 같은가?

(a) 해변과 도시를 청소하는 것을 돕는다.
(b) 숲을 다시 만드는 것에 기여한다.
(c) 폭풍 피해자들에게 집을 제공한다.
(d) 고아들에게 학용품을 제공한다.

해설 본문 3단락에서 "[76]At the moment, we also have the tree planting activity, fund-raising for victims of calamities, and we are building several orphanages."(현재, 저희는 나무 심기 활동과 재난 피해자들을 위한 기금 모금을 진행하고 있고 몇몇 고아원을 짓고 있습니다.)라고 하였다. 이 협회의 활동 중 나무 심기가 있으므로 이 협회는 숲을 가꾸고 조성하는 프로젝트를 하고 있음을 알 수 있다. 따라서 (b)가 정답이다.

Paraphrasing we also have the tree planting activity ➡ It contributes to reforestation.

어휘 undertake (일을) 하다, 맡다 contribute to ~에 기여하다 reforestation 숲 다시 만들기, 재조림 victim 피해자 school supplies 학용품 orphan 고아

---

77 True or Not True ★★★ 　　　　　　　　　　　　　정답 (a)

Based on the letter, what is true about the meeting organized by Ms. Maneli?

(a) It is usually hosted once a month.
(b) There is a monthly subscription fee.
(c) There is a cordial exchange among members.
(d) It is imperative to call to confirm attendance.

편지에 따르면 마넬리 씨가 준비한 회의에 대한 설명으로 옳은 것은?

(a) 보통 한달에 한번 주최된다.
(b) 매월 구독료가 있다.
(c) 회원들간 친밀한 교류가 있다.
(d) 참석을 확인하려면 전화하는 것이 필수이다.

해설 본문 4단락에서 "[77]Our meetings are always scheduled on the second Friday of the month."(저희 회의는 항상 매월 둘째 주 금요일에 예정되어 있습니다.)라고 하였으므로 (a)의 내용과 일치한다. 보기 (b), (c), (d)의 내용은 편지에 언급되어 있지 않다. 따라서 (a)가 정답이다.

어휘 organize 준비하다, 조직하다 host 주최하다 subscription fee 구독료 cordial 친밀한 exchange 교류 imperative 반드시 해야 하는, 필수적인 confirm 확인하다 attendance 참석, 출석

Based on the letter, what should Mr. Smith do if he wants to attend the meeting?

(a) send an RSVP before July 10
(b) call Ms. Maneli before July 10
(c) visit Ms. Maneli's office immediately
(d) show up at the venue on time

편지에 따르면 스미스 씨가 회의에 참석하고 싶다면 어떻게 해야 하는가?

(a) 참석 여부를 7월 10일전에 답장한다
(b) 7월 10일 전에 마넬리 씨에게 전화한다
(c) 마넬리 씨의 사무실을 즉시 방문한다
(d) 정각에 행사장에 나타난다

해설 본문 4단락에서 "[78]If you decide to come, just call me at 1–313–341–2253 in advance."(당신이 오시기로 결정한다면 저에게 1–313–341–2253으로 미리 전화해 주십시오.)라고 하였다. 참석하고 싶으면 홀리 마넬리에게 전화하라고 했으므로 (b)가 정답이다.

Paraphrasing just call me at 1–313–341–2253 in advance ➡ call Ms. Maneli before July 10

어휘 send an RSVP 참석 여부를 회신하다   immediately 즉시   show up 나타나다   venue 행사장   on time 제때에, 정시에

In the context of the passage, calamities means _____.

(a) issues
(b) troubles
(c) disasters
(d) mishaps

본문의 맥락에서 calamities는 _____를 의미한다.

(a) 쟁점
(b) 골치 아픈 일
(c) 재난
(d) 경미한 사고

해설 본문 3단락 "At the moment, we also have the tree planting activity, fund-raising for victims of [79]calamities, and we are building several orphanages."(현재 저희는 나무 심기 활동과 재난 피해자들을 위한 모금을 진행하고 있고, 몇몇 고아원을 짓고 있습니다.)에서 calamities의 의미는 '재앙, 재난'이다. 보기 중 이 의미와 가장 가까운 (c)가 정답이다.

어휘 issue 쟁점   trouble 골치 아픈 일, 어려움   disaster 재난   mishap 경미한 사고

In the context of the passage, partake means _____.

(a) participate
(b) taste
(c) sample
(d) aid

본문의 맥락에서 partake는 _____를 의미한다.

(a) 참가하다
(b) 맛을 보다
(c) 시료를 채취하다
(d) 원조하다

해설 본문 4단락 "Once again, we hope you can honor our invitation and [80]partake in our special dinner."(다시 한 번, 저희는 당신이 초대에 응하여 특별한 만찬에 참석해 주시기를 바랍니다.)에서 partake의 의미는 '참석하다'이다. 보기 중 이 의미와 가장 가까운 (a)가 정답이다.

어휘 participate 참가하다, 참여하다   taste 맛을 보다, 경험하다   sample 시료를 채취하다   aid 원조하다, 돕다

MEMO

MEMO

저 자 소 개

이기택 사이버한국외국어대학교 겸임교수

〈경력〉
한국외국어대학교 박사(영어학 전공)
현) 사이버한국외국어대학교 영어과 겸임교수
전) 사이버한국외국어대학교 평생교육원 주임교수
전) 한국외국어대학교 영어과 외래교수
전) 한국외국어대학교 실용영어학부 책임연구원

〈저서〉
2021 지텔프 기출문제 해설집 해설
지텔프 기출 문법 (도서출판 성안당) 공저
지텔프 기출 독해 (도서출판 성안당) 공저
지텔프 기출 보카 (도서출판 성안당) 공저
모질게 토익 START LC+RC
모질게 新토익 BASIC LC/RC
모질게 新토익 BASIC 이코노미 RC/LC 1000제

박원주 전) 포항제철중학교 영어교사

〈경력〉
성안당 지텔프 기출문제 시리즈 공동 저자
지텔프 공식 유튜브채널 "지텔프(G-TELP)" 패널
성안당 이러닝 온라인 영어강사 [기초영문법 7일만에 끝내기]

〈저서〉
2021 지텔프 기출문제 해설집 해설
지텔프 기출 문법 (도서출판 성안당) 공저
지텔프 기출 독해 (도서출판 성안당) 공저
지텔프 기출 보카 (도서출판 성안당) 공저
영어독서코칭 입문 (형설미래교육원) 공저
영어독서코칭 심화 (형설미래교육원) 공저

기출보다 더 기출 같은

지텔프 모의고사 Level 2

2022. 7. 15. 1판 1쇄 발행
2023. 11. 15. 1판 2쇄 발행

지은이 | 이기택, 박원주
성안당 지텔프 연구소
펴낸이 | 이종춘
펴낸곳 | BM (주)도서출판 성안당

주소 | 04032 서울시 마포구 양화로 127 첨단빌딩 3층(출판기획 R&D 센터)
10881 경기도 파주시 문발로 112 파주 출판 문화도시(제작 및 물류)

전화 | 02) 3142-0036
031) 950-6300

팩스 | 031) 955-0510
등록 | 1973. 2. 1. 제406-2005-000046호
출판사 홈페이지 | www.cyber.co.kr
ISBN | 978-89-315-5762-6 (13740)
정가 | 23,000원

이 책을 만든 사람들
책임 | 최옥현
진행 | 김은주
편집 · 교정 | 김은주, 정지현
본문 디자인 | 나인플럭스
표지 디자인 | 나인플럭스, 박원석
홍보 | 김계향, 유미나, 정단비, 김주승
국제부 | 이선민, 조혜란
마케팅 | 구본철, 차정욱, 오영일, 나진호, 강호묵
마케팅 지원 | 장상범
제작 | 김유석

■ 도서 A/S 안내

성안당에서 발행하는 모든 도서는 저자와 출판사, 그리고 독자가 함께 만들어 나갑니다.
좋은 책을 펴내기 위해 많은 노력을 기울이고 있습니다. 혹시라도 내용상의 오류나 오탈자 등이 발견되면 "좋은 책은 나라의 보배"로서 우리 모두가 함께 만들어 간다는 마음으로 연락주시기 바랍니다. 수정 보완하여 더 나은 책이 되도록 최선을 다하겠습니다.
성안당은 늘 독자 여러분들의 소중한 의견을 기다리고 있습니다. 좋은 의견을 보내주시는 분께는 성안당 쇼핑몰의 포인트(3,000포인트)를 적립해 드립니다.

잘못 만들어진 책이나 부록 등이 파손된 경우에는 교환해 드립니다.

\<EVOLVE\> 시리즈

9781108405225
A1

9781108405263
A2

9781108405287
B1

9781108405324
B1+

9781108405348
B2

9781108405379
C1

\<UNLOCK\> 시리즈

▌ Listening & Speaking

9781108567275
A1

9781108567299
A2

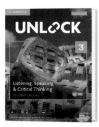
9781108659109
B1

9781108672726
B2

9781108567916
C1

▌ Reading & Writing

9781108681612
A1

9781108690270
A2

9781108686013
B1

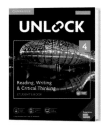
9781108667425
B2

9781108593519
C1

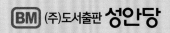

(주)도서출판 성안당　CAMBRIDGE 독점 UNIVERSITY PRESS 수입
www.bmcambridge.co.kr　도서문의 031-950-6394

\<FOUR CORNERS\> 시리즈

9781108659611
A1

9781108560214
A2

9781108558594
B1

9781108559898
B1+

\<PRISM READING\> 시리즈

9781108556187
A1

9781108556194
A2

9781108622004
B1

9781108601146
B2

9781108638487
C1

BM (주)도서출판 성안당

CAMBRIDGE 독점
UNIVERSITY PRESS 수입
www.bmcambridge.co.kr

도서문의 031-950-6394

기출보다 더 기출 같은

지텔프
모의고사

문제집

Level 2

이기택 · 박원주
성안당 지텔프 연구소

BM (주)도서출판 성안당

기출보다 더 기출 같은

지텔프
모의고사

Level 2

문제집

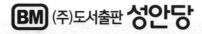 (주)도서출판 **성안당**

G-TELP 모의고사
TEST
1

GRAMMAR
LISTENING
READING AND VOCABULARY

시험 시간 90분

시험 준비하기

1. 휴대폰 전원 끄고 시계 준비하기
2. Answer Sheet, 컴퓨터용 사인펜, 수정 테이프 준비하기
3. 노트테이킹 할 필기구 준비하기

시작 시간 : _____ 시 _____ 분
종료 시간 : _____ 시 _____ 분

General Tests of English Language Proficiency
G-TELP

Level 2

GRAMMAR SECTION

TEST 1

TEST 2

TEST 3

TEST 4

TEST 5

TEST 6

TEST 7

DIRECTIONS:

The following items need a word or words to complete the sentence. From the four choices for each item, choose the best answer. Then blacken in the correct circle on your answer sheet.

Example:

The boys _____ in the car.

(a) be
(b) is
(c) am
(d) are

The correct answer is (d), so the circle with the letter (d) has been blackened.

NOW TURN THE PAGE AND BEGIN

1. Sandra is unhappy with the service at the five-star hotel she is staying at and is requesting a refund from the hotel manager. Right now, she _____ a letter to express her frustration and the incompetence of some of the staff.

   (a) will draft
   (b) has been drafting
   (c) is drafting
   (d) drafted

2. The new CEO of the company is quite strict when it comes to the attendance of his employees. He consequently recommended that all newly hired staff members _____ the weekly briefings before lunch.

   (a) will attend
   (b) attend
   (c) have attended
   (d) are attending

3. The black truffle is the second-most commercially valuable species of truffle named after a French region. It is found across Europe, and many famous chefs advocate _____ the delicacy sparingly in pasta sauce or roasted beef.

   (a) to be served
   (b) to serve
   (c) having served
   (d) serving

4. The mega cellular phone company was disturbed by recent reports that a competitor is duplicating an innovative product that they have yet to put on the market. The company's owner _____ emergency meetings when the news makes headlines at the end of this month.

   (a) will still be holding
   (b) will still have held
   (c) were still holding
   (d) have still been holding

5. A sore throat is a painful or scratchy feeling in the throat, which accounts for more than 13 million visits to the hospital each year. Most sore throats are caused by infections or by environmental factors. Therefore, ENT specialists suggest that an infected person _____ medical help for the right treatment.

   (a) will seek
   (b) has sought
   (c) seeks
   (d) seek

6. Some students often fail their examinations because they do not read the instructions thoroughly enough. Last week, Mr. Blackwell, the psychology professor, announced that he plans _____ the exam papers more strictly from next semester.

   (a) correcting
   (b) to have corrected
   (c) having corrected
   (d) to correct

7. The community center is hosting a Thanksgiving dinner party for the children of the neighborhood. By the time the kids arrive at the venue, a team of volunteers _____ the main hall for several hours.

(a) decorate
(b) will have been decorating
(c) have been decorating
(d) will decorate

8. In order to become successful actors, people should ideally take acting courses and have basic acting skills. Additionally, they should interrogate themselves how far _____ to go in order to reach their objectives if the efforts and the challenges were as rewarding as the benefits.

(a) they would be inclined
(b) they would have been inclined
(c) they will be inclined
(d) they had been inclined

9. *The Book for Babies* is a non-profit organization that encourages young kids to develop a love of reading at a very young age. It also raises money through fundraisers such as car washes or flea markets. If you want to help, you _____ donate cash or invest your time in the organization's activities.

(a) can
(b) will
(c) should
(d) would

10. Yesterday, my next-door neighbor, Ms. Wright was bewildered to find her 15-year-old nephew still awake at midnight. She had worked overtime since her office was remodeling the conference room. Thankfully, her nephew _____ his math assignment when she pulled up into the driveway.

(a) is completing
(b) has been completing
(c) will complete
(d) was completing

11. Located on the roof of One Times Square, the ball drop is a prominent part of the New Year's Eve celebration in New York City, where the ball descends a specially designed flagpole at 11:59:00 p.m. EST. Each year, at least one million spectators enjoy _____ the event live, despite the freezing temperature.

(a) to watch
(b) watching
(c) to be watching
(d) having watched

12. Even though he has been an experienced and trained lawyer for over a decade, Alan volunteers as an English language teacher for middle school students twice a week. If only he were more available, he _____ the students more frequently.

(a) would have tutored
(b) was tutoring
(c) would tutor
(d) will tutor

13. According to the USDA's Economic Research Service, roughly 30 to 40 percent of the food in the United States is wasted every year! _____, more than 30 percent of children in Africa suffer from the consequences of chronic malnutrition due to a lack of food.

(a) Furthermore
(b) Therefore
(c) On the other hand
(d) As a result

14. My father is really disappointed with his last medical check-up and the latest recommendations of his physician. Had he been more careful with his daily nutritional intake, he _____ his cholesterol at a minimum level.

(a) had kept
(b) was keeping
(c) would have kept
(d) would keep

15. A monopoly is a dominant position of a sector by one company, to the point of excluding all other competitors. Therefore, in free-market nations, it is usually advised to prevent _____ monopolies because they can limit wealth and power to one company.

(a) encouraging
(b) to have encouraged
(c) having encouraged
(d) to encourage

16. The newly hired English literature professor has made herself a reputation at the university and is considered by her colleagues as the best when it comes to dealing with procrastinators. She _____ in our language department since she completed her doctoral studies two years ago.

(a) is teaching
(b) teaches
(c) has been teaching
(d) will teach

17. The businessman was compelled to change his investment after he purchased several stocks from a failing business. If he had been more attentive to the market, he _____ a huge financial loss.

(a) had prevented
(b) was preventing
(c) would prevent
(d) would have prevented

18. Long-held traditions and stereotypes often influence how we dine and drink. In many eastern cultures, for example, steaming, boiling, and stir-frying are the most popular cooking methods _____ the loss of nutrients, while Western dishes tend to be fried or baked for convenience.

(a) to be preventing
(b) having prevented
(c) to prevent
(d) to have prevented

19. Going on vacation overseas is one of the most thrilling activities one can experience. However, to prepare for a trip abroad, travelers _____ apply for a passport at least six weeks in advance and get a visa if necessary.

(a) could
(b) might
(c) would
(d) must

20. Near Mount Everest, the highest mountain in the world, is a beautiful region of Nepal called Khumbu, _____ had thick forests with mountains covered with red and pink flowers. But today, Khumbu has lost most of its trees.

(a) that
(b) what
(c) who
(d) which

21. From a very young age, Jeff started putting away all the cash gifts his parents and grandparents gave him in a piggy bank he had received. If he hadn't put away the money, he _____ enough money to buy himself a new car last week.

(a) did not get
(b) would not have gotten
(c) would not get
(d) had not gotten

22. It is known that neurological damage from Parkinson's disease can affect a person's sense of smell. _____, a group of medical experts investigated whether those conditions could explain the link between smell and mortality rate.

(a) Therefore
(b) Meanwhile
(c) Moreover
(d) Besides

23. Beyoncé Knowles-Carter is one of the most acclaimed singer-songwriters who rose to fame in the late 1990s. She _____ as the lead singer of Destiny's Child, an American girl group, for a decade before she became an R&B solo artist.

(a) sang
(b) has been singing
(c) will have sung
(d) is singing

24. In 1999, the world was a completely different place than it is today. We were on the dawn of a new millennium, _____ cell phones were only beginning to become popular, and social media was not yet the number-one topic of conversation.

(a) that
(b) where
(c) which
(d) when

TEST 1
TEST 2
TEST 3
TEST 4
TEST 5
TEST 6
TEST 7

25. A friend of mine, Mary was recently hired by a famous Italian artist to pose for a creative art course. The artist was captivated by Mary's physical appearance. If only my friend were a mannequin, the artist _____ her on display in the art class.

(a) would still have kept
(b) will still keep
(c) would still keep
(d) is still keeping

26. Parents of the low-income communities in East Harlem protested near the city hall, last month. Consequently, several government officials believe it is necessary that the minimum salary _____ for those who are desperately in need.

(a) has been raised
(b) be raised
(c) will be raised
(d) was raised

LISTENING SECTION

TEST 1

TEST 2

TEST 3

TEST 4

TEST 5

TEST 6

TEST 7

DIRECTIONS:

The Listening Section has four parts. In each part you will hear a spoken passage and a number of questions about the passage. First you will hear the questions. Then you will hear the passage. From the four choices for each question, choose the best answer. Then blacken in the correct circle on your answer sheet.

Now you will hear a sample question. Then you will hear a sample passage.

Now listen to the sample question.

> (a) one
> (b) two
> (c) three
> (d) four

Bill Johnson has four brothers, so the best answer is (d). The circle with the letter (d) has been blackened.

ⓐ ⓑ ⓒ ●

NOW TURN THE PAGE AND BEGIN

27. (a) where to enjoy a great Americano
    (b) how to choose the best coffee
    (c) where to purchase the best coffee
    (d) how to select the best coffee shop

28. (a) by the variety of the menu
    (b) by the price of the products
    (c) by the location
    (d) by the cordiality of the staff

29. (a) because they serve the best coffee in town
    (b) because she likes to help the shops in the region
    (c) because she likes to support free trade
    (d) because they all serve the best food

30. (a) They are both addicted to coffee.
    (b) They both support local businesses.
    (c) They both think the mood of a café is important.
    (d) They both buy coffee at a café every morning.

31. (a) because it can be awfully silent
    (b) because it is not spacious enough
    (c) because it is not always open
    (d) because it is in the wrong location

32. (a) People love Starbucks as much as they love Tim Hortons.
    (b) Starbucks coffee is as expensive as Tim Hortons coffee.
    (c) Starbucks coffee is not as expensive as people think.
    (d) People spent an exorbitant amount of money on coffee.

33. (a) They'll stop going to Starbucks.
    (b) They'll watch their coffee expenses.
    (c) They'll quit drinking coffee.
    (d) They'll only drink coffee at home.

TEST 1

TEST 2

TEST 3

TEST 4

TEST 5

TEST 6

TEST 7

Part 2. *You will hear a presentation by one person to a group of people. First you will hear questions 34 through 39. Then you will hear the talk. Choose the best answer to each question in the time provided.*

34. (a) how to take care of one's weeds
    (b) how to grow a vegetable garden
    (c) how to grow healthy flowers
    (d) how to take care of one's yard

35. (a) It offers great discounts to their customers.
    (b) It offers trained lawn specialists in the region.
    (c) It has a customer service hotline 24 hours a day.
    (d) It is available all across the country.

36. (a) lawn care methods
    (b) lawn care goods
    (c) lawn care tools
    (d) lawn care expenses

37. (a) because it improves the quality of the soil
    (b) because the soil is dry in the summer
    (c) because it prevents weeds from growing
    (d) because it keeps the soil from freezing in winter

38. (a) It starts watering the lawn regularly.
    (b) It starts fertilizing the lawn once a week.
    (c) It tests the area and plants new seeds.
    (d) It removes all the weeds and tests the soil.

39. (a) It helps avoid the use of dangerous pesticides.
    (b) It helps determine the future of the lawn.
    (c) It helps determine what plants to grow.
    (d) It helps prevent the grass from drying out.

40. (a) how to improve examination scores
    (b) how to pass an official English exam
    (c) how to live in an English-speaking country
    (d) how to learn English

41. (a) his love for the language
    (b) his language teacher's inspiration
    (c) his love for adventurous books
    (d) his English-speaking friends

42. (a) They are both fluent in French.
    (b) They are both fluent in Japanese.
    (c) They both learned English through movies.
    (d) They both learned English through reading.

43. (a) He had a great library in his town.
    (b) He could borrow books at school for free.
    (c) He wanted to uncover the mysteries of the books.
    (d) He wanted to improve his English vocabulary.

44. (a) He disliked doing English assignments.
    (b) He enjoyed helping his classmates.
    (c) His classmates enjoyed English assignments.
    (d) He always asked for help from others.

45. (a) by talking to foreigners
    (b) by talking to only native English speakers
    (c) by making English-speaking friends who can't speak French
    (d) by reading a lot of books

TEST 1

TEST 2

TEST 3

TEST 4

TEST 5

TEST 6

TEST 7

Part 4. *You will hear an explanation of a process. First you will hear questions 46 through 52. Then you will hear the talk. Choose the best answer to each question in the time provided.*

46. (a) to explain the different types of customers
    (b) to explain how to be a good businessperson
    (c) to help businesses handle tough clients
    (d) to address the challenges of businesspeople

47. (a) to make irrational demands
    (b) to make hasty conclusions
    (c) to get upset at the person
    (d) to become a difficult negotiator too

48. (a) make irrational demands
    (b) seek to always win every deal
    (c) tackle difficult situations well
    (d) try hard to be very reasonable

49. (a) questioning their prejudice about how the customers behave
    (b) taking a stand against the customer's behavior
    (c) ignoring the customer's shopping habits
    (d) guessing the motivation of the salesperson

50. (a) by showing that the salespeople are happy
    (b) by promoting the store's products enthusiastically
    (c) by encouraging customers to make reasonable demands
    (d) by allowing customers to ask many questions

51. (a) They believe in win-win deals.
    (b) They think that threats and ultimatums are effective.
    (c) They are stuck in a win-lose frame of mind.
    (d) They believe hard-bargaining approaches are best.

52. (a) because it is part of good communication skills
    (b) because it is the polite attitude to have
    (c) because it will make a good impression
    (d) because it can promote a more collaborative attitude

READING AND VOCABULARY SECTION

TEST 1

TEST 2

TEST 3

TEST 4

TEST 5

TEST 6

TEST 7

DIRECTIONS:

You will now read four different passages. Each passage is followed by comprehension and vocabulary questions. From the four choices for each item, choose the best answer. Then blacken in the correct circle on your answer sheet.

Read the following example passage and example question.

Example:

> Bill Johnson lives in New York. He is 25 years old.
> He has four brothers and two sisters.
>
> How many brothers does Bill Johnson have?
>
> (a) one
> (b) two
> (c) three
> (d) four

The correct answer is (d), so the circle with the letter (d) has been blackened.

ⓐ ⓑ ⓒ ●

NOW TURN THE PAGE AND BEGIN

ANDRÉ GUSTAVE CITROËN

André Citroën was a French industrialist of Dutch and Polish-Jewish origin. He is remembered chiefly for the make of car named after him, but also for his application of double helical gears. He was the engineer who first introduced Henry Ford's methods of mass production to the European automobile industry—a game-changer for the industry.

André Gustave Citroën was born on February 5th in 1878 and was the fifth and last child of Jewish diamond-merchant parents. As a six-year-old boy, André lost his father to suicide, presumably after failure in a business venture in a diamond mine in South Africa. From an early age, young André Citroën was inspired by the works of Jules Verne and had seen the construction of the Eiffel Tower for the World Exhibition, which made him want to become an engineer.

Citroën graduated from the École Polytechnique in 1898 and the same year, he visited Poland, the birthplace of his mother, who had recently died. During that trip, he saw a carpenter working on a set of gears with a fishbone structure—less noisy and more efficient than the previous gears. He bought the patent for very little money, which ultimately led to the invention that is credited to Citroën: double helical gears.

Citroën is also reputed to be the inspiration of the double chevron logo of the brand of Citroën. In 1908, he was installed as a chairman for the automotive company Mors, where he was very successful. The firm increased its production from 125 cars to 1,200 cars per year under his leadership.

After World War I, Citroën converted his original arms factory into a plant to mass-produce a small, inexpensive automobile; the first Citroën car came off the assembly line in 1919. New Citroën factories were constructed, and his firm became one of the largest auto-manufacturing companies in France. However, during the Great Depression, he lost control of his company after it went bankrupt. Fortunately, it was reorganized a year later.

During this time, Citroën financed various scientific expeditions, including one that traveled 13,000 km by car from Beirut to Beijing. The lighting of the Arc de Triomphe and the Place de la Concorde were gifts from Citroën to the city of Paris. Citroën died on July 3, 1935, after battling stomach cancer. He was interred in the Montparnasse Cemetery.

53. How did Citroën influence the European car-making industry?

   (a) by making the cheapest cars in Europe
   (b) by hiring the best manual laborer
   (c) by introducing an innovative manufacturing system
   (d) by introducing the double helical gears

54. When did Citroën most likely lose his father?

   (a) after his father suffered from stomach cancer
   (b) after his father lost a diamond business deal
   (c) when he was traveling to Poland
   (d) when he was hired by the Mors company

55. Why was the trip to Poland significant in Citroën's professional future?

   (a) because he discovered the Polish production system
   (b) because he met his mother's relatives
   (c) because he benefitted from an inheritance
   (d) because he acquired an important invention

56. How was Citroën most likely influential at the Mors company?

   (a) He provided better working conditions.
   (b) He multiplied the company's profits.
   (c) He built better infrastructure.
   (d) He treated the board members fairly.

57. What contributions did Citroën make to the French capital?

   (a) He helped build the Eiffel Tower.
   (b) He donated some landmarks.
   (c) He helped accomplish scientific experiments.
   (d) He designed the Parisian subway system.

58. In the context of the passage, converted means _____.

   (a) transformed
   (b) translated
   (c) recycled
   (d) reorganized

59. In the context of the passage, interred means _____.

   (a) covered
   (b) incinerated
   (c) cremated
   (d) buried

THE SKILLS OF FUNGUS-FARMING ANTS

Fungus-farming ants are an insect lineage that relies on farmed fungus for their survival. In return for tending to their fungal crops—protecting them against pests and providing them with stable growth conditions in underground nests and nutritional fertilizers—the ants gain a stable food supply. These fungus-farming systems are an expression of striking collective organization honed over 60 million years of fungus crop domestication. The farming systems of humans thus pale in comparison since they emerged only about 10,000 years ago.

A new study from the University of Copenhagen demonstrates that these ants might be one up on us as far as farming skills go. Long ago, they appear to have overcome key domestication challenges that humans have yet to solve. Ants have managed to retain a farming lifestyle across 60 million years of climate change and diverse habitats, explains one of the researchers, Jonathan Shik.

Through fieldwork, the researchers studied how fungus-farming ants use nutrition to manage a tradeoff between the cultivar's increasingly specialized production benefits and its rising vulnerability to environmental variation. The ants appear to have evolved plenty of clever ways to persist over millions of years. For instance, they became impressive architects, often digging sophisticated and climate-controlled underground growth chambers where they can protect their fungus from the elements.

The researchers spent over a hundred hours lying on the rainforest floor next to ant nests. Armed only with forceps, they stole tiny pieces of leaves and other chemical substances from the jaws of ants as they returned from foraging trips. The nutritional analyses of the plants taken by the ants show that they collect leaves, fruit, and flowers from hundreds of different rainforest trees.

Over time, the ants have adapted their leaf collecting to the needs of the fungus, without the benefits of the technological advances that have helped human farmers over the millennia. However, one might wonder, is it possible to simply copy their ingenious methods? It is not currently possible to directly transfer the ants' methods to human agricultural practices, because plants require sunlight and must be grown above ground. But time will tell what the future holds.

60. What is the main idea of this article?

    (a) The ants can survive any climatic conditions.
    (b) The ants have developed ingenious farming methods.
    (c) The ants need plenty of nutrients to survive.
    (d) The ants' farming system can be transferred to human agriculture.

61. Which of the following was discovered through the new study?

    (a) Human farming technology is more advanced than that of the ants.
    (b) Humans should study and copy the ants' skills.
    (c) The ants may excel humans in farming skills.
    (d) Fungus-farming ants have been around for thousands of years.

62. Why are the ants considered impressive little architects?

    (a) because of their size and functions
    (b) because they live underground and are unharmed
    (c) because they can't control the nutrients they need
    (d) because they can dig a tunnel and make growth rooms

63. How did the researchers most likely collect their data to study the ants?

    (a) by looking at previous studies
    (b) by comparing ants from different countries
    (c) by examining different ants at home
    (d) by observing ants in their natural habitats

64. Why can't the ants' inventive methods be imitated by humans?

    (a) They are not appropriate for plants.
    (b) Their methods are too complex for the human mind.
    (c) Humans aren't as fast as ants.
    (d) Humans cannot develop the technology.

65. In the context of the passage, copy means _____.

    (a) emulate
    (b) echo
    (c) image
    (d) draw

66. In the context of the passage, require means _____.

    (a) acquire
    (b) need
    (c) order
    (d) recommend

ORION

In astronomy, Orion is one of the most prominent constellations. Located on the celestial equator, it can be seen throughout the world. The constellation, which is named after the hunter in Greek mythology, is one of the most <u>discernible</u> constellations in the sky. According to astronomers, two of the ten brightest stars in the sky are located in Orion.

Orion ranks 26th of the 88 constellations in size and is clearly visible in the night sky from almost any location on Earth from November through February. The best time, however, to see the constellation is at about 9:00 in the evening in late January.

Orion is recognized in numerous cultures around the world, and many myths are associated with it. The most renowned one is perhaps that of Orion the great Greek hunter who was in love with the goddess Artemis, also a hunter. The two lived together in the forest. But Artemis' brother Apollo hated Orion so much that he tricked Artemis into killing Orion with an arrow. According to the myth, Orion was then placed in the sky as a constellation, and most sources and painters show Orion as a warrior, holding a club above his head and shield before him.

The two brightest stars in Orion are Rigel and Betelgeuse. They are 2 of the 57 stars that are commonly used to help sailors and others navigate or find their way. Finding Orion's Belt is the easiest way to locate the Orion Constellation. One can easily locate it by finding Betelgeuse—a bright red star.

The constellation includes a series of starburst nebulae where new stars are created. The whole group of nebulae is known as the Orion complex. The <u>complex</u> is 1,500 to 1,600 light-years away, and hundreds of light-years across, and the main nebula is called the Great Orion Nebula.

For people who study astronomy, Orion is surely one of the most important constellations. That's because it contains one of the nearest and most active stellar nurseries in the Milky Way, the galaxy in which we live.

67. Where does the name "Orion" originate from?

(a) from a famous Greek legend
(b) from a prehistoric creature
(c) from a group of celebrities
(d) from the common Egyptian myth

68. According to the passage, what is NOT true about the Orion constellation?

(a) It contains most of the brightest stars in the sky.
(b) It is visible to the naked eye across the globe.
(c) It represents a love story between two hunters.
(d) Its stars are often used by people traveling at sea.

69. How is Orion often portrayed by artists?

(a) by showing its two brightest stars
(b) by picturing two hunters in a forest
(c) by picturing a bright belt-like figure
(d) by showing a man holding armor

70. Why most likely can people easily identify the Orion Constellation?

(a) because its shield-like shape is popular
(b) because it's a reminder of Greek legends
(c) because it's a reminder of a beautiful love story
(d) because one of its stars is bright red

71. Why is the Orion constellation so significant for astronomers?

(a) because it symbolizes the center of our universe
(b) because it contains most of the brightest stars in the sky
(c) because it is where many new stars are formed
(d) because it symbolizes strength according to the Greeks

72. In the context of the passage, discernible means _____.

(a) clear
(b) transparent
(c) tangible
(d) noticeable

73. In the context of the passage, complex means _____.

(a) structure
(b) complication
(c) network
(d) elaboration

Ms. Alexandra White
Team Manager
789 E. Colonial Rd.
Omaha, NE 68067

Dear Ms. White:

I am writing to inform you of our yearly company event. This year, we will be hosting the annual picnic at the Bear Lake Loop, a famous spot in our town, on Friday, November 15th for all the employees of the company. Families of the employees are also invited.

The picnic held last year was a fantastic chance for the employees to relax and spend some leisure time together. Like last year, we will also manage sports activities, such as volleyball, swimming, water-skiing, and fishing. A chili cook-off will also be the center of attention of the planned feast.

This year, we have carefully picked the location to enable families and friends to enjoy a vast open space while keeping safe. The Bear Lake Loop is a 5-mile moderately trafficked loop trail located not too far from our Omaha headquarters. It features a lake and is good for all skill levels. The trail offers several activity options and is accessible year-round.

Employees are encouraged to bring their own food even though the company will be providing the barbecue fare. Prepare yourselves for an exciting time. Please RSVP by sending me an email no later than October 15th with a clear indication of how many people will be accompanying you.

I look forward to your confirmation soon. Until we meet at the picnic, do take care.

Warm regards,

Daniel Campbell
Mr. Daniel Campbell
HR Manager

74. What is the purpose of Mr. Campbell's letter to Ms. White?

(a) to inquire about an issue at the office
(b) to inform her that a new product is available
(c) to invite her to the company picnic
(d) to ask for suggestions for a new projec

75. Where will the company picnic be held?

(a) at the headquarters of the company
(b) near a swimming pool in downtown
(c) inside a bear zoo in the city
(d) at one of the town's landmarks

76. What is NOT true about the company picnic, based on the letter?

(a) It is the company's first picnic.
(b) The company pays the barbecue fees.
(c) The invitation is for employees and their families.
(d) All the activities are free of charge.

77. According to the letter, what are employees urged to do?

(a) RSVP a month in advance
(b) make a monetary contribution to Mr. Campbell
(c) bring meat or drinks for the barbecue
(d) make a list of activities they want to do

78. Why most likely did Mr. Campbell ask the employees to RSVP?

(a) to encourage a higher attendance rate
(b) to ensure that the company prepares enough food
(c) to know about the employees' marital status
(d) to know what activities will be suitable

79. In the context of the passage, accessible means _____.

(a) affordable
(b) popular
(c) available
(d) nearby

80. In the context of the passage, accompanying means _____.

(a) escorting
(b) leading
(c) joining
(d) directing

THIS IS THE END OF THE TEST

G-TELP 모의고사
TEST
2

GRAMMAR
LISTENING
READING AND VOCABULARY

시험 시간 90분

시험 준비하기

1. 휴대폰 전원 끄고 시계 준비하기
2. Answer Sheet, 컴퓨터용 사인펜, 수정 테이프 준비하기
3. 노트테이킹 할 필기구 준비하기

시작 시간 : _____ 시 _____ 분
종료 시간 : _____ 시 _____ 분

General Tests of English Language Proficiency
G-TELP

Level 2

GRAMMAR SECTION

DIRECTIONS:

The following items need a word or words to complete the sentence. From the four choices for each item, choose the best answer. Then blacken in the correct circle on your answer sheet.

Example:

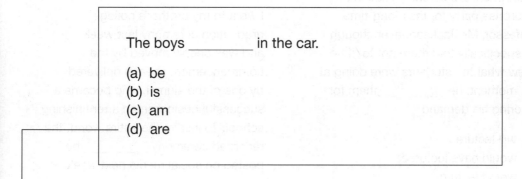

The boys _____ in the car.

(a) be
(b) is
(c) am
(d) are

The correct answer is (d), so the circle with the letter (d) has been blackened.

NOW TURN THE PAGE AND BEGIN

1. Candidates who wish to send an application form for the available vacancies are first expected _____ the online application procedure by the deadline after mailing in all the required documents.

    (a) to complete
    (b) completing
    (c) to be completing
    (d) having completed

2. Some students from the music department are carefully planning a surprise party for their long-time professor, Mr. Jackson, even though he specifically told them not to. If he knew what the students were doing at the moment, he _____ them for ignoring his demand.

    (a) will lecture
    (b) would have lectured
    (c) would lecture
    (d) has lectured

3. My younger brother needs a new laptop for his computer science courses at the university. Therefore, I suggested that he _____ one of the biggest electronics stores in the city to find the best deal currently available.

    (a) visit
    (b) will visit
    (c) visited
    (d) is visiting

4. After a recent storm hit some islands in the South Pacific, an NGO is asking for cash donations to help residents. At the moment, the organization _____ funds worldwide to buy food and clothing for those who have lost everything during the natural disaster.

    (a) collects
    (b) has collected
    (c) collected
    (d) is collecting

5. I went to my brother's college graduation ceremony last week and was deeply moved by the commencement speech delivered by one of the alumni, who became a successful businessman after finishing school. To inspire the entire world, the recorded ceremony _____ be posted on social media next week.

    (a) may
    (b) can
    (c) will
    (d) must

6. The Association of Tennis Professionals (ATP) has suspended one of the top male tennis players in Europe for misbehavior on the court towards an opponent. The player _____ to the board for his case to be re-examined since he received his suspension during the last tournament.

    (a) has been appealing
    (b) appeals
    (c) would appeal
    (d) had been appealing

7. Despite her busy schedule since the birth of her baby boy, Julia still manages to see her university friends at least once a month to catch up. If she were to stop meeting them, she _____ lonely and left out.

   (a) is feeling
   (b) would feel
   (c) will feel
   (d) would have felt

8. A new study found that people who drank chamomile tea every day for two weeks slept better. _____, some even had fewer symptoms of depression than those who didn't consume any tea at all.

   (a) In fact
   (b) Nevertheless
   (c) Even so
   (d) Otherwise

9. My best friend loves spending Christmas in one of the luxury hotels in the northern part of Europe, where she can fully experience the holiday season and practice winter sports around snow-capped mountains. She _____ down some steep slopes when I contacted her this morning.

   (a) will have skied
   (b) has skied
   (c) is skiing
   (d) was skiing

10. Adam failed to get tickets to Steven Spielberg's latest movie, which came out last week. A Spielberg fan at heart, he _____ his parents to get them for his birthday if he had understood the movie was going to be a big hit within its first week.

    (a) will be asking
    (b) would have asked
    (c) had asked
    (d) would ask

11. Intermittent fasting (IF) is currently one of the world's most popular health and fitness trends. Many studies show that it can have powerful effects on your body and brain and may even help you live longer. However, experts advise _____ carefully the fasting intervals and the type of food to be consumed.

    (a) to choose
    (b) to have chosen
    (c) choosing
    (d) having chosen

12. A shortage of timber worldwide is causing major problems for the construction industry. Therefore, the decrease in the availability of timber has caused a sharp spike in the prices of newly built homes around the world. If construction companies were to reduce the cost of their construction projects, their businesses _____ greatly.

    (a) have not suffered
    (b) will not suffer
    (c) would not have suffered
    (d) would not suffer

13. Carlie Bybel is an American YouTube influencer who has been posting her tutorial videos online for the past five years. Through her videos, she usually stresses that followers _____ hard to stay healthy and in shape.

(a) try
(b) tries
(c) will try
(d) are trying

14. The newly married couple cannot wait to settle in their new apartment on Fifth Avenue in New York City. Some of their friends have agreed to help them move next Tuesday. So, the couple has informed them that the plumber _____ on the apartment's pipes when they arrive.

(a) will work
(b) will be working
(c) are working
(d) had been working

15. Fifty individuals were arrested in a college admission scam that allowed wealthy and famous parents to buy their children's admission to prestigious universities. The list included a Hollywood actress from television sitcom *Full House*, _____ and lasted for eight years.

(a) which first aired in 1987
(b) that first aired in 1987
(c) what first aired in 1987
(d) when it first aired in 1987

16. Bill broke his leg during a ski accident in Aspen, Colorado, last Christmas. If he had listened to his friend's advice not to try the advanced level, he _____ from the top of the mountain and hurt himself.

(a) was not slipping
(b) had not slipped
(c) would not slip
(d) would not have slipped

17. While genetics play a vital role, your diet, the weather, pollution, and your overall approach to hair care are all critical to maintaining your hair's health. Therefore, you should practice _____ your scalp regularly to promote hair growth.

(a) massaging
(b) to massage
(c) having massaged
(d) to have massaged

18. Timothée Chalamet, who hopes to become one of Hollywood's highest-paid actors, is working very hard for his upcoming movie. By the time the movie premieres in a week, he _____ his masterpiece for a whole month across Europe.

(a) will promote
(b) has been promoting
(c) will have been promoting
(d) had promoted

19. Aloe vera is a succulent plant species that is considered an invasive species in many world regions. However, due to its various health benefits, the demand for it is increasing. If you want to take advantage of its benefits, you _____ always have it handy around the house in liquid or gel form.

(a) might
(b) could
(c) should
(d) would

20. Mrs. Belford's five-year-old son got a sinus infection after ingesting a bottle of drinking yogurt; however, he was taken to the emergency room just in time for treatment. Now that Mrs. Belford knows her son might be lactose intolerant, she has decided _____ including dairy products in his diet.

(a) to be stopping
(b) having stopped
(c) to stop
(d) stopping

21. In 2008, Hollywood actress Sharon Stone lost the endorsement of Christian Dior for an insensitive comment made about the earthquake in China. Christian Dior Cosmetics _____ the actress for over five years when the controversy went viral across the globe.

(a) sponsored
(b) had been sponsoring
(c) have been sponsoring
(d) will have sponsored

22. My sister was so frustrated because she got up late this morning. If she hadn't stayed up all night to watch her favorite show, she _____ early enough to make it on time for her 9 o'clock meeting with her boss.

(a) would wake up
(b) was waking up
(c) would have woken up
(d) had woken up

23. Over the past few years, hot yoga has proven to be a very well-liked hobby among young and elderly people. They adore _____ the heat intensity and consider it to be extremely beneficial both for the mind and the body.

(a) experiencing
(b) to experience
(c) having experienced
(d) to have experienced

24. Mrs. Smith, the newly hired staff member, is a meticulous executive assistant. She has spent the past week reorganizing all the files in the office in alphabetical order _____ her boss could find things more easily.

(a) because
(b) so that
(c) unless
(d) therefore

25. The CEO of the company asked his executive assistant to cancel all of his afternoon meetings due to a family emergency. He also mentioned that it was vital that all the clients _____ a cancellation message with an apology.

(a) receive
(b) are receiving
(c) have received
(d) received

26. My younger brother has always loved tree houses. When he decided to move from Manhattan to Kansas, he had no idea he would build his own with the help of a local man, _____ while fishing along the Kansas River one afternoon.

(a) that he met by accident
(b) what he met by accident
(c) whom he met by accident
(d) which he met by accident

LISTENING SECTION

TEST 1

TEST 2

TEST 3

TEST 4

TEST 5

TEST 6

TEST 7

DIRECTIONS:

The Listening Section has four parts. In each part you will hear a spoken passage and a number of questions about the passage. First you will hear the questions. Then you will hear the passage. From the four choices for each question, choose the best answer. Then blacken in the correct circle on your answer sheet.

Now you will hear a sample question. Then you will hear a sample passage.

Now listen to the sample question.

(a) one
(b) two
(c) three
(d) four

Bill Johnson has four brothers, so the best answer is (d). The circle with the letter (d) has been blackened.

ⓐ ⓑ ⓒ ●

NOW TURN THE PAGE AND BEGIN

27. (a) He forgot to meet his clients.
    (b) He got his clients very upset.
    (c) He misplaced his computer.
    (d) He just lost his employment.

28. (a) to seek the help of a professional
    (b) to start by making a list
    (c) to stop worrying about petty things
    (d) to take some time off from work

29. (a) because he blamed himself for being forgetful
    (b) because he hasn't tried several methods yet
    (c) because many people experience forgetfulness
    (d) because his forgetfulness was a well-known fact

30. (a) because he usually fails to set the alarms
    (b) because he doesn't own a smartphone
    (c) because he doesn't trust technology
    (d) because he always misses his morning alarm

31. (a) He didn't know a good therapist.
    (b) He could not confide in any strangers.
    (c) He could not acknowledge his problem.
    (d) He didn't think forgetting was a big deal.

32. (a) teach him how to set his alarm clock
    (b) help him make a to-do list
    (c) find the contact information of a therapist
    (d) make an appointment with the therapist

33. (a) visit her therapist's office right away
    (b) spend some quality time with Ben
    (c) help Ben overcome his forgetfulness
    (d) call Ben with his appointment information

Part 2. *You will hear a presentation by one person to a group of people. First you will hear questions 34 through 39. Then you will hear the talk. Choose the best answer to each question in the time provided.*

34. (a) It can be very time-consuming.
    (b) It can be quite unnecessary.
    (c) It is hard to find high-quality ones.
    (d) It is hard to find cost-effective and comfortable ones.

35. (a) because the offer is limited to a specific time
    (b) because the store is about to go bankrupt
    (c) because most of the products are limited
    (d) because the offer is limited to a specific country

36. (a) selling brands at discounted prices and offering benefits
    (b) producing specialty socks and leggings
    (c) producing dress shoes for men and women
    (d) selling kids' and women's shoes only

37. (a) to become a VIP member first
    (b) to be an American resident above the age of 18
    (c) to be an Elite member for at least 1 year
    (d) to make a $100 purchase now

38. (a) by enrolling in the VIP program online
    (b) by becoming a regular online customer first
    (c) by spending over $200 on specific products within the same year
    (d) by spending over $500 on any products within the same year

39. (a) It prohibits the use of plastic.
    (b) It only uses recycled materials.
    (c) It prohibits the exploitation of animals.
    (d) It participates in environmental seminars.

40. (a) because Sheila had been sick lately
    (b) because Sheila just moved to a new town
    (c) because today is Sheila's birthday
    (d) because Jim usually visits Sheila

41. (a) There aren't enough great restaurants.
    (b) There is a lack of trendy coffee shops.
    (c) Housing prices are on the rise.
    (d) Public transportation is inconvenient.

42. (a) the fast and convenient subways
    (b) his well-located workplace
    (c) the diversity of the restaurants
    (d) his proximity to Sheila's apartment

43. (a) because there is a lack of entertainment downtown
    (b) because they are both tired during the week
    (c) because their friends live in another state
    (d) because public transportation isn't reliable

44. (a) because there aren't any hurricanes
    (b) because it has a tropical climate
    (c) because seafood is extremely cheap
    (d) because there is cultural diversity

45. (a) They will both move to Johannesburg.
    (b) They will do more research on Johannesburg.
    (c) They'll decide to move out of town.
    (d) They'll have dinner together.

TEST 1

TEST 2

TEST 3

TEST 4

TEST 5

TEST 6

TEST 7

Part 4. *You will hear an explanation of a process. First you will hear questions 46 through 52. Then you will hear the talk. Choose the best answer to each question in the time provided.*

46. (a) how to get a better job
    (b) how to get a better salary
    (c) how to prepare for an interview
    (d) how to bargain for a salary or a raise

47. (a) ensure that the commute time is reasonable
    (b) ensure the company's working environment is safe
    (c) make sure to negotiate the remuneration first
    (d) make sure to negotiate the yearly benefits first

48. (a) neglecting the importance of an advanced degree
    (b) forgetting to negotiate the best salary or benefits
    (c) ignoring how tough the job market is
    (d) sending incomplete resumes or application forms

49. (a) look for the best companies on the market
    (b) investigate into the company's adaptability
    (c) investigate into the possibility of a raise
    (d) look for the most senior position

50. (a) the advantages and disadvantages of all options
    (b) the advantages of all options
    (c) the highest possible salary in the long-term
    (d) the highest possible salary in the short-term

51. (a) the yearly promotion granted
    (b) the location of the company
    (c) the relationship between employees and employers
    (d) the performance level of the employer

52. (a) because companies are hindered by too many rules already
    (b) because companies have too many strict employees already
    (c) because it makes the employers' job much easier
    (d) because most firms want to hire people who can adapt

READING AND VOCABULARY SECTION

DIRECTIONS:

You will now read four different passages. Each passage is followed by comprehension and vocabulary questions. From the four choices for each item, choose the best answer. Then blacken in the correct circle on your answer sheet.

Read the following example passage and example question.

Example:

Bill Johnson lives in New York. He is 25 years old.
He has four brothers and two sisters.

How many brothers does Bill Johnson have?

(a) one
(b) two
(c) three
(d) four

The correct answer is (d), so the circle with the letter (d) has been blackened.

NOW TURN THE PAGE AND BEGIN

JERRY SEINFELD

American comedian, actor, writer, and producer Jerry Seinfeld is best known for playing a semi-fictionalized version of himself in the sitcom *Seinfeld*, which he created and wrote with television producer Larry David. The show aired on NBC from 1989 until 1998, becoming one of the most acclaimed and popular American sitcoms of all time.

Jerome Allen Seinfeld was born on April 29, 1954, in Brooklyn, New York, and decided early on that he wanted to be funny like his father, a sign maker who was also a closet comedian. By age 8, Seinfeld was watching TV day and night to study the technique of every comedian.

Shortly after graduating from Queens College in New York in 1976, he attempted to make his stand-up debut behind the open mike of a Manhattan comedy club, but his mind went blank, and he could only <u>mutter</u> a few words before running off the stage. Fortunately, he did not give up!

Over the years, he developed a unique style of comedy that centered on his ironic observations of life's commonness. He made his stand-up debut in 1976 and worked his way to an appearance on *The Tonight Show* in 1981, which gave Seinfeld his first national exposure. By the late 1980s, he was one of the highest-profile stand-up comedians in America.

After winning at the American Comedy Awards in 1988, Seinfeld debuted his show the following year. He produced and sometimes co-wrote the show, which received popular and critical <u>acclaim</u>. Many of its catchphrases and plot elements of the show became part of the cultural jargon in America. To this day, the *Seinfeld* show remains a landmark of American popular culture.

After he ended his sitcom, Seinfeld returned to stand-up comedy. Then, in 2012, he started a web series, in which he would pick up a fellow comedian in a car each episode and take them out for coffee and conversation. Season seven featured its most high-profile guest, the 44th President of the United States—Barack Obama.

In 2019, *Forbes* stated that Seinfeld was the world's highest-paid comedian while *Rolling Stone* named him as one of the funniest comedians of all time. Today, Seinfeld continues to make people laugh across the globe, either on Netflix or while on tours.

53. What did the life of Jerry Seinfeld inspire?

    (a) the new generation of stand-up comedians

    (b) the *Taxi-cab Confessions* TV show

    (c) the lexicon of comic taglines in America

    (d) one of the best American TV shows

54. Why did Seinfeld become a comedian?

    (a) because he wanted to be as humorous as his dad

    (b) because he wanted to be like his high school friends

    (c) because it was the most popular entertainment job

    (d) because it was a high-paying job at the time

55. What most likely was Seinfeld's first stand-up comedy experience in public like?

    (a) It was beyond his expectations.

    (b) His audience was captivated by him.

    (c) It brought him great publicity.

    (d) It was way below his expectations.

56. How did Seinfeld gain nationwide publicity?

    (a) by perfecting his comedy act

    (b) by appearing on a talk show

    (c) by telling jokes that suited his audience

    (d) by telling respectful but funny jokes

57. Which of the following is NOT true about Seinfeld?

    (a) His shows are currently accessible on Netflix.

    (b) He has comedy tours all around the world.

    (c) He is one of the five wealthiest men in America.

    (d) He has interviewed a former American president.

58. In the context of the passage, mutter means _____.

    (a) buzz

    (b) mumble

    (c) say

    (d) shout

59. In the context of the passage, acclaim means _____.

    (a) applause

    (b) reward

    (c) cheers

    (d) praise

THE CORRELATION BETWEEN OPTIMISM AND LONGEVITY

If you think life is great and expect that to continue, you may have a good chance of living to a ripe old age, according to a recently published study. The study found that optimistic people tend to live longer than those with a less rosy view of the world. The data comes from a survey of more than 69,000 female health professionals aged 58 to 86, and more than 1,400 male veterans aged 41 to 90, who were followed over 30 years.

During the study, participants answered questions to <u>gauge</u> how optimistic they were. It was noted that those who reported the highest levels of optimism were much more likely to live to age 85 or beyond, compared with those who reported less optimism. Additionally, the most optimistic people had a longer lifespan than the least optimistic ones, which remained relevant even after considering heart disease, cancer, and depression.

The results add to a lot of evidence that certain psychological factors may predict a longer lifespan. For example, previous studies have found that more optimistic people have a lower risk of developing chronic diseases and a lower risk of early death. But this study is the first to directly look at the link between optimism and longevity. The researchers note that the link found in the new study wasn't as strong when analyzing certain health behaviors, including smoking, exercise, and diet. This suggests that these behaviors may, in part, explain the link.

Optimistic people may also have an accelerated recovery process from sudden stressors and may experience less extreme emotional responses following such stressors. Since the study only included white people with high socioeconomic status, it's unclear how well the findings apply to other populations, the authors noted. Additionally, the study wasn't able to consider other factors that could also influence a person's optimism level.

But if the findings are true, they suggest that optimism could serve as a psychological attribute that <u>bolsters</u> health and longevity as well. Some studies suggest that interventions such as brief writing exercises, meditation, or some types of talk therapy could help enhance people's optimism. However, more studies are needed to know if improvements in optimism translate to better health both short and long term.

60. What is the main finding of the study?

(a) Every healthy man and woman can live longer.
(b) Regular exercise determines how long a person lives.
(c) Positive thinking is a decisive factor in a person's lifespan.
(d) Healthy food and positive thinking affect lifespan equally.

61. According to the article, what did previous studies focus on?

(a) how optimism is linked with heart diseases
(b) how diet and sleeping habits affect health
(c) how lifespan is related to eating habits
(d) how optimism lowers risks of sickness and early death

62. What other revelation was made about individuals who think positively?

(a) They tend to heal much faster.
(b) They don't have emotional reactions.
(c) They aren't usually Caucasians.
(d) They have a low economic status.

63. Why did the authors think the study was limited?

(a) because it only covered Caucasian people
(b) because it was only over a period of 30 years
(c) because it only surveyed older men and women
(d) because it only included wealthy people

64. Based on the article, how most likely can one's positive thinking be improved?

(a) by changing one's career
(b) by speaking to a therapist
(c) by changing one's eating habits
(d) by moving to a new neighborhood

65. In the context of the passage, gauge means _____.

(a) guess
(b) calculate
(c) suppose
(d) determine

66. In the context of the passage, bolsters means _____.

(a) powers
(b) strengthens
(c) reassures
(d) fuels

Part 3. Read the following encyclopedia article and answer the questions. The underlined words in the article are for vocabulary questions.

LEOPARD SEAL

The leopard seal is a species of marine mammal, which is commonly found in the pack ice formations of the Antarctic and sub-Antarctic islands. It has also been sighted on the coasts of South America, South Africa, New Zealand, and Australia. It was named by a French zoologist in the year 1820 when it was first discovered. Leopard seals live on a carnivorous diet, feeding mainly on fish, squid, penguins, and birds.

The leopard seal's characteristic features include its long, bulbous, and muscular body with skin covered in <u>distinctive</u> leopard-like spots on the back, which is unlike other seals. Its reptilian-like face and gigantic jaws make it one of the main predators in the Antarctic regions, able to kill even sharks and thus making them the most dangerous seal species in the world. They are second only to the killer whale among Antarctica's top predators.

Since leopard seals live in an area that's difficult for humans to survive in, there is not a lot of information about their reproduction and breeding habits. But what is known is that leopard seals mostly prefer living and hunting alone. Therefore, they only associate with other seals during the mating season which falls between December and January.

Male leopard seals are known to be polygynous in nature as they mate with more than one female during this season. In preparation for the pups, the females dig a circular hole in the ice for them. The females give birth to only one baby leopard seal in the summer, which the male leopard seal does not care for. In fact, right after the breeding season, the male goes back to his solitary lifestyle, while the 66-pound pup stays with the mother for a month before it is weaned off.

Currently, the leopard seal does not face any major threats, but there are several factors of concern for their future, including increasing <u>disturbance</u> from tourism and, most importantly, the unknown effects of climate change. A decrease in the amount of pack ice due to environmental factors would affect the habitat available for seals and the availability of the prey species they need to survive.

67. What makes leopard seals probably one of the most dangerous mammals in the Antarctic region?

(a) their enormous jaws
(b) their muscular body composition
(c) their leopard-like spots on the body
(d) their scary appearance and body weight

68. What is the main difference between leopard seals and other seal species?

(a) They spend most of their time in the deep ocean.
(b) The females are currently an endangered species.
(c) The males usually care for the baby seals alone.
(d) They are the top predators among seal species.

69. Why are few facts known about leopard seals?

(a) because they have a long hibernation period
(b) because their habitat is remotely located
(c) because there isn't enough research available yet
(d) because there aren't any scientists studying the species

70. When do male leopard seals return to living alone?

(a) while female seals dig a hole in the ice for their babies
(b) while female seals give birth to babies
(c) as soon as their mating season ended
(d) right after their babies are weaned off

71. How can changes in the environment be devastating for leopard seals?

(a) by impacting their homes and the food chain
(b) by altering their normal reproduction cycle
(c) by damaging the natural spots on their skin
(d) by preventing many species from having good

72. In the context of the passage, distinctive means _____.

(a) vital
(b) superior
(c) personal
(d) unique

73. In the context of the passage, disturbance means _____.

(a) intensity
(b) hindrance
(c) upset
(d) excitement

Elsa Boyle
HR Director
Flex Media Corporation
251 Maple Ave.
Takoma Park, MD 20912

Dear Mrs. Boyle:

We are sending you this letter as a friendly reminder of our annual seminar which will take place in the fall. Just like the past two years, we are again delighted to count you as one of our faithful attendees.

Employees often attend seminars related to their jobs and other company-particular requirements. But there is one benefit that some employers often extend to their employees, and that is the opportunity to undergo seminars that focus on enhancement and self-improvement beyond the workplace. These life skills seminars intend to develop skills that could help one advance in life in general.

New Skills Development administers those kinds of courses with topics such as success, meditation, self-esteem, relationships, conflict management, and a whole lot more. If you are looking to improve yourself, *New Skills Development* is what you need.

Employees with an optimistic disposition are those that bring a far greater contribution to the organization, and they ultimately enjoy a much more fulfilling life. If you wish to have that same positive impact on your company, allow your staff the chance to improve themselves.

Call us today for further details about the seminar or to reserve a slot. We have also enclosed a form for you to fill out should you wish to receive related brochures about our life-changing seminars. You can also request one of our representatives to meet with you at a place and time of your convenience.

Respectfully,

Sam Porter
CEO
New Skills Development

74. Why did Mr. Sam Porter write to Mrs. Boyle?

(a) to inform her about an upcoming meeting
(b) to notify her about some available discounts
(c) to ask about her availability for a potential meeting
(d) to request additional brochures about her company

75. Who would probably be interested in the seminars?

(a) people who are new on the job market
(b) anyone willing to invest in personal development
(c) people who are looking for a career change
(d) anyone willing to invest in a new business

76. Based on the letter, what might NOT be discussed during the seminar?

(a) how to handle conflicts on a daily basis
(b) how to improve your self-confidence
(c) how to cook a balanced meal for kids
(d) how to deal with your partner

77. Why will Mrs. Doyle most likely attend the *New Skills Development* seminars?

(a) She has been attending for the past two years.
(b) She has received an invitation letter.
(c) She is a member of the organizing committee.
(d) She has to attend as the HR director.

78. What should interested individuals do to secure a seat at the seminar?

(a) fill out an online application form
(b) email Sam Porter for additional information
(c) request supplementary brochures
(d) make a reservation over the phone

79. In the context of the passage, <u>disposition</u> means _____.

(a) preference
(b) mood
(c) attitude
(d) humor

80. In the context of the passage, <u>fulfilling</u> means _____.

(a) achieving
(b) realizing
(c) completing
(d) satisfying

THIS IS THE END OF THE TEST

G-TELP 모의고사
TEST
3

GRAMMAR
LISTENING
READING AND VOCABULARY

시험 시간 90분

시험 준비하기

1. 휴대폰 전원 끄고 시계 준비하기
2. Answer Sheet, 컴퓨터용 사인펜, 수정 테이프 준비하기
3. 노트테이킹 할 필기구 준비하기

시작 시간 : _____ 시 _____ 분
종료 시간 : _____ 시 _____ 분

General Tests of English Language Proficiency
G-TELP

Level 2

GRAMMAR SECTION

TEST 1
TEST 2
TEST 3
TEST 4
TEST 5
TEST 6
TEST 7

DIRECTIONS:

The following items need a word or words to complete the sentence. From the four choices for each item, choose the best answer. Then blacken in the correct circle on your answer sheet.

Example:

> The boys _____ in the car.
>
> (a) be
> (b) is
> (c) am
> (d) are

The correct answer is (d), so the circle with the letter (d) has been blackened.

NOW TURN THE PAGE AND BEGIN

1. A fashion magazine in New York City was looking to hire an intern for the graphic design department, but Gina rejected the offer. If her boyfriend were to agree with her career choice, she _____ to the Big Apple.

   (a) would certainly move
   (b) will certainly move
   (c) certainly moves
   (d) would certainly have moved

2. The community college downtown will be advertising for the new online programs from next year. This is due to the skyrocketing number of students and working adults who _____ for virtual classes nowadays.

   (a) have looked
   (b) will be looking
   (c) are looking
   (d) had been looking

3. Veronica wants to become a professional soccer player and just joined the local women's soccer league. Consequently, she is persistently reluctant to go to school because she does not consider _____ regular subjects to be of much help to her future career.

   (a) to study
   (b) studying
   (c) to have studied
   (d) having studied

4. In today's fast-growing economy and modernized world, wireless technology is increasingly trendy. If you think about it, it really does make a huge difference in people's lives as they _____ work and communicate on-the-go.

   (a) will
   (b) shall
   (c) would
   (d) can

5. Today, global warming is an increasingly alarming issue around the world. According to a recent report, some climatologists _____ carbon dioxide levels in the forests of India when a volcano suddenly erupted. This caused a terrible fire and huge amounts of carbon dioxide emission.

   (a) tested
   (b) were testing
   (c) have been testing
   (d) will have tested

6. Commercial landscaping involves the planning, designing, installation, and maintenance of aesthetically appealing outdoor business spaces. It is therefore important that the company's fundamental values _____ within the layout of the landscape.

   (a) were implemented
   (b) be implemented
   (c) have been implemented
   (d) will be implemented

7. The plumbers estimate it will take two months just to complete the plumbing of our house. When they complete the work in the summer, they _____ only on the bathroom water pipes for over three weeks.

(a) will have been working
(b) are working
(c) had worked
(d) had been working

8. In general, healthy people consume a large variety of fresh fruits and vegetables as well as grains and nuts. They scarcely drink soft drinks or alcoholic beverages. _____, they drink plenty of water and exercise on a regular basis.

(a) Similarly
(b) Instead
(c) In addition
(d) Hence

9. My next-door neighbor has been suffering from acute migraines for over a month now. If I were her, I _____ a physician as soon as I get a chance because migraines can lead to more complicated health issues.

(a) would visit
(b) will visit
(c) would have visited
(d) am visiting

10. Chamomile tea has long been used as a traditional remedy for a wide range of health issues. Nowadays, researchers are increasingly exploring its effectiveness in managing illnesses, but if anyone wants _____ mainstream medical treatments, he or she should be careful.

(a) replacing
(b) to be replacing
(c) to replace
(d) having replaced

11. My parents are driving across the country to visit me in Chicago, but unfortunately, I cannot promise that I will be home to welcome them because of my busy work schedule. Most likely, I _____ with my team manager when they reach my neighborhood.

(a) still work
(b) have still worked
(c) will still be working
(d) was still working

12. Kayaking is a healthful sport, but can sometimes be dangerous. The earlier you learn how to handle the double-bladed paddle and the kayak, the better you'll be at it. If I had known that, I _____ kayaking when I was much younger.

(a) was starting
(b) would have started
(c) had started
(d) would start

13. When European explorers arrived in the Americas, they saw Native American people eating tomatoes. _____, when they brought tomatoes back to Europe, people there wouldn't eat them.

    (a) However
    (b) Additionally
    (c) Therefore
    (d) Similarly

14. To buy his wife the diamond bracelet she has always wanted, Mr. Denver _____ less on his personal needs for a whole year. Therefore, this December, he will buy the piece of jewelry for his wife.

    (a) will spend
    (b) spent
    (c) has been spending
    (d) is spending

15. Migration is a dangerous time for birds, especially during flights over a large body of water. Many North American birds migrate directly across the Gulf of Mexico, _____ to complete a distance of about 1,000 kilometers.

    (a) which strength and endurance are important
    (b) who strength and endurance are important
    (c) that strength and endurance are important
    (d) where strength and endurance are important

16. During his road test last week, Kurt completely forgot _____ on the right-turn signal before making a turn and consequently did not get his driver's license. If he had practiced more, he would have passed the road test.

    (a) turning
    (b) to turn
    (c) having turned
    (d) to have turned

17. Mr. Willard neglected the broken windshield wipers in his car until it finally rained heavily last night. If he had taken the car to a mechanic, they _____ at the garage right away.

    (a) would be fixed
    (b) had been fixed
    (c) are fixed
    (d) would have been fixed

18. Wendy is a hardworking student, who does not give up easily. Whenever she misses a few questions on her exams, she gets a hold of herself and starts over. She doesn't mind _____ all the extra work to improve her overall grades in school.

    (a) to have done
    (b) doing
    (c) to do
    (d) having done

19. As part of the baking contest at the community center downtown, Tania, who just completed an internship with a renowned baker in Paris, _____ participate by presenting her favorite chocolate soufflé. She intends to impress the judges.

(a) will
(b) could
(c) may
(d) must

20. Despite the poor quality of the products, ingenious marketing in the form of popular influencers promoting the products helped them initially sell out. But customers soon learned not to make the same mistake twice. If the company _____ quality products, they wouldn't have lost customers long-term.

(a) had made
(b) would make
(c) makes
(d) were to make

21. The firefighters who were on duty last night heard some strange noises coming from the rubble of the burnt building. One of them marched inside _____ the place, only to find out that it was an injured cat.

(a) to be checking out
(b) to check out
(c) to have checked out
(d) having checked out

22. Teenagers can be very supportive and loving towards their peers. In fact, the negative effects of social media on their behavior have become more apparent recently. Perhaps they _____ if they changed how they treat each other.

(a) would have been more pleasant
(b) will be more pleasant
(c) would be more pleasant
(d) have been more pleasant

23. In October 2020, Blue Origin's New Shepard rocket system lifted off from Earth carrying 90-year-old Star Trek actor William Shatner and three other civilians. The actor advised that more people _____ the chance to explore the undiscovered universe.

(a) will grab
(b) grabs
(c) are grabbing
(d) grab

24. The mayor of Chicago is aware of the ongoing traffic problem for local residents _____ during rush hour near the hospital construction site downtown. Therefore, during the summer months, the construction will be put on hold temporarily.

(a) where has been especially noticeable
(b) what has been especially noticeable
(c) who has been especially noticeable
(d) that has been especially noticeable

25. My younger brother took the entrance exam for a civil servant position at the United States Department of Homeland Security, which has a vital mission to secure the nation from various threats. He _____ for over a month before they finally contacted him with the good news.

    (a) had been waiting
    (b) wait
    (c) will have been waiting
    (d) have waited

26. The northern white rhinoceros is considered critically endangered. Consequently, conservationists from the International Union for Conservation of Nature are urging that people in Africa _____ their efforts in preserving the few white rhinoceros that are left in the wild.

    (a) endorses
    (b) are endorsing
    (c) have endorsed
    (d) endorse

LISTENING SECTION

DIRECTIONS:

The Listening Section has four parts. In each part you will hear a spoken passage and a number of questions about the passage. First you will hear the questions. Then you will hear the passage. From the four choices for each question, choose the best answer. Then blacken in the correct circle on your answer sheet.

Now you will hear a sample question. Then you will hear a sample passage.

Now listen to the sample question.

> (a) one
> (b) two
> (c) three
> (d) four

Bill Johnson has four brothers, so the best answer is (d). The circle with the letter (d) has been blackened.

NOW TURN THE PAGE AND BEGIN

27. (a) because he was missing her
    (b) because he thought of the worst
    (c) because he had something urgent to tell her
    (d) because he needed her phone

28. (a) It is driving her crazy.
    (b) It is not working properly.
    (c) It is very old and needs to be replaced.
    (d) Its battery keeps dying.

29. (a) Most people do not trust repair technicians.
    (b) She's heard it from her closest friends.
    (c) She's probably had a bad experience with them.
    (d) Most repair technicians take too much time to fix things.

30. (a) He sometimes takes advantage of his customers.
    (b) He charged Noah a $50 fee to repair his phone.
    (c) He is a technical expert.
    (d) He is a reliable repairman.

31. (a) as a kind of disposable packaging
    (b) as a kind of disposable silverware
    (c) as replacing cheaper goods rather than fixing them
    (d) as discarding goods rather than fixing them

32. (a) by making high-quality products
    (b) by helping small businesses thrive
    (c) by discouraging overspending
    (d) by promoting consumerism

33. (a) because it was the easiest thing to do
    (b) because Sophia did not want to argue
    (c) because Noah's arguments were very persuasive
    (d) because Noah's arguments were controversial

TEST 1

TEST 2

TEST 3

TEST 4

TEST 5

TEST 6

TEST 7

Part 2. *You will hear a presentation by one person to a group of people. First you will hear questions 34 through 39. Then you will hear the talk. Choose the best answer to each question in the time provided.*

34. (a) taking the best photographs
    (b) introducing the courses of a photo academy
    (c) making good use of digital cameras
    (d) introducing travel photography

35. (a) people who want to make a career switch to photography
    (b) people who want to make money part-time
    (c) individuals who want a new hobby
    (d) individuals who have no interest in photography

36. (a) Fundamentals of Digital Photography
    (b) Become a Travel Photographer
    (c) The Museum Photography workshop
    (d) The Photoshoot Lighting workshop

37. (a) lighting at a photoshoot
    (b) touring a landmark
    (c) making documentaries
    (d) shooting in manual mode

38. (a) a complete tuition refund if unsatisfied
    (b) a private instructor all year for immediate registration
    (c) a one-year discount for immediate registration
    (d) a full month of free tuition if unsatisfied

39. (a) by calling their assigned instructor directly
    (b) by sending a letter to the founder
    (c) by calling the academy
    (d) by emailing each instructor individually

40. (a) how to open a bank account
    (b) applying for credit cards
    (c) applying for a bank job
    (d) how to apply for a house loan

41. (a) She has been a long-time customer at the bank.
    (b) She is not a regular user of air transportation.
    (c) She is willing to pay a credit card fee yearly.
    (d) She is interested in credit card point systems.

42. (a) additional information about student loans
    (b) additional information about home loans
    (c) more information about all the debit cards available
    (d) more information about all the credit cards available

43. (a) one that she can use to earn flight mileage
    (b) one that she can use to get free airline tickets
    (c) one that she can use to get reward points
    (d) one that she can use without paying an annual fee

44. (a) the card that offers free hotel vouchers
    (b) the card that provides points upon purchases
    (c) the card that provides flight miles
    (d) the card that has no annual fee

45. (a) right after the bank teller speaks to the credit company
    (b) immediately after applying for the card
    (c) within two days after the application is submitted
    (d) within a couple of weeks of her application

TEST 1

TEST 2

TEST 3

TEST 4

TEST 5

TEST 6

TEST 7

Part 4. *You will hear an explanation of a process. First you will hear questions 46 through 52. Then you will hear the talk. Choose the best answer to each question in the time provided.*

46. (a) how to select the right flowers
    (b) how to improve one's health
    (c) how to use pure essentials oils
    (d) how to make a dried flower medley

47. (a) It contributes to reducing trash.
    (b) It increases health benefits.
    (c) It helps reduce expenses.
    (d) It allows one to use artistic skills.

48. (a) They pose real health hazards.
    (b) Their smells can overlap each other.
    (c) They pose threats to the environment.
    (d) They include unstable substances.

49. (a) the container that holds it
    (b) the visual aspect that it presents
    (c) the essential oils that bind it
    (d) the fixatives that are added

50. (a) The scent would evaporate quite rapidly.
    (b) The dry and moist ingredients would react badly.
    (c) The plant would give off a nasty smell.
    (d) The dry ingredients would be odorless immediately.

51. (a) dilutable ones
    (b) ones with additives
    (c) the purest ones
    (d) antibacterial ones

52. (a) because it is more expensive
    (b) because it can react to oils
    (c) because it cannot hold scents
    (d) because it is not transparent

READING AND VOCABULARY SECTION

TEST 1

TEST 2

TEST 3

TEST 4

TEST 5

TEST 6

TEST 7

DIRECTIONS:

You will now read four different passages. Each passage is followed by comprehension and vocabulary questions. From the four choices for each item, choose the best answer. Then blacken in the correct circle on your answer sheet.

Read the following example passage and example question.

Example:

> Bill Johnson lives in New York. He is 25 years old.
> He has four brothers and two sisters.
>
> How many brothers does Bill Johnson have?
>
> (a) one
> (b) two
> (c) three
> (d) four

The correct answer is (d), so the circle with the letter (d) has been blackened.

NOW TURN THE PAGE AND BEGIN

Part 1. Read the following biography article and answer the questions. The underlined words in the article are for vocabulary questions.

GEORGE WASHINGTON CARVER

George Washington Carver was an American agricultural chemist, agronomist, and inventor who promoted alternative crops to cotton and methods to prevent soil depletion. He was the most prominent black scientist of the early 20th century.

Born sometime in 1864 as a slave on a farm near Diamond Grove, Missouri, Carver was freed after the American Civil War. In his late 20s, he managed to finish high school in Kansas.

Later, he attended Simpson College in Iowa and Iowa State College of Agriculture and Mechanic Arts, after several refusals from other universities due to the color of his skin. From the latter, he earned a bachelor's degree in agricultural science in 1894 and a master's degree in 1896. Carver left for Alabama in the fall of 1896 to direct the department of agriculture at the Tuskegee Normal and Industrial Institute, where Carver would remain for the rest of his life.

Carver devoted his time to research projects aimed at helping Southern agriculture. Since the unremitting single-crop cultivation of cotton had left the soil worthless and erosion had then taken its toll on many areas, Carver urged Southern farmers to plant peanuts and soybeans to restore nitrogen to the soil and prevent erosion. The peanuts would in turn provide protein to many Southerners.

Carver found that Alabama's soils were particularly well-suited to growing peanuts and sweet potatoes, but when the state's farmers began cultivating these crops instead of cotton, they found little demand for them on the market. In response to this problem, Carver set about enlarging the commercial possibilities of the peanut and the sweet potato through a long and ingenious program of laboratory research. He ultimately developed 300 derivative products from peanuts and 118 from sweet potatoes.

During his 47 years in scientific agriculture and chemurgy (the industrial use of raw products from plants), Carver contributed to agricultural and scientific knowledge. For much of white America, he came to stand as a kind of saintly and comfortable symbol of the intellectual achievements of African Americans. Carver was elected to Britain's Society for the Encouragement of Arts, Manufactures, and Commerce in 1916. His friends included Henry Ford, Mahatma Gandhi, and President Theodore Roosevelt.

In 1940 he used his life savings to establish the George Washington Carver Foundation for research in agricultural chemistry. Ten years after his death in Tuskegee on Jan. 5, 1943, Carver's birthplace was dedicated as a national monument.

53. What contributed to Carver's fame?

    (a) his invention of fertilizer for crops
    (b) his invention of an irrigation system
    (c) his methods to prevent soil erosion
    (d) his methods to cultivate sugarcane

54. Why did some universities refuse admission to Carver?

    (a) because of his African American descent
    (b) because he was homeschooled
    (c) because he wasn't rich enough
    (d) because he wasn't smart enough

55. Why did Carver encourage Southern farmers to cultivate peanuts and soybeans?

    (a) because they could be very lucrative
    (b) because they were beneficial for the soil
    (c) because he tried to apply the new trend in Europe
    (d) because he wanted to try something new

56. What challenge did farmers face when they first started to grow peanuts and sweet potatoes?

    (a) They didn't know how to cultivate the crops.
    (b) Demand was much lower than supply.
    (c) They didn't have enough space available.
    (d) Supply was much lower than demand.

57. Which of the following is NOT true about Carver?

    (a) He devoted himself to research in agricultural science.
    (b) He became a symbol of African Americans' intellectual accomplishments.
    (c) He formed a foundation named after himself for research.
    (d) Right after his death, his birthplace became a monument.

58. In the context of the passage, establish means _____.

    (a) set
    (b) locate
    (c) organize
    (d) consist

59. In the context of the passage, dedicated means _____.

    (a) devoted
    (b) made
    (c) purposed
    (d) proposed

WORLD'S BIGGEST PLASTIC PRODUCER IMPLEMENTS NEW ECO-FRIENDLY POLICIES

By the end of 2020, non-biodegradable plastic bags will be banned in supermarkets and malls in major cities in China. Food delivery and takeout services, which use vast amounts of plastics, will stop using single-use plastic straws and cutlery and they will be banned nationwide. Instead, China will encourage the use of alternative materials, such as biodegradable shopping bags.

China is catching up with the rest of the world according to a recent report. The EU is the leader in solving the plastic crisis and has already passed a law to widely ban single-use plastic items, and many developing countries in Africa and Southeast Asia are also tracking the problem. A lot of plastic waste is generated each year, and 60% of that has been dumped in either landfills or the natural environment. Regardless of where it's dumped, plastic's resistance to degradation makes it nearly impossible to completely break down.

Regulations on single-use plastic are on the rise globally. France banned the use of plastic items starting this year, while hoping to phase them out by 2040. Thailand and New Zealand have either placed restrictions on or banned single-use plastic bags, and so have many countries in Africa. Still, India held off imposing a single-use plastic ban last year, fearing the policy would trigger an economic slowdown.

The use of plastic in China has risen as online shopping has become part of everyday life. In fact, Alibaba has been criticized for shipping 1 billion packages during its yearly 24-hour-long shopping marathon. The new policy may increase the costs for e-commerce platforms that will need to adjust their packaging strategies. Biodegradable materials and recycled plastics are still more expensive. But by 2022, some delivery services in major cities will be forbidden from using non-degradable packaging, with the ban extended to the whole country by 2025.

While China's regulations are likely to slow the flow of plastic usage and <u>improve</u> the country's recycling rate, the initiative could be a headwind for the petrochemical industry, which is expected to <u>comprise</u> half of its long-term demand growth through 2050. The new policy will suppress demand for plastics, which is a potential risk for oil and chemical companies.

60. What does this article reveal about China's new initiative?

(a) Individual use of single-use plastic will be banned nationwide.
(b) Plastic will be used only in some stores.
(c) Takeout services will be banned.
(d) Food delivery services will be banned.

61. Based on the article, what entities have been leading the battle against the plastic crisis so far?

(a) all the advanced economies
(b) all the emerging economies
(c) the European Union mostly
(d) all the developing economies

62. Which of the following best describes India's reaction to single-use plastic ban?

(a) India is in support of the policy.
(b) India does not support the policy.
(c) India fears the reaction of the general public.
(d) India fears an economic fallout due to the policy.

63. How will China's grand environmental strategies affect e-commerce?

(a) by making it much pricier
(b) by improving the services
(c) by having it more accessible
(d) by limiting customers' purchases

64. Why most likely would the new policy be a threat to oil companies?

(a) It will reduce air pollution levels.
(b) It will reduce their yearly turnover.
(c) It will increase the oil prices internationally.
(d) It will decrease oil demand nationwide.

65. In the context of the passage, improve means _____.

(a) deduct
(b) approve
(c) refine
(d) raise

66. In the context of the passage, comprise means _____.

(a) acquire
(b) add
(c) insert
(d) include

SCRABBLE

Originally called "Criss-Cross," Scrabble is a board game based on three different games. It was developed by Alfred M. Butts, an American architect, in 1931. Then in 1948, it was redesigned, renamed, and marketed by James Brunot, a game-loving entrepreneur.

Scrabble was conceived during the Great Depression by then unemployed New York architect Alfred M. Butts, who figured Americans could use a bit of distraction during the bleak economic times. After determining what he believed were the most enduring games in history, notably board games, number games like cards, and letter games such as crossword puzzles — he combined all three. He then chose the frequency and the distribution of the tiles by counting letters on the pages of popular newspapers. For more than a decade, he tinkered with the rules while trying to attract a corporate sponsor, but failed.

So, when James Brunot contacted Butts about mass-producing the game, he readily handed the operation over. Brunot's contributions were significant in many ways, and he conceived the name "Scrabble."

The game Scrabble is cognitive in nature and involves two to four players scoring points by placing tiles, each bearing a single letter, onto a game board divided into a 15×15 grid of squares. The tiles must form words that, in crossword fashion, read left to right in rows or downward in columns, and be included in a standard dictionary or lexicon. The purpose is to score as many points as possible by placing letter tiles to create words.

The first Scrabble factory was an abandoned schoolhouse, where Brunot and his friends manufactured 12 games an hour. When the chairman of Macy's discovered the game on vacation and decided to stock his shelves with it, the game exploded. By 1954, nearly 4 million Scrabble sets were sold in the US and the UK.

Today, Hasbro and Mattel are the two main producers of the game which is sold in 121 countries. 150 million sets have been sold worldwide, and about one-third of American and half of British homes have a Scrabble set. Recent Google data reveals that Scrabble is the most-searched and most popular game in French-speaking countries. There are roughly 4,000 Scrabble clubs around the world

67. What inspired Butts to conceptualize scrabble?

    (a) his desire to copy a variety of existing board games
    (b) his affection for diverse board games
    (c) his hope of inspiring the younger generation with board games
    (d) his idea to offer a diversion to families during a financial crisis

68. How could one define the board game Scrabble?

    (a) as a hit-and-miss game
    (b) as a simulation game
    (c) as an intellectual game
    (d) as an adventure game

69. What is the ultimate goal of the Scrabble board game?

    (a) to get the lowest number of penalty points
    (b) to earn the highest points by forming words
    (c) to prevent the opponent from moving faster
    (d) to keep tiled letters in a straight line

70. Which factor probably contributed to the initial success of Scrabble?

    (a) the ownership of Hasbro and Mattel
    (b) the initial trial and error versions
    (c) the contribution of James Brunot
    (d) the discovery by a major US store

71. Where did the Scrabble board game first prevail?

    (a) in South America
    (b) in Asia and Africa
    (c) in the US and the UK
    (d) in French-speaking countries

72. In the context of the passage, reveals means _____.

    (a) certifies
    (b) indicates
    (c) proposes
    (d) imagines

73. In the context of the passage, roughly means _____.

    (a) rudely
    (b) crudely
    (c) approximately
    (d) unevenly

Part 4. *Read the following business letter and answer the questions. The underlined words in the letter are for vocabulary questions.*

The Administrative Officer
Media Exhibition International
2389 Pine Avenue
San Francisco, CA 95112

Dear Mr. Nixon:

Last year, I attended your exhibition, which was held at the Grand Marriott Hotel from September 10 to 13, and found it to be informative and interesting. Unfortunately, my enjoyment of the event was spoiled by a number of organizational problems.

Firstly, it was difficult to register for the event. You set up an online registration system, which I found totally unworkable. Even after spending several wasted hours trying to register following your guidelines, the computer would not process my application. I eventually succeeded in registering by faxing documents.

Secondly, the venue would have been better suited to a medium-sized business conference than to a large exhibition open by registration to the public. The lack of space led to serious overcrowding, particularly at peak visiting times such as lunchtime and early evenings. At times, I was also seriously concerned about my physical safety as an <u>attendee</u>.

The final point I'd like to make is about product information. It is very enjoyable to see and test a range of excellent sound systems, but it is also important to be able to take away leaflets on interesting products for research purposes before deciding which system to buy. However, by the time I attended the exhibition, all the leaflets had been taken.

Would you be kind enough to <u>investigate</u> these matters on my behalf?

Thank you for your time. I look forward to hearing from you soon.

Cordially yours,

Richard Jones
Exhibition Attendee
Representative of Apple

74. Why did Mr. Jones send a letter to exhibition organizers?

(a) to ask a question about registration
(b) to file an official complaint
(c) to ask a question about accommodation
(d) to request a cash refund

75. According to the letter, what was the first problem Mr. Jones encountered during the exhibition?

(a) The registration system was inefficient.
(b) The registration fee was too expensive.
(c) The food was not well-prepared.
(d) The attendees were very unruly.

76. Why was Mr. Jones probably unable to use the regular registration system?

(a) because the system was faulty
(b) because he had a faulty computer
(c) because he was applying from overseas
(d) because he was using a different system

77. Why was the venue not suitable for the exhibition?

(a) It was too pricy for such an event.
(b) The business center was not well equipped.
(c) It was occasionally too congested.
(d) It was too fancy for such a meeting.

78. According to the writer, what was the last shortcoming of the exhibition?

(a) There were not enough sound systems on display.
(b) There were not enough pamphlets available.
(c) The pamphlets were not detailed enough.
(d) There was not enough sound system testing.

79. In the context of the passage, attendee means _____.

(a) membership
(b) individual
(c) person
(d) participant

80. In the context of the passage, investigate means _____.

(a) review
(b) ponder
(c) consider
(d) scrutinize

THIS IS THE END OF THE TEST

G-TELP 모의고사
TEST
4

GRAMMAR
LISTENING
READING AND VOCABULARY

시험 시간 90분

시험 준비하기

1. 휴대폰 전원 끄고 시계 준비하기
2. Answer Sheet, 컴퓨터용 사인펜, 수정 테이프 준비하기
3. 노트테이킹 할 필기구 준비하기

시작 시간 : _____ 시 _____ 분
종료 시간 : _____ 시 _____ 분

General Tests of English Language Proficiency
G-TELP

Level 2

GRAMMAR SECTION

TEST 1

TEST 2

TEST 3

TEST 4

TEST 5

TEST 6

TEST 7

DIRECTIONS:

The following items need a word or words to complete the sentence. From the four choices for each item, choose the best answer. Then blacken in the correct circle on your answer sheet.

Example:

The boys _____ in the car.

(a) be
(b) is
(c) am
(d) are

The correct answer is (d), so the circle with the letter (d) has been blackened.

ⓐ ⓑ ⓒ ●

NOW TURN THE PAGE AND BEGIN

1. A new major French wine producer plans to launch a new line of dry white wine this coming December. Accordingly, to highlight the event, the owner of this family business _____ a wine tasting event next week to announce the details.

(a) will have been hosted
(b) hosts
(c) has hosted
(d) will be hosting

2. In recent years, many people have been practicing a new hobby—flying drones, which are small flying objects with cameras. The good news is that anyone with a few hundred dollars _____ easily buy the equipment and get started right away.

(a) can
(b) shall
(c) may
(d) could

3. A few of the employees from the accounting department were extremely unhappy because they can't be at the Christmas party this year. They think it's unfair _____ the party despite their hard work throughout the whole year.

(a) having missed
(b) to have missed
(c) to miss
(d) missing

4. Most of the employees at the automobile company are upset with management for the long working hours. They _____ outside the building on Main Street right now to get the attention of the media and the local government.

(a) protest
(b) are protesting
(c) have protested
(d) have been protesting

5. The blue orchid is a species of orchid found in Northeast India with very long-lasting blue flowers. To encourage healthy growth and blooms, horticulturists suggest that the blue orchids _____ a few hours of direct sunlight every day.

(a) will receive
(b) receive
(c) are receiving
(d) received

6. The board members cannot agree on any of the solutions that they have discussed. They _____ for almost 5 hours now at the meeting about the continuing loss in company revenue.

(a) talked
(b) had talked
(c) have been talking
(d) are talking

7. Businesses such as Starbucks or Tim Hortons attract millions of customers despite the exorbitant prices of coffee and food products. In fact, most customers visit these stores because they are socially responsible. If only more businesses were like them, people _____ more comfortable spending their money there.

   (a) would feel
   (b) would have felt
   (c) will feel
   (d) feel

8. During the last game, the baseball coach told some of the players that they were in danger of being let go by the team's owner because of their lack of dedication. He inquired if they _____ any personal problems for the last few months before they finally admitted they were having trouble and requested professional help.

   (a) had been having
   (b) were having
   (c) are having
   (d) have been having

9. Healthy eating is an important part of growth and development. Children and teenagers should eat plenty of fruits and vegetables, whole grains, and a variety of protein foods. Additionally, nutritionists believe it is essential that people _____ physically active for at least 60 minutes every day.

   (a) have stayed
   (b) stayed
   (c) will stay
   (d) stay

10. Peter dreamed of becoming a professional barista and coffee shop owner after taking his first part-time job as a barista at his friend Tony's coffee shop. If he had not worked at the coffee shop, he _____ his future dream.

    (a) would not find
    (b) would not have found
    (c) will not be finding
    (d) had not been found

11. Dry hands can make cold winter months tough to bear, and it gets worse as people get older. While lots of creams and lotions boast extreme hydrating powers, dermatologists recommend _____ oil-based moisturizers instead of lotion-type ones.

    (a) applying
    (b) to apply
    (c) to be applying
    (d) having applied

12. I was raised in an English-speaking country and spent my entire life using English as my first language, which changed later on. In fact, if I had not taken a one-year internship in Geneva when I was in college, I _____ fluent in French.

    (a) had not become
    (b) would not become
    (c) will not become
    (d) would not have become

13. Not willing to wear a boring costume for her Halloween party this year, Sara decided to do something different. So, she said that she _____ to explore the new specialty store near her office downtown.

(a) just hoped
(b) was just hoping
(c) has just hoped
(d) is just hoping

14. An aurora polaris is a natural light display in Earth's sky, predominantly seen in high-latitude regions such as the Arctic and the Antarctic. If one captured it on camera, the natural phenomenon _____ spectacular.

(a) is probably looking
(b) would probably have looked
(c) would probably look
(d) will probably look

15. Jennifer is pleased with her work as a senior researcher at the National Institute of Health in Maryland. She _____ a team of researchers for a year by next fall, most likely with surprising outcomes.

(a) will manage
(b) will have been managing
(c) managed
(d) is managing

16. The fall season can trigger allergies, and the symptoms may vary. But ragweed pollen is the biggest allergy trigger in the fall. One of the best ways to stay safe from it involves _____ certain fruits such as bananas and melon.

(a) to avoid
(b) having avoided
(c) avoiding
(d) to be avoiding

17. In recent years, the retail industry has seen a lot of growth driven mainly by the expansion of e-commerce. Had economic activities not increased, it _____ so drastically.

(a) would not grow
(b) would not have grown
(c) had not grown
(d) was not growing

18. The new personal coach at the Golden Gym Health Club in the city has obtained a substantial number of positive reviews and has consequently become popular among young women. Now the owner of the fitness club is considering _____ to older people to increase its influence in the entire state.

(a) advertising
(b) having advertised
(c) to advertise
(d) to have advertised

19. Mr. Wilson enjoys his morning exercises. To ensure that his body will get enough physical activity every day this month, he _____ get up before dawn for a long jog by the beach. Then, in the evening, he will do yoga.

(a) could
(b) can
(c) would
(d) will

20. David's mother isn't used to doing physical therapy every day since her ski accident. If she were mindful of her health, she _____ more conscientious and not skip her therapy sessions.

(a) will have been
(b) are being
(c) would be
(d) will be

21. In a society where youthful appearances are desired, many people spend money on expensive skincare and cosmetics. If you want _____ getting wrinkles, the most important thing you need to remember is sunblock or sunscreen.

(a) avoiding
(b) to avoid
(c) avoided
(d) to be avoiding

22. An episodic memory refers to the memory of an event or an episode. _____ it allows people to mentally travel back in time to an event from the past, psychologists often use them to help patients deal with their negative experiences.

(a) Whether
(b) Although
(c) Because
(d) Until

23. Friendship is a relationship of mutual affection between people and is often a stronger form of interpersonal bond than an association. But most importantly, a friend is someone _____, regardless of the circumstances.

(a) when you choose to be yourself with
(b) whose you choose to be yourself with
(c) which you choose to be yourself with
(d) whom you choose to be yourself with

24. Now that Nick has completed cooking classes online, he is pretty good at making simple but delicious meals. _____ using dried thyme and parsley in his pasta sauce, he picks fresh herbs from his own balcony garden.

(a) Because of
(b) Rather than
(c) Other than
(d) In spite of

TEST 1

TEST 2

TEST 3

TEST 4

TEST 5

TEST 6

TEST 7

25. Cinnamon is a sweet, fragrant spice produced from the inner bark of trees, _____ subcontinent. It was also popular in biblical times and mentioned in numerous books of the Bible as a kind of ointment.

(a) where is native to the Indian
(b) who is native to the Indian
(c) which is native to the Indian
(d) that is native to the Indian

26. Some of the war refugees were detained at the border. Their defense attorney argued the case objectively. He requested that they _____ due to their unfortunate circumstances.

(a) be released
(b) will be released
(c) have been released
(d) are released

LISTENING SECTION

TEST 1

TEST 2

TEST 3

TEST 4

TEST 5

TEST 6

TEST 7

DIRECTIONS:

The Listening Section has four parts. In each part you will hear a spoken passage and a number of questions about the passage. First you will hear the questions. Then you will hear the passage. From the four choices for each question, choose the best answer. Then blacken in the correct circle on your answer sheet.

Now you will hear a sample question. Then you will hear a sample passage.

Now listen to the sample question.

> (a) one
> (b) two
> (c) three
> (d) four

Bill Johnson has four brothers, so the best answer is (d). The circle with the letter (d) has been blackened.

ⓐ ⓑ ⓒ ●

NOW TURN THE PAGE AND BEGIN

27. (a) the effects of global warming
    (b) the positive effect of globalization
    (c) the effects of the rising tides
    (d) the effect of melting glaciers

28. (a) a group of influential world leaders and environmentalists
    (b) a group of students from Ivy League universities
    (c) various environmentalists and activists
    (d) heads of state from only wealthy countries

29. (a) It is a global issue.
    (b) It only affects islands.
    (c) It was first reported almost half a century ago.
    (d) It influences marine ecosystems.

30. (a) because the glaciers in the sea melt
    (b) because glaciers in the sea and on land melt
    (c) because it rains a lot and glaciers in the sea melt
    (d) because it rains a lot and glaciers on land melt

31. (a) by increasing the frequency of snowstorms and rain
    (b) by decreasing the frequency of thunderstorms
    (c) by increasing the frequency of droughts and floods
    (d) by decreasing the frequency of torrential rain

32. (a) by using only eco-friendly cars
    (b) by using only eco-friendly light bulbs
    (c) by prohibiting single-use plastics
    (d) by reducing greenhouse gas emissions

33. (a) stop traveling by airplanes
    (b) cut down on the consumption of fuel
    (c) cut down on the consumption of single-use plastics
    (d) stop buying automobiles that use fuel

TEST 1

TEST 2

TEST 3

TEST 4

TEST 5

TEST 6

TEST 7

Part 2. *You will hear a presentation by one person to a group of people. First you will hear questions 34 through 39. Then you will hear the talk. Choose the best answer to each question in the time provided.*

34. (a) How to enroll in a new fitness center
    (b) The important tips for healthy lifestyle
    (c) How to join a hot yoga class
    (d) The benefits of drinking lots of water

35. (a) by telling them what to eat everyday
    (b) by showing them when to exercise
    (c) by showing them their health issues
    (d) by keeping track of their red blood cells

36. (a) try to keep a positive mindset
    (b) consider giving up addictions
    (c) try to stay stress-free
    (d) consider going to bed early

37. (a) that it only affects the older generation
    (b) that it generally causes mental issues
    (c) that it can be alleviated by taking pills
    (d) that it can bring about many health complications

38. (a) meditating in nature
    (b) doing the things you like most
    (c) being with your loved ones
    (d) going to the crowded city malls

39. (a) eat balanced meals every day
    (b) go on a strict diet immediately
    (c) quit all the bad habits at once
    (d) go to the health club every day

40. (a) an internship application for a program abroad
    (b) a part-time job application online
    (c) the newest technological devices online
    (d) ideas for a common project

41. (a) by making it less personal
    (b) by making it more meaningful
    (c) by causing it to be more complicated
    (d) by allowing it to be a lot more fun

42. (a) It forces people to react to their friends' uploads.
    (b) It encourages people to take photos of their lifestyle.
    (c) It puts more focus on taking pictures than enjoying oneself.
    (d) It's a cheap and easy way to contact loved ones.

43. (a) that she has to look at all their photos
    (b) that she has to "like" all their photos
    (c) that her friends' lives are so boring
    (d) that her friends' lives are so exciting

44. (a) because he thinks Mia is showing off her lifestyle
    (b) because he doesn't like showing off what he has
    (c) because he thinks everything should be kept private
    (d) because he thinks some aspects should be kept private

45. (a) David will deactivate his social media accounts.
    (b) They will get together to finish their homework.
    (c) They will get together to celebrate a friend's birthday.
    (d) Mia will delete her social media accounts.

46. (a) how to prepare for a job interview
    (b) how to draft the perfect résumé
    (c) how to draft a good cover letter
    (d) how to fit into the new job market

47. (a) Most people only have one career for life.
    (b) All young people do not need extra career training.
    (c) The job market is centered on technology only.
    (d) Most people do not have one career for life.

48. (a) because they don't have a college degree
    (b) because their jobs will become obsolete
    (c) because they won't be prepared to change
    (d) because they don't have the experience

49. (a) by starting to look for a job now
    (b) by going back to college immediately
    (c) by quitting one's current job
    (d) by learning the necessary skills

50. (a) because people will become more emotional
    (b) because of globalization and its widening impacts
    (c) because of social media and its influences
    (d) because people will need more understanding

51. (a) because it will make people feel smart
    (b) because it is only for computer scientists
    (c) because it will become indispensable soon
    (d) because everything is done by computers today

52. (a) people who just graduated from college
    (b) people who retired a long time ago
    (c) successful business owners
    (d) experienced entrepreneurs

READING AND VOCABULARY SECTION

TEST 1

TEST 2

TEST 3

TEST 4

TEST 5

TEST 6

TEST 7

DIRECTIONS:

You will now read four different passages. Each passage is followed by comprehension and vocabulary questions. From the four choices for each item, choose the best answer. Then blacken in the correct circle on your answer sheet.

Read the following example passage and example question.

Example:

Bill Johnson lives in New York. He is 25 years old.
He has four brothers and two sisters.

How many brothers does Bill Johnson have?

(a) one
(b) two
(c) three
(d) four

The correct answer is (d), so the circle with the letter (d) has been blackened.

ⓐ ⓑ ⓒ ●

NOW TURN THE PAGE AND BEGIN

Part 1. Read the following biography article and answer the questions. The underlined words in the article are for vocabulary questions.

CHARLIE BROWN

Charlie Brown is an American character in Charles Schulz's enormously popular comic strip which first ran on October 2, 1950. Portrayed as a "lovable loser," Charlie Brown is one of the great American archetypes, both a popular and widely recognized cartoon character. Charlie Brown is characterized as a person who frequently suffers, and as a result, is usually nervous and lacks self-confidence. He shows both pessimistic and optimistic attitudes. Sometimes, he is extremely reluctant to go out of the house because his day might just be spoiled, but otherwise, he hopes for the best and tries as much as he can to accomplish things. He is easily recognized by his trademark zigzag-patterned shirt.

Charlie Brown was created in 1950 by Charles M. Schulz for the *Peanuts* comic strip. The animated series was likely named *Peanuts* because it was a well-known term for children at the time. It was popularized by the television program *The Howdy Doody Show* which debuted in 1947 and featured an audience section for children called the "Peanut Gallery."

Charles M. Schulz said that Charlie Brown must be the one who suffers because he is a caricature of the average person and that most people are more acquainted with losing than winning. Despite this, Charlie Brown does not always suffer, as he has experienced some happy moments and victories through the years, and on occasion, he has shown self-assertiveness regardless of his nervousness.

In the series, Charlie Brown almost always wears black shorts and a yellow polo shirt with a black zigzag stripe around the middle. He does not care about his appearance, but when it comes to his personality, he is gentle, insecure, and easy to love.

Charlie Brown is the only *Peanuts* character to have been a part of the strip throughout its 50-year run, which last ran in February 2000. The television cartoon series based on the strip received several awards including the Primetime Emmy Award for Outstanding Children's Program and a Peabody Award. Additionally, it helped start the career of several people, such as Peter Robins who was the first voice actor for Charlie Brown, and others who continued creating award-winning cartoon series including *Snoopy*. Due to Charlie Brown's relatable character and personality, children and adults alike continue to enjoy this cult animated series.

53. According to the article, what is Charlie Brown described as?

(a) a person who brings American children together
(b) someone who represents a charming loser
(c) a character who provides jobs to young actors
(d) someone who gives confidence to hopeless children

54. What can Charlie Brown be recognized by?

(a) his outgoing personality traits
(b) his tendency to procrastinate in life
(c) his pessimistic view on the outside world
(d) his extreme fear of failing in school

55. Why most likely was the TV series named *Peanuts*?

(a) because it was already a popular term
(b) because all American kids love peanuts
(c) because peanuts are lovable nuts worldwide
(d) because the creator was a huge fan of peanuts

56. How does Charlie Brown sometimes break from his initial "loser" character?

(a) by dressing up more appropriately
(b) by behaving with self-confidence
(c) by treating others indifferently
(d) by behaving disrespectfully towards others

57. What was Charlie Brown's contribution to Hollywood's animation business?

(a) It was the first American cartoon to be enjoyed internationally.
(b) It became a stepping stone for many actors.
(c) It opened many doors for successful voice actors.
(d) It paved the way for people engaging in the animation industry.

58. In the context of the passage, debuted means _____.

(a) began
(b) introduced
(c) premiered
(d) originated

59. In the context of the passage, relatable means _____.

(a) affordable
(b) essential
(c) comfortable
(d) understandable

A NEW ERA: CHALLENGES FOR THE BANKING INDUSTRY

As businesses undergo rapid digital transformation, security has to be reinvented, especially when handling sensitive personal information, which becomes prime targets for cybercriminals. Financial institutions must use comprehensive, intelligent, and proactive security strategies. According to a new report, the banking sector is up to 300 times more likely to suffer a cyberattack than others. Cyber activities such as phishing, malware, and ransomware attacks grew from fewer than 5,000 per week in February 2020 to more than 200,000 per week in late April 2021.

Now that digital services have been widely embraced, banks need to protect consumers proactively. New processes, barriers, and cybersecurity frameworks are required to prevent and mitigate attacks. Financial institutions must consider strategies that analyze new omnichannel models, such as physical branch networks, self-service, and online and mobile banking services, to protect the entire banking. It should be done in a structured, centralized, and optimized way.

There are three types of cyberattacks. Firstly, there is malware aimed at encoding information by publishing the personal information of customers and/or employees. Cybercriminals obtain private information about people or companies on social media, company websites, or via other publicly accessible sources. Spear phishing uses this information to trick their victims into performing a task or sharing valuable information.

Another mechanism is social engineering, which is the psychological manipulation of people to make them reveal information or act wrongly. Often, victims do not even know they have made a mistake until the fraud is exposed. Both types are targeted at a small number of potential victims, such as bank employees.

The other cybersecurity threat is end-user PC and laptop vulnerabilities. When cybercriminals send phishing emails or malicious attachments to employees, they target any device that can somehow be manipulated to gain access to the entire network.

Digital transformation has equally contributed to the massive use of new technologies such as cloud servers, which indirectly make organizations vulnerable, especially if they do not <u>allocate</u> the necessary investment to keep their systems secure. Last but not least, all industries have <u>embraced</u> remote working and gone digital because of the pandemic. The challenge now is to improve the overall customer experience no matter what channel is used.

60. Based on the article, why are security issues for banks skyrocketing?

(a) because of a growing economy around the world
(b) because of much wealthier customers
(c) because of growing digital changes
(d) because of rich financial institutions

61. Based on the article, what kind of cyber activities are customers usually victims of?

(a) receiving fraudulent emails or messages
(b) losing personal information or identity theft
(c) having one's bank information stolen
(d) having one's email account or computer hacked

62. How most likely will banks protect their valued customers?

(a) by reinforcing security at all the locations
(b) by increasing insurance policy rates
(c) by strengthening cybersecurity systems
(d) by hiring more qualified law enforcement officers

63. According to the article, what does social engineering involve?

(a) pushing people to act wrongfully
(b) socially manipulating social media users
(c) psychologically manipulating teens who use the Internet
(d) forcing people to act intentionally

64. How do malicious emails contribute to cyberattacks?

(a) by reaching many customers at once
(b) by connecting to a whole network
(c) by influencing many bank employees at once
(d) by attacking an entire financial institution

65. In the context of the passage, <u>allocate</u> means _____.

(a) deliver
(b) classify
(c) rationalize
(d) assign

66. In the context of the passage, <u>embraced</u> means _____.

(a) accepted
(b) fashioned
(c) assumed
(d) violated

THE ARC de TRIOMPHE

The Arc de Triomphe is an emblematic symbol of the French capital and represents the various victories of the French army under Napoleon, who commissioned its construction. The arch stands at the center of the Place Charles de Gaulle, formerly the Place de l'Étoile, which is the western end of the Avenue des Champs-Élysées.

The monument was designed by Jean-François Chalgrin, and it took thirty years to build due to his miscalculations. It was commissioned by Napoleon in 1806 at the end of the battle of Austerlitz and inaugurated by King Louis-Philippe. The two-century-old Arc de Triomphe has witnessed the city's most relevant turning points, including Napoleon's funeral on December 15th, 1840, the World War I victory parade in 1919, and the "Victory Day" parade to celebrate the end of World War II in 1944.

The Arc de Triomphe is, along with the Eiffel Tower, one of the main symbols of Paris. It is 50 meters high, 45 meters wide, and 22 meters deep, and it represents all the French military victories in the Napoleonic Wars. At the base of the arch is the Tomb of the Unknown Soldier, erected in 1921. The burning flame represents all French soldiers who died during World War I and were unfortunately never identified. Each of its four pillars represents important victories, such as the French resistance during the War of the Sixth Coalition in 1814, the Treaty of Paris in 1815, La Marseillaise, and the Treaty of Schonbrunn in 1810.

Although this Roman-inspired arch doesn't stand as high as the Eiffel Tower, its views are equally breathtaking. But visitors should also climb to the top to see the meeting point of Paris' twelve avenues, which stands at the center of Place Charles de Gaulle.

To get to the observation deck of the arch, visitors have to pay the admission ticket and go up 286 steps, where the views of the Champs-Élysées are striking. Inside there is a small museum along with an information desk. To get to the base of the Arc de Triomphe, visitors have to take the underpass on the Champs-Élysées.

67. What is the Arc de Triomphe most famous for?

(a) being an emblem of the victories of Napoleon
(b) representing the culture of Parisians
(c) representing wealth and success
(d) symbolizing French pride after the war

68. Why did the construction of the monument take so long?

(a) because there were many ongoing wars
(b) because Napoleon was away at war
(c) because France did not have enough manual labor
(d) because the designer misjudged the project

69. Who initiated the conception of the monument?

(a) the king and queen of France
(b) a French army officer
(c) government leaders in Europe
(d) soldiers who fought in World War I

70. What is an important characteristic of the Arc de Triomphe?

(a) It is the highest monument in Paris.
(b) It reminds people of Napoleon's tenacity.
(c) It is as meaningful as the Eiffel Tower.
(d) It is not open to the general public all year round.

71. Why should people climb to the top of the arch?

(a) to see the Bastille Day military parade location
(b) to identify how high the arch is
(c) to reach the underpass in the museum
(d) to have a complete overview of Paris

72. In the context of the passage, commissioned means _____.

(a) instructed
(b) hired
(c) picked
(d) taught

73. In the context of the passage, striking means _____.

(a) severe
(b) spectacular
(c) obvious
(d) imposing

Thomas Parker
COO
West Carolina Fabric Ltd.
Santa Monica, CA

Dear Mr. Parker:

I am writing to you on behalf of my partner and me to request some information about the products that you manufacture. We were impressed by the selection and the quality of sweaters that were displayed at your stand at the Women's Wear Exhibition held in Los Angeles, at the end of last spring.

We are a large chain of retailers, across several states in America, and are looking for a manufacturer who could supply us with a wide range of sweaters for teenage girls and young ladies.

As we usually place very large orders, we would expect a quantity discount in addition to a 35% trade discount off the net prices. Also, our terms of payment are generally a 30-day bill of exchange, which is a written document used especially in international trade, and it orders a person or organization to pay a particular amount of money at a particular time for goods or services. As for documents against acceptance(D/A), there is an <u>arrangement</u> in which someone has the right to collect imported goods only after the document has been signed at a bank.

If these conditions interest you, and you can meet orders of over 500 sweaters at one time, please email us your most updated catalog with the price list. For any questions or <u>concerns</u>, feel free to contact us.

We look forward to hearing from you soon.

Yours faithfully,

Mary Landale
CEO
Hudson Factory Mills Inc.

74. Why did Mary Landale write to Thomas Parker?

    (a) to inform him about the company's services
    (b) to notify him about the latest order
    (c) to ask him for some personal information
    (d) to inquire about some of the company's products

75. How did Mary Landale become aware of Parker's business?

    (a) She visited one of his stores.
    (b) She visited his stand at a clothing exhibition.
    (c) She shopped for his products online.
    (d) She found an ad in the local newspaper.

76. Why is Mary Landale contacting West Carolina Fabric Ltd.?

    (a) because she enjoyed the New York exhibition
    (b) because the products were cheap and high quality
    (c) because they both are located in California
    (d) because she needs clothing for women

77. Which of the following is NOT part of Landale's suggestions?

    (a) a 35% discount on the order
    (b) a 30-day bill of exchange
    (c) documents against acceptance
    (d) free shipping and handling

78. What should Parker probably do in the case the conditions are favorable?

    (a) make an immediate call with the details
    (b) send a fax immediately including the prices
    (c) email the catalog and price list
    (d) visit Landale's office as soon as possible

79. In the context of the passage, arrangement means _____.

    (a) development
    (b) appointment
    (c) assignment
    (d) agreement

80. In the context of the passage, concerns means _____.

    (a) problems
    (b) enterprises
    (c) works
    (d) interests

THIS IS THE END OF THE TEST

G-TELP 모의고사
TEST
5

GRAMMAR
LISTENING
READING AND VOCABULARY

시험 시간 90분

시험 준비하기

1. 휴대폰 전원 끄고 시계 준비하기
2. Answer Sheet, 컴퓨터용 사인펜, 수정 테이프 준비하기
3. 노트테이킹 할 필기구 준비하기

시작 시간 : _____ 시 _____ 분
종료 시간 : _____ 시 _____ 분

General Tests of English Language Proficiency
G-TELP

Level 2

GRAMMAR SECTION

DIRECTIONS:

The following items need a word or words to complete the sentence. From the four choices for each item, choose the best answer. Then blacken in the correct circle on your answer sheet.

Example:

The boys _____ in the car.

(a) be
(b) is
(c) am
(d) are

The correct answer is (d), so the circle with the letter (d) has been blackened.

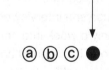

NOW TURN THE PAGE AND BEGIN

1. With the holiday season coming up, retailers are busy with more customers in their stores. It is fortunate that they prepared and stocked up on the most popular products. They _____ try to make sure that such products are always in stock.

   (a) may
   (b) could
   (c) will
   (d) can

2. It is necessary that anyone who is able _____ some blood because hospitals are always in need of blood. This is especially crucial for patients who have very rare blood types, because sometimes they can't have surgery without an exact match.

   (a) donate
   (b) donates
   (c) is donating
   (d) will donate

3. Elizabeth has happily lived most of her life as a single woman. Although she has a great job and many wonderful friends, she _____ about settling down, getting married, and having children.

   (a) has now thought
   (b) is now thinking
   (c) will now think
   (d) was now thinking

4. The latest iPhone was launched just a couple of months ago to very good reviews. _____, the sales numbers were lower than last year's sales, and as a result, the company has cut down the production of the new phones.

   (a) Additionally
   (b) Similarly
   (c) Therefore
   (d) However

5. Although the northern west coast has experienced wildfires during the summers, it is getting much worse. The wildfires, _____, are now causing the surrounding cities to experience very poor air quality.

   (a) where can devastate acres of forests
   (b) what can devastate acres of forests
   (c) which can devastate acres of forests
   (d) who can devastate acres of forests

6. Ryan initially hired the new employee because she interviewed very well. But only a week into her employment, everyone has started complaining about how difficult she is to work with. If he had known about her personality beforehand, he _____ her.

   (a) will not hire
   (b) had not hired
   (c) would not hire
   (d) would not have hired

7. After a long week of meetings with clients, Luke will travel to Hong Kong for another business trip. He _____ with clients when we arrive in Hong Kong for the business conference.

(a) will still be meeting
(b) have still be meeting
(c) will still have met
(d) were still meeting

8. Because the professional sports team has such a loyal fan base and excellent management team, many free agents often want to join the team. They don't even mind _____ a pay cut.

(a) to get
(b) to be getting
(c) getting
(d) being gotten

9. Learning a new language can be very time consuming and difficult for adults compared to younger learners. Educators advise that adult learners _____ patient and persistent because eventually, they will get results.

(a) stay
(b) will stay
(c) are staying
(d) stayed

10. Their children _____ them to get a puppy for a couple of years now. As a result, they finally concluded that their children were old enough and responsible enough to care for a family pet and decided to check some adoption sites.

(a) beg
(b) begged
(c) will be begging
(d) have been begging

11. New outlets can be cutthroat as stories need to be published as quickly as possible. However, this can create problems, especially online, as writers publish with grammatical errors. It is necessary _____ a story before printing it or posting it online.

(a) to double check
(b) double checking
(c) having double checked
(d) to be double checking

12. The company was on the brink of bankruptcy until new ownership took over. The company _____ money for the past couple of years, but now with new ownership, there seems to be signs that things can turn around.

(a) lost
(b) had been losing
(c) will have lost
(d) is losing

13. Isabelle trained her dogs not to jump onto the couch in the living room. If she knew that her dogs were lying on the couch as soon as she left the house, she _____ at the sneakiness of her dogs.

    (a) will laugh
    (b) would laugh
    (c) would have laughed
    (d) has laughed

14. The largest real estate company in the country was experiencing financial problems and was no longer profiting from its home sales. The company is expected _____ billions of dollars and may even lose a lot of their investors.

    (a) to lose
    (b) losing
    (c) to be losing
    (d) having lost

15. Joshua just graduated from university and is preparing himself to enter the workforce in March. He _____ for a few weeks when his first day of work begins as he is currently buying new work outfits and researching his new workplace.

    (a) is getting ready
    (b) will have been getting ready
    (c) had been getting ready
    (d) have been getting ready

16. Although the new manager of the sales department was promoted to her position after years of working in the department, the VP of sales suggested _____ her further training before giving her full autonomy.

    (a) having given
    (b) to have given
    (c) giving
    (d) to give

17. Brett often relies on caffeinated drinks in order to get through long work days, but this often causes insomnia at night. If he were to focus on healthier eating instead, he _____ caffeine to keep up his energy during the day.

    (a) does not need
    (b) will not need
    (c) is not needing
    (d) would not need

18. Although the Internet can be a great source of useful information, it can also be dangerous for younger people. Parents _____ monitor the online activities of their children, especially on social media.

    (a) would
    (b) could
    (c) should
    (d) shall

19. The young athlete may need to pull out of the upcoming international competitions in the next few weeks since her doctor warned her not to put any more strain on her leg injury. If she were feeling better, she _____, but even that is not an option.

(a) would have practiced
(b) was practicing
(c) would practice
(d) will practice

20. The wealthy businessman was known to be a happy bachelor and spent a lot of his time building his empire instead of searching for his ideal wife. This was why it was a surprise when he suddenly married a woman, _____ just a few weeks prior.

(a) that he had met
(b) where he had met
(c) what he had met
(d) whom he had met

21. Halloween was just around the corner. We bought several large bags of fun-sized candy bars _____ we had enough for all the neighborhood kids who came to trick-or-treat.

(a) because
(b) so that
(c) unless
(d) in case

22. Jack was so angry at himself since he missed the bus and arrived late for his job interview. If he hadn't woken up late that morning, he _____ to the interview on time.

(a) was getting
(b) had gotten
(c) would get
(d) would have gotten

23. My relatives are very active and enjoy activities that require physical strength. When I joined them for a hike that afternoon, they _____ the steepest and most challenging trails.

(a) were climbing
(b) will have climbed
(c) are climbing
(d) have climbed

24. Because some of the popular products were limited in quantity at the shop, the owners asked that customers _____ their names on a waiting list so that they could be contacted once the item was available.

(a) placed
(b) place
(c) will place
(d) are placing

TEST 1

TEST 2

TEST 3

TEST 4

TEST 5

TEST 6

TEST 7

25. Some people do not get enough fluids during the day, and as a result, they may feel fatigued due to dehydration. Experts advocate _____ at least eight cups of water every day.

   (a) to be drunk
   (b) drinking
   (c) having drunk
   (d) to drink

26. June decided to make a big change in her life and work towards becoming more active since she remains so sedentary at work. If she hadn't quit junk food and decided to go to the gym after work, she _____ 10 kilograms so far.

   (a) would not have lost
   (b) did not lose
   (c) would not lose
   (d) had not lost

LISTENING SECTION

DIRECTIONS:

The Listening Section has four parts. In each part you will hear a spoken passage and a number of questions about the passage. First you will hear the questions. Then you will hear the passage. From the four choices for each question, choose the best answer. Then blacken in the correct circle on your answer sheet.

Now you will hear a sample question. Then you will hear a sample passage.

Now listen to the sample question.

> (a) one
> (b) two
> (c) three
> (d) four

Bill Johnson has four brothers, so the best answer is (d). The circle with the letter (d) has been blackened.

ⓐ ⓑ ⓒ ●

NOW TURN THE PAGE AND BEGIN

27. (a) the side effects of cold temperatures
    (b) the side effects of the spring season
    (c) getting rid of unused household goods
    (d) throwing away expired groceries

28. (a) He checks the expiration date of his makeup.
    (b) He gives away some of his unused clothes.
    (c) He buys a new television set and a computer.
    (d) He shops for second-hand furniture online.

29. (a) because her clothing style is very peculiar
    (b) because she does not wear trendy clothes
    (c) because her neighborhood doesn't have needy people
    (d) because she does not think people will wear them

30. (a) She thinks it is usually a waste of money.
    (b) She thinks it is usually very important.
    (c) She replaces her furniture at least once a year.
    (d) She replaces her furniture when it is worn out.

31. (a) because he doesn't have a job
    (b) because he cannot afford expensive things
    (c) because the furniture is cost-effective
    (d) because the furniture doesn't use wood

32. (a) She accidentally knocked down the screen.
    (b) It was inadvertently hit by lightning.
    (c) It was unintentionally hit with a baseball bat.
    (d) She purposefully used the wrong power outlet.

33. (a) go furniture shopping downtown
    (b) look for a brand-new TV set online
    (c) check on the expiration dates of their groceries
    (d) start cleaning their respective houses for spring

TEST 1

TEST 2

TEST 3

TEST 4

TEST 5

TEST 6

TEST 7

Part 2. *You will hear a presentation by one person to a group of people. First you will hear questions 34 through 39. Then you will hear the talk. Choose the best answer to each question in the time provided.*

34. (a) how to enroll in a rewards program online
    (b) the best way to wrap a special present
    (c) how to join a DIY workshop in the summer
    (d) the best place to buy birthday gifts

35. (a) that the present will be extremely expensive
    (b) that the present will be much appreciated
    (c) that the listeners will master the art of gift wrapping
    (d) that the listeners will be a professional gift wrapper

36. (a) It helps with measuring large pieces of wrapping paper.
    (b) It helps with measuring bigger presents, like television sets.
    (c) It allows one to work with other people in one place.
    (d) It allows one to keep all the materials together.

37. (a) because it usually requires a lot of practice and skills
    (b) because it usually depends on the kind of wrapping paper
    (c) because they usually work on a small table
    (d) because they do not handle scissors or rulers well

38. (a) because that's what most gift-wrapping stores do
    (b) because it looks professional
    (c) because that's the new trend in department stores
    (d) because it will stick better

39. (a) by embellishing it with fresh flowers
    (b) by adding an expensive bow on top
    (c) by using vintage wrapping paper
    (d) by looking for metal ornaments

40. (a) applying for a new job online
    (b) browsing for information about research
    (c) looking for academic journals on the Internet
    (d) completing a psychology degree online

41. (a) The information is always reliable.
    (b) All the materials available are free.
    (c) The researcher has a lot more freedom.
    (d) The information can be found quickly.

42. (a) because it is less time-consuming
    (b) because they don't need a library card
    (c) because they don't need to commute daily
    (d) because it is not as boring as reading old books

43. (a) It will prevent an unnecessary commute.
    (b) It will help him work more efficiently.
    (c) It will prevent him from excess printing.
    (d) It will allow him to finish the research earlier.

44. (a) It is a quiet place to concentrate and work.
    (b) It is very inconvenient to commute every day.
    (c) The books are written by intelligent people.
    (d) The books are substantial pieces of information.

45. (a) put his doctoral studies on hold
    (b) ask for extra time to do his research
    (c) try both methods to get the best results
    (d) read more about research methods

46. (a) how to prepare for an online exam
    (b) the best way to surf the Internet
    (c) the best method to apply for a job
    (d) how to create an appealing website

47. (a) Most people find it a complex project to carry out.
    (b) They do not have enough money to finance it.
    (c) They do not know what they really want.
    (d) Most people end up creating useless web pages.

48. (a) because everyone is attracted to beautiful colors
    (b) because everyone likes to surf on colorful websites
    (c) because colors represent a kind of language
    (d) because colors speak to people subconsciously

49. (a) by inserting the colors in the company's logo
    (b) by telling customers about the colors' meanings
    (c) by incorporating the colors on all the pages of the site
    (d) by ensuring employees use the company's colors only

50. (a) because people prefer professional pictures to iPhone ones
    (b) because the pictures will look attractive to people
    (c) because too many companies use stock pictures
    (d) because people do not enjoy looking at fake pictures

51. (a) all the potential investors who visit the site
    (b) customers who might be interested in the company
    (c) all the potential users who will come in contact with the site
    (d) the owner and the employees of the company

52. (a) because the users are usually impatient
    (b) because the users enjoy complex computer systems
    (c) because the users are computer experts
    (d) because the users love surfing on the Internet

READING AND VOCABULARY SECTION

TEST 1

TEST 2

TEST 3

TEST 4

TEST 5

TEST 6

TEST 7

DIRECTIONS:

You will now read four different passages. Each passage is followed by comprehension and vocabulary questions. From the four choices for each item, choose the best answer. Then blacken in the correct circle on your answer sheet.

Read the following example passage and example question.

Example:

Bill Johnson lives in New York. He is 25 years old.
He has four brothers and two sisters.

How many brothers does Bill Johnson have?

(a) one
(b) two
(c) three
(d) four

The correct answer is (d), so the circle with the letter (d) has been blackened.

ⓐ ⓑ ⓒ ●

NOW TURN THE PAGE AND BEGIN

Part 1. *Read the following biography article and answer the questions. The underlined words in the article are for vocabulary questions.*

KOBE BRYANT

Kobe Bryant was an American professional basketball player regarded as one of America's greatest NBA players of all time. A dominant scorer, Bryant is perhaps best remembered for winning five NBA championships and the 2008 Most Valuable Player (MVP) Award with the Los Angeles Lakers.

Kobe Bean Bryant was born on August 23, 1978, in Philadelphia, Pennsylvania. Named after a city in Japan, Bryant is the son of former NBA player Joe "Jellybean" Bryant and Pamela Bryant. In 1984, after ending his NBA career, the elder Bryant took his family to Italy, where he played in an Italian League. Growing up in Italy alongside two athletic older sisters, Kobe was an avid player of both basketball and soccer.

In 1991, Kobe joined the Lower Merion High School basketball team, leading it to the state championships four years in a row. Despite his good grades and high SAT scores, Bryant decided to go straight to the NBA. He was selected by the Charlotte Hornets during the 1996 NBA draft and was subsequently traded to the Los Angeles Lakers.

Bryant was voted a starter for the 1998 All-Star Game, becoming the youngest All-Star in NBA history at 19. He teamed up with superstar center Shaquille O'Neal to win three consecutive NBA championships and was voted as a first-team All-NBA player from 2002–2004.

In 2008, Bryant was named MVP and carried his team to the NBA finals, but lost. However, they won the following year against the Orlando Magic. Bryant played on both the 2008 and 2012 U.S. Olympic teams, winning consecutive gold medals with several USA top players.

After suffering a torn Achilles tendon in April 2013, Bryant worked hard to return to the court before fracturing his knee just six games into the 2013 – 2014 season. Although later seasons were marred by injuries, he surpassed Michael Jordan for third place on the NBA all-time scoring list in December 2014 and retired in 2016 after scoring 60 points in his final game. In 2018, Bryant earned an Academy Award for an animated short film that he wrote and narrated, and published a best-seller, the same year.

Bryant's family's lives were shattered when they lost Kobe and 13-year-old Gianna in a helicopter crash on January 26, 2020. Two years later, a bronze statue of the NBA legend and his daughter Gianna was placed at the crash site in California to mark the anniversary of the tragedy.

53. What is Kobe Bryant most notable for?

(a) his NBA wins and performances
(b) his award-winning short film
(c) the best-selling book he published
(d) the tragedy his family went through

54. Why did Kobe Bryant's family move abroad when he was a kid?

(a) because his father lost his job at home
(b) because he wanted to play soccer
(c) because his father was hired in Italy
(d) because he wanted to study Italian

55. How most likely did Kobe develop an interest in sports?

(a) by going to a special sports high school
(b) by playing for an Italian league
(c) by growing up in Europe and America
(d) by being raised in an athletic family

56. What did Kobe Bryant accomplish before he retired?

(a) He coached an Italian soccer team.
(b) He won Olympic medals twice for the USA.
(c) He wrote an animated best-seller.
(d) He won an award for directing a movie.

57. According to the article, why was Kobe's achievement in his last season outstanding?

(a) because he overcame many challenges to win
(b) because his teammates were not in shape
(c) because he played most of the games out of state
(d) because he competed against some of the best players

58. In the context of the passage, marred means _____.

(a) scratched
(b) deformed
(c) disfigured
(d) ruined

59. In the context of the passage, shattered means _____.

(a) smashed
(b) devastated
(c) troubled
(d) disrupted

Part 2. Read the following magazine article and answer the questions. The underlined words in the article are for vocabulary questions.

VACCINES OR SHARKS: THE CHOICE IS OURS

The hammerhead shark relies on a special oil in its liver to survive the crushing pressures of the deep oceans while it looks for prey at more than a thousand feet under the surface. Shark liver oil, or squalene, is a fatty substance that provides vital buoyancy for this critically endangered species and many others. But it's also a lifesaver for humans as a boosting agent in vaccines, called an adjuvant, that improves the immune system and makes vaccines more effective.

As the world's pharmaceutical companies scramble to create a vaccine for the coronavirus, at least 5 of the 202 vaccine candidates rely on squalene sourced from wild-caught sharks. However, there are two of the big <u>contenders</u> which have both demonstrated early success for the vaccine without adjuvants. But unfortunately, there are biopharmaceuticals in Australia which are leading clinical trials with squalene-made vaccines.

Tens of millions of sharks are caught and traded internationally each year—both legally and illegally—the majority for their meat and fins but roughly three million or more for their squalene. It takes the livers of between 2,500 and 3,000 sharks to extract about a ton of squalene. Conservationists fear that increased demand for squalene for vaccines, among other uses, could further <u>imperil</u> shark species, a third of which are vulnerable to extinction. "This is an unsustainable demand to place on a finite natural resource like sharks," says Stefanie Brendl, founder and executive director of Shark Allies, a California-based conservation nonprofit.

Only about one percent of squalene ends up in vaccines, and most of it goes into cosmetics such as sunscreen, skin creams, and moisturizers. Even so, as the global population booms, the need for vaccines will only increase in the coming years, according to Brendl, noting that medical experts suggest that people will require multiple doses of vaccines against the virus.

In light of declining shark populations, some biotech companies are looking for other sources of squalene. Plants such as sugarcane, olives, and rice bran, for instance, all contain the substance. While plant-based alternatives are being tested in studies and clinical trials, regulatory agencies such as the U.S. Food and Drug Administration have yet to approve them as part of a final vaccine product.

60. Based on the article, how can hammerhead sharks be beneficial to humans?

   (a) Their oil helps save the lives of people.
   (b) In some countries, people enjoy their meat.
   (c) They contain a substance that provides energy.
   (d) They help people survive in deep oceans.

61. Based on the article, how can the substance squalene be obtained?

   (a) It can be chemically manufactured in a lab.
   (b) It can only be extracted from some sharks.
   (c) It can only be found in plant-based products.
   (d) It can be from an animal source or plant-based.

62. According to the article, why are conservationists probably concerned about sharks?

   (a) because some sharks are already extinct
   (b) because of a higher demand for vaccines
   (c) because there's no alternative for squalene
   (d) because more people are using cosmetics

63. What do medical experts think about the vaccine?

   (a) They are not sure if the vaccine will work.
   (b) They believe the vaccine will need clinical trials.
   (c) They know people will only need one vaccine.
   (d) They think people will need several shots.

64. How will some biotech companies deal with the decreasing number of sharks?

   (a) They will look into plant-based squalene.
   (b) They will start producing squalene from animal sources.
   (c) They might try experimenting with synthetic squalene.
   (d) They might try farm-raising sharks for squalene.

65. In the context of the passage, contenders means _____.

   (a) candidates
   (b) associates
   (c) competitors
   (d) allies

66. In the context of the passage, imperil means _____.

   (a) expose
   (b) endanger
   (c) abolish
   (d) murder

EMPEROR PENGUINS

Reaching heights of over three feet, the largest penguin in the world is the emperor penguin. It is equipped with several special adaptations that help it survive an entire year in Antarctica, unlike other penguins, when temperatures drop to —60°C. It stores large amounts of fat that work as an insulator and serve as a <u>long-lasting</u> energy source. Emperor penguins also have small bills and flippers that help to conserve their body heat.

Emperor penguins are hunting predators that feed on fish, squid, and sometimes krill in the cold, productive currents around Antarctica. Scientists have demonstrated that these penguins can dive to depths of at least 500 m in search of food. Though they feed in the open ocean, emperor penguins nest on the ice surface. This penguin is the only species that nests during the winter, and its nesting cycle is fascinating.

After mating, the female lays a single, large egg that the male will incubate until it hatches. The transfer of the egg from the female to the male can be difficult, and some couples drop it. Even if the egg survives being dropped, it will quickly freeze to death as the penguins have little means to pick it back up. As soon as the egg is with the male, the female heads to the open ocean to feed. The male keeps the egg on top of his feet, covered with a blanket of feathers, skin, and fat for two months in the dead of winter. During this time, he does not feed and <u>huddles</u> with other nearby males to conserve body heat.

As nesting colonies only form during the winter, emperor penguins are hard to study. It is very difficult for people to spend the winter in Antarctica. However, scientists have developed a means to track emperor penguin population sizes using satellites. As these penguins are clear black dots on an otherwise white landscape, satellite pictures of their breeding ground allow scientists to account for their numbers and study their movements.

The emperor penguin is considered "near threatened," and it is not currently at risk of extinction. However, it may be particularly vulnerable to ecosystem changes caused by climate change.

67. How most likely do the emperor penguins deal with their incredibly harsh environment?

(a) by staying in colonies to keep warm
(b) by staying hidden during cold temperatures
(c) by making long-term evolutionary development
(d) by changing the kind of food they eat

68. What differentiates emperor penguin from other penguins?

(a) It spends the whole year in Antarctica.
(b) It lives in the Arctic and Antarctic oceans.
(c) It is almost at risk of being extinct.
(d) It is one of the tallest penguins.

69. According to the article, what do emperor penguins prey on?

(a) They hunt for wild animals in tundras.
(b) They feed on fish, shellfish, and squid.
(c) They only prey on big fish like tuna or sharks.
(d) They can feed on algae or any sea animals.

70. Why is it complicated for the emperor penguins to transfer the egg?

(a) because the egg can be eaten by other animals
(b) because the egg is sometimes too heavy to move
(c) because the penguins can drop the egg on the ice
(d) because the egg can be stolen during the transfer

71. According to the article, what are the dangers facing the emperor penguins?

(a) the impact of climate change
(b) the lack of food during the winter season
(c) the lack of reproduction of the females
(d) the threat of bigger penguins

72. In the context of the passage, long-lasting means _____.

(a) strong
(b) durable
(c) stable
(d) firm

73. In the context of the passage, huddles means _____.

(a) meets
(b) collects
(c) sits
(d) congregates

CBS Radio Station
Ms. Kate Samuels
Production Manager
327 Park Avenue
Houston, Texas 45678

Dear Mrs. Kate Samuels:

With summer approaching, you must be thinking of how to keep your office cool so that you and your colleagues can continue to work efficiently. Realizing your needs, we have manufactured air conditioners for different capacities. We have provided detailed specifications in the <u>enclosed</u> pamphlet. You would be happy to know that we are giving a guarantee for five years against all manufacturing defects and will repair or replace any part that causes trouble at our own cost.

At the end of the pamphlet, you will find a card: please fill it out and mail it. We shall then send our technicians to inspect your office, examine your requirements, and make suggestions accordingly so that your entire office may <u>maintain</u> the proper temperature throughout the summer.

If you place the order before July 30th, you shall benefit from the special 5% discount. Our team will transport the coolers to your office and install them whenever you wish. Please note that any extra service fee will be totally free of charge.

It is our belief that you would like to take advantage of this special offer. We thank you in advance for choosing our services. Should you require any additional information, feel free to call at 404-555-5497 or send an email to info@summit.com at your own convenience.

Thank you for your time, and I look forward to your prompt response.

Yours sincerely,

Mr. David Morrison
Chief Executive Officer
Summit Electric Company

74. Why did Mr. Morrison send a letter to Ms. Kate Samuels?

(a) to cancel some of her current orders
(b) to urge her to pay for her outstanding balance
(c) to inform her of his company's current goods
(d) to reward her long-standing business with his company

75. What motivated David Morrison to send the letter when he did?

(a) Summer was already over in America.
(b) It was time to advertise the new coolers.
(c) It was the regular advertisement season.
(d) Summer was just around the corner.

76. According to Morrison, how can his company benefit Ms. Samuels?

(a) It can supply technicians by appointment only.
(b) It can offer a five-year guarantee to fix the coolers.
(c) It can provide technicians for cooler installations for an extra fee.
(d) It can give a 5% discount to regular customers only.

77. Based on the letter, what will the technicians most likely do as soon as they receive an order?

(a) inspect the customer's office immediately
(b) examine the requirements of the order
(c) check the customer's order of business
(d) call the customer's office right away

78. What will the customer probably do to get further information?

(a) send a text message to the supplier immediately
(b) send a fax to the supplier's headquarters
(c) make a phone call to the supplier's office
(d) visit the company's website

79. In the context of the passage, enclosed means _____.

(a) elaborated
(b) advertised
(c) outlined
(d) included

80. In the context of the passage, maintain means _____.

(a) sustain
(b) declare
(c) assert
(d) uphold

THIS IS THE END OF THE TEST

G-TELP 모의고사
TEST
6

GRAMMAR
LISTENING
READING AND VOCABULARY

시험 시간 90분

시험 준비하기

1. 휴대폰 전원 끄고 시계 준비하기
2. Answer Sheet, 컴퓨터용 사인펜, 수정 테이프 준비하기
3. 노트테이킹 할 필기구 준비하기

시작 시간 : _____ 시 _____ 분

종료 시간 : _____ 시 _____ 분

General Tests of English Language Proficiency
G-TELP

Level 2

GRAMMAR SECTION

DIRECTIONS:

The following items need a word or words to complete the sentence. From the four choices for each item, choose the best answer. Then blacken in the correct circle on your answer sheet.

Example:

> The boys _____ in the car.
>
> (a) be
> (b) is
> (c) am
> (d) are

The correct answer is (d), so the circle with the letter (d) has been blackened.

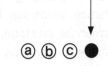

@ⓑⓒ●

NOW TURN THE PAGE AND BEGIN

1. As the colleagues prepared for the business conference, the team manager gave each person a specific task. They _____ be at the conference for three days, promoting the launch of their new products.

   (a) could
   (b) will
   (c) may
   (d) can

2. Trevor is a very talented musician who taught himself how to play the piano and guitar. If he were to attend a prestigious music school, he _____ a professional musician.

   (a) would probably become
   (b) has probably become
   (c) would have probably become
   (d) will become

3. Last night at around 2 a.m. when we came home from work, we were surprised to find that our son's bedroom light was still on. When we checked to see what he was up to, we found that he _____ on a big project for school.

   (a) will work
   (b) is working
   (c) was working
   (d) has been working

4. Some residents live in areas that are prone to hurricanes during the summer months. While most people evacuate if the storms are dangerous, people can still take steps to keep safe at home if the storms are not as strong. This involves _____ emergency supplies including a medical kit, water, and non-perishable foods.

   (a) to prepare
   (b) having prepared
   (c) to be preparing
   (d) preparing

5. Stewart, who was the best man at a wedding, had to borrow his friend's suit after he accidentally spilled coffee all over himself. If he had been more mindful, he _____ the disaster.

   (a) had prevented
   (b) could have prevented
   (c) could prevent
   (d) was preventing

6. The famous pop singer is known for her glamorous fashion, beauty, and performances on stage, but few knew that she is also an animal welfare activist. She _____ at her local shelters since she was a teenager.

   (a) is volunteering
   (b) volunteers
   (c) will volunteer
   (d) has been volunteering

7. The military sergeant was disappointed during the training session with one particular recruit since he seemed to tire very easily. He commanded that the soldier _____ the obstacle course every day for several hours to increase his endurance.

   (a) will practice
   (b) has practiced
   (c) practices
   (d) practice

8. The chef and TV personality often judges contestants very harshly and even yells at some people, but in real life, he is very kind. _____, many people say that he is one of the nicest people they have ever met.

   (a) Hence
   (b) Otherwise
   (c) In fact
   (d) Even So

9. I was pleasantly surprised to learn that an old friend of mine, _____ when we were children was moving into the house next door. We were friends as children but lost touch over time. It was nice to reconnect like this.

   (a) whom I grew up with
   (b) what I grew up with
   (c) which I grew up with
   (d) that I grew up with

10. Parenting is one of the toughest jobs. My friend wants to homeschool her extremely shy daughter. But if I were to make the choice, I _____ my shy daughter in school so that she could learn social skills.

    (a) would put
    (b) would have put
    (c) are putting
    (d) had also put

11. Once Dan got home after work, he immediately fell asleep on the couch. He _____ for almost 18 hours straight when he finally finished his paperwork for the new project that the company just launched.

    (a) worked
    (b) have been working
    (c) had been working
    (d) will have worked

12. As usual, the paperwork increased towards the end of the year, which also increased the overtime hours for many of the employees. Many of them have not yet finished _____ out the necessary forms.

    (a) filling
    (b) to have filled
    (c) having filled
    (d) to fill

13. Despite complaining of pain in his back, the professional soccer player continues to play in games. If I were him, I _____ the doctor's recommendations instead and try to recover at home for a while.

   (a) will follow
   (b) would have followed
   (c) would follow
   (d) am following

14. After looking at decades of studies on different diets, many nutritionists are coming to the same conclusion. They advise _____ food intake over a longer period of time rather than drastically cutting down calorie intake.

   (a) having moderated
   (b) to moderate
   (c) moderating
   (d) to have moderated

15. The renovations to the kitchen are taking longer than I have anticipated. I was going to have a dinner party at my house, but I had to cancel. I thought my kitchen would be ready by the summer, but I have a feeling that the renovations _____ when winter comes around.

   (a) have been going on
   (b) will be going on
   (c) were going on
   (d) are going on

16. As a major fan of classical music, Amber was excited to visit Britain and immediately bought tickets to the Royal Festival Hall. She can't wait _____ the London Philharmonic Orchestra live in person.

   (a) to experience
   (b) experiencing
   (c) having experienced
   (d) to be experiencing

17. The small, family-run ice cream shop expanded the menu in order to bring in more customers during the winter months. Now, customers _____ enjoy a variety of hot beverages, including coffee and hot chocolate.

   (a) would
   (b) might
   (c) can
   (d) should

18. The storm created damage to properties and scattered debris all over the city. _____, efforts to find missing people and pets were made far more challenging as rescuers had to navigate through the mess.

   (a) Therefore
   (b) Furthermore
   (c) On the other hand
   (d) Until then

19. The two siblings constantly fought over everything, so the parents begged that they _____ for at least an hour during their trip to the zoo. Unfortunately, the ceasefire lasted for only 10 minutes before they bickered over ice cream.

(a) got along
(b) get along
(c) is getting along
(d) will get along

20. The longtime employee regretted missing out on several promotions while colleagues who were hired after him received promotions. Had he worked harder and cooperated more with his supervisors and colleagues, he _____ overlooked each time.

(a) would not be
(b) had not been
(c) would not have been
(d) was being

21. After the tragic events at the concert which took the lives of several young people, many concert-goers _____ joining a large lawsuit against the organizers of the event as well as the star performer.

(a) were now considering
(b) are now considering
(c) have now considered
(d) now consider

22. The politician was preparing to campaign for the election and was also aware of the growing homeless problem that plagued the city. He needed to work on a solution, or at least promise one, _____.

(a) which would help get him reelected
(b) what would help get him reelected
(c) who would help get him reelected
(d) where would help get him reelected

23. The children got very bad stomachaches after they ate all of their Halloween candy on the night that they went trick-or-treating. If they had listened to their parents, they _____ sick.

(a) was not getting
(b) would not get
(c) would not have gotten
(d) had not gotten

24. Although Nathan has enjoyed his time at the company, he will be retiring from his longtime job soon. By the time he leaves, he _____ as the manager of the sales department for almost half a century.

(a) works
(b) will have been working
(c) has been working
(d) will work

25. The teachers at the private school were annoyed with some of the changes that the administrative offices made. Before, the teachers were allowed to leave campus during their breaks, but now they are expected _____ in their office during their spare periods and even during the summer vacation.

    (a) having remained
    (b) remaining
    (c) to be remaining
    (d) to remain

26. Dementia is a growing problem in societies with aging populations. It is important that people _____ tackling this issue early. By eating healthy and exercising from an early age, people can prevent or at least delay the effects of dementia as they grow older.

    (a) are starting
    (b) has started
    (c) start
    (d) will start

LISTENING SECTION

TEST 1

TEST 2

TEST 3

TEST 4

TEST 5

TEST 6

TEST 7

DIRECTIONS:

The Listening Section has four parts. In each part you will hear a spoken passage and a number of questions about the passage. First you will hear the questions. Then you will hear the passage. From the four choices for each question, choose the best answer. Then blacken in the correct circle on your answer sheet.

Now you will hear a sample question. Then you will hear a sample passage.

Now listen to the sample question.

(a) one
(b) two
(c) three
(d) four

Bill Johnson has four brothers, so the best answer is (d). The circle with the letter (d) has been blackened.

NOW TURN THE PAGE AND BEGIN

27. (a) because he got a salary increase
    (b) because he was promoted at work
    (c) because he will be getting married
    (d) because he will be taking a job abroad

28. (a) He has some unfinished projects to complete.
    (b) He needs to pack his things first.
    (c) He needs to be coached about his job.
    (d) He has some workshops to attend first.

29. (a) by helping the team captain be a good leader
    (b) by training them rigorously every single day
    (c) by bringing the team to a great triumph
    (d) by helping all the players improve their skills

30. (a) to use a different strategy to lead this team
    (b) to take managerial and leadership classes online
    (c) to meet the former marketing supervisor for tips
    (d) to lead the department like he led the soccer team

31. (a) There are too many employees.
    (b) The salary is not very lucrative.
    (c) Extensive work experience is needed.
    (d) Scolding employees is unpleasant.

32. (a) because technology continues to develop
    (b) because there are new employees every month
    (c) because there are new company policies
    (d) because marketing supervisors keep changing

33. (a) coach the soccer team next month
    (b) look for a less challenging job soon
    (c) adapt his coaching method to his new job
    (d) learn about leadership from a friend

Part 2. *You will hear a presentation by one person to a group of people. First you will hear questions 34 through 39. Then you will hear the talk. Choose the best answer to each question in the time provided.*

34. (a) to explain the different types of cultures
    (b) to discuss the best business ventures
    (c) to give tips on how to manage conflicts
    (d) to give tips on how to negotiate across cultures

35. (a) It eliminates language and behavior barriers.
    (b) It enables more business opportunities.
    (c) It builds better relationships among partners.
    (d) It allows businessmen to make more profit.

36. (a) take a trip to the country ahead of time
    (b) research the company thoroughly in advance
    (c) read a textbook about foreign negotiation
    (d) take an online course about culture

37. (a) Government regulations are often very different.
    (b) Trading policies are usually similar to the local ones.
    (c) Tax rates are often equally high abroad and locally.
    (d) Shipping costs are similar internationally and nationally.

38. (a) McDonald's decided to stick to the regular menu.
    (b) McDonald's was compelled to adjust its menu.
    (c) The locals could not read the English menu.
    (d) The locals did not enjoy the hamburgers.

39. (a) look for new and exciting business ventures
    (b) explore other cultures for more knowledge
    (c) find partners with the same cultural background
    (d) establish connections through a shared interest

40. (a) where to take the SAT within their state
    (b) the considerations for applying to a college
    (c) their eligibility for college scholarships
    (d) who is the best teacher at school

41. (a) Universities can evaluate candidates equitably.
    (b) Students can show their true potential.
    (c) Parents can be proud of their children.
    (d) Schools can gauge students' academic level.

42. (a) getting a decent grade point average
    (b) getting a loan from a bank
    (c) applying for a full scholarship
    (d) getting a reasonable SAT score

43. (a) because she excels at teaching Biology at school
    (b) because she writes good references for students
    (c) because they both enjoyed her English classes
    (d) because they both hope to study with her in the future

44. (a) by giving them a broad view of the university
    (b) by allowing them to experience some features of campus life
    (c) by making it possible to meet some of the renowned professors
    (d) by enabling them to talk to other undecided potential students

45. (a) Both will wait for their scores patiently.
    (b) Both will study to take the SAT a second time.
    (c) Mike will visit campuses in his home state.
    (d) Cathy will enroll in Mrs. Smith's English class.

Part 4. *You will hear an explanation of a process. First you will hear questions 46 through 52. Then you will hear the talk. Choose the best answer to each question in the time provided.*

46. (a) where to launch the best restaurant
    (b) where to open the trendiest coffee shop
    (c) how to start a food-related business
    (d) how to finance a successful business

47. (a) because it is part of the process
    (b) because it is required by law
    (c) because it is the bank's requirement
    (d) because it is a chance against the competition

48. (a) find a good local produce supplier
    (b) find the best spot to start the business
    (c) learn the basic skills for making your product
    (d) look for the best way to support the business

49. (a) because it is easier to borrow large amounts of money
    (b) because it is a more flexible method of payment
    (c) because they will not require any repayment
    (d) because they never charge high interest rates

50. (a) Unsanitary foods can lead to the cancellation of a health license.
    (b) Contaminated foods can drive customers away.
    (c) Contaminated foods can lead to foodborne illness.
    (d) Unsanitary foods can affect the business permit.

51. (a) because it's an advantage of social media
    (b) because it's helpful for the brand and its number of customers
    (c) because it's an expensive way to attract customers
    (d) because it's what most food businesses do

52. (a) anyone looking for a part-time job
    (b) anyone looking for a new hobby
    (c) people who are fond of fast food
    (d) people who want to launch a business

READING AND VOCABULARY SECTION

TEST 1

TEST 2

TEST 3

TEST 4

TEST 5

TEST 6

TEST 7

DIRECTIONS:

You will now read four different passages. Each passage is followed by comprehension and vocabulary questions. From the four choices for each item, choose the best answer. Then blacken in the correct circle on your answer sheet.

Read the following example passage and example question.

Example:

> Bill Johnson lives in New York. He is 25 years old.
> He has four brothers and two sisters.
>
> How many brothers does Bill Johnson have?
>
> (a) one
> (b) two
> (c) three
> (d) four

The correct answer is (d), so the circle with the letter (d) has been blackened.

NOW TURN THE PAGE AND BEGIN

Part 1. Read the following biography article and answer the questions. The underlined words in the article are for vocabulary questions.

ELEN OCHOA

Ellen Ochoa was picked by NASA in 1990 and completed her training in July 1991 to become the world's first Hispanic-American female astronaut. A mission specialist and flight engineer, she has spent more than 900 hours in space on four different flights. She is also a scientist and an inventor, who helped create several systems that use lasers to gather and process information from images.

Ellen Ochoa was born on May 10, 1958, in Los Angeles, California. However, she grew up in La Mesa, California, where she graduated from Grossmont High School in 1975. She has a strong academic background in science, having received a BSc in physics from San Diego State University as well as a master's degree and a PhD in electrical engineering from Stanford University. She was also interested in music and played the flute during her college years until she joined the Stanford Symphony Orchestra later on.

In 1985, after obtaining her doctorate, Ochoa applied to NASA's training program but was rejected. So, she decided to get a pilot's license, hoping it might help <u>build</u> her résumé for NASA. In 1987, she applied a second time but was turned down again. However, her third application in 1990 was accepted. Consequently, Ochoa became the first Hispanic woman to go to space when she served on a nine-day mission aboard the Space Shuttle *Discovery* in 1993.

During the application process, she also carried out research in <u>optical</u> information systems. She hoped to find ways to use lasers to process images, which later she was able to achieve. She even became the co-inventor of an optical system.

Ochoa's technical assignments at NASA have included flight software and computer hardware development and robotics development, testing, and training. In addition, she has served as Assistant for Space Station to the Chief of the Astronaut Office, lead spacecraft communicator in Mission Control, and Acting Deputy Chief of the Astronaut Office. She currently serves as Director of Flight Crew Operations at Johnson Space Center in Texas.

During her career, Ochoa has received numerous awards, which include the Outstanding Leadership Medal and NASA's Exceptional Service Medal. She was also awarded the Space Flight Medal for each of the four times she was in space. Besides being an astronaut, researcher, and engineer, Ochoa is a classical flutist, who currently lives in Texas with her husband and their two children.

53. What is Ellen Ochoa best known for?

(a) She is the first American female to join NASA.
(b) She is the first Hispanic-American female to go to space.
(c) She is the only Hispanic-American female to study optical systems.
(d) She is the only Hispanic-American female to run a space center.

54. When most likely did Ochoa show an interest in becoming an astronaut?

(a) when she attended her first science camp
(b) when she was still in high school
(c) after she completed her degrees in science
(d) after she attended San Diego State University

55. Based on the article, how most likely did Ochoa's pilot license help her as an astronaut?

(a) She became acquainted with the force of gravity.
(b) She learned how to fly commercial airplanes.
(c) It taught her the basic lessons for astronauts.
(d) It gave her some of the experience she needed.

56. What do Ochoa's numerous applications to NASA say about her personality?

(a) that she does not give up easily
(b) that she is extremely compulsive
(c) that she has a very strong personality
(d) that she enjoys being recognized

57. According to the article, why was Ochoa's research in optical systems successful?

(a) because she upgraded the existing system
(b) because she developed a new system
(c) because the results of her research were published
(d) because she wrote an article about an optical system

58. In the context of the passage, build means _____.

(a) enhance
(b) construct
(c) define
(d) harvest

59. In the context of the passage, optical means _____.

(a) optimal
(b) crucial
(c) vivid
(d) visual

Part 2. Read the following magazine article and answer the questions. The underlined words in the article are for vocabulary questions.

CAN DITCHING MEAT LOWER YOUR RISK OF CANCER?

A group of researchers from the University of Oxford recently released the results of a large study that analyzed the effect of meat consumption and the likelihood of developing cancer. The study found that vegetarians, pescatarians, and people who eat little meat have a significantly reduced risk of developing cancer.

The researchers analyzed data from 472,377 adults in the UK, aged 40 –70, who started cancer-free and most of whom were white or did not mention their ethnicity. During an average of 11 years of follow-up, the researchers compared the rates of cancer diagnoses to data on how often they ate meat, including processed meat, beef, pork, lamb, and poultry. But fish was considered a different category.

Some of the results were quite astounding. The researchers found that vegetarians and vegans had a 14% lower overall cancer risk compared to people who ate meat almost every day. People who ate fish, but not meat, had a 10% lower risk, and those who ate meat less frequently had a 2% lower risk.

For certain types of cancer, the difference the diets made was quite significant and a surprise to the researchers. In fact, the biggest shift was the prostate cancer risk for vegetarian and pescatarian men, who had a 20 – 31% lower risk than their meat-eating counterparts. For women, a vegetarian or pescatarian diet had the biggest impact on reducing their risk of postmenopausal breast cancer.

As for the gender disparity, Dr. Cody Watling, the lead researcher, explains that men are typically less health-conscious, based on statistics, and perhaps taking a less healthy approach to their meat-centered dishes. In contrast, women who do follow a regular meat-eating diet are consuming more whole grains and less processed meats such as pepperoni and ham.

While more research is needed to understand the connection between diets and cancers, the results suggest that over time how we eat meat — including what we eat with it — may play an important role in health as stated by Dr. Watling. He also noted that simply eliminating meat doesn't necessarily make a person's diet healthier. It is much more complex.

60. What did researchers find about the participants' eating habits?

(a) that they have balanced meals every day
(b) that their diets affect their sleeping habits
(c) that there is a link between food and cancer risks
(d) that there is a link between daily exercise and health

61. Based on the article, what most likely is one of the limitations of the research?

(a) It was carried out over a short period of time.
(b) There were more male than female participants.
(c) Most of the participants in the research were Caucasians.
(d) It was carried out among the wealthy people only.

62. What findings about the various types of diets shocked the researchers?

(a) Eating a combination of vegetables and fish lowered cancer rates.
(b) Consuming fish every day led to a high rate of different cancers.
(c) Consuming eggs or milk daily led to much better health.
(d) Eating a variety of meat and vegetables lowered cancer risks.

63. Why most likely did the women show better results than their male counterparts?

(a) because women generally tend to live longer than men
(b) because women were initially healthier than the men
(c) because women are usually more dedicated than men
(d) because women made better food choices than the men

64. Why isn't a vegetarian diet probably enough to curb the risks of having cancer?

(a) because there are many unhealthy vegetarians
(b) because there are many factors that can lead to cancer
(c) because eating meat in moderation can be healthy
(d) because eating processed vegetarian food is unhealthy

65. In the context of the passage, disparity means _____.

(a) opposition
(b) discrepancy
(c) inequality
(d) disagreement

66. In the context of the passage, complex means _____.

(a) elaborate
(b) hard
(c) rough
(d) confused

Part 3. Read the following encyclopedia article and answer the questions. The underlined words in the article are for vocabulary questions.

THE GATEWAY ARCH

Completed in 1965, the Gateway Arch is the tallest memorial in America and the tallest stainless steel monument in the world. It commemorates Thomas Jefferson's vision and St. Louis' role in the westward expansion of the United States. Every year, this awe-inspiring monument attracts over four million visitors, and approximately one million of them travel to the top.

When the idea for a publicly funded riverfront memorial space was proposed by some local government officials in 1933, many in St. Louis opposed the meaningless idea due to the uncertainty of the Great Depression. Fortunately, by the 1940s, the National Park Service called for a design competition for a memorial that would best represent American culture and civilization. The representation could be in any form or shape.

Of the 172 submissions, Finnish-American architect Eero Saarinen's design was chosen among the top five finalists. In February 1948, Eero Saarinen's design was the unanimous selection of the judging panel. His concept was "relevant, beautiful, perhaps inspired," according to the judges. Eero Saarinen took an abstract concept and created one of the most iconic monuments in the world.

It took more than a decade to clear the arch's designs. They had to go through the different branches of government for approval. The construction of the Gateway Arch began on February 12, 1963, and upon its completion on October 28, 1965, the monument had cost a sum of $13 million (roughly $190 million today). The strong, elegant shape of the arch represents a door to the western part of the USA. At the base of the arch, the Museum of Westward Expansion shows what life was like in the 1800s.

The distance between the two legs of the arch is equal to its height, measuring approximately 190 meters. Each leg has one tram with 8 capsules, and they can hold a maximum of 5 passengers each. For emergencies, the interior structure has two stairwells of 1,076 steps each. And finally, the arch has been the subject of an Oscar-nominated film, namely *Percy Jackson & the Olympians: The Lightning Thief*.

67. What inspired the construction of the Gateway Arch?

(a) the memory of a famous American landmark
(b) the need to attract millions of tourists
(c) the desire to compete with the East Coast
(d) the dream of an American president and the position of a city

68. Who had the idea of erecting a monument in St. Louis during a time of crisis?

(a) the sitting president of the United States
(b) some administrators in the city
(c) members of an NGO in the neighboring state
(d) famous American architects around the country

69. Why most probably was Saarinen's design selected for the memorial project?

(a) because the concept was impressive
(b) because Saarinen had a great reputation as an architect
(c) because his design was very realistic and doable
(d) because the design was easy to build

70. Why was the construction of the Gateway Arch delayed?

(a) There wasn't enough money to fund the project.
(b) There weren't enough people to build it.
(c) The plans had to be simplified by other architects first.
(d) The plans had to be approved at various levels first.

71. Which factor best characterizes the Gateway Arch monument?

(a) It is the tallest building in the world today.
(b) It is the symbol of the western world.
(c) The length of its base side is identical to its height.
(d) Most of the tourists ride to the top of the structure.

72. In the context of the passage, submissions means _____.

(a) compliance
(b) presentations
(c) reports
(d) proposals

73. In the context of the passage, iconic means _____.

(a) traditional
(b) ideal
(c) symbolic
(d) classic

Charles Hoffman
HR, Media Publishing
San Francisco, CA

Dear Mr. Hoffman:

First of all, I'd like to thank you for taking the time out of your busy schedule to interview me for the job I applied for a month ago. I am deeply honored that you have chosen me to assume the position of project manager for your prestigious company. It is a tempting offer, which I wouldn't have wanted to pass up. It would have been a dream for me to be part of your organization.

I gave the offer some serious thought and after reading some of the job requirements you handed to me last week, I found out that the job requires frequent domestic and international travel to several of the company offices. Therefore, I'll have to respectfully decline the offer.

Additionally, I recently learned that my husband, a sergeant in the US Army, will soon be reassigned to a different military base, and the whole family might have to relocate along with him. So, I have no other option but to put this dream of mine on hold for a while.

Again, thank you for placing trust in my abilities. Under different circumstances, I would have seized the chance to work with you. Nonetheless, I hope this kind of opportunity comes along again. I would surely love to be part of your team someday if given the chance. So, please feel free to keep my personal information on file for at least a year.

Yours sincerely,

Nancy Nichols
Nancy Nichols

74. Why did Mrs. Nichols contact Media Publishing?

    (a) to say thank you for the interview
    (b) to request a leave of absence
    (c) to reject the company's job offer
    (d) to apply for the project manager position

75. Why most likely did Mrs. Nichols feel grateful for the job offer?

    (a) because the remuneration was high
    (b) because it was a famous company
    (c) because it was her dream job
    (d) because there were many candidates

76. What was Mrs. Nichols' primary reason for declining the job offer?

    (a) The position required a lot of traveling.
    (b) The commute time was too lengthy.
    (c) The salary was not decent enough.
    (d) The company's values were unethical.

77. What aspect of Mrs. Nichols' life affected her decision about the job?

    (a) She is a busy housewife with children.
    (b) She is the caretaker of a sick family member.
    (c) Her house is located far from the new office.
    (d) Her husband will move away for a new position.

78. Which of the following shows Mrs. Nichols' interest in Media Publishing?

    (a) She wants to be considered in the future.
    (b) She requested another interview soon.
    (c) She highly complimented Media Publishing.
    (d) She wrote a heartfelt message to the company's owner.

79. In the context of the passage, decline means _____.

    (a) collide with
    (b) turn down
    (c) collapse
    (d) congregate

80. In the context of the passage, seized means _____.

    (a) boosted
    (b) grabbed
    (c) occupied
    (d) swept

THIS IS THE END OF THE TEST

G-TELP 모의고사
TEST
7

GRAMMAR
LISTENING
READING AND VOCABULARY

시험 시간 90분

시험 준비하기

1. 휴대폰 전원 끄고 시계 준비하기
2. Answer Sheet, 컴퓨터용 사인펜, 수정 테이프 준비하기
3. 노트테이킹 할 필기구 준비하기

시작 시간 : _____ 시 _____ 분
종료 시간 : _____ 시 _____ 분

General Tests of English Language Proficiency
G-TELP

Level 2

GRAMMAR SECTION

DIRECTIONS:

The following items need a word or words to complete the sentence. From the four choices for each item, choose the best answer. Then blacken in the correct circle on your answer sheet.

Example:

> The boys _____ in the car.
>
> (a) be
> (b) is
> (c) am
> (d) are

The correct answer is (d), so the circle with the letter (d) has been blackened.

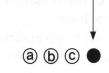

NOW TURN THE PAGE AND BEGIN

1. Savannah saved up to buy a luxury purse as a gift for herself for her graduation, but she couldn't get it on time. She _____ herself on the waitlist much sooner if she had known that the purse she wanted was in high demand and limited in quantity.

   (a) will be putting
   (b) would have put
   (c) had put
   (d) would put

2. Although he wanted to be a musician, George's parents pressured him to take biology classes instead. He did not enjoy the lab work, and as a result, he often slept during class and did not consider _____ lab animals to be of any interest.

   (a) to dissect
   (b) to have dissected
   (c) dissecting
   (d) having dissected

3. Because of inflation, the cost of food has risen quite a bit. The family _____ have to cut back on other things, such as going to the movies, in order to afford healthy meals with the budget they have.

   (a) will
   (b) would
   (c) can
   (d) could

4. After several lackluster performances by the baseball team and growing frustration of the fan base, the owner and executive members of the sports organization _____ together nowadays to discuss changes that may result if the team keeps losing.

   (a) are meeting
   (b) have met
   (c) will be meeting
   (d) had been meeting

5. Most people do not understand art the way my friend does. If only he were here with us in this art gallery today, he _____ not only the history but also the meaning behind the artwork.

   (a) is explaining
   (b) will explain
   (c) would explain
   (d) would have explained

6. The driving instructor had to keep warning his student driver to slow down on certain streets. He stressed that the driver_____ to speed limits, especially in school zones, so that no accidents occur.

   (a) will pay attention
   (b) pays attention
   (c) pay attention
   (d) paid attention

7. The small family home in the quiet neighborhood appears to be an ordinary home. However, people _____ that it is haunted since it was occupied by a family who experienced strange occurrences and needed exorcism.

(a) will have been claiming
(b) have been claiming
(c) are claiming
(d) claimed

8. Although the company is cruelty-free and makes excellent products using all-natural ingredients, not many people seem to know about it. Perhaps the company _____ more customers if they focused on marketing.

(a) would gain
(b) have been gained
(c) will be gained
(d) are gaining

9. My sister doesn't like mainstream pop, rock, or hip-hop music. She only listens to classical and jazz music, _____. She also attends orchestral concerts whenever famous soloists perform.

(a) when she downloads from the Amazon music store
(b) that she downloads from the Amazon music store
(c) what she downloads from the Amazon music store
(d) which she downloads from the Amazon music store

10. The students had a major exam coming up in a week, but a couple of them chose to spend their time having fun. _____ studying, they went to the movies, went shopping at the department store, and played computer games.

(a) Because of
(b) Instead of
(c) In case of
(d) Due to

11. A high school student made an impression on his city when he helped raise money to install wheelchair accessible doors at his school. If only more schools and public buildings were easily accessible, people with disabilities _____ more independence.

(a) would have had
(b) would have
(c) will have
(d) have

12. Although a gifted singer, Gina entered the talent competition on a whim. She had fun during the competition but never anticipated _____ the whole competition and becoming famous.

(a) having won
(b) winning
(c) to win
(d) to have won

13. The owners of the apartment complex ignored complaints by tenants about the cracks in the foundations and leaks along the walls and ceilings. If they had listened to the tenants and fixed all the problems, the collapse of the building and subsequent tragedy _____.

(a) was averted
(b) would be averted
(c) had been averted
(d) would have been averted

14. The manager noticed that some money was always unaccounted for at the end of the day when the cash was counted. At first, because the amount was small, he ignored the problem, but as the problem persisted, he launched an investigation _____ who was stealing the money.

(a) finding
(b) to find
(c) having found
(d) to be finding

15. Andy and Linda are annoyed with their next-door neighbors. Because they refused to get professional painters to paint their home, they have left a bit of an eyesore. The neighbors _____ their home for over two months by the time Andy and Linda host their wedding anniversary in July.

(a) painted
(b) are painting
(c) will paint
(d) will have been painting

16. As the senior coordinator of the sales department, it is my responsibility to manage the group of employees in my department. This is why I tell them not to hesitate _____ me whenever they need some advice or help.

(a) having contacted
(b) to contact
(c) contacting
(d) to have contacted

17. Unfortunately, politics have gotten very expensive. In order for candidates to get their names into the public, they need to raise a lot of money. Those who have the most name recognition are often the ones who get votes, so candidates _____ raise enough money to buy ad spots on TV and the Internet.

(a) could
(b) must
(c) would
(d) might

18. As part of a new protocol to reduce the number of contaminations, more and more professional players will miss games. _____ the virus is spreading at an alarming rate, some sports leagues are even considering pausing the season for a couple of weeks.

(a) Because
(b) Although
(c) Until
(d) Whether

19. A disastrous tragedy was avoided
during the accident. Fortunately, most
of the passengers on the subway train
_____ at the back of the train
when it derailed and crashed into a
wall. As a result, the accident only
caused minimal injuries.

(a) have sat
(b) were sitting
(c) will have sat
(d) had been sitting

20. Vancouver is consistently rated as one
of the best cities to live in globally.
It is also a very beautiful city and
a wonderful destination for travel.
However, it is worth _____ that it
is one of the most expensive cities in
the world and therefore only accessible
to those who have the financial means
to visit.

(a) to state
(b) having stated
(c) to be stating
(d) stating

21. After years of being mediocre, the
hockey team finally made it to the
playoffs and played exciting games
which were entertaining for the fans.
Had it not been for their teamwork and
a coaching change, they _____
mediocre.

(a) were staying
(b) would stay
(c) had stayed
(d) would have stayed

22. The hotel managers have a bit of a
situation on their hands. Due to a
shortage of cleaning staff members at
the hotel, most guests _____ for
their rooms well past the check-in time
when they arrive, leaving the lobby
overcrowded throughout the day.

(a) wait
(b) will be waiting
(c) have waited
(d) is waiting

23. The young athlete had incredible
potential, so her coach demanded
that she _____ more difficult
jumps in her routine. After including
these difficult jumps in her routine,
she eventually became one of the best
figure skaters in the world.

(a) tries
(b) try
(c) will try
(d) is trying

24. Thousands of union workers around
the United States from many different
companies decided to strike. They
_____ for better wages and
working conditions for several months
before some of the companies finally
conceded.

(a) had been fighting
(b) have fought
(c) will have been fighting
(d) fought

25. Social media can be very damaging for young people. In fact, a study showed that over five hours of social media use led to a 50% increase in depressive symptoms in teenage girls and a 35% increase in teenage boys. It is therefore necessary that parents _____ their children from using social media too much.

(a) have limited
(b) will limit
(c) limit
(d) limited

26. The famous celebrity is very particular and demands only the best. In fact, he only wears clothes _____ by the best designers in the world and eats only organic foods prepared by his personal chef.

(a) what are tailor-made for him
(b) that are tailor-made for him
(c) who are tailor-made for him
(d) where are tailor-made for him

LISTENING SECTION

TEST 1

TEST 2

TEST 3

TEST 4

TEST 5

TEST 6

TEST 7

DIRECTIONS:

The Listening Section has four parts. In each part you will hear a spoken passage and a number of questions about the passage. First you will hear the questions. Then you will hear the passage. From the four choices for each question, choose the best answer. Then blacken in the correct circle on your answer sheet.

Now you will hear a sample question. Then you will hear a sample passage.

Now listen to the sample question.

    (a) one
    (b) two
    (c) three
    (d) four

Bill Johnson has four brothers, so the best answer is (d). The circle with the letter (d) has been blackened.

NOW TURN THE PAGE AND BEGIN

27. (a) the difficulties of finding short-term employment
    (b) the easiest way to find a short-term contract
    (c) looking for full-time employment online
    (d) applying for freelance jobs in person

28. (a) The average salary rate is much higher than usual.
    (b) The employees are pretty easy to get along with.
    (c) The internship can be academically useful.
    (d) The location is in a very exciting area of the city.

29. (a) because she is a professional swimmer
    (b) because she used to be a lifeguard
    (c) because she needs to recommend someone
    (d) because she needs a part-time job

30. (a) entertaining the guests at the resort
    (b) providing room service to all guests
    (c) organizing and joining evening shows
    (d) making interesting games and events for kids

31. using the resort's amenities free of charge
    (b) eating anything at any time free of charge
    (c) working in an ideal environment
    (d) working with friendly colleagues

32. (a) apply for the news internship job
    (b) keep asking Todd to help her find work
    (c) apply for the camp counselor job
    (d) keep looking for employment online

33. (a) She doesn't like to work outdoors all day.
    (b) She cannot deal with long daily commutes.
    (c) She doesn't enjoy loud music and parties.
    (d) She cannot deal with extended working hours.

TEST 1

TEST 2

TEST 3

TEST 4

TEST 5

TEST 6

TEST 7

Part 2. *You will hear a presentation by one person to a group of people. First you will hear questions 34 through 39. Then you will hear the talk. Choose the best answer to each question in the time provided.*

34. (a) how to launch a lumber mill business
    (b) the promotion of a Midwestern business
    (c) the promotion of organic farming
    (d) how to remodel a wooden cabin

35. (a) It brings customers from downtown.
    (b) It gives access to the best wood.
    (c) It gives easy access to the highway.
    (d) It allows hikers to see the products.

36. (a) It is a family-owned enterprise.
    (b) It is a multinational enterprise.
    (c) It is a nonprofit organization.
    (d) It is a private business.

37. (a) because it has been around for a decade
    (b) because it is a family-run enterprise
    (c) because trees are increasingly available
    (d) because wood is increasingly in demand

38. (a) during the demolitions of monuments
    (b) during the construction of skyscrapers
    (c) when remodeling homes or offices
    (d) when repairing towers or highways

39. (a) by visiting the manufacturing location
    (b) by visiting the office headquarters
    (c) by calling the direct phone number
    (d) by asking for a preliminary quotation

40. (a) because she wanted to eat out
    (b) because she wanted to catch up
    (c) because she needed his assistance
    (d) because she needed to stay with him

41. (a) to lend her a truck to move her things
    (b) to lend her some money for rent
    (c) to help her pack some big boxes
    (d) to help her clean up her apartment

42. (a) because she just spent a lot on a new place
    (b) because she was out of a job
    (c) because she just invested in a business
    (d) because she only had cash

43. (a) because she does not have enough time
    (b) because the boxes are too heavy
    (c) because she needs some company
    (d) because she is not skillful enough

44. (a) look for a cheap truck to rent
    (b) drop by the pet store to get fish food
    (c) work overtime to make some extra cash
    (d) drop off her fish at her friend's place

45. (a) He was going to go grocery shopping.
    (b) He planned on going to the movies.
    (c) He planned on watching some shows.
    (d) He was going to eat out with friends.

Part 4. *You will hear an explanation of a process. First you will hear questions 46 through 52. Then you will hear the talk. Choose the best answer to each question in the time provided.*

46. (a) to explain the traits of middle children
    (b) to explain how to be good siblings
    (c) to give tips on how to help a middle child
    (d) to teach kids how to behave in society

47. (a) It allows the child to become more sociable.
    (b) It allows the child to develop his academic skills.
    (c) It builds friendships among the siblings.
    (d) It develops the negotiation skills of the child.

48. (a) because they can suffer from a self-confidence issue
    (b) because they cannot get along with siblings
    (c) because they want to be the center of attention
    (d) because they cannot compete in the real world

49. (a) by giving them expensive gifts
    (b) by spending time with them
    (c) by encouraging them to use their empathy skills
    (d) by treating middle children better

50. (a) because they focus more on the first child
    (b) because they are too focused on their jobs
    (c) because middle children aren't usually smart
    (d) because middle children aren't usually their favorites

51. (a) ask all the children to do things as a team
    (b) go on family outings as often as possible
    (c) help the child with his academic challenges
    (d) tell the child "I love you" as often as possible

52. (a) encourage stronger bonds among siblings
    (b) overlook the problems they might have
    (c) view their sympathy as a worthwhile skill
    (d) teach them to share their profound feelings

READING AND VOCABULARY SECTION

TEST 1

TEST 2

TEST 3

TEST 4

TEST 5

TEST 6

TEST 7

DIRECTIONS:

You will now read four different passages. Each passage is followed by comprehension and vocabulary questions. From the four choices for each item, choose the best answer. Then blacken in the correct circle on your answer sheet.

Read the following example passage and example question.

Example:

Bill Johnson lives in New York. He is 25 years old.
He has four brothers and two sisters.

How many brothers does Bill Johnson have?

(a) one
(b) two
(c) three
(d) four

The correct answer is (d), so the circle with the letter (d) has been blackened.

NOW TURN THE PAGE AND BEGIN

MARK TWAIN

Mark Twain was an American writer, humorist, entrepreneur, publisher, and lecturer who acquired international fame for his travel narratives. He was praised as the greatest humorist the United States has produced and called "the father of American literature." His novels include *The Adventures of Tom Sawyer* and its sequel *Adventures of Huckleberry Finn*.

Born Samuel Langhorne Clemens on November 30, 1835, in the small town of Florida, Missouri, Mark Twain was his pen name. When he was 4 years old, Twain moved with his family to Hannibal, Missouri. Twain's father was an attorney and judge, who died of pneumonia in 1847 when he was 11.

The following year, Twain left the fifth grade to become a printer's apprentice. In 1851, he began working as a typesetter, contributing articles and humorous sketches to the *Hannibal Journal*. When he was 18, he left Hannibal and worked as a printer in New York City, then in Philadelphia, and later in St. Louis. He educated himself in public libraries in the evenings, finding wider information than at a conventional school.

In the 1860s, Twain became a licensed steamboat pilot on the Mississippi River, which became one of the themes of his writings. During the same period, he started writing under the name Mark Twain. In 1865, he published a story called "Jim Smiley and His Jumping Frog," which made him famous.

Twain settled in Connecticut, with his family, where he wrote his most famous books. He used his experiences growing up on the Mississippi River to write many stories. He wrote *The Adventures of Tom Sawyer* in 1876, and then in 1884, he wrote his best work *Adventures of Huckleberry Finn*, which, unfortunately, has recently been banned from many American high schools for its use of racial insults.

Late in life, Twain lived mainly in Europe with his family. He died of a heart attack on April 21, 1910, in Redding, Connecticut, which he had predicted as his time of death. Twain and his wife are buried side by side in Elmira's Woodlawn Cemetery in New York.

When Twain died, the 27th US President said, "Mark Twain gave pleasure, real intellectual enjoyment to millions, and his works will continue to give such pleasure to millions yet to come. He has made an enduring part of American literature."

53. What is Twain most remembered for?

    (a) his literary contribution to the world
    (b) his unique sense of humor about life
    (c) his time as a university professor
    (d) his childhood on America's longest river

54. What most likely prompted Twain to quit school at a very young age?

    (a) He did not pass the fourth grade.
    (b) He did not have a father to provide for him.
    (c) He wanted to work for the newspaper.
    (d) He wanted to be homeschooled.

55. Why did Twain leave his home state of Missouri for New York?

    (a) He wanted to discover life in a big city.
    (b) Missouri only had job openings in farming.
    (c) The Midwest had a high unemployment rate.
    (d) He wanted to work for a printing company.

56. Why was Twain's once most-loved novel banned from some schools in America later on?

    (a) because parents couldn't afford to buy it
    (b) because it was no longer available from the publisher
    (c) because the author used degrading words
    (d) because it was no longer an academic requirement

57. Based on the article, what was Twain's nearly accurate prediction?

    (a) that he would die of a heart failure
    (b) that he would die at a specific time
    (c) that he would become a famous writer
    (d) that he would be loved by America's president

58. In the context of the passage, apprentice means _____.

    (a) expert
    (b) assistant
    (c) trainee
    (d) acquaintance

59. In the context of the passage, enduring means _____.

    (a) lasting
    (b) impacting
    (c) longing
    (d) aspiring

Part 2. Read the following magazine article and answer the questions. The underlined words in the article are for vocabulary questions.

KEY OPINION LEADERS:
HOW TO FIND THEM FOR HEALTH-RELATED FIELDS!

Have you ever purchased a product or formed your opinion based on the content created by a person or organization you follow? Do you visit blogs to search for tips before making new purchases or making a decision? Then you have been affected by "key opinion leaders(KOLs)." But since finding KOLs isn't easy, a company has recently launched a search engine to do just that in the medical field.

Key opinion leaders are people or organizations that have such a strong social status that their recommendations and opinions are listened to when people make important decisions. Good examples of key opinion leaders are political figures and CEOs who are known for their work. All KOLs have prominent status in their respective communities, and their opinions are valued and listened to. They are true experts, unlike influencers. In healthcare, KOLs could be physicians, hospital executives, researchers, or patient advocacy group members. Because KOLs come from such a wide range of roles and backgrounds, connecting the dots and finding the right professionals in health care can be difficult.

So, earlier this year, a startup that provides the largest global healthcare platform for locating healthcare professionals was launched. HealthMetrica, a Seattle-based company, launched a free search engine that finds influential people for health-related concepts using artificial intelligence(AI). The search engine makes it possible for any person with Internet access to quickly understand the health-related concepts for which doctors, researchers, or companies have <u>perceived</u> reputational trustworthiness.

How does the search engine work? Suppose you wanted to find the top experts in Japan that study the uses of gabapentin among teenagers: the search engine will give you the top experts already pre-ranked by influence for that specific set of criteria. It will also allow you to find the experts by searching for concepts like medical conditions, medications, brand names, organizations, and locations. According to their website, HealthMetrica's database currently has over 30 million researchers worldwide, 80 million publications, and 3 million clinical trial records.

By making this technology freely available to the public, the company aims to <u>democratize</u> access to healthcare research insights and increase the discoverability of professionals with authority over specific concepts so that they can reach more people.

60. What kind of service does the Seattle startup provide?

(a) free Internet access to all health professionals
(b) free health care to the population of Seattle
(c) a free program to look for diverse medical experts
(d) a monthly subscription to various medical journals

61. How do key opinion leaders differ from influencers?

(a) They specialize in specific fields.
(b) They both have the same social status.
(c) They both have important jobs in society.
(d) They represent a name brand by association.

62. Based on the passage, why is it tough to find the appropriate professional as to health care?

(a) because there are too many materials in the health community
(b) because there are many influencers specializing in health care
(c) because there isn't enough data available about medical care
(d) because there is a large variety of health care experts in different fields

63. Based on the article, why most likely is the startup limited?

(a) because it doesn't have an outstanding reputation internationally
(b) because it isn't supported by the American health community
(c) because it's only accessible to people with an Internet connection
(d) because it's only available to famous people in the health industry

64. What is the ultimate goal of HealthMetrica?

(a) to make better medical care available to Americans
(b) to offer outstanding medical insights to more people
(c) to allow people to meet famous doctors in person
(d) to provide the best medicines to people globally

65. In the context of the passage, perceived means _____.

(a) searched
(b) identified
(c) legalized
(d) happened

66. In the context of the passage, democratize means _____.

(a) standardize
(b) associate
(c) consolidate
(d) incorporate

THE QUILT

A quilt is a multi-layered textile, traditionally composed of three layers of fiber — a woven cloth top, a layer of batting or wadding, and a woven back. The technique of quilting is the process of sewing the three layers together. The pattern of stitching can be the key decorative element if a single piece of fabric is used for the top of a quilt. However, oftentimes, the top of the quilt is pieced from a patchwork of smaller fabric pieces.

Quilts disclose valuable historical information about their creators, visualizing particular segments of history in a tangible and textured way. Nowadays, quilts are frequently displayed as non-utilitarian works of art, but historically, quilts were essentially used as bed covers.

In general, quilts are described as patchwork, with some featuring multiple patches of various patterns sewn together to create an old-fashioned real patchwork look, and some being made in more modern designs and patterns. Quilts are lightweight and breathable. Therefore, they are perfect during the spring and summer seasons.

Quilts are usually made or given to celebrate important life events such as marriage, the birth of a child, a family member leaving home, or graduations. Modern quilts are not always intended for beds. They may be used as wall hangings, table runners, or tablecloths.

In the past, quilting was often a <u>communal</u> activity, involving all the women and girls in a family or a larger community. Quilting frames were often used to stretch the quilt layers and maintain even tension to produce high-quality quilting stitches and to allow many individual quilters to work on a single quilt at one time.

In a new tradition, quilt makers across America have been making quilts for wounded veterans of the Afghanistan and Iraq conflicts. Quilting techniques are often <u>incorporated</u> into garment design as well. Quilt shows and competitions are held locally, regionally, and nationally. There are international competitions as well, particularly in the United States, Japan, France, and the United Kingdom. The state of Kentucky even hosts an annual competition and celebration of quilting that attracts artists, celebrities, hobbyists, and novices from the world of quilting from all around the world.

67. How can quilting be described?

(a) as a symbol of ancient Native American traditions
(b) as an ancient method of embroidery used by women
(c) as a kind of sewing tradition used in different countries
(d) as a type of bed cover some people use in America

68. According to the article, what do quilt makers usually NOT portray?

(a) where they were born and raised
(b) their unique historical background
(c) their current social status
(d) where their ancestors were from

69. When might a quilt NOT be an appropriate gift according to the article?

(a) for the celebration of love between two people
(b) for the arrival of a newborn in a family
(c) for the celebration of someone's academic success
(d) for the passing of a loved one or an acquaintance

70. Based on the article, why were quilting frames used in the past?

(a) because they allowed more people to work simultaneously
(b) because they helped avoid pressure during the stitching process
(c) because they brought cordiality among the quilt makers
(d) because they allowed the use of less fabric for quilt making

71. How most likely is hosting a quilt festival in Kentucky state beneficial?

(a) by allowing quilt makers to sell their quilts
(b) by encouraging more people to be interested in quilt making
(c) by allowing foreigners to discover traditional food
(d) by helping the state of Kentucky's economy to grow

72. In the context of the passage, communal means _____.

(a) social
(b) local
(c) national
(d) usual

73. In the context of the passage, incorporated means _____.

(a) connected
(b) linked
(c) combined
(d) congregated

Mr. Jack Smith
3409 Pine Avenue
Grand Rapids, Michigan
48002

Dear Mr. Smith:

We, the members of Weston Business Owners Association, would like to invite you to a get-together on the 10th of July at the Clubhouse of Weston Central from 6 p.m. to 10 p.m. We feel that we can offer you something beneficial as well as exciting.

Our association currently has projects and activities that enable our members, in cooperation with other community leaders, to do outreach programs across the state.

Enclosed herein is our calendar of events. Our current community service projects include a book donation to less fortunate kids, a tutorial of children with disabilities, and a visit to retirement facilities. At the moment, we also have planting activities, fund-raising for victims of calamities, and we are building several orphanages. You will find these activities not only enriching but also hugely rewarding.

Once again, we hope you can honor our invitation and partake in our special dinner. Our meetings are always scheduled on the second Friday of the month. By coming to the meeting, you can get to know the members both on a personal and professional level. You don't have to pay for anything. We just want you to enjoy the night with us and learn important things from each other. If you decide to come, just call me at 1-313-341-2253 in advance. We hope to see you then!

Sincerely yours,

Ms. Holly Maneli
Public Relations
Weston Business Owners Association

74. What is the purpose of Ms. Holly Maneli's letter to Mr. Smith?

(a) to inform him about her job description
(b) to request a recommendation letter
(c) to invite him to a non-business-related function
(d) to request his help on a construction project

75. Based on the letter, how can the outreach programs probably be beneficial to the participants?

(a) They'll allow members to relax outside the office.
(b) All the meetings will be free of charge.
(c) All the participants will get a free gourmet meal.
(d) They'll allow collaboration of members statewide.

76. What kind of projects does the Weston Business Owners Association most likely undertake?

(a) It helps clean beaches and cities.
(b) It contributes to reforestation.
(c) It provides houses for storm victims.
(d) It provides school supplies to orphans.

77. Based on the letter, what is true about the meeting organized by Ms. Maneli?

(a) It is usually hosted once a month.
(b) There is a monthly subscription fee.
(c) There is a cordial exchange among members.
(d) It is imperative to call to confirm attendance.

78. Based on the letter, what should Mr. Smith do if he wants to attend the meeting?

(a) send an RSVP before July 10
(b) call Ms. Maneli before July 10
(c) visit Ms. Maneli's office immediately
(d) show up at the venue on time

79. In the context of the passage, calamities means _____.

(a) issues
(b) troubles
(c) disasters
(d) mishaps

80. In the context of the passage, partake means _____.

(a) participate
(b) taste
(c) sample
(d) aid

THIS IS THE END OF THE TEST

ANSWER
SHEET

G-TELP

※ TEST DATE

MO.	DAY	YEAR

등급 ① ② ③ ④ ⑤

감독
확관인

성 명

성명란

초성 / 중성 / 종성

수 험 번 호

1) Code 1.

	0 1 2 3 4 5 6 7 8 9
	0 1 2 3 4 5 6 7 8 9
	0 1 2 3 4 5 6 7 8 9

2) Code 2.

	0 1 2 3 4 5 6 7 8 9
	0 1 2 3 4 5 6 7 8 9
	0 1 2 3 4 5 6 7 8 9

3) Code 3.

	0 1 2 3 4 5 6 7 8 9
	0 1 2 3 4 5 6 7 8 9
	0 1 2 3 4 5 6 7 8 9

주민등록번호 앞자리 — 고유번호

문항	답 란	문항	답 란	문항	답 란	문항	답 란	문항	답 란
1	ⓐⓑⓒⓓ	21	ⓐⓑⓒⓓ	41	ⓐⓑⓒⓓ	61	ⓐⓑⓒⓓ	81	ⓐⓑⓒⓓ
2	ⓐⓑⓒⓓ	22	ⓐⓑⓒⓓ	42	ⓐⓑⓒⓓ	62	ⓐⓑⓒⓓ	82	ⓐⓑⓒⓓ
3	ⓐⓑⓒⓓ	23	ⓐⓑⓒⓓ	43	ⓐⓑⓒⓓ	63	ⓐⓑⓒⓓ	83	ⓐⓑⓒⓓ
4	ⓐⓑⓒⓓ	24	ⓐⓑⓒⓓ	44	ⓐⓑⓒⓓ	64	ⓐⓑⓒⓓ	84	ⓐⓑⓒⓓ
5	ⓐⓑⓒⓓ	25	ⓐⓑⓒⓓ	45	ⓐⓑⓒⓓ	65	ⓐⓑⓒⓓ	85	ⓐⓑⓒⓓ
6	ⓐⓑⓒⓓ	26	ⓐⓑⓒⓓ	46	ⓐⓑⓒⓓ	66	ⓐⓑⓒⓓ	86	ⓐⓑⓒⓓ
7	ⓐⓑⓒⓓ	27	ⓐⓑⓒⓓ	47	ⓐⓑⓒⓓ	67	ⓐⓑⓒⓓ	87	ⓐⓑⓒⓓ
8	ⓐⓑⓒⓓ	28	ⓐⓑⓒⓓ	48	ⓐⓑⓒⓓ	68	ⓐⓑⓒⓓ	88	ⓐⓑⓒⓓ
9	ⓐⓑⓒⓓ	29	ⓐⓑⓒⓓ	49	ⓐⓑⓒⓓ	69	ⓐⓑⓒⓓ	89	ⓐⓑⓒⓓ
10	ⓐⓑⓒⓓ	30	ⓐⓑⓒⓓ	50	ⓐⓑⓒⓓ	70	ⓐⓑⓒⓓ	90	ⓐⓑⓒⓓ
11	ⓐⓑⓒⓓ	31	ⓐⓑⓒⓓ	51	ⓐⓑⓒⓓ	71	ⓐⓑⓒⓓ		
12	ⓐⓑⓒⓓ	32	ⓐⓑⓒⓓ	52	ⓐⓑⓒⓓ	72	ⓐⓑⓒⓓ		
13	ⓐⓑⓒⓓ	33	ⓐⓑⓒⓓ	53	ⓐⓑⓒⓓ	73	ⓐⓑⓒⓓ		
14	ⓐⓑⓒⓓ	34	ⓐⓑⓒⓓ	54	ⓐⓑⓒⓓ	74	ⓐⓑⓒⓓ		
15	ⓐⓑⓒⓓ	35	ⓐⓑⓒⓓ	55	ⓐⓑⓒⓓ	75	ⓐⓑⓒⓓ		
16	ⓐⓑⓒⓓ	36	ⓐⓑⓒⓓ	56	ⓐⓑⓒⓓ	76	ⓐⓑⓒⓓ		
17	ⓐⓑⓒⓓ	37	ⓐⓑⓒⓓ	57	ⓐⓑⓒⓓ	77	ⓐⓑⓒⓓ		
18	ⓐⓑⓒⓓ	38	ⓐⓑⓒⓓ	58	ⓐⓑⓒⓓ	78	ⓐⓑⓒⓓ		
19	ⓐⓑⓒⓓ	39	ⓐⓑⓒⓓ	59	ⓐⓑⓒⓓ	79	ⓐⓑⓒⓓ		
20	ⓐⓑⓒⓓ	40	ⓐⓑⓒⓓ	60	ⓐⓑⓒⓓ	80	ⓐⓑⓒⓓ		

password

0 0 0 0
1 1 1 1
2 2 2 2
3 3 3 3
4 4 4 4
5 5 5 5
6 6 6 6
7 7 7 7
8 8 8 8
9 9 9 9

G-TELP Level 2
문항과 시험 시간

문법	26문항 / 20분
청취	26문항 / 약 30분
독해 및 어휘	28문항 / 40분
합계	**80문항 / 약 90분**

G-TELP

※ TEST DATE

MO.	DAY	YEAR

등급 ① ② ③ ④ ⑤

감독확인관인

성 명	

성 명 란

초성 / 중성 / 종성 (한글 자모 마킹란)

수 험 번 호

(숫자 마킹란 0–9)

1) Code 1.
0 1 2 3 4 5 6 7 8 9
0 1 2 3 4 5 6 7 8 9
0 1 2 3 4 5 6 7 8 9

2) Code 2.
0 1 2 3 4 5 6 7 8 9
0 1 2 3 4 5 6 7 8 9
0 1 2 3 4 5 6 7 8 9

3) Code 3.
0 1 2 3 4 5 6 7 8 9
0 1 2 3 4 5 6 7 8 9
0 1 2 3 4 5 6 7 8 9

주민등록번호 앞자리 — 고유번호

(숫자 마킹란 0–9)

문항	답 란	문항	답 란	문항	답 란	문항	답 란	문항	답 란
1	ⓐⓑⓒⓓ	21	ⓐⓑⓒⓓ	41	ⓐⓑⓒⓓ	61	ⓐⓑⓒⓓ	81	ⓐⓑⓒⓓ
2	ⓐⓑⓒⓓ	22	ⓐⓑⓒⓓ	42	ⓐⓑⓒⓓ	62	ⓐⓑⓒⓓ	82	ⓐⓑⓒⓓ
3	ⓐⓑⓒⓓ	23	ⓐⓑⓒⓓ	43	ⓐⓑⓒⓓ	63	ⓐⓑⓒⓓ	83	ⓐⓑⓒⓓ
4	ⓐⓑⓒⓓ	24	ⓐⓑⓒⓓ	44	ⓐⓑⓒⓓ	64	ⓐⓑⓒⓓ	84	ⓐⓑⓒⓓ
5	ⓐⓑⓒⓓ	25	ⓐⓑⓒⓓ	45	ⓐⓑⓒⓓ	65	ⓐⓑⓒⓓ	85	ⓐⓑⓒⓓ
6	ⓐⓑⓒⓓ	26	ⓐⓑⓒⓓ	46	ⓐⓑⓒⓓ	66	ⓐⓑⓒⓓ	86	ⓐⓑⓒⓓ
7	ⓐⓑⓒⓓ	27	ⓐⓑⓒⓓ	47	ⓐⓑⓒⓓ	67	ⓐⓑⓒⓓ	87	ⓐⓑⓒⓓ
8	ⓐⓑⓒⓓ	28	ⓐⓑⓒⓓ	48	ⓐⓑⓒⓓ	68	ⓐⓑⓒⓓ	88	ⓐⓑⓒⓓ
9	ⓐⓑⓒⓓ	29	ⓐⓑⓒⓓ	49	ⓐⓑⓒⓓ	69	ⓐⓑⓒⓓ	89	ⓐⓑⓒⓓ
10	ⓐⓑⓒⓓ	30	ⓐⓑⓒⓓ	50	ⓐⓑⓒⓓ	70	ⓐⓑⓒⓓ	90	ⓐⓑⓒⓓ
11	ⓐⓑⓒⓓ	31	ⓐⓑⓒⓓ	51	ⓐⓑⓒⓓ	71	ⓐⓑⓒ		
12	ⓐⓑⓒⓓ	32	ⓐⓑⓒⓓ	52	ⓐⓑⓒⓓ	72	ⓐⓑⓒⓓ		
13	ⓐⓑⓒⓓ	33	ⓐⓑⓒⓓ	53	ⓐⓑⓒⓓ	73	ⓐⓑⓒⓓ		
14	ⓐⓑⓒⓓ	34	ⓐⓑⓒⓓ	54	ⓐⓑⓒⓓ	74	ⓐⓑⓒⓓ		
15	ⓐⓑⓒⓓ	35	ⓐⓑⓒⓓ	55	ⓐⓑⓒⓓ	75	ⓐⓑⓒⓓ		
16	ⓐⓑⓒⓓ	36	ⓐⓑⓒⓓ	56	ⓐⓑⓒⓓ	76	ⓐⓑⓒⓓ		
17	ⓐⓑⓒⓓ	37	ⓐⓑⓒⓓ	57	ⓐⓑⓒⓓ	77	ⓐⓑⓒⓓ		
18	ⓐⓑⓒⓓ	38	ⓐⓑⓒⓓ	58	ⓐⓑⓒⓓ	78	ⓐⓑⓒⓓ		
19	ⓐⓑⓒⓓ	39	ⓐⓑⓒⓓ	59	ⓐⓑⓒⓓ	79	ⓐⓑⓒⓓ		
20	ⓐⓑⓒⓓ	40	ⓐⓑⓒⓓ	60	ⓐⓑⓒⓓ	80	ⓐⓑⓒⓓ		

password

(숫자 마킹란 0–9)

G-TELP Level 2
문항과 시험 시간

문법	26문항 / 20분
청취	26문항 / 약 30분
독해 및 어휘	28문항 / 40분
합계	**80문항 / 약 90분**

G-TELP

성명란

	초성	ㄱ ㄴ ㄷ ㄹ ㅁ ㅂ ㅅ ㅇ ㅈ ㅊ ㅋ ㅌ ㅍ ㅎ
성	중성	ㅏ ㅐ ㅑ ㅒ ㅓ ㅔ ㅕ ㅖ ㅗ ㅘ ㅙ ㅚ ㅛ ㅜ ㅝ ㅞ ㅟ ㅠ ㅡ ㅢ ㅣ
	종성	ㄱ ㄴ ㄷ ㄹ ㅁ ㅂ ㅅ ㅇ ㅈ ㅊ ㅋ ㅌ ㅍ ㅎ ㄲ ㄸ ㅃ ㅆ ㅉ

수 험 번 호

1) Code 1.
⓪①②③④⑤⑥⑦⑧⑨
⓪①②③④⑤⑥⑦⑧⑨
⓪①②③④⑤⑥⑦⑧⑨

2) Code 2.
⓪①②③④⑤⑥⑦⑧⑨
⓪①②③④⑤⑥⑦⑧⑨
⓪①②③④⑤⑥⑦⑧⑨

3) Code 3.
⓪①②③④⑤⑥⑦⑧⑨
⓪①②③④⑤⑥⑦⑧⑨
⓪①②③④⑤⑥⑦⑧⑨

주민등록번호 앞자리 — 고유번호

문항	답 란	문항	답 란	문항	답 란	문항	답 란	문항	답 란
1	ⓐⓑⓒⓓ	21	ⓐⓑⓒⓓ	41	ⓐⓑⓒⓓ	61	ⓐⓑⓒⓓ	81	ⓐⓑⓒⓓ
2	ⓐⓑⓒⓓ	22	ⓐⓑⓒⓓ	42	ⓐⓑⓒⓓ	62	ⓐⓑⓒⓓ	82	ⓐⓑⓒⓓ
3	ⓐⓑⓒⓓ	23	ⓐⓑⓒⓓ	43	ⓐⓑⓒⓓ	63	ⓐⓑⓒⓓ	83	ⓐⓑⓒⓓ
4	ⓐⓑⓒⓓ	24	ⓐⓑⓒⓓ	44	ⓐⓑⓒⓓ	64	ⓐⓑⓒⓓ	84	ⓐⓑⓒⓓ
5	ⓐⓑⓒⓓ	25	ⓐⓑⓒⓓ	45	ⓐⓑⓒⓓ	65	ⓐⓑⓒⓓ	85	ⓐⓑⓒⓓ
6	ⓐⓑⓒⓓ	26	ⓐⓑⓒⓓ	46	ⓐⓑⓒⓓ	66	ⓐⓑⓒⓓ	86	ⓐⓑⓒⓓ
7	ⓐⓑⓒⓓ	27	ⓐⓑⓒⓓ	47	ⓐⓑⓒⓓ	67	ⓐⓑⓒⓓ	87	ⓐⓑⓒⓓ
8	ⓐⓑⓒⓓ	28	ⓐⓑⓒⓓ	48	ⓐⓑⓒⓓ	68	ⓐⓑⓒⓓ	88	ⓐⓑⓒⓓ
9	ⓐⓑⓒⓓ	29	ⓐⓑⓒⓓ	49	ⓐⓑⓒⓓ	69	ⓐⓑⓒⓓ	89	ⓐⓑⓒⓓ
10	ⓐⓑⓒⓓ	30	ⓐⓑⓒⓓ	50	ⓐⓑⓒⓓ	70	ⓐⓑⓒⓓ	90	ⓐⓑⓒⓓ
11	ⓐⓑⓒⓓ	31	ⓐⓑⓒⓓ	51	ⓐⓑⓒⓓ	71	ⓐⓑⓒⓓ		
12	ⓐⓑⓒⓓ	32	ⓐⓑⓒⓓ	52	ⓐⓑⓒⓓ	72	ⓐⓑⓒⓓ		
13	ⓐⓑⓒⓓ	33	ⓐⓑⓒⓓ	53	ⓐⓑⓒⓓ	73	ⓐⓑⓒⓓ		
14	ⓐⓑⓒⓓ	34	ⓐⓑⓒⓓ	54	ⓐⓑⓒⓓ	74	ⓐⓑⓒⓓ		
15	ⓐⓑⓒⓓ	35	ⓐⓑⓒⓓ	55	ⓐⓑⓒⓓ	75	ⓐⓑⓒⓓ		
16	ⓐⓑⓒⓓ	36	ⓐⓑⓒⓓ	56	ⓐⓑⓒⓓ	76	ⓐⓑⓒⓓ		
17	ⓐⓑⓒⓓ	37	ⓐⓑⓒⓓ	57	ⓐⓑⓒⓓ	77	ⓐⓑⓒⓓ		
18	ⓐⓑⓒⓓ	38	ⓐⓑⓒⓓ	58	ⓐⓑⓒⓓ	78	ⓐⓑⓒⓓ		
19	ⓐⓑⓒⓓ	39	ⓐⓑⓒⓓ	59	ⓐⓑⓒⓓ	79	ⓐⓑⓒⓓ		
20	ⓐⓑⓒⓓ	40	ⓐⓑⓒⓓ	60	ⓐⓑⓒⓓ	80	ⓐⓑⓒⓓ		

password
⓪①②③④⑤⑥⑦⑧⑨

G-TELP Level 2
문항과 시험 시간

문법	26문항 / 20분
청취	26문항 / 약 30분
독해 및 어휘	28문항 / 40분
합계	**80문항 / 약 90분**

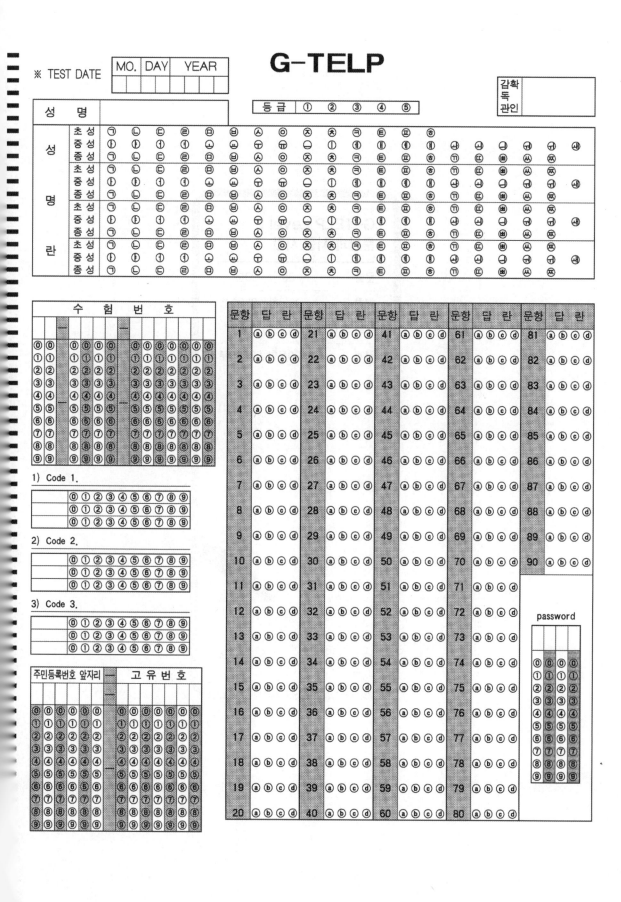

G-TELP Level 2
문항과 시험 시간

문법	26문항 / 20분
청취	26문항 / 약 30분
독해 및 어휘	28문항 / 40분
합계	**80문항 / 약 90분**

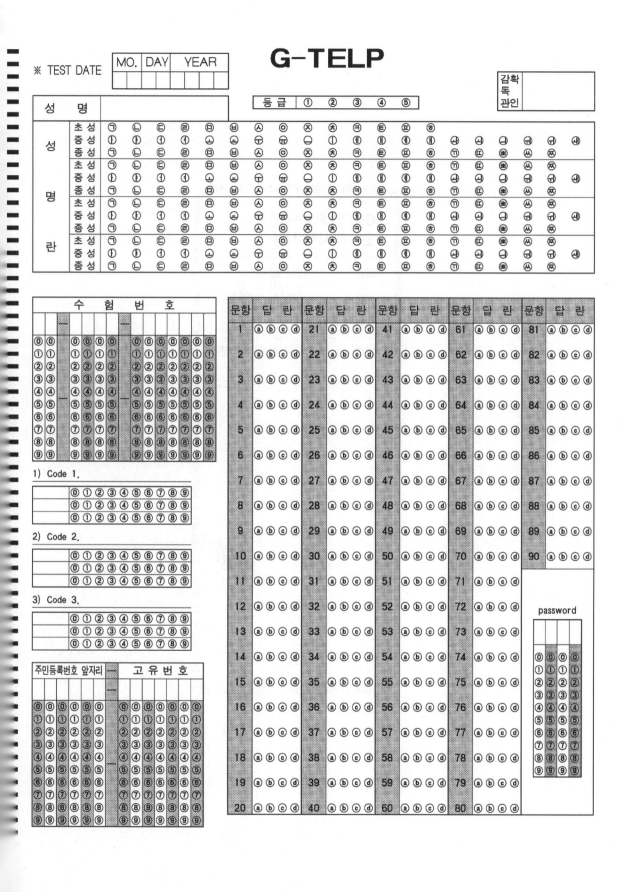

G-TELP Level 2
문항과 시험 시간

문법	26문항 / 20분
청취	26문항 / 약 30분
독해 및 어휘	28문항 / 40분
합계	**80문항 / 약 90분**

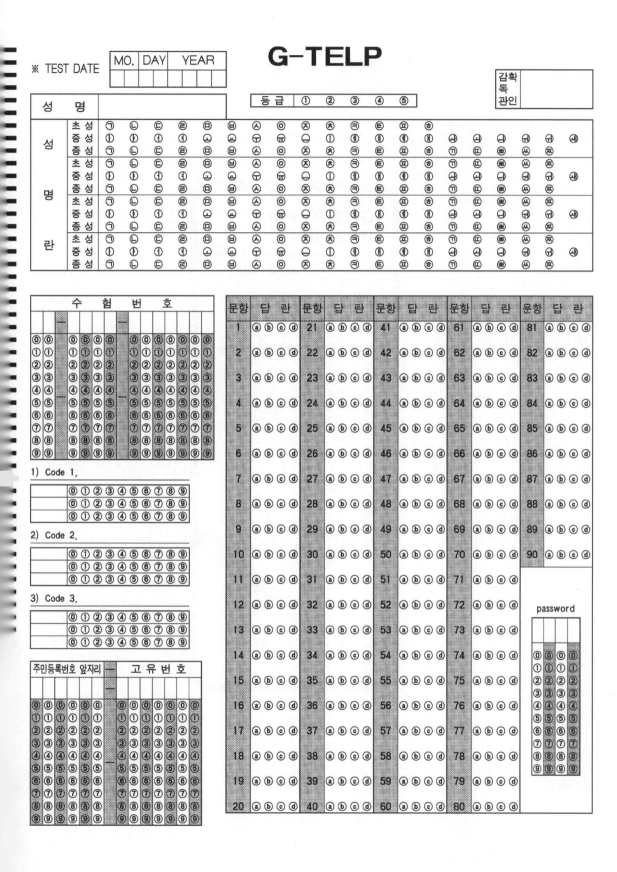

G-TELP Level 2
문항과 시험 시간

문법	26문항 / 20분
청취	26문항 / 약 30분
독해 및 어휘	28문항 / 40분
합계	**80문항 / 약 90분**

G-TELP Level 2
문항과 시험 시간

문법	26문항 / 20분
청취	26문항 / 약 30분
독해 및 어휘	28문항 / 40분
합계	**80문항 / 약 90분**

케임브리지 대학 출판부의 베스트셀러 문법 교재
\<GRAMMAR IN USE\> 시리즈!

초급 **Basic Grammar in use 4/e**

전 세계 수백만 명의 학습자가 사용하는 영문법 교재입니다. 이 책의 구성은 스스로 공부하는 학생과 영어 수업의 필수 참고서로 적합한 교재입니다. 학습가이드를 통하여 영문법을 익히고 연습문제를 통하여 심화학습 할 수 있습니다. 쉽고 간결한 구성으로 Self-Study를 원하는 학습자와 강의용으로 사용하는 모두에게 알맞은 영어교재입니다.

▐ Book with answers and Interactive ebook 978-1-316-64673-1
▐ Book with answers 978-1-316-64674-8

초급 **Basic Grammar in use 한국어판**

한국의 학습자들을 위하여 간단 명료한 문법 해설과 2페이지 대면 구성으로 이루어져 있습니다. 미국식 영어를 학습하는 초급 단계의 영어 학습자들에게 꼭 필요한 문법을 가르치고 있습니다. 또한 쉽게 따라 할 수 있는 연습문제는 문법 학습을 용이하도록 도와줍니다. 본 교재는 Self-Study 또는 수업용 교재로 활용이 가능합니다.

▐ Book with answers 978-0-521-26959-9

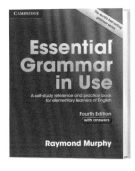

초급 **Essential Grammar in use 4/e**

영어 초급 학습자를 위한 필수 문법교재 입니다. 학습가이드와 연습문제를 제공하며 Self-Study가 가능하도록 구성되어 있습니다.

▐ Book with answers and Interactive ebook 978-1-107-48053-7
▐ Book with answers 978-1-107-48055-1

중급 **Grammar in use Intermediate 4/e**

미국식 영어학습을 위한 중급 문법교재입니다. 간단한 설명과 명확한 예시, 이해하기 쉬운 설명과 연습으로 구성되어 Self-Study와 강의용 교재 모두 사용 가능합니다.

▐ Book with answers and interactive ebook 978-1-108-61761-1
▐ Book with answers 978-1-108-44945-8

BM (주)도서출판 **성안당**   **CAMBRIDGE UNIVERSITY PRESS** 독점 수입   www.bmcambridge.co.kr   도서문의 031-950-6394

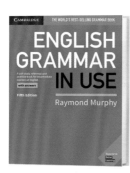